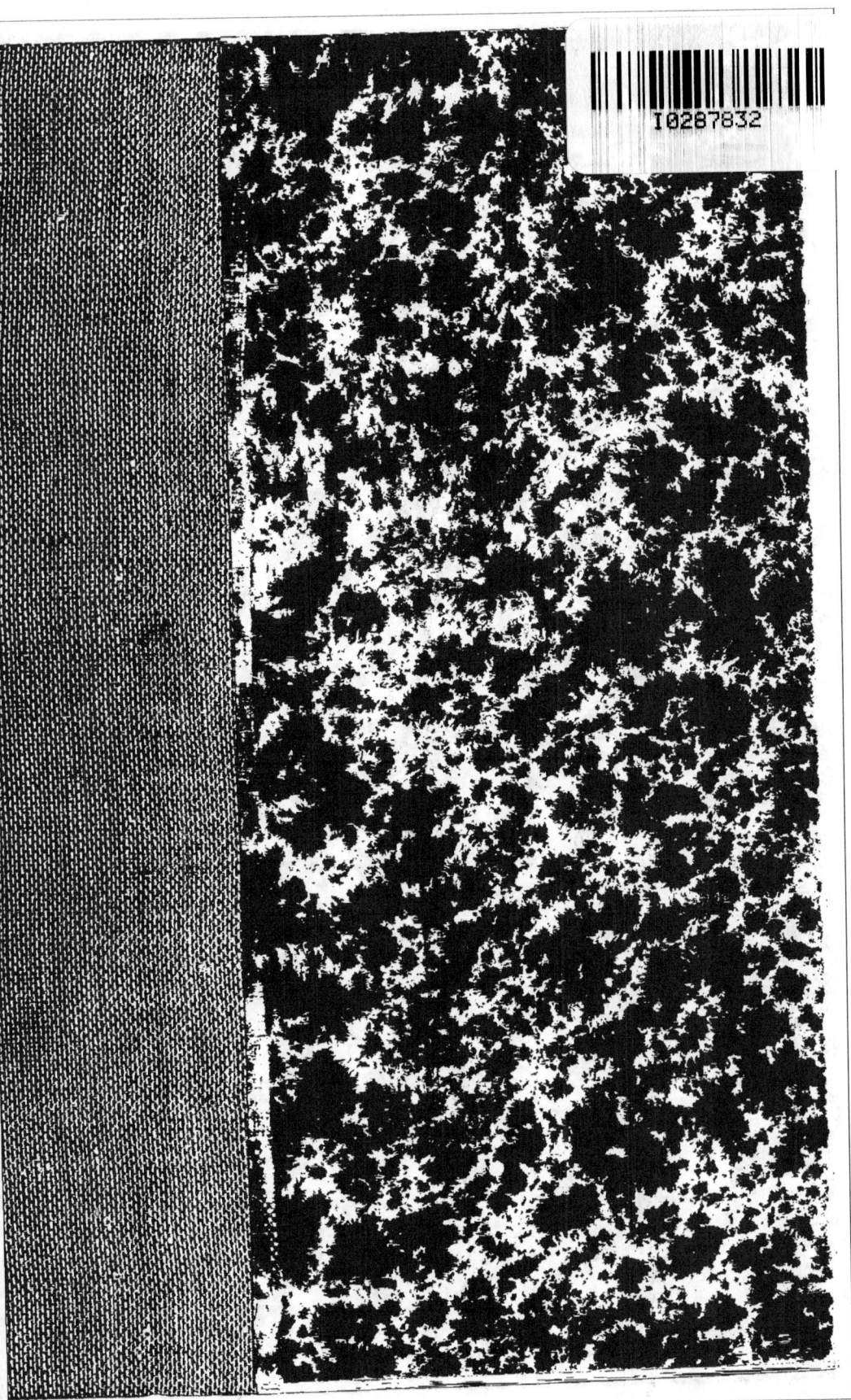

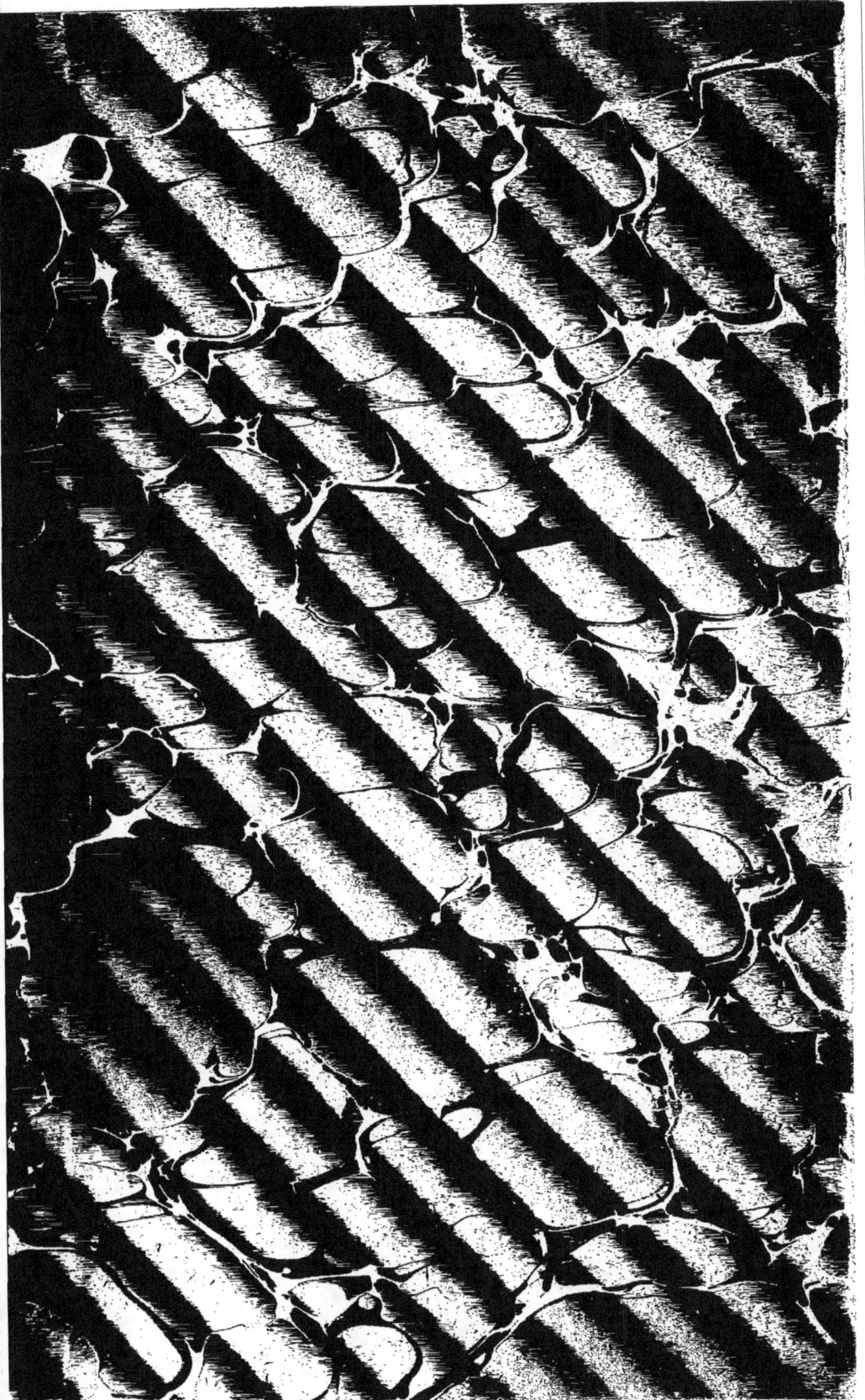

VAN HAVERE 1961

PUBLIÉ SOUS LA DIRECTION
DE LA
SECTION HISTORIQUE DE L'ÉTAT-MAJOR DE L'ARMÉE

# LA CAMPAGNE DE 1794

A

# L'ARMÉE DU NORD

I<sup>re</sup> Partie : ORGANISATION

### TOME PREMIER

L'action militaire du Gouvernement — Le Commandement
L'État-Major — L'Infanterie

> « Si la France reçut des revers, elle n'éprouva
> point de défaites. Elle ne fit qu'ajourner la victoire. »
> (*Le Comité de Salut public aux Généraux
> en chef*, 14 frimaire an II.)

PAR

## H. COUTANCEAU

Lieutenant-Colonel du Génie

PARIS
LIBRAIRIE MILITAIRE R. CHAPELOT ET C<sup>ie</sup>
IMPRIMEURS-ÉDITEURS
30, Rue et Passage Dauphine, 30

1903
Tous droits réservés.

LA

# CAMPAGNE DE 1794

À

L'ARMÉE DU NORD

PARIS. — IMPRIMERIE R. CHAPELOT ET Cⁱᵉ, 2, RUE CHRISTINE.

PUBLIÉ SOUS LA DIRECTION
DE LA
SECTION HISTORIQUE DE L'ÉTAT-MAJOR DE L'ARMÉE

# LA
# CAMPAGNE DE 1794
A
# L'ARMÉE DU NORD

Iʳᵉ Partie : ORGANISATION

## TOME PREMIER

L'action militaire du Gouvernement — Le Commandement
L'État-Major — L'Infanterie

> « Si la France reçut des revers, elle n'éprouva
> point de défaites. Elle ne fit qu'ajourner la victoire. »
> (*Le Comité de Salut public aux Généraux
> en chef*, 14 frimaire an II)

PAR

## H. COUTANCEAU

Lieutenant-Colonel du Génie

PARIS
LIBRAIRIE MILITAIRE R. CHAPELOT ET Cⁱᵉ
IMPRIMEURS-ÉDITEURS
30, Rue et Passage Dauphine, 30

1903
Tous droits réservés.

# PRÉFACE

L'histoire militaire de la France oscille sans cesse entre deux pôles extrêmes : le sombre drame de Crécy, de Poitiers et d'Azincourt s'illumine tout à coup de la radieuse figure de Jehanne ; aux horreurs de nos guerres religieuses, qui vont jusqu'à compromettre l'existence même du royaume, succèdent la politique grandiose de Richelieu et les éclatants succès de Turenne et de Condé. Enfin les tristesses de la guerre de Sept Ans sont suivies de l'héroïque épopée révolutionnaire et impériale. Elle est préparée par trente années d'études pendant lesquelles l'armée se recueille et médite ses revers ; alors, comme aujourd'hui, elle créa un Conseil supérieur de la guerre, révisa ses règlements, rechercha la meilleure formation de combat de l'infanterie, discuta l'armement de la cavalerie, étudia une artillerie nouvelle, refit le classement de ses places fortes, accumula les mémoires relatifs aux combinaisons variées que la stratégie pouvait tenter sur chacune de nos frontières. Aujourd'hui, comme alors, l'armée consciente d'une valeur, à laquelle un de ses chefs respectés rendait naguère un hommage mérité (1), attend dans une méditation et un recueillement, déjà trentenaires, l'occasion de montrer tout le fruit qu'elle a su tirer de ses nombreux travaux.

---

(1) L'armée française est restée à hauteur de sa mission, et on peut encore affirmer que jamais la France n'a eu une armée plus disciplinée, mieux outillée, un corps d'officiers plus instruit et plus dévoué à ses devoirs. (Général Kessler, *Tactique des trois armes*.)

Parmi ces derniers, aucun n'est plus profitable que l'étude de l'histoire. Seule elle permet de rapprocher dans le temps des situations similaires ou antithétiques, et d'en déduire tous les enseignements qui résultent de cette comparaison. C'est dans cet esprit que la Section Historique de l'état-major de l'armée a étudié la campagne de Hoche en 1793, qui traça, il y a plus d'un siècle, la manœuvre qui aurait dû présider au début de la guerre de 1870. C'est dans un but analogue que fut entreprise l'étude de la campagne de 1794 dans le Nord en même temps que celle de 1870. Quelles sont les causes de ce désastre? Quelles furent celles des succès éclatants qui assurèrent à l'armée de 1794 une suprématie incontestée sur ses rivales et l'accès de cette voie triomphale qu'elle devait parcourir pendant vingt ans?

Si l'on tourne tout d'abord les regards vers l'ennemi, la lenteur de ses procédés apparaît aussitôt comme une cause incontestable de ses revers : tandis qu'en 1870, il ne nous a pas laissé le temps de nous ressaisir et de corriger le vice de notre état militaire; en 1794, il hésitait et s'éternisait dans les plaines flamandes. Bien que Cobourg eût fait connaître son plan dès le 4 février 1794 (1), et insisté sur la nécessité de prévenir l'offensive française, il se vit devancer par celle de Pichegru sur le Cateau le 29 mars (2).

---

(1) *Œstreichische Militärische Zeitschrift*, 1831. 4ᵒˢ Heft, seite, 3.

(2) « Sans les lenteurs systématiques des Autrichiens, surtout, nous étions perdus cent fois pour une. Eux seuls nous ont sauvés en nous donnant le temps de faire des soldats, des officiers, des généraux. » (Thiébault, tome 1, page 413.)

« Les résultats singuliers des efforts des puissances coalisées, dans la campagne de 1793, devaient faire présager la mauvaise tournure que prendraient les opérations dans celle de 1794. En effet, le bon moment était passé et les circonstances bien changées : la France avait eu le temps de créer onze armées, d'assurer le moral de ses nouvelles levées par plusieurs victoires, ainsi que celui des généraux par l'expérience qu'ils avaient acquise du caractère pusillanime de leurs adversaires. »

La valeur de nos places fortes (1), leur nombre sur la frontière attaquée ont contribué aussi pour beaucoup au résultat : avant d'aller, par une pointe rapide, étouffer la Révolution dans Paris même, les alliés voulurent percer la triple ceinture de forteresses organisée par Vauban ; ils se crurent matériellement obligés de prendre Landrecies, et encore avaient-ils l'intention d'élargir la brèche en occupant Maubeuge et Cambrai avant de passer outre. Quelque rapide qu'ait été le siège de Landrecies, il suffit pour révéler le plan de nos ennemis, et nous donna le temps de combiner des opérations offensives sur Menin et Courtrai. En 1870, au contraire, l'invasion trouva une large voie dépourvue de forteresses ; les batailles décisives précédèrent les sièges de nos places, dont les défenses étaient d'ailleurs illusoires, l'importance secondaire, et qui étaient bonnes tout au plus à susciter quelques misérables chicanes sur les communications de l'ennemi. En 1794, nos forteresses n'opposaient pas seulement un sérieux obstacle à l'offensive ennemie ; par les rideaux défensifs qui les reliaient et les communications qu'elles interdisaient, elles permettaient encore aux divisions qui s'y appuyaient de se masser rapidement, et à couvert, en face du débouché choisi pour l'offensive (2).

---

(Jomini, *Histoire critique et militaire des campagnes de la Révolution*, Paris, 1811, page 4.)

(1) « Quant aux places, jamais un pays et une cause n'ont été mieux servis que par celles que nous avons perdues en 1793. » (Thiébault, tome I.)

« La frontière, depuis Dunkerque jusqu'à Charlemont et Givet, est hérissée d'une multitude de places de guerre et de postes, surtout de Valenciennes à Dunkerque ; et, comme elle forme des saillants dans quelques parties, une armée ne peut tenter d'y pénétrer sans avoir sur son front ou sur ses flancs des forteresses qui entraveraient ses opérations. » (Grimoard, *Tableau historique de la guerre de la Révolution de France*, tome I, page 9.)

(2) « Les places sont la base de la grande guerre, telle qu'elle fut

A ces causes d'ordre purement matériel s'ajoutait l'appoint si précieux des forces morales : telle l'opiniâtre énergie du Gouvernement ; la science stratégique de son Comité militaire ; la vigueur et la solidarité du commandement ; l'organisation pratique des états-majors ; la supériorité numérique doublée par l'exaltation incessante du moral des troupes (1) ; la tactique éminemment appropriée au tempérament national et à l'efficacité du tir des armes à feu de l'époque.

En 1794, comme en 1870, comme à toutes les époques de son histoire, la France entra en campagne avec une armée insuffisamment pourvue et organisée, mais elle sut alors ne pas s'émouvoir, plus qu'il ne convenait, de l'insuffisance de sa préparation matérielle. On manquait, par exemple, de voitures pour assurer le transport des vivres et des fourrages. « On retira, dit Reynier, celles destinées à porter les effets de campement, et toute la campagne s'est faite sans tentes (2). » Que l'on compare cette simple remarque à toutes les récriminations qui surgirent en 1870 sur les lacunes de notre matériel,

---

exécutée pendant la Révolution ; elles permettent de masser l'armée mobile au lieu de la disperser pour couvrir tout le territoire ; elles assurent la liberté d'action des armées protégées par elles, et non destinées à les protéger, mais qui leur portent secours en les débloquant. » (D'Arçon, *Considérations militaires et politiques sur les fortifications*. Voir *Mémoires sur Carnot*, tome I, page 382.)

(1) « La France offrait l'aspect formidable d'un vaste camp..... Déduction faite de ceux employés aux services accessoires et à l'armée navale, 700,000 combattants étaient en situation de prendre partout l'offensive..... Tout ce qui compose les éléments de la puissance nationale avait été porté à un degré de tension inconnu dans les siècles modernes..... » (Jomini, *Histoires des guerres de la Révolution*, Paris-1820, page 28).

(2) Journal raisonné de la campagne de l'armée du Nord et particulièrement de la 1re division depuis le 7 floréal an II.

« La Révolution, en rendant les armées nombreuses, les rendait aussi légères. » (*Observations sur l'armée française, de 1792 à 1808*, page 20.)

et qui prirent une importance telle que, pour la première fois peut-être, elles contribuèrent à briser notre essor offensif.

Il semble inutile de prolonger ce parallèle dont le seul but était de démontrer l'intérêt des deux études entreprises simultanément par la Section Historique sur deux phases si différentes de notre histoire militaire. Au surplus toutes ces causes seront successivement analysées à mesure que se dérouleront les événements journaliers; mais il en est une primordiale qu'il faut tout d'abord étudier avec soin, car elle précède elle-même l'entrée en campagne et exerce son influence capitale non sur un fait déterminé mais sur l'ensemble des opérations : nous avons parlé de l'organisation.

Les institutions militaires d'un peuple ont une action décisive sur les destinées de son armée : « Rien, a dit Marmont, ne doit être laissé au hasard en cette nature; tout doit y dépendre d'un principe générateur, d'où découlent des conséquences nécessaires. » Il est donc indipensable de commencer tout d'abord par étudier en détail quel fut l'esprit de nos institutions militaires depuis les débuts de la Révolution jusqu'au moment où elles donnèrent leur plein effet en 1794.

Pour y arriver et les définir en toute connaissance de cause, on a cru devoir remonter aux sources mêmes. Dans ce but, on a commencé par faire le relevé de la « Collection des lois »; puis on les a groupées par espèce suivant les grandes divisions dans lesquelles se répartit l'activité journalière d'une armée, c'est-à-dire : le commandement, l'état-major, les services et les troupes.

Mais ce n'était pas tout que d'avoir le texte des lois; il fallait encore en connaître les motifs. Dans ce but, on a recherché dans les discussions du Parlement tous les discours qui en avaient exposé les considérants; on y a joint également les arrêtés du Comité de Salut public, puisés dans le « Recueil » si précieux de M. A. Aulard, et ceux des représentants consultés aux Archives nationales ou à celles de la Guerre. Enfin, l'analyse de ces documents ne pouvait donner que la pensée du gouvernement, ce qu'il voulait faire et non ce qui fut fait réellement: dans une époque aussi troublée, il ne pouvait qu'y avoir un certain écart entre ces deux termes. Pour l'évaluer, on s'est livré au dépouillement des nombreux registres d'ordres et de correspondance des généraux et des représentants du peuple, opération qui a permis de fixer autant que possible le rendement pratique qu'avait donné l'application des théories du législateur.

Est-il besoin d'ajouter que cette étude a été enfin complétée par la lecture d'ouvrages tels que la magistrale histoire de M. A. Chuquet, les études si complètes du colonel Belhomme et de MM. Chassin et Hennet qui, établies d'après des documents irréfutables, avec une science et une compétence indiscutables, se sont imposées depuis longtemps aux méditations des travailleurs.

L'ouvrage ainsi conçu comprendra deux grandes divisions: l'Organisation, les Opérations. La première traitera successivement de l'action militaire du gouvernement et des représentants du peuple; du commandement et des états-majors; des diverses armes, infanterie, cavalerie, artillerie et aérostiers, génie; des services administratifs, qui avaient alors dans leurs attributions non seulement les subsistances, l'habillement et le campement mais aussi la justice et les transports militaires se subdivisant eux-mêmes en charrois, vivres et ambulances; de la gendarmerie; enfin des trésors et postes, auxquels se rattache l'embryon de communications télégraphiques que le génie de Chappe établit alors à Landau et à Lille, ainsi qu'entre cette dernière place et Paris (1).

---

 é du Comité de Salut public du 4 août 1793 : « .....Le Ministre de la guerre donnera sans délai les ordres nécessaires pour faire transporter et établir à Lille l'un des télégraphes qui ont été con-

## PRÉFACE.

Le livre que nous offrons aujourd'hui à nos camarades, et qui pourrait s'intituler « les causes premières du succès », comprend tout ce qui concerne l'énergique impulsion du gouvernement, des représentants et du commandement, le recrutement des troupes et leur solide encadrement.

La Constituante avait voulu avec raison n'entretenir sur le pied de paix que l'effectif nécessaire à repousser une agression subite et à encadrer les réserves qui compléteraient l'armée en cas de mobilisation. Voulant, en outre, mettre fin au « régime oppressif », à « l'odieuse pratique » des milices et aux abus du tirage au sort, elle crut trouver dans la création d'une « armée auxiliaire » le moyen d'obtenir le complet de guerre sans recourir aux mesures qu'elle condamnait. Enfin elle admettait une « Garde nationale » uniquement destinée à maintenir l'ordre à l'intérieur et qui ne devait être appelée aux armes que « dans un moment de péril extraordinaire ». Cette solution eût été admissible si l'on avait nettement délimité les trois catégories de l'armée permanente et de ses réserves active et territoriale. C'était en somme la même organisation que nous avons adoptée depuis 1872. Mais loin de spécifier l'âge auquel on devait passer d'une catégorie dans l'autre, la Constituante commit l'erreur capitale d'indiquer la même limite inférieure, 18 ans, pour les « auxiliaires » et pour les « gardes nationales ». Comme d'un autre côté l'enrôlement dans l'une des deux catégories était volontaire, un même citoyen pouvait indifféremment servir dans l'une ou l'autre. Le résultat de cette confusion ne tarda

---

struits pour servir aux expériences, et un autre à Landau;.... pour établir le plus tôt possible les stations de correspondance les plus voisines de ces deux places; il ordonnera de suite le placement des stations qui doivent former une ligne de correspondance de Lille à Paris. » (Aulard, tome V, page 471).

pas à se faire sentir : les gardes nationales imposant aux volontaires une discipline moins rigide et leur offrant de plus grands avantages pécuniaires, l'armée auxiliaire ne trouva pas à se recruter, ni l'armée permanente à se maintenir au complet réglementaire. Il ne resta donc en présence que des « troupes réglées », dont l'effectif diminuait insensiblement, et des gardes nationales volontaires dont le chiffre d'unités s'accrut sans cesse, bien que nombre d'entre elles n'aient cessé de décroître dès la fin de 1792, par le dénûment, les maladies et les désertions ou, pour parler plus exactement, le retour dans leurs foyers des volontaires nationaux : ne s'étant engagés que pour une campagne, aux termes mêmes de la loi, ils se regardaient comme libérés de droit et encombraient les routes qui conduisaient de la frontière à l'intérieur.

Tel était le résultat auquel aboutissaient les réformes rêvées par les orateurs de la Constituante : « leurs mesures furent si mal prises », dit Grimoard, « qu'elles se détruisirent réciproquement ». S'ils avaient mieux connu l'histoire de la nation ; si, au lieu de vouloir marquer d'un point d'arrêt la courbe de l'évolution militaire, ils avaient pensé qu'elle est, comme celle de l'évolution universelle, essentiellement continue et insensiblement ascendante, ils auraient repris la question au point même où l'avait laissée leur illustre devancier, le maréchal de Saxe. Animé des mêmes idées que la Constituante, blâmant comme elle le régime des milices et réclamant une loi qui les abolit, il avait proposé de décider que tout citoyen, quelle que fût sa condition, serait obligé de servir sa patrie pendant 5 ans, de 25 à 30, *sans qu'il fût possible de l'en exempter sous aucun prétexte.* Après sa libération, ce contingent aurait constitué par cela même une « armée auxiliaire », dans laquelle le Ministre de la guerre eût puisé les ressources qui lui étaient nécessaires pour assurer la mobilisation.

Ce fut à cette mesure que les conventionnels, hommes d'action avant tout, furent obligés de revenir pour réparer les erreurs militaires des grands discoureurs de la Constituante. Tout d'abord la Convention s'efforça d'arrêter l'exode des volontaires par ses proclamations enflammées : « La loi permet à quelques-uns de vous de se retirer ; le cri de la Patrie le leur défend ». Cet appel fut sanctionné par le décret du 13 décembre 1792 invitant les volontaires à rentrer à l'armée sous peine d'être marqués d'infamie au « tableau d'inscription civique, comme ayant refusé à la Patrie les secours qu'elle leur demandait ». La Convention chercha ensuite à évaluer l'effectif dont elle disposait et celui qui lui était nécessaire pour l'ouverture de la campagne de 1793 ; elle entendit à ce sujet Grimoard et, sous son influence aussi bien que sous celle de son Comité de la Guerre, représenté par Dubois-Crancé, elle décida le 24 février qu'il fallait mobiliser 502,800 hommes. Comme, malgré la surabondance des formations nouvelles, il n'existait que 200,000 hommes sous les drapeaux, il était nécessaire de procéder à une levée extraordinaire de 300,000 hommes. Ce contingent, réparti entre les départements, les districts et les communes, dut être *requis* parmi les hommes de 18 à 40 ans jusqu'à concurrence du nombre voulu ; mais on devait recourir d'abord aux engagements volontaires, et ce n'était qu'en cas d'insuffisance de ces inscriptions qu'il était procédé à la désignation des citoyens requis, par « tel mode jugé le plus convenable à la pluralité des voix ». En un mot, la réquisition portait sur l'ensemble du contingent réclamé à chaque commune ; mais ce chiffre pouvait y être atteint par enrôlement volontaire ou par tel autre mode, exclusif du tirage au sort, dont la pratique, plus d'une fois condamnée sous la monarchie, l'avait été définitivement par la Révolution.

Cependant, depuis le 18 mars, les échecs se succédaient sur notre frontière : Condé avait capitulé le

10 juillet, Valenciennes le 28 ; Kilmaine, pour ne pas être tourné dans le camp de César, l'avait abandonné pour se retirer sur celui de Gavrelle derrière la Scarpe. L'imminence du péril ne laissait pas que d'angoisser les esprits et de leur suggérer les plus violentes résolutions. C'est alors qu'un citoyen dont le nom n'est malheureusement pas parvenu jusqu'à nous, car il fut le véritable auteur du contingent formidable opposé par la France à ses envahisseurs ; un citoyen s'écria en pleine Convention : « Faites un appel au peuple ; qu'il se lève en masse. » Cette proposition, inexécutable dans les termes mêmes où elle était formulée, donna lieu à une série de tâtonnements et d'études successives du Comité de Salut public. Barère vint en son nom proposer de répartir cet énorme contingent entre dix-sept centres de mobilisation ; mais la proposition fut renvoyée pour nouvelle étude au Comité qui, suivant l'expression de Danton, n'avait pas toujours le temps de « mûrir ses projets ». Le nouvel examen qui s'ensuivit aboutit à la loi de la réquisition du 23 août 1793. Elle différait de celle du 24 février en ce qu'elle mettait tous les célibataires de 18 à 50 ans à la disposition de la Patrie ; mais elle n'en appelait tout d'abord que le contingent nécessaire : « Tous les citoyens sont requis, disait Barère, tous les âges depuis 18 à 50 ans peuvent fournir une bonne carrière militaire, mais tous ne peuvent se mettre en mouvement à la fois... La jeunesse ira la première... Depuis 18 jusqu'à 25 ans... on croit que cet âge peut comprendre plus de 400,000 citoyens, et nous n'avons pas besoin d'un si grand nombre ; mais, s'il en fallait encore, si cette première colonne était impuissante, le second âge serait requis depuis 25 jusqu'à 30, et ainsi de suite de 5 en 5 jusqu'à 50. » Aux 502,000 hommes de la loi du 24 février, celle du 23 août en ajoutait plus de 400,000, en sorte que la France devait pouvoir disposer du contingent, alors formidable, de 900,000

hommes. Malheureusement ce ne fut là qu'un chiffre théorique, et dans la réalité il ne dépassa pas 720,208 présents sous les armes en germinal an II (1).

Chose curieuse, la loi du 24 février 1793, admettait le *remplacement* si décrié depuis : cette solution n'était pas irrationnelle à la rigueur, puisque la loi ne réclamait que des inscriptions volontaires, en nombre inférieur au contingent. Mais elle n'en produisit pas moins des résultats déplorables, dont se plaignirent vivement les repré-

---

(1) C'est là le chiffre que donne Grimoard dans ses *Recherches sur la force de l'armée française*. Jomini, dans son *Histoire critique et militaire des guerres de la Révolution*, arrive à un effectif moindre. Voici, en effet, le tableau qu'il publie et les considérations dont il le fait suivre :

*ÉTAT de la force des armées françaises, à l'époque du 15 avril 1794 (26 germinal an II).*

| ARMÉES ACTIVES. | INFANTERIE. | CAVALERIE. | ARTILLERIE. | TOTAL. |
|---|---|---|---|---|
| Nord............... | 212,063 | 24,257 | 9,502 | 245,822 |
| Ardennes........... | 27,190 | 8,168 | 2,272 | 37,630 |
| Moselle............ | 82,267 | 16,562 | 4,494 | 103,323 |
| Rhin............... | 82,711 | 10,932 | 4,747 | 98,390 |
| Alpes.............. | 36,616 | 2,877 | 3,509 | 43,042 |
| Italie.............. | 58,212 | 550 | 1,789 | 60,551 |
| Pyrénées-Orientales. | 64,919 | 2,758 | 2,831 | 70,508 |
| Pyrénées-Occidentales. | 46,217 | 2,110 | 2,455 | 50,782 |
| Ouest.............. | 16,576 | 1,936 | 4,007 | 22,519 |
| Côtes de Brest..... | 30,538 | 625 | 3,216 | 34,379 |
| Côtes de Cherbourg. | 25,244 | 321 | 1,823 | 27,388 |
| TOTAUX...... | 682,553 | 71,096 | 40,645 | 794,334 |

« Dans ces nombres sont comprises les garnisons, mais non les troupes composant l'armée de l'intérieur, dont le quartier général était à Paris; il faut déduire néanmoins de ces forces les dépôts et malades, qu'on peut estimer au cinquième ; ce qui réduirait les présents à 650,000. »

Nous croyons qu'il est bien difficile de fixer un chiffre exact, ainsi que l'indique notre ouvrage. Et, par les détails qu'il donne sur les demi-brigades, il semble que l'évaluation de Grimoard soit plus rapprochée de la vérité.

sentants du peuple près l'armée du Nord : « La faculté du remplacement, on ne peut trop le répéter (1) a privé la République de 50,000 hommes ; ce sont les 50,000 invalides, scrofuleux, épileptiques de toutes espèces qu'on nous a donnés à la place des 50,000 autres qui sont sortis de leurs corps pour se vendre en contingent. Enfin le désordre qu'a produit, tant au moral qu'aux finances, la faculté du remplacement, est affreux. »

Quelques jours plus tard, les mêmes représentants renouvelaient leur protestation énergique et justifiée (2) : « Sur le territoire sacré de la liberté, dans cette même contrée où les droits de l'homme viennent d'être sanctionnés, il se fait un commerce d'hommes ; on spécule sur ce trafic : il se fait dans les ateliers, dans les boutiques, sur les places publiques. Un infâme racoleur aborde un jeune paysan, un jeune ouvrier, et lui dit : « Veux-tu te vendre pour un contingent ? Voilà 300 livres. » Le marché est conclu. Dès l'instant le jeune homme appartient à l'acheteur sans savoir à qui il le revendra... Le malheureux, avili par cette première vente, corrompu par l'appât du gain..., ne rejoint pas le corps auquel il est destiné, ou déserte, et va trouver un autre marchand... Non seulement le remplacement a décomposé, décomplété les bataillons ; mais si la guerre continue, il empêchera qu'on ne puisse les compléter par un nouveau recrutement. Il a porté partout le désespoir et la misère ; des femmes ont vendu jusqu'à leurs vêtements pour faire remplacer leurs maris ; d'autres ont vendu leurs petites propriétés, fruits de longs travaux ; des communes ont vendu leurs terres, leurs clochers, toutes leurs propriétés mobilières ou immobilières pour acheter des soldats

---

(1) De Sacy, Delbrel, Carnot et Duquesnoy au Comité de Salut public, Arras, 9 juillet 1793. (Aulard, tome V, page 219.)
(2) De Sacy, Delbrel et Carnot au Comité de Salut public, Arras, 13 juillet 1793. (Aulard, tome V, page 251.)

indignes de ce nom qui, promenés de vente en vente, désertant de bataillon en bataillon, n'ont fait que ruiner la République au lieu de la défendre... Ne vaudrait-il pas mieux arrêter, dès à présent, un mal qui a fait tant de ravages mais qui peut en faire encore ? Ne vaudrait-il pas mieux substituer, dès à présent, le service personnel à ce funeste remplacement qui ne remplace personne et qui ne produit que la plus abominable de toutes les spéculations financières ? » (1).

Profitant de l'expérience acquise et de cette conclusion, la loi du 23 août 1793 n'admit avec raison aucune exemption et n'enleva du service actif que les citoyens dont les connaissances étaient indispensables à la constitution des divers approvisionnements ou au bon fonctionnement de services intéressant essentiellement l'armée. En un mot, et pour parler le langage actuel, les seuls exemptés étaient les *non disponibles*. Ces mesures si justement sévères eurent pour effet de porter l'armée à un effectif jusqu'alors inconnu : « L'effet de cette loi », s'écria l'orateur du Comité de Salut public, « a passé vos espérances et, en montrant les immenses ressources de la France, a annoncé aux tyrans étonnés qu'une nation qui a su conquérir sa liberté et a de si grands moyens pour la conserver ne peut être subjuguée » (2).

L'énorme masse (3) ainsi recrutée n'agit pas seulement par le nombre, mais aussi par le mode intelligent de son emploi. On comprit, en effet, que la supériorité numérique ainsi obtenue et susceptible d'être entretenue

---

(1) Le lendemain, 14, de Sacy et Delbrel revenaient encore sur les abus du remplacement.

(2) Voir page 345.

(3) « Le coup d'œil de leurs armées est peut-être imposant par le nombre..... » (*Remarques sur l'organisation actuelle des armées françaises*, septembre 1794. Bibliothèque nationale.)

par l'appel successif des bans de 25 à 50 ans, constituait en quelque sorte un réservoir de forces inépuisable (1) qu'on pouvait dépenser sans compter. De là une double conséquence : on pouvait compenser en partie l'infériorité de troupes jeunes et à peine formées par la quantité de celles qu'on opposerait à l'ennemi ; on pouvait attaquer sans cesse et en masse, puisqu'on était certain de réparer facilement les forces perdues. Enfin, cette offensive était éminemment propre au tempérament français, à l'efficacité du tir de l'époque, et, entraînant les jeunes troupes dans une sorte de fuite en avant, les empêchait de s'énerver, soit de pied ferme, soit en manœuvrant maladroitement sous le feu de l'ennemi. Ce sera l'éternel honneur de Grimoard (2) d'avoir inspiré cette tactique

---

(1) « Un échec est pour eux une déroute..... Ils n'ont pu trouver, pour pallier cet accident, qu'un moyen, c'est d'avoir toujours des corps de réserve très considérables pour fournir jusqu'à trois et quatre fois des troupes fraîches..... » (*Remarques sur l'organisation actuelle des armées françaises*, septembre 1794. Bibliothèque nationale.)

C'est dans cette faculté de remplacement, dans cet afflux incessant des ressources de l'intérieur aux armées, bien plus que dans les forces opposées sur certains champs de bataille, que résidait la supériorité numérique. Ainsi, d'après Jomini, la force des armées du Nord et des Ardennes était, le 26 germinal, de 282,000 hommes, dont il fallait défalquer le cinquième pour malades et dépôts, soit 225,000. De ce chiffre il fallait encore déduire les garnisons de 26 places fortes, qu'on pouvait bien estimer à 50,000 hommes ; une situation des garnisons de l'armée du Nord, au 15 prairial, donne en effet le chiffre total de 53,632 hommes, dont 46,674 combattants. L'effectif des présents sous les armes pouvait donc être de 175,000 hommes pour ces deux armées, en germinal. Or, au bout de deux mois de campagne, cet effectif était encore le même à la veille de Fleurus. On doit donc en conclure que les ressources, arrivant de l'intérieur ou prélevés sur des places, ont sans cesse comblé les vides de la guerre.

D'un autre côté, les armées du Nord et des Ardennes n'auraient pu avoir à elles seules la supériorité numérique à Fleurus et ne l'obtinrent que par l'appoint d'une partie de l'armée de la Moselle.

(2) Voir page 403 les paroles de Grimoard.

dès le mois de janvier 1793 à la Convention et d'avoir amené, par ses visites d'avril et de mai, le Comité de Salut public, et notamment le représentant Saint-Just (1), à proclamer que la nation française étant terrible par sa fougue et son adresse, son système de guerre devait être l'ordre du choc impétueux des armes françaises : la charge à la baïonnette avait donc alors la plus grande importance, et le Comité de Salut public ne trouvait pas de termes assez dithyrambiques pour en louer les effets. Charger en masse à la baïonnette; « ne jamais calculer le nombre des ennemis, mais les attaquer avec chaleur, la baïonnette au bout du fusil, sans s'amuser longtemps à tirer ou à manœuvrer, car les troupes françaises d'alors n'étaient pas assez exercées ni seulement préparées. Cette manière de combattre, si adaptée au caractère, à l'adresse et à l'impétuosité de la nation française » (2), n'était que l'intelligente conclusion des prémisses posées par la première loi de réquisition et confirmées par la seconde.

Dans le domaine tactique, cette supériorité numérique, qui se produisit sinon toujours, du moins généralement, mit en faveur l'attaque décisive par les ailes ou par le centre, sous le couvert d'une avant-garde. « On peut tourner une armée quand on a assez de monde pour tenir son front en activité en même temps qu'on déborde ses ailes..... On peut aussi enfoncer, car, en tenant tout le front de son ennemi en haleine, on pourra diriger ses efforts sur le point particulier qu'on aura reconnu faible..... » (3).

En dehors du contingent formidable qu'elle a donné à la France, la loi du 23 août 1793 vaut encore qu'on s'y arrête à un autre point de vue : à la suite de

---

(1) Voir page 404 les paroles de Saint-Just.
(2) *Observations sur l'armée française, de 1792 à 1808*, page 17.
(3) *Ibid.*, page 33.

chacun de nos grands désastres, nous avons cherché, dans la copie de nos heureux adversaires, les éléments d'une organisation nouvelle. Le phénomène qui s'était produit à la suite de la guerre de sept Ans s'est renouvelé après 1870. Attribuant avec raison à la supériorité numérique des Allemands une partie considérable de leurs succès, nous avons voulu l'égaler dès 1872 par une nouvelle loi de recrutement; mais, loin de revenir aux traditions de nos ancêtres de 93, à leur solution si claire et si pratique, qui portait par cela même le cachet de l'esprit français, nous avons subi l'influence de l'organisation étrangère, et nous avons voulu avoir comme elle une réserve, une armée territoriale et une réserve d'armée territoriale. A quoi servait cette distinction, sinon à fausser les idées de chacun sur les devoirs qui lui incombent en temps de guerre? Était-il admissible que, si le contingent de l'active et de sa réserve était inférieur aux exigences de la mobilisation, il fût impossible de recourir à l'armée dite « territoriale » ? Que, le lendemain du jour où il aurait atteint sa limite d'âge, le réserviste quittât les armées en campagne pour refluer vers le territoire, imitant en cela l'exode des volontaires nationaux à la fin de leur année d'engagement? N'était-il pas plus rationnel de diviser le contingent de 20 à 45 ans en une série de bans ayant tous les mêmes obligations envers la Patrie en danger, mais pouvant être appelés par ordre d'urgence, suivant les nécessités du plan de campagne? Poser la question, c'est la résoudre; et, si elle a été soulevée ici, ce n'est pas pour critiquer une solution, qui a du reste été corrigée en partie par la loi du 19 juillet 1892 (1), qui est actuellement entrée dans nos mœurs et sur laquelle il n'y a plus à revenir, mais pour montrer une fois de plus combien notre histoire est riche

---

(1) Les prescriptions de la loi du 19 juillet 1892 ont été maintenues par celle qui est actuellement en discussion sur le service de deux ans.

en enseignements de toutes sortes, quel avantage nous aurions à étudier nos questions d'organisation en évitant les solutions étrangères, qui s'adaptent mal au génie de notre race, en faisant appel à nos traditions nationales et en recherchant dans nos fastes militaires les mesures qu'avait déjà adoptées, pour des cas analogues, l'esprit si lucide et si pratique de nos ancêtres.

Le contingent fourni par la loi du 23 août 1793 fut tout d'abord organisé en bataillons, et la Convention les destina à l'occupation des forteresses, pour libérer d'autant les « anciens cadres » qui y tenaient garnison. Mais, le 2 frimaire, elle pensa « qu'il serait absurde de conserver une foule de bataillons sans instruction et sans expérience, tandis qu'un grand nombre de corps anciens se trouvaient beaucoup au-dessous du complet ». De plus, les réquisitionnaires « ne pourraient jamais servir si utilement la patrie dans les corps entièrement neufs que lorsqu'ils seraient incorporés dans les corps anciens déjà formés à la tactique, où ils suivraient l'impulsion qui leur serait donnée par les militaires expérimentés qui composent ces corps ». L'incorporation des bataillons de réquisition dans les anciens cadres fut donc décidée, et les officiers de ces unités qui n'avaient pas plus de valeur militaire que leurs hommes, durent abandonner leurs galons. « Nous renvoyons au grade de soldat ces épauletiers d'hier, ces aigrefins qui voudraient faire la loi aux braves officiers qui viennent de supporter deux campagnes » (1). Moins dure dans la forme, la Convention était aussi ferme dans le fond : « Peut-être cette suppression excitera quelques réclamations; peut-être les citoyens nommés officiers dans ces nouveaux bataillons croiront avoir à se plaindre. La Convention augure trop bien du patriotisme de tous les Français pour en craindre quelque fâcheux résultat; et elle ne doute pas

---

(1) Hentz et Bo au Comité de Salut public, 4 frimaire, page 349.

*b*

que ces citoyens fassent le sacrifice, à la Patrie, de toutes leurs petites prétentions d'amour-propre et d'intérêt particulier » (1).

Théoriquement, l'incorporation devait être terminée le 10 nivôse, mais pratiquement elle se poursuivit encore en pleines opérations, et, si elle était achevée à la fin de germinal vers l'aile gauche, elle ne l'était pas encore à la fin de floréal vers la droite de l'armée du Nord.

Elle fut d'ailleurs retardée par de faux calculs, comme celui que fit le représentant du peuple Gillet à l'armée de la Moselle : il l'avait trouvée forte de 85 bataillons, dont 19 seulement étaient complets, et présentant un déficit total de 19,000 hommes. Pour le combler, il avait pensé à retirer de l'armée des Ardennes 14 bataillons de réquisition formant au moins 9,000 hommes. Comme ces bataillons tenaient encore garnison dans les places frontières, Gillet les remplaçait par 6 anciens cadres de l'armée de la Moselle; avant même qu'ils fussent arrivés, il prélevait 4 bataillons de réquisitionnaires sur Verdun et s'attendait à en recevoir encore 9 autres (2). Mais Charbonnié, à qui parvenaient en même temps 6 anciens cadres de l'armée de la Moselle et 12 autres de celle du Nord, garda ses 9 bataillons de réquisitionnaires pour compléter les 18 anciens. Tout ce que put faire Gillet fut de recevoir 1500 à 2,000 hommes de Rethel, en dehors des 4 bataillons qu'il avait pris à Verdun; en sorte qu'au lieu des 9,000 hommes qu'il prévoyait comme un minimum pour combler le déficit des 85 bataillons de la Moselle, il n'en retira que 4,000 environ des Ardennes.

Cet exemple montre une fois de plus l'écart qu'il y

---

(1) Voir page 346.
(2) Le dixième restait à l'armée des Ardennes pour entrer dans la 1<sup>re</sup> légion des Ardennes. (Gillet à l'agent supérieur Poulet. Longuyon, 3 germinal, page 466.)

avait entre les calculs théoriques des législateurs et le rendement pratique obtenu, grâce aux difficultés de toutes sortes auxquelles on se heurtait. Une autre question, qui resta pendante jusqu'au moment où les opérations furent en pleine activité, fut celle *des subsistants*. On a vu qu'à la fin de 1792, pour arrêter l'exode des volontaires nationaux vers leurs foyers, la Convention les avait menacés d'infamie par la loi du 13 décembre. Toutefois, elle reconnaissait aux volontaires le droit de se faire délivrer des congés réguliers pour des motifs plausibles; en outre, le 9 juin 1793, elle permettait encore aux officiers de santé des hôpitaux de fixer la durée de congés de convalescence. Cette double autorisation eut pour conséquence un va-et-vient continuel de volontaires sur les lignes de communications de l'armée; mais, lorsqu'ils retournaient à la localité d'où ils étaient partis et où stationnait à ce moment leur unité d'affectation, il y avait beau temps qu'elle l'avait quittée (1). Pour résoudre cette nouvelle difficulté, il fallait tout d'abord mettre ces hommes en subsistance à leur retour; puis, en vertu de la loi du 23 pluviôse, rechercher leurs corps d'affectation et les leur faire rejoindre. Si l'emplacement de ces unités était ignoré, on en référait au Ministre. Il résultait de ces dispositions un double inconvénient : une grosse dépense pour le Trésor, car, ainsi que l'écrivait Liébert, « il se présentait journellement à l'état-major de l'armée du Nord des militaires qui demandaient des routes pour joindre leurs corps, soit à l'armée de l'Ouest, soit à celles des Pyrénées, du Midi, des Alpes ou du Rhin »; en outre, lorsqu'il fallait en référer au ministère, on perdait un temps

---

(1) « Il y avait un tel désordre que l'on ignorait la plupart du temps où les bataillons étaient cantonnés, parce que, lorsqu'ils ne se trouvaient pas bien ou suivant leur goût dans un lieu, ils passaient, sans en donner avis, dans un autre. » (*Souvenirs du maréchal Macdonald*, page 31.)

précieux. Aussi Liébert proposait-il d'incorporer à l'armée du Nord tous les militaires qui s'y trouvaient mais dont les corps appartenaient à une autre, et de ne plus faire rejoindre les volontaires, à l'expiration de leur congé, sur leur point de départ, mais bien sur l'armée à laquelle appartiendraient alors leurs corps respectifs : il suffisait pour cela de donner à la gendarmerie les indications nécessaires. Ces propositions si sensées ne furent cependant pas acceptées, et la Commission d'organisation et du mouvement des armées maintint la solution primitive.

En dehors de ces volontaires, il y avait les réquisitionnaires qui, en vertu de l'article X de la loi du 23 août 1793, avaient été dirigés sur chaque armée en nombre proportionné à ses besoins, et sur divers emplacements. Il fallut encore les mettre tout d'abord en subsistance en ces points, où ils servirent à compléter les anciens cadres, et ceux qui s'y trouvèrent en excédent furent rassemblés en un dépôt unique pour recevoir une affectation le cas échéant : tel fut Rethel pour l'armée des Ardennes.

Cette incorporation se trouvait du reste assez intimement liée à l'opération de l'embrigadement (1) pour que les mêmes représentants et agents fussent chargés de cette double opération.

---

(1) On remarquera que l'on ne fait, dans ce qui va suivre, aucune distinction entre les mots *amalgame* et *embrigadement*, qui sont synonymes. En effet, la loi fondamentale du 21 février 1793 ne parle que de *demi-brigades;* celle du 10 juin vise « *l'amalgame des troupes de ligne et des volontaires nationaux, qui a été décrété le 21 février* »; celle du 12 août 1793, bien que relative à *l'amalgame pour l'infanterie de la République*, ne parle que de demi-brigades, et l'instruction qui en est la conséquence a trait à la « *formation des régiments d'infanterie et des bataillons de volontaires nationaux en demi-brigades* ». Doit-on entendre par « amalgame » la répartition des compagnies par bataillons, telle

Dès le mois de février 1793, au moment même où il fixait le contingent de l'armée à 502,800 hommes, Dubois-Crancé appelait l'attention sur la nécessité de fusionner les bataillons de volontaires avec ceux des troupes réglées dans la proportion de deux contre un. Il la motivait par l'intérêt politique d'absorber l'esprit de la ligne par celui des volontaires; dans le cas contraire, ce serait, disait-il, « des volontaires que vous feriez soldats de ligne et non des soldats de ligne que vous feriez volontaires ». On devait ainsi obtenir une solidarité complète entre deux contingents d'origine et d'esprit divers, et faire bénéficier les volontaires de la solidité des troupes réglées. Cette mesure ne fut pas plus comprise par la Constituante que ne l'avait été la loi de recrutement. Ignorante des tentatives déjà faites par les maréchaux de Saxe et de Belle-Isle pour réaliser l'amalgame des troupes réglées et des milices, elle ne sut pas adopter la création, proposée par Dubois-Crancé, de régiments « nationaux », à renforcer en cas de guerre par les « gardes nationales » tirées de circonscriptions voisines, ni l'étroite coopération qu'avait voulu établir Beauharnais entre les troupes réglées et les gardes nationales. En janvier 1792, l'Assemblée avait encore repoussé la solution du ministre Narbonne, qui voulait faire combler les déficits des régiments de l'armée permanente par des bataillons de volontaires; celles des députés Hugot et de Jaucourt, qui réclamaient « l'incorporation » des volontaires dans les troupes réglées; enfin, celle de Dubayet, qui posait la question de la façon la plus précise : « Je crois », disait-il, « qu'il serait très possible d'*embrigader*

---

que l'indique l'article IX de la loi du 12 août 1793 et qu'elle est reproduite à la page 431 de notre ouvrage ? Le texte de cet article ne prononce pas cette expression, qui est du reste employée par la loi du 10 juin. Enfin, celle du 29 nivôse, *portant que l'infanterie de la République sera organisée en demi-brigades*, vise en son article I les décrets des 21 février et 12 août 1793.

les gardes nationales avec les troupes de ligne, c'est-à-dire non pas d'*incorporer* les hommes, mais de *réunir* les bataillons ». Kellermann, qui demandait l'incorporation des *bataillons* de gardes nationales dans les troupes de ligne, ne fut pas plus heureux les 21 juillet et 20 août; et ce fut seulement le 21 février 1793 que la Convention adopta le principe de l'embrigadement à la suite d'un nouveau discours de Dubois-Crancé : « L'embrigadement », disait-il, « ne tend qu'à resserrer les liens de la fraternité; donne des exemples d'instruction et de discipline aux uns, de civisme pur et de dévouement à la Patrie aux autres; elle forme des *demi-brigades*....., mode extrêmement simple pour les généraux qui ne calculent que..... par *brigades* et divisions....., enfin cette opération donne toute satisfaction au complétement des troupes ». Plus tard, Gillet, le représentant du peuple chargé des opérations corrélatives de l'incorporation et de l'embrigadement, dira encore : « Deux considérations importantes ont déterminé cette grande mesure. La première, de réunir en un seul corps une masse de forces qui présentât plus d'ensemble dans les mouvements et plus de résistance dans les combats qu'on ne peut l'attendre de plusieurs corps agissant sous les ordres de différents chefs. La seconde, de faire disparaître toute distinction entre les régiments de ligne et les bataillons de volontaires..... (1). Ils combattent pour la même cause.....; ils ont appris dans les combats à s'estimer; tous se sont montrés dignes de la noble cause qu'ils défendent : les réunir, leur accorder un traitement égal était donc adopter une mesure commandée par la justice autant que par les principes d'une

---

(1) « L'infanterie de ligne est presque généralement confondue avec les volontaires. Du moins elle est presque toute vêtue de même..... » (*Remarques sur l'organisation des armées françaises*, septembre 1794. Bibliothèque nationale.)

bonne constitution militaire » (1). L'embrigadement admis, il fallait le mettre en application; et, tout d'abord, la Convention, ne connaissant pas exactement « les cadres qu'il était utile de conserver et de compléter », invitait le Ministre à « présenter au 1$^{er}$ mars 1793 le tableau de cette réunion et du mode d'exécution ». Mais, tandis qu'elle cherche à établir une situation nette à cette date, les réclamations surgissent de toutes parts : Deville auprès de l'armée des Ardennes, Gasparin auprès de celle du Nord, le général La Marlière supplient la Convention de donner à cette question la solution la plus prompte : « Oui ou non », écrivait Gasparin; « mais de grâce oui, si vous voulez tirer un bon parti de nos bataillons de volontaires..... « Les généraux », ajoutait-il, « préparent les esprits à cette mesure en embrigadant les bataillons suivant le principe dudit amalgame » (2). Comme pour confirmer la justesse de ces paroles, La Marlière écrivait le 5 juin que toute sa division était préparée à l'amalgame et qu'il avait formé ses brigades de manière à terminer facilement cette opération. Devant ces pressantes instances et l'initiative prise par les généraux, la Convention les autorisait le 10 juin à effectuer l'embrigadement prévu par la loi du 21 février. Enfin, le 12 août, le travail basé sur le tableau du 1$^{er}$ mars paraît avoir été terminé; dans l'intervalle, un nouveau régiment d'infanterie de ligne avait été formé, en sorte qu'au lieu des 196 demi-brigades prescrites par la loi du 21 février, celle du 12 août en compta 198.

La Convention avait donc réglé, à cette dernière date, le sort des 99 régiments d'infanterie régulière et de

---

(1) Instruction du 25 pluviôse, page 458.
(2) Là encore il semble que les mots *embrigadement* et *amalgame* soient employés indifféremment l'un pour l'autre. Ils le sont, du reste, antérieurement à la loi du 12 août 1793, car la lettre de Gasparin est du 13 mai.

396 bataillons de volontaires existants au 1er mars 1793 : ce furent ces bataillons qui furent désignés sous le nom de « cadres antérieurs au 1er mars ».

Mais quelques jours après survenait la loi de réquisition qui mettait 400,000 hommes à la disposition de la France. En y ajoutant les 502,800 de la loi du 24 février 1793, on arrivait à un chiffre *théorique* de 902,800 hommes, alors que celle du 12 août ne prévoyait que 198 demi-brigades, fortes chacune de 2,431 hommes, soit au total 481,338 hommes. Il restait donc 421,462 hommes à utiliser. Pour y parvenir, la loi du 2 frimaire augmenta tout d'abord l'effectif de chaque demi-brigade et le porta de 2,431 à 3,201. De ce chef la disponibilité de 421,462 se trouvait réduite à 269,002 hommes. De ce chiffre il fallait encore déduire les armes spéciales qui, si l'on s'en rapporte à l'évaluation qu'en faisait Dubois-Crancé le 7 février 1793, s'élevaient à 129,080 hommes. Il devait donc rester en dernier ressort un reliquat *théorique* de 139,922 hommes, soit une centaine de bataillons. Fallait-il les grouper par trois pour en faire des demi-brigades ? Comme ils étaient sans aucune valeur militaire et avaient tous la même origine, cette réunion ne pouvait réaliser ni la solidité d'encadrement ni la fusion que se proposait l'embrigadement ; et elle aboutissait simplement à un conglomérat d'unités plus fortes numériquement mais non moralement. Aussi, la Convention rechercha-t-elle une autre solution : au moment où elle avait voté le principe même de la réforme, elle avait arrêté, le 1er mars, un tableau de toutes les troupes réglées et de tous les bataillons de volontaires existant à cette date ; mais, depuis ce moment, et bien que la loi du 10 mars eût défendu de former aucun corps nouveau, les créations de bataillons de volontaires avaient continué ; la Convention avait même dû, pour se retrouver dans tout ce désordre, réclamer le 8 frimaire l'état de tous les corps de volontaires existants en France. Parmi ces derniers, quelques-uns s'étaient aguerris et pouvaient être considérés comme bataillons d'ancienne formation : tels étaient les volontaires que l'article 9 de l'arrêté du 4 mai 1793 prescrivait de prélever sur les armées du Nord et des Ardennes pour réprimer les troubles de la Vendée, des Deux-Sèvres, de Maine-et-Loire et de la Loire-Inférieure ; tels eussent été « les deux bataillons de volontaires nationaux, ayant fait la campagne de 1792 », que le Comité de Salut public décidait, le 10 mai 1793, de transporter par relais vers l'armée des Côtes de la Rochelle en raison de « la rapidité inconcevable des progrès de la révolte » ; tels étaient encore, les « anciens bataillons » que Souham recommandait le 3 nivôse (1) de « mettre avec deux autres moins instruits » pour former des demi-brigades. Plus tard, le décret du 17 germinal (2) dénommera « bataillons d'ancienne formation » ceux qui furent « formés à Orléans des militaires tirés des armées du Nord et des Ardennes pour aller combattre les brigands de la Vendée ». En amalgamant une pareille unité avec deux bataillons de réquisitionnaires, on pouvait avoir l'illusion d'une demi-brigade ; mais en général la réunion d'un bataillon de volontaires postérieur au 1er mars et de deux de réquisitionnaires ne pouvait produire qu'un alliage de solidité douteuse au lieu du pur métal des premières demi-brigades. C'est pourtant cette solution que la Convention fut obligée d'adopter le 19 nivôse pour utiliser l'excédent, *plus théorique que réel*, de ses bataillons de réquisitionnaires, tout en satisfaisant au principe posé par la loi du 21 février 1793. On ne se dissimulait pas, toutefois, la médiocrité du produit ; et, pour le distinguer des autres, on le dénomma « provisoire ». Le registre des mou-

---

(1) Souham à Daendels, 3 nivôse, page 455.
(2) Ordre du 20-21 floréal, page 455.

vements des demi-brigades de l'an III le constate en ces termes : « Les demi-brigades qui suivent sont composées de bataillons de réquisition ou levés du 1ᵉʳ mars au 23 août 1793, dont l'ensemble est mauvais, et forment des demi-brigades provisoires. »

Aux demi-brigades normales et provisoires, il faut encore ajouter les légères. En dehors des troupes de ligne et des volontaires nationaux ; des fédérés, qui ne comptèrent jamais que 18 bataillons et ne peuvent être considérés que comme une variété turbulente et indisciplinée des volontaires nationaux, il y avait, en effet, l'infanterie légère. Celle-ci comprenait non seulement les bataillons de chasseurs de la monarchie, mais encore les légions créées en 1792, et les corps francs. Ces derniers se multiplièrent à l'envi non seulement à cause de l'engouement que l'on avait à la fin du XVIIIᵉ siècle pour les troupes légères, mais encore par ce phénomène qui créa les corps francs en Allemagne en 1813 et les francs-tireurs en 1870 : lorsque la nation se voit livrée à des mains débiles et impuissantes, elle prend elle-même l'initiative de sa défense ; à l'impulsion qui devrait venir d'en haut, et que chacun attend vainement, se substituent les tentatives individuelles. Au contraire, dès que l'on sent agir la main ferme que chacun attend, ces organisations bizarres qui ne servent qu'à faire diverger les efforts, sont au contraire groupées et remises sous la direction suprême qui seule doit commander et organiser, afin de porter les forces vives du pays à leur maximum de rendement par la concentration de leurs efforts : c'est ce qui se produisit en 1813 sous l'influence de Scharnhorst (1) ;

---

(1) « Avant la formation de la Landwehr, toute une première catégorie de volontaires s'était dès la première heure, au mois de mars et d'avril, présentée pour former les détachements de chasseurs volontaires, les corps francs..... Ils s'étaient présentés au nombre de 18,425. » (G. Cavaignac. *La formation de la Prusse contemporaine*, tome II, page 456.)

c'est ce qui eut lieu en 1870 dès que parut Gambetta, c'est ce qui arriva fatalement en 1793 lorsque la Convention et le Comité de Salut public purent faire sentir leur action vigoureuse. La loi du 21 février 1793 décida que les bataillons de chasseurs seraient réunis aux légions ou corps francs pour former des demi-brigades légères ; mais les corps francs étaient si disparates et si variables d'effectifs qu'il fallut dès le 10 mars surseoir à cette formation ; que plus tard, le 8 frimaire, la Convention se fit encore fournir l'état de chacun de ces corps de troupe ; et ce fut seulement le 9 pluviôse qu'elle fut assez fixée sur cette situation pour décider que tous les corps francs et légions seraient supprimés et transformés en bataillons d'infanterie légère par le représentant chargé de l'embrigadement. Une fois formées, ces unités étaient groupées par trois pour constituer des demi-brigades légères.

En résumé, l'embrigadement fournit des demi-brigades d'infanterie de ligne, dites de bataille, des légères et des provisoires : les premières provenant de l'amalgame des 99 régiments d'infanterie régulière avec les cadres antérieurs au 1$^{er}$ mars 1793 ; les deuxièmes du groupement ternaire des bataillons de chasseurs, légions et corps francs ; les dernières de la réunion des cadres postérieurs au 1$^{er}$ mars avec le reliquat des bataillons de réquisition. Telle devait être, du moins *en théorie*, l'organisation de ces unités, mais *dans la pratique* elles furent de composition plus variable ; elles comprirent aussi des cadres antérieurs au 1$^{er}$ mars et des réquisitionnaires ; ou encore elles furent exceptionnellement et exclusivement composées de volontaires nationaux de 1792, ou de bataillons levés en 1793. Enfin, contrairement à la pensée du législateur, on en trouve encore qui portent des noms de départements, nom qui devait être réservé au temps de paix ; ou qui ont des appellations particulières telles que la demi-brigade des Aurois, celle des tirailleurs, etc.

On remarquera que la formation de toutes ces unités ne s'explique qu'en supposant, comme le législateur, que le contingent total du recrutement atteignait 900,000 hommes. Mais si l'on s'en rapporte au tableau donné par Grimoard, cet effectif ne dépassa pas 720,000 hommes au mois de germinal, an II et 750,000 hommes en vendémiaire an III. Il faut donc admettre que ces derniers chiffres sont erronés, ou que toutes les demi-brigades ne furent pas formées, ou que l'effectif de chacune d'elles n'atteignit pas celui qu'avait fixé la loi du 2 frimaire. En fait, il y eut 211 demi-brigades d'infanterie de ligne, non compris quelques demi-brigades *bis*; 42 légères ; 21 provisoires et 24 sans numéros. 54 unités ne furent pas formées, en sorte qu'il y eut au total 244 demi-brigades de toute sorte, plus quelques numéros *bis* de bataille. En négligeant ces dernières (1), la comparaison de ce chiffre avec celui de 735,000 hommes, moyenne des mois de germinal an II et de vendémiaire an III, diminué de celui des armes spéciales, donne pour chaque demi-brigade un effectif moyen de 2,500 hommes au plus ; et si l'on consulte la situation de la division Souham au 17 floréal, on trouve, en effet, que la composition de ses demi-brigades variait de 2,346 à 2,838 hommes.

Comme l'incorporation, et comme presque toutes les mesures organiques relatives à l'armée de 1794, l'embrigadement n'était pas terminé au début des opérations : au 17 floréal, même après la victoire de Mouscron, les

---

(1) Nous négligeons les demi-brigades *bis* de bataille, dont il est bien difficile de préciser le nombre, d'ailleurs relativement minime. Cette suppression n'a d'autre effet que de donner un maximum pour le chiffre moyen que nous recherchons ; elle montre que, même en négligeant les demi-brigades *bis* de bataille, l'effectif de toutes ces unités ne pouvait atteindre celui de 3,201 fantassins, si l'on adopte les chiffres indiqués par Grimoard pour le rendement de la loi du 23 août 1793.

brigades de la division Souham comprenaient un mélange de demi-brigades et de bataillons indépendants : Daendels avait sous ses ordres, à Moorseele, les 29ᵉ et 199ᵉ demi-brigades, la 31ᵉ division de gendarmerie et le 3ᵉ bataillon d'infanterie légère ; Macdonald, au camp de Courtrai, disposait des 3ᵉ, 24ᵉ et 68ᵉ demi-brigades, et du 4ᵉ bataillon de tirailleurs ; le détachement de Jardon, sur la route de Courtrai à Bruges, était composé du 1ᵉʳ bataillon de tirailleurs et de cinq compagnies du 2ᵉ bataillon d'infanterie légère ; la brigade Malbranque, à Tourcoing, du 1ᵉʳ bataillon de l'Aisne, du 2ᵉ bataillon des Basses-Alpes, des 2ᵉˢ du 19ᵉ et du 81ᵉ, du 3ᵉ des fédérés et du 2ᵉ bataillon de tirailleurs ; enfin la garnison de Courtrai était constituée par les 23ᵉ, 27ᵉ et 200ᵉ demi-brigades, la 30ᵉ division de gendarmerie et le 1ᵉʳ bataillon d'infanterie légère. A l'armée des Ardennes, la situation du 20 floréal accuse également un mélange de demi-brigades et de bataillons. Enfin presque à la même date, le 19, le représentant du peuple Gillet, chargé de l'embrigadement, avouait qu'il n'avait pas accompli la moitié de sa tâche à l'armée de la Moselle. Lorsque celle-ci débouchera dans l'Entre-Sambre-et-Meuse, le 15 prairial, les divisions Hatry, Morlot, Championnet et Lefebvre, qui entrent dans sa composition, seront formées, la première exclusivement de bataillons, les deux autres de demi-brigades seulement ; et la dernière présentera une combinaison mixte de ces deux sortes d'unités.

Quelque retard qui fût apporté à l'achèvement de cette réforme capitale, on peut affirmer cependant qu'il y fut procédé avec le plus grand soin : on n'en veut pour preuve que la correspondance de Gillet (1), et notamment sa lettre du 8 germinal, où il détaille les qualités qui dis-

---

(1) Il profita de cette opération pour débarrasser l'armée de cadres incapables dont la retraite « serait aussi utile à la République qu'à eux-mêmes » (page 505).

tingueront les 3 bataillons destinés à entrer dans la composition de la 26ᵉ demi-brigade. On s'y convainct en outre de l'influence morale que pouvaient exercer les vieux régiments : « Le 13ᵉ est un des meilleurs bataillons de l'armée ;... quoique réduit à moins de 300 hommes, les généraux étaient aussi tranquilles avec lui qu'avec 1200 hommes de troupes ordinaires (1). »

Passant de l'armée des Ardennes à celle de la Moselle, Gillet dira de même (2) : « Les trois divisions de gauche de l'armée se sont réunies aujourd'hui... C'est une grande jouissance que la vue de cette armée :... Elle est habituée à vaincre, et elle remplira ses glorieuses destinées... Les chefs qui ont été placés jusqu'ici à la tête des demi-brigades sont à peu près tels qu'on aurait pu le désirer en les choisissant sur toute l'armée (3). » Il ne pouvait du reste en être autrement car « lorsqu'on accordait un grade à un militaire, ce n'était point une récompense mais un devoir qu'on lui imposait » ; on pensait que « les grades militaires n'étaient pas créés pour les hommes mais pour la République », et que « les places n'étaient pas la propriété des individus mais celle de la Patrie (4) ».

Enfin, l'influence morale des demi-brigades se fera sentir aussitôt à l'armée du Nord : tandis que les bataillons isolés des divisions Goguet et Balland subiront échecs sur échecs sous les murs de Landrecies, la division Souham, en majeure partie formée de demi-brigades et de bataillons d'infanterie légère, soigneusement composés, marchera de victoire en victoire. Si la médiocrité des Goguet et des Balland explique en partie l'insuccès de leurs troupes, et si les qualités de chefs tels que

---

(1) Gillet à Charbonnié. Marville, 8 germinal, page 492.
(2) Gillet au Comité de Salut public. Longwy, 10 germinal, page 501.
(3) Gillet au Comité de Salut public. Villers-la-Chèvre, 14 germinal, page 503.
(4) Pages 504 et 505.

Macdonald, Souham et Daendels n'ont pas été étrangères à leurs succès, il faut aussi en reporter une partie sur la valeur de l'outil qu'on leur avait mis en main.

A ces troupes, solidement encadrées, l'état-major de l'armée assurait le fonctionnement régulier de tous les services nécessaires.

On exposera en détail, au cours de cet ouvrage, la composition des états-majors ; les fonctions du chef, des adjudants généraux, des adjoints aux adjudants généraux, des aides de camp, des guides, des secrétaires et ordonnances; en un mot, la vie journalière de ce service. On ne veut retenir ici que les points principaux qui comportent un enseignement digne de fixer l'attention.

Le chef de l'état-major de l'armée, resté à une ou deux étapes en arrière du général en chef, et assisté des chefs de service de l'armée, notamment du général de division commandant l'artillerie et du commissaire ordonnateur en chef, s'occupe de faire affluer vers l'avant tous les approvisionnements nécessaires en personnel et matériel. Tandis que le général en chef est à Menin ou Courtrai, à hauteur de ses divisions pourvues chacune d'un commandement, d'un état-major, d'un commissariat des guerres et d'un commandement d'artillerie, le chef de l'état-major est à Lille avec le commissaire ordonnateur, et le général commandant l'artillerie de l'armée, à l'arsenal de La Fère. Pour connaître tous les besoins des divisions, le chef de l'état-major exige d'elles la production d'états périodiques qui lui permettent de donner, au nom du général en chef, les ordres d'ensemble aux chefs de services de l'armée ; ceux-ci, à leur tour, assurent l'exécution technique de ses prescriptions et envoient au besoin à leurs subordonnés des divisions les instructions nécessaires. Ce simple exposé montre qu'en 1794 le rôle du directeur des étapes actuel était dévolu au chef de l'état-major agissant au nom et par délégation permanente du général en chef. Quant à ce dernier, déchargé ainsi du fardeau de toutes les questions secondaires d'administration, il n'avait plus qu'à tendre tous les ressorts de sa volonté et de ses facultés intellectuelles vers les hautes parties de la guerre, vers les combinaisons stratégiques et de grande tactique : dans ce but, il était accompagné d'un état-major *léger* composé d'officiers d'élite et uniquement chargé des opérations.

La situation de l'armée du Nord, datée du 16 floréal (1),

(1) *ÉTAT des officiers généraux, aides de camp, adjudants généraux et adjoints, employés à l'état-major général, savoir :*

| NOMS. | GRADES. | CORPS auxquels ils sont attachés. | OBSERVATIONS. |
|---|---|---|---|
| Pichegru.... | Général en chef................ | » | |
| Liebert..... | Général de div., chef de l'état-major. | » | |
| Sauviac.... | Général de brigade............. | » | |
| Forgues.... | Adjudant général, chef de brigade. | » | |
| Lautour.... | Id...................... | » | |
| Nivet...... | Id...................... | » | |
| Deplanque.. | Adjudant général, chef de bataillon. | » | |
| Donzelot l'aîné........ | Id...................... | » | |
| Badonville.. | Adjudant général, chef de brigade. | » | |
| Abbatucci... | Aide de camp du général en chef... | Capitaine d'artill. légère. | |
| Doumerc... | Id...................... | Lieut. au 4ᵉ chass. à cheval. | |
| Chomette... | Id...................... | Lieut. au 4ᵉ chass. à pied. | |
| Gaume..... | Id...................... | Ne tient à aucun corps. | |
| Labrune.... | Aide de camp du général Liébert.. | Cap. d'art. 2ᵉ comp. du Doubs | |
| Vigier..... | Id...................... | Capitaine au 1ᵉʳ bataillon de la Haute-Vienne. | |
| Deconchy... | Aide de camp du général Sauviac.. | Sous-lieut. au 56ᵉ rég. d'inf. | |
| Marcotte... | Adjoint à l'état-major sans être attaché à aucun adjudant général. | Lieut. au 6ᵉ rég. de caval. | |
| Malherbe... | Id...................... | Ne tient à aucun corps. | |
| Moras..... | Id...................... | Ne tient à aucun corps. | |
| Donzelot le jeune...... | Adjoint de Donzelot l'aîné....... | Sous-lieut. au 19ᵉ ch. à cheval | |
| Lefebvre... | Adjoint de l'adjudant Desplanque.. | Capitaine au 22ᵉ rég. d'inf. | |
| Durand..... | Adjoint à l'état-major général.... | Cap. aide de camp, ancien. | |
| Guilleminot. | Adjoint de l'adjud. génér. Forgues. | Lieut. au 12ᵉ rég. d'inf. | |
| Marchant... | Adjoint de l'adjud. génér. Lautour | Lieut. au 47ᵉ rég. d'inf. | |
| Degard..... | Adjoint.................... | Lieut. de gendarm. à pied. | |
| Louvet..... | Adjoint.................... | Sous-lieut. des carabiniers. | |
| Sablon..... | Adjoint.................... | Ne tient à aucun corps. | Nommé par le gén. en chef. |

Le général de division, chef de l'état-major général de l'armée du

permet de savoir que Pichegru disposait du général de division Liébert comme chef de l'état-major de l'armée, assisté lui-même de deux aides de camp, Labrune et Vigier. Sous les ordres de Liébert se trouvait le général de brigade Sauviac, qui était probablement le sous-chef d'état-major et avait un aide de camp, Deconchy; les adjudants généraux chefs de brigade Forgues, Lautour, Nivet, chargé de la partie secrète, et Badonville; les adjudants généraux chefs de bataillon, Deplanque, chargé de la partie topographique, Donzelot l'aîné, réclamé spécialement par Liébert parce qu'il avait « fait toute la campagne de Belgique et connaissait fort bien le local »; les adjoints aux adjudants généraux Marcotte, Malherbe, Moras, Donzelot le jeune, Lefebvre, Durand, Guilleminot, Marchant, Degard, Louvet, Sablon. Il y avait donc dans cet état-major, en dehors du chef, du sous-chef et de leurs aides de camp, six adjudants généraux et onze adjoints, alors que, d'après la loi, il n'aurait dû y avoir à l'état-major de l'armée qu'un brigadier général chef d'état-major, quatre adjudants généraux et huit adjoints.

Il est impossible de savoir, d'après les situations, la répartition que le général en chef faisait de ce personnel entre le premier échelon qui l'accompagnait et celui qui restait avec son chef d'état-major. On peut dire seulement que le général en chef se contentait de quatre aides de camp au lieu de six : Abbatucci, Doumerc, Chomette et Gaume, officiers d'élite si l'on en juge d'après ce que le général Foy disait d'Abbatucci (1) et

---

Nord, certifie que les officiers dénommés au présent état, sont employés à l'état-major général, suivant les grades qui y sont mentionnés.

Lille, le 16 floréal an 11 de la République française une et indivisible.

(1) « Dans un temps fécond en beaux talents et beaux caractères je n'ai pas connu un homme plus remarquable qu'Abbatucci ni qui pro-

de la réputation qu'a laissée Doumerc comme général de cavalerie pendant l'épopée impériale.

Cette répartition rationnelle en deux échelons n'était, du reste, qu'une application du principe fécond de la division du travail, que l'on retrouve encore dans la méthode suivie pour les opérations de l'embrigadement : ayant à assurer à la fois la réorganisation de la comptabilité des bataillons et leur groupement ternaire, Gillet s'empresse de poursuivre sans relâche la partie capitale de sa tâche, l'embrigadement, et s'en remet à un bureau sédentaire du soin des questions secondaires de l'administration (1).

On a beaucoup parlé, depuis une dizaine d'années, de la distinction à établir entre le service de l'état-major et celui de la chancellerie ou de l'*adjudantur*; des relations entre les services de l'avant et ceux de l'arrière; du rôle et de la zone d'action du directeur des étapes, ainsi que des divers échelons qui le relient à l'armée sous les noms de stations-magasins, gîtes ou têtes d'étapes de guerre ou de route. Nos pères, sans rechercher comme nous ces dénominations compliquées ou étrangères, avaient cependant trouvé la même solution : les places qui commandaient toutes les communications sur lesquelles pouvaient circuler les convois, et qui les abritaient dans leurs murs, servaient de stations-magasins, de têtes ou de gîtes d'étapes; le chef d'état-major, agissant par délégation du général en chef, avec une partie de son état-major, remplissait les fonctions de directeur des étapes, et ses officiers celles de l'adjudantur; enfin, l'élite que conservait auprès de lui le général en chef constituait, avec ses aides de camp, l'état-major proprement dit.

---

mit davantage à la France. » (*La vie du général Foy*, par le commandant Girod de l'Ain, page 22.)

(1) Voir page 469.

Suivant l'expression de Thiébault, le chef d'état-major était « le centre de toutes les opérations nécessaires pour assurer les besoins de l'armée », et le général en chef « ne conservait que ses plans de campagne, leur direction et le haut commandement ».

On remarquera encore que les situations réclamées par le chef de l'état-major aux unités subordonnées (état des effectifs, emplacements et approvisionnements des troupes, état des pertes) étaient les mêmes que celles que prescrit aujourd'hui l'instruction du 20 février 1900 : de tout temps, en effet, les unités subordonnées d'une armée, qui étaient alors des divisions et sont aujourd'hui des corps d'armée, doivent s'empresser d'adresser au chef de l'état-major ou au directeur des étapes la situation exacte de tous les manquants et l'indication précise des points de stationnement de leurs échelons vides, afin qu'il puisse faire affluer aussitôt en ces points les compléments nécessaires. Un corps d'armée a-t-il été obligé de laisser en route des éclopés ou convalescents, des chevaux malades, l'échelon vide d'un parc ou d'un convoi, un hôpital immobilisé? Il doit, le jour même, rendre compte de la quantité à combler et de l'emplacement où doit s'opérer le contact de l'avant et de l'arrière; afin qu'au plus tôt l'état-major de l'armée, ou, plus promptement encore, le directeur des étapes lui envoie le nécessaire, et permette à l'échelon resté en arrière de doubler l'étape, pour reprendre au plus tôt sa place normale dans les parcs et convois de la grande unité à laquelle il appartient.

Dans le but de faciliter les combinaisons du commandement, le chef d'état-major veillait à ce que les situations portassent toujours l'indication précise des emplacements des quartiers généraux subordonnés. Lorsqu'il se déplaçait, il mettait le plus grand soin à préciser l'heure à laquelle l'état-major serait en état de fonctionner au nouveau gîte. Enfin, lorsque la distance augmentait entre le général en chef et lui, il jetait en avant un bureau intermédiaire composé d'un adjudant général, de ses adjoints et des secrétaires et ordonnances nécessaires. C'est ainsi que Liébert, encore à Lille, se relie à Pichegru, qui est à Ypres, par l'établissement d'un bureau à Menin (1).

L'on ne saurait terminer ce qui a trait à l'état-major sans appeler l'attention sur le soin que mit le Comité de Salut public à pourvoir l'armée des cartes nécessaires : celles-ci manquaient au début, comme en 1870, mais il fut aussitôt fait de grands efforts pour remédier à cette situation. Les cartes employées furent celles de Cassini pour la France, de Ferraris et de Brion de Latour pour les Pays-Bas. Il faut encore y ajouter exceptionnellement une carte détaillée de la Sambre, celle de Chauchard pour l'Allemagne, enfin celle des Pays-Bas par Mentelle.

Le Comité de Salut public tenait la main à ce que le commandement fût sans cesse pourvu : 1° d'un service de renseignements qui lui adressait chaque décade l'état des emplacements et des forces de l'ennemi; en dehors de ce service, les généraux de première ligne disposaient des fonds nécessaires à l'entretien de l'espionnage. « Je finis », écrivait Vandamme à Moreau, « en te demandant de l'argent, de l'argent et de l'argent » (2); 2° d'un bureau historique et topographique qui devait arrêter la relation décadaire des événements, avec addition d'un croquis faisant ressortir la situation respective des forces adverses. L'importance qu'attachait le Comité de Salut public à l'histoire se manifesta encore par l'organisation des bureaux de son cabinet historique et topographique. Sachant par expérience tous les ensei-

---

(1) Liébert à Pichegru, 5 messidor, page 160.
(2) Vandamme à Moreau. Hazebrouck, 29 pluviôse an II. (Voir page 235).

gnements qu'avait tirés son comité militaire de la lecture des plans de campagne; voulant en outre exalter sans cesse le moral de la nation et de l'armée en leur faisant connaître et admirer les hauts faits de leurs devanciers, le Comité de Salut public avait apporté les plus grands soins à la constitution de son bureau historique, qu'il avait logiquement divisé en deux parties : l'une chargée simplement de dépouiller les archives; l'autre de les mettre en œuvre en écrivant l'histoire après avoir été recueillir sur place tous les renseignements nécessaires. La lecture de ces relations devait être facilitée par les cartes spécialement dressées par le bureau topographique. C'est d'une organisation semblable que le Ministre de la guerre vient de doter la Section historique actuelle, sur la proposition du général chef de l'état-major de l'armée et avec l'assentiment et le concours de la commission du budget.

Au-dessus de l'état-major se trouvait le commandement. Il est difficile de porter un jugement sur Pichegru, car sa correspondance n'existe pas, et, loin de donner, comme tous les chefs d'armée, des instructions écrites indiquant aux unités subordonnées le but à atteindre et l'ensemble des dispositions à prendre pour y parvenir, il semble vouloir ne pas se compromettre et traiter verbalement chaque opération avec ses généraux de division. A la veille d'entreprendre la marche sur Menin et Courtrai, il se borne à adresser un simple billet à Souham et à Moreau, pour qu'ils viennent conférer avec lui sur le plan de cette opération. « Je t'invite », écrit-il à Moreau (1), « à te rendre sur-le-champ ici (2) pour nous concerter sur des mesures rela-

---

(1) Pichegru à Moreau, 30 germinal.
(2) A Lille.

tives au bien du service..... Je t'y attends, ainsi que Souham, pour l'expédition projetée ».

Avant la bataille de Courtrai, Souham, fort inquiet de sa situation en pointe, qui l'exposait à être coupé de Lille, sa base d'opérations, ne cesse de faire part de ses inquiétudes au général en chef et de solliciter des instructions. Pichegru reste muet ; c'est seulement lorsque l'attaque se démasque, qu'il quitte Tourcoing pour Roncq, où il donne rendez-vous à Souham et à Moreau. Enfin, la veille de la bataille décisive de Tourcoing, alors qu'on apprend tout à coup le mouvement enveloppant combiné entre Clerfayt et le duc d'Yorck, Pichegru est à l'armée des Ardennes, et la décision est prise en conseil de guerre par les généraux divisionnaires en l'absence de leur chef. Si Jomini qualifie Pichegru de « général de second ordre », Napoléon, dans ses Commentaires, admet qu'il fut « bon général », et un contemporain de 1794 traçait de lui ce portrait flatteur : « Le général en chef Pichegru est un homme de 30 ans. Ses talents supérieurs sont reconnus..... Froid, réfléchi, riant peu, il semble combiner sans cesse. Il parle avec la plus grande justesse, mais peu. Il a 5 pieds 4 pouces, le corps gros, le visage plein, la mine sévère, le nez aquilin, haut en couleur, bouche petite. En général, c'est un bel homme. Peu ont l'air aussi militaire ».

S'il est difficile de porter, d'après les documents des Archives, un jugement quelconque sur le rôle de Pichegru en 1794, l'histoire permet au contraire d'adresser un large tribut d'admiration à Moreau et à son lieutenant Vandamme, à Souham et à son brigadier Macdonald. Notre première victoire de 1794 en rase campagne, celle de Mouscron, est due sans conteste à la vigueur déployée sur le champ de bataille par Macdonald et par Souham. « On a souvent dit que l'influence physique des généraux servait de peu de chose dans un combat. On peut dire que, dans cette occasion....., l'exemple du général Souham et des généraux de brigade qui chargèrent avec lui contribuèrent beaucoup au succès de cette affaire » (1). « Ce fut dans cette occasion », dit encore P. Lacroix, « l'exemple des généraux Souham et Macdonald qui détermina notre victoire. Ceux-ci chargèrent à la tête de leurs troupes » (2). Non content d'avoir ainsi payé de sa personne, Souham mena encore la charge décisive du 5ᵉ chasseurs à Mouscron. Il écrivait, en effet, à Moreau (3) : « Les braves chasseurs du 5ᵉ régiment, à la tête desquels je me suis mis, nous ont valu cette victoire, qui fera sans doute tomber Menin demain. Je n'en dis pas davantage. Je suis éreinté. Nous nous sommes battus depuis 5 heures du matin jusqu'à 4 heures du soir ».

Ce fut l'audacieuse bravoure de Vandamme (4) qui permit de déboucher de Courtrai le 22 floréal, malgré les obstacles accumulés par l'ennemi et dans des conditions théoriquement inadmissibles. « L'ennemi », écrit Souham, « avait sept batteries supérieurement placées entre les chaussées de Menin et de Bruges. Les tirailleurs étaient embusqués dans les colzas, dans les seigles et derrière toutes les maisons qui se trouvent entre les deux chaussées. Ses bataillons, sa nombreuse cavalerie s'étaient également emparés des meilleures positions..... »

---

(1) Journal des marches, combats et prises de la gauche de l'armée du Nord depuis le 7 floréal (11 floréal).

(2) *Précis des opérations de la brigade Macdonald*, par le général Pamphile-Lacroix.

(3) Le 10 floréal.

(4) Cette audacieuse bravoure ressort nettement du portrait ci-après, dû à un contemporain et qui, bien que peu flatté, rend assez bien compte de certains défauts de Vandamme et de son tempérament fougueux qui seul lui permit de tenter l'héroïque folie qui sauva Cour-

« Nous ne pouvions sortir que par les portes de Bruges et de Menin ; leurs batteries, qui dominaient ces deux défilés, nous tiraient à mitraille..... »

« Nos braves soldats », conclut Vandamme, « soutenus par notre artillerie, chargèrent avec une telle force que l'ennemi fut débusqué des positions qu'il occupait déjà et obligé de se retirer de l'autre côté de la Heule ». (24 floréal).

Dans le célèbre conseil de guerre qui précéda la victoire de Tourcoing, les généraux qui y prirent part donnèrent un grand exemple d'initiative en assumant la responsabilité d'une solution décisive, même en l'absence de leur chef ; et Moreau, en se sacrifiant volontairement pour sauver l'armée, s'éleva à la hauteur des temps les plus héroïques de l'antiquité romaine : « Dans cette situation critique, les généraux Souham, Moreau et, je crois, Bonnaud..... réunirent un conseil de guerre..... Au nombre des propositions qui furent faites, celle d'un colonel frappa tous les assistants par l'importance des avantages qu'elle semblait assurer ; toutefois, il semblait impossible que la destruction d'une partie de la division du général Moreau n'en fut pas la conséquence. Un moment de silence succéda à la péroraison de ce colonel ; mais il fut de suite rompu par Moreau et en ces termes : « Il faudrait un bonheur sur lequel on ne doit pas compter pour que la moitié de ma division et moi nous ne fussions pas sacrifiés d'après ce plan ; mais il n'en est pas moins le meilleur qui puisse

---

trai : « Le général Vandamme est le plus grand étourdi de l'armée comme général. Il ne combine rien, cède à son premier mouvement et agit d'après lui. Il est susceptible de faire les plus grandes fautes. Il n'est bon qu'à poursuivre une colonne qui fuit, car il aime le sang. Il a 22 ans, bel homme, sans éducation, emporté et dévoué à la République. »

être proposé, et, par conséquent, celui qui doit être adopté » (1).

Enfin, à la bataille d'Hooglede, Macdonald devait attaquer la position de front, tandis que Malbranque la ferait tomber en s'avançant sur Rousselaer. Mais Malbranque manqua son mouvement, et Macdonald dut, tout en attaquant de front, se couvrir en arrière à droite vers Rousselaer, secondé à gauche par Dewinter. Il sut, par l'impétuosité de son attaque, en imposer à l'ennemi qui évacua sa position à la nuit. « La bataille », dira l'adjudant-général Duverger (2), « a été des plus sanglantes, et l'issue des plus décisives pour la prise d'Ypres... L'attaque a été tellement impétueuse que la brigade commandée par le général Macdonald a failli d'être enveloppée, mais sa bravoure, sa fermeté et son intrépidité jointes aux talents et au sang-froid rares du général qui la commande, et la brigade commandée par Dewinter ayant secouru sa gauche fort à propos... l'armée autrichienne a été repoussée... »

A l'armée des Ardennes, Desjardin et Hardy semblent bien justifier la définition que le vainqueur de Fleurus donne lui-même des généraux de 1794 : « sans expérience, mais animés d'un grand courage et d'un ardent amour de la Patrie; sans ambition, sans espoir de récompense mais affrontant les périls de la guerre et ne

---

(1) *Mémoires de Thiébault*, tome I, page 492.

« Le général Moreau, dit un contemporain, pense très bien. C'est un avocat de Rennes. Il est royaliste dans le fond. C'est un homme rempli de talents, mais paresseux. Il a 28 ans. Il est très brave, calcule bien, mais il se laisse conduire par le général Vandamme. » Pendant la campagne de 1794, une grande amitié exista en effet entre le divisionnaire et son brigadier.

(2) L'adjudant général Duverger à Florent Guiot. Quartier général d'Hooglede, 26 prairial.

« J'eus la plus grande part à la bataille d'Hooglede où je commandais seul..... » (*Souvenirs du maréchal Macdonald*, page 35.)

songeant qu'à verser leur sang pour l'indépendance nationale et l'intégrité du territoire. »

Enfin, à l'armée de la Sambre, le vainqueur de Wattignies et de Fleurus.

A côté de ces généraux, dont les victoires de Mouscron, Courtrai, Tourcoing, Hooglede et Fleurus allaient buriner les noms au panthéon de l'histoire, le choix judicieux du Comité militaire, élaguant malgré leurs protestations exagérées les médiocrités telles que Balland et Charbonnié, avait groupé au point décisif de la campagne les Duhesme, les Marceau, les Kléber, les Championnet, les Schérer, les Soult, les Mortier, les d'Hautpoul : toute une pléiade se levant à l'horizon de la gloire ; aurore de cette apparition magique qui devait durant vingt années, éblouir l'Europe et s'éclipser tout à coup dans un cataclysme grandiose digne des Titans qui l'avaient provoqué à force de défier la Fortune.

Les vainqueurs de 1794 étaient du reste « dans l'âge vigoureux où l'homme saisit et poursuit l'objet qu'il embrasse avec vivacité, souplesse et énergie (1) » : Pichegru avait 30 ans, Moreau 28, Vandamme 22, Macdonald 29, Desjardin 35, Hardy 31, Jourdan 32. « Ils surent électriser cette armée nombreuse, légère, voltigeante, par cette volonté ferme qui veut tout entier ce qu'elle veut, et ne compose jamais avec les obstacles.

« C'est ainsi que les généraux français ont fait triompher leur cause par un concert d'intentions, de volontés et d'efforts qui a étonné et confondu le siècle (2). »

---

(1) *Observations sur l'armée française de* 1792 *à* 1808, page 23.
(2) *Ibid.*
« On n'exige d'un général que deux qualités essentielles : une grande audace et beaucoup de présence d'esprit.... » (*Remarques sur l'organisation des armées françaises*, septembre 1794. Bibliothèque nationale.)

La discipline des armées « ne fut pas moins admirable que le désintéressement de leurs chefs... »

Nombreuses, en effet, furent les dispositions prises par ceux-ci pour assurer celle-là. « Ils sont indignes de défendre la liberté », disait l'ordre du 10 floréal, « ceux qui ne connaissent ni la discipline ni la subordination (1). » Dans cette voie, les généraux furent largement secondés par les représentants du peuple. Quelques jours avant que Pichegru prît le commandement de l'armée du Nord, Florent Guiot rappelait à tous que la discipline est le « nerf des armées et le gage le plus assuré de la victoire (2). » A l'armée des Ardennes, Gillet n'y attachait pas une moindre importance : «... Nous avons recommandé particulièrement l'instruction... Ils s'en occupent chaque jour... La République peut compter sur une armée disciplinée et capable de tout entreprendre (3). » Les échecs de Ferrand à Réunion-sur-Oise y avaient attiré Saint-Just. Dès son arrivée il s'empresse de rappeler à l'armée qu'il veut « fortifier la discipline qui fait vaincre (4). » Quelques jours après, il insiste encore sur cette nécessité : « La discipline, proclame-t-il, sera soutenue dans l'armée par toute la force des lois ; » et, pour mieux commenter cette pensée, l'ordre général du 23 floréal s'écrie: « Le temps de l'impunité est passé : une discipline sévère et républicaine va être établie dans l'armée. Que les lâches tremblent! » Renouvelant les mesures draconiennes qui avaient sauvé l'armée du Rhin en 1793, Saint-Just, convaincu que la « discipline doit être ramenée par des moyens plus prompts et plus sévères, arrête que le tribunal de l'armée du Nord jugera sans être astreint à la

---

(1) Page 87, ordre du 10 floréal.
(2) Page 59, arrêté de Florent Guiot, 24 pluviôse.
(3) Page 71, arrêté de Saint-Just et Lebas, 14 floréal.
(4) Ibid.

formalité du juré. » Tout en agissant par la terreur, il cherche encore à convaincre la troupe de la nécessité inéluctable de la discipline : « Soldats ! Nous vous rappelons à la discipline rigoureuse qui seule peut vous faire vaincre. Ceux qui provoqueront l'infanterie à se débander devant la cavalerie ennemie, ceux qui sortiront de la ligne avant le combat, pendant le combat, pendant la retraite, seront arrêtés sur l'heure et punis de mort. » Dans le même esprit, Richard et Choudieu, voulant, sur les instances de Pichegru, mettre un terme aux paniques et aux pillages, proclamèrent que « les militaires qui, ne méritant pas l'honneur d'être comptés parmi les défenseurs de la Patrie, s'écartent au moment du combat du champ de bataille et se livrent au pillage (1), seraient immédiatement jugés par des commissions de cinq membres formées à l'instant même, et fusillés aussitôt après ». Au même moment, Vandamme faisait paraître contre les mêmes excès une énergique protestation que précédait cette devise : « La République et la discipline, ou la mort ! »

A l'armée des Ardennes, Laurent avait pris le 21 floréal le même arrêté que Richard et Choudieu. Enfin, à l'armée de la Moselle, Gillet et Duquesnoy rappelaient le 17 que la Convention avait mis solennellement la vertu à l'ordre du jour de la République : « Braves soldats français, régénérés, qui versez votre sang pour elle, c'est vous dire que la vertu est la sauvegarde de la liberté, qu'elle assure la victoire et qu'elle doit siéger dans vos camps, sous vos tentes et partout où les succès vous conduisent. Eh bien ! la discipline, la subordination, l'horreur du pillage sont les vertus qui

---

(1) « Le pillage est défendu aux soldats sous les peines les plus rigoureuses..... » (*Remarques sur l'organisation actuelle des armées françaises*, septembre 1794. Bibliothèque nationale.)

mènent à la gloire... » « L'indiscipline est l'épouse du lâche (1). »

Si les généraux et les représentants s'efforçaient de maintenir dans les armées la discipline la plus sévère, ils veillaient avec un soin jaloux à l'une des conditions essentielles de cette vertu, la conservation des effectifs. Le pillage et la maraude ne sont le plus souvent que la conséquence de l'irrégularité ou de l'absence des distributions ; le soldat qui manque du nécessaire est moins enclin à écouter la voix du devoir. Aussi s'assurait-on par de nombreuses prescriptions, dont la minutie s'expliquait par la jeunesse des troupes et l'inexpérience des cadres, que les ravitaillements et les distributions fussent aussi réguliers que possible, que les mesures d'hygiène prévinssent les maladies épidémiques ; qu'une instruction de tous les instants maintînt le soldat en état d'entraînement physique et moral ; que les effets et armes fussent soigneusement entretenus ; que les désertions fussent évitées par la fermeture de la frontière et la surveillance rigoureuse des avant-postes ; qu'enfin les chevaux ne fussent pas ruinés d'avance par des fatigues et des abus excessifs.

A cette troupe ainsi disciplinée (2) et qu'on s'efforçait de pourvoir de tous les approvisionnements nécessaires, il restait à insuffler la flamme patriotique qui devait

---

(1) « ..... Il fallait un frein capable de contenir cette multitude. Ce frein est une discipline que l'on a graduellement amenée et qui, suivant le soldat pas à pas, ne lui laisse entrevoir que l'obéissance passive ou la mort. La manière dont cette discipline est introduite n'a pu être l'affaire d'un moment ; le grand art n'était peut-être pas encore de l'établir, mais il fallait la maintenir et la faire aimer du soldat en la lui présentant comme le gage de la sûreté. Cette discipline s'étend sur tout et punit presque aussi sévèrement les fautes de subordination que la lâcheté devant l'ennemi.... » (*Remarques sur l'organisation actuelle des armées françaises*, septembre 1794. Bibliothèque nationale.)

(2) Ordre du 8-9 floréal, page 131.

seule la rendre capable des plus hauts faits ; à l'action salutaire de la discipline, il fallait ajouter le puissant levier de la force morale. Le commandement le comprit si bien qu'il ne négligea aucun moyen d'exalter le moral de la troupe et de lui inspirer le mépris de l'adversaire. A toute occasion, il affecte de parler à ses soldats « hommes libres » des « vils esclaves » qu'ils auront à combattre. Par l'ordre du 13 au 14 germinal, Pichegru exhortait « ses jeunes frères d'armes de la première réquisition à purger le sol de la liberté des hordes d'esclaves qui le souillent encore ». « Les républicains (1), disait-il, la baïonnette en avant sont entrés dans Courtrai et ont vu fuir devant eux les satellites des despotes... La valeur de nos frères d'armes a jeté parmi ces brigands l'effroi le plus terrible... Encore un instant ! et les sans culottes de l'armée du Nord vont, par de nouveaux succès, purger la République de la présence de ces vils esclaves qui souillent depuis longtemps notre territoire ! » « Soldats de la Patrie », s'écriait Dubois, « ... montrons que nous sommes libres, Français et invincibles (2) ! » Le commandement ne semble pas mettre un seul instant le succès en doute : « J'attends avec impatience », écrit Souham, « le moment où je recevrai l'ordre d'attaquer et de vaincre... Les Pitt, les Burke et toute leur clique nous demanderont la paix à genoux... (3) » « Si », dira-t-il encore, « ils étaient assez osés pour nous attaquer, nous sommes assez forts pour les en faire repentir (4). » « L'attaque est commencée », proclamera Pichegru, « et le général en chef annonce à toute l'armée des succès. Les soldats des tyrans ont été battus à Poperinghe, Ypres, Courtrai, etc. Ils sont blo-

---

(1) Ordre du 8-9 floréal, page 131.
(2) Ordre du 1ᵉʳ floréal, page 149.
(3) Pages 360 et 361.
(4) Souham au Comité de Salut public. Lille, 4 ventôse.

qués dans Menin. Ils y seront vaincus. » « Le républicain », dit Gillet, « fier de la cause qu'il défend, sait qu'il se bat non contre les peuples mais contre les tyrans et les esclaves qui les défendent. Le républicain marche toujours au pas de charge, la baïonnette à la main ; il est terrible dans les combats... » « L'instruction », dira-t-il encore, « réunie au courage qui est naturel aux soldats français, les rendra invincibles (1). « Quoi », s'écriera enfin Jourdan, après le quatrième passage de la Sambre, « les esclaves des tyrans remportèrent une victoire sur les hommes libres ! Vous frémissez d'indignation ! Vous êtes ces soldats qui les avez taillés en pièces à Hondschoote, Maubeuge et Landau... Une victoire éclatante doit réparer cet échec. Je compte sur vous, soldats de la liberté ; nous vaincrons ou nous périrons tous. » « La victoire ou la mort », concluait Pichegru.

Non content d'exalter le moral de la troupe par le mépris de l'adversaire et par la conviction de vaincre, le Comité de Salut public, « toujours attentif à récompenser les belles actions », faisait dresser le recueil des actes héroïques et civiques des républicains français. Il cherchait encore à exciter l'émulation des troupes en faisant proclamer les hauts faits d'armes, en décernant les honneurs de la Convention à ceux qui prenaient des drapeaux; il stimulait le zèle de chaque armée en faisant connaître immédiatement à chacune d'elles le succès de celles qui luttaient sur les autres frontières. Si tout exploit était aussitôt cité à l'ordre de l'armée et signalé à la Convention, toute défaillance était immédiatement stigmatisée par la voie de l'ordre, et les coupables s'empressaient d'effacer cette tache en redoublant d'énergie et de courage à la première occasion. « Les

---

(1) Ordre pour le 16e bataillon d'infanterie légère, 1er ventôse, page 432.

officiers, sous-officiers et hussards du 5ᵉ régiment, désespérés de ne pas avoir servi la Patrie, à l'affaire du 21 floréal, avec le zèle et la bravoure dont ils ont si souvent donné des preuves, jurent de réparer cette faute à la première occasion ». Grâce à cette sollicitude constante du commandement, l'armée de 1794 atteignit une telle hauteur morale qu'elle ne demandait pour toute récompense « qu'un sourire de la Patrie »; à une telle idée du devoir et du sacrifice que, loin de murmurer lorsque la viande lui manqua, elle sut en faire l'abandon volontaire sur l'autel de la Patrie, jusqu'à ce que fussent chassés « les vils esclaves qui souillaient notre territoire ». « Nos braves soldats », dira encore Florent Guiot, « oublient qu'ils n'ont pas de souliers et ne demandent que des armes pour combattre » (1).

Rompues à une discipline inexorable; objet de la sollicitude constante de leurs chefs, qui veillaient avec un soin jaloux à leur conservation et à leur instruction; vigoureusement commandées par des généraux jeunes et ardents, qui savaient payer de leur personne et saisir toutes les occasions d'élever leur moral; que pouvait-il manquer à ces troupes pour entamer la glorieuse étape qui devait, pendant vingt ans, promener par toute l'Europe nos armes victorieuses?

Dans sa tâche organisatrice, le commandement fut puissamment secondé par les représentants du peuple. Aujourd'hui que les armées sont pourvues dès le temps de paix de tous les règlements qui doivent en assurer le fonctionnement normal en campagne, l'institution des représentants du peuple ne se comprendrait même pas. Mais, lorsqu'ils furent créés par la Convention, la situation était tout autre : tout était à faire; les décrets

---

(1) Florent Guiot au Comité de Salut public. Lille, 10 ventôse.

et instructions n'arrivaient pas toujours à destination ou parvenaient avec un fort retard. De nombreux cas se produisaient que le règlement, s'il existait, n'avait pas prévus. Dans ces conditions, le commandement, déjà absorbé par la solution de ses hauts problèmes militaires, ne pouvait y pourvoir qu'en abandonnant ces méditations capitales ou en se déchargeant sur un autre organe du fardeau de toutes ces questions accessoires. De là l'utilité, pour cette époque, de ces représentants du peuple qui, s'ils comprenaient bien leur rôle, s'attachaient à être avant tout les aides administratifs du commandement. Seul, un député, ayant délégation permanente du pouvoir national, pouvait, comme Saint-Just, remédier à l'indiscipline en supprimant la formalité du juré dans les jugements militaires; seul, il pouvait, comme Richard et Choudieu ou comme Laurent, substituer à l'appareil ordinaire de la justice une commission de cinq membres pour juger et fusiller séance tenante tous les volontaires surpris en flagrant délit de lâcheté ou de pillage. Seul, un représentant du peuple, dont les pouvoirs émanaient de la Convention, pouvait assurer la réquisition, l'incorporation, l'embrigadement, la levée des chevaux et l'organisation de la cavalerie, l'armement, l'extraction du salpêtre, la fabrication de la poudre, le ravitaillement, tandis que les opérations suivaient leur cours et réclamaient toute l'attention du commandement.

Ce serait du reste une grave erreur de croire que le Comité de Salut public avait délégué ces commissaires pour faire échec au commandement. Le 7 mai, en adressant aux représentants en mission leur « plan de travail », le Comité leur recommandait expressément de regarder comme l'un de leurs « devoirs les plus essentiels de se concilier la confiance des généraux. Les moyens de se la concilier doivent être grands, élevés comme le caractère dont ils sont revêtus ».

« Les généraux ne doivent pas apercevoir, dans la surveillance des représentants du peuple, des motifs de défiance ou d'inquiétude; ils ne doivent voir en eux que des citoyens investis de grands pouvoirs pour les seconder puissamment, pour les soutenir de leur influence et augmenter la confiance publique.

. . . . . . . . . . . . . . . . . . . . . .

« Il est nécessaire qu'un général soit investi d'une grande confiance, qu'il en ait le sentiment et la conviction; il faut qu'il ait une grande liberté, une grande indépendance, si l'on veut qu'il conçoive de grands desseins et d'heureux plans.

« La conduite des représentants du peuple envers les généraux secondera la hardiesse et l'élévation de leurs desseins et de leurs entreprises..... Les généraux ne doivent voir dans les représentants du peuple qu'un appui prêt à les soutenir dans tout ce qu'ils entreprendront pour la défense de la République et pour le succès de ses armes.

« Les représentants du peuple fraterniseront avec les soldats de la Patrie; ils les visiteront fréquemment; ils enflammeront leur zèle, ils leur feront sentir les avantages de la discipline, qui rend les armées invincibles..... Les représentants du peuple rappelleront aux Français le serment qu'ils ont fait de maintenir l'unité, l'indivisibilité de la République et l'intégrité de son territoire..... » (1).

Le 28 mai, le Comité de Salut public insistait encore sur la nature purement administrative et législative de l'aide que devaient prêter les représentants du peuple aux généraux, et sur la complète initiative dont le com-

---

(1) Plan de travail, de surveillance et de correspondance, proposé par le Comité de Salut public aux représentants du peuple près les armées de la République, imprimé par ordre de la Convention nationale, 7 mai 1793. (Aulard, tome IV, page 23.)

mandement devait jouir au point de vue des opérations militaires : « Vous observerez que nous ne confondons pas l'administration et les opérations militaires. Vous avez une influence nécessaire, immédiate et très active sur toutes les parties de l'administration.

« Il vous est recommandé d'observer, de surveiller les opérations militaires; le général est le principal objet de votre surveillance; mais c'est à son occasion que nous avons dit que le général doit être libre dans ses conceptions, qu'il ne doit pas être influencé, qu'il doit toujours être l'agent responsable et qu'il cesserait de l'être si les représentants du peuple décidaient des attaques et des batailles.

« ..... Un général digne de commander l'armée doit jouir d'une haute considération.....

« Vous êtes à l'armée un Conseil d'État. Vos fonctions consistent à placer à côté du général et de l'armée tous les moyens nécessaires pour assurer le succès des opérations militaires, pour dispenser du recours à la Convention nationale dans tout ce qui exige la célérité; vous êtes les représentants de la nation et un grand Conseil exécutif pour mettre l'armée et le général en état d'exécuter toutes les opérations.

« Vous devez les laisser agir librement.....

« Quant à l'administration, vos pouvoirs embrassent toute l'administration militaire : les commissaires des guerres, les payeurs des armées, les administrateurs des départements vous doivent rendre compte de l'exercice de leurs fonctions » (1).

Si les citations qui précèdent prouvent que le Comité de Salut public entendait laisser aux généraux une initiative égale à leur responsabilité et ne voulait voir

---

(1) Le Comité de Salut public aux représentants du peuple à l'armée du Nord, au camp de César, 28 mai 1793. (Aulard, tome IV, page 355.)

dans les représentants du peuple que les auxiliaires organiques du commandement, il est cependant indéniable que ce dernier était soumis à une surveillance tout au moins discrète. Si cette suspicion, attentatoire à la dignité du commandement, fut vaine et chimérique avec les Vandamme et les Ferrand, qui rendaient compte au Comité de Salut public des tentatives corruptrices de l'ennemi; ou avec Moreau, qui, en vrai soldat, fit peut-être taire ses sentiments intimes devant l'intérêt supérieur de la Patrie, elle s'explique cependant par les intrigues d'un adversaire alors peu scrupuleux sur les moyens et qui chercha à provoquer par la trahison : la chute de Landrecies, premier obstacle à sa marche rapide sur Paris; de Maubeuge, dont la prise s'imposait encore pour élargir la brèche et pour éviter que les trois divisions, manœuvrant sur cette place, pussent menacer le flanc des colonnes ennemies de concert avec la division de Cambrai; enfin de Douai, qui complétait la base d'opérations formée par Maubeuge, Landrecies et Cambrai, qui était le grand arsenal central de notre frontière du Nord et qui, entre les mains de l'ennemi, constituait, avec ses excellentes communications de la Deule et de la Scarpe, un important dépôt pour attaquer Lille par le Sud, en même temps que par Tournay.

Ce fut dans cette place que furent conduits un adjudant général et un lieutenant faits prisonniers près d'Ypres. Comme le premier s'exprimait devant l'autre en « phrases à double sens entremêlées de jacobinisme », un agent de l'ennemi, comprenant qu'il était royaliste et que la présence de son compagnon le gênait pour parler à cœur ouvert, les fit séparer et se rendit ensuite chez l'adjudant général, demeuré seul. « Il me sauta au col », dit l'agent, « et me serra dans ses bras pour me témoigner sa reconnaissance. Je lui fis part de mes vues sur lui, je lui témoignai toute ma confiance et l'assurai que, s'il y répondait, je le mettrais à même de jouer le plus grand rôle. Je le priai de me rédiger un mémoire sur l'armée du Nord, le plan de campagne et la situation de la République..... » Non seulement l'adjudant-général aurait remis ce premier mémoire, mais il en aurait fait un second sur la manière « d'être utile à la cause du roi ». « Il proposait de nous instruire de tous les mouvements et projets d'attaque, de nous envoyer toutes les décades les mots d'ordre et de ralliement (ils étaient indiqués aux généraux douze à quinze jours d'avance), de nous indiquer les moyens de surprise..... Nous lui proposâmes encore ..... de faire en sorte de nous procurer une ou deux places de première ligne. La reddition de Douai fut projetée. Il nous promit d'engager le général Moreau de se prêter à ses projets et nous parla beaucoup de ses talents et de son royalisme. Il nous assura que la crainte du démembrement de la France était la seule raison qui engageait Moreau et d'autres généraux à se battre avec acharnement contre les armées alliées ». Et, comme lui-même « ne redoutait qu'une seule chose, de contribuer à ce démembrement », l'agent calma ainsi ses appréhensions : « Le duc d'York me chargea de lui donner sa parole d'honneur ..... que, s'il nous procurait Douai ou Lille, il en prendrait possession au nom de Monsieur, Régent; on y appellerait sur-le-champ Monseigneur le comte d'Artois.....

« Après une nouvelle conférence....., il fut conduit au delà des avant-postes, après être convenu des moyens de correspondance, d'un chiffre.....

« Pour qu'il ..... fût bien reçu à l'armée française, je fis imprimer dans les papiers publics de Bruxelles un article sur son jacobinisme et son évasion.

« Il me fit savoir cinq jours après qu'il avait été fort bien reçu, surtout de Moreau, et qu'il allait travailler à remplir ses promesses.

« Malheureusement, Ypres et Charleroi furent pris

peu de jours après, comme il l'avait annoncé, et on battit en retraite le 26 juin.

« Il..... nous avait prévenus qu'on ferait tous les efforts possibles pour nous repousser au delà du Rhin et que, si nous étions battus, il cesserait toute correspondance. Il a tenu parole..... »

L'activité déployée par les représentants, aussi bien que par les généraux, puisait sa source dans l'opiniâtre volonté du Comité de Salut public. Sans vouloir rappeler ici les obstacles qui semblaient insurmontables et dont il sut pourtant triompher; sans parler de la trahison sévissant au sein même du Comité, dont le secrétaire, stipendié par lord Grenville, dictait ses rapports à un enfant de 10 ans, afin de dissimuler son écriture et d'égarer les soupçons par des fautes d'orthographe (1), inadmissibles de sa part; sans détailler le labeur incessant et gigantesque auquel se livra le Comité, les innombrables arrêtés qu'il prit et qui, groupés par espèce, permettent de suivre l'effort journalier d'une volonté immuable cherchant à briser les obstacles qu'y opposaient la trahison, la routine et l'inertie; sans mentionner enfin toutes les lois qu'il enfanta : celles du 12 août 1793 et du 19 nivôse sur l'embrigadement; du 23 août sur la réquisition; du 24 nivôse sur l'organisation de la cavalerie; du 19 pluviôse sur l'artillerie légère; du 13 pluviôse sur la fabrication intensive des armes, des salpêtres et de la poudre; du 2 brumaire et du 25 frimaire sur le génie; des 2 frimaire, 19 nivôse, 24 pluviôse et 18 germinal sur l'habillement, l'équipement, le campement, le matériel roulant; du 3 pluviôse sur la justice militaire; on se bornera ici à tirer de l'organisation du Comité de

---

(1) C'est ainsi qu'il écrivit : « Lafite, Clavé » au lieu de : « Lafitte-Clavé et « chef d'escadron d'artillerie Bosting, au lieu de : « lieutenant général d'artillerie Rostaing. » (Voir page 26.)

Salut public et de ses rapports avec l'administration centrale et le commandement, l'enseignement qu'ils comportent au point de vue de la conduite de la guerre.

Les commissions que créa le décret du 12 germinal avaient des attributions assez rationnellement réparties : on rappellera ici que la même commission ou direction s'occupait de l'armement et des engins de guerre et explosifs ; que celle des travaux publics englobait à la fois les monuments nationaux, les routes et les fortifications ; qu'enfin la direction des subsistances, de l'habillement et du campement avait aussi le casernement dans ses attributions.

Il existe, au point de vue militaire, trois formes de gouvernement : celle dans laquelle le pouvoir suprême est aux mains d'un monarque commandant effectivement son armée ; celle d'une monarchie absolue ou constitutionnelle dont le chef est inapte à conduire lui-même ses troupes ; celle enfin où le gouvernement revêt la forme franchement républicaine.

Dans le premier cas, celui d'un Napoléon, ou, pour citer un fait plus récent et mieux connu de nous, celui du vainqueur de 1870, le monarque, qui commande seul, est assisté de deux organes égaux et indépendants : le Major général et le Ministre, l'un chargé d'élaborer le plan initial des opérations militaires et de le soumettre à l'approbation du souverain ; l'autre, d'organiser l'armée en vue de l'exécution du plan approuvé et d'assurer en cas de guerre l'arrivée à pied d'œuvre de tous les approvisionnements nécessaires à l'armée pour qu'elle entre en campagne complètement pourvue en personnel et en matériel. Au moment où s'ouvrent les opérations (1), le Major général ordonne au nom de l'empereur ou du roi

---

(1) *Correspondance militaire du maréchal de Moltke.* Ordre de Cabinet du 18 juillet 1870, tome I, page 183.

toutes les combinaisons stratégiques, et le ministre, mis au courant de ces dispositions, doit faire affluer vers les armées en campagne toutes les ressources de l'intérieur. Enfin, le monarque, détenteur de tous les pouvoirs militaires et diplomatiques, peut non seulement départager ces deux autorités parallèles, accepter ou modifier le plan du major général, mais encore mettre ce dernier au courant de tous les secrets diplomatiques pouvant influer sur la conduite des opérations.

Lorsque le gouvernement est dirigé par un souverain inapte à la guerre, tel fut Louis XVI, il est assisté d'un conseil consultatif : avant la Révolution, c'était le *Comité intime de la guerre*, prévu par les articles 26, 27 et 28 de l'ordonnance du 9 octobre 1787 ; en 1794, ce fut le *Conseil d'État :* composé du roi et de ses ministres, il discutait « les plans généraux des négociations politiques » et « les dispositions générales des campagnes de guerre. » Les armées, ayant chacune leur zone d'opérations, exécutaient le plan initial arrêté par le Conseil ; et le ministre qui, comme membre de ce Conseil, l'avait approuvé, était ensuite, en tant que ministre, chargé de pourvoir à l'organisation, à la mobilisation et au ravitaillement des armées en vue de l'exécution du plan. Pour cette dernière, les généraux d'armée se mouvaient sur leurs théâtres d'opérations avec toute initiative jusqu'au moment où le « Conseil d'État », détenteur des secrets militaires et diplomatiques, pouvait modifier le plan initial d'opérations par une nouvelle répartition des forces sur les théâtres d'opérations ou par de nouvelles directions.

Enfin, lorsque le gouvernement revêt la forme républicaine de 1794, il s'adjoint, comme le Comité de Salut public, un Conseil militaire chargé d'élaborer les plans de campagne, les approuve, les transmet pour exécution aux ministres ou commissions exécutives en ce qui concerne l'organisation et la mobilisation, et aux généraux d'armée en ce qui est relatif aux opérations stratégiques et tactiques à exécuter par chacun sur son théâtre d'opérations. Ces dispositions furent définies par le Comité lui-même dans sa célèbre proclamation relative au décret du 14 frimaire : « Toutes les mesures secondaires d'application, de matériel, de position, de suite, de marche, de campement, d'observation, de tactique, etc., sont du ressort du génie militaire ; mais, les plans premiers appropriés à l'esprit national, calculés sur les circonstances, sur le secret de tout ce qui repose sur le sanctuaire du gouvernement et qui ne doit être connu que de lui, basés sur nos ressources et sur les rapports mieux sentis au centre qu'au point occupé par un général ; mais le soin de déterminer enfin le mouvement d'une grande nation, tout cela n'appartient et ne peut appartenir qu'à ses représentants (1). » En d'autres termes, le gouvernement, connaissant les secrets de la politique extérieure, donnait l'impulsion d'ensemble et savait seul comment devait intervenir la diplomatie dans les plans de guerre à élaborer ; mais pour que ceux-ci fussent rédigés avec toute la compétence voulue, il s'adjoignait un Comité militaire, composé de hautes personnalités telles que Carnot, d'Arçon, Lafitte-Clavé, versées dans la connaissance approfondie de la frontière et dans la lecture de tous les mémoires (2) qui l'avaient pour objet. Lafitte-Clavé était même l'auteur d'un tra-

---

(1) Le Comité de Salut public aux généraux en chef. (Aulard, tome IX, page 165.)

(2) « Il existait au dépôt du Département de la guerre une collection de cartes, plans, descriptions et détails topographiques dont il n'y avait nulle part de pareille. C'était le résultat de trente années de recherches et de travaux.... Les hommes de talent qui siégeaient dans les Conseils du nouveau gouvernement savaient tirer parti de ces trésors précieux, et Carnot..... en fit la base des plus vastes conceptions militaires. » (*Observations sur l'armée française de 1792 à 1808*, page 19.)

vail qui concernait spécialement la frontière du Nord, avait eu l'honneur de mériter les éloges de Grimoard et inspira en partie le début du plan initial d'opérations tel que l'avait imaginé le Comité militaire, sinon tel qu'il se réalisa. « D'Arçon et Lafitte », dira l'espion de lord Grenville, « ont formé le plan qui a été adopté au mois de janvier 1794 » (1). Le Comité de Salut public adoptait du reste sans objection les plans arrêtés par ces hautes personnalités militaires : « Le Comité », dira le même espion, « ne fait jamais autre chose que de revêtir de son nom, en forme de décret, les délibérations du Comité de la guerre. C'est toujours d'Arçon qui va lui en porter les rapports » (2). Le Comité de Salut public se borna donc à transmettre le plan pour exécution aux généraux d'armée, dont chacun opérait en principe sur un théâtre déterminé, mais dont plusieurs pouvaient, le cas échéant, être subordonnés à l'un d'eux : tels Ferrand, Charbonnié et Jourdan, subordonnés à Pichegru. Mais ce n'est pas à dire que ces généraux dussent exécuter passivement le détail des instructions d'ensemble qui leur étaient adressées. Le plan de campagne ne donnait que la direction initiale; et il appartenait aux généraux d'armée de le nuancer suivant les événements pour l'adapter aux circonstances présentes; de tourner ou de briser les obstacles inopinés sans jamais perdre de vue le but principal qu'avait visé le plan initial : c'est ce que le Comité de Salut public appelait « les mesures secondaires d'application ». C'est ainsi qu'au début de 1794, Carnot, s'inspirant de tous les mémoires du XVIII$^e$ siècle, et notamment de celui de Lafitte-Clavé, arrête tout d'abord la prise d'Ypres, afin de reconstituer la frontière de Vauban

---

(1) *The Manuscripts of J. B. Fortescue, preserved at Dropmore.* Volume II, bulletin n° 16, page 547.

(2) *Ibid.*

et d'en couvrir sa gauche avant de rechercher une grande bataille entre la Lys et l'Escaut ; il combine du reste cette opération avec celle de deux armées secondaires qui se dirigeraient, l'une sur Charleroi, l'autre sur Liège. Dans la réalité, le mouvement par la Lys, contemporain du désastre de Troisvilles, est précédé de l'échec du Cateau et des défaites répétées essuyées par Goguet et Balland sous Landrecies ; ce n'est qu'après la prise de Menin et de Courtrai, après les échecs successifs de Clerfayt à Mouscron, à Courtrai et à Tourcoing, après la sanglante bataille de Pont-à-Chin, qu'a lieu le siège d'Ypres. Ainsi l'attaque de cette dernière place qui, dans le plan initial, devait précéder les opérations, en devient au contraire le couronnement. A Beaumont, Desjardin qui part de Maubeuge, fait sa jonction avec l'armée des Ardennes débouchant de Silenrieux et de Bossu-les-Walcourt ; et ce n'est qu'après avoir opéré cette jonction et avoir tenté vainement le passage de la Sambre à Thuin, que cette armée combinée vient surprendre le débouché de Charleroi ; mais on ne put avoir raison de la résistance de l'armée autrichienne sur ce point que grâce à l'appui de l'armée de la Moselle, qui devait tout d'abord marcher sur Liège. Ce simple résumé suffit à montrer que le Comité militaire n'imposait pas ses plans jusque dans les détails, mais donnait seulement une direction d'ensemble, indiquant le but général à atteindre, et s'en reposait sur les généraux du soin d'en assurer l'exécution. Il n'intervenait plus alors, au point de vue stratégique, que pour donner un nouveau plan ou pour transporter, d'un théâtre d'opérations dans l'autre, l'armée dont le « secret du gouvernement » lui permettait d'apprécier l'utilité sur une frontière plutôt que sur une autre : tel fut, en 1793, le mouvement de Hoche passant de la vallée de la Moselle à celle du Rhin ; telle la marche de Jourdan vers l'Entre-Sambre-et-Meuse en 1794. « Cet art des théâtres de la guerre » fut une des caractéristiques de la manière stratégique du « Comité militaire dont Carnot était l'âme (1). »

A cette organisation rationnelle et adaptée à la forme du gouvernement, le Comité de Salut public sut joindre non seulement « une application soutenue, une infatigable activité, un esprit de suite, de combinaison, d'audace réfléchie », mais encore une farouche opiniâtreté dans la lutte « à outrance » et une indomptable volonté d'en imposer à la fortune et de lui arracher la victoire : « Riche d'hommes et de choses, la nation, investie de moyens immenses, peut dire à ceux qu'elle a chargés du soin de la défendre : *Je vous commande le succès* (2). » A cette proclamation de frimaire succède, pendant les mois de ventôse et de germinal, une correspondance tendancieuse, savamment rédigée et soigneusement insérée au *Moniteur Universel* pour exalter sans cesse le moral de la nation. Estimant avec Carnot (3) que « l'ennemi est bientôt défait en réalité lorsqu'il l'est dans l'opinion », le Comité ne cessait de présenter la situation de la France sous les plus heureux auspices et de publier toutes les nouvelles, vraies ou fausses, qui pouvaient nuire à la cause de l'ennemi dans l'esprit du peuple.

« La levée en masse ! » écrira-t-on de Ratisbonne (4), « voilà le projet que la Cour de Vienne, dans son extravagance, s'avise de vouloir faire exécuter. L'extrait suivant, d'une note remise à ce sujet à la diète de Ratisbonne par l'envoyé impérial, est un aveu manifeste de la supériorité d'un peuple libre sur des tyrans et des esclaves :

---

(1) *Observations sur l'armée française de* 1792 *à* 1808, page 17.
(2) Le Comité de Salut public aux généraux en chef, 14 frimaire. (Aulard, tome IX, page 165.)
(3) Carnot à Jourdan, 4 prairial.
(4) *Moniteur Universel*, n° 186, page 749. Ratisbonne, 1er mars.

« Ce décret (celui qui met en réquisition tous les Français) a ajouté de nouvelles forces aux nombreuses armées françaises qui sont en campagne, en sorte qu'elles sont parvenues, par des attaques vives et répétées tous les jours et par leur supériorité, à reprendre une partie de nos conquêtes, malgré la résistance courageuse de nos troupes; perte que nous n'aurions pas essuyée si l'Empire eût envoyé à temps les contingents. Cette réquisition de tout homme en état de combattre, a donné aux Français une grande supériorité, a changé totalement la manière de faire la guerre, en a augmenté les dangers et les difficultés, et paraît nécessiter en quelque sorte la levée en masse des habitants des frontières des Pays-Bas, de l'Autriche antérieure, du Brisgau et autres provinces, afin de mettre en sûreté la propriété des sujets loyaux de l'Empire contre un peuple enhardi par ses succès. »

Le 4 (1), le *Moniteur* explique que la levée en masse, si favorable à la France, est impraticable en Allemagne et que du reste le roi de Prusse s'oppose à cette mesure « absurde pour l'empire dénué d'armes », dangereuse pour cette masse d'hommes dont les opinions sont si diverses et qu'il n'y aurait pas le temps d'exercer.

« La terreur », dira encore la feuille officielle (2), « paraît être parmi les Alliés. Ils ne savent par où commencer la campagne. Aujourd'hui, ils arrêtent un plan et demain ils l'abandonnent parce qu'ils apprennent que les Français sont partout en mesure pour les battre ». Cinq jours après, la même nouvelle se reproduit : « L'esprit de vertige et de confusion (3) règne depuis quelque temps dans les conseils des Alliés. Les plans de Mack pour la campagne actuelle, plans qu'on

---

(1) *Moniteur Universel*, n° 191, page 771. Ratisbonne, 4 mars.
(2) *Ibid.*, n° 203, page 821. Luxembourg, 25 mars.
(3) *Ibid.*, n° 209, page 847. Vienne, le 30 mars.

avait prônés comme des chefs-d'œuvre de tactique, ne valent plus rien aujourd'hui ; tout est à recommencer ».

En même temps qu'on ne tarit pas sur la force de l'armée française, on a soin de publier sans cesse les dissentiments qui séparent les Alliés, les difficultés que soulève le roi de Prusse à propos de ses subsides, l'entente qui semble exister entre lui et la Russie pour concentrer leurs efforts communs sur la Pologne (1) et les détourner de la France.

A tous ces moyens qui n'ont d'autre but que de diminuer l'adversaire aux yeux de la nation, et de lui inspirer une confiance d'autant plus grande, le Comité de Salut public ajoute une volonté irréductible de terminer cette campagne par un coup d'éclat grandiose ; de jouer, comme Napoléon, tout son jeu sur une seule carte. « Nous voulons finir cette année », écrira Carnot à Pichegru (2) ; « il nous faut une guerre des plus offensives, des plus vigoureuses ; c'est tout perdre que de ne pas avancer rapidement, de ne pas écraser jusqu'au dernier de nos ennemis d'ici à trois mois... Je te le répète, au nom du Comité et de la Patrie, il faut en finir... »

Alors que, trompant ces espérances, la campagne débutait sous les plus fâcheux auspices et que les charrettes de blessés refluaient de Landrecies jusque dans Paris, le Comité de Salut public menaça de ses terribles châtiments tous ceux qui se permettraient de propager les mauvaises nouvelles ou de prononcer la moindre parole de découragement. Alors que tout semblait désespéré, Saint-Just s'écriait que la guerre était *décisive à jamais* ; et que, s'il le fallait, le Comité de Salut public, après avoir défendu pied à pied le

---

(1) *Moniteur Universel*, n° 209, page 847. Vienne, le 30 mars.
(2) Carnot à Pichegru, Paris, 21 ventôse (11 mars).

sol de la Patrie, rassemblerait les débris de ses armées pour se jeter au milieu de nos troupes victorieuses en Espagne et pour se lancer avec elles en une contre-offensive au delà des Pyrénées, opposant leur épais rempart aux tentatives infructueuses de l'ennemi du Nord (1). L'histoire peut-elle offrir une preuve plus typique de l'indomptable esprit de résistance qui animait alors le gouvernement de la France? Pouvait-il tenir plus fièrement le serment fait de commander à la victoire, de vaincre ou de mourir? Est-il un mouvement d'une plus belle envolée patriotique que ce suprême défi lancé à la face de l'Europe, cet acte de foi sublime en les destinées de la Patrie impérissable, une et indivisible : « **Si la France reçut des revers, elle n'éprouva point de défaites. Elle ne fit qu'ajourner la victoire! (2)** ».

---

(1) *The Manuscripts of J. B. Fortescue preserved at Dropmore.* Volume II, bulletin n° 22, page 569.

« Saint-Just leur rappela..... qu'il faudrait aussi décider à l'avance « cette grande question : à laquelle des deux armées des Alpes ou des « Pyrénées, convient-il de confier les destinées de la Convention ? Qu'il « y avait à ce sujet dans le Comité de la guerre deux avis opposés : « celui du citoyen La Fite, qui pensait qu'il fallait se réfugier dans « l'armée des Alpes, et celui du citoyen Darçon, qui pensait qu'il fallait « se jeter en masse dans l'armée des Pyrénées et pénétrer avec elle « dans l'intérieur de l'Espagne....., que la majorité du Comité se « rangeait à l'opinion de Darçon, et que, quant à lui, il la jugeait « politiquement la meilleure de toutes. »

(2) Le Comité de Salut public aux généraux en chef, 14 frimaire. (Aulard, tome IX, page 163.)

# LA
# CAMPAGNE DE 1794

## A

## L'ARMÉE DU NORD

(17 Pluviôse-8 Messidor — An II)

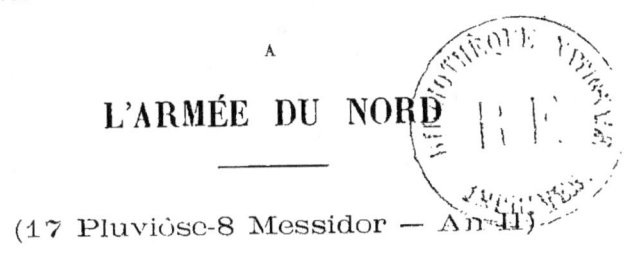

La campagne de 1794 sur la frontière du Nord, alors la principale, marque le point culminant d'une longue série ascendante d'efforts gigantesques et continus : ils aboutirent, après deux années de luttes incessantes, au triomphe définitif de la France sur une coalition qui, sous des dehors protecteurs pour la dynastie déchue, semble avoir surtout visé l'abaissement des Maisons de Bourbon et d'Autriche au profit spécial de l'Angleterre et de la Prusse (1).

Les succès éclatants qui couronnèrent cette campagne furent dus, moins à la capacité transcendante des chefs, qu'à la vigueur déployée par les pouvoirs législatif et

---

(1) *Mémoires de Barère*, tome II, page 4 : « Léopold était complètement opposé à la guerre (de 1792)..... Une autre cour, celle de Berlin...... avant de donner des secours désira consulter l'Angleterre, alors son alliée. M. Pitt répondit : « Nous donnerons des « secours ; mais, dans ce cas, nous pouvons faire *un coup de deux* : « nous pouvons abattre la Maison d'Autriche en même temps que celle « de Bourbon. Il faut avoir l'air de venir au secours des princes fran- « çais..... »

exécutif, à l'énergie indomptable, à l'incessante activité et à l'esprit de solidarité et d'offensive des généraux, à la confiance inébranlable et à la ferme volonté de vaincre qui les animaient, ainsi que leurs troupes.

« Si les généraux (1) avaient peu de talents et peu d'expérience, ils étaient animés d'un grand courage et d'un ardent amour de la patrie. Sans ambition, sans espoir de récompense, ils affrontèrent non seulement les périls de la guerre, mais encore les horreurs de l'échafaud. Les armées, étrangères à tous les crimes qui souillèrent cette époque mémorable et aux funestes dissensions qui déchirèrent la France, ne songeaient qu'à verser leur sang pour l'indépendance nationale et l'intégrité du territoire. Leur discipline ne fut pas moins admirable que le désintéressement de leurs chefs..... »

« Il sera toujours glorieux d'avoir pris part à ces grands événements. L'histoire, en les retraçant, plus impartiale que les contemporains, présentera à l'admiration de la postérité le généreux dévouement des premiers défenseurs de la patrie; et leurs nobles efforts furent couronnés de succès assez beaux pour qu'elle ne se refuse pas à orner leur tombeau d'une branche de laurier. »

« L'Europe coalisée menaçait l'indépendance de la France et même son existence politique. Déjà ses frontières étaient entamées; la guerre civile faisait des progrès effrayants; les armées étaient désorganisées, les ressources épuisées; enfin, tout annonçait une funeste catastrophe. Mais l'adversité donna une nouvelle vigueur à la nation. Les Français de l'âge de 18 à 25 ans sont appelés à la défense de la patrie. Ils accourent de toutes parts. Le patriotisme des citoyens pourvoit à leur habillement, à leur équipement. Des ateliers d'armes

---

(1) *Mémoires de Jourdan.*

s'élèvent sur tous les points de la République ; les femmes, les enfants fouillent la terre pour en extraire le salpêtre. On s'anime, on s'exalte, on jure de vaincre ou de mourir ; la fortune sourit à cet enthousiasme, et les généraux ennemis ne tardent pas à voir leurs projets déjoués..... »

Ainsi parle le vainqueur de Wattignies et de Fleurus.

La même impression se retrouve chez l'étranger dans les Mémoires de l'archiduc Charles, qui seront cités plus loin au sujet du plan de campagne, aussi bien que dans les écrits militaires qui parurent peu après les événements.

« A l'intérieur de la France (1), toutes les forces de la Nation convergeaient d'une façon extraordinaire à la préparation à la guerre. Un nouveau règlement mettait à la disposition de l'État toutes les ressources que pouvaient produire le territoire et le peuple. Il les employait promptement et en masse, comme, où et quand la force des circonstances l'exigeait. Un pouvoir absolu sur la vie et les biens, se couvrant à peine de quelques formules qui ne méritaient pas le nom de lois, fut, dans la main du gouvernement révolutionnaire, un moyen infaillible de s'assurer l'accomplissement le plus prompt des prescriptions qu'il dictait. Le peuple reçut de ses tyrans l'ordre de leur volonté avec un consentement illimité et une obéissance aveugle. Pour tous ces sacrifices si considérables, il était permis aux Français de se réjouir de quelques discours violents et de chansons patriotiques, qui exerçaient un effet étonnant sur l'esprit si mobile et si inflammable de ce peuple. Tous les arts et tous les services consacraient exclusivement à la guerre leurs créations et leurs produits. Le salpêtre fut

---

(1) *Œstreichische Militärische Zeitschrift. Erster Band. Erstes bis drittes heft.* Wien, 1818, seite 151.

raffiné par un nouveau procédé. On inventa une poudre plus prompte, plus légère et meilleure qu'autrefois. On installa des fabriques de sabres, de fusils et des forges sur tout le territoire (1). Le métal des cloches d'églises fut détourné de son but et envoyé dans les forges pour fondre des canons. La Convention nationale réquisitionna en masse tout l'or, toutes les ressources et tous les Français pouvant porter une arme. Ainsi, Robespierre et ses collègues se procurèrent une force armée de 800,000 à 900,000 (2) hommes qu'ils jetèrent en partie sur les frontières pour en faire une digue contre les attaques de la coalition, et employèrent en partie à l'intérieur pour noyer dans le sang tout soulèvement des rebelles royalistes en faveur de Dieu et du Roi. »

« Ces armées prodigieuses se composaient en partie de volontaires, c'est-à-dire de gens aisés qui espéraient échapper à la guillotine inexorable en allant à l'armée; d'aventuriers cherchant le pillage; de descendants vertueux de grandes familles, qui trouvaient seulement dans les camps un refuge sûr et sous les armes une existence non déshonorante. Ce rare mélange de tous les partis, de toutes les passions, de toutes les vertus et de tous les vices, de tous les états, était obligatoirement façonné en soldats, puis en corps de troupes par des chefs peu expérimentés, mais braves. Les généraux eux-mêmes étaient sous la haute surveillance des Représentants du peuple.

« Ces envoyés de la terrible Convention qui, naturel-

---

(1) 16 pluviôse, an II. — Extrait des nouvelles de Bruxelles du 4 février 1794 (*Gazette nationale de France*, n° 52, page 240, c, 1).

« Il se fait des préparatifs formidables dans toute la Flandre française, l'Artois et la Picardie, pour pousser la guerre avec vigueur. Tous les ateliers, consacrés jadis aux arts, sont changés en forges et en salpêtrières. »

(2) Ce chiffre est exagéré, comme on le verra ultérieurement.

lement, n'entendaient rien ni à la tactique générale ni à celles d'armes, avaient pour directive de pousser incessamment les armées françaises contre l'ennemi et de faire couler le plus de sang possible. Une entreprise d'un corps français réussissait-elle, on annonçait aussitôt une victoire. Si les républicains étaient battus, l'ennemi, de son côté, perdait beaucoup de monde, et le gouvernement populaire affichait ces pertes glorieuses, comme il eût fait d'un succès. Il comptait que beaucoup de défaites des républicains tendaient à affaiblir d'autant les alliés, même dans leurs victoires. Pour lui, la perte elle-même des hommes n'entrait pas en considération; une population de 25 millions lui fournissait une mine inépuisable; et une tyrannie sans bornes, le moyen le plus prompt d'y suppléer. »

« L'armée française du Nord, de la Meuse et de la Sambre s'était accrue, pendant l'hiver, jusqu'à 300,000 hommes. Les renforts venaient en partie de la Moselle, en partie de l'intérieur, où la reprise de Toulon et la remarquable répression de la révolte des Vendéens avaient rendu disponible un grand nombre de troupes. »

« La Convention nationale sentit l'importance de la campagne future. Elle était convaincue que cette campagne déciderait de l'existence de la France comme de la République. Les moyens violents par lesquels le gouvernement populaire s'était maintenu à Paris menaçaient de perdre leur puissance dans la détresse générale que subissaient les habitants de la France. Le zèle avec lequel les paysans avaient jusque-là supporté de durs et innombrables sacrifices pour la liberté désirée, devait se refroidir s'il n'était promptement récompensé par un passage à une existence plus supportable. La nécessité croissante aurait ôté au peuple aveuglé l'épais bandeau qu'il avait sur les yeux et qui lui cachait le bord du précipice, où la Révolution l'aurait englouti. Le réveil de ce peuple trompé lui aurait fait reconnaître combien il avait été mystifié par ses conducteurs, grâce à sa facile crédulité. Alors se serait promptement élevé dans chaque cœur l'ardent désir de revenir à l'état d'avant la Révolution et au repos sous le sceptre d'un roi. On aurait rappelé les Bourbons. Les chefs des factions auraient bientôt trouvé leur châtiment mérité dans l'imprécation de ceux qu'ils conduisaient, et dans la vengeance terrible du peuple. Leur sauvegarde dépendait uniquement du succès de la prochaine campagne. Des victoires éclatantes pouvaient seules masquer la détresse de la patrie et éblouir le Français, si facilement inflammable, par l'image séduisante de sa grandeur politique. La guerre, transportée sur le sol étranger, nourrirait alors la guerre ; l'absence des armées diminuerait la pression exercée sur le pays, les charges et les sacrifices des habitants. Les ressources étrangères, les trésors dérobés à l'étranger remplaceraient les ressources taries, et des succès de guerre extraordinaires masqueraient la situation désespérée de l'intérieur. »

« La frontière du Nord de la France offrait à l'offensive un champ presque sûr d'exécution. Le génie de Vauban et d'autres grands constructeurs militaires l'avait entourée d'un triple et quadruple rang de places fortes à intervalles presque infranchissables. Chaque mouvement ou rassemblement des troupes pouvait se faire en se dérobant à l'ennemi. Les flancs et les derrières étaient protégés contre tout enveloppement ; tout mouvement offensif y trouvait, au contraire, une bonne base ; toute retraite y était, en tout cas, assurée. Toutes les parties du flanc gauche de la position française étaient reliées par de bonnes routes qui facilitaient les transports et amélioraient les marches des troupes. Les Français, en dehors de leur connaissance habituelle de leur sol natal, avaient la notion militaire la plus exacte de ces contrées et de leur utilisation dans l'attaque et la défense, grâce aux guerres innombrables qui y ont eu lieu autrefois et aux mémoires instructifs laissés sur ce sujet par les anciens généraux. Les avantages du terrain favorisaient, sur la frontière du Nord, tout mouvement offensif des Français; par contre, s'ils n'avaient opposé aux alliés qu'un simple rideau défensif, ils lui auraient permis de percer en masse par plusieurs brèches de la ligne des forteresses, de porter la guerre dans le pays découvert situé en arrière d'elles et de frapper très durement la France en soulevant le parti anti-républicain. Aussi, l'opinion générale se résolut-elle à la première solution. L'offensive convenait, du reste, au caractère national français et à l'esprit de l'armée, qui, enflammée par les discours ardents des orateurs populaires, se laissa emporter par le désir ambitieux de la gloire et de l'avancement, rendant les plus hauts grades accessibles au mérite militaire, et par l'intérêt d'acquérir des richesses avec facilité sur le sol étranger ou d'accomplir des actions d'éclat. Depuis quatre ans, les Français étaient incités à une manière d'agir et de penser qui emplissait l'âme de chaque soldat et de chaque simple paysan, de toutes les passions et de tous les sentiments qui, d'ordinaire, ne sont propres qu'aux chefs d'État, aux généraux et aux officiers d'élite. Un mouvement général, décidé à concourir à un but assurément grandiose, s'était répandu des conseils du gouvernement dans tous les rangs du peuple; une communication prompte, facile et enflammée faisait passer rapidement dans les armées l'enthousiasme des décrets de la République et le sentiment des généraux » (1).

Cette vigueur et cette énergie extraordinaires, auxquelles l'étranger lui-même rendait ainsi un hommage mérité, se manifesteront d'elles-mêmes par l'exposé successif de l'action militaire du gouvernement, de l'orga-

---

(1) *Œstreichische Militärische Zeitschrift*.

nisation qu'il avait voulu donner à l'armée, enfin des difficultés auxquelles elle se heurta, mais dont triompha l'opiniâtre volonté de tous : gouvernement, généraux, soldats, jouant l'un son va-tout, les autres leur tête, les derniers leur existence sociale et les privilèges enfin conquis depuis cinq ans et auxquels ils ne voulaient renoncer qu'avec la vie (1).

### I. — L'action militaire du Gouvernement.

Au moment où l'Assemblée déclara la guerre à François, roi de Bohême et de Hongrie, le Roi de France était assisté d'un *Conseil d'État*, créé par la loi du 25 mai 1791 (2), composé du Roi et de ses ministres, et dans lequel étaient discutés notamment « les plans généraux des négociations politiques » et « les dispositions générales des campagnes de guerre ». Cette institution fonctionna pendant l'expédition de Luckner, qui l'obligea par ses instances réitérées à lui ordonner la marche sur Courtray aussi bien que la retraite sur Valenciennes. Cette seule observation montre quelles furent la faiblesse de ce rouage, au point de vue militaire, et la nullité de l'action qu'il exerça sur les opérations.

Le 6 mars 1792, à la suite des troubles qui s'étaient produits à Aix, à Étampes et à Montlhéry, l'Assemblée, blâmant la « léthargie » du pouvoir exécutif, nomma une Commission, composée de deux membres de chacun de ses Comités des pétitions, d'agriculture, de commerce,

---

(1) « L'ardeur du soldat s'accroît de jour en jour ; et soyez sûrs que vous pouvez compter sur des succès certains. Qu'importent de petits obstacles pour empêcher le triomphe de la liberté, lorsque la masse entière est résolue à mourir plutôt qu'à reprendre ses fers !..... » (Lettre de Florent Guiot au Comité du Salut public, Lille, 10 ventôse).

(2) Ce Conseil d'État avait remplacé le « Conseil de la Guerre » et le « Comité intime » institués par l'Ordonnance du 9 octobre 1787, et supprimés par celle du 14 juillet 1789.

de surveillance, militaire et de législation, dite *Commission des Douze*, et dont le chiffre fut porté, le 18 juillet, à 21 membres, et le 12 août, à 25.

Lorsque la Monarchie sombra, le 10 août, l'Assemblée chargea le même soir cette Commission extraordinaire d'organiser un nouveau ministère et, sur le rapport qu'elle fit le 15, il fut décrété que les fonctions de la puissance exécutive seraient désormais exercées par le *Conseil exécutif provisoire* formé par les six ministres.

A la Commission des Douze succéda, le 1er janvier 1793, un *Comité de défense générale* destiné à assurer la préparation de la campagne prochaine; fixé à 25 membres (1) par le décret du 25 mars, il était chargé de « préparer et de proposer toutes les lois et les mesures nécessaires pour la défense extérieure et intérieure de la République »; il devait « appeler à ses séances les ministres composant le Conseil exécutif provisoire au moins deux fois par semaine » et « rendre compte tous les huit jours à la Convention de l'état de la République et de ses opérations qui seraient susceptibles de publicité ».

Dans l'émotion causée par la défection de Dumouriez et par l'arrestation des commissaires envoyés à l'armée du Nord; devant l'impuissance du Comité exécutif provisoire, le député Isnard présenta, dès le 4 avril, un projet de décret tendant à établir un Comité d'exécution; le 5, il revint sur cette question et proposa, d'accord avec Bréard, la nomination d'un Comité moins nombreux que

---

(1) Le texte indiqué par le remarquable ouvrage de M. Aulard donne le chiffre de 15; mais celui du décret inséré à la collection des lois mentionne « vingt-cinq » membres. Dans la discussion du 5 avril 1793, qui précéda la création du Comité du Salut public, Barère constate aussi que le Comité de défense générale est composé de 25 membres. Ce chiffre est d'ailleurs le même que le dernier en date de la « Commission des Douze ».

celui de défense générale et par suite moins parleur, plus agissant, plus secret et investi de la confiance nécessaire pour surveiller les travaux du Conseil exécutif provisoire et pouvoir annuler au besoin les ordres de ce dernier.

« Ce Comité (de défense) », appuya Barère le même jour, « se paralyse par la manie délibérative et par le nombre des délibérants. Ce Comité est public, et le secret est l'âme des affaires de gouvernement..... Nous faisons comme les Athéniens quand Philippe était à leurs portes : nous délibérons et nous agissons peu..... »

Après une longue discussion qui eut lieu le 6 et dans laquelle la Convention hésita entre la crainte d'une dictature et la nécessité de créer une autorité dont la vigueur fut à la hauteur des circonstances, elle nomma le même jour, et pour un mois seulement (1), un Comité dit de Salut public (2), composé de 9 membres (3) pris dans

---

(1) Bien que n'étant consentis que pour un mois, les pouvoirs du Comité des Neuf ou de Salut public furent prorogés de mois en mois par les décrets des 11 mai, 12 juin, 10 juillet, 13 août, 11 septembre, 10 octobre, 12 novembre, 13 décembre 1793, 10 janvier et 9 février 1794, par lequel « la Convention, en applaudissant à leurs travaux, « proroge pour un mois les membres du Comité de Salut public dans « leurs fonctions ». Il en fut encore de même le 11 mars et le 10 avril où « la Convention se levant tout entière » prorogea d'un mois les fonctions du Comité de Salut public.

(2) Ainsi que le fait remarquer M. Aulard (tome II, page 518), « on « semble avoir usuellement désigné le Comité de défense générale « sous le nom de Comité de Salut public » dès le lendemain du jour de sa création. M. Aulard en trouve la preuve dans le procès-verbal de la 166ᵉ séance du Conseil exécutif provisoire, datée du 26 mars : « Le « Conseil exécutif provisoire, délibérant sur la situation des armées « françaises dans la Belgique, en présence des citoyens Camus et « Danton, membres du Comité de Salut public de la Convention « nationale...... ». Il faut ajouter que, par décret du 25 septembre 1793, la Convention décida que le Comité de Salut public de la Convention porterait seul cette dénomination (*Aulard*, tome VII, page 54).

(3) Les membres nommés le 6 avril 1793 furent : Barère (360 voix),

son sein, et définit ainsi ses attributions : « Ce Comité délibérera en secret ; il sera chargé de surveiller et accélérer l'action de l'administration confiée au Conseil exécutif provisoire, dont il pourra même suspendre les arrêtés..... il est autorisé à prendre, dans les circonstances urgentes, des mesures de défense générale extérieure et intérieure ; et ses arrêtés signés de la majorité de ses membres délibérants, qui ne pourront être au-

---

Delmas (347), Bréard (325), Cambon (278), Danton (233), Jean de Bry (227), Guyton-Morveau (202), Treilhard (167), Delacroix (d'Eure-et-Loir) (151). Le 7 avril, Jean de Bry se récusa pour raison de santé et fut remplacé par Robert Lindet.

Ce chiffre fut augmenté le 30 mai 1793 par un décret du même jour nommant pour adjoints au Comité de Salut public, Hérault, Ramel, Saint-Just, Mathieu, Couthon. Le 5 juin un nouveau décret confirmait la nomination de ces cinq adjoints chargés de présenter un projet de constitution et remplaçait Bréard par Berlier. Le 12, Gasparin et Jeanbon Saint-André remplaçaient Treilhard et Lindet. Le 22, Lindet lui-même remplaçait Mathieu, envoyé en mission. Le 27, Mallarmé était adjoint au Comité pour lui communiquer son plan. Le 4 juillet, la Convention nommait encore pour adjoints Thomas, Lindet, Du Roy et Francastel, afin de se concerter sur les mesures à prendre pour étouffer les troubles suscités dans le département de l'Eure. L'effectif du Comité augmentait ainsi considérablement ; aussi, profitant le 10 juillet du renouvellement pour un mois des pouvoirs du Comité, la Convention procéda-t-elle à une nouvelle nomination de neuf membres qui furent : Jeanbon Saint-André (192 voix), Barère (192), Gasparin (178), Couthon (176), Hérault (175), Thuriot (135), Prieur (de la Marne) (142), Saint-Just (126), Robert Lindet (100) ; mais presque aussitôt cette composition fut modifiée par la démission que donna Gasparin le 24 juillet, pour cause de santé ; cette vacance fut toutefois comblée par la nomination de Robespierre. Sur le rapport de Barère, la Convention nationale décréta, le 14 août 1793, d'adjoindre au Comité de Salut public Carnot et Prieur (de la Côte-d'Or). On verra plus loin, page 25, une autre composition de ce Comité qui, à la date du 25 février 1794, comprenait douze membres, dont le douzième vacant. Un mois plus tard, le 25 mars, la Convention nationale décrétait de passer à l'ordre du jour sur la demande faite de remplacer Héraut-Sychelles. Il en résulterait que le Comité de Salut public comptait à cette date onze membres.

dessous des deux tiers, seront exécutés sans délai par le Conseil exécutif provisoire..... ».

Quelques jours plus tard, le 16, le Comité définissait lui-même ses travaux (1) :

« Après avoir organisé ses bureaux, dans lesquels il y a des détails et des pièces innombrables qui ont rapport à la défense diplomatique et générale, le Comité a jeté ses regards sur l'état politique, militaire, naval, colonial, administratif et de sûreté de la République. Il s'est pénétré de la grandeur et des difficultés attachées à sa mission. Former un plan de défense de terre et de mer; scruter, dans les circonstances actuelles, les opinions politiques et la conduite militaire des chefs militaires; revoir la composition des différents états-majors; veiller à la défense des côtes; augmenter la cavalerie nationale; ranimer les travaux dans les ports et seconder l'empressement des braves marins; comprimer les trames; faire rechercher et fabriquer des armes pour les nombreux défenseurs de la Liberté; suivre la marche nouvelle des armées; veiller à leur approvisionnement en tout genre; presser l'action de l'administration publique; surveiller et aider l'action du Conseil exécutif provisoire; éteindre par des mesures fortes et promptes les torches de la guerre civile; voilà les objets principaux dont il s'est occupé d'abord..... »

Pour assurer l'exécution de cet immense travail, le Comité de Salut public avait arrêté, dès le 7 avril, qu'il tiendrait deux séances par jour : l'une à 9 heures du matin, l'autre à 7 heures du soir; le 18 juin, il décidait que ses diverses sections s'assembleraient tous les matins depuis 6 heures au plus tard jusqu'à 2 heures; que chaque jour, à 2 heures précises, le Comité général délibérerait sur les rapports de ses sections, et qu'il se

---

(1) Discours de Barère.

réunirait encore à 8 heures du soir pour s'occuper des objets de salut public. Mais, le 3 août, il changeait encore cet emploi du temps et entrait en conseil le matin à 8 heures au plus tard, puis se rendait à 1 heure de l'après-midi à la Convention, s'assemblait de nouveau à 7 heures du soir et levait sa séance à 10 heures. Enfin, conformément au décret du 27 juillet 1793, le Comité militaire devait se réunir le samedi à 8 heures du soir, avec la Section de la guerre du Comité de Salut public, pour combiner les mesures militaires (1).

Le 7 avril, le Comité s'était organisé en trois bureaux, dont un central, un chargé de la correspondance avec les commissaires de la Convention nationale et les représentants du peuple près les armées ; un troisième, avec les ministres et les généraux ; mais, le 12 mai, il modifiait cette disposition et y substituait un secrétariat ; un premier bureau de correspondance avec les représentants, les généraux, les ministres et la trésorerie nationale ; et un deuxième, chargé de tout ce qui concernait les corps administratifs, les communes, régies, pétitions, etc. Il avait décidé du reste, le 11 avril, qu'un des commis du bureau de la Convention serait tenu de lui transmettre chaque jour, séance tenante, les décrets et les pièces renvoyées qui le concernaient. Pour diviser, et par cela même porter au maximum d'effet utile le travail de ses membres, il adoptait, le 10 avril, un ordre de travail dans lequel deux d'entre eux, Delmas et Delacroix, étaient spécialement chargés du département de la guerre ; le 13 juin, il les répartissait en six sections, dont la troisième, concernant la guerre, comprenait Gasparin, Delmas et Delacroix.

Enfin, pour imprimer la plus grande activité à cette administration, il arrêtait, le 29, que deux de ses mem-

---

(1) Aulard, tome V, page 430.

bres (Danton et Delmas) seraient « chargés officiellement de suivre les opérations du Ministre de la guerre (1) et de surveiller l'exécution des décrets et de tous les arrêtés, soit des représentants du peuple près les armées, soit du Comité de Salut public, relatifs à toutes les parties des armées de la République, et d'en rendre compte chaque jour au Comité général ».

Malgré cette mesure, le 27 juillet, le Comité de Salut public se plaignit, par l'organe de Barère, de la lenteur des bureaux de la guerre (2); le 4 octobre, Billaud-Varennes constatait que « tout était arrêté, tout allait mal..... ». « Le ministère », disait encore Saint-Just, « est un monde de papier ; je ne sais point comment Rome et l'Égypte se gouvernaient sans cette ressource. On pensait beaucoup, on écrivait peu. La prolixité de la correspondance et des ordres du gouvernement est une marque de son inertie..... Les représentants du peuple, les généraux,

---

(1) A cette date le Ministre avait, en vertu du décret du 6 février 1793, six adjoints travaillant directement avec lui dans 6 divisions déterminées, embrassant toute l'administration centrale. Le Comité de la guerre de l'Assemblée était divisé en six sections composées chacune de cinq membres et correspondant aux six divisions du ministère de la guerre. Les adjoints étaient nommés par le Ministre, agréés par le Conseil exécutif et ne pouvaient être destitués que par ce Conseil. Ils étaient autorisés à expédier les copies certifiées des ordres et missives du Ministre signés par lui. Ils donnaient, sous leur signature et responsabilité individuelle, tous les ordres nécessaires à l'exécution des ordres généraux donnés par le Ministre. Les chefs de bureaux et commis étaient nommés par le Ministre sur la présentation des adjoints.

(2) Comme sanction, Barère fit voter le décret du même jour par lequel les adjoints devaient se réunir tous les jours avec le Ministre, à heure fixe ; la seconde division trop chargée était partagée entre quatre chefs de bureaux ; enfin les adjoints devaient donner sous leur responsabilité, dans la partie dont ils sont chargés, tous les ordres et toutes les signatures nécessaires. Toutefois la signature des ordonnances sur la Trésorerie nationale appartenait exclusivement au Ministre. Ce décret était lui-même modifié le 18 septembre 1793 par un autre autorisant le Ministre à prendre un second adjoint pour la seconde division.

les administrateurs sont environnés de bureaux comme les anciens hommes de palais. Il ne se fait rien ; et pourtant la dépense est énorme. Les bureaux ont remplacé le monarchisme ; le démon d'écrire nous fait la guerre et l'on ne gouverne point..... ».

Les mêmes critiques étaient encore renouvelées le 14 frimaire (1) par Bourdon de l'Oise :

« Je désire, comme la Convention, que le gouvernement révolutionnaire soit promptement organisé, mais on y laisse une roue qui en arrêtera le mouvement. Je veux parler des ministres. Que voulez-vous en faire, puisque la Monarchie est abolie?

« Fixez seulement vos regards sur le Ministre de la guerre. A quel usage est-il bon, d'après l'aveu même du Comité de Salut public? Il reçoit un ordre du Comité (2), qu'il transmet à un commis qui ne le met point à exécution.....

« Au surplus..... il ne se passera pas trois mois sans que vous sentiez la nécessité d'adopter (ma proposition). »

Malgré les objections de Robespierre, qui défendait avant tout Bouchotte en cette circonstance, et de Barère (3), qui répliquait justement que, si l'on suppri-

---

(1) Discussion relative au décret du 14 frimaire.

(2) Le Comité de Salut public avait notamment arrêté le 30 frimaire que « les instructions et règlements militaires qui seront adressés aux armées par le Ministre de la guerre seront préalablement communiqués au Comité de Salut public, et qu'il lui fera passer 20 exemplaires de tous ceux qu'il fera imprimer dans la suite, ainsi que de ceux qu'il a fait imprimer depuis l'époque du 1er jour de vendémiaire ».

(3) A la séance du 12 août 1793, Barère avait d'ailleurs fait un rapport élogieux sur la conduite du Ministre de la guerre :

« Il la regarde comme d'un républicanisme assuré. Le Comité a pensé qu'il était impossible qu'un homme donnât à ce département plus d'activité, dans un moment où il y a sous les armes 600,000 hommes. » (*Moniteur*, 13 août 1793).

mait le ministère, il faudrait ajouter d'autres bureaux au Comité de Salut public, la prédiction de Bourdon de l'Oise se réalisa, car le 12 germinal « Carnot fit, au nom du Comité de Salut public, un rapport sur la suppression du Conseil exécutif provisoire et des six ministères, institution qui », dit-il, « créée par les rois pour le gouvernement héréditaire d'un seul, pour le maintien des trois ordres, pour des distinctions et pour des préjugés, est incompatible avec le régime républicain ». La vérité était que, sous la pression des circonstances, le Comité de Salut public avait organisé successivement des Commissions des subsistances, des armes et poudres, de l'habillement et de l'équipement, des charrois, convois et relais, des hospices, etc., afin d'agir plus rapidement que par les rouages administratifs ordinaires, et que l'existence de ces Commissions se heurtait à celle des ministères.

Quoi qu'il en soit, le décret du 12 germinal remplaça les ministères (1) par douze Commissions, dont celles de la guerre et de la marine comprenaient chacune un commissaire et un adjoint faisant fonctions d'archiviste et de secrétaire. Les autres comptaient en général deux membres et un adjoint, à l'exception de celle des Finances qui était de cinq commissaires et un adjoint.

Les diverses attributions de l'administration de la guerre étaient assez rationnellement groupées pour qu'on croie devoir indiquer ici cette répartition :

Commission de l'organisation et du mouvement des

---

(1) « Il paraît qu'on est résolu de changer tous les ministres et de « les remplacer par des agents du Comité de Salut public, qui n'auront « aucune manutention. Ce seront des valets renforcés du Comité domi- « nateur. » (*Historical Manuscripts Commission, Fourteenth Report. Appendice, part V. The Manuscripts of J.-B. Fortescue esq. preserved at Dropmore.* Vol. II, Francis Drake to Lord Grenville. Enclosure Number, 1. Bulletin n° 18.25-28 mars 1794, Paris.)

armées de terre (organisation, recrutement, opérations et mouvements);

Commission des armes et poudres (armement, fonderies, engins de guerre, poudres, salpêtres, arsenaux de la guerre et de la marine);

Commission des transports, postes et messageries (postes, relais, remontes, charrois, convois);

Commission des travaux publics (routes, canaux, ports, défense des côtes, fortifications, monuments nationaux civils et militaires);

Commission du commerce et des approvisionnements (subsistances, habillement, équipement, campement, casernement) (1).

---

(1) Arrêté du 26 germinal, an II.
Le Comité de Salut public arrête que les douze commissions exécutives créées par la loi du 12 germinal seront placées comme il suit:
. . . . . . . . . . . . . . . . . . . . . . . . . . . . . . . . . . .
4° Commission du commerce et des approvisionnements : maison cy-devant *Penthièvre*;
5° Commission des travaux publics : maison cy-devant *Bourbon*;
. . . . . . . . . . . . . . . . . . . . . . . . . . . . . . . . . . .
7° Commission des transports, postes et messageries : maison de la *Poste aux lettres* et celle de *Gouffier*;
. . . . . . . . . . . . . . . . . . . . . . . . . . . . . . . . . . .
9° Commission de l'organisation et du mouvement des armées de terre : maisons cy-devant *Rohan-Rochefort* et *La Suze*;
. . . . . . . . . . . . . . . . . . . . . . . . . . . . . . . . . . .
11° Commission des armes, poudres et exploitation des mines : maison cy-devant *Juigné, quai Malaquais*;
. . . . . . . . . . . . . . . . . . . . . . . . . . . . . . . . . . .
Agences particulières dépendant des susdites commissions.
. . . . . . . . . . . . . . . . . . . . . . . . . . . . . . . . . . .
Agence des transports militaires : maison cy-devant *Conti*.
Agence de l'habillement militaire : maison cy-devant *Brissac*.
Les membres du Comité de Salut public invitent leurs collègues du comité d'aliénation et des domaines réunis à surveiller l'exécution du présent arrêté et à donner en conséquence les ordres nécessaires à l'agent national près le département de Paris. (Aulard. Tome XII, page 595.)

Pour modeler son organisation sur celle-ci, le Comité

---

Du 9 floréal an II. — Le Comité de Salut public ayant reconnu qu'il était nécessaire d'apporter quelques modifications dans le choix des emplacements destinés pour l'établissement des douze commissions créées par la loi du 12 germinal dernier, arrête définitivement qu'ils seront fixés comme il suit :

| Noms des commissions. | Noms des emplacements. |
|---|---|
| . . . . . . . . . . . . . . . . . . . . | . . . . . . . . . . . . . . . . . . . . |
| 4. Commerce et approvisionnements.................. | Maisons cy-devant, prince Conti ; Castries, rue de Varennes. |
| Les bureaux de l'agence des subsistances militaires dépendant de cette commission............ | Maison cy-devant Brissac. |
| Les bureaux de l'agence de l'habillement dépendant de la même commission................ | Maison cy-devant Castries. |
| 5. Travaux publics............ | Maison Bourbon-Condé, rue de Lille. |
| 7. Transports, postes et messageries. | |
| Transports (les bureaux dépendant de cette commission)......... | Les bâtiments qu'ils occupent en y ajoutant les maisons Thelusson, Montesson, rue de Provence. |
| Postes (les bureaux de postes aux lettres).................... | L'ancien bureau en y ajoutant la maison Gouffier, rue Jean-Jacques-Rousseau. |
| Messageries (le bureau des messageries.................... | Maison cy-devant Boulainvilliers en y ajoutant partie du jardin des filles Thomas, rue Notre-Dame-des-Victoires. |
| 9. Organisation et mouvement des armées................... | Maisons Rohan-Rochefort, Rohan-Chabot, rue de Varennes. |
| . . . . . . . . . . . . . . . . . . . . | . . . . . . . . . . . . . . . . . . . . |
| 11. Armes, poudres et exploitation des mines............. | Maison Juigné, quai Malaquais. |
| . . . . . . . . . . . . . . . . . . . . | . . . . . . . . . . . . . . . . . . . . |

Les membres du Comité de Salut public invitent leurs collègues, Julien Dubois et Pottiez, membres du comité d'aliénation et des domaines, à surveiller l'exécution du présent arrêté et à donner en conséquence les ordres nécessaires à l'agent près le département de Paris.

*Archives nationales*, AF_II, 201.

de Salut public avait projeté le 26 germinal de répartir son travail entre neuf divisions (1).

Chacune de ces Commissions, nommées par la Convention sur la présentation du Comité de Salut public, correspondait directement avec le Comité et lui rendait compte « de la série et des motifs de ses opérations ».

C'est ainsi que, le 30 germinal, le Comité arrête qu'aucune nomination militaire ne pourra être faite par les Commissions exécutives sans qu'elle lui ait été préalablement soumise ; et cette décision fut portée à la connaissance de l'armée du Nord par la voie de l'ordre du 10 au 11 floréal. La proposition devait indiquer : l'âge et les nom et prénoms du candidat ; la profession de ses parents ; ses emplois antérieurs et ses services ; enfin, sa conduite morale et politique, son patriotisme et sa capacité (2).

C'est ainsi que, le 24 floréal, le Comité de Salut public arrêtait que « la Commission de l'organisation et du mouvement des armées de terre lui remettrait deux fois par chaque décade :

« 1° Le tableau des forces de chacune des armées de la République, suivant les différentes divisions principales de chacune d'elles, différenciées en troupes actives et troupes de garnison, quartiers, dépôts ou cantonnements sans activité, et classées suivant leurs armes respectives, en infanterie, troupes à cheval et artillerie ;

« 2° Un tableau particulier des états-majors et commissaires des guerres attachés auxdites armées. Ces états seront adressés au Comité de Salut public (section de la guerre). »

C'était en somme une centralisation excessive de tous les services au Comité de Salut public qui, suivant la

---

(1) Aulard. Tome XII, page 644.
(2) Aulard. Tome XII, pages 681 et 682.

juste expression de Barère, aurait dû « avoir la haute pensée du gouvernement » et n'était « déjà que trop surchargé de détails, trop encombré de bureaux ».

En dehors des Commissions exécutives, le Comité de Salut public exerça son action militaire au moyen des représentants du peuple aux armées, dont il définit les pouvoirs dès le 8 avril, au lendemain même de sa nomination, sous l'influence de la prise possible des lignes de Wissembourg (1), et dans l'intention d'être exactement renseigné par ces commissaires sur « l'effectif des armées, les magasins de vivres, fourrages, hardes, habillement, équipement et effets de campement, munitions, artillerie et hôpitaux militaires..... ». Concurremment avec ces renseignements, il en réclamait le même jour au Ministre sur les « forces de chacune des armées, l'effectif des corps de division, les officiers, leurs services..... les plans de campagne, les moyens offensifs et défensifs que l'on opposera aux ennemis, les dispositions des ennemis, celles des puissances du Nord, celles de l'Angleterre, afin de connaître les ressources, les moyens généraux, et que l'on se concerte sur tous les plans de campagne et de négociations que l'on fera concourir en même temps ».

Continuant ses investigations, le Comité s'occupe le 26 « des plans d'organisation des armées et des forces dont elles doivent être composées » ; il entend le même jour le général Grimoard « sur le genre de guerre que l'on doit faire aux Pyrénées, sur les généraux que l'on peut y employer, sur la situation de l'armée du Nord, sur les projets des ennemis, sur les mesures offensives et défensives qu'il convient de prendre » et « invite ce

---

(1) « Rejeté sur Landau dans les derniers jours de mars 1793.....
« Custine proposait d'évacuer Lauterbourg, d'évacuer Wissem-
« bourg..... » (A. Chuquet, *Wissembourg*, pages 1 et 2.)

général à se rendre au Comité le plus fréquemment possible (1) ».

De l'ensemble de toutes ces études résulte le décret du 30 avril, répartissant les forces de la République en onze armées : Nord, Ardennes, Moselle, Rhin, Alpes, Italie, Pyrénées-Orientales, Pyrénées-Occidentales, côtes de La Rochelle, côtes de Cherbourg. Les trois armées qui intéressent la campagne étudiée ici étaient ainsi définies :

« *L'armée du Nord*, sur la frontière et dans les places ou forts depuis Dunkerque jusqu'à Maubeuge exclusivement ;

« *L'armée des Ardennes*, sur la frontière et dans les places ou forts depuis Maubeuge inclusivement jusqu'à Longwy exclusivement (2) ;

« *L'armée de la Moselle*, sur la frontière et dans les places ou forts depuis Longwy inclusivement jusqu'à Bitche exclusivement. »

Après la nomenclature des armées, le même décret consacrait officiellement aux commissaires de la Convention auprès des armées le titre de *représentants du peuple envoyés près de telle armée* et leur donnait mission : de « nommer aux emplois vacants » de concert avec les généraux ; « d'exercer la surveillance la plus active sur les opérations des agents du pouvoir exécutif, de tous les fournisseurs et entrepreneurs des armées ; la conduite des généraux, officiers et soldats ; l'état de défense et d'approvisionnement de toutes les places, forts, ports, côtes, armées et flottes de leur division ». Ils devaient prendre « toutes les mesures nécessaires pour

---

(1) Grimoard avait déjà été appelé à titre de conseil par la Convention en janvier 1793, ainsi qu'on le verra plus loin.

(2) Par décret du 26 mai 1793, rendu sur la proposition de Barère, l'armée des Ardennes fut subordonnée à celle du Nord, et celle de la Moselle à celle du Rhin.

accélérer l'armement, l'équipement et l'incorporation des volontaires et recrues dans les cadres existants » ; ils avaient droit de « requérir les gardes nationaux » pour renforcer les armées ; « les corps administratifs, et tous agents civils et militaires » pour suspendre et arrêter les agents militaires ou fonctionnaires. Ils devaient adresser chaque jour au Comité de Salut public « le journal de leurs opérations ».

Les représentants du peuple aux armées étaient militarisés. Ils avaient un uniforme fixé par le décret du 3 avril ; et celui du 13 juin leur attribuait « deux chevaux de luxe enharnachés et des armes pendant la durée de leur commission ». Un arrêté du Comité de Salut public du 27 pluviôse (15 février) ordonna au Ministre de la guerre de faire « tenir à la disposition des représentants du peuple Richard et Choudieu, à l'armée du Nord, quatre chevaux armés en guerre (1) ». Le 8 messidor, la Commission des transports recevait l'ordre de faire passer sans délai à Dunkerque 24 chevaux de selle « doux, faits au feu, et les meilleurs avec leurs harnais », pour être « mis à la disposition des représentants du peuple près l'armée du Nord (2) ».

Le Comité de Salut public ne se borna pas à exercer son action sur les armées par les Commissions exécutives et les représentants du peuple. Il prit également une série de décisions organiques qui affectèrent à la fois le recrutement, l'infanterie, la cavalerie, l'artillerie, le génie et les services administratifs. Ce furent :

La loi du 12 août 1793, qui prescrivait la formation des demi-brigades d'infanterie, décidée en principe, mais ajournée par la loi du 21 février.

Le décret du 23, aux termes duquel tout citoyen de

---

(1) Aulard. Tome XI, page 159.
(2) *Archives nationales*, AFɪɪ, 203.

18 à 25 ans, non marié, était en réquisition permanente pour le service militaire, tandis que la loi du 24 février avait borné à l'obtention d'un effectif de 300,000 hommes l'appel des citoyens de 18 à 40 ans. Le décret du 19 nivôse an II décidait d'autre part que les hommes de la 1re réquisition ne seraient pas formés en bataillons indépendants, mais embrigadés.

Le 21 nivôse, était promulguée la loi d'organisation de la cavalerie, des dragons, des chasseurs et des hussards, après que celles des 17 et 27 vendémiaire eussent fixé le minimum des chevaux à requérir par canton pour la remonte de la cavalerie et de l'artillerie.

Enfin, l'artillerie à cheval, qui ne comptait le 17 avril 1792 que neuf compagnies, fut portée à neuf régiments le 19 pluviôse.

Pour remédier à la pénurie des armes, du salpêtre et de la poudre, le décret du 13 prescrivait des mesures destinées à en augmenter la fabrication.

Le service du génie, qui ne comprenait jusque-là aucune troupe, se vit rattacher les compagnies de mineurs, le 2 brumaire, et renforcer de douze bataillons de sapeurs, le 25 frimaire.

En ce qui concerne les services administratifs, le 24 pluviôse paraissait le décret délégant le droit de réquisition et de préhension à la Commission des subsistances et approvisionnements, et exceptionnellement en cas d'urgence aux représentants du peuple; celui du 2 frimaire, mettant en réquisition tous les cordonniers pour le service des armées, et celui du 19 nivôse prescrivant de rassembler aux chefs-lieux des districts et de mettre à la disposition du Ministre de la guerre tous les effets d'habillement, d'équipement et de campement déposés dans les communes. Le 18 germinal, était décrétée la construction de 6,000 voitures pour le transport des fourrages.

Enfin, le 3 pluviôse, paraissait le règlement sur la justice militaire et le 3 ventôse celui du service de santé aux armées.

Si l'on ajoute à tout ce travail d'organisation la rédaction des plans d'opérations, sur laquelle on reviendra plus loin, on est en droit de conclure que l'œuvre militaire du Comité de Salut public fut considérable ; elle fut d'autant plus féconde qu'à cette puissance extraordinaire de travail, se joignait encore une opiniâtreté dans la lutte que feront suffisamment ressortir les documents qui vont suivre.

En communiquant, en effet, à l'armée le décret du 14 frimaire an II, relatif au « mode de gouvernement provisoire et révolutionnaire », le Comité de Salut public l'accompagna de cette proclamation :

*Le Comité de Salut public aux généraux en chef.*

Un gouvernement révolutionnaire et compressif des traîtres, en ajoutant à l'énergie d'une grande nation, double ses moyens de vaincre.

Riche d'hommes et de choses, cette nation, investie de moyens immenses, peut dire à ceux qu'elle a chargés du soin de la défendre : « *Je vous commande de vaincre.* »

..... Si la France eut des revers, elle n'éprouva point de défaites. Elle ne fit qu'ajourner la victoire.

« La guerre actuelle n'a aucun rapport avec les guerres connues ; il faut, pour la bien apprécier, et surtout pour la terminer, le génie des camps, sans doute, mais dirigé par celui de la République. Toutes les mesures secondaires d'application, de matériel, de position, de suite, de marche, de campement, d'observation, de tactique, etc., sont du ressort du génie militaire ; mais les plans premiers appropriés à l'esprit national, calculés, sur les circonstances, sur le secret de tout ce qui repose sur le sanctuaire du gouvernement et qui ne doit être connu que de lui, basés sur nos ressources et sur les rapports mieux sentis au centre qu'au point occupé par un général ; mais le soin de déterminer enfin le mouvement d'une grande nation, tout cela n'appartient et ne peut appartenir qu'à ses représentants (1).

---

(1) A défaut d'un généralissime, le Comité de Salut public voulait imposer ses plans aux généraux commandant les armées ; mais ce pro-

Nous ne sommes plus au temps où les despotes jouaient contre d'autres despotes 400,000 hommes, où la victoire restait après cet effort à celui qui perdait le moins. Ici la République, se déployant tout entière, tombe de son poids sur les tyrans.....

« Une nouvelle campagne va s'ouvrir », écrivait (1) encore le Comité de Salut public ; « c'est ici le combat à mort de la tyrannie ; sa tombe est ouverte et l'attend ! »

Peut-être objectera-t-on qu'il ne s'agissait là que de vaines déclamations destinées à exalter l'esprit enthousiaste de la nation ; mais des correspondances secrètes récemment publiées donnent la sensation, prise sur le vif, des sentiments qui agitaient alors le Comité de Salut public et de l'énergie farouche qui le caractérisait.

« *Mémoire sur le Comité de Salut public* (2).

« (Mars 1794)..... Le Comité de Salut public..... est parvenu au phénomène d'*organiser la désorganisation*..... (Il) est composé de douze membres, qui sont : Hérault de Séchelles, Lindet, Robespierre l'aîné, Billaud-Varennes, Couthon, Prieur, Carnot, Fabre d'Églantine (accusé et détenu), Barère, Jeanbon Saint-André, Collot-d'Herbois (le douzième vacant au 25 février).

. . . . . . . . . . . . . . . . . . . . . . . . . . . . . .

« *Carnot*, officier du génie, membre de la première

---

cédé ne put lui réussir que parce qu'il sût s'entourer d'un comité militaire dirigé par Carnot et d'Arçon, apte à les rédiger, et parce que ce comité n'indiqua aux généraux que le but général à atteindre et leur laissa le soin de l'exécution.

(1) Le Comité de Salut public aux représentants du peuple chargés de l'organisation des troupes à cheval. 29 pluviôse an II (19 février 1794). (Aulard. tome XI, page 225.)

(2) *Mallet du Pan to the Earl of Elgin. Historical Manuscripts commission. Report on the Manuscripts of J. B. Fortescue preserved at Dropmore.* Volume III. London, 1899.

législature, et l'un des plus utiles du Comité. Chargé de la partie militaire, il le fait avec activité, intelligence et application. Il partage son temps entre les travaux du Comité de Salut public et ceux du Comité de la Guerre, adjoint au département de ce nom. Ce dernier est formé d'officiers du génie et de l'état-major, dont les principaux sont : *de Rosières, Favart, Saint-Fief, d'Arçon, La Fite, Clavé* et quelques autres (1). *D'Arçon* a dirigé la levée du siège de Dunkerque et celle du siège de Maubeuge. Personne en Europe ne le surpasse en pénétration, en connaissances pratiques, en promptitude de coup d'œil et en imagination. C'est une âme de feu et une tête pétrie de ressources. *Carnot*, son collègue, assiste aux séances du Comité de la Guerre, en transmet, en développe et appuie les résultats auprès du Comité de Salut public, et, une fois délibérés, rédige les ordonnances de leur exécution..... Tout entier à ses fonctions spéciales, il se mêle peu des intrigues de parti. . . . . .
. . . . . . . . . . . . . . . . . . . . . . . . . . . . .

« Jusqu'à présent, le Comité de Salut public n'a point menti à son titre ; il n'en a même pas méconnu les devoirs. Il a apporté dans leur exercice une application soutenue, une infatigable activité, des talents couronnés par le succès, un esprit de suite, de combinaison, d'audace réfléchie. . . . . . . . . . . .

« Il est d'autant plus fortement lié au besoin de défendre la cause de la République contre les attaques du dedans et du dehors, que le pouvoir nécessaire à cette fonction renferme en même temps un pouvoir répressif et absolu dans l'intérieur, qui assure la propre domina-

---

(1) Une autre correspondance insérée à la date du 23 mars 1794 dans le volume II ajoute à ces noms ceux du « chef d'artillerie Bosting et de « l'ingénieur géographe militaire Latour », et dit que ce comité, qui était l'inspirateur militaire du Comité de Salut public, comprenait quinze membres.

tion du Comité autant que le salut de la Révolution. Si la crise extérieure venait à prendre fin comme celles de la Provence, de Lyon et de la Vendée, le Comité serait chassé le lendemain.

« L'identité de ses moyens d'autorité avec les moyens de défense publique lui a fait ajourner la paix à un terme indéfini. Sans la guerre, plus de prétextes d'extorsions....., d'enrôlements forcés, de réquisitions sur tous les fruits de la terre.....; sans la guerre, plus d'espérance de maintenir dans les armées cette discipline, non pas militaire, mais révolutionnaire, qui prévient les réunions, les complots, les secousses intestines et la désobéissance au Comité ou à ses préposés. Les armées perdraient cette exaltation de vanité qui les anime contre le soldat étranger; en refluant dans l'intérieur, elles participeraient au fanatisme, à la licence et à la discorde. Chaque faction travaillerait à les agiter; elles se diviseraient comme la Convention et les Jacobins; ses chefs, devenus plus indépendants, disposeraient un jour du destin de l'Empire; l'armée révolutionnaire s'anéantirait devant des bataillons fiers de leurs blessures et indignés de se voir payer leurs services trois fois moins que les crimes de quelques brigands.

« Ainsi la guerre est aussi nécessaire au Comité que la respiration. . . . . . . . . . . . . . . . . . . . . . . .

« Le Comité veut donc continuer la guerre pour sa sûreté, par politique, par nécessité..... Dès qu'il a vu circuler à Paris le désir de la paix....., il s'est hâté de l'enchaîner par une nouvelle proclamation de guerre éternelle à tous les gouvernements.

« Il poursuivra cet objet jusqu'à sa dernière heure d'existence..... Le Comité, les Montagnards, la Convention s'attacheront toujours davantage à populariser la guerre..... Regardez donc comme des points de conduite constants : *Continuation de la guerre à outrance.....*

« ..... Décidé à l'emporter ou à périr, le Comité projette de dépenser 400 millions par mois....., de porter les masses (de la population valide) à la suite de ses armées, de ruiner les vôtres par une agression continue et de faire un désert des provinces où vous menaceriez de pénétrer. Il a calculé ses ressources pour deux ans ; s'il atteint la prochaine récolte, il se croira sauvé. La disette actuelle, je vous le répète, ne l'inquiète qu'autant qu'elle peut s'étendre à la capitale et aux armées. Il entre dans son plan d'approvisionner celles-ci, et médiocrement Paris, et d'abandonner le reste à la famine ; bien sûr qu'elle grossira ses légions de tous les mâles qui ne pourront plus subsister dans l'intérieur. »

Quelles que soient les tendances qu'il impute au Comité de Salut public, et bien qu'il oublie de compter à son actif le patriotisme qui l'animait, le publiciste genevois qui livrait à l'étranger les secrètes intentions du gouvernement français (1), n'en rend pas moins justice au labeur considérable et à l'opiniâtre ténacité qui ont vaincu tous les obstacles, par cela même qu'ils *voulaient* les vaincre.

Quelque temps après, le même Mallet du Pan constatait mélancoliquement que les « exploits de Pichegru » l'avaient forcé à se réfugier à Berne, et que l'indomptable résistance des Français et « le spectacle de leurs moyens gigantesques » déjouaient tous ses calculs.

---

(1) William Wickham to lord Grenville. Berne, 29 mars 1795. « J'ai fait une ouverture indirecte à M. Mallet du Pan ; mais j'ai trouvé qu'il était actuellement au service de la cour de Vienne. Il a dit à un de mes amis qu'il correspondait directement avec l'Empereur, mais je sais qu'il a envoyé un mémoire la semaine dernière à Thugut ; l'objet général de ce mémoire était de recommander la continuation de la guerre. » (*Historical Manuscripts Commission Report on the Manuscripts of J. B. Fortescue preserved at Dropmore.* Volume III. London, 1899.)

Il n'était pas d'ailleurs le seul à renseigner l'ennemi. Un secrétaire du Comité de Salut public, qui n'aurait été autre que le conventionnel Ramon (1), tenait lord Grenville au courant de tout ce qui s'y projetait et arrivait aux mêmes conclusions que Mallet du Pan. Il racontait, en effet, qu'après la prise de Landrecies, et malgré l'arrivée des « fuyards de l'armée du Nord et de tous les chariots remplis de blessés »; malgré la « consternation » qu'il en ressentait, le Comité était non seulement décidé à n'en rien laisser paraître, mais encore à « faire arrêter le même jour tous ceux que l'on trouverait entretenant le peuple de cet événement »; que, tout en se rendant compte, grâce au Comité militaire, de l'impossibilité pour les alliés de marcher sur Paris avant la chute de Cambrai et de Maubeuge, il avait prévu cette triste éventualité et avait résolu de se retirer au besoin dans le Midi, et même, sur les conseils de d'Arçon, de « se jeter en masse dans l'armée des Pyrénées » et d'envahir avec elle l'Espagne. Il décidait peu après, sur l'avis du Comité militaire, de « n'admettre aucune raison quelle qu'elle fût qui autorisât les généraux et les représentants aux armées à différer d'un seul moment les ordres d'attaquer, sur lesquels tous les plans du Comité étaient fondés ». Le 21 mai, interrogé par Ramon, Saint-Just lui déclarait nettement « que la crise était décisive à jamais », et que « si l'on était forcé d'abandonner Paris, il fallait porter la Convention et tous ses partisans à Marseille si l'on était les maîtres de Gênes, et à Bordeaux si

---

(1) Ce renseignement est donné par la préface du volume III de l'ouvrage déjà cité et rappelé encore ci-après.

On reviendra plus tard sur Ramon au sujet du plan de campagne qu'il tenta de dévoiler à lord Grenville. Ces renseignements sont extraits de l'ouvrage *Historical Manuscripts Commission Report on the Manuscripts of J. B. Forstescue preserved at Dropmore*. Volume II. London, 1894.

l'on avait laissé le temps aux coalisés de s'emparer de Gênes ».

Le 23 mai, en effet, le Comité de Salut public, malgré les revers subis sur la Sambre, autorisa la prise de Savone et la marche sur Gênes.

Prévoir, dès les premiers revers, que la retraite pourrait s'effectuer, non seulement au sud de Paris, mais même à Marseille ou à Bordeaux et jusqu'aux Pyrénées ; et, mieux encore, songer en ce moment même à user du système d'offensive à outrance, si approprié au caractère national, en débouchant sur l'Italie pour s'emparer de Gênes ou en envahissant l'Espagne, quel exemple plus typique l'histoire peut-elle donner de l'indomptable sentiment d'offensive qui animait alors la Nation Française et ceux qui en avaient la haute direction militaire !

### II. — Le Commandement.

La loi du 25 février 1791 avait supprimé « les gouvernements de provinces et de places de toutes les classes, les lieutenances générales, les lieutenances de roi, les majorités des ci-devant provinces, places et gouvernements, qui n'obligeaient point à résidence et dont on était pourvu, soit par brevet, soit par provision ».

Le 4 mars, l'Assemblée décidait que le chiffre maximum des maréchaux de France, qui s'était élevé jusqu'à dix-huit, ne serait plus que de six, sous réserve d'être pourvus exclusivement de fonctions militaires ; et celui des lieutenants généraux en activité, de trente. C'est ce règlement qui permit à Narbonne d'élever à la dignité de maréchaux de France les généraux Luckner et Rochambeau, à la veille de la campagne de 1792.

Le 24 juin, l'Assemblée décrétait l'augmentation de quatre lieutenants généraux et de douze maréchaux de camp.

Enfin, le 21 octobre, la loi relative à la composition de l'armée, sanctionnée par le décret du 18 août 1790, spécifiait que le nombre des officiers généraux employés ne pourrait excéder le chiffre de 94, dont 4 généraux d'armée, 30 lieutenants généraux et 60 maréchaux de camp. A ce chiffre, il fallait encore ajouter 9 généraux employés dans les possessions françaises de l'Asie, de l'Afrique et de l'Amérique (3 pour les îles sous le Vent, 2 pour les îles du Vent, 3 pour l'Inde et les îles de France et de Bourbon, 1 pour la Guyane).

Sur ces entrefaites, les menaces de guerre commencèrent à se faire sentir; pour porter l'armée au complet, le Roi demanda, tout d'abord, que, vu « les circonstances actuelles, les officiers généraux puissent être remplacés sans retard pour cause d'absence légitime ou de maladie »; et, le 27 janvier 1792, l'Assemblée augmenta en conséquence les cadres de huit lieutenants généraux et de douze maréchaux de camp, mais sous la réserve que les vacances ne seraient comblées que par décret.

Cette réserve ne devait pas être maintenue longtemps. En effet, pour remplir les vides que, malgré la déclaration de guerre, l'émigration produisait dans les cadres, le Ministre fit voter par l'Assemblée le décret du 27 avril, dont l'article 1er spécifiait que « jusqu'à ce que l'armée ait été remise au pied de paix, le nombre des places de lieutenant général et de maréchal de camp employés, n'éprouvera aucune réduction », et « qu'il sera nommé à celles qui peuvent se trouver vacantes ou qui le seront d'ici à cette époque ».

Pour augmenter encore les ressources de l'État en officiers généraux, la loi du 6 juin autorisa « le Pouvoir exécutif à employer, au delà du nombre fixé par les décrets, quatre officiers généraux étrangers dans le même grade qu'ils occupaient dans le service auquel ils étaient attachés ».

Mais tous ces palliatifs ne suffisant pas à remédier à

la situation, l'Assemblée, à qui la chute de la Monarchie, le 10 août, ne mettait plus aucune entrave et qui se trouvait en face des difficultés créées par les « généraux, commandants et officiers de l'armée qui ont abandonné leurs postes », adopta, le 24, le moyen révolutionnaire de créer des officiers généraux à volonté en se donnant le pouvoir « de choisir et de nommer aux places de l'armée, tous les citoyens capables de les remplir, sans autre condition d'éligibilité (1) ».

Cependant, le nombre des troupes avait sans cesse augmenté par la levée des gardes nationales volontaires, des légions, des compagnies franches et des bataillons de fédérés ; aussi, le 30 avril, l'Assemblée nationale, constatant cet accroissement considérable, qui entraînait nécessairement une augmentation correspondante des officiers généraux destinés à commander ces troupes, décida-t-elle que « le nombre des lieutenants généraux serait porté de 42 à 50 et celui des maréchaux de camp de 84 à 100 ».

D'autre part, le 1er octobre 1792, l'Assemblée avait cru devoir porter le chiffre des armées de quatre (Nord, Centre, Rhin, Midi) à huit (Nord, Ardennes, Moselle, Rhin, Vosges, Alpes, Pyrénées, intérieur et commandement particulier des côtes). Pour chacune de ces armées, le décret du 21 février 1793 décida qu'il y aurait « un général en chef, un général divisionnaire et deux brigadiers généraux d'avant-garde, un général divisionnaire et deux brigadiers généraux de réserve ». Chacune des divisions de cette armée devait d'ailleurs comprendre « un général divisionnaire ayant sous ses ordres deux brigadiers généraux ».

---

(1) Bien que les articles XII, XIII et XIV de la loi du 21 février 1793 (titre I, section II) aient réglé l'avancement des généraux, les destitutions et les promotions directes de chefs de bataillon au généralat, faites par les représentants, rendirent ces dispositions illusoires.

Les pouvoirs des généraux furent aussi augmentés. Le 24 juin 1791, sous l'émotion causée par la fuite du Roi à Varennes, les généraux commandant sur les frontières étaient autorisés à faire délivrer aux gardes nationales de leur commandement toutes les armes et munitions nécessaires; tous les généraux devaient veiller avec soin à la conservation des arsenaux et dépôts d'armes et de munitions. Le même jour, un décret leur conférait le droit de prononcer la déchéance contre tout officier qui refuserait le serment décrété le 22. Le 25 juillet 1792, ils furent autorisés à requérir, de leur propre initiative et dans l'intérêt de la défense de leurs positions, des gardes nationales et des armes, et à organiser en bataillons ou escadrons une partie des grenadiers ou chasseurs, dragons ou chasseurs à cheval et canonniers de gardes nationaux. Ils nommaient de même aux emplois de commandant amovible dans les places ou postes de guerre situés dans l'étendue de leur commandement (1). Du 10 juin 1793 au 19 nivôse, ces pouvoirs furent encore étendus : il fut laissé toute latitude aux généraux pour effectuer l'amalgame des troupes de ligne et des volontaires nationaux, décrété en principe le 21 février.

Les généraux en chef devaient d'ailleurs écrire tous les jours au Comité de Salut public, par le courrier ordinaire, et lui donner un aperçu succinct de leur situation (2). En outre, « toutes les dépêches relatives aux événements de la guerre dans toutes les armées de la République, soit de terre soit de mer, devaient être adressées directement et exclusivement au Comité de Salut public avec la plus grande célérité. Tous les généraux des armées de terre et de mer devaient

---

(1) Décret du 12 mai 1792.
(2) Arrêté du Comité de Salut public daté du 4 ventôse (22 février 1794). Aulard, tome XI, page 330.

rendre compte sur-le-champ de tous les événements militaires au Comité de Salut public » (1).

On conçoit facilement que la latitude laissée par le décret du 24 août 1792 dans le choix des généraux, latitude forcée par les vides que causait l'émigration, n'ait pas permis de recruter tout d'abord un personnel très expérimenté. Mais, comme il arrive dans de pareilles crises, les natures privilégiées qui n'y succombèrent pas, n'en sortirent que plus fortifiées et mieux trempées pour la lutte. Tel fut le cas des Pichegru, des Moreau, des Souham, des Macdonald et des Vandamme, dont la correspondance respire un sang-froid imperturbable et une confiance illimitée, et dont les ordres dénotent une vigueur et une activité peu communes, indices d'un pur patriotisme que ne pouvaient altérer ni les injustes suspicions ni certaines tentatives de l'ennemi pour les détourner de leur devoir.

C'était tout d'abord l'arrêté de Duquesnoy (2) n'épar-

---

(1) Arrêté du Comité de Salut public daté du 8 floréal (27 avril 1794). (*Archives nationales*, AF II, 203.) (Aulard, tome XIII, page 94.)

(2) *Arrêté de Duquesnoy.* — Boyestes (Boyelles?), 6 pluviôse (25 janvier 1794).

. . . . . . . . . . . . . . . . . . . . . . . . . . . .

Arrête que tous les cy-devant nobles attachés à l'armée du Nord sont suspendus de leurs emplois, qu'ils seront tenus de se retirer, conformément aux lois des 5, 6 et 12 septembre, vieux style, à 20 lieues des frontières, de Paris et des armées.

Arrête en outre que les individus de cette caste qui se présenteraient dorénavant pour entrer dans ladite armée, seront arrêtés comme suspects et comme tels mis en état d'arrestation jusqu'à la fin de la guerre.

Charge le général en chef de ladite armée de faire passer à toutes les divisions d'icelle le présent arrêté et de veiller à son exécution. (*Archives nationales*, AF II, 234.)

Extrait d'une lettre du représentant du peuple Duquesnoy à l'adjudant général du général en chef, relative à son arrêté qui exclut les cy-devant nobles de l'armée du Nord.

« Tu me demandes, citoyen, si l'arrêté qui exclut les cy-devant nobles

gnant que les nobles qui appartenaient aux armes spéciales. « Seuls les officiers de l'artillerie et du génie, écrivait Bouchotte, peuvent être maintenus à l'armée s'ils sont cy-devant et ne se sont pas rendus suspects » (1).

L'une des personnalités les plus célèbres, qui faillit être victime de cet arrêté, fut le général Macdonald ; et les difficultés auxquelles il fut en butte à ce sujet nous sont révélées par sa correspondance :

*Macdonald au représentant du peuple Florent Guiot.*

Fives, le 9 germinal, an 2ᵉ (29 mars 1794).

Tu te rappelles sans doute, citoyen Représentant, que je t'ai donné connaissance d'une lettre de Xavier Audouin, adjoint du Ministre de la guerre, qui annonce à mon beau-père que je ne puis être excepté des arrêtés des représentants du peuple Duquesnoy, Saint-Just et Le Bas (ci-joint copie de cette lettre).

Il ajoute que le Ministre a connaissance des témoignages avantageux qui lui ont été rendus même par les Représentants du peuple, mais qu'il ne peut se permettre aucune exception, et qu'il n'y a que les Représentants du peuple à l'armée du Nord, ou le Comité de Salut public qui ait le droit de le faire. Tu m'ordonnes formellement de rester à mon poste jusqu'à l'arrivée très prochaine de tes collègues Richard et Choudieu, et qu'alors vous prendriez ensemble une détermination sur mon affaire. Comme il y a peu d'apparence qu'ils viennent de sitôt à Lille, puisque l'un d'eux est à Paris, je te demande que tu veuilles bien prendre une décision, afin que je me tranquillise ainsi que mes parents, qui sont très inquiets sur le parti que l'on peut prendre à mon égard. D'un autre côté, ce sera me mettre en règle, tel parti que tu prennes.

Je ne parle pas de mes services et de mon patriotisme. Tu es à

---

de l'armée s'étend aux soldats et cavaliers de cette caste privilégiée. Mon opinion est que cet arrêté les concerne également et que le remplacement doit en être fait de suite. »

Les chevaux appartenant aux officiers destitués seront sur-le-champ estimés, conformément à la loi du 24 nivôse, et remis dans les dépôts de la République (ordre du 18 au 19 pluviôse).

(1) Bouchotte à Pichegru, 14 ventôse (4 mars).

même de prendre des informations sur l'un et l'autre. Je pourrai ajouter une foule de certificats même des Représentants du peuple, depuis notre retraite de la Belgique.

Salut et fraternité. J'attends une réponse.

MACDONALD.

La situation se compliquait encore par des dénonciations imméritées :

Mon général, dit P. Lacroix (1), était alors accablé de dénonciations ; mais une des plus fortes fut celle qui lui fut imputée par le chef de bataillon Wattel. La voici :

Vers le milieu de la dernière décade de germinal, les ennemis vinrent sur nous en reconnaissance. Ils débouchèrent si vivement de Sainghin dans la plaine, que le poste de Lezennes eut à peine le temps de se reconnaître et de nous faire avertir. Au bruit de l'artillerie, j'étais couru prévenir le colonel du 5ᵉ chasseurs, qui n'était avec nous que depuis fort peu de jours. Notre cavalerie fut bientôt à cheval. Les carabiniers qui étaient dans Lille, vinrent aussi nous joindre. L'ennemi s'était presque porté jusque sous les glacis de la ville, inondant la plaine de troupes à cheval et d'artillerie légère. A peine étions-nous arrivés à Hellemmes que Wattel écumant, hors de lui-même, vint dire à mon général : « Donnez-moi 50 chasseurs et je les extermine ». Le général, pour réponse, lui ordonna de rester à son bataillon. L'ennemi qui avait été contenu par notre bon ordre, par la vue du camp, et qui, d'ailleurs, ne voulait rien engager, se retira. Il avait une cavalerie formidable. C'était celle de toute l'armée. Elle venait d'hiverner, parcourait nos frontières, se montrant d'un côté et de l'autre pour cacher à nos généraux son véritable emplacement.

Nous perdîmes, dans cette petite action, un chef d'escadron du 1ᵉʳ régiment de cavalerie, quelques chevaux mais peu de monde. Nous suivîmes l'ennemi jusqu'à Pont-à-Bouvines. Là, mon général va contre Wattel, qui galopait comme un fou avec quatre gabelous. Il lui enjoignit de retourner à son poste et d'y garder les arrêts. Celui-ci, piqué de cette prétendue humiliation, eut la bassesse de le dénoncer pour avoir envoyé un trompette à l'ennemi. Cette dénonciation fut saisie avec avidité par les gens pour qui le patriotisme n'était alors qu'un verre convexe, qui dénaturait toujours les objets soumis à son foyer.

Les dénonciations s'accumulaient sur le compte de mon général. On

---

(1) *Précis des opérations de la brigade Macdonald*, par le général Pamphile Lacroix.

le disait mal entouré. On lui reprochait d'être noble et étranger, prétendus défauts que l'on poursuivrait alors comme crime. A la veille d'ouvrir la campagne, le moindre revers n'eût pas manqué de le perdre. D'ailleurs Saint-Just et Le Bas avaient notifié au général Souham qu'ils le destitueraient. Pour tout prévenir, mon général offrit sa démission. Elle lui fut refusée parce qu'on allait agir et qu'on n'avait personne sous la main pour mettre à sa place.

A l'appui de cette assertion, on peut citer la lettre suivante de Macdonald :

*Macdonald aux représentants du peuple Choudieu et Florent Guiot.*

Lille, le 5 floréal, an 2e de la République (24 avril 1794).

Ayant été compris dans l'arrêté de votre collègue Duquesnoy, qui expulsait de l'armée du Nord les ci-devant nobles et les étrangers, comme vous le verrez par la pièce ci-jointe n° 1, je me suis présenté au représentant Florent Guiot, pour avoir un passeport, en lui exposant le motif de mon départ, qui était de me conformer à l'arrêté; il m'ordonna formellement de rester à mon poste jusqu'à l'arrivée de ses collègues, pour prendre une détermination définitive à mon égard, pendant l'espace de deux mois environ. On ne cesse de solliciter à Paris, auprès du Comité de Salut public, la confirmation de l'ordre qui m'avait été donné verbalement de rester. On ne peut rien obtenir; les réponses furent que c'était une mesure que l'on prenait, etc.

J'ai attendu jusqu'à ce jour l'arrivée des collègues du représentant Florent Guiot. Je vous demande d'après cet exposé, citoyens Représentants, que vous décidiez sur ma position aussi désagréable qu'incertaine et précaire, car dans tous les cas je serai toujours répréhensible, telle chose qui arrive, si je ne suis pas muni d'un arrêté qui m'excepte de l'application de celui du représentant Duquesnoy, et qui me conconfirme à mon poste, car je vous préviens que ma nomination de général de brigade n'a pas été ratifiée et que je suis sans lettre de service; si malheureusement il m'arrivait un revers, on crierait de toutes parts à la trahison, et je serais peut-être victime de mon zèle et de mon attachement à la République.

Si vous prononcez mon exception, je ferai comme j'ai toujours fait, employer tous mes moyens pour purger le territoire français de ses ennemis du dedans et du dehors, de verser jusqu'à la dernière goutte de mon sang pour consolider la République.

Dans le cas contraire, il ne me restera plus que le regret de ne pouvoir plus combattre pour la liberté et l'égalité. Je ne pourrai former que des vœux pour la prospérité et le triomphe des armes de la République.

Je ne suis pas de ces hommes qui vont prêchant le patriotisme et qui ne l'ont que sur le bout des lèvres, il est gravé dans mon cœur, je le prouve par mes sentiments et par mes actions; ci-joint plusieurs pièces à l'appui. J'en ai beaucoup d'autres qui sont sous les yeux du Comité de Salut public, mais ni les unes ni les autres n'ont rien produit. Je demande, citoyens Représentants, que vous décidiez; tel parti que vous preniez, je m'y soumettrai sans murmurer. Je n'aurais qu'un regret, que celui de vous compromettre. J'attends de suite votre réponse; je vous prie de me renvoyer les pièces originales ci-jointes.

Signé : MACDONALD.

Le résultat de ces démarches est raconté par Macdonald lui-même dans ses mémoires :

« On avait (1) fait l'éloge de mes services, de ma conduite, et le général en chef (Pichegru) demanda aux commissaires (Richard et Choudieu) de me retenir en m'exceptant de la mesure générale. Ils m'invitèrent à me rendre près d'eux et me notifièrent qu'en vertu de leurs pleins pouvoirs ils me mettaient en réquisition (2). Je répondis que je ne demandais pas mieux et que l'on pouvait compter sur mon zèle comme sur mes efforts, mais qu'ils devaient me donner un écrit, en ajoutant

---

(1) *Souvenirs de Macdonald*, pages 34 et 35.

(2) C'était la solution générale qu'avaient sans doute trouvée Richard et Choudieu pour tourner l'arrêté de Duquesnoy, si l'on en croit le post-scriptum ci-après d'une lettre adressée par eux, le 30 avril 1794, au Comité de Salut public :

*Richard et Choudieu au Comité de Salut public.* — Lettre du 11 floréal (30 avril 1794).

« Tout le monde parle ici avec estime et regret du général Béru qui a quitté l'armée en vertu de l'arrêté de Duquesnoy qui congédiait les nobles. On nous assure que cet officier a toujours montré beaucoup de civisme et de grands talents. Si vous avez les mêmes renseignements sur lui, *mettez-le en réquisition* et envoyez-nous-le. Nous avons bien besoin d'hommes à talents.

« CHOUDIEU, RICHARD. »

que si nous avions le malheur d'essuyer quelques revers, on ne manquerait pas de m'accuser de trahison et d'être resté à l'armée pour la faire battre, en violation du décret qui m'en expulsait ; malgré toutes ces bonnes raisons, ils refusèrent de me satisfaire, et je leur dis : — « Eh bien ! je vais me retirer ! — Si tu quittes l'armée, nous te faisons arrêter et mettre en jugement ». Il fallut se soumettre et je restai malgré cette double chance ». Aussi, pour dissiper sans doute les soupçons qu'il sentait peser sur lui, Macdonald en rendant compte de l'arrestation, par ses avant-postes, du citoyen Floris de Fresne, dont le signalement lui avait été transmis par l'état-major de Souham, ajoutait-il cette manifestation de « civisme » : « J'espère que vous nous saurez gré de cette surveillance. Si le citoyen arrêté n'est pas celui qu'on soupçonne, il n'en sera que plus pur après avoir passé au creuset et n'aura que quelques instants de détention. Qui ne sacrifierait tout pour la chose publique ! » (1).

Maintenu dans ses fonctions, Macdonald avait cherché à poursuivre et à confondre son accusateur Wattel :

Du 13 floréal an 2<sup>e</sup> (2 mai 1794).

*Aux Représentants du Peuple.*

Vous m'avez promis, citoyens Représentants, de poursuivre et d'éclairer l'inculpation qui m'a été faite contre moi par le citoyen Wattel, chef du 10<sup>e</sup> bataillon du Calvados, pour avoir envoyé deux trompettes à l'ennemi. Comme une pareille calomnie pourrait beaucoup influer sur la confiance, je demande que cette affaire soit suivie et que j'aie une pièce authentique qui me mette à l'abri de tout reproche et qui me serve d'appui dans une autre circonstance au cas qu'on la rappelle.

Je prie le représentant Florent Guiot de me renvoyer les pièces ou certificats que je lui ai remis lorsque je faisais la demande d'un arrêté

---

(1) *Macdonald au Comité révolutionnaire de Lille* (15 germinal an 2<sup>e</sup>, 4 avril 1894).

qui me maintienne à mon poste. Ces pièces sont d'une très grande importance pour moi dans telle situation que je me trouve. Elles consistent dans une copie de lettres du citoyen Audouin, cy-devant adjoint du Ministre, d'un arrêté et d'une lettre des représentants Duquesnoy, Gasparin, Duhem, et d'un certificat de la municipalité de Cassel, visé par le Comité de surveillance de la même ville, de la Société populaire et du représentant Isoré, avec un livret de général de brigade des représentants Bentabole, Levasseur et Isoré.

Macdonald.

Une dénonciation analogue et aussi peu fondée avait provoqué une protestation des plus vigoureuses et des plus fières de la part de Souham :

14 germinal (3 avril).

*Au Ministre de la guerre.*

Une dénonciation t'a été faite contre moi. Elle m'est parvenue indirectement et je te l'envoie. En bon frère, tu aurais dû m'en faire part et j'y aurais répondu sur-le-champ, parce que le soupçon ne doit point planer sur la tête d'un fonctionnaire public, que la confiance doit investir toujours. Il faut que l'intrigant, le fourbe soit connu, confondu et puni, ou que je cesse pour le moins d'être pourvu de l'emploi honorable que j'occupe et dont je remplirai avec zèle les fonctions, tant qu'il me restera des facultés morales et physiques.

Je te somme donc, citoyen Ministre, de me faire passer le plus tôt possible copie de cette déclaration, afin que je te convainque toi et la République entière, s'il le faut, qu'un individu sans principes, sans mœurs et sans amour ni connaissance de la discipline militaire, a pu seul dénoncer un général de droit et de fait.

Souham.

Vandamme ne put échapper non plus aux dénonciations. « Nous te faisons passer ci-joint une copie d'une dénonciation contre le général Wendamme (*sic*) », écrit la Société populaire de Cassel à Moreau (1) ; « il est important que tu la connaisses, afin que tu prennes à cet égard les mesures que te prescrira sa nature ; il

---

(1) 9 ventôse an 2ᵉ (27 février 1794).

sera peut-être nécessaire que tu agisses rigoureusement envers lui » (1).

Le 14 mars, Varin, agent du Conseil exécutif, écrivait encore à Bouchotte qu' « il verrait Vandamme, qu'il avait grandement à cœur de connaître. On vient, ajoutait-il, de me parler d'un fait sur lui que j'éclaircirai ».

Les « patriotes » de Cambray s'étaient également plaints du général Chapuis (2) :

Je t'avoue, écrivait Pichegru à Bouchotte (3), que je doute encore si Chapuis mérite la méfiance que les patriotes de Cambray paraissent lui témoigner; mais, ce qu'il y a de certain, c'est qu'il a fait jusqu'ici des fourrages très avantageux et très multipliés. Au surplus, pour diminuer d'autant l'influence qu'il pourrait prendre sur cette place, je ferai changer ses deux frères, ou au moins un. A quoi Bouchotte répondait en marge : Tu dois penser que je connais mieux Cambray, où j'ai résidé longtemps, que ceux qui n'y sont qu'en passant. Je sais quels sont ceux auxquels on peut croire. Je désire que tu ne sois pas trompé sur le jugement que tu as porté sur Chapuis.

Dans ce cas, et bien que Chapuis n'ait pas mérité les reproches de connivence avec l'étranger qui lui ont été

(1) Voici quels avaient été les motifs futiles de cette dénonciation. D'une part Vandamme avait rencontré un membre de la Société de Cassel et lui avait reproché de lui manquer de respect ; comme ce dernier voulait se justifier de ce reproche, il lui aurait dit avec colère, et « d'un ton qui n'appartient qu'aux despotes : « Tais-toi, b......; si « tu ne te tais, je te coupe le col. » — L'autre grief était que l'envoi, par la Société de Cassel à celle de Steenwoorde, de deux commissaires munis d'un titre en règle, aurait fait dire au général Vandamme que, « s'il faisait son devoir, il devrait mettre les commissaires en prison, « vu qu'ils ne devaient point aller munis d'un pouvoir ». (Bailleul, 4 ventôse, 22 février 1794.)

(2) J'ai reçu des plaintes contre Chapuis qui affecte sa domination dans Cambray. Il avait réuni près de lui trois autres frères. Ces agrégations-là ne conviennent pas dans le régime républicain. Tu voudras bien lui donner l'ordre de se rendre à l'armée et tu le feras remplacer par un général de brigade intelligent et patriote. (1er ventôse [19 février 1794.] Bouchotte à Pichegru.)

(3) Pichegru à Bouchotte, 27 ventôse (17 mars 1794).

adressés après sa défaite ; bien qu'il ait seulement péché par inexpérience, on ne peut s'empêcher de penser que la méfiance de Bouchotte aurait épargné à la France le désastre de Troisvilles.

Enfin, Lecourbe, alors chef du 7ᵉ bataillon du Jura, fut également emprisonné sur de fausses dénonciations :

Arras, 6 nivôse, an 2ᵉ de la République une et indivisible (1).

Nous, Représentant du Peuple près l'armée du Nord,

Vu la pétition présentée à notre collègue Duquesnoy par le citoyen Lecourbe, commandant du 7ᵉ bataillon du Jura, détenu par ses ordres dans la maison d'arrêt de Saint-Waast d'Arras, et le renvoi à nous fait de ladite pétition par notre collègue, pour y faire droit sur-le-champ, considérant que parmi les termes de ladite pétition dont l'énoncé n'est aucunement contredit par notre collègue, il ne peut nous rester aucun doute sur les sentiments et la conduite du citoyen Lecourbe, et que son arrestation ne peut avoir été que l'effet d'une erreur ou d'une fausse dénonciation.

Arrêtons que ledit citoyen Lecourbe sera mis sur-le-champ en liberté et que son nom sera aussi rayé de tous les registres d'écrou où il pourrait avoir été inséré.

Le présent arrêté sera envoyé à notre collègue Duquesnoy pour avoir son assentiment.

Copie conforme :         (Signé) LAURENT.
Rey Sᵉ.

Par contre, Saint-Just, Le Bas, Laurent, Richard et Choudieu, se rendant aux réclamations du régiment dans lequel servait alors celui qui fut plus tard le célèbre cavalier des guerres de l'Empire, maintenaient à son poste le chef d'escadron d'Hautpoul, malgré sa qualité d'ex-noble.

ARMÉE DU NORD.       Au quartier général de Réunion-sur-Oise, le 8 ventôse an 2ᵉ (26 février 1794).

*Celliez, agent du Conseil exécutif de l'armée du Nord, au citoyen Bouchotte, ministre de la guerre.*

Tu as sans doute connaissance de l'arrêté du représentant du peuple

---

(1) AF II, 234.

Duquesnoy, qui exclut tous les nobles de tous les emplois militaires ou autres de l'armée du Nord. Cet arrêté est confirmé par le Comité de Salut public.

Il se trouve à l'armée un citoyen que les représentants Saint-Just et Le Bas ont cru devoir conserver à son poste, d'après les réclamations générales qui leur ont été adressées par divers corps de l'armée, et particulièrement par le 6e régiment de chasseurs à cheval dans lequel il est chef d'escadron. Ce citoyen se nomme d'Hautpoul (1); il est désigné par toute l'armée pour un excellent républicain et un soldat intrépide.

. . . . . . . . . . . . . . . . . . . . . . . . . . . . . . . . . . . .

Il commença par être simple chasseur dans son régiment et n'eût jamais pu aspirer à un autre grade que celui de sous-lieutenant si la Révolution ne fût arrivée. Lorsque le général en chef eut fait mettre à l'ordre l'arrêté du général (sic) Duquesnoy, qui exclut tous les nobles de l'armée, tous les corps qui connaissaient d'Hautpoul adressèrent diverses pétitions aux représentants Saint-Just et Le Bas, qui se trouvaient alors au quartier général, pour les inviter à le conserver à son poste.

Ces deux représentants firent droit à ces demandes, et cet arrêté a été confirmé depuis par les représentants Laurent, Richard et Choudieu, d'après les renseignements qu'ils se sont eux-mêmes procurés sur le compte de cet officier.....

Malgré l'arrêté de Duquesnoy, Laurent maintint encore le général de brigade d'artillerie Boubers, par un arrêté

---

(1) Non seulement Saint-Just et Le Bas devaient maintenir d'Hautpoul à son poste, mais encore ils le nommèrent plus tard général de brigade. A FII, 235.

*Les Représentants du Peuple à l'armée du Nord.*

D'après les bons témoignages qui leur ont été rendus du civisme et des talents du citoyen d'Hautpoul, commandant le 6e régiment des chasseurs à cheval, le nomment général de brigade de cavalerie. Arrêtent qu'il jouira des appointements attachés à ce grade.

Le général Ferrand lui notifiera le présent.

A Réunion-sur-Oise, le 14 floréal an II de la République une et indivisible.

   Pour copie conforme :  (Signé) SAINT-JUST et LE BAS.
   SAINT-JUST.

du 14 pluviôse (1), et en rendit compte en ces termes au Comité de Salut public :

Maubeuge, 28 pluviôse, an 2e (16 février 1794).

. . . . . . . . . . . . . . . . . . . . . . . . . . . . . . . . . . . . . . . . . . .
J'ai maintenu provisoirement en place trois ex-nobles dont un, sans fortune, a fait, sous l'ancien régime, le métier de soldat, de caporal et de sergent plus de vingt ans dans le même régiment ; le second avait été nommé à une place par Isoré et par moi, et était connu par ses talents et son patriotisme ; le troisième emportait les plus beaux certificats de civisme de l'armée et les regrets de son régiment, qui l'avait toujours vu combattre à sa tête avec intelligence et bravoure. Ils se nomment Pradines (2), Boubers et d'Hautpoul. Le premier est à Cam-

---

(1)                                                   Douay, le 14 pluviôse.
Nous, Représentant, etc. . . . . .
Vu l'arrêté de Duquesnoy, notre collègue, qui exclut de l'armée tous ceux nés dans la caste nobiliaire.
Considérant combien cette mesure rigoureuse pourrait avoir été peu méritée par certains individus de cette caste qui se sont prononcés pour la Révolution.
Considérant que le citoyen Boubers, accusé d'être de cette caste, doit cependant le jour à des ancêtres qui, depuis longtemps, se sont livrés au commerce, même de détail, tel que son père.
Considérant d'ailleurs que ce citoyen, depuis l'origine de la Révolution, a donné des preuves certaines de son patriotisme, ainsi qu'il est constaté par les certificats authentiques des autorités constituées de la Société populaire de Douay, dont il est un des fondateurs. Considérant enfin que les Représentants du Peuple à l'armée du Nord l'avaient promu à une place de général de brigade d'artillerie, à laquelle il était d'ailleurs appelé par des talents distingués et de longs services ;
Avons arrêté que ledit citoyen Boubers sera maintenu dans ce poste qu'il occupe tant qu'il l'exercera avec le même zèle et la même activité qu'il a fait paraître jusqu'à présent dans ses fonctions.
      Pour copie :                          (Signé) LAURENT.
      CHASSY, Se.
AFII, 234.

(2)                                                   Lille, le 13 pluviôse.
Nous, Représentant, etc. . . . . .
Considérant que le citoyen Jean-Antoine-Jacques Pradines, capitaine au 1er bataillon du 54e régiment, né dans la caste nobiliaire, est entré

bray, le second à Douay et le troisième à Réunion (1) et colonel du 6ᵉ des chasseurs. C'est à vous de décider de leur sort.

Moins heureux que Pradines, Boubers et d'Hautpoul, Sistrières était remplacé, le 18 pluviôse, par Charbonnié dans le commandement de l'armée des Ardennes.

Si les soupçons injustes qui se faisaient ainsi jour contre les plus brillants généraux de cette période étaient inexcusables, ils s'expliquaient, dans une certaine mesure, par les nombreuses tentatives que faisait l'ennemi, soit auprès des commandants de place, soit auprès des généraux et même de leurs troupes pour les détourner de leur devoir.

Le 4 février (16 pluviôse), Saint-Just et Le Bas, représentants du peuple près l'armée du Nord, adressent, de Maubeuge, au Comité de Salut public, deux pièces relatives au complot tramé pour livrer la forteresse de Maubeuge à l'ennemi. Ils ont chargé la commission militaire de cette place de juger les coupables.

---

au service depuis 1747, en qualité de fusilier, que depuis cette époque jusqu'à ce moment il s'est conduit en brave soldat et en véritable républicain, ainsi qu'il est certifié par le Conseil d'administration du dit régiment.

Considérant que par l'arrêté de notre collègue Duquesnoy, relatif aux cy-devant nobles existants dans les armées, le citoyen Pradines est dans le cas d'être destitué. Considérant enfin qu'il est sans fortune, sans ressource, attaqué d'une maladie chronique, qu'il attend du Ministre de la guerre ou la pension, ou la retraite due à ses bons services. Autorisons le citoyen Pradines à rester à l'hôpital de Cambray ou en subsistance dans la place jusqu'à ce que le Ministre de la guerre ait décidé de son sort.

Requérons les commissaires des guerres de la place de Cambray d'exécuter les dispositions de la présente, qui n'aura plus d'effet aussitôt que le Ministre de la guerre aura fait passer les ordres au citoyen Pradines.

AFⅡ, 234.   Signé : LAURENT.

(1) Réunion-sur-Oise, nom donné sous la Révolution à la ville de Guise.

Le 1er mars (11 ventôse), le général Colaud, commandant à Réunion-sur-Oise, en l'absence de Pichegru, mandait au Comité de Salut public qu'il « avait donné des ordres pour que l'adjudant de la place de Landrecies, prévenu de correspondance avec l'ennemi, fût arrêté », et qu'il avait, comme preuve de ce complot, la lettre suivante :

« J'attends votre intention, et, comme vous croyez que la chose peut être entreprise, je suis prêt à tenir mes promesses de 8,000 louis et vous les faire tenir de suite. Les commandants seront aussi contentés comme le contient la lettre. Signé : votre ami Kurmer, commandant les avant-postes autrichiens. Cette lettre était adressée au citoyen Schmitz, adjudant de la place de Landrecies, et datée de Bassuel, le 23 février 1794. »

En rendant compte de cette tentative, Celliez, agent du Conseil exécutif près l'armée du Nord, expliquait au ministre Bouchotte qu'il s'agissait de livrer cette place (Landrecies) qui, en ce moment, devient une des plus importantes de la frontière du Nord.... « Schmitz, adjudant de cette place », ajoutait-il, .« est un des premiers chefs : il est en arrestation ici ; son complice, Augier, inspecteur général des chauffages, s'est malheureusement soustrait aux recherches.... Il paraît que cette conspiration date de très loin. On dit que Courtois, ancien commandant, peut bien être compris dans le nombre des conspirateurs..... (1). »

---

(1) On reviendra sur cette affaire avec plus de détails au sujet du siège de Landrecies. Une lettre de Pichegru, du 30 germinal (19 avril), accusera encore d'intelligence avec l'ennemi Blancheville, chef d'escadron au 16e de cavalerie ; Siner, lieutenant au 4e de hussards ; Sta, sous-lieutenant au 16e de chasseurs.

« Le général Desjardin », dit Favereau dans son Journal, « me fait le rapport que le nommé Sta, natif de Lille et sous-lieutenant au 16e de chasseurs, avait émigré le 26 germinal.

. . . . . . . . . . . . . . . . . . . . . . . . . . . . . . . . . . . . . . . .

« Le nommé Sta ayant son père à Lille, et, croyant que son émigration pouvait avoir été combinée, j'en donnai avis au représentant du peuple en mission à Lille. »

Cette désertion avait du reste provoqué l'attaque d'un de nos postes, celui d'Hestrud : « L'attaque que l'ennemi nous a faite ce matin »,

Quelle que soit la part que l'on doive faire dans ces négociations à l'exagération et à l'état de défiance qu'engendrait forcément la crise alors traversée par la France, elle n'en expliquait pas moins, sans la justifier au point de vue militaire des nécessités de la défense, l'arrêté du 17 pluviôse par lequel le Comité de Salut public prescrivait de fréquentes mutations parmi les commandants des places fortes, et l'instruction qui fut destinée à rendre exécutoire l'arrêté qui précède :

17 ventôse, an 2e 7 (mars 1794).

Le Comité de Salut public arrête que le Ministre prendra des mesures promptes pour opérer des mutations très fréquentes dans l'emplacement des commandants temporaires et officiers majors des postes militaires. Il fera passer successivement les officiers d'une place à l'autre éloignée de la première, et même autant que possible d'une armée à l'autre, pour rompre le fil des correspondances et déjouer les intrigues criminelles qui pourraient se former. Le Ministre de la guerre recommandera aussi aux généraux en chef de faire circuler les corps militaires de garnison en garnison, afin qu'ils ne se corrompent point par l'oisiveté et qu'ils ne contractent point des habitudes qui pourraient devenir funestes à la sûreté publique. Le Ministre de la guerre fera, le 1er de chaque mois, part au Comité de Salut public des mutations qu'il aura ordonnées.

CARNOT (1).

*Instruction pour remplir l'arrêté du Comité de Salut public du 17 ventôse de l'an 2e de la République, qui prescrit des mutations très fréquentes dans l'emplacement des commandants temporaires et officiers majors des postes militaires, et qui recommande aussi de faire circuler les corps militaires des garnisons.*

Le général en chef fera, sitôt la présente reçue, un travail pour remplir les intentions du Comité de Salut public; le 15 de chaque

---

écrit Desjardin le 27 germinal, « ne provient que de la désertion d'un sous-lieutenant du 16e régiment de chasseurs à cheval, nommé Sta, natif de Lille où il a encore ses parents. Il a des possessions en Angleterre..... et avait levé les plans des différentes positions que nous occupons sur la frontière du Nord..... »

(1) Aulard, tome XI, 580.

mois, il procédera à un semblable travail qui comprendra les changements jugés nécessaires, de manière que, pour le 1er du mois suivant, tous les changements déterminés puissent être consommés; il enverra à chaque fois au Ministre le tableau du travail qui aura été arrêté.

En conséquence, il fera circuler d'une place à l'autre, dans l'étendue de son commandement, les commandants amovibles et les adjudants des places. Dans les endroits où il y aura plusieurs de ces derniers, il n'en changera d'abord que moitié, et au second changement, l'autre moitié. Lorsqu'il n'y aura qu'un seul adjudant, il sera changé contre celui d'une autre place, en observant seulement de ne pas le changer en même temps que le commandant, mais d'alterner entre eux.

Le général ne doit pas être arrêté par la considération des traitements pour opérer les changements entre tous ces officiers. Les commandants qui ont 4,800 livres peuvent très bien être envoyés dans les places où il n'y a que 3,300 livres. Un républicain ne regarde ni au traitement, ni à la place.

Il changera les individus tous les trois mois au plus tard; et même tous les deux mois ou tous les mois si le service le demande : cela dépendra du degré de confiance qu'il accordera à chacun.

L'étape simple sera accordée à ceux qui seront déplacés.

Les garnisons seront également changées de l'une à l'autre, ou des garnisons aux armées, et réciproquement de celles-ci aux garnisons, de manière que le travail et les fatigues soient répartis aussi également que possible.

Il ne laissera pas plus de trois mois les troupes dans une même garnison (1), et pourra les changer tous les deux mois et même tous les mois s'il est nécessaire.

Fait en Conseil exécutif provisoire, le 19 ventôse, l'an 2e de la République une et indivisible.

*Par le Conseil exécutif provisoire,*
GOHIER.

*Le Ministre de la guerre,*
BOUCHOTTE.

Pour copie conforme :  *Le Ministre de la guerre,*
BOUCHOTTE.

---

(1) La garnison de Landrecies fut relevée le 5 mars 1794. (*Lettre de Colaud,* 14 ventôse.)

*Le général Liébert au général Chapuis à Cambray* — **2 germinal** — « Le Comité de Salut public ayant, par un arrêté du 17 ventôse, ordonné de fréquents changements des bataillons en garnison, tu feras, en conséquence de cet arrêté, relever la moitié de la garnison à tes

Les tentatives des ennemis ne s'attaquaient pas seulement aux commandants de places, elles visaient parfois plus haut.

Ramon mande le 13 germinal (2 avril) à lord Grenville :

> Ferrand (?) (1), général commandant à Maubeuge (les trois divisions), écrit le 30 mars que MM. de Cobourg et de Hohenlohe ont cherché à séduire sa fidélité par des offres d'argent et de sûreté s'il voulait rendre Maubeuge à l'Empereur ; que ce sont des espions, faisant semblant d'être déserteurs des troupes autrichiennes, qui ont porté les propositions ; qu'il pourrait les faire arrêter, mais qu'il demande à cet égard les ordres du Comité, et qu'il a cru, en attendant, devoir déclarer la ville en état de siège. Le Comité lui a répondu qu'il allait lui envoyer un commissaire du Comité, chargé de tous les pouvoirs, pour guider ses démarches ; mais qu'en attendant, il devait continuer de traiter avec les ennemis ; bien traiter les transfuges, à l'effet de faire donner les ennemis dans quelque embûche. On a, en conséquence, envoyé à Maubeuge Helly, un des secrétaires du Comité.

Le 11 germinal (31 mars), Vandamme rendait compte, par la voie hiérarchique, des propositions qui lui avaient

---

ordres par un pareil nombre de troupes tirées des cantonnements ou d'autres garnisons qui sont sous ton commandement.... »

*L'adjudant général Tharreau au Ministre de la guerre.* — 29 ventôse. — « J'ai reçu communication ministérielle, dans l'absence du général en chef, qui est à Givet, de l'arrêté du Comité de Salut public du 17 ventôse, qui ordonne la fréquente mutation de place à place des commandants amovibles et adjudants, et l'instruction qui y est relative.

« J'ai fait mettre à l'ordre général d'aujourd'hui que tous les commandants amovibles et adjudants enverront, dans le courant de cette décade, copie de leur nomination certifiée par les autorités constituées. Ces renseignements pris, le général fera son travail, dont il te rendra compte.

« Tharreau. »

(1) *Historical Manuscripts Commission Report on the Manuscripts of J. B. Fortescue preserved at Dropmore.* Volume II. Ce n'était plus Ferrand mais Favereau qui commandait alors à Maubeuge.

été faites, et que Pichegru l'engageait, le 13, à ne pas retourner contre leurs auteurs, mais à signaler à l'Europe, et auxquelles il l'invitait à répondre par le mépris (1). De son côté, le Comité de Salut public, mis au courant de cette affaire par Moreau et Vandamme, prescrivait à la Commission de l'organisation de lui témoigner sa satisfaction.

*Propositions.*

Au moment où les armées formidables des puissances alliées vont se présenter et s'avancer pour éteindre à jamais l'anarchie qui désole la France, elles engagent le général Vandamme à ne point faire une résistance opiniâtre aux forces qui sont dans ce moment en pouvoir de l'anéantir à jamais. Il est, au contraire, assuré de la bienveillance de nos généraux s'il veut acquiescer à notre demande.

On lui assure une sauvegarde, sa sûreté personnelle, 240,000 livres et le prix de toute l'artillerie qu'il pourra passer avec lui et son armée.

On désire pour cela, s'il est en mesure de le faire (nous ne doutons point du désir qu'il a de participer au bonheur de la France), de nous faire passer son plan, les moyens qu'il se propose de prendre pour faire réussir ce projet. On désire qu'il y participe de suite et on lui indiquera aussitôt les sûretés nécessaires pour y réussir.

D'ailleurs, sa façon honnête de penser devient suspecte à la Convention, et c'est sa manière d'agir qui nous engage à lui en faire de suite la proposition.

Ne doutant donc point qu'il n'accepte nos justes propositions, nous l'engageons à nous adresser de suite son plan à Ypres, à l'adresse de lord Twedel, n° 1,659, rue de Bœur.

Pour copie conforme :

*Le général commandant la 2ᵉ division de l'armée du Nord,*
MOREAU.

Certifié conforme à l'original :

*Le général de brigade,*
VANDAMME.

---

(1) Pichegru à Moreau, 2 avril (13 germinal) : « ..... Choudieu et Richard....., comme moi, ne sont pas d'avis que nous usions des infâmes moyens qui ont été proposés au général Vandamme contre ceux qui ont eu la bassesse de lui en faire la proposition ; il suffira de les faire connaître à l'Europe..... Il faut que le plus profond mépris en soit la suite..... »

Ces propositions étaient accompagnées de la lettre suivante :

> Général,
>
> Ceci n'est pas une plaisanterie. Si vous adhérez à ces propositions, l'on vous fera passer un acte de sûreté de votre existence ainsi que de celle de vos troupes. Vous ne seriez pas regardés comme prisonniers de guerre, mais comme les bienfaiteurs de la Flandre française. Vous aurez votre liberté; même, si vous voulez, vous aurez des gardes pour votre sûreté, et une somme de 240,000 francs et même payé vos canons et bagages, etc. Si vous acceptez ces propositions, envoyez votre plan, aussitôt qu'il vous est possible, à Ypres, par un de nos espions, chez Twedel, rue de Bœur, n° 1,659. La personne que vous enverrez sera conduite à la grand'garde. Dites-lui qu'il demande à remettre ce paquet lui-même. Si vous doutez de ces propositions, on vous fera passer un traité muni de la signature de Son Altesse Royale le duc d'York et du prince de Cobourg. On vous laissera avancer du côté que vous croirez réussir le mieux.
>
> Pour copie conforme :
> *Le général commandant la 2ᵉ division de l'armée du Nord,*
> Moreau.
>
> *Le général de brigade,*
> Vandamme.

Ces deux documents furent aussitôt transmis au Comité de Salut public, en même temps que la copie en était adressée au général en chef :

> Steenwoorde, le 11 germinal an 2ᵉ (31 mars 1794).
>
> *Le général Moreau, commandant la division de Cassel, aux citoyens Représentants du Peuple composant le Comité de Salut public de la Convention nationale* (1).
>
> Citoyens Représentants,
>
> A 8 heures, ce soir, le général Vandamme, commandant la brigade de Steenwoorde, m'a envoyé un officier de son état-major pour m'inviter à me rendre sur-le-champ auprès de lui.
>
> A mon arrivée chez lui, il m'a fait part de deux lettres, que je vous

---

(1) *Archives nationales*, AF\_{II}, 235.

fais passer et qui, en prouvant la faiblesse de l'ennemi, annonce en même temps qu'il n'est pas de ressource qu'il ne soit décidé à employer pour nous asservir.

Vous avez mis la vertu et la probité à l'ordre du jour, et il n'existe pas un républicain dans l'armée qui, guidé par ces principes, ne saisisse avec empressement l'occasion de prouver aux esclaves qui nous combattent que la liberté est préférable à leurs trésors.

Je fais passer au général en chef copie certifiée de ces deux lettres. Vandamme et moi, nous nous rapportons à ce que votre sagesse nous prescrira sur les moyens de faire repentir l'ennemi de cette inutile tentative.

Salut et fraternité. MOREAU.

Au Qartier général de Steenwoorde, le 11 germinal an 2ᵉ.
(31 mars 1794).

*Le général Vandamme aux citoyens Représentants du Peuple composant le Comité de Salut public.*

Les deux lettres que le général Moreau vous envoie m'ont été adressées ce soir par la poste. La lecture que j'en ai prise m'a inspiré autant d'horreur que de mépris pour les vils scélérats qui en sont les auteurs ; qu'ils connaissent mal mon cœur pour oser me faire de si abominables propositions ! Trahir mon pays, livrer mes frères, dans les mains de ces brigands, pour de l'or ! loin de moi ces horribles desseins. Servir la République une et indivisible, la défendre jusqu'à la mort, sera toujours mon serment inviolable.

D. VANDAMME.

*Annotation mise pour la réponse.*

Accuser au général Vandamme la réception de sa lettre et de celles que lui ont fait passer les ennemis, lui témoigner la satisfaction du Comité pour son courage et son incorruptibilité, lui dire qu'on attend de lui dans le courant de cette campagne l'effet des espérances qu'il a données par sa conduite jusqu'à ce jour, et que la gloire d'avoir bien mérité de sa patrie est préférable aux lâches récompenses qui lui sont offertes pour la trahison qu'on lui propose.

Les tentatives ne s'arrêtaient pas aux chefs ; elles descendaient jusqu'à la troupe et aux employés pour les inciter à la désertion.

Le 21 ventôse (11 mars), Laurent écrit de Maubeuge au Comité de Salut public que l'ennemi adresse aux troupes, des libelles dont il envoie des exemplaires. « Le soldat en rit et ne demande qu'à marcher à l'ennemi et à faire triompher la cause de la liberté ».

Voici le texte de ces libelles :

### AVIS AUX SOLDATS FRANÇAIS DE TOUTES ARMES.

Les braves soldats qui aiment leur patrie et qui aimaient leur Roi et qui voudront contribuer au rétablissement de l'ordre de la monarchie de concert avec les puissances coalisées, sont invités à venir se réunir à la Légion de Bourbon, composée de vrais Français, actuellement à la solde et service de Sa Majesté l'Empereur et Roi. Cette Légion est commandée par des officiers qui, par leur conduite et leurs longs services, méritent la confiance et l'estime du soldat. Elle est composée d'infanterie, de dragons et d'hussards, et chaque homme est assuré de servir dans l'arme qui lui est propre.

Il est très intéressant que tout cavalier, dragon, hussard et chasseur joigne la Légion avec son cheval ; ils doivent refuser de le vendre aux avant-postes et s'annoncer aux commandants comme venant joindre volontairement la Légion de Bourbon, au service de Sa Majesté l'Empereur et Roi. Ils seront assurés de trouver toute protection. Ils trouveront au quartier général des sous-officiers de la Légion auxquels ils pourront s'adresser, et ceux-ci sont chargés de leur donner une route.

C'est en vain que l'on veut faire croire aux Français qu'ils sont mal reçus. Ils ont le choix de servir ou de ne pas servir. Ils trouveront la liberté et en France l'esclavage.

*Le représentant du peuple Laurent au Comité de Salut public.*

Maubeuge, 8 germinal an 2ᵉ (28 mars 1794).

Il vient de nous émigrer de cette ville, avant-hier, deux employés (1) l'un dans l'ambulance et l'autre dont, jusqu'ici, malgré toutes mes recherches, je n'ai pu savoir ni l'état ni le nom..... Ce dernier était

---

(1) Pour se défendre contre ces menées aussi bien que contre les tentatives de corruption, Saint-Just et Le Bas n'hésitèrent pas à recourir à la peine de mort.

« Les représentants du peuple près l'armée du Nord arrêtent ce qui suit :

Art. 1ᵉʳ. — Les agents ou partisans de l'ennemi qui peuvent se

déjà depuis huit jours dans la ville et allait au camp, se glissait dans les administrations avec de faux papiers. Personne ne veut le connaître. Ils se sont évadés en plein midi, sous une de nos redoutes, à la barbe de l'officier de cavalerie qui leur donnait des leçons d'équitation.....

Je vais prendre toutes les voies pour éclaircir cette affaire. C'est un pendant à celle de Neuf-Brisach.

Salut et fraternité,

LAURENT.

*Le général Vandamme au général de division Moreau.*

Menin, 14 floréal an 2e (3 mai 1794).

Je te fais passer le nommé François Roger, émigré de Cassel, un des plus grands scélérats que La Chatre commande. Il était chargé de la partie des recrues de la frontière de la West-Flandre, comme le constatent les papiers qui sont dans son portefeuille. Je t'invite à le faire passer à Cassel le plus vite possible afin qu'on puisse en faire un exemple.....

Cet émigré a été trouvé dans les champs par des patrouilles du camp de Wevelghem.

Rien de nouveau ici.

Salut et fraternité,

D. VANDAMME.

## Aux excitations à la désertion et aux tentatives d'em-

---

trouver soit dans l'armée du Nord, soit dans les environs de cette armée;

Les agents prévaricateurs des diverses administrations de la même armée, seront fusillés en présence de l'armée.

Art. 2. — Le tribunal militaire séant à Réunion-sur-Oise, est érigé à cet effet en commission spéciale et révolutionnaire, et ne sera, pour les cas ci-dessus mentionnés, astreint à aucune forme de procédure particulière.

Art. 3. — Le tribunal prononcera de la même manière sur ceux des détenus à Réunion-sur-Oise qu'il aura reconnus agents ou partisans de l'ennemi.

A Réunion-sur-Oise, le 15 floréal l'an II de la République une et indivisible.

LE BAS, SAINT-JUST.

bauchage, venaient se joindre celles d'émigration des cadres.

Longwy, 24 germinal an 2ᵉ (13 avril 1794).

*Gillet, représentant du peuple, chargé de l'embrigadement de l'infanterie des armées de la Moselle et des Ardennes, à ses collègues composant le Comité de Salut public.*

Citoyens collègues,

Vous trouverez ci-joint copie de deux arrêtés et d'un jugement qui vous instruiront d'une nouvelle trame des ennemis de la liberté.

Le 22 de ce mois, je fus informé à Cosne, par le général de division Lefebvre, commandant l'avant-garde, qu'un complot de désertion à l'ennemi avait éclaté pendant la nuit du 21 au 22, dans les compagnies de la 173ᵉ demi-brigade d'infanterie, formant cy-devant le premier bataillon du 96ᵉ régiment. A la première nouvelle de ce complot, le général Lefebvre avait envoyé aux avant-postes l'adjudant général Soult : 8 hommes étaient arrêtés, 18 autres avaient déjà déserté avec armes et bagages.

Je jugeai dangereux de laisser plus longtemps cette demi-brigade aux avant-postes. Je mandai au général en chef Jourdan de la faire retirer sur-le-champ et de lui donner ordre de rentrer à Longwy.

Je fis interroger les détenus : plusieurs chefs du complot furent indiqués ; je les fis mettre en arrestation. Il résulte de leurs réponses que les auteurs de la désertion sont des sous-officiers, ils ont pris pour prétexte la loi qui exclut de l'avancement ceux qui ne savent ni lire ni écrire. Aussi les déserteurs sont presque tous sergents ou caporaux.

. . . . . . . . . . . . . . . . . . . . . . . . . . . . . . . . . . .

Une grande mesure m'a paru nécessaire. Je l'ai prise. J'ai cru qu'une punition prompte et sévère était indispensable. Les formes d'une procédure ordinaire auraient été trop longues. J'ai établi une Commission révolutionnaire pour juger révolutionnairement les auteurs du complot. J'ai fait arrêter les officiers et sous-officiers étrangers. Ceux des deux compagnies où le complot s'est principalement formé m'ont paru suspects : il est impossible en effet qu'ils n'en aient pas eu connaissance s'ils étaient à leur poste ; ils auraient donc dû faire arrêter les coupables. S'ils étaient absents, ils sont encore répréhensibles. Je les ai fait arrêter.

Sept des prévenus ont été convaincus et condamnés à la peine de mort. Ils ont été exécutés ce matin à la tête de la demi-brigade en présence de la garnison. Je me suis rendu sur les lieux avant l'exécution. J'ai parlé aux soldats. Je leur ai peint avec énergie l'horreur que devait inspirer une pareille trahison. Ils en ont témoigné leur indignation ; et, lorsque j'ai annoncé que les traîtres allaient subir la peine due à leur forfait, tous les soldats ont applaudi, et les cris de : *Vive la République!* ont prouvé aux coupables que leur jugement était conforme aux vœux de leurs camarades.

Je m'occupe maintenant de scruter la conduite des officiers et sous-officiers que j'ai fait mettre en état d'arrestation par mesure de sûreté générale..... l'esprit de ce corps n'est pas bon : il tient à son nom de Nassau, les Français y sont vus de mauvais œil. Je pense qu'il faut profiter de la circonstance pour le nationaliser.

. . . . . . . . . . . . . . . . . . . . . . . . . . . . . . . . .

Je m'aperçois que l'on cherche à travailler l'armée..... un repos forcé que l'armée vient d'avoir à cause du mauvais temps, a été favorable à ces instigations..... en attendant, j'ai recommandé au général Jourdan de prescrire la plus grande surveillance et de faire arrêter tout homme qui se trouverait dans les cantonnements sans être muni de papiers ou qui paraîtrait suspect.

Gillet.

### Action disciplinaire
### du commandement contre les insoumissions et désertions.

Aux causes de faiblesse déjà signalées, aux suspicions, aux excitations à la trahison venaient se joindre encore l'insoumission et la désertion, les mutilations volontaires, les absences irrégulières des réquisitionnaires, et même des officiers, qui nécessitaient de rigoureuses mesures de la part des représentants du peuple aux armées et du commandement.

*Arrêté du représentant du peuple Laurent, du 9 nivôse an 2ᵉ (29 décembre 1793), daté d'Arras (1).*

Instruit qu'un grand nombre de jeunes citoyens de la nouvelle réquisition se sont retirés dans leurs foyers pour se soustraire à l'embrigadement, dont les effets ne peuvent qu'être salutaires aux armes de la République, avons arrêté ce qui suit :

1° Aussitôt la réception du présent, les districts enjoindront aux municipalités de leur ressort, d'exécuter strictement le décret du 2 frimaire relatif aux militaires de tout grade qui ne seraient pas à leur poste au 1ᵉʳ nivôse (2) ;

---

(1) *Archives nationales*, AFıı, 234.
(2) Article XVIII du décret du 2 frimaire : « Les citoyens compris

2° En conséquence du dit décret, les municipalités s'informeront, chacune dans son enclave, des soldats de la nouvelle réquisition qui, par lâcheté et sans ordre légal, seraient retournés dans leurs foyers et y séjourneraient sous quelque prétexte que ce soit, contraire aux dispositions de la loi susénoncée ;

3° Tout officier et soldat qui seront ainsi trouvés dans leurs communes et qui n'auraient pas rejoint leur corps au 1$^{er}$ nivôse seront incontinent mis en état d'arrestation comme suspects et éloignés de Paris et des frontières au moins de vingt lieues, conformément aux dispositions de la loi ci-dessus citée ;

4° Avant de priver ces lâches de leur liberté, les municipalités les feront interroger pour savoir d'eux quelles sont les causes de leurs désertions et connaître ceux qui, parmi eux, se seraient permis des propos tendant à désorganiser l'armée, à exciter des troubles et empêcher l'incorporation, afin de les faire punir suivant la rigueur des lois ;

5° Les municipalités sont requises en même temps de faire les informations nécessaires pour savoir quels sont les effets d'habillement et d'équipement qu'ils pourraient avoir reçus, afin qu'ils soient restitués à la République ;

6° Les districts sont responsables de l'exécution du présent arrêté, dont copie sera adressée sans délai au Comité de Salut public et au Ministre de la guerre :

7° Invitons les Comités de surveillance des communes et les Sociétés populaires à surveiller l'exécution du présent, et à nous dénoncer tout ce qui pourrait être contraire à ces dispositions.

LAURENT.

*Proclamation du représentant du peuple Florent Guiot, datée de Lille, le 25 nivôse an 2° (14 janvier 1794 (1).*

Volontaires de la première réquisition qui, sans doute égarés par des conseils perfides, avez lâchement abandonné vos drapeaux, quels

---

dans l'effectif de la première réquisition, qui se seraient cachés ou auraient abandonné leur domicile pour se soustraire à l'exécution de la loi, et qui ne se présenteront pas dans la décade qui suivra la publication du présent décret pour se rendre à leur destination, seront censés émigrés, et comme tels, soumis, eux et leurs familles, à toutes les dispositions des lois concernant les émigrés et les parents des émigrés.

« Les municipalités et les comités de surveillance des communes sont spécialement chargés de dresser la liste de ces citoyens et d'en faire passer copie à la Convention nationale. »

(1) *Archives nationales*, AF II, 234.

remords ne devez-vous point éprouver ! Vous êtes Français, la Patrie est en danger, les satellites des despotes souillent encore une partie du territoire de la République, et vous avez pu abandonner votre poste ! Hâtez-vous de rejoindre vos drapeaux ! Hâtez-vous de voler au secours de la République, et prouvez à nos ennemis que, si un soldat français peut être égaré quelques instants, le besoin de la liberté, l'amour de la Patrie et le sentiment du véritable honneur ne tarderont pas à le ramener à son devoir.

Mais, s'il se trouve parmi vous des lâches qui seraient sourds à la voix de la Patrie qui les appelle, qu'ils connaissent les peines justes et sévères que la loi prononce contre eux et contre leurs familles, et qu'ils tremblent !

Après avoir cité l'article XVII (1), qui traite les déserteurs et leurs familles en émigrés, et l'obligation pour les municipalités de dresser la liste des insoumis ; après avoir constaté qu'elles ne s'y conformaient pas, le représentant Florent Guiot mettait les réfractaires en demeure de rejoindre dans les vingt-quatre heures et en rendait les municipalités responsables.

*Arrêté du représentant du peuple Laurent, pris à Doulens le 18 pluviôse, an 2ᵉ (6 février 1794).*

Instruit qu'au mépris des dispositions de la loi du 2 frimaire, de celle du 22 et de notre arrêté du 9 nivôse, les citoyens de la nouvelle réquisition, pour éviter l'effet de la loi, restent cachés dans leurs communes ; que les pères et mères (2) des dits citoyens, par une complaisance criminelle, sont les premiers à prêter la main à cette infrac-

---

(1) C'est l'article XVIII, et non XVII, qu'il faut lire.

(2) *Du 12 germinal.* — *Liébert au citoyen Lemaire, général de brigade à Saint-Remi-Mal-Bâti* (Maubeuge). — « Je t'envoie ci-joint, Général, l'ordre pour faire partir de Saint-Remi-Mal-Bâti le 9ᵉ bataillon de la réserve pour se rendre à Landrecies.... Ce bataillon sera relevé par le 8ᵉ du Nord.... La cause de ce changement est que ce bataillon (le 8ᵉ du Nord) se trouve dans son pays et que constamment les parents des volontaires viennent les voir, ce qui pourrait entraîner de grands inconvénients. Je te prierai de veiller sur ces visites lorsque ce bataillon sera sous ton commandement. Si elles continuent, je le ferai partir encore.... »

tion; que les maires et officiers municipaux secondent cette lâcheté et qu'ils tiennent plus aux considérations particulières qu'à l'intérêt général;

Considérant que l'article 17 (1) de la loi du 2 frimaire est insuffisant, et qu'il est urgent de prendre des mesures sévères et rigoureuses pour assurer l'exécution de la loi susénoncée,

Arrêtons, que les pères, mères et parents des citoyens compris dans la loi du 2 frimaire, qui n'auraient pas fait leur déclaration à la municipalité des citoyens de la réquisition qui seraient venus chez eux, seront incontinent mis en état d'arrestation, leurs biens confisqués au profit de la République, conformément à l'article 17 (1) de la loi du 2 frimaire;

Arrêtons encore que les maires et officiers municipaux qui seraient convaincus de n'avoir pas fait exécuter strictement le décret du 2 frimaire et l'article 2 de notre arrêté du 9 nivôse, seront également mis en arrestation comme suspects et, en outre, condamnés à une amende de 4,000 livres au profit des infortunés de la commune.

LAURENT.

Les réquisitionnaires n'étaient pas les seuls à se rendre coupables d'insoumission ou de désertion.

Hazebrouck, le 24 pluviôse an 2ᵉ de la République une et indivisible (12 février 1794).

*Le Représentant du peuple près l'armée du Nord* (2).

Vu la déclaration faite par le général de brigade Vandamme, commandant à Hazebrouck et arrondissement, laquelle déclaration est du 24 pluviôse, que le 21 ou 22 nivôse, il a accordé au citoyen Piolaine, chef du 2ᵉ bataillon de l'Ille-et-Vilaine, la permission de s'absenter jusqu'au 1ᵉʳ pluviôse, pour les affaires du dépôt de son corps étant à Amiens. Le citoyen Piolaine, au lieu de rejoindre son corps à l'époque fixée par la permission, ainsi que la discipline militaire et le bien du service le lui prescrivaient, est encore absent dans ce moment, et même, si l'on en croit le bruit public, il court de ville en ville avec une femme qu'il traîne à sa suite. Le fait a même été dit à la commission militaire établie à Cassel;

Considérant que la discipline est le nerf des armées et le gage le plus assuré de la victoire;

---

(1) C'est l'article 18 et non 17 qu'il faut lire.
(2) *Archives nationales*, AFⅡ, 234.

Considérant que plusieurs lois de la Convention nationale prescrivent sévèrement que tout militaire sans distinction doit être à son poste ;

Que la violation des lois et de la discipline militaire est infiniment plus répréhensible de la part d'un chef que de celle d'un simple soldat ;

Que la conduite du citoyen Piolaine, considérée sous tous ces rapports n'est susceptible d'aucune excuse et exige de faire à son égard un exemple de sévérité qui apprenne aux officiers et chefs de corps qu'il ne leur est pas permis de se jouer de la discipline militaire.

Arrête que le citoyen Piolaine est destitué de son grade de chef du 2ᵉ bataillon de l'Ille-et-Vilaine.

Il sera pourvu dans les vingt-quatre heures à son remplacement d'après les formes déterminées par la loi.

Le citoyen Piolaine s'éloignera des frontières, des armées et de Paris à la distance de vingt lieues.

Le présent arrêté sera adressé au général de brigade Vandamme qui est chargé de son exécution.

Signé : Florent GUIOT.

**Certains hommes de la réquisition ne reculaient pas devant les mutilations volontaires.**

*Ordre du 3-4 germinal an 2ᵉ (23-24 mars 1794).*

Le général en chef a remarqué avec satisfaction le zèle qu'apportaient les volontaires de la première réquisition pour acquérir le degré d'instruction que nécessite l'ouverture de la prochaine campagne. Ce moyen, joint à l'ordre et à l'union faisant la force des armées et la terreur des tyrans, ne laisse plus de doute à leur destruction totale. Il es engage à redoubler de zèle et d'activité, et, par leur conduite, à mériter l'estime et la confiance de leurs frères d'armes et la reconnaissance de la République entière.

Le général a appris également, avec autant de peine que de surprise, que quelques-uns d'entre eux prétextent, dans les différents corps où ils sont incorporés, de maladies chimériques, et que même certains se coupent les doigts et cherchent par plusieurs moyens à s'estropier pour obtenir des congés. Cette conduite étant absolument éloignée de celle d'un vrai républicain, à qui l'honneur et le bonheur de son pays doivent être chers, le général invite tous ses frères d'armes à dénoncer ceux qui commettront de semblables attentats sur leurs personnes, afin qu'ils soient punis suivant la rigueur des lois.

**Bien que le Comité de Salut public ait, par un arrêté du 13 ventôse, rapporté celui du 6 pluviôse, relatif à**

l'agriculture (1), Gillet, à qui n'a pas encore été notifiée cette mesure, fait connaître, le 14 mars, qu'il a été obligé de suspendre la délivrance des congés donnés aux soldats, sous prétexte d'aller cultiver la terre. « Les absences, dit-il, deviennent générales, surtout dans les bataillons de la Meuse. L'armée de la Moselle réclame des recrues ; tous les corps y sont incomplets. »

Le même jour, sur la dénonciation que « la désertion est effrayante parmi les hommes incorporés dans les « anciens cadres » et que « sur 432 hommes reçus dans le bataillon des Basses-Alpes, 150 ont déserté », le Ministre de la guerre invite Pichegru à prendre des mesures pour arrêter cette désertion.

Tout prétexte était bon à certaines catégories de soldats pour esquiver le service. Le Ministre avait décidé, le 30 frimaire, que les militaires que leurs connaissances techniques spéciales permettraient d'affecter au service du

---

(1). ARMÉE DU NORD (2ᵉ division),
*Copie de l'ordre du quartier général de l'armée du Nord du 2-3 germinal an 2ᵉ (23 mars 1794).*

On prévient les chefs de corps que le Comité de Salut public a, par un arrêté du 13 ventôse, rapporté celui du 6 pluviôse par lequel il avait autorisé à retirer provisoirement des corps militaires les volontaires de première réquisition qui seraient jugés indispensables à l'agriculture. On renvoie, pour la lecture de l'arrêté du 13 ventôse, à l'ordre du 27 du même mois.

*Ordre du 27-28 ventôse* (Extrait des registres du Comité de Salut public du 13 ventôse) :

« Le Comité de Salut public, informé qu'on abuse étrangement de son arrêté du 6 pluviôse, par lequel il avait autorisé à retirer provisoirement des corps militaires les volontaires de la première réquisition qui seraient jugés indispensables à l'agriculture ;

« Considérant que la chose la plus urgente en ce moment est la destruction des ennemis de la République et du nom français ;

« Rapporte son arrêté du 6 pluviôse ; invite les Représentants du peuple envoyés près les armées, à rappeler rigoureusement chacun à son poste. »

génie, se rendraient à Paris pour y subir les examens du concours. Cette mesure, aux termes de l'ordre d'armée du 8 au 9 germinal, donne lieu à une multitude d'abus qu'il est instant d'arrêter en ce que l'examen du génie est fermé depuis le 11 ventôse. En conséquence, il est expressément défendu à tous les commandants des corps, ceux des places et officiers généraux d'accorder, à l'avenir, aucune permission pour se rendre à Paris, sous prétexte de subir l'examen ci-dessus. Et ceux dont les signatures sont reconnues sur de semblables permissions, seront responsables de l'abus préjudiciable qu'entraîne cette tolérance en affaiblissant les moyens de défense au moment où la République prend toutes les précautions pour leur donner la plus grande étendue (1).

L'ordre du 9 au 10 germinal cherche encore à remédier soit à la confusion résultant de changements d'armes volontaires et non autorisés, soit à la désertion pure et simple.

En vertu d'un arrêté du représentant du peuple Goupilleau, instruit que des chefs de bataillons et capitaines de canonniers se sont permis de recevoir dans leurs bataillons et compagnies des citoyens déjà incorporés, il est ordonné aux citoyens de première réquisition destinés à être incorporés dans les bataillons qui composent l'armée et qui ne se sont pas rendus aux lieux qui leur ont été désignés par les agents supérieurs et secondaires chargés de l'incorporation, de s'y rendre dans les vingt-quatre heures de la publication du présent arrêté.

Ceux des citoyens de première réquisition qui ont été incorporés dans les anciens bataillons et qui les ont abandonnés, sont également tenus de rejoindre les dits bataillons dans le même délai.

Ceux qui ayant été incorporés dans un bataillon, auront été reçus

---

(1) 26 ventôse. — Le général de division Liébert, chef de l'État-major de l'armée du Nord, à Mazurier, adjoint au Ministre de la guerre :

« Je t'envoie ci-joint, camarade, le résultat d'un examen passé par le citoyen Chevalier, qui se propose d'entrer dans le génie..... Je te préviens qu'il s'en présente beaucoup qui, suivant eux, ont beaucoup de connaissances; et leur plus grande est de se soustraire à la première réquisition. Pour remédier à cet abus, je leur fais passer un premier examen. Je t'en ferai toujours passer les certificats, et ils ne partiront de leurs bataillons qu'après tes ordres. »

dans d'autres bataillons ou compagnies de canonniers, sont aussi tenus de rejoindre les bataillons où ils ont été incorporés, dans le délai de vingt-quatre heures.

Les citoyens de première réquisition qui se trouvent dans l'un des cas prévus par les trois articles ci-dessus et qui différeront de rejoindre dans les délais fixés, seront conduits à leur corps par la gendarmerie pour y être jugés comme déserteurs, conformément aux lois militaires.

Les chefs de corps ou capitaines de canonniers qui ont reçu des citoyens incorporés dans leurs bataillons sont tenus, sous leur responsabilité personnelle, de les renvoyer dans les mêmes bataillons, sous peine de destitution et de réclusion jusqu'à la paix (1).

Dans son *Mémoire sur la campagne de* 1793-1794, le général Desjardin signale encore de nombreux cas de désertion à la date du 23 germinal :

Beaucoup des corps de la division avaient été complétés des réquisitions des départements de la Moselle et du Bas-Rhin, et depuis quelque temps la désertion la plus fréquente s'y manifestait. Pour arrêter ce fléau infâme et destructeur, le général donne les ordres les plus sévères, et dans la crainte qu'il ne provînt des mauvais traitements dont il soupçonnait que ceux qui parlaient la langue française usaient envers leurs nouveaux camarades qui ne parlaient que l'allemand, il enjoignit aux officiers et aux sous-officiers d'employer la douceur et d'épargner tous traitements injustes à ces recrues.

---

(1) Le général Ferrand, qui commanda l'armée du Nord avant Pichegru, avait déjà cherché à remédier à cet abus par un ordre du 2 au 3 pluviôse :

« Le général est instruit que beaucoup de volontaires de la première réquisition, dont les bataillons ont été incorporés, se permettent de passer dans un autre corps, et que les commandants se prêtent à ces mutations ; tout chef qui se permettra dorénavant pareille désorganisation, sera sur-le-champ mis en état d'arrestation et puni comme réfractaire à la loi. »

*Ordre du 17 au 18 pluviôse.* Quartier général d'Avesnes. — « Le général est indigné que, malgré l'ordre du 3 au 4, des commandants se permettent de recevoir dans leurs bataillons des hommes de la réquisition incorporés dans d'autres ; il les prévient que ceux qui seront dénoncés pour ce fait seront sur-le-champ arrêtés et jugés suivant toute la rigueur des lois. »

Le 26, Desjardin signale à Favereau qu' « il a déserté 14 hommes du 2ᵉ bataillon du 68ᵉ, qui est à Cerfontaine ». Le lendemain, Favereau, en traduisant peut-être ce renseignement, écrit à Pichegru que « la désertion devient conséquente parmi les contingents de la première réquisition. Il m'en est, ajoute-t-il, parti hier 15 qu'on assure passés à l'ennemi. Quant aux autres, je les crois partis pour l'intérieur ».

Enfin, pour conduire à destination les hommes de réquisition de certains départements, on en est réduit à les faire escorter par des détachements et cadres de conduite fournis par la cavalerie ou par la gendarmerie.

### ARMÉE DU NORD

*Le général Colaud, commandant les troupes dans le département de la Marne, aux administrateurs composant le Directoire du district de Montagne-sur-Aisne* (1).

Châlons, 26 germinal an 2ᵉ (15 avril 1794).

Citoyens,

Le Directoire du département m'a communiqué votre lettre relative à la désertion des bataillons de réquisition venant des départements du Calvados et de l'Ille-et-Vilaine. A l'avenir, il y aura une escorte de hussards, pour chaque bataillon partant de Châlons, qui suivront leur marche jusqu'à Montagne-sur-Aisne.

Colaud.

La désertion sévissait aussi dans certains régiments d'ancienne formation.

Nous, Représentant du Peuple près l'armée du Nord (2),

D'après les représentations qui nous ont été faites par le citoyen Tardieu, chef de brigade du 6ᵉ régiment de cavalerie, que depuis l'acquisition qu'avait faite son régiment de 95 Suisses, la plupart étaient désertés ;

Considérant que depuis son entrée dans cette place il vient encore d'en émigrer 4 et que ceux qui restent, au nombre d'une quinzaine,

---

(1) Sainte-Menehould.
(2) *Archives nationales*, AFɪɪ, 235.

séduits par l'exemple de leurs concitoyens pourraient les imiter au détriment de la République ;

Considérant que cette émigration prouve non seulement une espèce de complicité sourde, mais qu'elle peut être favorisée par la présence des Hollandais sur nos frontières, parmi lesquels ils retrouvent beaucoup de leurs anciens camarades et peut-être même de leurs alliés ;

Voulant prévenir un abus d'autant plus funeste que non seulement il enlève des chevaux à la République, mais sert de moyen à l'ennemi pour connaître et notre position et nos ressources, ainsi que nos mouvements.

Arrêtons que le chef de brigade Tardieu renverra au dépôt de Beauvais tous les cavaliers suisses qu'il a sous son commandement pour les faire remplacer par des Républicains français.

L'invitons même à prendre toutes les diligences pour remplir cet arrêté, duquel il donnera connaissance aux généraux respectifs où il se trouverait des cavaliers de son régiment, afin qu'ils appuient cette mesure de toute leur autorité.

Maubeuge, le 3 floréal l'an 2ᵉ de la République.

LAURENT.

La loi du 7 germinal ayant licencié l'armée révolutionnaire et permis à ses troupes de rentrer dans leurs foyers, une partie de ces soldats qui tombaient sous le coup de la loi de la première réquisition n'en voulurent rien savoir et prétextèrent du décret du 7 germinal pour s'y soustraire.

Aussitôt averti de ce fait par la Commission de l'organisation et du mouvement des armées de terre, le Comité de Salut public y remédia par l'arrêté du 7 floréal :

Au sujet de l'article 1ᵉʳ du décret du 7 germinal sur le licenciement de l'armée révolutionnaire, le Comité de Salut public arrête :

L'article 1ᵉʳ du décret du 7 germinal sur le licenciement de l'armée révolutionnaire qui porte que les volontaires de cette armée licenciée, qui voudraient rentrer dans leurs foyers, recevront des routes pour se rendre au lieu de leur résidence, ne pouvant exempter de la réquisition ceux qui sont d'âge à en faire partie, d'après la loi du 23 août dernier (V. S.) (1), ceux de ces volontaires licenciés qui,

---

(1) Vieux style.

par leur âge, sont compris dans la réquisition, recevront des routes pour se rendre auprès des agents chargés de l'incorporation de l'armée la plus voisine du lieu de licenciement, pour y être incorporés.

Art. 2. — Ceux des citoyens qui seraient déjà retournés chez eux ou qui seraient en marche pour s'y rendre, seront tenus, sous peine d'être réputés déserteurs, de se rendre de même, sur les routes qui leur seront données à cet effet, auprès des agents chargés de l'incorporation de l'armée la plus voisine du lieu où ils se trouveront actuellement (1).

## Le service de santé donnait prétexte à de nombreux abus.

Au nom du peuple français,

Vidalin, représentant du peuple près les armées du Nord et des Ardennes, pour l'organisation et le complément de la cavalerie, étant informé que dans les trois départements de la Marne, de la Meuse et des Ardennes, plusieurs militaires abusent étrangement des billets d'hôpitaux, et qu'au mépris des lois ils se font traiter, chez les citoyens, de maladies plus souvent supposées que réelles....., arrête ce qui suit :

Art. 1er. — Tous les militaires qui, trois jours après la promulgation du présent arrêté, seraient trouvés, sans une destination particulière, dans une des communes des trois départements de la Marne, de la Meuse et des Ardennes, et que les parents ou autres auraient reçus sous prétexte de veiller plus soigneusement à leur santé, ou sous quelque autre motif que ce puisse être, seront conduits par la gendarmerie nationale à leurs corps respectifs et aux dépens de ceux qui les auraient recueillis.

Art. 2. — Tout officier de santé qui, après la promulgation du présent arrêté, accorderait à un militaire malade la permission de se faire traiter en quelque lieu que ce soit, autre que les hôpitaux militaires préparés à cet effet, sera destitué et mis de suite en état d'arrestation.

Art. 3. — Conséquemment à l'article précédent, toutes les permissions antérieurement données, de quelque autorité qu'elles émanent, qui seraient contraires au présent arrêté, sont révoquées, et les individus qui en auraient été l'objet sont tenus de se faire transférer, sous le délai de trois jours, dans l'hôpital qui leur avait été assigné.

Art. 4. — ..... Les officiers de santé auront soin surtout de placer les individus de telle manière qu'ils ne soient pas dans les hôpitaux de

---

(1) *Archives nationales*, AF ii, 202.

leur commune, attendu que rien n'est plus contraire au bien du service et à la discipline militaire, qu'un pareil voisinage.

Art. 5. — Il est ordonné aux généraux de division, commandants temporaires, commissaires des guerres, de faire arrêter et conduire par la gendarmerie nationale à leurs régiments respectifs et, en cas de trop grand éloignement, à Rethel, pour y être incorporés dans l'infanterie, tous les militaires qui se trouveraient n'avoir point de route ou qui diraient avoir perdu leurs billets d'hôpitaux.

Les militaires de la première réquisition qui ne seraient pas partis avec la levée de leur arrondissement et qui depuis n'auraient pas rejoint leur corps, seront conduits dans la même place, à leurs propres dépens, pour y être également incorporés.

Fait et arrêté à Reims, le 15 floréal de l'an 2ᵉ de la République française, une et indivisible.

VIDALIN.

L'ordre du 30 germinal au 1ᵉʳ floréal cherche encore à remédier à une autre cause de déchet dans les effectifs :

Le général en chef se plaint que les chirurgiens-majors des corps envoient avec trop de facilité les volontaires aux hôpitaux sous prétexte de maladie vénérienne et de gale. Il les engage à faire exactement leur visite avant de signer les billets, et il les rend responsables des frais de route qu'auront occasionnés des hommes envoyés dans les hôpitaux dont les maladies ne seraient pas bien reconnues et constatées (1).

---

(1) *Liébert à Parant, général de division à Arras.* — « ..... Il serait « à propos que tu recommandasses aux chirurgiens-majors des diffé-« rents corps plus de circonspection dans la délivrance des billets « d'hôpitaux. La facilité que le soldat trouve à en obtenir le met dans « le cas d'en demander lors même qu'il n'en a pas besoin. » (30 germinal).

*Du 27 prairial.* — *Au général Reed, à Arras.* — « Tu as bien raison, Général; le décret du 18 floréal n'est point mis à exécution; il faut absolument rendre responsables de cette inexécution les Conseils d'administration et les officiers de santé des bataillons. Cela est d'autant plus nécessaire qu'ils diminuent la force des bataillons en envoyant à l'hôpital des volontaires que le moindre traitement guérirait étant à leur corps. »

L'ordre du 8 au 9 prairial rappelait ces prescriptions :

Différentes plaintes sont parvenues de ce que les chirurgiens-majors des bataillons se prêtent à accorder des billets d'hôpitaux à des soldats qui ne sont malades que de lassitude, et à qui deux ou trois jours de repos suffiraient pour les rétablir ; que, par cet excès de faiblesse, les hôpitaux sont continuellement encombrés au point que les malades ne trouvent même plus de place.

Les chirurgiens-majors des bataillons, convaincus de se prêter aussi légèrement à cet abus, sont prévenus qu'ils seront très sévèrement punis si la maladie des soldats auxquels ils délivrent des billets d'hôpitaux n'est suffisamment constatée ; et les officiers de santé attachés aux hôpitaux seront tenus d'en rendre compte.

Ces abus sévissaient aussi aux hôpitaux : une lettre du général Pichegru (1) aux directeurs et officiers de santé de ces établissements cherche à y remédier :

Une coupable insouciance ou timidité, de la part des directeurs et officiers de santé, retient dans les hôpitaux, ou fait évacuer sur les derrières quantité de militaires que la lâcheté seule éloigne des armées. Cet abus, aussi dangereux dans ses suites que coupable dans sa source, exige des mesures promptes et vigoureuses. Voici celles que je suis déterminé à employer : Un homme de l'art, dont le patriotisme, les connaissances et la justice me sont parfaitement connus, va parcourir les hôpitaux, verra individuellement tous les militaires qui y sont, ordonnera sur-le-champ la sortie de ceux qui y auront été admis ou qui y seront retenus sans maladie ou blessure bien constatée, et m'en rendra compte. Je crois inutile de vous dire, Citoyens, que j'appellerai la sévérité des lois sur ceux d'entre vous qui auront donné prise à quelque abus ou qui l'auront souffert. Je vous engage donc à prendre à l'avance les mesures propres à vous mettre à l'abri en faisant sortir sur-le-champ tous ceux qui sont en état de rejoindre leurs corps.

Si l'on cherchait à diminuer ainsi tous les déficits, par contre, il y avait une cause d'accroissement que l'on n'avait pas voulu admettre :

Il a été rendu compte au général en chef, dit l'ordre du 4 au 5 flo-

---

(1) Lettre datée de Zonnebeke, le 25 prairial, et insérée à l'ordre du 27-28 prairial an 2e (15-16 juin 1794).

LA CAMPAGNE DE 1794 A L'ARMÉE DU NORD.   69

réal, qu'il y avait des officiers dans l'armée qui, pour se soustraire à la loi qui exclut les femmes des armées, faisaient passer les leurs pour blanchisseuses ou vivandières (1) (2). Il invite les généraux de division, de brigade, commandants de place et les conseils d'administration des corps à ne pas tolérer ces abus et à réprimer sur-le-champ ceux qui existent de cette nature. Il les rend responsables de l'exécution du présent ordre.

**Action disciplinaire du commandement contre les paniques, le désordre et le pillage.**

De ces mesures de rigueur prises à bon droit pour tirer du contingent national son maximum de rendement, il semble naturel de rapprocher toutes les dispositions qui plièrent insensiblement ces troupes jeunes et impressionnables à une discipline dont Jourdan lui-même dit qu'elle fut « admirable ».

L'ordre du 9 pluviôse défendait « à tout officier de sortir de son cantonnement sans une permission par écrit de son chef ». Les commandants des places voisines des cantonnements ne devaient y laisser entrer ni

---

(1) *Macdonald au conseil d'administration de la 42ᵉ brigade d'infanterie légère, à Comines. — Le 23 pluviôse.* — « L'intention de la loi, Citoyens, est qu'il n'existe pas plus de blanchisseuses et de vivandières qu'elle n'en prescrit pour chaque bataillon. Vous voudrez donc bien vous y conformer sur-le-champ et expulser celles qui ne seraient pas comprises dans les quatre qu'il doit y avoir par bataillon.

« Je vous rends personnellement responsables de l'inexécution de la loi, et je vous ordonne de m'en rendre compte dans les vingt-quatre heures. »

(2) *Liébert au Commandant du 2ᵉ bataillon de la 43ᵉ demi-brigade, ci-devant bataillon de Popincourt. — 4 floréal.* — « Le représentant du peuple Florent Guyot m'a remis une note, Citoyen, qui m'instruit que, pour te soustraire à la loi qui exclut les femmes des armées, tu fais passer la tienne comme blanchisseuse. Tu sais que cela est contraire aux lois, car sûrement elle ne blanchit pas.....

..... Tu voudras bien, au reçu de la présente, faire partir ta femme du cantonnement..... »

y séjourner aucun militaire à moins de permissions ci-dessus désignées, visées par les généraux de brigade et de division. « Les moments », concluait l'ordre, « doivent être employés à se livrer entièrement à l'instruction et non à séjourner dans les villes pour se livrer aux vices qu'entraînent la mollesse et l'oisiveté. »

L'ordre du 27-28 pluviôse prescrivait à tous les chefs de corps de tenir la main à l'exécution de l'arrêté du représentant du peuple Duquesnoy, inséré dans les précédents ordres et punissant de la peine de la destitution les officiers et de celle de la prison les soldats qui quitteront leur camp ou cantonnement sans une permission de leurs chefs.

Ces prescriptions étaient encore renouvelées le 29, le 2 germinal et le 8 floréal.

*Ordre du 29-30 pluviôse (17-18 février).*

Il est expressément défendu aux quartiers-maîtres trésoriers et autres officiers de l'armée de louer des appartements et de séjourner à Réunion-sur-Oise, lieu du quartier général, pour quelque cause que ce soit, sans une autorisation spéciale de la part du général en chef. Il fera faire des visites domiciliaires et arrêter tous ceux qui contreviendront au présent ordre.

*Au Commandant de la place de Sedan, 2 germinal (22 mars).*

Tu voudras bien, Citoyen Commandant, mettre à l'ordre de la place et inviter la municipalité de Sedan à faire publier et afficher que tous les militaires ou autres employés à l'armée dont le poste n'est pas dans cette commune, ou qui n'y sont pas appelés par des ordres exprès de eurs supérieurs, aient à en sortir sous vingt-quatre heures pour retourner à leurs fonctions. La présence de ces individus oisifs et inutiles ne peut qu'être nuisible à la chose publique. Ceux qui, par quelque prétexte que ce soit, se soustrairaient au présent ordre, seront de suite incarcérés et punis comme déserteurs.

L'ordre seul des représentants du peuple peut les autoriser à rester.

CHARBONNIÉ.

*Ordre du 8-9 floréal (27-28 avril). — Réunion-sur-Oise.*

Le général a appris que des officiers de l'état-major se permettent de séjourner et de coucher en ville, tandis qu'ils devraient être établis aux quartiers généraux de leurs divisions, ou aux postes que les officiers généraux leur assignent. Il enjoint aux généraux de divisions et de brigades de surveiller à ce que ces officiers ne s'éloignent pas de leur poste et donnent l'exemple aux volontaires de la conduite qu'il faut tenir vis-à-vis de l'ennemi, en usant de vigilance et en cherchant à rétablir l'ordre dès qu'il a pu être détruit par quelqu'événement quelconque.

De leur côté, les représentants du peuple s'empressaient de seconder le commandement et prenaient de sévères arrêtés en vue d'imposer au plus tôt une rigoureuse discipline.

Les Représentants du peuple près l'armée du Nord,

Informés que les chirurgiens des divers hôpitaux militaires situés dans le district de Noyon s'écartent de leurs devoirs pour errer dans la ville;

Ordonnent au commandant de la place d'arrêter ceux qui, après trois jours, paraîtraient sans permission devant Noyon, et de les envoyer au tribunal de l'armée.

A Noyon, le 13 floréal an 2ᵉ de la République française, une et indivisible.

Signé : SAINT-JUST, LE BAS (1).

Pour copie conforme :
SAINT-JUST.

*Arrêté des Représentants du peuple près l'armée du Nord.*

Les Représentants du peuple près l'armée du Nord, voulant fortifier la discipline qui fait vaincre, interdisent jusqu'à nouvel ordre, sous peine de mort, à tout militaire qui n'est point de la garnison et de l'état-major, l'entrée des quartiers généraux après la publication du présent arrêté (2).

Il ne sera donné chaque jour que deux permissions par corps pour porter ses demandes au quartier général. Dans aucun cas les militaires

---

(1) *Archives nationales*, AF ɪɪ, 235.
(2) *Au quartier général de la Cense de Lobbes, le 30 floréal an 2ᵉ*. — Le général recommande aux généraux de division de faire renouveler la lecture de l'arrêté des Représentants du peuple qui prohibe l'entrée des quartiers généraux à tout militaire qui n'est ni de la garnison ni de l'état-major. Cet arrêté doit être lu et affiché tous les huit jours où besoin sera.

porteurs de permissions ne peuvent coucher dans la ville et devront en être sortis avant 5 heures après-midi à peine d'un mois de prison.

Nul ne peut quitter son drapeau et son quartier.

Les tribunaux militaires sont chargés de poursuivre les infractions au présent ordre, qui sera imprimé et publié dans l'armée.

Les tribunaux militaires répondent de l'impunité de tous ceux, quels qu'ils soient, chefs ou soldats, qui auraient violé la discipline, et seront poursuivis eux-mêmes.

Réunion-sur-Oise, le 14 floréal an II de la République française, une et indivisible.

Le Bas, Saint-Just.

Pour contrôler les présences au camp, de fréquents appels étaient prescrits.

*Ordre du quartier général de Réunion-sur-Oise du 16-17 floréal (5-6 mai).*

Le général ordonne que, tous les jours à l'heure de 10 heures du matin et 4 heures du soir, il soit fait un appel nominatif au camp, auquel tout officier sera tenu de se trouver. Le général de brigade de jour se trouvera à celui de 10 heures ; il lui sera rendu compte de l'appel de la division.

Les généraux de division se trouveront exactement à celui de 4 heures du soir. Ils se feront rendre compte, par le général de brigade de jour, des appels qui auront eu lieu et feront de suite traduire à Réunion-sur-Oise ceux qui auront manqué à ces appels, lesquels seront traduits sur-le-champ à l'accusateur militaire.

Les généraux de division et de brigade qui ne se trouveront pas aux appels indiqués seront sur-le-champ arrêtés comme suspects.

Ces mesures étaient corroborées par les arrêtés et la proclamation qui vont suivre.

A Réunion-sur-Oise, 19 floréal (8 mai).

Les Représentants du peuple près l'armée du Nord,

Il est enjoint aux généraux et chefs de corps d'exécuter ponctuellement les ordres qu'ils auront reçus du général en chef. Les Représentants puniront avec la plus grande sévérité tout acte d'insubordination de la part des officiers ; ils feront examiner et juger rigoureusement les chefs des corps qui, chargés de l'artillerie, l'auraient laissé prendre.

La discipline sera soutenue dans l'armée par toute la force des lois (1).

*Les Représentants du peuple,*

Signé : Le Bas, Saint-Just.

A Réunion-sur-Oise, 21 floréal (10 mai).

Les Représentants du peuple près l'armée du Nord,

Informés que plusieurs chefs négligent de remplir leurs devoirs et donnent à leurs subordonnés l'exemple de l'indiscipline; informés des abus sans nom qu'un tel ordre de choses a produits; considérant les malheurs qui pourraient en résulter; convaincus que le salut de la patrie exige que la discipline soit ramenée par des moyens plus prompts et plus sévères que ceux employés jusqu'à ce jour;

Arrêtent que, jusqu'à nouvel ordre, le tribunal militaire de l'armée du Nord jugera sans être astreint à la formalité du juré.

Le Bas, Saint-Just.

25 floréal (14 mai).

Les Représentants du peuple près l'armée de la Moselle (2),

Instruits que beaucoup d'officiers quittent leurs postes et viennent, au mépris des défenses, dans les villes voisines de leur camp ou cantonnement; considérant que cet oubli de discipline peut avoir les suites les plus funestes et que, malheureusement, il n'existe que trop d'exemples, puisqu'on a vu les camps déserts au moment où ils ont été attaqués;

---

(1) *Ordre du 23 floréal (12 mai).* — Le temps de l'impunité est passé : une discipline sévère et républicaine va être établie dans l'armée. Que les traîtres, que les lâches tremblent! De justes châtiments s'apprêtent. Plus de grâces aux coupables!

(2) Cet ordre fut communiqué aux armées réunies du Nord et des Ardennes lors de l'arrivée de Jourdan sur la Sambre, en vertu de la prescription ci-après :

*Copie de l'ordre du quartier général de Thuin du 17 prairial an 2$^e$ (5 juin 1794).*

Le général Jourdan, désirant que la même discipline soit exercée dans toutes les troupes sous ses ordres, ordonne que les divers arrêtés pris par les représentants du peuple près l'armée de la Moselle, et qui sont relatifs à la discipline, soient envoyés aux généraux commandants des divisions des armées du Nord et des Ardennes, afin qu'ils s'y conforment.

Arrêtent que tous militaires qui abandonnent leur camp ou cantonnement pour aller dans une ville voisine sans une permission motivée, signée du commandant de la compagnie et du chef de corps, visée par le général de division, seront destitués, considérés comme suspects et, comme tels, mis en état d'arrestation jusqu'à la paix.

Le chef de l'état-major est chargé de faire mettre à l'ordre général le présent arrêté.

A Morfontaine, le 25 floréal 2ᵉ année républicaine.

Signé : Duquesnoy et Gillet.

*Proclamation des Représentants du peuple à l'armée du Nord* (1).

Soldats,

Nous vous rappelons à la discipline rigoureuse qui, seule, peut vous faire vaincre et qui épargne votre sang. Il s'est glissé des abus parmi vous ; nous avons résolu de les réprimer. Ceux qui provoqueront l'infanterie à se débander devant la cavalerie ennemie, ceux qui sortiront de la ligne avant le combat, pendant le combat, pendant la retraite, seront arrêtés sur l'heure et punis de mort.

Tous les cantonnements feront des patrouilles ; elles reconnaîtront tous les militaires errants, les arrêteront ; s'ils fuient, elles feront feu.

Soldats, nous vous rendrons justice, nous punirons ceux qui vous l'auront refusée ; nous partagerons vos travaux ; mais quiconque s'écartera de son devoir sera frappé d'une mort prompte.

Méprisez l'ennemi qui est devant vous, qu'un tyran soudoie ; il n'a qu'un trône, le jouet de la victoire, et la victoire vous conduit.

Signé : Saint-Just et Le Bas.

La lecture de cette proclamation donna lieu à des prescriptions spéciales destinées à en rehausser l'importance.

28 floréal (17 mai).

Demain, à 9 heures du matin, toute la division prendra les armes : la proclamation et les différents arrêtés des représentants du peuple donnés à l'ordre d'aujourd'hui seront lus au centre de chaque corps ; les chefs de bataillons choisiront pour cette lecture des hommes qui aient la voix forte et intelligible, afin que chacun puisse connaître les devoirs qu'il a à remplir et les peines qu'il encourrait à désobéir.

Aux premières rencontres de la campagne, au Cateau-

---

(1) *Ordre du* 28 *floréal.*

Cambrésis le 29 mars, et à Cambray le 26 avril, des soldats avaient fui ; le général Ferrand s'était plaint amèrement de la conduite de ses troupes sous Landrecies (1).

Pour remédier à ces paniques, dont les suites venaient corroborer les plaintes déjà exprimées par eux dès le 6 avril (2), Richard et Choudieu prirent l'énergique

---

(1) *Le 16 floréal (5 mai). — Le général Ferrand à ses frères d'armes.*
— Mes camarades, il est du devoir d'un républicain de dire la vérité. Les représentants du peuple Le Bas et Saint-Just, arrivés dans cette armée, empressés de connaître la conduite qu'ont tenue les officiers et soldats dans les différentes actions qui ont eu lieu ces jours derniers ; leur devant la vérité, je leur ai fait part des lâchetés qui se sont passées sous mes yeux ; ils en ont été indignés. Les représentants ne peuvent croire que ces hommes, combattant pour la liberté, aient fui lâchement devant les esclaves de leurs tyrans, jetant bas leurs armes. Une telle conduite fait frémir, et les représentants du peuple vont déployer la vengeance nationale contre tous les infâmes qui ont abandonné leurs drapeaux.

Je ne vous le cache pas, mes camarades, vous m'avez causé beaucoup de chagrins ; je ne les ai pas éprouvés seul, je sais que la masse des soldats que je commande est républicaine et qu'elle sent avec moi la dure nécessité de faire justice des lâches qui préfèrent une fuite honteuse à une victoire certaine. Que les braves républicains me secondent, qu'ils fassent justice des fuyards et la victoire est à nous. Qu'ils ne rivalisent pas avec eux, nous sommes tous enfants de la même patrie et combattons pour la même cause ; redoublons donc de courage, et que la patrie connaisse en nous ses vrais défenseurs.

(2) *Copie d'une lettre adressée au général en chef Pichegru, le 17 germinal, par les représentants Richard et Choudieu, envoyés près l'armée du Nord.*

Nous apprenons avec douleur, Général, que des hommes indignes du titre honorable de soldats de la République se sont livrés, le 9 de ce mois, à des excès et à des pillages dans la brigade du général Soland. Ce sont des lâches qui déshonorent la brave armée que vous commandez. Ce n'est pas en vain que la vertu et la morale ont été mises à l'ordre de tous les jours chez le peuple français. Nous déclarons que nous ferons punir comme ennemis de la liberté tous ceux qui se livreront à de pareils désordres. Nous invitons les braves soldats jaloux de

arrêté du 10 prairial, qui fut précédé de l'ordre ci-après, de Pichegru :

*Supplément à l'ordre du 5 au 6 prairial (24-25 mai).*

Le général en chef de l'armée du Nord, en donnant des éloges aux troupes qui se sont bien comportées dans la journée du 3, ne peut dissimuler son indignation sur la conduite infâme qu'ont tenue quelques soldats de l'armée qui, dès le matin, ont quitté leurs bataillons pour errer dans les campagnes, s'y livrer au pillage et à toutes sortes d'horreurs ; et d'autres que la lâcheté a portés jusque sous les murs de Lille. Cette conduite a failli compromettre l'existence de leurs camarades et l'existence de l'armée. Des bataillons affaiblis par le grand nombre des absents ont été, sur le soir, exposés à un feu terrible. Ne pouvant y opposer que moitié de celui qui devait composer leur force, ils se sont vus au moment d'être forcés de céder au nombre. Tous les bons républicains de l'armée sentiront combien il est essentiel et urgent de parer à cet abus. Pour y parvenir, il faut que nous y concourions tous. Le général en chef va engager les représentants du peuple à prendre à cet égard l'arrêté le plus vigoureux pour que tout soldat trouvé sur les derrières de l'armée, le jour d'une affaire, soit traité comme fuyard ou pillard et fusillé sur-le-champ.

Ce fut, en effet, le but de l'arrêté du 10 prairial (29 mai) :

Nous, Représentants du peuple près l'armée du Nord,

Instruits que des militaires qui ne méritent pas l'honneur d'être comptés parmi les défenseurs de la patrie, s'écartent, au moment du combat, du champ de bataille soit en se portant sur les derrières, soit en entrant dans les maisons pour piller ; considérant que la lâcheté des uns et le brigandage des autres ont empêché plus d'une fois de profiter des avantages que l'armée avait obtenus par le courage des

---

l'honneur de leur corps et de celui de l'armée à dénoncer à leurs chefs tous ceux qui seront assez méprisables pour oublier à ce point ce qu'ils doivent à leurs camarades qu'ils déshonorent et à la République qu'ils trahissent. Nous allons prendre des renseignements sur ce qui s'est passé le 9 et nous ferons un grand exemple des coupables. Autant nous avons d'estime et de soins pour les braves, autant nous aurons de mépris et de sévérité pour les lâches et les pillards.

Salut et fraternité.

CHOUDIEU, RICHARD.

braves républicains qui la composent; autorisons les généraux de division et de brigade à former sur le champ de bataille des commissions militaires composées de cinq membres pris dans tous les grades pour faire juger les fuyards et les pillards, lesquels seront fusillés à l'instant même après que le délit aura été déclaré constant.

Les dites commissions seront dissoutes immédiatement après le jugement et renouvelées à chaque fois (1).

On sait que, le 1ᵉʳ prairial, l'armée combinée de Desjardin et de Charbonnié avait passé la Sambre et occupé la position de Bonne-Espérance, la gauche appuyée à Erquelines, ainsi que les localités de Binche et de Fontaine-l'Évêque. Elle devait marcher, le 5, sur Nivelle, lorsqu'elle fut attaquée au même instant, vit son aile gauche forcée et fut obligée de repasser la Sambre. Dans cette circonstance, le 22ᵉ régiment s'était « inconduit », suivant l'expression du général Favereau.

Aussi les représentants du peuple près l'armée du Nord arrêtent-ils que le tribunal militaire prendra connaissance de la conduite des chefs du 22ᵉ régiment de cavalerie, prévenus d'avoir ordonné, dans la retraite du 5, des manœuvres qui ont culbuté l'infanterie, exposé l'artillerie, rompu les rangs et entraîné les soldats à une espèce de déroute.

Il étendra ses recherches aux généraux de brigade qui, ayant reçu l'ordre de tenir leurs troupes en bataille pendant la nuit, ne s'y sont point conformés et ont occasionné, par cette infraction à leurs devoirs, la surprise qui a eu lieu dans la matinée du 5.

Maubeuge, le 10 prairial, l'an 2ᵉ de la République.

Pour copie conforme :

GUYTON, LAURENT, SAINT-JUST.

Le 28 prairial, l'armée sous les ordres de Jourdan, dut, malgré une défense opiniâtre, repasser encore la Sambre. Dans cette action, certaines défaillances se produisirent qui furent vigoureusement réprimées.

---

(1) En conformité de l'arrêté du 10 prairial, le nommé Antoine Messe, sapeur au 6ᵉ bataillon des fédérés, convaincu de pillage et pris sur le fait, a été exécuté militairement à la tête du camp, le 12 prairial.

Marchienne-au-Pont, le 1ᵉʳ messidor, an 2ᵉ (19 juin 1794).

*Copie de l'arrêté des Représentants du peuple du 29 prairial.*

Le général de division Kléber ayant rendu compte que, dans la journée du 28 prairial, le 2ᵉ bataillon de la Vienne avait honteusement fui devant l'ennemi, tandis que les drapeaux des deux autres bataillons des divisions de l'armée du Nord flottaient sur le chemin de la victoire, et qu'il n'avait pas voulu écouter le général qui le rappelait à son poste ;

Considérant que ce crime ne peut pas être celui du bataillon entier, parce que la bravoure et la haine des tyrans existent dans tous les cœurs des Français, et que lorsqu'un corps quitte son poste de bataille la cause en est dans la lâcheté des officiers et dans la négligence qu'ils ont mise à maintenir la discipline et à former les soldats qu'ils commandent à l'amour de la gloire, qui consiste à braver les dangers de la guerre et à vaincre ou à mourir au poste que la patrie leur a confié ;

Arrêtent que le chef de bataillon et tous les capitaines du second bataillon de la Vienne seront destitués et mis en état d'arrestation.

Ils seront remplacés sur-le-champ conformément à la loi (1).

SAINT-JUST, GILLET, GUYTON.

Le tribunal criminel et révolutionnaire a condamné à la peine de mort les nommés Pierron, Laporte, Chrétien, Papilliet, Mouret, Huart, Chavalon, Godbert, Horij, Lallande, Alaud, Peureux et Cousin, tous treize du 6ᵉ bataillon de Seine-et-Oise, convaincus d'avoir jeté leurs armes et abandonné leurs postes en présence de l'ennemi pour songer à leur propre sûreté personnelle. L'exécution aura lieu le 30 en présence du bataillon.

COULANGE, *adjudant général.*

Pour copie conforme :

*L'adjudant général,*
PERROT.

Comme complément à ces mesures, et pour donner une juste idée de la discipline sévère que le commande-

---

(1) Cet arrêté fut notifié à l'armée par ordre du 5 au 6 messidor, de Pichegru, qui annonça que « cette punition attend tous les officiers qui auraient la lâcheté d'imiter un pareil exemple ». La cause de ces défaillances était due sans doute au mode vicieux de la nomination à l'élection, prescrit par la 2ᵉ section du titre I du décret du 21 février 1793, relatif à l'organisation de l'armée.

ment et les représentants du peuple s'efforçaient d'établir, on peut citer divers ordres et arrêtés.

Les troupes manquèrent surtout de bois de chauffage, de viande et de fourrages. Aussi, cherchaient-elles à se procurer cette dernière denrée par tous les moyens, afin d'empêcher le dépérissement des chevaux, signalé partout. Elles ne reculèrent pas, pour y arriver, devant le pillage de voitures destinées souvent à d'autres places ou corps. Cette situation amena une réclamation de Laurent à Pichegru, et l'ordre suivant de ce général :

*Ordre du 20 au 21 nivôse (9-10 janvier).*

Le général en chef, instruit qu'au mépris des défenses qu'il a déjà faites plusieurs fois, on arrête et on pille encore sur les routes des voitures de fourrages destinés pour l'armée et l'approvisionnement de nos villes de guerre, ordonne à tous les chefs de corps de faire arrêter les militaires, charretiers et toutes personnes quelconques qui commettent de pareils délits, afin de les faire punir suivant la rigueur des lois.

Le 1er ventôse, Laurent adressait à cet égard une sévère interdiction à la commune d'Hirson. Pichegru défendait de même, le 30, d'intercepter les convois de fourrages ou autres « destinés pour une division. Chacun d'eux doit arriver à la division à laquelle il a été destiné ».

*Maubeuge, 1er ventôse, an 2e de la République (19 février).*

Nous, Représentants du peuple près l'armée du Nord,
Sur le rapport qui nous a été fait que la municipalité d'Hirson se permettait journellement d'arrêter des convois de fourrages destinés à l'armée ;
Enjoignons à la dite municipalité de nous instruire sur-le-champ des motifs qui l'ont décidée à arrêter ces dits convois et à établir un magasin dans sa commune, nous réservant d'envoyer un commissaire sur les lieux pour examiner de plus près la conduite de cette municipalité et de la punir, s'il y a lieu, pour s'être ingérée dans l'administration militaire qui est étrangère à son autorité et à ses fonctions.
Défendons, au surplus, à la dite municipalité de continuer aucune

fonction relative à cet objet et enjoignons au garde magasin sur les lieux de veiller à cette partie des observations.

Signé : Laurent.

Pour copie :
Denon.

Malgré ces ordres sévères, cet abus se continuait encore le 12 germinal. A cette date, le général Favereau écrit, en effet, dans son Journal : « Désordre continuel relatif aux fourrages. D'après le tableau que remet au général Favereau le commissaire ordonnateur, il appert que sur 500 voitures expédiées, de divers lieux, et nommément destinées pour Maubeuge, 40 seulement y sont arrivées ; le surplus des convois ayant été détroussé par les divisions sur les derrières.

« Le général Favereau se plaint amèrement de cette conduite au général en chef avec invitation à la réprimer » :

Maubeuge, 12 germinal an 2ᵉ (1ᵉʳ avril 1794).

*Le général Favereau, commandant à Maubeuge, au Général en chef de l'armée du Nord.*

Je t'adresse, ci-joint, une feuille de route pour un caporal et cinq fusiliers du 6ᵉ bataillon de Paris, chargés d'escorter pour Maubeuge douze voitures de fourrages, et qui sont arrivés ici sans une seule. Je les ai fait mettre de suite en prison et te les envoie ; tu sauras par eux qu'on les a fait partir de Réunion leur disant que les susdites voitures étaient devant ; et que, de village en village, ils sont venus jusqu'à Maubeuge, n'escortant rien. Voilà le fait, général ; d'après ce que m'a dit le représentant Laurent, près de cinq cents voitures destinées pour Maubeuge, excepté quarante qui y sont arrivées, le reste a été arrêté, et presque tout, à Avesnes ; de sorte que cette place-ci qui doit attendre de l'intérieur, ne reçoit rien parce que toutes les administrations ne sont composées que d'agents de Pitt ou du Père Duchesne. Prends en considération ma juste réclamation ; l'approvisionnement de Maubeuge doit t'intéresser, et tous ceux qui s'y opposent sont des traîtres à la Patrie. Je te les dénonce, et surtout les agents d'Avesnes. Tu verras, par l'article 6, relaté dans la feuille de route ci-jointe, la peine que doivent encourir ceux qui détournent les destinations des subsistances.

Il semble cependant que le mal ait diminué le 14, car le général Favereau écrit à cette date que si « le fourrage n'arrive pas vigoureusement, il s'aperçoit pourtant qu'il n'existe pas autant de détrousseurs en route ». Mais, ajoute-t-il, « une partie de nos convois sont encore interceptés. Nous n'avons plus de ressources dans le pays; aussi le moindre retard dans notre approvisionnement deviendrait funeste..... ».

Pour y remédier, Le Bas et Saint-Just prennent l'arrêté du 28 floréal (17 mai).

> Les Représentants du peuple près l'armée du Nord arrêtent ce qui suit :
>
> Le général Ferrand donnera des ordres sévères pour que les convois de fourrages soient escortés jusqu'à Saint-Germain ; les cavaliers qui pilleraient les voitures, comme il est déjà arrivé, seront punis de trois mois de prison.
>
> Le Bas, Saint-Just.

Conformément à ces prescriptions, l'ordre du 28-29 floréal revenait encore sur cette question :

> Des convois de pain et de fourrage, destinés pour une division, sont quelquefois arrêtés par une autre ; ce qui entrave un service essentiel et nécessite des plaintes bien fondées. Le général en chef, pour prévenir un abus si préjudiciable, ordonne expressément que les convois ou de pain ou de fourrage destinés pour une division ne soient point à l'avenir arrêtés par une autre. Il invite les généraux à veiller très sérieusement à l'exécution de cet ordre qui intéresse essentiellement le service régulier des subsistances.

Enfin, pour déraciner cet abus, on en vint à l'argument suprême, la peine de mort :

> Au quartier général à Marchienne-au-Pont,<br>le 25 prairial (13 juin).
>
> Les Représentants du peuple près les armées, etc., informés qu'on s'est permis d'arrêter dans des places des convois destinés pour l'armée ; que des vivres arrivés à l'armée et destinés pour une division ont été arrêtés par une autre division ;

Considérant que de pareils faits, en paralysant le service, peuvent exposer l'armée et la République aux plus grands malheurs ;

Arrêtent qu'aucune autorité, aucun individu ne pourra, pour quelque prétexte que ce soit, arrêter ou retarder la marche des convois destinés pour l'armée.

Le commissaire ordonnateur en chef fera faire à l'armée les distributions par division et nul ne pourra se permettre d'intervertir l'ordre de ces distributions, ni arrêter dans une division les subsistances ou approvisionnements destinés à une autre division.

Quiconque sera convaincu d'avoir contrevenu aux dispositions ci-dessus sera réputé ennemi de la patrie, traduit à la Commission militaire et puni de mort.

Les convois seront toujours escortés, et l'escorte sera responsable des objets confiés à sa garde.

Signé : SAINT-JUST, GILLET, L.-B. GUYTON.

Pour les mêmes motifs d'insuffisance et de pénurie, qui incitaient la troupe à compenser l'irrégularité des perceptions par leur abondance lorsqu'elles avaient lieu, le désordre sévissait dans les distributions, et nécessitait l'adresse suivante de Bouchotte « à ses frères de l'armée du Nord » :

30 frimaire (20 décembre).

J'ai reçu, Citoyens, différentes plaintes d'un défaut d'ordre dans les distributions qui se font aux armées ; quelques militaires se sont permis plusieurs fois de se faire donner ce qu'ils ne pouvaient consumer, et ce que la loi ne leur accorde pas. Les préposés chargés des subsistances ne connaissent plus alors ce qu'ils ont à distribuer, et n'ayant plus de règle fixe dans la préparation des rations, ils sont obligés d'en multiplier le nombre ; ces irrégularités causent à la République un dommage considérable et peuvent quelquefois compromettre le service. Il importe de les faire cesser et d'établir à cet égard un ordre sévère ; je charge nos braves camarades de surveiller l'exécution des mesures qui doivent l'assurer..... Ils seront les premiers à demander justice contre ceux qui oseraient s'en rendre coupables.....

L'ordre de l'armée du 25-26 pluviôse spécifiait, du reste, que « tous les bons des corps seraient généraux ; qu'il ne serait reçu dans aucune distribution de bons particuliers ; et que les officiers sans troupe pourraient seuls en faire ; enfin que chaque bon pour les corps énoncera en tête l'effectif du corps ».

Il arrivait aussi que, la distribution faite, les corps conservaient les voitures pour leur propre usage.

Les directeurs de parcs d'artillerie se plaignent de ce que, dès qu'ils envoient des cartouches aux bataillons, chargées sur des voitures autres que des caissons, elles sont souvent retenues près des bataillons après que leur versement est fait. Les chefs de corps sont invités à surveiller cet abus, car, s'il n'est réprimé, il mettrait quelquefois des bataillons dans le cas de manquer de munitions au moment où ils en auraient le plus besoin.

Un autre abus non moins grand c'est celui de retenir ou de disposer des voitures qui ont porté aux divisions soit des fourrages, pain, viande, etc. Dès que ces voitures ont fait leur versement dans le lieu qui leur est indiqué, elles doivent s'en retourner au parc. Sans cette mesure, le service des subsistances manquerait. Il est en conséquence ordonné aux chefs de corps de n'en laisser retenir aucune et de tenir scrupuleusement la main à l'exécution du présent ordre.

*Ordre du 24 au 25 ventôse* (14-15 *mars*).

Pour maintenir le bon ordre et la police dans les distributions, désormais les généraux de division voudront bien donner ordre qu'il y ait une garde aux endroits où elles se feront. On prévient l'armée qu'il sera établi à Bohain et à Étreux des magasins de pain, vu la rareté des caissons pour les transports.

Les ordres des 2-3 et 28-29 pluviôse sévissaient contre les dévastations qui se commettaient journellement dans les bois, en rendaient les chefs pécuniairement responsables et les invitaient à se procurer du bois de chauffage conformément à la loi.

Malgré ces ordres, Macdonald écrivait encore le 27 ventôse :

« Je suis accablé de réclamations et de plaintes de la part des habitants des villages et fermes qui avoisinent le camp, relativement aux dégradations et aux bois que l'on coupe sur leurs propriétés..... J'ai donné les ordres les plus sévères pour faire arrêter tous les individus qui seront pris en flagrant délit..... »

Le 20 germinal, Macdonald recevant, par les soins

du président et des officiers municipaux de la commune de Marcq-en-Barœul, une plainte des fermiers de cette localité, les « assure qu'il emploiera tous les moyens qui sont en son pouvoir pour réprimer les dévastations qui se commettent dans leur commune. »

« Vous pouvez assurer vos concitoyens », ajoute-t-il, « qu'ils seront respectés et protégés. Dites-leur de m'arrêter le premier qui oserait se permettre des voies de fait, et dégrader leurs propriétés ; qu'ils me le conduisent et je leur en ferai raison. »

Comme toutes les jeunes troupes, celles de 1794 dépensaient encore beaucoup trop de munitions (1).

Par l'ordre du 4 au 5 pluviôse, le Ministre, pour éviter le gaspillage des cartouches, prescrivait que les chefs de bataillon fissent la déclaration de leur existant aux généraux de brigade ; que ceux-ci l'inscrivissent sur un registre et soumissent les nouvelles demandes au visa des généraux qui pourraient constater sur le registre s'il y avait eu gaspillage ou non. Ce fut dans le même esprit que le 15-16 floréal il fut interdit « que la plupart des volontaires tirent leurs fusils lorsqu'ils descendent de garde, ce qui occasionne une perte considérable de cartouches à balles ». Comme cette mauvaise habitude tenait sans doute à un manque de tire-bourre, cet ordre prévoyait en outre la répartition des tire-bourre, en chiffre encore insuffisant (2), entre les compagnies et

---

(1) *Macdonald au Commandant de Comines.* — 7 *pluviôse an II* (26 janvier 1794). — « J'approuve très fort la demande que tu me fais des cartouches nécessaires au bataillon de Linselles. Recommande que l'on en soit avare, excepté pour l'ennemi. Il y a une si grande dilapidation dans les cartouches que nous ne saurions y veiller trop soigneusement ».

(2) *Liébert au général de division Goguet, à Bohain.* — 13 *germinal* (2 avril). — « ...... Quant aux tire-bourre que tu me demandes, il m'est impossible de t'en procurer, n'en ayant pas un en magasin. »

15 floréal.
*A Songis, général de brigade, à Lille*
Fais tout ce qui sera en ton pouvoir, mon camarade, pour accélérer

sections. Dans le même but, le général en chef, apprenant qu'il se perdait encore « une quantité prodigieuse de balles et de poudre », donnait l'ordre du 29-30 prairial :

> Il est enjoint aux chefs de corps et capitaines d'artillerie de surveiller exactement l'emploi des munitions, de faire ramasser avec le plus grand soin les balles des cartouches déchirées dans les caissons ou gibernes et de les remettre au parc toutes les fois qu'ils y envoient des caissons pour les faire remplir ; il les prévient qu'il les rendra responsables de toute dilapidation dans cette partie.

Les mesures les plus dures étaient prises contre le pillage, dont les conséquences avaient été funestes dans plus d'une attaque en 1793.

Contre les vexations commises à l'égard des habitants, Laurent exigea que les troupes coupables de ces méfaits leur payassent une juste indemnité.

> Nous, Représentant du peuple près l'armée du Nord,
> Vu la plainte à nous présentée par la municipalité de Taisnières relativement aux pillages et vexations commises contre divers citoyens de cette commune par une partie du 1er bataillon du 74e régiment d'infanterie, le 9 de ce mois.
> Arrêtons que le dommage causé à chacun des citoyens vexés sera constaté contradictoirement entre la municipalité de Taisnières et le chef du bataillon, qu'en cas de partage sur la fixation de la valeur des objets, il y sera appelé un commissaire des guerres de la division, pour le montant de l'estimation être payé sur-le-champ par les soldats coupables des désordres dont il s'agit, sous la responsabilité de leurs officiers qui seront tenus de payer eux-mêmes en cas d'impossibilité actuelle de la part des soldats, et sans préjudice des peines de discipline qui leur seront impliquées conformément à la loi.
> A Maubeuge, le 12 ventôse, 2e année républicaine.
> LAURENT.

---

la fabrication des tire-bourre dont nous avons le plus grand besoin, car les volontaires, pour décharger leurs armes, les tirent, et c'est autant de munitions de perdues.
LIÉBERT.

Des arrêtés, des ordres et proclamations sévissaient énergiquement contre le pillage.

*Au premier Chef d'escadron commandant le 11ᵉ régiment de chasseurs à cheval.*

7 germinal (27 mars).

J'apprends, Citoyen, que les chasseurs du 11ᵉ régiment se comportent d'une manière indigne de républicains; le pillage, l'avilissement de nos frères d'armes paraissent être à l'ordre du jour dans ton corps. Sans discipline, sans ordre et sans mœurs, on ne peut espérer faire triompher la cause sublime pour laquelle nous combattons. Les fautes du soldat sont toujours dues à la négligence des chefs et souvent à leur connivence. Je te déclare que je te rends responsable, conjointement avec tous les officiers de ton régiment, des excès, brigandages ou désordres que peuvent commettre tes chasseurs.

Je te préviens qu'à la première plainte fondée, je fais arrêter tous les chefs qui ne prouveront pas qu'ils ont employé avec la dernière rigueur le pouvoir que la loi leur a confié pour réprimer d'une manière exemplaire les abus et les crimes qui se multiplient, au scandale des âmes honnêtes et délicates. Je suis résolu, à quelque prix que ce soit, de rétablir la discipline dans l'armée que je commande.

Donne lecture de ma lettre au régiment assemblé; enjoins à tous les officiers et sous-officiers de se conformer strictement aux dispositions que je te prescris; annonce-leur qu'ils sont responsables de toute négligence à cet égard et que je ne composerai jamais avec mes devoirs.

CHARBONNIÉ.

*État-major de la division intermédiaire à Guise* (1).

Le 8 floréal, l'an 2ᵉ de la République une et indivisible
(27 avril 1794).

Nous, Représentants du peuple envoyés près l'armée du Nord et des Ardennes,

Arrêtons que tout individu qui mettra le feu à un village ou une

---

(1) Cette indication de la « Correspondance des Archives de la Guerre » est erronée, car cette « division intermédiaire à Guise » n'était plus que le groupe des divisions Goguet et Balland, placées sous les ordres directs du général Ferrand qui était venu prendre le commandement de l'armée du Nord à Guise, le 3 floréal, pendant que Pichegru exécuterait son mouvement par la vallée de la Lys. En fait, cette appellation

ferme sans un ordre supérieur sera traité comme contre-révolutionnaire et traduit au tribunal révolutionnaire de Paris.

Le présent arrêté sera mis à l'ordre; les chefs de corps le feront exécuter sous leur responsabilité.

LEVASSEUR (de la Sarthe) et LAURENT (du Bas-Rhin).

Par ordre du général en chef :

L'adjudant général chef de brigade,<br>BARBIER.

Ordre du 10 floréal (29 avril).

Le général, instruit et indigné de la conduite que tiennent plusieurs soldats qui se livrent entièrement au pillage, les prévient qu'il sera contraint de faire des exemples sévères pour arrêter ce désordre. Les chefs de corps et tous les officiers en sont responsables. Des républicains, dans le cours de leurs conquêtes, doivent-ils avoir d'autre but que le salut de leur patrie? Que ceux qui ne seraient pas enflammés de ce désir quittent les drapeaux de la liberté ; ils sont indignes de la défendre, ceux qui ne connaissent ni la discipline ni la subordination, ceux à qui le vil appât de ce qui ne leur appartient pas fait abandonner leur poste; ils ignorent sans doute que les effets qu'ils enlèvent aux habitants du pays conquis sont autant de vols faits à la République et qu'ils doivent en être punis, selon toute la sévérité des lois. Le général n'en épargnera aucun, il les traduira tous devant le tribunal révolutionnaire.

Le général de division Dubois, à Guise, au Commandant du 12e dragons.

15 floréal (4 mai).

.... J'apprends que ton régiment commet, à La Neuville-les-Dorengt, des dilapidations et se conduit d'une manière qui dégrade le caractère et la bravoure de ton corps. Je me persuade, si cela est, que tu auras pris des mesures sévères pour réprimer cet écart que l'on peut appeler brigandage. Tu ne souffriras pas, j'espère, que cela arrive désormais, et, en me rendant compte des faits, tu voudras bien me marquer la voie que tu as suivie pour connaître les coupables et quelle est la peine que tu leur as provisoirement infligée.....

---

était supprimée par l'ordre ministériel du 26 germinal : « C'est à tort qu'il s'est formé un état-major sous le nom d'armée intermédiaire. Chaque adjoint donnera les ordres pour supprimer tout ce qui tiendrait au service particulier de la prétendue armée intermédiaire et faire rentrer ce service dans celui de l'armée du Nord, dont elle n'était qu'une division ».

*Proclamation des Représentants du peuple aux sans-culottes des armées de la Moselle et du Rhin* (1).

17 floréal (6 mai).

Républicains,

La Convention nationale a proclamé solennellement que la vertu est à l'ordre du jour dans toute la République (2).

Braves soldats français, régénérés, qui versez votre sang pour elle, c'est vous dire que la vertu est la sauvegarde de la liberté, qu'elle assure la victoire et qu'elle doit siéger dans vos camps, sous vos tentes et partout où les succès vous conduisent.

Eh bien! la discipline, la subordination, l'horreur du pillage, sont les vertus qui mènent à la gloire.

Enfants de la patrie, vous vous êtes tous levés à la fois; mais, dans votre course généreuse, vous traîniez à votre suite, et quelquefois dans vos rangs, des êtres vils, des hommes pervers qui ne se battent jamais, qui se livrent au vin, au pillage, à la cruauté, à tous les crimes qui, trop longtemps, ont fait le malheur de l'humanité, et qui terniraient, s'il était possible, les lauriers que vous moissonnez à chaque pas.

Le républicain, fier de la cause qu'il défend, sait qu'il se bat, non contre les peuples, mais contre les tyrans et les esclaves qui les défendent.

Le républicain marche toujours au pas de charge, la baïonnette à la main; il est terrible dans les combats, mais doux et humain après la victoire; il sait, lorsque l'intérêt de la République l'exige, respecter les usages, les habitudes, les opinions, les superstitions mêmes des peuples qu'il a vaincus.

C'est par là que le soldat romain soumit le monde entier; c'est par là que le soldat français, qui le surpasse en courage, le surpassera encore en discipline et en vertu. L'indiscipline est l'épouse du lâche. L'usage immodéré du vin, l'avidité du pillage, la barbarie contre les peuples est le partage des esclaves des rois, des ennemis de la liberté.

Les crimes ont trop souvent compromis le salut de la République; ce sont eux qui ont prolongé l'exécrable guerre de la Vendée, qui ont enlevé à notre courage Ostende et Nieuport et qui ont fait assassiner nos frères à Furnes.

---

(1) Voir la note (2) de la page 73.

(2) *Décret du 1ᵉʳ floréal.* — La Convention nationale, après avoir entendu le rapport de son Comité de Salut public, déclare qu'appuyée sur les vertus du peuple français, elle fera triompher la République démocratique et punira sans pitié tous ses ennemis.

L'indignation contre les excès est au comble dans chaque armée; elle sollicite elle-même des châtiments sévères, des exemples aussi prompts qu'effrayants, qui puissent assurer ses succès et sa réputation.

L'armée est pure, elle est sans tache; mais des lâches, des pillards qui la suivent et se mêlent avec elle voudraient lui faire partager leur honte, sans partager les dangers. Il faut que les défenseurs de la patrie soient solidaires pour les périls comme pour la gloire et l'honneur de la nation. En conséquence, les Représentants du peuple arrêtent ce qui suit :

Les chefs sont individuellement responsables, sur leur tête, des vols, pillages et excès dans lesquels pourraient se livrer, dans quelque lieu que ce soit, ceux qui sont sous leurs ordres.

Tout individu trouvé saisi ou dépositaire d'effets pillés sera fusillé dans les vingt-quatre heures au plus tard; les effets pillés appartiendront de droit au dénonciateur.

Tout individu quelconque non attaché à l'armée et qui sera pris en pays ennemi lors de l'entrée de nos troupes, y sera arrêté et puni de mort dans les vingt-quatre heures.

Les Juifs, quelque pays qu'ils habitent et qui suivront les armées, seront punis de mort sur-le-champ.

Les conseils d'administration et les différents chefs sont chargés de dresser des tableaux des défenseurs de la patrie qui se seront distingués par leur courage, leur sobriété, leur désintéressement et leur discipline, pour leur accorder la récompense que la magnificence nationale garantit à ses soldats.

La moitié des contributions pécuniaires levées en pays ennemi sera distribuée à l'armée.

Le présent arrêté sera imprimé dans les deux langues, affiché et proclamé dans les camps, à la tête de chaque armée.

Les généraux et les chefs sont chargés de son exécution.

Fait au quartier général de Morfontaine, près Longwy, le **17 floréal an 2º**.

Signé : GILLET, DUQUESNOY et J.-B. LACOSTE (1).

*Arrêté du représentant du peuple Laurent.*

Nous, Représentant du peuple envoyé près l'armée du Nord;

Sur les représentations à nous faites par les généraux de division réunis sous Beaumont, et d'après la certitude que nous en avons acquise par nous-même, que le soldat se livre impunément au pillage et que les chefs donnent souvent l'exemple de ce délit, également contraire au bien du service et à la moralité d'une armée républicaine;

---

(1) Aulard, tome XIII, page 423.

Considérant qu'il résulterait d'une plus longue impunité des désordres et des dilapidations incalculables, l'affaiblissement de nos forces et peut-être des revers qu'il est nécessaire de prévenir par les mesures les plus sévères :

Défendons à tout officier, sous-officier et soldat d'infanterie, de cavalerie, ou autres corps de l'armée, ainsi qu'à tous employés, charretiers et autres individus y attachés, de piller ou incendier, à moins que l'ordre n'en ait été donné par les généraux, sous peine d'être fusillé sur-le-champ à la tête de la division ;

Pour l'exécution du présent arrêté, ordonnons qu'il sera formé par les généraux respectifs, dans chacune des divisions réunies, une commission militaire composée de cinq officiers des différents grades, laquelle appliquera la peine au délit aussitôt qu'il aura été constaté.

Le présent arrêté sera mis à l'ordre et publié dans les différentes divisions dès ce jour.

Au quartier général de Marcelle (?) (1), le 21 floréal, 2ᵉ année républicaine.

Signé : LAURENT.

*Ordre du jour du général en chef Pichegru.*

26 floréal an 2ᵉ (15 mai 1794).

. . . . . . . . . . . . . . . . . . . . . . . . . . . . . . . . . . .

Les soldats républicains qui se battent pour la patrie doivent-ils, par le pillage et le feu, asservir les timides habitants pour la liberté desquels ils combattent ? Non ; et s'il s'en trouve qui, par leur conduite, prennent le caractère des esclaves des despotes, la loi est là pour les punir de leurs forfaits.

*Supplément à l'ordre du 28 floréal (17 mai).*

Le général de division prévient les troupes que tout soldat qui pillera ou dégradera sera arrêté sur-le-champ et fusillé à la tête de l'armée, conformément à l'arrêté du représentant du peuple Laurent.

*Levasseur, représentant du peuple près l'armée des Ardennes, aux citoyens composant le Comité de Salut public.*

A Thuin, le 3 prairial an 2ᵉ (22 mai 1794).

Je profite, Citoyens collègues, du courrier que le général Charbonnié vous envoie pour vous faire passer différents arrêtés que j'ai pris pour rétablir la discipline et empêcher le pillage. J'ai vu qu'il y avait beaucoup de la faute des chefs. Aussi c'est à eux que je m'en prends ; quelques exemples, j'espère, suffiront.

---

(1) Peut-être Saint-Marcel, à 4 kilomètres Sud-Ouest de Maubeuge.

*Levasseur, représentant du peuple près l'armée du Nord et des Ardennes.*

A Thuin, le 30 floréal de l'an 2e de la République française une et indivisible (19 mai 1794).

L'année dernière, des contre-révolutionnaires s'étaient glissés dans nos armées et, au moment d'une action, criaient : *Sauve qui peut*. Ces mots, qui ne sont pas français, n'ont pas été généralement entendus. Aujourd'hui, les contre-révolutionnaires donnent l'exemple du pillage et de tous les excès pour déshonorer l'armée. Rien n'est respecté. Sur le chemin de Thuin à Vedette, deux dragons ont arrêté des citoyens et leur ont volé l'argent qu'ils portaient pour acheter du blé, sous prétexte d'aller chercher des fourrages. Des hommes à cheval, sans ordre et sans chef pour les conduire, se répandent dans les villages et y commettent un brigandage affreux dont quelquefois le représentant du peuple a la douleur d'être témoin lui-même. Si les officiers de tous les grades surveillaient avec plus de soin les soldats, si des appels fréquents les obligeaient à se tenir à leurs postes et à leurs bataillons, le mal n'existerait pas. Le représentant du peuple veut que ce brigandage finisse. Ce ne sera pas en vain que la justice et la probité auront été mises à l'ordre du jour. Ce décret, digne de la Convention qui l'a rendu, sera suivi.

Les propriétés et les personnes sont sous la sauvegarde spéciale des chefs, de quelque grade qu'ils soient.

Tout officier, sous la conduite immédiate duquel se trouvera un soldat convaincu d'avoir pillé, sera destitué.

Tout chef convaincu de n'avoir pas surveillé ceux qui lui sont subordonnés, pour empêcher le pillage, sera destitué.

Tout officier, de quelque grade qu'il soit, qui, ayant connaissance du pillage, n'en aura pas dénoncé les auteurs, sera destitué.

Le représentant du peuple, plein de confiance dans la valeur et la probité des républicains qui composent l'armée, ne sera pas embarrassé pour remplacer les officiers et sous-officiers qui, peu dignes de défendre la cause sacrée de la liberté, n'auront pas donné l'exemple de toutes les vertus.

Pour copie :
Levasseur, de la Sarthe.

L'ordre du 5 au 6 prairial sévissait encore contre le pillage.

Le général en chef est aussi prévenu qu'il existe dans les fourgons et équipages de beaucoup de vivandiers (1) des effets provenant du pillage. Les chefs de corps en feront faire sur-le-champ la visite, se saisiront de tous effets ou marchandises étrangers à l'objet de leur commerce et feront conduire dans les prisons de Lille et de Courtray les vivandiers ou vivandières sur les équipages desquels ces effets auront été trouvés.

Cet ordre sera lu à la tête de chaque corps ; les commandants de bataillons devront en justifier et ceux qui seront reconnus ne l'avoir pas fait lire seront punis de destitution.

On peut encore rappeler sur le même sujet l'ordre célèbre de Vandamme :

9 prairial an 2e (28 mai 1794).

LA RÉPUBLIQUE ET LA DISCIPLINE, OU LA MORT.

*Le général de brigade Vandamme aux Chefs des différents corps sous ses ordres.*

Donnez au soldat ce que la loi lui accorde,
Et faites lui remplir les devoirs qu'elle lui impose.

Vous avez certainement lu l'ordre sévère, mais indispensable, que le général en chef a transmis à tous les généraux de l'armée du Nord (2). Ce n'est que par des moyens violents et prompts que l'on peut sauver cette armée livrée au plus horrible brigandage qui la menace de sa destruction prochaine et qui éteint à jamais l'espoir flatteur qu'en avait conçu le peuple français. C'est de cette armée qu'on attendait les succès les plus brillants, c'est d'elle qu'on attendait la destruction totale des tyrans, et c'est malheureusement elle qui est maintenant accablée du désordre le plus dangereux. Je ne sais par quelle fatalité les liens de la discipline ont pu se rompre dans presque tous les corps en général.

---

(1)                                                                 28 floréal.

Le Représentant du peuple près l'armée de la Moselle,

Vu la dénonciation faite par le citoyen Rochefort, adjudant général chargé de la partie,

Arrête que tout marchand forain qui s'introduira dans les camps ou cantonnements de l'armée sera mis en état d'arrestation jusqu'à la paix comme suspect et ses marchandises confisquées.

Morfontaine, le 28 floréal, 2e année républicaine.

Signé : DUQUESNOY.

(2) Cet ordre est celui du 5 au 6 prairial, cité page 76.

Qui sont donc les monstres qui se sont malicieusement immiscés dans nos bataillons pour les exciter au brigandage, à la lâcheté et à l'assassinat? Ne sommes-nous donc plus Français et avons-nous oublié d'être républicains? C'est au moment où les représentants du peuple français mettent à l'ordre du jour les vertus, qu'ici on les oublie, on les rejette pour se livrer aux horreurs de l'indiscipline et du pillage le plus déshonorant. En républicain, je gémis avec les braves qui composent la plus grande partie de la brigade que je commande; je pleure avec eux les malheurs auxquels nous entraînent quelques scélérats qui déshonorent le nom de républicains français. Mais, en général, j'éloigne de moi toute pusillanimité pour me servir de toute l'autorité que me donne la loi et frapper de mort et d'ignominie tous ceux qui auraient la scélératesse de redevenir coupables de lâcheté, de pillage et d'indiscipline.

C'est à vous, chefs de corps, que je ferai peser ma responsabilité, la mienne doit répondre au général de division et la sienne devant le général en chef.

Je vous préviens dès aujourd'hui qu'à l'avenir, la moindre faute de votre part sera punie de destitution ou de mort; il ne décide point ici d'un homme ou d'une famille, mais d'un peuple entier. Ce peuple veut être libre, nous devons désirer de l'être avec lui, mais nous ne pouvons l'espérer si nous n'avons une armée bien disciplinée. Jusqu'à ce jour, nos succès n'ont été qu'incertains ou peu suivis, j'en devine facilement la cause. C'est à l'ineptie et à l'insouciance des chefs et à l'ignorance de quelques autres que je l'attribue. Vous avez vu aussi bien que moi, dans toutes nos dernières affaires, tandis qu'un tiers de nos braves soldats répondait au feu de l'ennemi et se battait avec le plus ardent courage, un tiers pillait, assassinait, et l'autre tiers fuyait en lâche et laissait à l'abandon les braves qui ont heureusement su vaincre partout. Il n'est point difficile de vous en montrer les causes. La mollesse qui caractérise beaucoup d'officiers, le peu de goût qu'ils mettent à bien servir, la faiblesse avec laquelle ils commandent, l'ivresse à laquelle ils se livrent, donnent occasion aux mauvais soldats de l'être encore plus et aux bons de se dégoûter. C'est donc de cette classe d'hommes dangereux qu'il faut purger l'armée, c'est donc eux qu'il faut frapper de honte et de mort afin de délivrer la République du plus accablant fléau.

J'espère que ces scènes d'horreurs ne se renouvelleront plus et que la fermeté avec laquelle vous commanderez les républicains qui vous sont confiés m'évitera la peine d'user des moyens que je n'aime à employer qu'à l'extrême nécessité, mais je vous préviens aussi que je suis bien décidé à ne pas laisser la moindre faute impunie. Faites-vous obéir comme je vous commanderai, et bientôt la République pourra compter sur des soldats braves et disciplinés. Alors les succès seront certains et nous ne nous verrons point accablés de la misère et de la famine, nous ne verrons plus les soldats épars dans les plaines, abandonnés au plus affreux désordre, nous ne verrons plus le paisible habitant des chaumières pillé et assassiné dans sa respectable demeure, nous ne verrons plus des enfants venir nous demander du pain qui leur a été arraché par la voracité de quelques scélérats, et nous ne verrons plus les habitations dévastées, les habitants des campagnes en fuite et leurs troupeaux épars. Nous verrons, au contraire, le peuple accourir, nous apporter toutes les douceurs que nous offre la richesse immense de ce pays et, comme les armées des Alpes et des Pyrénées, nous serons bénis du peuple dont nous aurons brisé les fers. Souvenons-nous que ce n'est point aux peuples, mais aux rois et à leurs satellites que nous faisons la guerre; faisons-la-leur à mort cette guerre, mais n'oublions jamais ce que nous avons promis aux peuples. Si nous nous conduisons en féroces soldats et en dévastateurs forcenés, le peuple s'armera contre nous; si, au contraire, nous nous conduisons en soldats républicains, en défenseurs du peuple, nous trouverons partout des amis, partout des frères, la République en sera plus tôt sauvée et nous en serons d'autant plus heureux. Prenez donc en considération cette lettre, suivez-la de point en point si vous ne voulez pas encourir la sévérité des lois. Aussitôt la présente reçue, vous ferez assembler tous les officiers de vos bataillons, vous leur ferez part de ce que je vous écris, vous les préviendrez que si aucuns d'eux ont la faiblesse ou l'audace de faire grâce au moindre coupable, ou la lâcheté de fuir au feu, ils trouveront à l'un comme à l'autre la mort. Si, au contraire, comme je crois pouvoir l'espérer, ils servent bien et qu'ils commandent avec fermeté et justice ceux qui sont sous leurs ordres, ils verront avec nous la République assurée et l'armée triomphante. Je compte sur le zèle et l'activité que vous mettrez à maintenir l'ordre et la discipline qui doivent régner dans les corps que vous commandez.

Au quartier général de Lauwe, le 9 prairial, 2ᵉ année républicaine.
Salut et fraternité.

*Le général de brigade,*
D. VANDAMME (1).

Du 23 prairial (11 juin).

*Consigne du Commandant d'un détachement envoyé à Marbaix.*

L'officier commandant le détachement de 25 hommes du 12ᵉ régiment de dragons, envoyés à Marbais, fera respecter les personnes et les

---

(1) Cet ordre a déjà été cité dans l'ouvrage de A. du Casse, intitulé : *Le général Vandamme et sa correspondance.*

propriétés en général, empêchera le pillage et les dilapidations, et ne permettra à qui que ce soit de fourrager sans ordres par écrit, et qu'il n'y ait un officier à la tête des fourrageurs.

Tous militaires qui contreviendraient ou s'obstineraient à cet égard aux ordres si souvent répétés de respecter les personnes et les propriétés et qui ne se conformeraient pas à la stricte subordination comme aux lois civiles et militaires décrétées par la Convention nationale, seraient arrêtés, traduits au tribunal criminel militaire et punis suivant l'exigence des cas et conformément aux lois.

### Ordre du 23 au 24 prairial (11-12 juin).

Le général rappelle à la loi tout militaire qui a la bassesse et la lâcheté de se livrer au pillage, malheureusement trop fréquent, qui déshonore le républicain et porte atteinte au gouvernement libre que nous devons défendre jusqu'à la mort; il déclare formellement que tout militaire qui, soit un jour d'affaire, quittera son rang pour piller, soit étant dans un pays ennemi, quittera son corps pour s'y livrer, ou piller de quelque manière que ce soit, sera arrêté, livré au tribunal criminel militaire et, conformément à la loi, puni de mort.

**Dans le même but de détruire tout esprit de maraude ou de pillage**, les représentants du peuple, informés que plusieurs personnes attachées à l'armée se sont permis de mettre en réquisition, au nom de la République, des chevaux qu'elles se sont appropriés ensuite pour leur usage, arrêtèrent que tout individu possesseur de ces chevaux sera tenu de les remettre, dans les vingt-quatre heures, au quartier général, à peine d'être puni comme coupable de pillage (1).

### Ordre du 4 messidor (22 juin).

Le général et surtout les représentants du peuple se plaignent amèrement de ce que, dans les marches, beaucoup de soldats se livrent au pillage, quittent leur rang pour s'enivrer et abandonnent même leurs chevaux. Ils déclarent formellement que tout militaire qui aura la faiblesse de se livrer à de pareils excès, et la lâcheté d'abandonner son poste et ses étendards sans en avoir reçu l'ordre, sera regardé comme traître à sa patrie et puni comme tel.

**Nombreuses sont les exécutions qui figurent aux registres d'ordres**, à partir du jour où fut rendu le ter-

---

(1) Arrêté du 29 prairial, an 2ᵉ (17 juin 1794).

rible arrêté du 10 prairial. Faut-il voir dans la fréquence de ces mesures la légèreté dont parle le général P. Lacroix, dans son *Précis des opérations de la brigade Macdonald?* « Par l'effet ordinaire d'une grande réaction, dit-il, on a vu les généraux qui, auparavant, toléraient le plus le pillage, abuser de cet arrêté en s'en servant trop souvent et trop légèrement ». N'est-ce pas au contraire le pillage « toujours croissant » (1) qui fut l'une des causes de ces exécutions? Les généraux, en les ordonnant, n'étaient-ils pas mus par la ferme et douloureuse volonté de forcer l'obéissance aux lois dans l'intérêt supérieur et immanent de la discipline? Ne sont-ce pas les mêmes causes qui produisirent, à près de cent ans de distance, les mêmes effets à l'armée de la Loire? Ne fut-on pas obligé d'y proclamer la loi martiale dont l'article 6 punissait de mort la désertion, le refus de service, l'inexécution d'ordre compris et réitéré, la destruction des munitions? Enfin, cette loi n'investissait-elle pas, comme l'arrêté du 10 prairial, tout officier ou sous-officier du droit de mettre à mort tout homme donnant au feu une preuve de lâcheté? N'y a-t-il pas à conclure de ce rapprochement cet enseignement que les armées ne s'improvisent pas et que le patriotisme le plus exalté ne saurait remplacer les qualités militaires patiemment acquises pendant la paix par un labeur incessant et une constante préparation (2).

### Action du commandement pour assurer la conservation des effectifs.

Les représentants du peuple et le commandement montraient la plus grande sollicitude pour tout ce

---

(1) Général Pamphile Lacroix. *Précis des opérations de la brigade Macdonald.*

(2) Ces réflexions nous ont été suggérées par un article du *Jahrbücher für die deutsche Armee und Marine* du mois d'avril 1901.

qui pouvait intéresser la conservation des hommes, des chevaux et du matériel, et portaient une constante attention aux moyens propres à en assurer la sécurité contre les entreprises de l'ennemi.

Si cette sollicitude descendait parfois jusqu'aux moindres détails, il faut en chercher l'explication dans la jeunesse des troupes et dans l'inexpérience d'une bonne partie des cadres.

## Mesures d'hygiène.

Dès le mois de ventôse, le représentant du peuple Laurent s'était inquiété des ravages que pouvaient exercer dans les rangs de l'armée les épidémies régnant dans les communes traversées par elle et les miasmes délétères qui pouvaient se dégager des dépouilles mortelles laissées sans sépulture.

Nous, etc., (1).
Sur le rapport qui nous a été fait qu'il existe des maladies épidémiques dans les campagnes et que l'inexécution des lois relatives à la mortalité des bestiaux pourrait augmenter ou compliquer ce fléau désastreux; considérant que les mesures sanitaires que nous avons déjà prises, en envoyant des officiers de santé dans quelques communes voisines de l'armée, seraient insuffisantes si elles n'étaient rendues plus générales;
Désirant arrêter autant qu'il est possible le progrès du mal et convaincu que l'un des principaux moyens est de réunir les secours de la police à ceux de l'art, en rappelant les municipalités aux devoirs que leur imposent l'humanité et l'ordre public, arrêtons :
Art. 1er. — Les municipalités dont les communes sont attaquées d'une maladie épidémique quelconque nous en feront leurs déclarations certifiées par le district, aussitôt la réception du présent arrêté, afin que, sur-le-champ, il puisse leur être envoyé des médecins et chirurgiens ou des officiers de santé de l'armée.
Les dites municipalités demeurent responsables des ravages auxquels pourrait donner lieu leur négligence à nous fournir cette déclaration.

---

(1) *Archives nationales*, AF ii, 234.

que leur commandent l'amour de leurs semblables et le soin de leurs administrés.

Art. 2. — Les lois et le règlement de police relatifs à la mortalité des bestiaux seront observés rigoureusement par les municipalités. En conséquence, tous animaux morts dans l'étendue de leurs communes respectives et qui seront dans le cas d'être jetés à la voirie, seront enterrés à la distance et à la profondeur requises par les lois et règlements, aussitôt que les municipalités en auront été averties, soit par ceux de leurs membres chargés de cette partie de la police, soit par le propriétaire, charretier, conducteur ou autres.

Art. 3. — Les officiers de police chargés de cette partie, pour assurer, en ce qui la concerne, l'exécution de l'article précédent, feront exactement, dans l'étendue des communes de leur territoire, les tournées et visites nécessaires.

Art. 4. — Les propriétaires, charretiers et conducteurs, attachés ou non à l'armée, à qui il sera mort des chevaux ou bestiaux, seront tenus d'en faire leur déclaration sur-le-champ à la municipalité dans l'étendue ou sur le territoire de laquelle ils se trouveront.

Art. 5. — Il est défendu expressément d'enterrer les bêtes mortes avec leur peau. Les municipalités, vu le besoin de cuirs pour l'armée, surveilleront cet objet important sous leur responsabilité.

Art. 6. — Les contraventions au présent arrêté seront poursuivies à la diligence des agents nationaux près les communes et les districts et seront punies, savoir :

A l'égard des municipalités et des officiers de police, d'une amende individuelle et solidaire de 300 francs, de la destitution et du renvoi à vingt lieues des frontières et de l'armée, conformément à la loi;

Et, à l'égard du propriétaire, charretier et conducteur, d'une amende de 200 francs.

Les dites amendes applicables moitié aux sans-culottes indigents et moitié à la République ou au dénonciateur qui ne serait ni propriétaire ni charretier ou conducteur des bestiaux trouvés morts.

Art. 7. — Les lois et arrêtés relatifs aux voituriers et conducteurs de charrois, relais militaires ou autres, dont la négligence aura causé la mort de chevaux ou bestiaux à eux confiés, seront exécutés dans toute leur force.

Art. 8. — Le présent arrêté sera imprimé et envoyé aux districts de la frontière du Nord, qui le transmettront aux communes pour y être là publié et affiché.

Maubeuge, ce 8 ventôse l'an 2ᵉ de la République une et indivisible.

Signé : LAURENT.

Pour copie : DENON.

A l'armée de la Sambre, les Représentants n'apportaient pas aux questions d'hygiène une attention moindre que celle qui y était réservée à l'armée du Nord.

Marchienne-au-Pont, 27 prairial (15 juin).

Les Représentants du peuple, etc.,

Considérant que les chevaux morts qu'on abandonne sur les routes et près des lieux habités peuvent donner lieu à des maladies, si l'on n'y apportait un prompt remède;

Arrêtent que le commandant de la gendarmerie nationale à la suite de l'armée fera faire des tournées par les gendarmes, lesquels auront ordre de requérir, dans les villages les plus voisins du lieu où se trouvent ces chevaux, les habitants pour tirer les dits chevaux hors des routes et les enterrer à une profondeur suffisante pour qu'il n'en résulte aucune infection dangereuse;

Chargent spécialement les bourgmestres, mayeurs ou autres magistrats des communes, d'y faire travailler sans délai, ainsi que les gendarmes de faire rapport contre ceux qui en feraient refus, pour y être pourvu même par exécution militaire.

L.-B. GUYTON, GILLET.

Au quartier général, Marchienne, 27 prairial (15 juin).

Les Représentants du peuple enjoignent au commissaire ordonnateur de tenir la main à ce que les bouchers suivant l'armée ne laissent les vidanges et immondices provenant de leurs boucheries près des camps, postes ou bivouacs, sans les jeter à l'eau ou les enterrer, de manière qu'il n'en résulte aucune infection dangereuse pour l'armée ou les habitants du pays.

GILLET, L.-B. GUYTON.

Le commandement se montrait aussi soucieux de l'hygiène des garnisons, cantonnements ou bivouacs.

Quartier général d'Avesnes, 18-19 pluviôse (6-7 février).

Le général est instruit de la mauvaise tenue qui règne dans les quartiers des troupes qui tiennent garnison dans les places, ce qui provient de la négligence des chefs. La santé du soldat dépend presque toujours de la salubrité du lieu qu'il habite. Il est enjoint à tous chefs de corps de faire exécuter les corvées avec plus de soin et aux généraux de brigade et de division de surveiller les chefs sur cet objet important en punissant, avec la plus grande sévérité, tous ceux qui y porteraient la moindre négligence.

Quartier général d'Avesnes, 19-20 pluviôse (7-8 février).

Il est ordonné aux généraux de division et généraux de brigade, chacun dans leurs arrondissements respectifs, de se concerter avec les municipalités pour faire enterrer, dans le plus court délai, les chevaux qui se trouvent répandus sur les routes et voisinages des cantonnements ; ils feront désigner des localités pour cet effet et tiendront la main à son exécution : chaque général de division certifiera au général en chef, sous huit jours, à dater de la réception du présent ordre, sa pleine et entière exécution.

Quartier général d'Avesnes, 25-26 pluviôse (13-14 février).

*Copie de l'ordre de l'armée du 24 au 25 pluviôse.*

Pour assurer à nos frères d'armes, attaqués de fièvres putrides, des secours prompts et efficaces, les chirurgiens-majors des différents corps auront soin de les envoyer dans les hôpitaux les plus voisins de leurs camps ou cantonnements dès qu'ils apercevront quelques signes de maladie grave et que leur indisposition prendra un caractère sérieux.

*Ordre de l'armée du 28 au 29 pluviôse (16 au 17 février).*

Le général se propose de visiter incessamment tous les cantonnements.

*Ordre du 25 au 26 prairial (13 au 14 juin).*

Le général en chef enjoint expressément aux généraux, officiers supérieurs et tous autres d'exiger des troupes la plus grande propreté dans les camps et cantonnements, de faire enterrer dans les vingt-quatre heures tous les hommes morts et chevaux tués qui se trouveraient dans l'étendue de leur arrondissement et d'enjoindre aux préposés des boucheries militaires de faire enterrer sans délai les tripailles des animaux qu'ils tuent, le tout assez profondément pour que la putréfaction ne corrompe point l'air. Les généraux ordonneront en conséquence, aux commandants des camps et cantonnements, de nommer des officiers pour visiter si l'ordre prescrit est observé dans leurs arrondissements respectifs. Toute négligence à cet égard sera coupable et d'autant plus sévèrement punie que ces mesures sont commandées par l'humanité et indispensables pour prévenir des maladies contagieuses qui enlèveraient à la patrie d'intrépides défenseurs. A l'avenir, les hommes morts et chevaux tués seront enterrés sur-le-champ. Les généraux se feront rendre journellement compte de l'exécution du présent ordre.

« ..... Un autre objet, sur lequel je dois appeler toute votre attention et votre sollicitude », écrivait Pichegru (1) aux inspecteurs des hôpitaux, « c'est la propreté et la salubrité des hôpitaux ; nous voici arrivés dans les grandes chaleurs ; vous devez redoubler de soins et de précautions à cet égard, non seulement pour la conservation de nos frères malades, mais encore pour nous garantir des contagions et maladies épidémiques qui désolent déjà quelques parties de l'Europe. L'inspecteur qui va faire la visite des hôpitaux sera également chargé de rendre compte de ceux où l'on aurait négligé quelque moyen de contribuer à leur propreté ».

*Ordre du quartier général de Marchienne-au-Pont.*

Du 5 au 6 messidor an 2ᵉ (23 au 24 juin 1794).

Le général en chef, dans la visite qu'il a faite des différentes divisions de l'armée, a remarqué que presque dans toutes il existe une quantité de chevaux morts, dans les environs des bivouacs qu'elles occupent ; il a lieu d'être étonné de la négligence qu'ont mise à cet égard les généraux de division, généraux de brigade et chefs de corps pour faire enterrer les chevaux morts ; il leur enjoint de requérir les communes de l'arrondissement des pays qu'ils occupent, de manière que sous 24 heures les chevaux morts soient enterrés ; il les prévient qu'il les rend responsables de l'exécution du présent ordre et les invite de n'avoir à l'avenir aucune insouciance sur un objet qui peut produire les plus grands maux à l'armée et qui peut aussi retomber sur eux-mêmes.

C'est encore pour assurer autant que possible le bien-être de la troupe que le général Liébert, chef de l'état-major général de l'armée, rappelle, le 10 germinal, au général de division Balland, à Étreux, qu'il a le droit de faire distribuer de l'eau-de-vie à ses troupes bivouaquées ; c'est encore dans le même esprit que le général Tharreau, chef de l'état-major de l'armée des Ardennes, explique au commissaire ordonnateur Vaillant que, si les troupes cantonnées ne sont pas logées chez l'habitant, et si l'administration ne leur fournit pas la paille de couchage, « le commandant du détachement, en raison de la nécessité, et surtout de la santé de ses frères d'armes, doit faire des réquisitions

---

(1) 27-28 prairial.

aux municipalités en en donnant un reçu. Dans cette circonstance, ajoute Tharreau, un chef militaire remplit ses fonctions et fait son devoir. Les administrateurs qui les négligent doivent être sévèrement punis. »

*Instruction journalière.*

L'expérience a prouvé que l'un des meilleurs moyens hygiéniques à employer à l'égard d'une troupe obligée à un stationnement de quelque durée, était de l'occuper à se perfectionner dans son art par de nombreux exercices. Cette remarque n'avait pas échappé au commandement. Elle lui permettait en outre de préparer la troupe aux efforts qu'on allait bientôt lui demander.

Du 23 ventôse (15 mars).

*Le général de division Liébert, chef de l'état-major de l'armée du Nord, aux commandants des places de Doulens, Ardres, Montdidier, Amiens, Abbeville, Aire, Hesdin, Béthune, La Fère, Saint-Venant, Arras, Saint-Quentin, Soissons, Laon, Noyon, Péronne.*

Le général en chef me charge, Citoyen, de te mander que tu portes la plus grande attention sur *l'instruction* et la tenue des différents dépôts qui sont de garnison dans la ville que tu commandes. Ces dépôts étant destinés à rejoindre leurs corps sous peu, il est essentiel que l'instruction soit poussée avec zèle et vigueur. Préviens les officiers qui les commandent que l'intention du général en chef est d'envoyer incessamment un officier général pour les inspecter et que ceux des officiers qui auraient apporté quelque négligence, tant dans la partie de l'instruction que pour la bonne tenue, ainsi que pour l'entretien de l'habillement et de l'équipement, en seront personnellement responsables. Il y a des dépôts où il se trouve plus d'officiers qu'il n'en faut. Ils recevront incessamment l'ordre de rejoindre leurs corps. Aussitôt la réception de la présente, tu m'en donneras avis, tu en feras faire des copies collationnées, et tu en remettras une à chaque commandant de dépôt, afin qu'il ait à s'y conformer.

A Avesnes, l'ordre du 26-27 germinal, de la division Fromentin, recommandait « l'instruction, la propreté et la plus grande surveillance ».

Avant la marche de Pichegru par la vallée de la Lys,

la division Souham était en position d'attente sous les murs de Lille, bordant la Marque, pour se couvrir à l'est contre une attaque venant de Tournay, et tenant les passages de la Deule pour se garder au nord. Pendant ce stationnement prolongé, Macdonald, dont le quartier général était alors à Fives, veillait avec soin à ce que la troupe fut régulièrement exercée.

*Le général Macdonald au chef de bataillon Masson, à Flers.*

L'adjoint de ronde vient de me rendre compte qu'il y avait peu de monde à l'exercice au pont de Recueil. Cette négligence dans l'instruction est très préjudiciable au bien du service. Tu dois surveiller les deux compagnies qui sont au pont de Recueil et les quatre de L'Hemponpont..... Malgré l'ordre qui enjoint d'exercer deux fois par jour, le commandant de l'Hemponpont a pris sur lui de ne faire exercer qu'une fois, sous prétexte que son monde était trop fatigué de service. S'il n'a pas assez de monde, pourquoi n'en rend-il pas compte?..... En attendant, il est trop important que l'instruction continue pour y mettre le moindre retard. Tu lui ordonneras d'exercer deux fois par jour.

MACDONALD.

Un ordre analogue fut donné le 28 floréal à l'armée des Ardennes.

A commencer de demain et tous les jours, les bataillons feront l'exercice une fois par jour, les maladroits deux fois; les tambours-majors tiendront également leur école tous les jours.

Du reste, si le commandement tenait à avoir une troupe rompue à tous les exercices et pouvant répondre promptement à la pensée directrice des chefs, il fut exigé de ces derniers les capacités nécessaires pour manier l'instrument de plus en plus perfectionné qui leur était confié.

A Morfontaine, 27 floréal (16 mai).

Les Représentants du peuple près l'armée de la Moselle, informés que des militaires parvenus à différents grades dans l'armée n'ont pas toutes les connaissances nécessaires pour s'acquitter avec honneur des emplois qui leur sont confiés, que rien n'est plus préjudiciable au succès de nos armes, voulant empêcher qu'aucun sujet à l'avenir ne puisse parvenir à un emploi quelconque s'il n'a la connaissance nécessaire pour en remplir dignement les fonctions, arrêtent :

Art. 1ᵉʳ. — Nul ne sera admis à remplir une place dans l'armée soit au choix, soit à l'ancienneté, depuis le grade de caporal ou de brigadier jusqu'à celui de chef de brigade inclusivement, s'il n'est reconnu capable d'en remplir les fonctions.

Art. 2. — En conséquence, tout sujet proposé pour un grade quelconque sera tenu, avant la réception, de subir un examen sur la théorie, de faire exécuter les manœuvres relatives au grade devant les jurés qui sont établis dans chaque corps d'infanterie, ainsi qu'il va être prescrit.

Art. 3. — Le jury sera composé savoir : pour le grade de caporal ou celui de brigadier, de trois caporaux ou brigadiers, que le Conseil d'administration nommera à cet effet, ou le grade de sergent ou celui de maréchal des logis (sic), pour examiner le sujet qui aura été promu ; il en sera de même pour tous les autres grades jusqu'à celui de chef de brigade. Le chef de l'état-major est chargé de son exécution.

### *Conservation des chevaux.*

Pour assurer la conservation des chevaux, l'ordre du 1ᵉʳ-2 pluviôse interdisait de les monter en dehors du service et prescrivait d'arrêter tout cavalier, dragon ou hussard, qui ne serait pas porteur d'une dépêche ou d'un reçu qui prouvera qu'il est envoyé par ordonnance. Dans le but de remédier à la pénurie de la cavalerie, les commissaires des guerres sont invités, les 16 et 17 pluviôse, à confisquer les chevaux des employés des diverses administrations et autres à qui la loi n'accorde pas de montures. Le 27-28, le général en chef renouvelle la défense aux adjoints et aides de camp de se faire accompagner par des ordonnances sans y être autorisés par les généraux, et pour affaire de service. Il renouvelle de même l'interdiction à toutes personnes autres que celles qui en ont le droit, d'envoyer en mission des ordonnances ; ces courses ne doivent jamais avoir pour objet que le service militaire.

Le général Tharreau signale, le 7 ventôse, au directoire du district de Sedan, l'inconvénient que présente, au point de vue de la conservation des effectifs, l'envoi de courriers à cheval pendant la nuit.

Le bien du service et les intérêts de la République devant occuper tous les citoyens, je dois vous observer que, par faute sans doute de vos secrétaires, les paquets que vous m'adressez pour être envoyés par ordonnance me sont souvent remis le soir ou dans la nuit; il en est de même des demandes que vous faites des cavaliers qui doivent se rendre directement à vos bureaux, ils ne repartent que dans la nuit; les ordonnances, ne connaissant pas les chemins de traverse, ou, vu le mauvais temps, pressent leurs chevaux ou se perdent et parcourent un espace beaucoup plus considérable; ceci cause des pertes considérables en augmentant le nombre des chevaux usés et à réformer. Je vous engage donc, Citoyens, à ne faire partir des ordonnances de nuit que dans un cas urgent. J'en agis ainsi pour le service de l'armée.

THARREAU.

C'est dans le même esprit que sont rédigés les ordres ci-après.

*Ordre du 8-9 ventôse (26-27 février).*

Le général en chef invite toutes les personnes qui ont le droit de se servir d'ordonnances et de les envoyer en course, de les ménager et de ne les employer que pour des choses absolument nécessaires et utiles au service. Il est singulièrement intéressant pour la République que notre cavalerie se trouve en état pour l'ouverture de la campagne.

*Ordre du 16-17 ventôse (6-7 mars).*

Le commissaire ordonnateur en chef est informé que plusieurs employés des différentes administrations, à qui la loi n'accorde pas des chevaux, en ont néanmoins conservé. Il est enjoint aux commissaires des guerres, employés tant dans les divisions que dans les places, de les confisquer au profit de la République, de faire payer les fourrages s'il en a été délivré et de lui rendre compte des gardes-magasins qui auraient pu en fournir, afin qu'il soit pris contre eux le parti qu'il conviendra.

Il prévient les commissaires des guerres qu'il les rend responsables de ladite loi.

21 ventôse (11 mars).

*Circulaire à tous les commandants des places.*

Je te fais passer, Citoyen, copie d'un arrêté du Comité de Salut public (1) de la Convention nationale, relatif à l'abus qui existe dans l'emploi des chevaux pour des correspondances futiles ou inutiles.

Tu voudras bien t'y conformer et m'en accuser réception.

---

(1) *Arrêté du Comité de Salut public du* 13 *ventôse an* II.

Cet arrêté fut notifié par l'ordre du 19-20 ventôse (9-10 mars).

Le Comité de Salut public, informé que plusieurs généraux se permettent d'employer à des correspondances futiles des chevaux qui seraient beaucoup plus essentiels au service actif, et qu'on excède de fatigues inutiles;

Arrête que le Ministre de la guerre donnera des ordres aux généraux des différentes armées de la République pour qu'ils aient à réduire au plus petit nombre possible les hommes et les chevaux destinés à la correspondance.

Arrête que les généraux seront responsables des abus qu'ils toléreraient à cet égard.

*Ordre du 30 ventôse au 1er germinal (20-21 mars).*

Le général en chef recommande à tous les généraux de division de n'employer des ordonnances à l'envoi des lettres qui parviennent à leur état-major que lorsque ces lettres sont en nombre, ou bien lorsque le service exige qu'elles soient expédiées avec une célérité extraordinaire. Il faut attendre ou le soir ou le matin pour les faire partir.

**Le même jour et dans le même but, Favereau prend, à Maubeuge, toutes les précautions nécessaires à la conservation des attelages de son artillerie de bataillon.**

Il est recommandé à tous les chefs de bataillon de faire surveiller par les officiers d'artillerie de leur corps les conducteurs et les chevaux employés à leurs canons et caissons, de tenir la main à ce que les chevaux aient et consomment tout le fourrage qui leur revient, qu'ils soient pansés tous les jours deux fois et soient conduits en ordre à l'abreuvoir; ils ordonneront à tous les vaguemestres les mêmes soins et la même surveillance pour les conducteurs et les chevaux des voitures et fourgons à la suite de leurs corps. Il sera fait de fréquentes visites de ces chevaux; et s'ils ne sont pas en état et tenus comme ils doivent l'être, le général s'en prendra aux chefs de corps qu'il charge expressément de cette surveillance.

Les chefs de corps donneront des ordres pour que, lorsqu'ils enverront des caissons en ville pour y prendre des munitions ou des cartouches, ils soient toujours escortés par un nombre d'hommes suffisant, commandés par un officier.

Le 5 germinal (1), Liébert revient encore sur l'abus que l'on fait des ordonnances.

C'est avec la plus grande surprise, Citoyen, que je m'aperçois que les ordonnances partent à chaque instant de La Capelle. Je ne sais si tu ignores l'ordre donné tant de fois de ménager les chevaux pour les faire servir utilement lorsque l'occasion s'en présentera. Un ordonnance est arrivé à midi, deux autres à 4 heures. Et pourquoi ? Pour rien. Ramasse les lettres à envoyer dans les différents endroits. Expédie seulement des ordonnances le soir ou le matin, lorsque tu as un certain nombre de lettres. Voilà ce que tu as à faire. Dans le cas où ce défaut d'ordre continuerait, je ferais vivre les ordonnances à tes frais.

P.-S. — Quand ce sont des choses très pressées et qu'on te le mande, alors c'est le cas d'envoyer sur-le-champ un ordonnance.

Par un ordre analogue (2) : le général en chef, instruit que des agents employés dans la partie des charrois, et autres, se servent des chevaux affectés à ce service, pour leur usage personnel ; en conséquence, il défend expressément à tout employé quelconque dans cette partie d'en faire usage, sous quelque prétexte que ce soit, pour son service particulier. Les commissaires des guerres ayant la police des divisions veilleront scrupuleusement à ce que cet ordre soit exactement suivi et lu dans toutes les divisions et brigades des charrois, en présence des employés supérieurs, subalternes et charretiers, afin que personne ne puisse prétexter de causes d'ignorance.

Le général en chef est instruit que des cavaliers usent avec une indiscrétion coupable des chevaux qui leur sont confiés en les forçant inutilement à la course et négligeant les soins qu'ils devraient leur donner. Il recommande aux commandants de tous les corps de cavalerie la surveillance la plus exacte pour réprimer un abus aussi préjudiciable aux intérêts de la République et les rend responsables de la plus petite négligence à cet égard.

*Ordre du 17 au 18 floréal (6-7 mai).*

Le général est informé de l'excessive prodigalité des états-majors de division en fait de cavaliers d'ordonnance : ce service fatigue extrêmement les chevaux ; on en donne pour escorte au commissaire des guerres, aux agents de diverses administrations de l'armée, pour voyager

---

(1) Liébert au commandant de La Capelle.
(2) Ordre de l'armée du 21 au 22 germinal.

sur les derrières de l'armée, il est temps qu'un pareil abus cesse ; ainsi les chefs d'état-major de division n'en accorderont à ces divers que lorsqu'ils auront reconnu que, sans cela, leur sûreté serait compromise.

Le général A. Dubois, commandant les brigades de cavalerie réunies d'abord sous les murs de Guise et sous le commandement de Ferrand, puis appelées à l'armée de la Sambre, « recommande encore, le 1$^{er}$ prairial, le pansement des chevaux..... et en même temps les plus grands soins des équipages ».

Quatre jours après, il prescrit la formation d'un peloton destiné à faire rejoindre les traînards.

*Ordre du 5 prairial aux deux brigades.*

Il est ordonné aux généraux de brigade, chefs de brigade, officiers et sous-officiers, sous peine d'être regardés comme traîtres à la patrie et punis comme tels, de surveiller dans l'ordre de marche les cavaliers, dragons, chasseurs ou hussards et d'artillerie légère qui s'écarteraient de la colonne ; ils éviteront par là les pillages et la désorganisation qu'entraîne cette sorte d'insubordination.

Il est ordonné en même temps aux chefs de brigade, à commencer de ce jour, de choisir dans leurs régiments respectifs un peloton de trente hommes sages et bien connus, commandés par un officier et deux sous-officiers stricts et intelligents, qui seront spécialement chargés, sous leur responsabilité, de ramasser les traîneurs et les faire rejoindre leurs régiments ; ceux qui se rendront rebelles à ces ordres seront arrêtés et traduits devant le tribunal militaire pour y être jugés d'après les lois ; les chefs de corps seront responsables de l'exécution du présent ordre, et il leur sera enjoint de le faire lire pendant trois jours de suite à la tête de chaque compagnie.

Ce fut encore pour assurer la conservation des chevaux, qu'il était alors si difficile de se procurer, que l'ordre du 22 au 23 prairial défendit aux officiers d'infanterie de se servir des chevaux de l'État pour faire plus aisément la route.

« Le général en chef est instruit que, malgré les dispositions des lois des 16 et 18 frimaire (1), des officiers d'infanterie exigent, lorsqu'ils sont en route, que les employés de l'administration des transports militaires leur fournissent des chevaux de selle ; il défend donc à tous officiers d'infanterie, autres que les commandants de bataillon, adjudants-majors et quartiers-maîtres, d'exiger des chevaux des employés aux transports militaires, puisque la loi leur défend d'en entretenir, même à leurs frais ; et il recommande aux généraux de division et de brigade la surveillance la plus sérieuse pour réprimer un pareil abus. »

Enfin, par l'ordre du 28 prairial, « les représentants du peuple Richard et Choudieu défendent expressément aux officiers généraux et autres de retenir les chevaux de déserteurs ou pris sur l'ennemi. Ces chevaux doivent tous être conduits à Lille au dépôt des remontes. On prévient que ce n'est qu'à ce dépôt qu'il en sera délivré à l'avenir, et que les Représentants du peuple puniront avec la plus grande sévérité tous militaires, de quelque grade qu'ils soient, qui en prendraient ou en retiendraient, quand même ils seraient porteurs d'une autorisation signée par eux. »

Enfin, le 5 messidor, sous les murs de Charleroi, Gillet reproche encore au commissaire ordonnateur de l'armée de la Sambre, d'abuser des chevaux.

Marchienne-au-Pont, 5 messidor (23 juin).

*Au citoyen Archier, commissaire ordonnateur.*

Nous voyons chaque jour ici, Citoyen, des courriers expédiés par tes

---

(1) *Ordre de l'armée du 9-10 ventôse.* — *Lettre du Comité de Salut public de la Convention nationale, au citoyen Dupin, adjoint au Ministre de la guerre (3ᵉ division).* — *Paris, 30 nivôse.* — « En réponse à ta lettre du 28 courant par laquelle tu me demandes une décision sur la loi du 16 frimaire, nous t'observons que l'artillerie est une arme particulière et distincte de l'infanterie sur laquelle seule porte le décret. On ne doit pas lui donner de l'extension. »

*Au quartier général d'Avesnes.* — *Ordre du 21 au 22 pluviôse.* — « La loi du 16 frimaire ne s'expliquant pas sur les officiers d'artillerie, le Ministre pense que ceux attachés à l'artillerie à cheval doivent être assimilés à la cavalerie et conserver leurs chevaux ; et que ceux, au contraire, qui ne sont pas attachés à l'artillerie à cheval doivent être compris dans la loi qui les supprime. »

« DAUBIGNY. »

ordres, presque toujours sous des prétextes très légers. Sois plus avare des fonds et des chevaux de la République. Écris moins, et agis davantage.

Signé : Gillet.

## Entretien des armes.

Toutes les prescriptions qui précèdent au sujet de la conservation des hommes eussent été inutiles si elles n'avaient eu, pour premiers corollaires, celles qui concernaient l'entretien de leurs armes. La lecture des documents qui vont suivre amènerait peut-être à conclure que le commandement entrait ainsi dans des considérations bien minutieuses et peu en rapport avec ses hautes fonctions, si l'on ne constatait que la négligence de certains chefs de bataillon était assez forte pour leur faire oublier jusqu'aux armes de leurs hommes dans les changements de cantonnements ou de bivouacs.

Du 24 ventôse (14 mars).

*Le général Liébert chef de l'état-major de l'armée du Nord, au Commandant du 9ᵉ bataillon du Nord.*

Je viens d'être instruit, Citoyen, qu'en partant de Réunion-sur-Oise avec le bataillon que tu commandes, tu avais eu l'insouciance d'abandonner dans l'atelier de ton armurier une quarantaine de fusils à réparer sans en parler à qui que ce soit.....

Ignorant de pareilles négligences, le Ministre s'étonnait, à bon droit, des déficits qui lui étaient signalés :

Il est très extraordinaire qu'il se trouve toujours un si grand déficit de baïonnettes. Je soupçonne que nos ennemis les font voler ou acheter. Prends les mesures les plus sévères pour l'entretien et la conservation de l'armement.....

C'est à quoi tendirent les nombreuses dispositions qui vont suivre.

Les ordres des 1-2, 17-18, 22-23 ventôse, des 2-3, 29-30 germinal ; 7, 27-28, 28-29 floréal ; 9-10, 12-13, 17,

23-24, 28 prairial, contiennent des prescriptions analogues, que le commandement ne se lassait de répéter :

1-2 ventôse (19-20 février).

Le général en chef, en faisant la visite des postes, a vu avec peine que les armes n'étaient pas soignées et étaient en très mauvais état, ce qui est singulièrement nuisible au bien du service. Il rend responsables les chefs de corps de cette négligence ....

17-18 ventôse (7-8 mars).

Le général en chef se plaint de ce que les chefs de bataillon ne surveillent pas l'armement de leurs corps. La plupart des fusils se trouvent hors de service faute de surveillance ; ils envoient changer beaucoup de fusils qui n'ont d'autre défaut que d'être malpropres. Il les prévient qu'à l'avenir ces armes seront réparées et renvoyées aux frais du chef de bataillon.

Le général s'est aperçu que la plupart des volontaires ont des pierres à fusil qui sont mal placées et qui ne sont pas garnies de plomb. Il ordonne aux chefs de bataillon d'en faire mettre sur-le-champ et de s'en prendre aux commandants des compagnies qui sont cause de cette négligence si essentielle dans le service. Chaque volontaire doit avoir dans sa giberne des pierres de rechange garnies de plomb, afin que, dans une action, sa pierre soit toute préparée.

22-23 ventôse (12-13 mars).

Le général en chef recommande à tous ses frères d'armes de soigner scrupuleusement leurs armes. Il leur observe que de ces soins dépend souvent leur propre sûreté. Beaucoup de fusils ont été détériorés par la négligence de plusieurs d'entre eux ; il en rend responsables à l'avenir les chefs de corps ; et ces derniers puniront sévèrement les militaires et leur feront payer les réparations de leurs armes quand le dégât proviendra de leur négligence.

2-3 germinal (22-23 mars).

Le général en chef s'est aperçu que l'entretien des armes n'était pas surveillé ; il a remarqué que plusieurs fusils neufs nouvellement délivrés étaient déjà dans un mauvais état. Il recommande aux chefs de corps la plus grande surveillance sur cette partie essentielle et les en rend responsables.

29-30 germinal (18-19 avril).

. . . . . . . . . . . . . . . . . . . . . . . . . . . . . . .

Il a été rendu compte au général en chef que la plupart des fusils et mousquetons envoyés dans les ateliers d'armes pour être réparés se trouvaient sans platine. Cette dilapidation, qui ne peut se faire que par les ennemis de la chose publique, est très préjudiciable aux intérêts de la République et à l'armement; en conséquence, il rend les chefs de corps responsables de ces dilapidations, et prévient une fois pour toutes que les armes qui arriveront aux ateliers de réparation seront visitées; que celles auxquelles il manquera des platines ou des baïonnettes seront mises en note par le commandant d'artillerie qui la fera passer au général en chef, et le général en chef ordonnera en conséquence des retenues sur les appointements des chefs de corps.

7 floréal (26 avril).

*Liébert aux commandants des 17ᵉ bataillon de volontaires nationaux à Bugnicourt; 102ᵉ d'infanterie à Cambray; 13ᵉ bataillon de volontaires nationaux à Dunkerque; et 83ᵉ régiment d'infanterie à Arleux.*

Le général en chef me charge, Citoyen, de te marquer qu'il a bien voulu passer cette fois sur les retenues à exercer pour les pièces manquant aux armes que tu as fait déposer à l'arsenal de Douay, mais que tu peux être certain qu'à l'avenir, sans rémission, ces dégâts répréhensibles seront retenus sur tes appointements, sauf à toi à avoir recours sur les officiers négligents qui n'auront pas veillé avec attention à l'entretien et à la bonne tenue des armes. Fais-leur part de ma lettre.

*Ordre du 27 au 28 floréal (16-17 mai).*

Le général en chef recommande aux différents corps de troupes la surveillance la plus active et la bonne tenue des armes : en effet, si les républicains, par une négligence coupable, ne rendent pas leurs armes capables de seconder leur courage, il ne peut en résulter que de très grands inconvénients; en conséquence, les chefs de bataillon tiendront la main à l'exécution de cet ordre et seront responsables des négligences qui se commettraient à cet égard.

*Ordre du 28 au 29 floréal (17-18 mai).*

On recommande de nouveau aux chefs de corps de ne conserver à leurs dépôts aucun fusil hors d'état de service : toutes les armes doivent être envoyées dans les arsenaux de la République, pour qu'elles y soient réparées. Sans cette mesure, il est impossible de satisfaire aux demandes de remplacement d'armes que font les bataillons.

*Ordre du 9 au 10 prairial (28-29 mai).*

Les volontaires, que des maladies ou blessures obligent d'aller à l'hôpital, laissent le plus souvent leurs armes à leurs bataillons. Il en résulte qu'elles sont mises sur des voitures sans soin, sans surveillance, et il arrive qu'elles se perdent ou se détériorent. Il est donc de toute nécessité de prévenir de pareils abus, préjudiciables aux intérêts de la République. En conséquence, il est expressément ordonné aux chefs de corps d'obliger, autant qu'il est possible, les volontaires malades ou blessés d'emporter leurs armes avec eux lorsqu'ils vont à l'hôpital, attendu que ces armes sont, à leur arrivée, déposées dans un arsenal pour en avoir soin ; et, dans le cas où les volontaires malades ne pourraient emporter leurs armes, il est en outre ordonné de les faire porter ou conduire dans les arsenaux les plus prochains, ainsi que celles qui ont besoin d'être réparées. Les chefs de corps seront responsables de l'inexécution de cet ordre, et on les prévient qu'on y veillera scrupuleusement. On leur enjoint, au surplus, de tenir la main à ce que les armes de leurs bataillons respectifs soient toujours dans le meilleur état possible.

**Cette recommandation, si souvent faite, fut encore répétée les 12-13 et 17 prairial :**

Le général en chef recommande de nouveau aux commandants de bataillons la surveillance la plus active pour la propreté et la bonne tenue des armes dans leurs corps respectifs ; il les prévient qu'il les rend responsables des inconvénients qui pourront résulter de l'inexécution de cet ordre.

*Supplément à l'ordre du 17 prairial (5 juin).*

C'est surtout le soin de ses armes qui doit occuper le soldat qui est sincèrement attaché à ses devoirs ; fier d'avoir entre ses mains ce qui doit sauver la chose publique, il regarde son fusil et sa baïonnette comme son génie tutélaire, ne se plaît qu'avec eux et se fait toujours distinguer par la manière dont il les entretient. Le général invite donc tous ses soldats à se bien pénétrer de ce principe.

**Le 23-24 prairial :** le général en chef recommande aux commandants de bataillon de surveiller avec soin l'armement de leurs corps respectifs. Beaucoup de fusils se trouvent hors de service uniquement pour n'être pas tenus assez proprement ; les commandants de bataillon doivent rendre responsables de cet abus les capitaines, qui eux-mêmes feront passer la responsabilité sur leurs lieutenants ou sous-lieutenants.

Au quartier général de Wilbouroux, du 28 prairial (16 juin).

*Copie de l'ordre du quartier général de Maubeuge, du 26 au 27 prairial, 2ᵉ année (14-15 juin 1794).*

Le général en chef recommande aux commandants de bataillon de surveiller avec soin l'armement de leurs corps respectifs; beaucoup de fusils se trouvent hors de service uniquement pour n'être pas tenus assez proprement.

Cette mise prématurée hors de service était souvent due à la perte des pierres à fusil. Aussi le 11 germinal Liébert écrivait-il à Bellemontre, commandant de l'artillerie, à Guise :

> Je te préviens, Citoyen, qu'un bataillon d'infanterie, qui se trouve à Ors, manque de pierres à feu. Tu voudras bien, sur-le-champ, lui en faire expédier 1300 au moins. Je compte sur ton zèle et ton activité à faire remplir cette partie de service qui se trouve urgente dans la circonstance.

L'ordre des 12-13 floréal visait à son tour l'abus que l'on commettait dans la distribution des pierres à fusil, « en en donnant à la fois 10 à 12 ; et, la plus grande partie se trouvant égarée, est perdue pour la République ». Ordre fut donc donné de ne distribuer que deux pierres par homme.

### *Entretien des effets.*

La conservation des effets d'habillement, souvent dilapidés par les volontaires, fut aussi l'objet de la sollicitude du commandement. L'ordre de Ferrand, du 2 au 3 pluviôse, signalait cet abus :

> Beaucoup de citoyens de la nouvelle réquisition prétendent pouvoir envoyer chez eux ou vendre les habits avec lesquels ils sont venus au corps, et en réclamer du magasin de la République. Le général en chef ordonne à tous les chefs de bataillon de veiller à ce que ces envois n'aient plus lieu, et qu'ils punissent très sévèrement tous ceux qui se permettraient l'envoi ou la vente de leurs effets.

Il semble toutefois que les volontaires aient protesté contre cette interprétation, en alléguant que les habits leur appartenaient, l'État s'étant borné à en faire l'avance (1); mais, comme cette dernière était loin d'être remboursée, cette objection ne pouvait être prise en considération. C'est ce qui résulte de la correspondance échangée entre Macdonald et Pichegru, qui eut soin de confirmer sa décision du 12-13 ventôse par celle du 22-23 germinal.

*Macdonald au général de division Souham.*

8 pluviôse (27 janvier).

. . . . . . . . . . . . . . . . . . . . . . . . . . . . . . . . . . . . . .
Plusieurs chefs m'ont soumis la question suivante : Doit-on retirer

---

(1) *Circulaire du ministre Duportail. — Paris,* 13 *septembre* 1791. — L'Assemblée nationale a décrété, le 4 de ce mois, que les Directoires des départements pourvoiraient, sans délai, à l'habillement de ceux des gardes nationales volontaires destinés à marcher sur les frontières, qui n'auraient pas les moyens de s'en procurer, et que les Ministres seraient autorisés à leur faire faire les avances nécessaires dont la retenue serait faite sur la solde des volontaires..... (Chassin et Hennet. *Les volontaires nationaux,* tome I, page 148.)

L'ouvrage de MM. Chassin et Hennet mentionne encore (page 369) les lois suivantes :

*Loi du* 3 *février* 1792. — Il sera fait, sur chaque solde attribuée aux sous-officiers et volontaires nationaux, une retenue de trois sous par jour, dont il leur sera fait décompte tous les trois mois.

Le produit de cette retenue ne sera mis à la libre disposition que de ceux qui auront acquitté les avances qu'on leur aura faites pour leur habillement, petit équipement, et dont l'habillement entier sera en bon état.

*Loi du* 4 *avril* 1792. — Il sera mis, par la Trésorerie nationale, à la disposition du Ministre de la guerre, une somme de quatre millions, destinée à faire des avances pour l'habillement des bataillons des gardes nationales volontaires.....; une somme de deux millions, destinée à faire des avances aux bataillons des gardes nationales volontaires dont l'habillement a besoin d'être réparé.

Le Ministre de la guerre sera tenu de faire verser au Trésor public, tous les trois mois, la somme provenant du sou de retenue par homme qui sera faite sur la paye des gardes nationales pour l'entretien de leur habillement..... ainsi que la somme provenant de la retenue de trois sous par jour qu'il a dû faire éprouver aux gardes nationaux depuis l'époque de leur formation.

les vieux habits des volontaires pour servir aux réparations, lorsqu'ils en reçoivent de neufs? Quelques volontaires prétendent qu'ils doivent les garder parce que, ou ils les ont achetés, ou on leur en a fait la retenue. Je suis très fort d'avis qu'on les leur retire, parce que, dans tous les cas, il n'y a pas un homme qui ne redoive à la caisse, et, d'ailleurs, qu'en feraient-ils? Pour les vendre? J'attends ta décision sur cet objet.

Le 12-13 ventôse, Pichegru faisait mettre à l'ordre :

Le général en chef prévient ses frères d'armes que les vieilles capotes appartiennent en propriété au bataillon, ainsi que les vieux habits, qui sont destinés à faire des réparations. Il espère donc qu'il n'entendra plus aucune réclamation à cet égard.

Les habits que les volontaires ont payés avant la loi du mois de mars (?) ne sont pas compris dans cette disposition.

L'ordre du 22-23 germinal sévissait encore contre cette dilapidation.

Il a été arrêté au bureau des messageries, à Arras, des paquets d'effets militaires, tels que guêtres, souliers, chemises, bonnets de police et autres de ce genre qui rétrogradaient de l'armée sur les derrières ou dans les départements du centre.

Les sous-officiers et volontaires qui seront convaincus de pareil délit seront punis avec toute la rigueur des lois. Les chefs de corps et autres officiers y veilleront scrupuleusement (1).

*Conservation des vivres et des munitions.*

En ce qui concerne les vivres et les munitions, les mesures de répression rappelées plus haut et prises pour assurer l'arrivée des uns aux destinataires et éviter la dilapidation des autres, montrent l'attention qu'apportait le commandement à cette partie essentielle de la conservation des effectifs.

On peut donc dire qu'au point de vue de l'hygiène et

---

(1) Cet abus fut du reste réprimé par la loi du 3 floréal an II, relative aux effets d'habillement et d'équipement qui auront été distraits par des militaires, et à la visite de leurs malles et paquets.

du bien-être, de l'habillement, de l'équipement, de l'armement, des vivres et des munitions, les troupes furent l'objet d'une vive sollicitude. Mais celle-ci ne se tenait pas encore pour satisfaite, car il fallait les soustraire aux ruses et aux surprises tactiques de l'ennemi; pour y arriver il fallait éviter soigneusement tout contact des soldats avec les étrangers, et dans ce but fermer la frontière; avec les grandes agglomérations, et pour cela consigner les bivouacs et cantonnements; enfin, exiger la plus rigoureuse surveillance des avant-postes, et à cet effet, les organiser très sérieusement et leur donner les instructions les plus sévères.

### Fermeture de la frontière.

Par l'ordre du 12-13 ventôse, les représentants du peuple avertissaient l'armée, au nom du Comité de Salut public, que « les émigrés avaient un moyen de correspondre avec les malveillants : un Autrichien ou tout autre sujet des coalisés paraît sur la frontière, porteur de comestibles ou autres marchandises et les met en vente. Des gens affidés mettent un prix à sa marchandise et prennent cette marchandise qui contient des dépêches. » La notification de cette ruse était suivie d'une invitation à exercer la plus grande surveillance sur la frontière.

Pour remédier du reste à cette situation, le représentant du peuple Laurent prenait l'arrêté qui va suivre et qui fut porté à la connaissance de l'armée par l'ordre du 8 au 9 germinal (28 au 29 mars).

Nous, Représentant du peuple envoyé près l'armée du Nord (1),

Instruit que différents particuliers de la frontière, et même des militaires, se permettent de communiquer avec le pays ennemi pour se

---

(1) *Archives nationales*, AF ii, 235.

procurer du sucre, du café et autres objets de consommation qu'ils payent en argent et revendent ensuite au-dessus du maximum,

Considérant qu'en même temps qu'elles occasionnent l'exportation du numéraire et le discrédit des assignats, ces relations fréquentes et illégitimes peuvent fournir aux ennemis intérieurs des moyens faciles d'entretenir leurs correspondances contre-révolutionnaires.

Considérant aussi que ces contraventions aux lois les plus formelles sont dues autant à l'inertie des fonctionnaires publics qu'à la cupidité des marchands, et qu'il est urgent de les faire rentrer les uns et les autres dans leurs devoirs respectifs.

Arrêtons :

Art. 1er. — Toute communication avec le pays ennemi pour se procurer des sucres, cafés ou autres marchandises, ou qui aurait d'autres motifs quelconques que ceux avoués par la loi, demeure expressément défendue.

Art. 2. — Tout marchand, militaire, ou autre individu qui se sera procuré immédiatement du pays ennemi les objets dont il s'agit, à quel prix ou condition que ce soit, ou qui y aura communiqué en contravention avec l'article précédent, sera mis en état d'arrestation et conduit au tribunal révolutionnaire, pour y être jugé et puni conformément aux lois.

Art. 3 — Les sucres, cafés et autres objets provenant des achats prohibés ci-dessus seront confisqués, moitié au profit de la République et moitié au dénonciateur, qui recevra en outre une somme de 200 livres à prendre sur les biens du coupable.

Art. 4. — Les fonctionnaires publics civils et militaires qui auront toléré les contraventions au présent arrêté ou qui auront négligé la poursuite après la dénonciation qui leur en aura été faite, seront également arrêtés et conduits au tribunal révolutionnaire.

Art. 5. — Le présent arrêté sera envoyé dans les districts de la frontière pour être distribué, publié et affiché dans les communes. Les chefs de corps et autres officiers employés aux avant-postes en surveilleront strictement l'exécution. Ils informeront les représentants du peuple et les généraux des contraventions qui pourraient y être commises et s'assureront provisoirement des coupables.

A cet effet, le présent sera également mis à l'ordre et distribué à l'armée.

A Maubeuge, le 29 ventôse, l'an II de la République, une et indivisible.

Signé : LAURENT.

La vente des denrées n'était pas, du reste, le seul moyen employé par l'ennemi pour communiquer avec les troupes. Les parlementaires apportaient aussi des lettres écrites par des prisonniers qui se louaient du traitement dont ils avaient été l'objet chez l'ennemi. Ces lettres, lorsqu'elles arrivaient aux avant-postes, étaient remises au chef d'état-major, qui s'empressait de les intercepter (1).

On avait d'ailleurs cherché encore à se débarrasser des espions en éloignant à 20 lieues des frontières tout étranger, et même tout réfugié des pays envahis par l'ennemi. Tel avait été l'objet de l'arrêté du 29 ventôse, de Richard et Choudieu; mais ils y apportèrent toutefois un tempérament le 28 germinal (2), en décidant que « les citoyens qui ont acquis un an de domicile par une résidence habituelle dans la même commune » ne seraient plus soumis à cette interdiction.

Il était du reste bien spécifié que la fermeture de la frontière et des communications qui y aboutissaient ne devait pas entraîner celle des voies reliant un cantonnement à un autre (3). Pour ces derniers on se bornait à

---

(1) 16 floréal (5 mai). — *Liébert aux représentants du peuple Richard et Choudieu.* — Je vous préviens, Citoyens, que le général Osten m'a fait passer une lettre à l'adresse du général en chef qui a été apportée par un trompette; je ne l'ai pas décachetée, mais je vous observe que ce même trompette était chargé de beaucoup de lettres de nos prisonniers qu'ils envoient à leurs parents, ces lettres ne font que louer l'humanité de nos plus cruels ennemis (les Anglais). Il paraît que c'est une circulaire envoyée dans les différents départements; je crois que vous approuverez ma conduite, je les ai toutes arrêtées.

(2) *Ordre de l'armée du 30 germinal.*

(3) *Ordre du général Duhesme.* — 26 *germinal* (15 avril). — Le général recommande à toutes les anciennes gardes de rester au moins deux heures avec toutes les nouvelles, faisant pendant ce temps là des patrouilles et petites reconnaissances autour et en avant du poste en se conformant à son instruction. Il n'y a absolument que les postes qui bordent la frontière ennemie et ceux de Liessies et de Eppe-Sauvage qui doivent arrêter tout ce qui se présente pour entrer et sortir; mais les autres ne peuvent pas le faire, attendu qu'ils interrompraient les

donner des consignes sévères aux troupes, afin qu'ils fussent bien gardés et nettement séparés des grandes agglomérations propices à l'espionnage et ruineuses d'une bonne discipline.

Ce fut l'objet de recommandations d'autant plus pressantes que les troupes auxquelles elles s'adressaient étaient plus jeunes. Ces prescriptions peuvent se grouper en plusieurs catégories : ordres donnés aux avant-postes pour consigner les troupes dans leurs cantonnements, camps ou bivouacs; interdiction des relations entre les sentinelles et celles de l'ennemi; conduite à tenir devant l'ennemi par les sentinelles; surveillance constante à exercer par les avant-postes.

*Ordres donnés aux postes
pour consigner les cantonnements, camps ou bivouacs.*

Du 4 ventôse (22 février).
*Au Commandant amovible de la place de Sedan.*

Plusieurs militaires des cantonnements entrent en ville sans être conduits au quartier général; je suis surpris que la consigne donnée soit si mal exécutée; je te rends responsable de l'inexécution des ordres qui ont été donnés à cet égard.

THARREAU.

Au centre de l'armée, le général Alexis Dubois prescrivait d'exercer à cet effet la plus grande surveillance.

Au quartier général de Réunion, le 4 floréal (23 avril).

*Ordre du 4 au 5 floréal (23-24 avril).*

Le général se plaint de ce que plusieurs cavaliers, dragons, chasseurs et hussards quittent leurs bivouacs ou cantonnements pour aller en ville et dans les campagnes sous différents prétextes, et qu'ils y restent

---

communications entre les villages et les cantonnements. Ils auront soin seulement d'examiner s'ils sont munis de bons certificats de la municipalité; et tout ce qui paraîtra suspect, ils l'amèneront au général.

se divertir et à boire lorsqu'ils y sont envoyés. Il recommande aux chefs de corps de tenir la main à ce que les gardes ne les laissent pas passer aussi légèrement.

A l'armée des Ardennes, Charbonnié prescrivait des patrouilles pour arrêter ceux qui quitteraient les cantonnements sans ordre.

Givet, le 18 floréal an 2<sup>e</sup> (7 mai 1794).

*Copie du réquisitoire du Représentant du peuple près l'armée des Ardennes.*

C'est avec peine que le général se voit forcé de réitérer la défense qu'il a déjà faite plusieurs fois à tout militaire, sous peine d'être arrêté et puni comme déserteur, de passer les avant-postes.

Les généraux commandants de camps et de cantonnements feront faire des patrouilles par les hussards ou dragons et feront arrêter ceux qui contreviendraient au présent ordre.

Les généraux commandants de camps et cantonnements ont exclusivement le droit de donner des permissions pour venir en ville; tous autres qui se permettraient de le faire seront punis de 15 jours de prison, sans distinction de grade.

*Ordre du 19 au 20 floréal (8-9 mai).*

Le général en chef défend expressément aux vivandiers de l'armée d'aller aux avant-postes pendant la nuit et même pendant le jour, quoique munis de leur passeport et médaillon. Ils doivent se tenir dans le camp ou cantonnement, à hauteur de leur bataillon; et il leur est défendu de s'en écarter pour se porter en avant, sous peine d'être punis suivant la rigueur des lois : les généraux feront surveiller, par les commandants des corps et commandants d'avant-postes, l'exécution du présent ordre.

A la veille du quatrième passage de la Sambre, Jourdan recommandait encore à ses généraux d'exercer la plus grande surveillance et de veiller à ce que personne ne s'écartât de son poste.

*Ordre du quartier général de Marchienne-au Pont, du 25 au 26 prairial 2<sup>e</sup> année (13-14 juin 1794).*

Le général en chef recommande à tous les officiers généraux chefs de corps et officiers particuliers d'avoir la plus grande surveillance sur leurs troupes, de rester constamment à leur poste, de ne pas permettre à qui que ce soit de s'en écarter et de prévenir leurs troupes qu'on ne peut se promettre des succès qu'en restant réunis et observant sans cesse les mouvements de l'ennemi, afin de ne pas se laisser surprendre.

Certifié conforme au registre.

*L'adjudant général :*
COULANGE.

On se rappelle que, par son arrêté du 14 floréal, Saint-Just avait interdit, sous peine de mort, l'entrée des quartiers généraux aux militaires étrangers à l'état-major ou à la garnison. La négligence mise par les postes à assurer cette consigne leur valut un nouveau rappel au début de messidor.

*Ordre du quartier général de Maubeuge, du 4 au 5 messidor 2ᵉ année (22-23 juin 1794).*

Le général est instruit de la négligence que les postes mettent à exiger, des officiers et volontaires qui se présentent pour entrer aux quartiers généraux, les permissions demandées par l'ordre du 17 au 18 floréal.

On renouvelle à chaque chef de corps l'ordre de faire relire à la tête des troupes l'arrêté des représentants du peuple Le Bas et Saint-Just près l'armée du Nord, daté du 14 floréal, ainsi que l'ordre du 17 au 18, et on prévient que les mesures les plus rigoureuses seront prises pour surveiller ceux qui contreviendraient à ce que prescrit l'arrêté ; il en sera de même de tous ceux qui seront surpris tenant des jeux de hasard.

## Surveillance rigoureuse des avant-postes.

Si les postes rapprochés devaient veiller à l'interdiction de quitter les bivouacs ou cantonnements sans une autorisation spéciale, à plus forte raison était-il prescrit de la façon la plus sévère aux avant-postes de ne laisser traverser les lignes par personne.

Le 16 pluviôse, Souham en faisant « relever, par des troupes de la garnison de Lille, deux détachements du 8ᵉ bataillon de la Meurthe, employés à garder les ponts sur la haute Deule, à Haubourdin et à Dons, et qui rejoignent leur bataillon », invite le général Thierry à « renouveler la consigne de surveiller toutes les personnes qui passent sur ces ponts et d'arrêter les volontaires qui voudraient aller dans l'intérieur ».

Le 28, Macdonald, commandant alors à Quesnoy et bordant la Deule, avait prescrit au commandant du poste de Deulemont de ne « laisser passer aucune barque, ni jour ni nuit, sans une permission expresse de sa part et par écrit et scellée de son cachet, à moins qu'elle ne le soit de Daendels », qui commandait alors le camp de Comines. Le 8 germinal, il écrivait encore de Fives aux membres composant le Directoire du district de Lille :

> Je vous fais passer ci-joint, Citoyens, extrait de l'ordre d'hier relativement aux avant-postes, pour ne laisser passer ni entrer personne. Cette mesure, dictée sans doute par la prudence, exige des exceptions que vous seuls pouvez faire en vous concertant avec le représentant du peuple..... Je ne puis viser les passeports que pour ceux que j'emploie pour les affaires secrètes, et il est naturel que je refuse les autres, ne connaissant pas les individus ni les municipalités et comités de surveillance qui signent les passeports, à moins qu'ils ne soient visés par vous et n'aient l'attache du représentant du peuple.
> . . . . . . . . . . . . . . . . . . . . . . . . . . . .
>                                             MACDONALD.

Le 14 germinal, il reprochait encore au commandant du détachement des tirailleurs à Pont-à-Bruck, « de laisser, malgré l'ordre du 8, passer aux avant-postes ceux qui se présentent..... Personne ne doit entrer, pas même avec des passes, à moins qu'elles ne soient approuvées du district et visées par moi. Il en est de même pour ceux qui veulent sortir. C'est au district de prendre des mesures..... »

« La consigne de nos vedettes », écrivait encore Macdonald (1), « est de ne laisser sortir aucun individu de la

---

(1) Macdonald à Osten. — Fives, le 23 germinal.

chaîne sans une passe signée de moi et du cachet de l'état-major. La même chose pour tout ce qui se présenterait pour entrer. »

L'ordre de ne pas laisser franchir les avant-postes « par qui que ce soit » fut encore renouvelé le 14-15 floréal.

Enfin, le 4 messidor, on allait jusqu'à prononcer, dans certains cas, la peine de mort pour ce manque de surveillance.

Le 4 messidor (22 juin).

Le général en chef est instruit qu'il se glisse dans nos camps des hommes suspects, à la solde de nos ennemis; comme cela ne peut provenir que de la négligence des commandants des avant-postes, le général prévient tous les officiers que lorsqu'un espion sera arrêté dans l'intérieur du camp, le commandant du poste près lequel il aura passé sera arrêté et jugé comme espion.

Les généraux de division et de brigade sont chargés de donner connaissance du présent ordre à toutes les communes qui sont dans leur arrondissement, afin qu'elles s'y conforment.

*Relations avec les avant-postes ennemis.*

Grâce aux mesures qui précèdent, les troupes étaient concentrées sur leurs positions et bien isolées par leurs avant-postes; mais ces derniers étaient forcément au contact de l'ennemi, et il importait de régler leurs rapports réciproques.

Le 9 pluviôse, on prescrivait d'éviter toute communication des vedettes et sentinelles avec l'ennemi, qui pouvait en profiter pour les inciter à la trahison.

Si des déserteurs se présentaient, l'ordre du 28 au 29 ordonnait aux commandants des avant-postes de veiller à ce qu'ils fussent amenés avec leurs chevaux et leurs armes à l'officier général chargé de les interroger, de recevoir leurs armes et d'estimer leurs chevaux. Il était défendu à qui que ce fût de s'emparer de ces chevaux ou armes ou de les acheter, à peine d'être puni et même de perdre la somme déboursée à cet achat.

En ce qui concerne les parlementaires, l'ordre du 24 au 25 ventôse réglait la conduite à tenir à cet égard :

*Ordre du 24 au 25 ventôse (14-15 mars).*

Les Représentants du peuple près l'armée du Nord, instruits qu'on s'est permis de laisser passer aux avant-postes, et d'introduire, dans l'intérieur, des trompettes et parlementaires ennemis ;

Considérant que, par ce moyen, l'ennemi peut se procurer des renseignements sur notre position et nos forces, se ménager des intelligences dans les places et parmi les troupes de la République, et correspondre facilement avec les traîtres, arrêtent ce qui suit :

Les trompettes et parlementaires ennemis ne pourront, sous aucun prétexte, être introduits au delà des avant-postes : ils seront tenus de se retirer après avoir remis leurs dépêches.

Ceux qui contreviendront au présent arrêté, en favorisant l'introduction, dans l'intérieur, des trompettes et parlementaires ennemis, seront traduits aux tribunaux militaires et punis comme coupables d'intelligence avec les ennemis de la République.

Enfin, l'ordre du 7 au 8 germinal prévoyait le cas de l'approche d'individus suspects :

*Ordre du 7 au 8 germinal (27-28 mars).*

Réunion-sur-Oise, le 22 ventôse (12 mars).

A la veille de l'attaque du Cateau, le général en chef charge spécialement les chefs de corps d'instruire les capitaines pour que ceux-ci rendent cette instruction graduellement par la hiérarchie descendante jusqu'aux fusiliers. Lorsque ces derniers sont en faction, surtout aux avant-postes, et qu'il se présente quelques individus pour approcher ou passer à la portée des sentinelles ou postes, le premier cri doit être : *Halte-là ! Caporal viens reconnaître*, et obliger l'individu à s'arrêter jusqu'à ce qu'il ait été reconnu. Il devient donc inutile de crier : *Qui vive ?* Ce cri préliminaire, répété jusqu'à trois fois avant celui de faire arrêter, peut avoir des inconvénients très abusifs : les militaires de tous grades en sentiront l'effet.

D'une façon générale, une extrême attention était prescrite aux avant-postes, à qui l'on recommandait sans cesse de compléter leur service fixe par le service mobile des patrouilles, reconnaissances et découvertes.

L'ordre du 6 au 7 pluviôse invitait les avant-postes

à exercer la plus active surveillance ; à faire des patrouilles très fréquentes, surtout la nuit, sur un parcours reconnu, autant que possible, de jour ; à maintenir la communication sur toute la ligne au moyen de patrouilles ; à examiner les papiers de ceux qui passent ou repassent les avant-postes.

Au moment d'entreprendre sa marche sur Courtray, Pichegru éprouve le besoin de rappeler aux avant-postes la plus grande surveillance, car c'était là une des conditions nécessaires au succès de son opération.

*Ordre du 5 au 6 floréal (24 au 25 avril).*

Le général en chef recommande la plus grande surveillance, surtout dans les avant-postes. Il invite les généraux à les visiter souvent et à exiger des officiers et sous-officiers qui les commandent, non seulement des rapports écrits sur tout ce qu'ils apprendront de nouveau sur les mouvements de l'ennemi, mais de visiter souvent, le jour et la nuit, les vedettes qui sont placées sous leur surveillance la plus expresse, afin de s'assurer qu'elles remplissent leurs devoirs. C'est par un zèle soutenu et un service actif que nous préviendrons toujours les tentatives de l'ennemi.

Au lendemain de la chute de Landrecies, le général A. Dubois, qui commande la cavalerie sous les murs de Guise, lui trace ainsi le service de sûreté dont elle doit s'acquitter :

Le 15 floréal (4 mai).

*Ordre circulaire aux généraux de brigade.*

Conformément à l'ordre du général en chef, les généraux de brigade de cavalerie feront commander sur-le-champ, dans leur brigade réciproque, de fortes reconnaissances qui seront à cheval à 3 h. 1/2 du matin, se diviseront sur tous les points du camp retranché en avant des grand'gardes et pousseront leurs découvertes le plus loin possible, sans cependant se compromettre.

Toute l'infanterie ayant l'ordre de se trouver sous les armes et de ne les quitter qu'après la rentrée de la cavalerie détachée, tous les régiments y seront également jusqu'après la rentrée de ces patrouilles ; les généraux de brigade tiendront la main à ce que ce service se fasse très militairement et que toute la nuit les avant-postes et les grand'-

gardes veillent exactement autour d'eux, conformément à l'instruction qui leur en a été remise.

Le service se fera avec la plus grande précision, et ces nouvelles découvertes se continueront tous les jours, jusqu'à nouvel ordre, sous la surveillance et la responsabilité des chefs de corps et des généraux, qui tiendront la main à l'exécution du présent.

Le 3 prairial, après avoir repassé la Sambre, et alors qu'il s'agissait de s'accrocher au terrain de la rive gauche et de ne pas se laisser surprendre, l'ordre suivant fut donné à l'armée réunie du Nord et des Ardennes :

*Supplément à l'ordre du 3 prairial (22 mai).*

Le général recommande aussi aux commandants des corps de faire faire des coupures et abatis aux endroits par où ils craindraient l'arrivée de l'ennemi, et de faire pousser le plus avant possible des reconnaissances pour pouvoir juger de la force de la position de l'ennemi et de la direction qu'il pourrait prendre; ce service fort essentiel ne doit pas être négligé.

Repoussée le 5 sur la rive droite, l'armée, bien que couverte par la Sambre, perfectionna son service de sûreté par la création d'officiers supérieurs spécialement chargés de visiter les postes.

*Extrait de l'ordre du 12 au 13 prairial (31 mai-1er juin), en date du quartier général de Marchienne.*

A commencer d'aujourd'hui, il y aura un commandant de bataillon par brigade, de quel grade qu'il soit, de service pour la visite des postes; les citoyens Paradis, chef de bataillon du 47e régiment, et Clévenot, chef du 6e bataillon du Haut-Rhin, tous deux chefs de bataillons de brigade, commanderont et surveilleront ce service.

Ils commanderont de plus une compagnie par bataillon pour faire des patrouilles, en avant et en arrière du bivouac, et elles arrêteront tous les pillards possibles.

Si les commandants des patrouilles font quelques prises, ils les ramèneront à l'état-major de la division pour former le rapport.

Les commandants des corps et détachements feront rendre tous les jours, pour 8 heures précises du matin, leur état de situation à leurs colonels de brigade, les citoyens Paradis et Clévenot, afin que ces derniers les envoient pour 9 heures à l'état-major de la division.

. . . . . . . . . . . . . . . . . . . . . . . . . .

Dans le voisinage de l'ennemi, il était expressément défendu à l'avant-garde de l'armée de quitter ses effets et ses armes.

*Ordre du 25 au 26 prairial (13-14 juin).*

La division se trouvant près de l'ennemi et occupant les avant-postes de l'armée, il est expressément défendu de se déshabiller; les généraux de brigade et les commandants de corps veilleront avec la plus scrupuleuse attention à l'exécution de ces trois articles que le général veut absolument voir s'observer par les troupes qu'il a sous ses ordres.

Le plus grand secret était recommandé relativement au mot d'ordre ou de ralliement qui ne devait être confié qu'aux officiers, sergents ou caporaux de service. Ces gradés, lorsqu'ils le recevaient d'un officier ou d'une patrouille, devaient être assez éloignés des soldats qui les accompagnaient et de leur sentinelle pour qu'ils ne l'entendissent pas. La perte du mot entraînait la comparution devant la Commission militaire (1).

Afin d'ailleurs de bien pénétrer les soldats de leurs devoirs et des peines que l'oubli de leurs obligations pourrait leur coûter, la lecture du Code pénal militaire leur était régulièrement faite :

Le général en chef a observé que quantité de militaires sont actuellement détenus dans les prisons, ce qui prive la République d'autant de bras dont elle a le droit d'attendre les services; quelques uns d'entre eux ont peut-être péché par ignorance, et ils ne se seraient pas mis dans ce cas s'ils avaient eu connaissance du Code pénal militaire. Il renouvelle ici l'ordre exprès aux officiers généraux, chefs de corps, commandants de troupes et de détachements, de le lire et faire lire à la tête des troupes, une fois tous les huit jours, ou au moins chaque décade.....
Il invite ici les tribunaux et commissions militaires à mettre le plus grand zèle dans leurs opérations, afin de rendre promptement au ser-

---

(1) *Au général de brigade Thierry.* — 15 *ventôse.* — Tu feras arrêter sur-le-champ et conduire à la commission militaire le citoyen Caillot, commandant de Linselles, pour avoir perdu le mot d'ordre; tu dresseras une plainte contre lui, qu'il soit jugé conformément aux lois.

SOUHAM.

vice des citoyens qui, n'ayant pas commis de fautes ou délits graves, se trouvent assez punis par la longue détention qu'ils ont déjà supportée (1).

### Action du commandement pour exalter le moral de la troupe.

A l'action si salutaire de la discipline, le commandement ne négligea pas de joindre le levier si puissant de la force morale en recherchant tous les moyens d'exalter l'âme si ardemment enthousiaste et l'esprit si facilement inflammable du soldat français (2).

C'est ainsi que le moindre succès était chanté comme une grande victoire; c'est ainsi que la brigade Daendels, campée à Comines et faisant partie de la division Souham, se vit citer à l'ordre de l'armée pour avoir réussi un simple fourrage : le général en chef profitait, du reste, de cette occasion pour prodiguer aux réquisitionnaires les plus grands éloges, les assurant d'avance de leur intrépidité et leur donnant ainsi une confiance en eux-mêmes qu'il était peut-être loin de partager.

*Ordre du 22 au 23 germinal (11 au 12 avril).*

La division de Lille, aux ordres du général Souham, vient de faire une expédition sur la Lys, qui a eu les plus heureux succès. Elle a été conduite par le brave Daendels, qui en était chargé. Les républicains ont tué à l'ennemi beaucoup de monde, leur ont fait 179 prisonniers et ont ramené une quantité de bestiaux. Tous les braves qui étaient à cette expédition se sont conduits avec la prudence et la valeur qui n'appartiennent qu'à des soldats de la liberté. Le zèle et l'intrépidité de nos braves frères d'armes de la première réquisition éclatent de toutes parts; de la droite à la gauche de l'armée, tous les généraux en font les plus grands éloges; tous brûlent du même désir, celui de voler à la victoire !

---

(1) Ordre de l'armée du Nord, du 29 au 30 germinal.
(2) « Il n'est rien que des chefs ne puissent obtenir des sentiments d'honneur et de l'émulation dont le soldat français est animé. » (Napoléon à Decrès, 31 mai 1804.)

C'est ainsi qu'à la veille d'entreprendre sa marche sur la vallée de la Lys, Pichegru lançait à ses troupes cette proclamation qui les flattait, tout en leur rappelant leurs devoirs :

*Ordre du 4 au 5 floréal (23 au 24 avril).*

A la veille de purger la terre de la liberté et de venger, par l'entière défaite des tyrans et des esclaves, l'humanité, la nature et les mœurs des outrages que ces barbares leur ont faits en marquant leur présence par le viol, le meurtre, l'incendie et tous les désordres du crime et de la scélératesse, le général en chef croit devoir témoigner à l'armée la satisfaction qu'il éprouve de voir s'y établir l'ordre et la discipline. Il exhorte de nouveau tous les chefs de corps à travailler de tous leurs moyens à l'instruction des troupes qui leur sont confiées. Il leur enjoint expressément de tenir la main à ce que les armes, trop souvent négligées, soient toujours dans l'état le plus parfait. Il leur recommande de veiller constamment à ce qu'on ne dilapide pas la poudre qui doit être conservée pour donner la mort aux satellites des tyrans. Il invite les généraux et officiers supérieurs à s'assurer eux-mêmes si cet ordre est exécuté. Il exige de tous un zèle infatigable, une active surveillance. Il rappelle à toute l'armée la tâche glorieuse que lui impose la patrie et la félicité d'avoir à réaliser de si justes et si grandes espérances. Enfin, il aime à penser que les troupes n'attendent que le signal du combat pour donner de nouvelles preuves de la valeur républicaine et de l'amour brûlant de la Patrie. En effet, quelle position fut jamais plus propre à enflammer le courage et à exciter l'enthousiasme!..... Quelle cause plus belle à défendre! Quels droits plus beaux à venger !

Le commandement s'efforçait encore d'exalter le moral de ses troupes en proclamant très haut ses succès et en gardant le silence sur ses revers. On chercherait vainement dans l'ordre du 8 au 9 floréal l'annonce de la déroute de Chapuis, mais on y trouve annoncés, en termes dithyrambiques et propres à surexciter le tempérament si nerveux du soldat français, les succès de Courtray, de Mouscron, de Menin.

*Ordre du 8 au 9 floréal (27 au 28 avril).*

*Succès. Prise de Courtray.* — Les esclaves des tyrans ont été attaqués hier par les troupes républicaines de l'armée du Nord sur tous les points. Déjà nos armes ont eu le meilleur succès possible. Les républicains, la baïonnette en avant, sont entrés à Courtray et ont vu fuir devant eux les satellites des despotes qui ont abandonné plusieurs pièces d'artillerie. La valeur de nos frères d'armes a jeté parmi ces brigands l'effroi le plus terrible. Les grenadiers ont montré un courage héroïque, et tous les républicains, de concert, ont fait voir à la République, qui a les yeux ouverts sur eux, qu'ils sont dignes de défendre la belle et juste cause de la liberté. Encore un instant, et les sans culottes de l'armée du Nord vont, par de nouveaux succès, purger la République de la présence de ces vils esclaves qui souillent depuis longtemps notre territoire. La gauche nous a fait part de ses succès; la droite ne tardera pas à nous apprendre que son courage est invincible et que les esclaves sont en déroute. Ça va ! Vive la République !

*Nouveaux succès. Blocus de Menin.* — L'attaque est commencée, et le général en chef annonce à toute l'armée des succès ! Les soldats des tyrans ont été battus à Poperinghe, Ypres, Courtray, etc. Ils sont bloqués dans Menin; ils y seront vaincus ! On a pris du canon, fait des prisonniers et trouvé des magasins (1). Le général en chef félicite ses troupes de leur énergie et de leur valeur. Il les invite à conserver cette attitude fière et ce courage qui fait fuir et pâlir l'ennemi.

« Quel exemple pour toutes les divisions de l'armée ! et quelle lutte « heureuse va naître et s'élever de toutes parts ! » s'écriera Pichegru en annonçant la victoire de Mouscron. « Désormais », dira-t-il encore en proclamant la prise de Menin, « le triomphe est assuré ! »

A ces premiers succès, répondit le décret du 12, déclarant que « l'armée du Nord ne cesse de bien mé-« riter de la Patrie » (2). Aussitôt Pichegru mit ce

---

(1) C'était là un détail propre à refaire le moral d'une troupe dont la pénurie était extrême, ainsi qu'on le montrera plus loin.

(2) *Décret de la Convention nationale du 12ᵉ jour de floréal, an 2ᵉ de la République française, une et indivisible, relatif à l'armée du Nord.*

La Convention nationale, après avoir entendu le rapport du Comité de Salut public, déclare que l'armée du Nord ne cesse de bien mériter de la Patrie.

(Ce décret fut envoyé le même jour par le Comité de Salut public aux représentants du peuple près l'armée du Nord à Lille et à Courtray) : *A Courtray* : « Faites retentir ce décret dans toutes les lignes « qui défendent si bien les frontières de la République, et continuez de

décret à l'ordre et le fit suivre des exhortations suivantes :

*Ordre du 17 au 18 floréal (6 au 7 mai).*

.....Qui ne sentira pas les nouvelles obligations que ce décret nous impose! Nous ne cessons de bien mériter de la Patrie, disent les pères du peuple. Quels efforts nouveaux n'allons-nous pas faire pour mériter encore cette récompense précieuse à nos cœurs républicains. Nous réaliserons les grandes espérances que la Patrie a conçues de nous. Enorgueillis par la cause immortelle que nous défendons, et vengeurs des droits les plus sacrés de la nature, nous ferons, dans le cours mémorable de cette campagne, expier aux tyrans coalisés contre nous leur barbarie, leur férocité, leurs crimes enfin! Plus ils nous apporteront d'obstacles, plus leur chute sera honteuse et notre triomphe éclatant! La victoire est à l'ordre du jour dans toutes les armées de la République. Hâtons-nous de purifier par de nouvelles victoires la terre de la liberté, encore souillée par des esclaves. Faisons connaître à l'univers, qui a les yeux fixés sur nous, ce que peuvent tant de milliers de républicains brûlant d'amour pour la liberté, de haine pour l'esclavage et les tyrans qui se perpétuent ; mais, au milieu de cet enthousiasme si juste, n'oublions pas combien la discipline la plus suivie doit concourir avec la valeur pour prouver que nous sommes dignes d'occuper le poste glorieux que la Patrie nous a confié. Ce décret et l'ordre y joint seront lus à la tête des corps.

Le rapport de Souham, relatant ce succès, et surtout celui de Mouscron où il s'était particulièrement distingué, fut aussitôt communiqué, non seulement à l'aile gauche de l'armée du Nord, mais encore au centre et à celle des Ardennes.

13 floréal (2 mai).

*Au général de division Jacob.*

Je t'adresse ci-joint dix exemplaires de la lettre du général Souham au général Pichegru, pour que tu en distribues une à chacun des bataillons sous tes ordres et que tu recommandes aux chefs de les faire lire à la tête des compagnies.

THARREAU (1).

---

« vaincre. » *A Lille* : « Ce décret doit être entendu à Lille comme
« dans toutes les autres parties de la frontière du Nord..... C'est
« surtout à Landrecies que l'émulation produite par ce décret doit
« avoir des effets salutaires pour la République. »

(1) Chef de l'état-major de l'armée des Ardennes.

Ferrand, qui commande le centre à Réunion-sur-Oise, qui lutte désespérément pour arracher Landrecies à l'ennemi et qui n'est malheureusement guère secondé par les divisions Balland et Goguet, s'empresse d'annoncer ces victoires et d'en prendre texte pour remonter le moral de ses troupes.

Au quartier général d'Avesnes, le 11 floréal (30 avril).

*Copie de l'ordre du quartier général de Réunion-sur-Oise du 10 au 11 floréal, 2<sup>e</sup> année républicaine.*

L'attaque est commencée, et le général en chef annonce à toute l'armée des succès. Les soldats des tyrans ont été battus à Poperinghe, Ypres, Courtray, etc. Ils sont bloqués dans Menin; ils seront vaincus. On a pris des canons et des prisonniers et trouvé des magasins. Le général en chef félicite les troupes de leur énergie et de leur valeur; il les invite à conserver cette attitude fière et courageuse qui fait fuir et pâlir l'ennemi.

Le général Ferrand s'attend que les troupes dont le commandement lui est confié n'apprendront pas sans la plus vive satisfaction les victoires de leurs frères et qu'ils rivaliseront désormais avec eux en ne se livrant plus à des terreurs que les ennemis qu'ils ont à combattre ne devraient pas leur inspirer. Qu'ils se mettent bien dans l'idée que toute troupe qui bat en retraite avec calme et ordre ne sera jamais entamée par l'ennemi, tandis qu'elle est sûre de la défaite la plus honteuse et d'une perte inévitable dès que le désordre et la crainte se mettent dans les rangs par les cris des lâches et des malveillants qui se répandent dans l'armée.

Dubois, qui commande la cavalerie aux environs de Réunion-sur-Oise, fait entendre à ses régiments qu'il espère qu'ils « rivaliseront » bientôt avec le 5<sup>e</sup> chasseurs dont la charge décida de la victoire de Mouscron.

*Ordre du 11 au 12 floréal (30 avril au 1<sup>er</sup> mai).*

L'attaque est commencée, et le général en chef annonce à toute l'armée des succès. Les soldats des tyrans ont été battus à Poperinghe, Ypres, Courtray, etc. Ils sont bloqués dans Menin; ils seront vaincus. On a pris du canon, fait des prisonniers, et trouvé des magasins. Le général en chef félicite les troupes de leur énergie et de leur valeur; il les invite à conserver cette attitude fière et courageuse qui fait fuir et pâlir l'ennemi.

Le général espère que la cavalerie qu'il a le plaisir de commander rivalisera avec celle qui vient de terrasser l'ennemi.

*Ordre du 12 au 13 floréal (1er au 2 mai).*

. . . . . . . . . . . . . . . . . . . . . . . . . . . . . . . . .
Le tocsin de la liberté est sonné, partout les défenseurs de la Patrie, animés d'un courage héroïque, volent aux combats, partout leurs armes sont meurtrières aux tyrans, et partout ils sont vainqueurs. Le général Souham, après s'être emparé d'Ypres, Courtray, Poperinghe, et mis le feu dans Menin, qui doit être rendu en ce moment, vient de battre complètement les esclaves de toutes les sectes. Il leur a pris 30 pièces de canon, tué ou fait prisonniers 4,000 ou 5,000 hommes, parmi lesquels se trouve un général hanovrien. Clerfayt est blessé, et sa troupe à la débandade est poursuivie sur Saint-Léger. L'armée de la Moselle fait également des merveilles : après avoir battu les esclaves et pris leur camp, elle poursuit l'ennemi aux portes de Luxembourg; l'armée des Ardennes avance également. N'y aurait-il que nous, mes chers camarades, qui ne battrions pas les despotes et leurs satellites? Volons au combat, rivalisons nos frères, faisons pâlir ces hordes et poursuivons-les jusqu'à extinction. Vive l'union, vive la bonne discipline, et vive à jamais la République indivisible!

**La Convention suivait l'exemple des généraux ; et, de même qu'elle avait déclaré après Mouscron que l'armée du Nord ne cessait de bien mériter de la Patrie, elle sut adresser la même récompense à l'armée des Ardennes après sa jonction, sous Beaumont, avec la division Desjardin.**

*Ordre du 20 au 21 floréal (9 au 10 mai).* — *Décret de la Convention nationale du 13 floréal, 2ᵉ année républicaine, portant que l'armée des Ardennes a bien mérité de la Patrie.*

La Convention nationale déclare que l'armée des Ardennes a bien mérité de la Patrie, en chargeant trois fois à la baïonnette la cavalerie ennemie, et renvoie aux Comités d'instruction et de Salut public pour éterniser la mémoire de cette action héroïque.

Tous les chefs des corps feront mettre leurs troupes sous les armes et proclameront à leur tête le présent décret.

Toute occasion était saisie avec empressement par le Commandement pour exalter le moral de l'armée. Les troupes ayant remédié à la pénurie de viande par le sacrifice partiel (1) de leurs rations jusqu'à libération du territoire national, Pichegru s'empressa de les en féliciter.

Le général en chef voit avec la plus vive satisfaction les sacrifices que s'imposent les soldats de l'armée du Nord pour multiplier les ressources de la République, ainsi que leur désir très prononcé de purger le sol de la liberté des esclaves qui le souillent depuis trop longtemps. Ce désir double la force de l'armée et fait connaître qu'elle est incorruptible dans ses principes républicains. C'est avec de tels hommes qu'on assurera la liberté si désirée des patriotes et pour laquelle nous combattons depuis plusieurs années.

Il invite ses frères d'armes à soutenir leur zèle pour le service, leur amour pour la Patrie, l'idole de tout vrai républicain, et à se tenir réunis à la Convention nationale qui travaille si efficacement à faire cesser le règne des contre-révolutionnaires et des intrigants (2).

Le général en chef s'efforçait encore d'exciter chez le soldat le noble orgueil de se distinguer par des actions d'éclat, et lui adressait dans ce but des ordres tels que celui du 4-5 germinal :

La bravoure et la générosité ayant caractérisé dans tous les temps les républicains, le chef de l'état-major ne doutant pas que dans l'armée on ne voie tous les jours des traits d'héroïsme et de dévouement, dont sont peu susceptibles des esclaves courbés sous la verge tyrannique, invite les généraux de division, de brigade et commandants particuliers de lui faire parvenir ceux qui se seront passés sous leurs yeux dans les divisions ou dans l'étendue de leur commandement. Ils auront soin de désigner les noms des corps et des soldats de la liberté qui se seront distingués dans quelques actions par leur courage, afin qu'il en soit rendu compte aux représentants du peuple, au général en chef; que mention en soit faite dans l'ordre journalier de l'armée, et que ces dignes défenseurs reçoivent le tribut de la reconnaissance nationale dû à leur bravoure.

---

(1) L'idée première de ce sacrifice est due au représentant du peuple Laurent. (Ordre du 20-21 ventôse.)

(2) Ordre du 10-11 germinal.

Conformément à cette décision, on cita à l'ordre du 5-6 floréal l'acte de dévouement du canonnier Housseau :

> Le citoyen Housseau, sergent au 1er régiment d'artillerie, enleva d'une salle d'artifice, à Courtray, une chaudière enflammée qui aurait fait sauter la salle et aurait perdu toutes les munitions dont nous avons le plus grand besoin. Ce généreux républicain a oublié tous les dangers pour sauver ces matières précieuses qui doivent servir à exterminer les satellites des tyrans. La Convention nationale et le Comité de Salut public, ayant eu connaissance de ce trait de bravoure, et toujours attentifs à récompenser les belles actions, viennent d'élever le citoyen Housseau au grade d'adjudant général, chef de bataillon. Le général en chef, de son côté, s'empresse de communiquer à l'armée le trait de bravoure et la nomination de ce citoyen, ce qui lui fournit l'occasion de recommander de nouveau aux généraux et autres de lui rendre un compte exact des traits de bravoure et d'héroïsme qui se passeront sous leurs yeux, afin qu'il en rende compte à la Convention nationale, au Comité de Salut public et à l'armée.

Dans le même ordre d'idées, le général en chef fit rechercher aussitôt les soldats qui avaient pris des drapeaux à Mouscron et leur laissa l'honneur de les présenter eux-mêmes à la Convention nationale.

14 floréal (3 mai).

*Liébert au citoyen Duverger, adjudant général à Courtray.*

Tu voudras bien, Citoyen, au reçu de ma lettre, donner les ordres les plus précis pour que les militaires qui ont enlevé des drapeaux à l'ennemi se rendent sur-le-champ au quartier général, à Lille.

16 floréal (5 mai).

*Au Comité de Salut public.*

Citoyens Représentants,

Je vous envoie cinq drapeaux pris sur l'ennemi dans la journée du 10 de ce mois; ils vous seront remis par les braves qui les ont arrachés eux-mêmes de nos féroces ennemis; ce sont les républicains Pincheneuille, grenadier dans la 1re division de la 19e demi-brigade; J.-B. Maurissot, sergent au 8e bataillon des fédérés; Antoine Quillon, volontaire, et Meunier, caporal au 2ᵉ bataillon des Basses-Alpes (1); et René Pineau, etc.

Ils ne nous ont demandé, pour toute récompense de leur bravoure, que la permission d'aller offrir eux-mêmes ces drapeaux aux représentants du peuple français, comme un témoignage de leur zèle et de leur dévouement à la Patrie.

La Convention n'apprendra pas sans intérêt qu'un brave chasseur du 5ᵉ régiment, Antoine Andoin, natif de Montdidier, département de la Somme, qui, lui même, a enlevé un de ces drapeaux, a refusé de le porter à Paris, préférant rester à son poste pour en arracher de nouveaux aux esclaves.

Un autre trait, qui ne mérite pas moins d'être connu, est celui d'un sous-lieutenant nommé Hallé qui, tenant sur le champ de bataille un drapeau dont il venait de s'emparer, le jeta pour charger sur une pièce de canon qu'il prit sur l'ennemi avec deux de ses camarades. Il reçut dans cette affaire plusieurs blessures pour lesquelles il est à l'hôpital de Lille.

Poursuivant incessamment le même idéal, le Commandement signalait encore, à l'occasion des victoires de Courtray et de Tourcoing (2), que les républicains de la brigade Thierry ont montré, dans l'affaire du 28 (3), la plus grande bravoure (4); que le général de division Bonnaud, les officiers du 2ᵉ bataillon des Ardennes et du 1ᵉʳ du 54ᵉ attestent que trois escadrons du 13ᵉ de cavalerie se sont distingués à l'affaire du 21 floréal (5), en occupant avec un obusier la hauteur de Camphin et en prenant successivement des positions pour protéger la retraite de ces deux bataillons qui ont combattu si vaillamment dans cette journée; que, non seulement la division Bonnaud et la brigade Thierry ont combattu avec intrépidité les satellites des despotes le 29 floréal, mais que la brigade du général Magdonal (sic) a contribué à ce grand succès et s'est aussi couverte de gloire dans cette journée mémorable.

A ce sujet, le chef de l'état-major de l'armée faisait

---

(1) Noms cités à l'ordre du 15 au 16 floréal, sauf celui de Pineau. Voir Aulard, Tome XIII, page 387.
(2) Ordre du 1-2 prairial (20-21 mai).
(3) Victoire de Tourcoing.
(4) Ordre du 2-3 prairial (21-22 mai).
(5) Attaque démonstrative de Bonnaud sur Baisieux pendant que Macdonald et Daendels attaquaient le camp de Roncheval.

une observation fort juste, que l'on devrait avoir toujours présente à l'esprit, surtout dans l'armée française, dont l'histoire est si riche en actions d'éclat, mais malheureusement fort pauvre, par la faute des survivants, en récits détaillés de ces actions :

« On aurait », disait Liébert, « plus tôt annoncé les actions glorieuses de cette brigade si on en eût rendu compte de suite.

Mais le chef de l'état-major général se voit avec regret obligé de renouveler encore l'ordre positif qu'il a donné plusieurs fois aux adjudants généraux employés dans les divisions, de lui faire des rapports détaillés aussitôt après une affaire, pour qu'il puisse faire connaître à toute l'armée, non seulement les corps et les individus qui se sont distingués par leur discipline, leur bravoure et leur intrépidité, mais même ceux qui auraient oublié dans une action les obligations que leur imposent la Patrie et leur devoir. »

L'ordre du 6-7 prairial signalait encore, d'après le général Bonnaud, « la bravoure du 1er bataillon du 90e régiment d'infanterie, qui a défendu pendant huit heures le passage d'un pont en avant de Templeuve. Le général Bonnaud loue particulièrement l'ordre qui a régné dans ce bataillon : pas un soldat n'a quitté son rang pendant et après le combat.

On s'empresse aussi de faire connaître à l'armée les actions glorieuses dont rend compte le général Jardon dans son rapport sur l'affaire du 3 ; et l'ordre cite alors le citoyen d'Arjont, capitaine des carabiniers du 2e bataillon d'infanterie légère, et le capitaine Pappaert, des carabiniers du 1er bataillon de tirailleurs, morts tous deux victimes de leur héroïsme. L'ordre du 6-7 prairial mentionne encore le trait de bravoure du sous-lieutenant Nardot, de la 1re compagnie du 3e bataillon, près le village de Prisches, le 7 floréal ; et celui du jeune Doré Brouville, sergent à la 6e compagnie du 3e bataillon, à la journée du 22.

L'ordre du 13 au 14 prairial adressait à chacun des adjudants généraux, chefs de l'état-major des divisions, un imprimé sur lequel ils doivent recueillir promptement tous les traits de bravoure, d'héroïsme et de désintéressement. L'état qu'ils en feront devra être adressé, le 30 de ce mois, et ainsi successivement chaque mois, au chef de l'état-major général de l'armée. En conséquence, les généraux, chefs de corps, officiers, sous-officiers, volontaires, cavaliers et tous autres employés à l'armée du Nord, sont invités à envoyer sans délai à l'adjudant général, chef de l'état-major de leurs divisions respectives, les noms des militaires et autres qui ont fait de belles actions jusqu'à ce moment, soit qu'ils vivent encore, soit qu'ils n'existent plus. Les notes qu'on adressera devront être signées et comprendre les noms, prénoms de ceux qui auront fait des actions héroïques, leur âge, lieu de naissance, district, département, corps, compagnie, grade, l'historique de la belle action, l'époque et le lieu où elle s'est faite.

Et, à l'avenir, « tous les individus composant l'armée voudront bien encore s'empresser d'envoyer », par la même voie, « des notes comme il est dit ci-dessus, aussitôt qu'ils auront connaissance de l'action digne d'être envoyée au Comité de Salut public, *pour être détaillée sur le recueil des actions héroïques et civiques des républicains français* » (1).

Le 16 prairial, Sénarmont, alors commandant de la 5ᵉ compagnie d'ouvriers d'artillerie, rend compte à la Convention de l'héroïsme déployé par plusieurs de ses ouvriers lors du repliement du pont de Monceau-sur-Sambre :

ARMÉE DU NORD.

*Division de droite.*　　　A Lauzaye (?), le 17 prairial (2) (5 juin).

*Laprun, général de brigade, commandant l'artillerie, au Citoyen Président de la Convention nationale.*

Citoyen Président,

Je m'empresse de remplir les désirs du citoyen Sénarmont, commandant la 5ᵉ compagnie d'ouvriers d'artillerie, en vous faisant passer le

---

(1) « Les adjudants généraux, chefs d'état-major des divisions, qui n'auraient pas encore envoyé à l'état-major général l'état des actions héroïques qu'ils ont dû recueillir, conformément à l'ordre du 13 prairial, pour ce mois, en adresseront le recueil sans délai sous peine d'être accusés de négligence à faire connaître les traits de bravoure des défenseurs de la Patrie. On leur rappelle d'ailleurs qu'ils devaient adresser cet état le 30 prairial. » (Ordre du 5 au 6 messidor).

(2) *Archives nationales*, AF ii, 203.

rapport qu'il m'a fait sur l'intrépidité des braves républicains qui, après la retraite de toute l'armée, ont levé et sauvé le pont de Monceau, établi sur la Sambre, malgré la violence du feu de l'ennemi.

Ferme de Beaudrebul, le 16 prairial (1) (4 juin).

*Rapport fait par le citoyen Alexandre Sénarmont, capitaine commandant de la 5e compagnie d'ouvriers d'artillerie, au général de brigade, chef de l'artillerie, Laprun.*

Il est de mon devoir, Général, de te rendre un compte détaillé de la levée du pont de Monceau; les braves gens dont les efforts n'ont pas été inutiles dans la retraite n'en demandent pour récompense qu'un sourire de la Patrie : je te prie de le leur procurer en faisant passer mon rapport à la Commission de la guerre et à la Convention.

Lorsque toute la colonne eut défilé et que les deux bataillons d'infanterie légère, chargés de couvrir sa retraite, furent passés en bataille derrière, alors nous commençâmes notre opération déjà préparée. L'ennemi nous chauffait, et, sans la protection des pièces établies par le général d'artillerie Laprun, et commandées par le chef de bataillon d'artillerie Grosclaude, il nous eût été impossible de l'achever.

Je n'avais avec moi que six ouvriers dont les noms méritent d'être connus. Ce sont les citoyens *Bretrner*, sergent-major; *Poinsignon*, caporal; *Lajeunesse, Gigout, Martin, Michel*, qui, jusqu'à la fin, sont restés travaillant avec la plus grande ardeur; quelques sapeurs de la compagnie de Sionville, et une compagnie de grenadiers du 19e bataillon des volontaires nationaux, qui s'est retirée sans ordre, excepté le sous-lieutenant *Fourcade* et le brave grenadier *Lafaye*, alors en faction, qui se sont approchés et m'ont dit : « Citoyen, la Patrie nous a confié « ce poste; nous y mourrons avec vous ou nous sauverons le pont. » La patrie doit être reconnaissante à ces braves gens.

Dans ce moment, un haquet eut son timon brisé par la frayeur des chevaux; un ponton eut son bec d'avant crevé à l'angle de droite par un boulet; un volontaire fut coupé en deux; un cheval d'artillerie fut blessé, et celui d'un officier d'une compagnie des Vosges eut l'épaule fracassée. Cependant, avec l'aide des chasseurs et la bonne conduite des charretiers et conducteurs, nous emmenâmes tous nos pontons, même celui qui avait le timon de haquet brisé.

J'avais envoyé chercher des ouvriers, un timon et des chevaux au parc. Quelques ouvriers faisant des difficultés de marcher sur la demande du capitaine d'artillerie Meras, le citoyen Lapointe, ouvrier,

---

(1) *Archives nationales*, AF ii, 203.

dit : « Ce n'est pas mon tour. Eh bien! moi, j'irai ». Il fut suivi de *Jean Genigmanne* et *Lapagne*. Je les rencontrai avec le caporal Poinsignon, et, accompagnés du capitaine d'artillerie Meras, nous retournâmes chercher le ponton que nous ramenâmes sans accident.

Récompense ces braves gens en faisant connaître leur conduite aux législateurs.

Salut et fraternité.

Le capitaine commandant la 5<sup>e</sup> compagnie d'ouvriers,<br>SÉNARMONT.

Aussitôt le Comité de Salut public lui adresse une lettre élogieuse, avec invitation d'en faire mettre la copie à l'ordre de l'armée.

Il existe, du reste, sur ce sujet, aux Archives Nationales, un projet de lettre du 25 et le texte définitif de cette lettre, daté du 30 :

SECTION DE LA GUERRE.

Comité de Salut public.          Paris, le 25 prairial (13 juin).

*Le Comité de Salut public au Général en chef de*

Nous t'envoyons une lettre de satisfaction pour les braves ouvriers de la 5<sup>e</sup> compagnie d'artillerie et les braves volontaires qui ont concouru d'une manière distinguée à l'enlèvement du pont de Monceau. Tu feras passer cette lettre à son adresse et tu en mettras la copie à l'ordre; elle est ci-jointe.

Paris, 30 prairial (18 juin).

*Le Comité de Salut public au citoyen Laprun, général de brigade, commandant l'artillerie à l'armée du Nord.*

Nous te chargeons d'annoncer la satisfaction du Comité à tous ceux qui ont partagé avec Sénarmont l'honneur de la levée du pont de Monceau ; et, pour que ce témoignage d'estime soit aussi public que l'acte de courage qui l'a mérité, nous t'autorisons à adresser au général en chef le rapport de Sénarmont que tu nous as fait passer, en l'invitant d'en faire mettre l'extrait à l'ordre de l'armée.

CARNOT.

Enfin, à la date du 22 prairial, la division Souham qui

couvrait le siège d'Ypres, triomphait encore de Clerfayt à Rousselaere et prenait un drapeau à l'ennemi. Aussitôt Liébert de réclamer le nom de l'auteur de cet acte de bravoure.

2 messidor (20 juin).

*Au Conseil d'administration du 1<sup>er</sup> bataillon, division du général Despeaux, aux environs de Rousselaere.*

C'est avec la plus grande satisfaction, Citoyens, que nous apprenons les belles et héroïques actions des braves défenseurs de la République ; nous nous empresserons toujours de leur faire sentir combien la République, la Convention nationale aiment à les féliciter et à les récompenser.

Vous voudrez bien envoyer au quartier général, à Lille, le brave républicain qui a enlevé le drapeau à un esclave à l'affaire de Rousselaere.

Si les actes d'héroïsme étaient ainsi exaltés et publiés, les défaillances devant l'ennemi étaient sévèrement réprimandées et mises à l'ordre, afin d'en mieux stigmatiser les auteurs et de les inciter, le cas échéant, à réparer ce moment d'erreur par une conduite d'autant plus brillante que la faute avait été plus grave.

*Ordre du 14 floréal (3 mai).*

Braves défenseurs des droits communs, la liberté dont vous êtes les enfants, attend de vous le plus indissoluble attachement, et la rage des tyrans vous en inspire les doux sentiments.

L'ennemi, fier d'une conquête qui le mène à sa perte, se croit déjà votre Dictateur ; il est sanguinaire, féroce, audacieux ; il pille, dévaste, brûle, égorge et massacre sur notre sol ; en un mot il vous croit à ses pieds, tellement qu'il ne reçoit plus de déserteurs, de ces hommes indignes de compter dans les rangs ralliés par les drapeaux tricolores.

Quelques officiers et cavaliers de cette division, ayant à leur tête un trompette, abandonnèrent il y a quelques jours leurs étendards pour s'offrir à l'ennemi. Ils s'attendaient sans doute à y être accueillis, parce que la plupart d'eux étaient sous-officiers ; mais les lâches, les traîtres, et surtout ceux qui abandonnent leurs drapeaux trouvent tôt ou tard la récompense due à leurs crimes. Ces scélérats ont été hachés en pièces par l'ennemi ; leurs cadavres morcelés, leurs habits et en général leurs vêtements existent encore près de la forêt d'Arrouaize. Tel est le sort qui attend tout militaire, qui aurait la lâcheté d'abandonner l'étendard sacré de la liberté.

Servons notre Patrie, soyons unis, nous serons invincibles; et jurons d'exterminer nous-mêmes jusqu'au dernier traître.

Pendant que la division Souham stationnait à Courtray, du 12 au 22 floréal, la brigade Daendels fut chargée de faire une découverte sur Rousselaere (1) dans la nuit du 14 au 15. Malheureusement, après avoir bousculé vigoureusement le petit détachement ennemi qui s'y trouvait, le 1er escadron du 20e de cavalerie massé en désordre sur la place de cette localité, avait été à son tour chargé et rejeté en déroute au delà de la Mandel, après avoir abandonné 2 pièces d'artillerie.

Pichegru s'empressa de flétrir cet escadron.

*Ordre du 17 au 18 floréal (6-7 mai).*

Autant le général en chef se plaît à donner aux belles actions la publicité et le tribut d'éloges qu'elles méritent, autant il est de sa justice de faire connaître toutes celles qui ne répondent point à cette valeur républicaine qui anime le soldat français. Il annonce donc à toute l'armée que le 1er escadron du 20e régiment de cavalerie a abandonné à Rousselaere deux pièces de 8 et un obusier d'artillerie légère dont l'ennemi, moins nombreux, s'est emparé. Le général en chef déclare qu'il ne sera plus confié de canon à cet escadron avant qu'il n'en ait repris à l'ennemi, et que cet exemple de sévérité, mais de justice, sera exercé à l'égard de ceux qui auraient assez de lâcheté pour abandonner des canons confiés à leur valeur et à leur active surveillance.

Stimulé par cette punition sanglante, l'escadron ne devait pas tarder à prendre sa revanche à la bataille de Courtray :

---

(1) Roulers.

*Éloge de l'infanterie et des bataillons et régiments qui ont combattu avec gloire le 21 floréal. — Ordre du 24 au 25 floréal (13-14 mai).*

Enfin, l'infanterie républicaine commence à sentir sa force contre la cavalerie. L'infanterie de l'armée des Ardennes, qui a chargé et repoussé plusieurs fois la cavalerie ennemie, vient d'être imitée par celle du Nord. On ne peut trop donner d'éloges à l'intrépidité qu'elle a montrée avant-hier à la bataille de Courtray. Elle a non seulement soutenu la retraite de notre cavalerie, mais les charges réitérées de celle de l'ennemi. Le bataillon des Lombards s'y est surtout distingué. Le général en chef espère qu'à la première occasion la cavalerie prendra son tour pour se signaler. Un escadron du 20ᵉ régiment, qui fut mis à l'ordre du 17 au 18, n'a pas tardé à prendre sa revanche ; il s'est fort bien conduit dans cette circonstance.

D'après le rapport du général de division Bonnaud, le général en chef se plaît à donner des éloges bien mérités à ceux des corps de cette division qui se sont bien montrés le 21, savoir :

Aux carabiniers ;
Au 13ᵉ régiment de dragons ;
Au 1ᵉʳ bataillon du 54ᵉ ;
A celui du 71ᵉ ;
Au 2ᵉ des Ardennes ;
Au 15ᵉ des volontaires nationaux,

et en général à toute l'infanterie de cette division, qui a donné des preuves de bravoure et d'intrépidité.

Mais tous les corps de la division Bonnaud ne s'étaient pas « bien montrés » le 21. Tandis que la brigade Malbranque attaquait Tourcoing en partant de Mouscron et que Macdonald et Daendels marchaient sur le camp de Roncheval, la division Bonnaud, placée à Sainghin, devait faire une attaque démonstrative sur Baisieux. Mais elle s'y heurta aux troupes du duc d'York, qui lui fit éprouver un échec, et certains régiments de cavalerie furent même pris de panique. Ce désordre se renouvela encore le 22 à la victoire de Courtray.

Avant que les représentants, à qui ces faits étaient connus, eussent réclamé un châtiment de Pichegru, cet officier général avait décidé de renvoyer à l'intérieur les corps qui n'avaient pas été à hauteur de leur tâche le 21.

Lille, le 24 floréal (13 mai 1794), l'an 2ᵉ de la République
une et indivisible.

*Richard et Choudieu, représentants du peuple près l'armée du Nord,
au général en chef Pichegru.*

Tu partages, Général, l'étonnement et l'indignation que nous inspire la conduite qu'ont tenue dans les dernières affaires plusieurs régiments de cavalerie et de cavalerie légère (1). Sans doute le peu de bravoure qu'ils ont montrée tient à des causes particulières et ne doit pas être attribuée à la masse de ces corps qui sont composés de bons républicains. Nous t'invitons à prendre des renseignements sur cet objet et à nous mettre dans le cas de procurer à ces régiments l'occasion et les moyens de réparer leurs torts envers la République et de recouvrer l'estime des amis de la liberté. Ils ont chacun dans leur arme des exemples de dévouement et d'intrépidité qui ne peuvent pas être perdus pour eux. S'il en était autrement, nous punirions avec la dernière sévérité des hommes que nous ne pourrions plus regarder que comme des ennemis de la Patrie.

22 floréal (11 mai).

*Liébert au général de division Bonnaud, au camp de Sainghin.*

Je te prie, Citoyen Général, de vouloir bien m'adresser aujourd'hui le résultat de la journée d'hier. Il est juste et nécessaire que l'on donne aux corps, qui se sont conduits avec bravoure, tous les éloges que mérite leur intrépidité. Il faut les faire connaître à toute l'armée par l'ordre du jour, comme je me propose d'y faire mettre aussi ceux qui, dans cette journée, se sont conduits avec lâcheté ou négligence. Il importe d'ailleurs de connaître les individus qui auraient occasionné de pareils désordres et de faire des recherches pour que les coupables mal intentionnés subissent une punition exemplaire.....

22 floréal (11 mai).

*Liébert au général de division Bonnaud.*

Le Général en chef me mande, mon cher camarade, qu'il est indispensable de changer partie des troupes de ta division et pour remplir

---

(1) Le 21 floréal. « La droite de Bonnaud fut forcée à Camphin. Le
« 13ᵉ régiment de chasseurs et le 5ᵉ d'hussards qui la soutenaient
« prirent la fuite; le 13ᵉ régiment de cavalerie qui était envoyé pour

efficacement son intention, il est convenable que tu me désignes les bataillons, demi-brigades ou escadrons que tu crois devoir être remplacés. Tu m'enverras le plus promptement possible l'état de ceux qui devront éprouver ce changement pour que je puisse donner des ordres nécessaires à cet effet.

De pareilles pratiques amenaient les corps qui se sentaient coupables de défaillance, à prendre les devants et à jurer d'avance qu'à la première occasion ils sauraient se montrer dignes de leurs camarades. Le général en chef ne manquait pas d'en prendre acte par la voie de l'ordre :

*Dispositions et empressement du 5ᵉ régiment d'hussards de réparer, en se battant mieux, la faute qu'il a commise le 21 floréal. — Ordre du 26 au 27 floréal (15-16 mai).*

Les officiers, sous-officiers et hussards du 5ᵉ régiment, désespérés de ne pas avoir servi la patrie à l'affaire du 21 floréal avec le zèle et la bravoure dont ils ont si souvent donné des preuves, jurent de réparer, à la première occasion, cette faute causée par quelques lâches indignes de servir la République et que la loi atteindra enfin. Le général s'empresse de faire connaître à toute l'armée les dispositions de leurs cœurs et le serment qu'ils renouvellent de vaincre ou de mourir en combattant les satellites des despotes.

Lorsque le régiment s'était réhabilité, le commandement s'empressait de le signaler :

30 floréal (19 mai).

*Ordre du général A. Dubois.*

Le général s'empresse de rendre justice à ses frères, lorsque leur courage les rend dignes du nom de vrais républicains. Il annonce à l'armée que, si le 12ᵉ régiment de dragons s'est conduit dans la découverte d'hier avec sa bravoure ordinaire, le 3ᵉ régiment de cavalerie a montré toute l'énergie et le courage qu'il fallait, pour effacer à jamais

---

« les soutenir suivit leur exemple. » (Extrait du Journal de l'armée du Nord par l'adjudant général Reynier.) D'après ce journal, il en fut encore de même le 22 floréal du 6ᵉ de dragons et du 3ᵉ de hussards.

les soupçons que l'on pourrait porter sur son compte. Les jeunes gens dont ce régiment est composé, ont parfaitement imité leurs anciens, et suivi leurs conseils. C'est ainsi qu'avec de la subordination et de l'union, on trouve le courage qui nous fait bien mériter de la Patrie.

Cette réhabilitation publique s'imposait non seulement parce que le blâme l'avait été, mais aussi parce que la flétrissure qui en résultait provoquait parfois les réclamations des soldats qui demandaient à changer de corps.

Marchienne-au-Pont, 3 messidor (21 juin).

*Au général de division Favereau, commandant à Maubeuge.*

Nous avons reçu, Citoyen, avec la lettre du 20 prairial dernier, la pétition de 7 cavaliers jacobins qui, destinés d'abord pour le 22<sup>e</sup> régiment de cavalerie, demandent à entrer dans le 1<sup>er</sup>, parce qu'ils ont appris que le 22<sup>e</sup> s'était mal comporté à l'affaire du 15 prairial. Si cette faute a été commise, ce n'est pas celle du régiment entier, dont la masse est, comme celle de tous les autres corps, bonne et décidée à vaincre ou à mourir ; elle ne pourrait être attribuée qu'à quelques officiers qui ne sont pas dignes de commander et dont il sera fait justice. Tu voudras bien, d'après cela, dire à ces cavaliers qu'ils doivent suivre avec confiance leur première destination.

GILLET, L.-B. GUYTON.

Cependant, même dans le cas où il était obligé de stigmatiser par la voie de l'ordre certaines défaillances, le Commandement n'avouait jamais une défaite à ses troupes, afin qu'il fût bien entendu qu'elles étaient invincibles et devaient toujours vaincre. Si, toutefois, le cas n'était pas niable, on l'attribuait à une cause exceptionnelle et, dans un langage enflammé, le Commandement exhortait la troupe à venger au plus tôt sa défaite.

Tel fut en effet l'ordre (1) qu'adressa Pichegru à la suite de l'échec du Cateau.

---

(1) Ordre du 13-14 germinal.

*Ordre du 13 au 14 germinal (2-3 avril).*

Les représentants du peuple et le général en chef ont vu avec le plus vif intérêt le courage des défenseurs de la République dans la journée du 9 de ce mois. Les divisions des généraux Balland et Goguet, Chapuis et Fromentin, qui ont tenté une attaque sur le Cateau, ont montré, en s'emparant des différents postes occupés par l'ennemi, une ardeur qui n'appartient qu'aux soldats de la République. Une partie du 10e bataillon de Paris n'a pas fait son devoir comme elle l'aurait dû, et a été cause que l'opération n'a pas été poussée plus loin. Il a perdu un canon. Que les bataillons se pénètrent une fois de l'idée qu'ils ne doivent jamais abandonner leur drapeau ni leurs canons; l'un et l'autre doit être défendu par des républicains jusqu'à la mort. Cependant cette déroute ne peut être considérée que comme l'erreur d'un moment, puisque le jour suivant il a montré par la valeur la plus distinguée qu'il brûlait de réparer la faute de la veille.

Sur toute la ligne de l'armée les généraux font l'éloge de nos jeunes frères d'armes de la 1re réquisition. Les représentants du peuple et le général en chef espèrent qu'ils soutiendront la bonne opinion qu'ils donnent de leur courage et de la volonté bien prononcée qu'ils manifestent de purger le sol de la liberté des hordes d'esclaves qui le souillent encore.

Telle fut encore la proclamation qu'adressa le général Alexis Dubois lorsqu'il vint prendre le commandement de la cavalerie attachée à la division Balland, aussitôt après qu'elle eut été bousculée par l'armée combinée de Cobourg investissant Landrecies.

*1er floréal an 2e (20 avril).*

*Le général Dubois à ses frères d'armes.*

Soldats de la liberté, nos sanguinaires ennemis souillent par des forfaits le sol de notre belle République. Ils portent le feu et le carnage dans nos campagnes. Ils ravagent nos plaines fertiles et commettent sous nos yeux les plus barbares attentats. Qui de nous! qui de vous, mes camarades, ne se sent pénétré de la plus juste horreur, de la plus profonde indignation, et ne se sent enflammé de l'ardent désir de combattre avec enthousiasme ces féroces et barbares satellites! Vengeance, mes amis ! tel est le cri de nos malheureux concitoyens incendiés. Vengeons-les, vengeons les mânes encore ensanglantées de nos frères et celles des victimes innocentes sacrifiées par ces cruels inhumains. Vengeons surtout notre mère commune, la République.

Soldats de la Patrie ! le signal nous appelle au combat. Montrons que nous sommes libres, Français et invincibles ! Ne souffrons pas de lâcheté parmi nous. Regardons et traitons comme notre plus dangereux ennemi celui de nous qui aurait la faiblesse de craindre et la lâcheté de fuir. C'est entre nos mains qu'est le salut de l'empire ! et c'est de nos succès que dépend le bonheur d'un grand peuple. Nous avons juré de *vaincre ou mourir*. Soyons fidèles à notre serment, et nous aurons bien mérité de la postérité.

Telle fut enfin la proclamation de Jourdan après l'échec de l'avant-dernier passage de la Sambre.

29-30 prairial (17-18 juin).

*Le général en chef aux soldats composant l'armée réunie sur la Sambre.*

Républicains, la victoire nous a échappé des mains au moment où nous allions triompher. Je ne cherche point dans ce moment les causes de cet événement, qui doit vous être aussi douloureux qu'à moi ; il faut le réparer. Les esclaves des tyrans remportèrent une victoire sur les hommes libres ! vous frémissez d'indignation ! vous êtes ces soldats qui les avez taillés en pièces à Hondschoote, Maubeuge et Landau ! rappelez-vous que le hasard seul a pu leur donner hier un avantage du terrain qu'ils ont payé bien cher, vous le savez.

Une victoire éclatante doit réparer cet échec. Je compte sur vous, soldats de la Liberté, tenez-vous prêts ; nous vaincrons ou nous périrons tous.

Le présent ordre sera lu dans toutes les compagnies.

Enfin, on saisissait toutes les occasions de signaler aux armées les victoires remportées sur d'autres théâtres d'opérations, afin de provoquer l'émulation et de les inciter à concourir, par leur héroïsme, au salut et à la gloire de la Patrie. C'est ainsi qu'au moment des revers successifs de Landrecies, Ferrand s'empressa d'annoncer les succès remportés par Souham à Mouscron ; c'est ainsi que, par l'ordre du 20-21 floréal, le général en chef annonça à ses frères d'armes les triomphes des armées du Midi.

L'étendard flotte sur les Alpes et les Pyrénées. Le roi sarde est en fuite. L'esclave autrichien, le Piémontais et l'Espagnol sont vaincus.

L'armée d'Italie s'est emparée de plusieurs forts, et, avec la baïonnette, a forcé le camp de l'ennemi ! Elle a pris 60 pièces de canon, beaucoup de munitions de guerre et une quantité immense d'effets ! Elle a fait 3,000 prisonniers, parmi lesquels se trouvent 30 officiers. Quelle victoire ! Mais l'armée des Pyrénées orientales a triomphé d'une manière non moins éclatante : 200 pièces de canon, toutes leurs munitions, 2,000 prisonniers parmi lesquels se trouvent des généraux et beaucoup d'officiers. Que l'on juge des tués et blessés que l'ennemi a eus dans cette affaire glorieuse et mémorable ! Des magasins immenses, toutes les tentes et effets de campement, tous les bagages, enfin tout ce qui caractérise une victoire complète, est le fruit de l'intrépidité et de l'énergie des républicains. Ceux qui composent l'armée des Pyrénées occidentales ont également vaincu. Quel exemple à suivre ! Ce n'est plus que dans le Nord que le féroce Autrichien souille encore le sol de la liberté par le viol, l'incendie et tous les crimes du despotisme et de la barbarie. C'est à nous à repousser ces barbares ennemis, c'est à nous à les vaincre. Soldats républicains, imitons nos frères d'armes des armées du Midi ! Soyons vainqueurs, triomphons comme eux. L'univers nous contemple. La Patrie nous a confié un poste d'honneur; elle attend de nouveaux triomphes pour nous décerner des couronnes.

C'est encore dans la même pensée que, le 17 prairial, l'ordre de l'armée cite l'extrait de la lettre adressée par les représentants Milhaud et Soubrany, près l'armée des Pyrénées-Orientales, à leurs collègues Richard et Choudieu, remplissant les mêmes fonctions près de celle du Nord :

Le fort Saint-Elme..... a été foudroyé par notre artillerie et ne s'est rendu qu'après avoir été presque englouti sous ses ruines. Port-Vendres a été évacué presque en même temps, et les Espagnols ont été serrés de plus près dans Collioure, où ils étaient protégés par quatre forts, par des redoutes inexpugnables situées sur les montagnes du Puig-Oriol. Enfin aujourd'hui, 9 prairial, nous avons vu 7,000 esclaves, sur lesquels les despotes de Madrid pouvaient le plus compter, déposer leurs armes aux pieds des hommes libres triomphants. Le corps de l'armée républicaine et victorieuse va se réunir et poursuivre le cours de ses triomphes dans le sein de la Catalogne, tandis qu'une portion suffisante cerne Bellegarde, dont la garnison subira bientôt le même sort que celle de Collioure.

Il résulte des différentes victoires qui viennent de couronner les vainqueurs des Pyrénées, que les troupes d'élite, gardes d'Espagne ou gardes wallonnes, ont été détruites ou faites prisonnières de guerre, et que la perte de l'ennemi doit être évaluée au moins à 15,000 hommes, d'après l'aveu même de leurs officiers.

Salut, fraternité et victoire !

MILHAUD et SOUHAMY.

Pour copie conforme :

P. CHOUDIEU et RICHARD.

Une telle éducation morale ne devait-elle pas enflammer tous les cœurs et les consumer tous du désir de courir à la victoire ? La preuve en est donnée par la pétition qu'adressèrent, au lendemain de nos premiers succès, des volontaires nationaux à la Convention nationale :

Lille, le 13 floréal (2 mai 1794), l'an 2e de la République française une et indivisible.

*Les volontaires du second bataillon des fédérés à la Convention nationale.*

Législateurs,

La victoire est dans l'armée du Nord à l'ordre du jour ; nos frères d'armes se couvrent de gloire dans les champs de la Belgique ; et nous, volontaires du second bataillon des fédérés, qui connaissons nos armes, qui avons déjà vu l'ennemi, on nous laisse croupir loin du champ d'honneur, occupés à des travaux de recrues, nous qui tous brûlons de nous battre avec les ennemis de la Patrie et de suivre le char du triomphe français au delà du Rhin. Voyez nos larmes..... ce sont celles d'Achille enchaîné près d'une quenouille. C'est vous dire que nous voulons vaincre ou mourir pour la Patrie, pour la Convention nationale.

*Les volontaires du second bataillon des fédérés.*

Rompues à une discipline inexorable ; objets de la sollicitude constante de leurs chefs qui veillaient avec un soin jaloux à leur conservation et à leur instruction ; vigoureusement commandées par des généraux jeunes et ardents qui savaient saisir toutes les occasions d'exalter leur moral ; que pouvait-il manquer à ces troupes pour entamer la glorieuse étape qui durant vingt ans promena sur toute l'Europe nos aigles victorieuses ?

### III. — L'état-major de l'armée.

On a vu précédemment que, par le décret du 18 août 1790, l'Assemblée avait créé 94 généraux.

Continuant l'organisation de l'état-major de l'armée, elle avait décrété, le 5 octobre, et fait sanctionner, le 29, les dispositions suivantes :

« Indépendamment des 94 officiers généraux employés, l'état-major de l'armée sera composé de 30 adjudants généraux ou de division, lesquels, sous cette dénomination, remplaceront les trois états-majors de l'armée existant aujourd'hui, en les réduisant à ce nombre d'officiers (1). »

Il était attaché, en outre, aux 94 généraux, 136 aides de camp, à raison de quatre par général d'armée, de deux par lieutenant général et d'un par maréchal de camp.

L'application de ce décret donna naissance à l'instruction royale du 1er juin 1791, destinée à « régler provi-
« soirement les fonctions et les services des adjudants généraux de l'armée (2) ».

. . . . . . . . . . . . . . . . . . . . . . . . . . .

« Les fonctions des adjudants généraux devront réunir

---

(1) « En leur donnant cette nouvelle existence, au moyen de laquelle ils remplaçaient dans nos armées les états-majors de l'infanterie, de la cavalerie et des dragons, en même temps qu'ils remplaçaient dans les divisions le Grand État-Major de l'armée, on les distingua par le titre d'adjudants généraux. » (*Manuel des adjudants généraux*, par Paul Thiébault, adjudant général.)

(2) « Le tableau des devoirs attachés à ces nouvelles places n'a jamais été présenté. On avait annoncé une ordonnance particulière sur cet objet, mais elle n'a point été donnée. Il n'existe à cet égard qu'une

toutes celles qui étaient ci-devant attribuées aux chefs des trois états-majors de l'armée (1) ; ces officiers sont chargés, dans leurs divisions respectives, des objets ci-après, savoir :

« Toutes les reconnaissances militaires ;

« La direction des travaux topographiques destinés à compléter le tableau des cartes de toutes les frontières du royaume ;

« Les mémoires militaires relatifs au plan général des opérations de guerre défensive ou offensive ;

« Les reconnaissances ou opérations relatives à la limitation des frontières et les mémoires qui pourraient y avoir rapport ;

« Détailler et faire passer aux différents corps de toutes armes les ordres des généraux ;

« Inspecter l'établissement des postes et des logements ;

« Diriger les mouvements des troupes dans l'intérieur des divisions et conduire les colonnes.

« Dans les manœuvres où le général de division commandera en personne, les adjudants généraux feront passer les ordres relatifs aux différents projets du général et donneront aux divers corps, d'après les circonstances du terrain, les indications nécessaires pour l'exécution des manœuvres.

« Pour donner aux adjudants généraux les moyens de remplir avec succès les différentes fonctions qui leur sont attribuées, les généraux commandant les divisions choisiront, sur la présentation qui leur en sera faite par les adjudants généraux, les officiers des différentes armes

---

instruction provisoire sur les fonctions des adjudants généraux, qui fut publiée le 21 juin 1791, par le besoin de donner au moins une idée de ces fonctions et de poser les bases premières. » (*Manuel des adjudants généraux*, par Paul Thiébault, adjudant général.)

(1) Voir la note de la page précédente.

qui leur seront adjoints pour le temps de la campagne seulement, et rentreront ensuite dans leurs corps respectifs sans que cela puisse donner aucun titre ultérieur pour être admis au nombre des adjudants généraux, si ce n'est l'avantage d'avoir acquis les connaissances et l'habitude du travail, qui doivent naturellement les rendre propres à remplir les places et à les faire distinguer par les généraux.

« Le nombre de ces officiers adjoints aux adjudants généraux ne pourra s'élever au-dessus de trois, dans chaque division frontière. . . . .

« Dans les quinze divisions frontières, . . . . . le bureau sera composé d'un écrivain ou dessinateur et d'un sous-officier de chaque arme. . . . .

« Lorsqu'il sera formé un détachement pour assurer une reconnaissance, le commandement du détachement appartiendra de droit à l'officier d'état-major s'il est supérieur en grade ; et, dans le cas contraire, l'officier d'état-major communiquera successivement au commandant du détachement la marche qu'il se propose de tenir pendant la durée de l'opération, afin que celui-ci prenne des dispositions relatives à l'objet et au succès de ses reconnaissances. . . . . . »

Le chiffre des adjudants généraux et des aides de camp étant fonction de celui des officiers généraux, fut naturellement augmenté avec lui, et, quand il passa de 94 à 150 par la loi du 30 août 1792, celui des adjudants généraux fut en même temps porté à 40. Les aides de camp furent, de même, portés de 136 à 168, le 1er mai, et encore augmentés, le 16 juillet, proportionnellement aux quatre officiers généraux nommés le 29 mai.

Enfin, la loi du 21 février 1793 décida que les généraux en chef pourraient, en dehors du chiffre normal de 4 aides de camp, en avoir deux supplémentaires, du grade de capitaine, en cas de nécessité ; que les aides de camp ne devaient être pris que parmi les officiers employés dans l'armée ; que leurs commissions seraient temporaires et qu'ils recevraient par mois cent livres de gratification, en sus de la solde qui leur était allouée dans leurs corps. La même loi décida qu'il y aurait pour chaque armée : 1 brigadier général chef d'état-major, 4 adjudants généraux et 8 adjoints pour le bureau ; et, pour chaque division, un adjudant général et deux adjoints (1). Le tiers des adjudants généraux devait avoir le grade de général de brigade et les deux autres tiers, celui de chef de bataillon.

Les adjudants généraux chefs de bataillon étaient chosis par le Ministre parmi les capitaines de l'armée ayant au moins 2 ans de service en cette qualité ou parmi les chefs de bataillon ou d'escadron en activité. Ces derniers étaient promus chefs de brigade, le tiers par ancienneté et les deux tiers au choix du Ministre. Les adjudants généraux chefs de brigade roulaient avec tous les autres chefs de brigades des armées de la République pour l'avancement.

Les adjoints à l'état-major n'ayant qu'une commission temporaire et devant être subordonnés aux adjudants généraux pouvaient être pris dans tous les grades de l'armée jusqu'à celui de chef de bataillon exclusivement ; ils recevaient à titre de gratification cent livres

---

(1) « Il n'y a presque point de division où il ne se trouve plus d'un adjudant général. Alors, le commandant-général les emploie soit en leur confiant une avant-garde ou même une brigade, soit en leur distribuant, suivant leurs moyens, différentes attributions du chef d'état-major, telles que la partie active proprement dite, les détails relatifs aux subsistances, à l'habillement, aux hôpitaux, etc. Instruits à peu près autant que le général de la force et de l'état des troupes, connaissant jour par jour au moins le but que le général se propose, occupés à parcourir sans cesse le champ de bataille, voyant par eux-mêmes tout ce qui se passe, combien ne sont-ils pas à même de donner, dans l'occasion, les conseils les plus utiles aux officiers des corps qui ne voient dans une affaire que le point où ils sont placés. » (Thiébault).

par mois et conservaient leur traitement et leur rang dans le corps auquel ils appartenaient. Ils étaient choisis par les adjudants généraux près desquels ils devaient être employés, avec l'agrément du chef d'état-major général.

Enfin, il ne pouvait être choisi plus de deux sujets par bataillon, ni plus d'un par escadron, pour remplir les fonctions d'adjoint ou d'aide de camp.

L'uniforme des officiers d'état-major fut fixé par un arrêté du Comité du Salut public du 26 prairial qui fut notifié aux généraux par la circulaire du 8 messidor (1).

A chaque état-major, était affectée « une compagnie de *guides* », composée de : 1 capitaine, 1 lieutenant, 1 maréchal des logis, 2 brigadiers, 16 guides, et dont les fonctions étaient « d'accompagner les officiers généraux qui dirigent les colonnes et qui ouvrent les marches, de veiller à la correspondance de l'armée, à la transmission des ordres (2) ».

En dehors de ce personnel, il y avait des « ordonnances », à pied ou à cheval, chargés de porter les dépêches émanant de l'état-major.

Avant d'aller plus loin, il semble intéressant de compléter cette exposition par quelques détails tirés des

---

(1) *Circulaire du 8 messidor.*

Je t'adresse ci-joint, Général, un arrêté du Comité de Salut public sur les uniformes des officiers généraux et des états-majors des armées.

Tu voudras bien en donner de suite connaissance à tous ceux sous tes ordres et tenir la main à sa prompte exécution, car l'intention du général en chef est que tous les généraux et officiers des états-majors de l'armée, qu'il commande, prennent ce costume sans délai.

. . . . . . . . . . . . . . . . . . . . . . . . . . . . . . . . . . . . .

(2) Discours de Dumas à l'Assemblée le 25 avril 1792. Décret du 25 sanctionné par la loi du 27.

registres d'ordres et de correspondance des chefs d'état-major et permettant de donner une idée vécue du fonctionnement réel des états-majors en campagne.

*Le Chef de l'état-major de l'armée.* — Le chef de l'état-major de l'armée pouvait être du grade de général de division (1). Il avait le droit de signer par ordre au nom du général en chef : au moment où l'armée des Ardennes occupait Binche et Fontaine-l'Evêque, le général Tharreau, chef de l'état-major de l'armée des Ardennes, avait envoyé l'adjudant général Rouyer prendre à la division Vezu 1200 dragons pour faire une reconnaissance. Le général Vezu n'ayant pas « cru devoir acquiescer à cette demande », Tharreau lui rappela ses droits : « Si tu avais su, lui écrivit-il, que je ne donne des ordres que d'après ceux que je reçois du général en chef, et que les fonctions attachées à ma place m'en donnent le droit, tu n'aurais sûrement pas entravé l'exécution d'une mesure urgente ».

Le même officier général adressait chaque jour l'ordre de l'armée au général en chef, à ses généraux de division, au commissaire ordonnateur, au commandant du parc d'artillerie et aux représentants du peuple (3) et, tous les cinq jours, la série des mots d'ordre aux mêmes autorités.

Afin d'accélérer la transmission des ordres et l'envoi des ravitaillements, il était prescrit aux généraux de prévenir l'état-major de l'armée de tout changement

---

(1) A la tête d'un état-major général, la loi met au moins un général de brigade et ordinairement un général de division. (Thiébault, *Manuel des adjudants généraux.*)

(2) Tharreau au général Vezu, 4 prairial.

(3) Lettres de Tharreau au général Marceau, 4 et 5 prairial. Bien que les envois ne mentionnent pas le commandant du parc d'artillerie, il semble évident que ce dernier devait aussi recevoir l'ordre, et il le recevait comme on le verra plus tard.

d'emplacement de leurs quartiers généraux (1). Dans le même esprit de régularité et de célérité, les chefs de service devaient adresser avant une certaine heure les demandes qu'ils voulaient faire insérer à l'ordre (2).

Si le chef de l'état-major de l'armée des Ardennes

---

(1)                               29 prairial (17 juin).

Lorsque les généraux de division ordonneront un mouvement, ou changeront leur quartier général, ils auront soin d'en prévenir l'état-major général, afin de le mettre à même de leur faire parvenir les ordres avec toute la célérité nécessaire et de prendre auprès d'eux tous les renseignements utiles au service. C'est aussi une mesure nécessaire pour faire connaître aux commissaires des guerres les lieux où ils doivent faire fournir les subsistances.....

(2) *Le général de division Liébert, chef de l'état-major de l'armée du Nord, au Commissaire ordonnateur en chef de l'armée du Nord.*

                                                    2 germinal (22 mars).

..................................................

Lorsque tu voudras faire insérer quelque chose dans l'ordre général de l'armée, tu voudras bien le faire parvenir au bureau général, la veille avant 8 heures du soir, pour que l'objet n'éprouve aucun retard.

*P.-S.* — Si tu n'envoies pas le soir, fais en sorte d'envoyer ce que tu auras à mettre à l'ordre le matin avant 9 heures.

           *A Vaillant, commissaire ordonnateur.*

                                            29 germinal (18 avril).

L'ordre général était clos et envoyé en partie lorsque tu m'as fait passer la note à y insérer pour les distributions de demain. Je t'ai prévenu de me les envoyer toujours à 7 h. 1/2, la veille ou le soir de la surveille.....

                                                    THARREAU.

           *Au général divisionnaire Jacob.*

                                               5 floréal (24 avril).

Le Commissaire ordonnateur, après l'ordre clos et parti, vient de m'avertir que les distributions de la viande et du pain se feront demain

paraît avoir toujours marché avec son général, dont il semble avoir été l'inspirateur, par contre, Pichegru conférait directement avec ses divisionnaires en laissant à une étape en arrière les bureaux de son état-major. Au moment d'effectuer la marche sur Menin et Courtray, il convoque Souham et Moreau à Lille pour arrêter les dispositions tactiques de ce mouvement. Pendant le combat de Mouscron, il est sous les murs de Menin que bombarde Moreau tandis que Liébert est à Lille avec l'état-major de l'armée ; lors de la bataille de Courtray, il donne, le 21 floréal, rendez-vous à Roncq au général Moreau et au général Souham, qui se fait lui-même remplacer par l'adjudant général Reynier ; le but de cette conférence est de concerter le dispositif de la défense de Courtray et de la contre-attaque à faire contre l'ennemi par la rive nord de la Lys. Le chef d'état-major reste étranger à toutes ces réunions préparatoires ; et de Lille, où il se trouve, il fait fonctionner tous les services de l'avant et de l'arrière. En langage actuel, on dirait que Lille était à la fois la station-magasin de l'armée et la tête d'étapes, d'où le chef d'état-major, assisté du général Songis, commandant l'artillerie de l'aile gauche de l'armée du Nord, et du commissaire ordonnateur Bourcier, faisait affluer sur les divisions placées à Menin et à Courtray tous les hommes de

---

pour les 7 et 8 ; tu voudras bien l'ajouter à l'ordre général ; mais le parc prendra ses vivres et fourrages à Vedette.

THARREAU.

*Au commissaire des guerres Boncourt.*

5 floréal (24 avril).

J'ai désigné dans l'ordre général les lieux de distribution de demain pour les 7 et 8, et le parc prendra à Vedette ses vivres et fourrages.

THARREAU.

complément et les convois de vivres et de munitions ; il maintenait aussi la police sur les derrières, comme le ferait aujourd'hui un directeur des étapes (1).

Tant que l'armée reste à Menin et à Courtray, le chef d'état-major réside à Lille ; mais bientôt la distance augmentera. Lorsque Pichegru sera occupé au siège d'Ypres, la communication avec son chef d'état-major sera trop longue ; et il l'invitera à venir jusqu'à Menin. En attendant qu'il le fasse, Liébert « détache » une partie de son état-major à Menin, comme le ferait aujourd'hui un directeur des étapes qui pousserait en avant un nouveau commandement d'étapes.

5 messidor (23 juin).

*Liébert au général en chef Pichegru.*

Je reçois à l'instant ta lettre datée de Wielsbeck ; je vais m'occuper de remplir tes intentions au sujet du 1er régiment de cavalerie. J'aurai aujourd'hui un bureau (2) établi à Menin.

---

(1) *Au Général en chef.*

22 floréal (11 mai).

Plusieurs volontaires, qui doivent rejoindre leurs bataillons à Courtray, passant par Menin, le commandant de Menin les fait rétrograder sur Lille disant que la communication de cette ville à Courtray est rompue. Hier, il a fait rétrograder un détachement du 5e bataillon du Rhône-et-Loire composé de 280 hommes environ ; je l'ai fait partir ce matin pour Courtray en lui faisant escorter un convoi de pain. Comme à l'ordinaire les comptes ne se rendent pas, je te prie de me faire savoir la vérité ; il paraît que ces volontaires qui rétrogradent jettent une terreur dans la ville. Je prends le parti de les envoyer à la citadelle en attendant, et je les ferai joindre le plus tôt que je pourrai. Je préviens également le commandant de la place de les consigner et de les conduire, aussitôt leur entrée, à la citadelle ; je crois cette mesure nécessaire, d'autant plus qu'hier ils ont jeté l'épouvante ici.

LIÉBERT.

(2) Un adjudant général avec ses adjoints et secrétaires.

5 messidor (23 juin).

*Liébert à l'adjudant général Forgues.*

Ci-joint, Citoyen, tu trouveras l'ordre de te rendre à Menin, pour y établir un bureau pour le service de l'état-major général ; il faudra me réserver un logement, car j'irai souvent dans cette partie ; il n'y a guère qu'une maison où tu puisses t'établir ; tu feras pour le mieux.

Je fais partir un détachement de 15 chasseurs du 9e régiment, qui serviront seulement pour les ordonnances.

Je préviens la gauche de l'armée de correspondre directement à Menin ; tu me feras passer les paquets par des ordonnances.

Un détachement analogue fut laissé à Réunion-sur-Oise lorsque Ferrand, qui y commandait, se transporta à Maubeuge.

14 prairial (2 juin).

*Liébert au général Ferrand, à Maubeuge.*

En réponse, mon cher Camarade, à ta lettre du 12 courant, j'ai bien reçu l'état que m'as adressé ; tu m'as fait le plus vif plaisir en m'apprenant le siège de Charleroi ; qu'on se presse vivement, pour qu'il ne nous arrête pas longtemps.

Tu me dis aussi dans ta lettre que l'état-major de Réunion arrivant à Maubeuge, je peux y adresser tout ce que je renvoyais à Réunion. Je t'observe que je reçois aujourd'hui une lettre de Rambouillet (1), datée du 13, qui m'invite à envoyer à Réunion tout ce que j'avais habitude d'y envoyer, vu qu'il restait exprès dans cette place comme point de centre de la correspondance entre Lille et Maubeuge ; ainsi, je continuerai comme par le passé d'envoyer à Réunion, jusqu'à ce que tu m'aies répondu sur cet objet.

Si l'on résume les données qui précèdent, et si l'on tient compte de ce que Pichegru se chargeait de concerter directement ses attaques avec ses lieutenants, on peut dire, en empruntant cette définition à une partie des attributions que le général Thiébault accorde à un état-major général, que le chef de l'état-major de l'armée du Nord était « le centre de toutes les opérations néces-

---

(1) Adjudant général.

« saires pour assurer les besoins de l'armée », tandis que « le général en chef ne conservait que ses plans « de campagne, leur direction et le haut commande- « ment » (1).

*Ingénieurs, membres de l'état-major.* — Les adjudants généraux ne furent pas uniquement recrutés parmi les officiers ; les ingénieurs des ponts et chaussées firent aussi partie des états-majors.

21 ventôse (11 mars).

*Circulaire aux Conseils d'administration.*

Je vous fais passer, Citoyens, copie de l'arrêté (2) du Comité de Salut public de la Convention nationale qui enjoint à tous les ingénieurs des ponts et chaussées, non employés dans les armées en cette qualité ou comme membres de l'état-major général, de retourner à leurs fonctions primitives dans le plus court délai ; les y autoriser, m'adresser le tableau de ceux qui sont dans ce cas et m'instruire du jour de leur départ.

THARREAU.

*Les aides de camp.* — Les aides de camp paraissent avoir eu surtout le rôle d'aller porter verbalement les ordres du général et de les faire exécuter. « Rien, dit « Thiébault, ne précise les fonctions des aides de camp, « si ce n'est sous le rapport de la transmission des « ordres verbaux pour laquelle ils ont un caractère offi- « ciel. »

3 floréal (22 avril).

Il est ordonné à la compagnie de grenadiers du 1ᵉʳ bataillon de la Sarthe de rejoindre son bataillon. La première fois qu'il arrivera au capitaine de ne pas marcher lorsque je lui envoie un de mes aides de camp, je le ferai arrêter et traduire devant le tribunal révolutionnaire. Que cela lui serve d'exemple pour cette fois. Étant à la tête de l'armée, je n'ai pas le temps d'écrire.

Le gouvernement me passe des aides de camp pour faire exécuter mes ordres. Tous les individus doivent les suivre.

CHARBONNIÉ.

---

(1) Thiébault, *Manuel des adjudants généraux.*
(2) Arrêté du 12 ventôse. (Aulard, tome XI, page 495.)

La désignation des aides de camp était d'ailleurs soumise aux formalités prescrites par l'arrêté du 30 germinal qui n'admettait de nomination à aucun emploi, que le candidat n'ait été agréé par le Comité du Salut public, sur la présentation faite par la Commission de l'organition et du mouvement des armées de terre.

6 prairial (25 mai).

*Liébert, chef de l'état-major de l'armée du Nord, au général de division Bonnaud.*

.....Quant aux commissions que tu me demandes pour tes aides de camp, je n'en ai nullement le droit et c'est à la Commission chargée de l'organisation et du mouvement des armées de terre qu'il faut adresser ton choix ; pourvu que les sujets se conforment à l'article 2 de l'arrêté du Comité de Salut public du 30 germinal dernier (1), inséré dans l'ordre du 10 au 11 floréal, la Commission confirmera ton choix et leur adressera des brevets.

*Les adjudants généraux.* — D'après la loi, un général d'armée ne devait pas avoir d'adjudant général à sa disposition, mais bien quatre ou six aides de camp. Il ne semble pas que cette prescription ait été strictement observée, soit qu'on s'en réfère aux situations d'effectifs, soit qu'on invoque certains documents inédits.

22 floréal (11 mai).

*Au représentant du peuple Massieu.*

..... Tu me parles, Représentant, avec franchise de ce qui s'est passé dans les états-majors et de leur composition qui excède le nombre voulu par la loi ; ceci ne me regarde pas ; car, au lieu de quatre adjudants

---

(1) Le Comité de Salut public arrête : ..... 2° Cette proposition (à un emploi militaire) devra..... indiquer l'âge du citoyen, la profession de ses parents, les différents emplois par lesquels il aura passé, l'état de ses services, les notes qui le concernent et toutes les observations qui pourront éclairer le Comité sur sa conduite morale et politique, son patriotisme et sa capacité. (Aulard, tome XII, page 682.)

généraux et huit adjoints que l'ordonnance m'accorde, je n'en ai que trois et six adjoints, dont mon chef de bureau qui doit être en dehors et le mien particulier. Quant à leur certificat de civisme, lorsque tu les auras devant les yeux, tu ne pourras qu'en être satisfait. Pour ce qui peut regarder le général en chef, la loi lui en accorde six et un adjudant particulier avec ses deux adjoints (1) : dans toutes les revues qui ont été passées, je n'ai pas vu qu'il eût le nombre d'officiers. Quant à leur civisme et à leurs principes, citoyen Représentant, tu es sans doute trop juste et trop prudent pour vouloir que je m'érige en mentor vis-à-vis du général. Je n'ai, d'ailleurs, jamais été consulté dans les choix et je les ai même contrariés lorsque j'ai aperçu qu'il était influencé et que les individus n'avaient pas les qualités requises.

Tharreau.

*Les adjoints aux adjudants généraux.* — Si les fixations de la loi étaient parfois dépassées pour le nombre des adjudants généraux, il semble que ceux-ci se soient toujours, en ce qui concerne leurs adjoints, bornés au chiffre réglementaire.

5 floréal (24 avril).

*Liébert à Gaspard, adjudant général à Saint-Valery.*

..... Pourquoi la loi t'accorde-t-elle deux adjoints, si ce n'est pour te seconder. Qu'en fais-tu donc ? Si tu n'en as pas, choisis-en. La loi t'y autorise.

Soit pour augmenter le chiffre des adjoints aux adjudants généraux, soit pour suppléer à l'insuffisance manifeste des ordonnances, les chefs d'état-major se faisaient parfois fournir des officiers d'ordonnance par des régiments de cavalerie : ce sont ces mêmes officiers à qui Thiébault donne le nom « d'officiers de correspon- « dance (2) ou adjoints que le chef d'état-major général

---

(1) Il semble que ce soit là une erreur. La loi du 21 février 1793 (titre VIII, art. 1), ne dit rien de semblable.

(2) « D'après la demande du général chef d'état-major général, des officiers de correspondance sont choisis dans les corps par les chefs

« attache particulièrement à son état-major divisionnaire
« ou qu'un service trop actif force le général de division
« d'y adjoindre, au moins provisoirement ».

27 floréal (16 mai).

*Au Commandant du 5ᵉ régiment de dragons.*

Il est ordonné, Citoyen, d'envoyer de suite un officier d'ordonnance à l'état-major, qui sera relevé toutes les vingt-quatre heures et sera pris parmi les lieutenants.

*L'adjudant général chef de brigade,*<br>Rouyer.

Pareille lettre a été faite aux 11ᵉ et 20ᵉ régiments de chasseurs à cheval, au 23ᵉ de cavalerie et au 10ᵉ de dragons, excepté qu'il sera pour quarante-huit heures.

On a vu que la loi de 1793 permettait de recruter les adjoints dans tous les grades. Il arriva cependant à Liébert d'exiger, au moins une fois, la qualité d'officier, sauf décision spéciale du représentant du peuple. Le fit-il intentionnellement ou confondit-il la loi de 1790 avec celle de 1793 ?

1ᵉʳ prairial (20 mai).

*Liébert à Mercier, adjudant général à Saint-Germain, division du général Mayer.*

J'ai reçu, Citoyen, la lettre que tu m'as écrite le 24 du mois dernier pour me prévenir que tu as choisi pour adjoints les citoyens Marson et Morin, l'un ci-devant capitaine au 9ᵉ bataillon des fédérés, l'autre chasseur à cheval au 6ᵉ régiment. D'après les témoignages que tu me rends de leur civisme, de leur zèle et de leurs talents, je confirme ton choix, et je t'adresse ci-joint tes deux propositions.

---

qui les commandent. D'après le règlement, ce service ne doit compter pour eux que comme corvées ; mais, par le fait, ils restent ordinairement avec le général autant de temps que les corps dont ils font partie restent dans la division ou dans l'armée. » (Thiébault, *Manuel des adjudants généraux.*)

12 prairial (31 mai).

*Liébert à Bouhot, adjudant général à Lesquielles.*

En réponse, Citoyen, à ta lettre du 3 prairial relative au citoyen Gouri, maréchal des logis au 5ᵉ régiment d'hussards, je ne puis satisfaire à ta demande, la loi n'accordant que des officiers pour adjoints ; mais fais cette demande aux représentants du peuple, et, s'ils y acquiescent, sois sûr que sa promotion n'éprouvera aucune difficulté de ma part.

En outre, l'emploi d'adjudant major ou de quartier maître était incompatible avec celui d'adjoint.

Au quartier général de Marcello, le 21 floréal (10 mai),
2ᵉ année républicaine.

*Copie de l'ordre du quartier général de Lille du 16 au 17 floréal,*
2ᵉ *année républicaine.*

D'après une lettre de la commission, il est enjoint aux adjudants-majors, employés comme adjoints ou aides de camp, d'opter entre leur grade ou la place qu'ils occupent.

*Ordre du 21 floréal (10 mai).*

Conformément à un arrêté du Comité de Salut public, et d'après une lettre de la commission, il est enjoint aux quartiers-maîtres et adjudants-majors employés comme adjoints ou aides de camp, d'opter entre leur grade et la place qu'ils occupent.

10 prairial (29 mai).

*Liébert à Bourgeois, adjudant général à Cambray.*

En réponse, Citoyen, à ta lettre du 8 prairial, tu feras par écrit la demande par duplicata du choix des deux officiers que tu as appelés près de toi pour y être employés comme adjoints. Je t'observe cependant que le citoyen Cadot, adjudant-major, doit opter, et qu'en acceptant la place d'adjoint il ne peut conserver au corps son emploi d'adjudant-major. Quant à l'autre, nulle difficulté : dans l'un et l'autre cas ils se conformeront à l'arrêté du Comité de Salut public du 30 germinal dernier, inséré dans l'ordre du 10 au 11 floréal. Tu m'enverras ta demande et je la confirmerai.

Conformément à la loi, il était interdit de prélever sur un bataillon plus de deux officiers en qualité d'adjoints ou d'aides de camp.

12 prairial (31 mai).

*Liébert à l'adjudant général van Boecop* (1) *à Belleghem.*

J'ai reçu, Citoyen, la lettre que tu m'as écrite au sujet du citoyen Raff, lieutenant au 1ᵉʳ bataillon de troupes légères, que tu as provisoirement choisi comme adjoint ; je ne puis te donner à cet égard aucune approbation, attendu qu'il faudrait pour cela que tu le choisisses définitivement pour ton deuxième adjoint, si toutefois il n'y a déjà pas dans ce bataillon deux officiers employés comme aides de camp ou comme adjoints aux adjudants généraux. En ta qualité d'adjudant général tu dois avoir, suivant la loi, deux adjoints pour te seconder dans tes fonctions. Ainsi, choisis-les définitivement, et je confirmerai ton choix d'après les témoignages que tu me rendras de leur zèle, de leur activité et surtout de leurs talents militaires et de leur civisme, etc.

Les formalités à remplir par tout adjudant général, pour faire nommer l'adjoint qu'il avait choisi, consistaient à adresser au chef de l'état-major de l'armée une demande en double expédition sur laquelle l'adjudant général faisait ressortir les talents militaires et le « civisme » de son futur adjoint. De ces deux états, l'un était conservé par le chef de l'état-major et transmis sans doute par lui, avec son avis, à la Commission de l'organisation et du mouvement des armées de terre ; celle-ci soumettait la nomination à l'approbation du Comité de Salut public en vertu de l'arrêté du 30 germinal ; l'autre état était envoyé pour autorisation à l'adjudant général par le chef de l'état-major de l'armée, si cet officier général ne voyait aucun inconvénient à accepter le candidat, et sans attendre, semble-t-il, l'approbation définitive du Comité de Salut public.

---

(1) Adjudant général attaché à la brigade Daendels.

21 floréal (10 mai).

*Liébert au citoyen Augé, adjudant général à Comines.*

En réponse à ta lettre, Citoyen, tu voudras bien m'adresser, dans le plus court délai, deux demandes par duplicata qui constatent les talents militaires et le civisme des deux adjoints, dont tu as fait le choix ; je les approuverai et je t'en renverrai une pour chacun d'eux qui leur servira d'autorisation, et je garderai les deux autres.

9 prairial (28 mai).

*Liébert à Gaspard, adjudant général à Saint-Valery.*

En réponse, citoyen, à ta lettre du 6 prairial, j'approuve la nomination que tu as faite du citoyen Faillette, officier au 20º régiment de dragons, pour servir auprès de toi en qualité d'adjoint. Je t'observe qu'il faut que cet officier se conforme à l'arrêté du Comité de Salut public du 30 germinal dernier, inséré dans l'ordre du 10 au 11 floréal, relatif aux nominations des divers emplois militaires dans les états-majors.

LIÉBERT.

14 prairial (2 juin).

*Liébert au citoyen Rambouillet, adjudant général à Réunion-sur-Oise.*

J'ai bien reçu, Citoyen, tes trois lettres, dont deux en date du 11 et l'autre du 13 courant. La première me propose le citoyen Dubuc pour être accepté par moi comme ton adjoint, ce que je ferais avec plaisir ; mais il faut pour cela que tu m'adresses une seconde demande semblable à la première sur laquelle je mettrai mon acceptation et te la renverrai ; la première restera par devers moi ; cette formalité est indispensable.

Ta lettre du 13 courant m'apprend que tu es fixé à Réunion comme point de centre de la correspondance entre Lille et Maubeuge (1).

---

(1) On a vu précédemment que, pour diminuer parfois la distance qui le séparait des troupes de première ligne, le chef de l'état-major de l'armée, resté en arrière, détachait en avant de lui un bureau annexe chargé d'assurer la liaison dans des conditions suffisantes de rapidité et de bon fonctionnement. Voir aussi la lettre de Liébert à Ferrand à Maubeuge du 14 prairial, page 161.

15 prairial (3 juin).

*Liébert à l'adjudant général Housseau, à Ascq.*

J'ai reçu, Citoyen, la proposition que tu m'as faite pour ton second adjoint ; comme il y a des formalités à remplir, je t'adresse ci-joint : 1° ta proposition que tu signeras et que tu pourras remettre à ton adjoint, puisque j'approuve ton choix ; 2° le double de cette proposition que tu me renverras après l'avoir signée. On a laissé de la place pour cet objet.

16 prairial (4 juin).

*Liébert à Girault, adjudant général à Pont-à-Marcq.*

Pour que je puisse approuver, Citoyen, le choix que tu as fait du citoyen Vartec pour ton adjoint, il faut que tu m'adresses deux demandes, dans lesquelles tu désigneras le nom et le grade du susdit citoyen ; j'en approuverai une que je te renverrai et je garderai l'autre par devers moi. Je remets ta seconde lettre concernant tes frais de bureau au citoyen Durand, adjoint, chargé de cette partie ; il te fera réponse en conséquence.

La solde des adjoints aux adjudants généraux attachés à un corps de troupe était celle de leur emploi dans ce corps augmentée d'une annuité de 1200 francs ; celle des adjoints ne comptant à aucun corps fut fixée par l'arrêté du Comité de Salut public du 11 ventôse, qui fut lui-même complété par celui du 14 floréal en ce qui concerne les adjoints pris éventuellement, et, conformément à la loi du 21 février 1793, parmi les sous-officiers ou soldats.

« Le Comité de Salut public, sur la proposition du Ministre de la guerre, arrête que les adjoints aux adjudants généraux qui, n'étant attachés à aucun corps, sont réduits au seul supplément de 1200 livres accordé aux autres adjoints qui perçoivent en outre les appointements affectés à leurs grades respectifs, recevront, à dater du 1er ventôse présent mois, 200 livres d'appointements par mois. » (11 ventôse — 1er mars 1794).

*Ordre du 21-22 floréal (10-11 mai). Extrait des registres du Comité de Salut public de la Convention nationale, du 14 floréal an 2e.*

Considérant que, par son arrêté du 11 ventôse dernier, qui porte à 200 L. par mois le traitement des adjoints aux adjudants généraux qui n'appartiennent à aucun corps, le traitement des sous-officiers et soldats qui pourraient être appelés aux mêmes fonctions n'est pas déterminé ;

Le Comité de Salut public arrête :

Les sous-officiers et soldats des différents corps de troupes qui seront employés comme adjoints aux adjudants généraux jouiront, à compter du jour de leur nomination, du même traitement de 200 L. par mois attribué aux adjoints qui ne tiennent à aucun corps ; et ce traitement leur tiendra lieu de toute autre solde.

*Frais de bureau des états-majors.* — Contrairement à ce qui se passait pour leurs adjoints, les adjudants généraux n'avaient droit à aucune indemnité ou solde afférente à leur emploi et touchaient seulement celle de leur grade, c'est-à-dire de chef de bataillon ou de chef de brigade (1). Mais, en échange, leurs frais de bureau leur étaient remboursés.

*Ordre de l'armée du 5-6 germinal (25-26 mars).*

D'après une lettre de l'adjoint au Ministre de la guerre Jourdeuil (2), dans laquelle il marque qu'on lui a fait plusieurs observations relati-

---

(1) *Le même au même, 5 floréal (24 avril).*

..... Tu dois savoir, Citoyen, que tu ne dois toucher que les appointements attachés à ton grade. Si tu es adjudant général chef de bataillon, c'est en cette qualité que tu dois être payé. Si tu es chef de brigade, ce sont les appointements de ce grade que tu dois percevoir. Quant aux frais de bureau, ce n'est pas à moi à les déterminer ; tu m'enverras à la fin de chaque mois l'état détaillé des frais que tu auras pu faire, avec les pièces à l'appui, et je l'acquitterai. Cela se pratique ainsi dans l'armée ; une lettre ministérielle, au surplus, enjoint cette démarche.

(2) *Jourdeuil, adjoint au Ministre de la guerre, au général en chef de l'armée du Nord.*

Paris, 28 ventôse (18 mars).

Le Ministre de la guerre me charge de te prévenir, Citoyen, que les réclamations multipliées qui lui sont adressées par les officiers généraux et adjudants généraux pour le remboursement de leurs frais de

vement aux frais de bureau des états-majors divisionnaires, le général chef de l'état-major enjoint à tous les généraux de division de lui envoyer chaque mois les états des dépenses faites pour leur bureau avec les pièces justificatives à l'appui afin qu'il en fasse faire un état général. Il prévient que le commissaire ordonnateur en chef a reçu ordre de se refuser, à l'avenir, à tous payements partiels de ces frais et de se conformer au mode ci-dessus prescrit.

Le 4, ces dispositions avaient été notifiées, à peu près dans les mêmes termes, aux généraux de division de l'armée des Ardennes, par le général Charbonnié qui ajoutait cependant que, sur le vu de l'état, certifié par chaque chef d'état-major ou général de division (1), « le montant serait renvoyé de suite » ; qu'on y comprendrait aussi « les frais qui peuvent être faits par les « généraux et officiers qui sont sous les ordres du « général de division ».

Il semble que cette dernière extension, en ce qui concerne les simples officiers, ne fût pas plus justifiée que la solution qu'avait trouvée Moreau de prendre « les « frais de bureau de sa division sur les fonds destinés à « la correspondance secrète (2) ».

Bien que la procédure indiquée par l'ordre des 4 et

---

bureau lui ont paru devoir exiger un mode uniforme de payement..... Il me charge, en conséquence, de te prescrire de recommander à tous les officiers généraux et adjudants généraux dans le ressort de ton commandement d'adresser à l'avenir, et chaque mois, au chef de l'état-major général de l'armée, les états des frais dont ils réclament le remboursement, avec les pièces justificatives à l'appui. Ces états particuliers, après avoir été vérifiés, seront compris dans un état général de frais de bureau et d'état-major, qui devra être certifié véritable du chef de l'état-major, revêtu de son approbation et visé par le commissaire ordonnateur en chef de l'armée, que le Ministre autorisera ensuite à en ordonnancer le payement sur les fonds mis à sa disposition.....

(1) 4 floréal. Tharreau aux généraux de division Colaud et Lebrun : « Il faut que tu certifies véritables les états que tu m'enverras ».

(2) Liébert au citoyen Lacour, adjudant général à Cassel, 13 germinal an 2e.

5-6 germinal fût des plus simples, elle donna lieu à bien des rappels et des rectifications. Le 10 floréal, Tharreau rappelle à Colaud qu'il n'a pas répondu à sa lettre du 4 : « Comment veux-tu, Général, que je te fasse rembourser « et que je fasse moi-même mes états de dépense ? » A Plaideux, général de brigade à Réunion-sur-Oise, Liébert écrit le 11 que, faute par lui d'avoir exécuté à temps l'ordre du 5-6 germinal, il lui est impossible de lui rembourser ses frais de bureau du mois de germinal : « Les comptes du mois passé sont arrêtés et « payés ; renvoie-moi les pièces à l'appui de ton état, « et, le mois prochain, je le ferai acquitter ». Le 27, Rostollan, adjudant général de la division Jacob à l'armée des Ardennes, adresse au chef d'état-major de cette armée des mémoires comprenant à la fois des frais de bureau et d'autres dépenses extraordinaires. Charbonnié rejette ces dernières : « Je ne puis, lui écrit-il, acquitter les dépenses que tu as faites par ordre du représentant du peuple Massieu ; c'était à lui à te donner une ordonnance..... Je ne puis donc que te passer en compte tes frais de bureau. Tu voudras bien t'adresser, pour le reste, à l'ordonnateur ou au représentant Levasseur..... ». Le 28, un nouveau rappel est adressé pour avoir l'état des frais de bureau du mois de floréal (1) ; ce rappel se reproduit encore à la fin de prairial (2). Les adjudants généraux pouvaient d'ailleurs s'inquiéter assez peu d'être exacts à réclamer leurs frais, puisque le chef d'état-major voulait bien les comprendre dans les comptes des mois suivants : c'est ainsi qu'une lettre de Liébert, du 29 prairial, promet à l'adjudant général Séron, qui est à Dickebusch, près Ypres, de « porter en rappel sur l'état général de

---

(1) Ordre du 28 floréal.
(2) 25 prairial.

dépense, les frais de bureau qu'il réclame pour les mois de ventôse, germinal et floréal ».

Que comprenaient exactement ces frais de bureau ? Il est assez difficile de le dire, mais d'après une lettre de Charbonnié du 4 prairial (1), les adjudants généraux y faisaient figurer la solde de leurs secrétaires et le port de leurs lettres officielles.

> Le commissaire ordonnateur n'ordonnancera pas l'état des frais de ton bureau qu'au préalable tu n'aies joint à l'appui les quittances séparées des divers objets qui y sont détaillés ; il faut aussi que tu y joignes celles des secrétaires que tu emploies dans ton bureau, et que tu ne les comprennes dans ces mêmes dépenses que du moment qu'ils ont été en activité. Tu les portes pour le mois entier de floréal, je crois mal à propos, puisque ton bureau n'a été formé qu'à dater du 21 floréal ; quant aux lettres, je t'observe encore que tu ne dois porter en dépense que celles qui concernent le service, et que tu dois au surplus justifier d'un reçu du directeur de la poste de l'armée.....

*Les secrétaires.* — Cette explication amène tout naturellement à parler des secrétaires. Il ne semble pas qu'ils fussent militaires, car dans ce cas ils n'auraient pas été directement payés par les adjudants généraux. La facilité avec laquelle on pouvait les renvoyer semble corroborer cette appréciation. « L'ordre que tu trouveras ci-joint, écrivait Tharreau au général Dessaubaz (2), aurait dû te parvenir à *3 h. 30* du matin. C'est la négligence d'un secrétaire que j'ai mis à la porte aussitôt que je me suis aperçu de ce retard..... »

La conclusion à laquelle conduit l'examen de ces documents est confirmée par le *Manuel général du service des états-majors* (3). « On nomme secrétaires », y lit-on,

---

(1) Charbonnié à l'adjudant général Klein, 4 prairial.
(2) 10 floréal.
(3) *Manuel général du service des états-majors généraux et divisionnaires dans les armées,* par Paul Thiébault, baron de l'Empire, général de division. — Paris, 1813.

les personnes chargées des expéditions et de la tenue des registres chez tous ceux qui par leurs grades et leurs fonctions sont chargés d'un travail de bureau.

« Ces fonctions sont civiles ; malgré cela, ceux qui les remplissent sont justiciables des tribunaux militaires comme les employés des armées.

« Ces secrétaires, choisis par ceux qui les emploient, sont payés par eux sur les frais de bureau qui leur sont accordés, ou de leurs deniers.....

« Ils n'ont droit à aucune ration ; leur en donner serait cependant très juste..... Obligés de travailler à la suite d'une longue marche, et souvent la nuit entière, il est nécessaire qu'ils aient fait la route à cheval et que par conséquent on nourrisse un cheval à chacun de ceux qui ne peuvent évidemment s'en passer. » C'est ainsi que, de nos jours, les états-majors de division qui ne disposent pas de voitures d'état-major, ont un secrétaire monté.

*Les guides.* — La compagnie de guides qui était attachée à l'état-major d'une armée avait pour rôle primordial de guider (1) les colonnes ou d'opérer des reconnaissances préalables aux marches.

S'il n'en fut pas fait usage à l'aile gauche de l'armée du Nord, dont le théâtre d'opérations était découvert, il en fut tout autrement sur le terrain accidenté, couvert et boisé des armées des Ardennes et de la Sambre.

22 pluviôse (10 février).
*Au Capitaine des guides.*

Il est ordonné au citoyen Feurster, capitaine des guides de l'armée des Ardennes, de détacher deux guides de sa compagnie pour les

---

(1) « Les guides d'une armée étaient autrefois des hommes choisis dans le pays qui devenait le théâtre de la guerre : on prenait ceux qui connaissaient le plus parfaitement les localités ; et ils servaient réellement à conduire les colonnes et à guider dans leurs courses les géné-

envoyer au quartier général en chef à Sedan, aux ordres du général en chef de l'armée des Ardennes.

CHARBONNIÉ.

10 germinal (30 mars).

Il est ordonné à la compagnie des guides de l'armée de partir demain, 11 germinal, de Carignan, pour se rendre le même jour à Bouillon, aux ordres du général divisionnaire Michaud et où elle restera jusqu'à nouvel ordre.

CHARBONNIÉ.

Lorsque Charbonnié fixa définitivement son quartier général à Givet, il y appela un détachement de guides.

19 germinal (8 avril).

Il est ordonné au capitaine de la compagnie des guides de l'armée des Ardennes de partir d'Yvoi (?) Carignan le 21 du courant avec huit guides et un sous-officier pour se rendre au quartier général à Givet. Ils iront loger le même jour à Sedan, le 22 à Mézières, le 23 à Roc-Libre et le 24 à Givet.

Le logement leur sera fourni dans les lieux de passage, conformément aux lois. Ils emporteront avec eux leurs armes de campagne.

Le 30, cet officier général employait des guides à reconnaître des cantonnements.

ARMÉE
DES ARDENNES.     30 germinal (19 avril).

Il est ordonné au capitaine des guides d'envoyer quatre guides, à son choix, pour reconnaître les cantonnements de l'armée.

Comme exemple de conduite de colonnes, on peut citer l'ordre ci-après :

---

raux et les officiers d'état-major ; il y en avait douze à pied et douze à cheval..... on les employait encore à porter les ordonnances importantes ou pressées. » (*Manuel des adjudants généraux.*) Le chiffre 24 donné par le général Thiébault est à peu près concordant avec celui de 21 donné par la loi du 27 avril 1792 sur les guides.

27 prairial, an 2ᵉ (15 juin 1794).

Les représentants du peuple près les armées du Nord, de la Moselle et des Ardennes réunies,

Informés que souvent les distributions ont été retardées, parce que les conducteurs des convois ignoraient les routes qu'il fallait tenir pour se rendre aux différentes divisions de l'armée,

Arrêtent que les guides seront tenus de jalonner tous les chemins par où l'armée aura passé jusqu'aux lieux où les divisions seront placées.

Il sera affecté à chaque division un ou deux guides qui seront tenus d'accompagner au lieu de la distribution les convois de subsistance et d'empêcher que les conducteurs s'écartent sous peine d'en répondre personnellement.

Un guide se rendra, en conséquence, tous les jours chez le commissaire ordonnateur pour savoir les jours de distributions et les lieux où ils devront conduire les subsistants.

Le chef de l'état-major est chargé de faire exécuter le présent arrêté.

GILLET et GUYTON.

*Les ordonnances.* — Les « ordonnances (1) » ne faisaient, à proprement parler, pas partie des états-majors : ils étaient détachés de leurs régiments pour assurer le service. Parfois ils étaient à pied (2), mais

---

(1) Les ordonnances sont, en général, des hommes pris dans l'infanterie, parmi les sous-officiers et dans la cavalerie parmi les simples cavaliers, et qui, pendant vingt-quatre heures, et à leur tour de service, sont chargés chez les généraux, à l'état-major, chez le commandant de place et le commissaire des guerres, de porter les lettres, ordres ou paquets qui tiennent au service. (*Manuel des adjudants généraux.*)

(2)  *Charbonnié au général Lorge.*

16 floréal (5 mai).

Mon cher Camarade,

Tu as pris ton quartier général trop loin de tes postes. Les ordonnances à pied et cheval que l'on envoie des différents cantonnements à ton quartier général passent une journée de temps à aller et revenir. J'en ai reçu des plaintes d'un chef de brigade. Tu prendras ton quarle plus souvent c'étaient des cavaliers tirés des troupes mobiles ou encore des dépôts (1).

Leur chiffre est des plus variables : le 27 germinal, huit jours après que Charbonnié a placé son quartier général à Givet, son état-major réclame au commandant de cette place « huit ordonnances à cheval et un sous-« officier de gendarmerie ou gendarme ayant la police « des ordonnances (2) » ; le 3 floréal, alors que le quartier général est transporté à Philippeville, l'adjudant général Barbier réclame un contingent plus fort, qu'il augmente encore le 7.

3 floréal (22 avril).

*L'adjudant général Barbier au Commandant, à Vedette (3).*

Je t'invite, Citoyen camarade, à mettre sur-le-champ au bureau de l'état-major général à l'ancienne poste, rue de l'Arsenal, pour le service de la République, huit chasseurs à cheval et un sous-officier en ayant la police ; quatre ordonnances à pied et un sous-officier ayant aussi la police des ordonnances à pied avec un factionnaire fourni des ordonnances de la place. Les sous-officiers, avec une ordonnance à pied et une à cheval, seront toujours de planton au secrétariat du bureau ; ils ne pourront sortir sous aucun prétexte ; ils veilleront aussi, chacun pour ce qui le concerne, qu'aucune des ordonnances à cheval et à pied ne s'absente du corps de garde qui leur sera destiné par la municipalité.

---

tier général aujourd'hui à Daussois ou à Silenrieux. Je te prie de ne pas y manquer, parce que le besoin urgent du service l'exige. Je te connais d'ailleurs trop bon républicain pour t'y refuser.

(1) *Au Commandant du dépôt du 8ᵉ régiment d'hussards, à Aire.*

16 floréal (5 mai).

Il est ordonné au commandant du dépôt du 8ᵉ régiment d'hussards d'envoyer, aussitôt la réception du présent ordre, six hommes de ce dépôt à Bailleul, pour y faire le service d'ordonnances.

LIÉBERT.

(2) L'adjudant général Barbier au commandant amovible de Givet, 27 germinal.

(3) Vedette Républicaine ou Philippeville.

*7 floréal (26 avril).*

*Le même au Commandant amovible de Vedette.*

Je te préviens, Citoyen, que le service des ordonnances devient trop pénible ; que huit sont insuffisantes en ce moment ; que, ne pas les augmenter, ce serait ruiner les chevaux de la République ; pour y remédier, tu voudras bien, de suite, augmenter le nombre des ordonnances à cheval de quatre chasseurs ou hussards.

**D'après l'ordre ci-après, du général Alexis Dubois, le chiffre des ordonnances serait de dix, aussi bien pour un état-major d'armée que pour celui d'une division.**

*Réunion-sur-Oise, 4-5 floréal (23-24 avril).*

. . . . . . . . . . . . . . . . . . . . . . . . . . . . . .
Les généraux provisoires de brigade de cavalerie qui occupent la droite et la gauche du camp retranché, fourniront pour demain matin chacun 10 ordonnances, les dix premières seront employées au service de l'état-major du général Ferrand et les dix autres à celui du général Balland ; elles apporteront les subsistances de leurs chevaux et seront relevées toutes les vingt-quatre heures.

Le bien du service exige que ce service soit exactement surveillé. En conséquence, le général de brigade Baudin fera commander un brigadier ou un maréchal des logis intelligent, qui sera chargé du commandement des ordonnances et répondra aux généraux toutes les fois qu'ils auront besoin de lui.

A l'armée des Ardennes, le chiffre semble aller toujours croissant : il était de huit le 27 germinal, de douze le 3 floréal, de seize le 7 ; il est de vingt-deux le 13.

*13 floréal (2 mai).*

*Le général Charbonnié au général de division Jacob.*

Je te préviens, Citoyen, que les hussards faisant actuellement le service des ordonnances, se rendront demain à 5 heures à leur régiment. En conséquence, tu voudras bien donner ordre aux régiments ci-dessous indiqués de fournir les ordonnances, au bureau de l'état-major, dans la forme suivante :

| | | | |
|---|---|---|---|
| Le 23ᵉ régiment de cavalerie | | 10 | ordonnances. |
| Le 5ᵉ — dragons | | 6 | — |
| Le 20ᵉ — chasseurs à cheval | | 4 | — |
| Le 10ᵉ — hussards | | 2 | — |
| | Total.... | 22 | |

Ces ordonnances feront 48 heures de service, à commencer de demain matin, à 5 heures très précises, et seront relevées tous les deux jours, dans la même proportion, par les mêmes régiments ; elles prendront leurs fourrages seulement à Vedette et elles apporteront leurs vivres pour les hommes.

Le 19, le général A. Dubois, qui commande la cavalerie, fait envoyer douze ordonnances à l'état-major du général Ferrand, commandant en chef le centre de l'armée du Nord, et six autres à la division du général Balland.

*Ordre du 19 floréal (8 mai).* — *Le général Alexis Dubois aux généraux de brigade d'Hautpoul et Deprez.*

Nonobstant les 12 ordonnances à fournir tous les cinq jours par les régiments de ta brigade et celles qui composent celle du général d'Hautpoul (Deprez donne l'ordre au général d'Hautpoul), dont le tour revient le 21 au 8ᵉ régiment de chasseurs, conformément à l'ordre du 15 ; il sera encore fourni par chacun des cinq régiments et dans le même ordre six autres ordonnances qui, comme les douze du général Ferrand, se rendront à Lesquielles, au quartier général et pour le service du général de division Balland.

Ces six ordonnances seront munies de leurs vivres et fourrages, relevées exactement tous les matins à 8 heures précises.

Rien ne peut changer l'ordre d'en fournir une par chaque régiment, tous les jours, chez le général Dubois, qui rend les adjudants et chefs de corps responsables de la négligence qui pourrait être apportée à l'exécution du présent ordre.

Le même jour, on envoie six ordonnances au général de division Mayer :

*Ordre du 19 floréal (8 mai).* — *Le général A. Dubois au citoyen Bousson.*

Nonobstant l'ordonnance à fournir par chaque régiment sous tes ordres chez le général Dubois, il sera en outre fourni six ordonnances, qui se rendront tous les matins, à 8 heures précises, chez le général de division Mayer, à son quartier général, à Saint-Germain.

Ces ordonnances seront fournies tous les jours, à commencer par le 3ᵉ régiment de cavalerie, ensuite par le 5ᵉ de dragons et puis par le 12ᵉ de dragons, sauf à recommencer ce tour de service tous les trois jours. Elles seront munies de leurs vivres et fourrages et relevées exactement tous les matins.

Le général rend les adjudants et chefs de corps responsables de la négligence qui pourrait être apportée à l'exécution du présent.

Mais, quatre jours après, la même division reçoit dix ordonnances au lieu de 6, et il en est de même de celle du général Kléber qui a remplacé à Lesquielles le général Balland. Quant au général commandant la cavalerie, il lui est affecté un ordonnance par chacun des régiments placés sous ses ordres.

*Ordre du 23 floréal (12 mai).*

Les généraux de division ne cessent de mêler leurs plaintes réitérées à celles du général Ferrand, relativement aux ordonnances que chaque corps doit fournir.

Chaque jour annonce des entraves dans cette partie essentielle du service, et pour y parer et maintenir l'exactitude qu'il est indispensable d'y apporter, le général ordonne qu'à commencer dès demain, 24 floréal, toutes les ordonnances, au lieu d'être relevées à 7 heures du matin ne le seront qu'à 5 heures du soir. Le général réitère pour la dernière fois l'ordre qu'il a donné d'envoyer strictement les différentes ordonnances munies de leurs vivres et fourrages, d'en envoyer le nombre ordonné aux différents quartiers généraux dans l'ordre ci-après, savoir :

Le 6ᵉ régiment de chasseurs fournira 12 hommes dont 1 brigadier, les 27 floréal, 3, 9, 15, 21 et 27 prairial, chez le général Ferrand, à Réunion.

Le 17ᵉ de cavalerie fournira également 12 hommes chez le même général Ferrand, les 28 floréal, 4, 10, 16, 22 et 28 prairial.

Le 3ᵉ de dragons fournira ensuite les 24, 30 floréal, 6, 12, 18, 24 et 30 prairial.

Le 3ᵉ de cavalerie fournira ensuite les 25 floréal, 1, 7, 13, 19 et 25 prairial.

Le 12ᵉ de dragons fournira ensuite les 26 floréal, 2, 8, 14, 20 et 26 prairial.

Le 16ᵉ de cavalerie fournira tous les jours 10 ordonnances chez le général de division Mayer, à Saint-Germain, tant pour lui que pour les deux généraux de brigade.

Le 8ᵉ de cavalerie fournira tous les jours 10 ordonnances chez le général Kléber, à Lesquielles, où était le général Balland.

Tous les régiments fourniront chacun une ordonnance chez le général Dubois.

A l'armée des Ardennes, le nombre des ordonnances augmente encore, car le même jour les généraux Marceau et Jacob reçoivent chacun l'ordre d'envoyer 16 ordonnances à l'état-major de l'armée.

27 floréal (16 mai).

*Le général Charbonnié au général Marceau.*

Tu voudras bien de suite donner des ordres pour envoyer au bureau de l'état-major quatre ordonnances du 20ᵉ chasseurs à cheval, quatre du 10ᵉ dragons et deux du 10ᵉ hussards ; elles seront relevées tous les jours par un pareil nombre. Donne cet ordre le plus promptement possible. De plus, le 11ᵉ chasseurs en fournira six.

27 floréal (16 mai).

*Le général Charbonnié au général Jacob.*

Tu voudras bien donner des ordres pour que le 23ᵉ régiment de cavalerie fournisse tous les jours dix ordonnances au bureau de l'état-major, et le 5ᵉ dragons en fournira six ; elles y resteront vingt-quatre heures et seront tous les jours relevées par d'autres. Donne cet ordre le plus promptement, car je n'en ai pas une seule.

En résumé, à l'armée des Ardennes, le chiffre des ordonnances de l'état-major varie de 8 à 32 ; au centre de l'armée du Nord, le chiffre est 12 pour l'état-major de l'armée, 10 pour une division ; quant au général commandant la cavalerie, il en prélève un sur chacun des régiments placés sous ses ordres. Il semble qu'il y ait concordance entre les deux chiffres de l'armée des Ardennes et de celle du Centre, car la première n'avait par le fait, au 13 floréal, qu'une division, celle du général Jacob, et les 22 ordonnances qu'accuse l'ordre du 13 peuvent se décomposer en 12 affectés à l'armée et

10 à la division ; de même les 32 fournis le 27 floréal pouvaient se répartir en 12 à l'état-major de l'armée et 10 à chacune des divisions Jacob et Marceau. Du reste, le document qui va suivre accuse 35 officiers, guides ou ordonnances pour le quartier général de Pichegru. Or il avait 4 aides de camp (1) ; deux fois plus de cavaliers au moins ; environ 9 guides (2) ; il lui restait donc environ 12 ordonnances.

On pourrait donc conclure peut-être de tous les documents qui précèdent et de celui qui va suivre, qu'il y avait une moyenne de 12 ordonnances pour un état-major d'armée, et de 10 pour un état-major de division.

28 prairial (16 juin).

*Liébert au citoyen Bourcier, commissaire ordonnateur en chef à Lille.*

Le quartier du général en chef, Citoyen Commissaire, étant établi à Zonnebeke, je t'invite à donner des ordres pour que les vivres et fourrages y arrivent, tant pour les officiers attachés au quartier général que pour les guides et ordonnances, qui sont environ trente ou quarante.

**Les ordonnances** étaient surveillés parfois par un gendarme ou un sous-officier de gendarmerie, parfois par un sous-officier de cavalerie attaché en permanence au quartier général.

20 floréal (9 mai).

*L'adjudant général Barbier au Commandant temporaire de Vedette Républicaine.*

Un maréchal des logis doit rester fixe au quartier général, ayant la police des ordonnances. Tu voudras bien donner les ordres les plus prompts pour qu'il lui soit délivré une chambre de sous-officier près le corps de garde où sont les ordonnances du bureau de l'état-major général, au quartier 56.

**La durée du service des ordonnances** variait de vingt-

---

(1) Abbatucci, Doumeze, Chomette, Gaume (état du 16 floréal [5 mai]).
(2) Voir page 175. 19 germinal.

heures à quarante-huit ou soixante-douze heures ; ils apportaient leurs vivres et leurs fourrages ; parfois aussi ils apportaient leurs vivres seuls, et l'état-major leur procurait des fourrages sur des bons établis au titre des corps. Les deux modes semblent être employés indifféremment.

*Ordre du quartier général de Réunion-sur-Oise du 11 au 12 floréal (30 avril au 1er mai).*

Les ordonnances qui seront employées au quartier général sont prévenues d'avoir à l'avenir le soin d'apporter leurs vivres et leur fourrage, parce qu'il ne leur sera plus délivré aucun bon à cet effet.

Le 13, au contraire, Tharreau (1) prescrit que les ordonnances à fournir par le 13e dragons et qui seront de service pendant quarante-huit heures n'apporteront que leurs vivres et prendront « leur foin et leur avoine seulement à Philippeville ». Le 15, le général Dubois, en donnant l'ordre d'envoyer douze ordonnances chaque jour et pour vingt-quatre heures au quartier général de Ferrand, spécifiait que « chaque détachement serait muni de ses vivres et fourrages (2) ». Le 17, Dubois répétait encore la même recommandation (3). Par contre, l'ordre de Ferrand du 18 au 19 floréal prescrit la fourniture des fourrages par l'état-major :

*Ordre du 18-19 floréal (7-8 mai).*

Les ordonnances de service au quartier général se plaignent de l'inexactitude des fourriers de leurs compagnies à leur faire porter les

---

(1) 13 floréal. — Au général de brigade Dessaubaz, à Franchimont.
(2) Ordre du 15 floréal.
(3) Ordre du 17 floréal. — Le général A. Dubois au général de brigade d'Hautpoul; à Deprez et Bousson, généraux de brigade.
Il est ordonné aux généraux de brigade de fournir ou faire fournir chez le général Dubois une ordonnance de chaque régiment, munie de vivres et fourrages, et de la faire relever exactement tous les vingt-quatre heures.

vivres aussitôt la distribution. Le général en chef recommande aux chefs des corps de surveiller cette négligence. Comme c'est au quartier général qu'on délivre les fourrages aux ordonnances sur un bon signé d'un officier de l'état-major, ces bons doivent être reportés à leurs corps respectifs à la fin de chaque mois, pour entrer dans le bon général du quartier-maître.

On doit toutefois reconnaître que l'autre mode d'opérer est plus fréquent car on le trouve encore prescrit le 3 et le 4 prairial à l'armée des Ardennes (1).

On peut citer encore, comme cas particulier, l'arrêté de Saint-Just et Le Bas, daté de Réunion-sur-Oise, le 16 pluviôse, aux termes duquel tout fonctionnaire devait répondre dans un délai fixé aux demandes qui lui étaient adressées, faute de quoi « les ordonnances et leurs chevaux devaient être nourris aux dépens des administrations et préposés auxquels elles auront été adressées ».

*Ordre de l'armée du Nord du 13 au 14 ventôse (3 au 4 mars). — Copie de l'arrêté des représentants du peuple députés à l'armée du Nord, en date du 16 pluviôse (Réunion-sur-Oise).*

Les représentants du peuple à l'armée du Nord, considérant que l'inertie des administrations des armées résulte de la négligence des fonctionnaires, du défaut d'activité dans les rapports, arrêtent ce qui suit :

Les commissaires ordonnateurs, les régisseurs des vivres, correspondront avec les administrations de district, les commissaires des guerres, garde-magasins et tous préposés, par des ordres ou des demandes succinctes.

Le délai pour y répondre sera fixé.

Les dépêches seront remises par des ordonnances qui attendront les réponses pendant le délai qui sera porté sur leur ordre de route.

Après le délai expiré, les ordonnances et leurs chevaux seront nourris aux dépens des administrations et préposés auxquels elles auront été adressées.

---

(1) Le général Charbonnié au commandant du 23ᵉ régiment de cavalerie, 3 prairial, et au général Vezu, 4 prairial.

Les ordonnances ne pourront revenir sans réponse, à peine de trois mois de détention.

Le Bas, Saint-Just.

De tout ce qui précède on peut conclure que les ordonnances, à pied ou à cheval, étaient détachés, avec vivres et fourrages, de leurs corps pour servir pendant une ou trois journées à l'état-major.

La nature de leur service était particulièrement le port des dépêches partant de l'état-major. Parfois aussi ils accompagnaient le chef d'état-major en tournée (1) ou étaient échelonnés entre deux localités pour assurer plus ou moins rapidement la correspondance entre ces deux points (2). Dans sa division de cavalerie, le général Dubois avait prescrit que « toutes les fois que les avant-postes feraient des reconnaissances utiles, ils en rendraient compte à leur chef qui en instruirait de suite le général de la cavalerie par une ordonnance soit de jour, soit de nuit (3) ».

La lecture de la correspondance et des ordres de service des diverses parties de l'armée ne laisse aucun

---

(1) Au quartier général, à Vedette, le 16 floréal (5 mai).

Il est ordonné à deux dragons du 10ᵉ régiment, qui ont accompagné le général Tharreau de Givet à Vedette, de s'en retourner rejoindre leur corps à Givet. Ils observeront en chemin la discipline ordinaire.

Tharreau.

P.-S. — Je certifie que les deux dragons d'ordonnance se sont bien comportés pendant leur détachement.

(2) *Ordre du général en chef.*

26 floréal (15 mai).

Il est ordonné au commandant du 23ᵉ régiment de cavalerie de faire partir de suite pour Boussu un brigadier et dix cavaliers pour la correspondance de Vedette à Thuin.

(3) 29 floréal.

doute sur l'insuffisance avec laquelle les ordonnances s'acquittaient de leur mission. Non seulement ils ne sont pas fournis régulièrement par leurs corps (1), mais le service fonctionnait mal, ainsi qu'en témoignent la lettre de Liébert du 12 germinal (2) et l'ordre de l'armée du Nord du 15 au 16, rééditant lui-même les plaintes de ceux du 8 au 9 pluviôse et du 25 au 26 ventôse (3).

On se plaint journellement du service des ordonnances. Leur défaut d'exactitude et de célérité provient souvent de ce que ceux qui en sont chargés font sans nécessité des courses trop longues (4) et ne veulent pas profiter des postes intermédiaires qui se trouvent sur leur route. D'où il résulte que les chevaux s'abîment et se ruinent. Pour obvier à cet

---

(1) 19 floréal. — Tharreau au général Dessaubaz, à Franchimont : « Le 10ᵉ dragons n'a pas fourni hier les ordonnances..... »

3 prairial. — Tharreau au commandant du 23ᵉ de cavalerie : « Tu voudras bien fournir de suite les dix ordonnances que tu dois fournir..... Tu voudras bien veiller à l'exécution du présent ordre, afin qu'à l'avenir je ne sois pas obligé de t'écrire une seconde fois ». Pareille lettre écrite aux 5ᵉ et 10ᵉ dragons.

4 prairial. — Tharreau au général Vezu : « Tu voudras bien donner les ordres les plus prompts au chef du 23ᵉ de cavalerie de fournir les ordonnances demandées hier et te faire rendre compte pourquoi le chef n'a pas exécuté l'ordre d'hier ».

29 prairial. — Il avait été ordonné à tous les corps de cavalerie de fournir chacun un officier d'ordonnance ; il n'y a que quatre ou cinq de ces corps qui se soient conformés à cet ordre : on le réitère et le général rend responsables les chefs de corps de son exécution ; ils veilleront aussi à ce que les ordonnances des quartiers généraux soient relevées toutes les vingt-quatre heures.

(2) Liébert, chef de l'état-major de l'armée du Nord, au citoyen Goupilleau de Fontenay, représentant du peuple à Bohain :

« ..... Ce n'est point à l'état-major que les lettres que tu adresses ou qui te sont adressées éprouvent du retard. Les ordonnances seules qui en sont chargées en sont les causes, malgré toutes les recommandations que l'on peut leur faire..... »

(3) Voir ces ordres page suivante.

(4) Cette prescription fut plus d'une fois répétée. « Je te réitère, Citoyen, l'ordre que je t'ai donné plusieurs fois, de ne pas pousser les

abus, nulle ordonnance ne pourra à l'avenir porter une lettre ou paquet au delà du premier poste de troupes à cheval, à moins qu'elle n'ait un ordre par écrit qui lui enjoigne de se rendre jusqu'à sa destination. Les officiers généraux et supérieurs seront responsables de l'exécution

ordonnances jusqu'à Réunion; elles doivent déposer leurs dépêches à Origny, poste intermédiaire..... » (Liébert au citoyen Olivier, commandant à Saint-Quentin. 20 germinal.)

*Ordre du 8 au 9 pluviôse (27-28 janvier).*

« On se plaint de toutes parts de la négligence des ordonnances. Quelquefois les lettres qu'elles portent n'arrivent point à leur destination; ou si elles y arrivent, c'est souvent en lambeaux, un, deux ou trois jours plus tard qu'elles ne doivent arriver, ce qui nuit singulièrement au service et entrave les opérations militaires..... » L'ordre prescrivait donc l'inscription exacte de l'heure du départ et d'arrivée, et des punitions sévères contre les retardataires.

On attachait avec raison la plus grande importance au bon service des ordonnances. Aussi l'ordre du 8-9 ventôse prescrivait-il à « toutes les personnes qui ont le droit de se servir d'ordonnances et de les envoyer en course, de les ménager et de ne les employer que pour des choses absolument nécessaires et utiles au service : « Il est singulièrement intéressant pour la République que notre cavalerie se trouve en bon état pour l'ouverture de la campagne ».

L'ordre du 25 au 26 ventôse revient sur le même sujet : « Des plaintes viennent d'être portées au chef de l'État-Major de ce que les ordonnances ne remplissent pas avec assez d'exactitude les missions dont elles sont chargées. La preuve en est que l'ordre des 15, 16 et 17 du présent mois est parvenu à Lille le même jour. Il y a donc malveillance de la part de quelqu'un.

« Que les soldats chargés de ces missions essentielles apprennent qu'ils compromettent le salut de la République en ne mettant pas dans leur marche la célérité qu'ils doivent y mettre. Tout soldat républicain doit savoir que l'exécution des plans les mieux combinés manque quand les ordres ne parviennent pas à temps.

« En conséquence il invite ses frères d'armes à se tenir en garde contre les scélérats qui pourraient les attendre dans les villages pour les retarder en les faisant boire. Les malveillants usent de tous les moyens, et il croit que celui-là en est un puissant pour faire manquer les opérations.

« Les généraux de division, ceux de brigade et les commandants temde cette disposition et établiront autant que possible à la distance de deux ou trois lieues des petits postes de troupes à cheval pour faciliter le service des ordonnances sur toute la première ligne. Les lettres et paquets seront contresignés, et on recommande de ne pas faire un jeu du mot « *pressé* » que l'on met indistinctement sur toutes les lettres, ce qui fait qu'on ne se presse jamais.

Par un ordre du 4-5 floréal, daté de Réunion-sur-Oise, le général Dubois recommande encore « aux généraux « de brigade de n'envoyer aucun ordonnance sans « constater son départ et exiger un reçu à son retour ». Le 19, Tharreau se plaint au général Dessaubaz à Franchimont, de ce que « le maréchal des logis qu'il vient « d'envoyer est arrivé ivre » et qu'on ait été obligé de le « mettre pour quinze jours en prison ». « Je t'en- « gage », conclut Tharreau, « à renvoyer au bureau de « l'état-major général un maréchal des logis un peu « plus sage. »

Liébert en est réduit à avouer que pour une correspondance sérieuse il se garde bien d'user des ordonnances.

1er prairial (20 mai).

*Liébert au citoyen Pelletier, agent principal des subsistances militaires.*

.....Tu te plains de l'inexactitude des ordonnances. Je m'en plains également tous les jours. Je n'ai cessé de recommander cette partie essentielle du service; dans une étendue aussi longue, on ne sait à qui s'en prendre. J'ai pris là-dessus toutes les mesures possibles. Pour des

poraires des places voudront bien surveiller cette partie essentielle du service en faisant expédier les ordonnances, sitôt l'arrivée des dépêches. Ils sont aussi invités à mettre exactement sur les paquets l'heure du départ et de l'arrivée dans chaque endroit ainsi que la date. Cette légère attention mettra les ordonnances qui ne rempliront pas leur devoir dans le cas d'être punies, et ensuite d'être connues à leur corps pour des soldats qui, par leur inexactitude, peuvent compromettre le salut de la République, s'ils ne l'ont pas fait. Les noms de ceux qui se mettront dans ce cas seront envoyés au chef de l'état-major, qui en rendra compte au général en chef. »

objets de service pressés, cette voie n'est pas sûre, je t'en préviens. Moi-même je ne m'y fie pas, je te l'avoue; et je suis quelquefois obligé de me servir de courriers, particulièrement pour des endroits éloignés. Ta lettre pour Douai est partie par un gendarme.

On avait même recours à des officiers pour éviter tout danger.

2 prairial (21 mai).

*Le général Charbonnié au général de division Mayer.*

L'officier qui avait rapporté tes dépêches a reçu l'ordre de partir sur-le-champ, dès ce matin, pour te les faire tenir; tu dois dans ce moment être instruit de ce que tu as à faire pour te maintenir dans ta position.

P.-S. — Des huit ordonnances que tu annonces, nous n'en avons reçu que deux; je t'engage à envoyer par la suite un officier pour porter les rapports ou demandes intéressantes que tu peux faire au général en chef.

Les officiers eux-mêmes ne semblent pas s'être toujours acquittés de leur mission à l'entière satisfaction de leurs chefs.

Au quartier général du prieuré de Heigne, le 11 prairial (30 mai)..

On recommande la plus grande exactitude à remplir leurs missions aux ordonnances porteuses des ordres ou des paquets. On met souvent une négligence punissable dans ce service essentiel.

Les officiers d'ordonnance sont aussi invités à exécuter les missions dont ils sont chargés avec l'exactitude qu'on doit attendre d'eux.

Le 12 prairial, Liébert rendait compte à Pichegru de ce que le général Eblé venait de le faire prévenir par un officier d'artillerie que « des ordonnances venant de Courtray avaient perdu les dépêches dont Pichegru les avait chargées pour Eblé. Ce général lui-même avait trouvé un ordonnance qui cherchait son paquet ». « Je t'en préviens », ajoutait Liébert, « afin que, si tu as quelque chose d'intéressant à expédier, tu puisses remédier à la coupable négligence de ces ordonnances. »

Aux négligences des ordonnances s'ajoutaient parfois les retards que subissaient les courriers aux portes des villes fortifiées, comme cela arriva le 5 messidor à Lille (1); mais si ce cas était isolé, en revanche les fautes commises par les ordonnances ne se comptaient plus.

Aussi, pour mettre un terme à ces abus qui pouvaient avoir les plus graves conséquences, finit-on par recourir à la peine de mort.

Au quartier général de Wytschaete, le 20 prairial an 2e (8 juin 1794).

*Moreau à Vandamme.*

J'ai reçu ce matin à 4 heures ta lettre d'hier qu'Énée m'avait dit être partie de très bonne heure. Heureusement on commence à fusiller les ordonnances qui ne sont pas exactes.

L'inexactitude n'était pas leur seul défaut. Elles transmettaient souvent fort mal les ordres verbaux, ce qui provoqua la décision suivante :

*Ordre du 5-6 prairial (24-25 mai).*

Un ordre verbal mal entendu par l'ordonnance à qui il a été donné a failli être de la plus fâcheuse conséquence. Pour éviter un inconvénient aussi dangereux, les officiers généraux ou commandants devront,

---

(1)  *Liébert au commandant de la place de Lille.*

5 messidor (23 juin).

On fait attendre les courriers à la porte, Commandant; leurs dépêches importantes sont mises dans la boîte et portées ensuite au hasard par des ordonnances. Aujourd'hui, à 2 heures, un courrier venant de l'armée de la Moselle a été arrêté jusqu'à l'ouverture des portes. Je t'invite à donner les ordres les plus précis pour que ceci n'arrive plus. Tu sais qu'un retard de deux heures est souvent très préjudiciable aux intérêts de la République.

P.-S. — Ci-joint l'ordre de faire partir quinze chasseurs du 9e régiment pour se rendre à Menin, où ils feront le service du quartier général d'une partie de mon état-major que je vais y établir.

un jour d'affaire, remettre à l'ordonnance, aide de camp ou autres porteurs d'ordres verbaux, un de leurs cachets pour être remis à l'officier qui recevra l'ordre et celui-ci ne devra exécuter d'ordres verbaux qu'autant qu'ils lui parviendront ainsi. »

Enfin ils remettaient les paquets de dépêches dans l'état le plus déplorable.

*Ordre du 25 au 26 prairial (13-14 juin).*

Les chefs d'état-major exigeront des ordonnances infiniment plus d'exactitude et de promptitude dans leur service. La plupart n'ont pas le moindre soin des paquets qui leur sont confiés et les apportent délabrés et dans l'état le plus sale aux différents quartiers généraux. Les adjudants généraux doivent veiller à ce que les paquets soient bien conditionnés, afin d'éviter des pertes qui peuvent entraîner les plus funestes conséquences.

*Le travail de bureau. Situations et registres.* — a) *Situations d'effectifs.* — Après avoir cherché à montrer le rôle des divers membres du personnel de l'état-major, chefs d'état-major, adjudants généraux chefs de brigade ou de bataillon, adjoints, secrétaires, guides et ordonnances, il reste maintenant à étudier le travail des bureaux et à voir quelle en était la production.

Pour diriger son état-major, Pichegru avait, le 26 pluviôse, demandé Bourcier, qui avait servi avec lui à l'armée du Rhin (1) ; mais Bouchotte lui répondit, le 1ᵉʳ ventôse, qu'il croyait Bourcier « trop jeune et trop faible pour ce fardeau (2) » ; qu'il fallait, dans cette place, « un

---

(1) « Liébert m'a écrit dernièrement qu'il était encore malade. J'ai bien besoin ici de quelqu'un qui travaille. S'il était possible de m'envoyer Bourcier, chef de l'état-major de l'armée du Rhin, je connais sa manière de travailler, ce serait un homme précieux ici. » (Pichegru à Bouchotte, 26 pluviôse.)

(2) « J'avais compté que Liébert serait ton chef d'état-major. Dans une machine aussi grande que le sera l'armée du Nord, il te faut un militaire fort instruit, consommé dans les détails, et je crois Bourcier

militaire fort instruit, consommé dans les détails », et qu'il avait compté que le général Liébert serait ce chef d'état-major, sauf approbation de la part de Pichegru. Bien que ce dernier eût encore prononcé, le 8 ventôse, le nom de Bourcier (1), ce fut Liébert qui prit, en effet, ces fonctions le surlendemain et qui, aussitôt après son arrivée (2), s'occupa de réorganiser un état-major quelque peu désordonné et troublé, si l'on en croit la lettre qu'il adressa, le 6 germinal, au Ministre de la guerre.

ARMÉE
DU NORD.
—

Au quartier général de Réunion-sur-Oise, le 6 germinal an 2ᵉ (26 mars 1794).

*Le Général de division, chef de l'état-major de l'armée du Nord, au citoyen Bouchotte, ministre de la guerre, à Paris.*

Citoyen,

Si je n'ai pas mis plus de célérité dans mes expéditions depuis que je suis chef de l'état-major de cette armée, c'est qu'il m'était impossible de le faire. Je t'ai mandé, quelques jours après mon arrivée, que

---

trop jeune encore et trop faible pour ce fardeau. Si, malgré ces réflexions, tu le désires, je te l'enverrai. » (Bouchotte à Pichegru, 1ᵉʳ ventôse.)

(1) « ..... Rappelle-toi que je t'ai demandé des généraux en te « désignant Bourcier, chef de l'état-major de l'armée du Rhin. » (Pichegru à Bouchotte, 8 ventôse.)

(2) *Ordre de l'armée du Nord du 9 au 10 ventôse (27-28 février).*

« Le général de division Liébert, nommé chef de l'état-major général « de l'armée du Nord, est arrivé pour en remplir les fonctions. »

Liébert avait été nommé général de division le 9 pluviôse, et choisit, le 24 ventôse, pour deuxième aide de camp, « le citoyen Jean-Jacques-Philippe Vigier, capitaine au 1ᵉʳ bataillon de la Haute-Vienne, dont les talents militaires ainsi que le civisme lui avaient été recommandés par le général Colaud ». (Lettres de Liébert à Vigier, du 24 ventôse, et à Xavier Audouin, adjoint au Ministre, du 19 germinal.)

Sur le registre d'ordres de l'armée du Nord, Liébert a écrit en marge

l'état-major était très mal composé ; en effet, quatre membres ont été mis en état d'arrestation. En voici les noms et qualités : Albert le Sarmate, adjudant général; Allain, *idem* ; Rassier, adjoint ; et Varney, chef de bureau (1). Haines particulières, esprit de parti, dénonciations, tout concourait à la fois à anéantir ou tout au moins à entraver le travail essentiel de ce bureau. L'ouvrage n'était point divisé entre les adjudants généraux, de sorte que chacun faisait ce qu'il voulait. De là, beaucoup de désordre dans les papiers, de sorte que quand il arrivait un changement dans le quartier général, les papiers s'entassaient dans le fourgon de manière à ne pouvoir les débrouiller de plusieurs jours. Un autre vice, aussi essentiel à corriger que le premier, c'est que les adjudants généraux ne s'étaient point attaché d'adjoints. La facilité que cela procurait à ces derniers, qui n'étaient ni commandés ni surveillés par personne, leur permettait de ne travailler que quand il leur plaisait. D'un autre côté, il ne pesait de responsabilité ni sur eux ni sur les adjudants généraux qui ne s'empressaient point de me faire apercevoir combien le travail était entravé par cette mauvaise organisation.

Actuellement cela commence à aller mieux. J'ai distribué la besogne aux adjudants généraux.

Je les ai obligés, conformément à la loi, à se choisir chacun deux

---

ce qui suit et qui fixe bien son entrée en fonctions : « J'ai commencé à « donner l'ordre à compter du 10 ventôse, an 2e de la République une « et indivisible.

« LIÉBERT. »

(1) L'ordre de l'armée du 20-21 ventôse annonce la mise en liberté d'Allain et de Varney par suite d'un arrêté des représentants du peuple Richard et Choudieu qui, « après avoir examiné scrupuleusement la conduite et les principes desdits citoyens ont reconnu que leur patriotisme prononcé et leur civisme soutenu les mettaient à l'abri de toute inculpation ».

Une lettre de Liébert, du 14 germinal, prescrit au commandant de place à Guise de « mettre en liberté sur-le-champ les citoyens Allain, adjudant général chef de bataillon ; Rassier, adjoint ; Albert le Sarmate, adjudant général et Varney, secrétaire de l'état-major ». Le 15 germinal, ordre était donné à Allain de rejoindre à Maubeuge ; à Rassier de se rendre au 3e bataillon de l'Aube et à Albert le Sarmate de s'éloigner à vingt lieues des frontières comme noble étranger, conformément à la loi.

adjoints dont ils sont responsables(1). J'ai renvoyé quelques secrétaires, mais ne pouvant tout changer à la fois, vu que l'ouvrage en souffrirait, j'attendrai pour faire partir ceux qui restent, dont je ne suis pas content et que je fais surveiller, que je puisse les remplacer par de bons sujets. J'attends *Donzelot*, qui me fait grand besoin (2). Je n'ai d'autres nouvelles de lui que ses lettres de service qui sont ici. J'ignore si tu lui as donné l'ordre de s'y rendre. Si tu ne l'as pas fait, mande-le moi pour que je lui écrive de partir sur-le-champ. Je n'ai en ce moment qu'un adjudant général avec moi. Je travaillerai tant que

---

(1) *Le général de division Liébert, chef de l'état-major de l'armée du Nord, aux Adjudants généraux employés au bureau de l'état-major général de ladite armée.*
                22 ventôse (12 mars).

« Le bien du service exige, Citoyens, qu'en conformité de la loi chacun de vous nomme les adjoints que vous désirez vous attacher pour, ensuite de leur nomination, me les présenter, me réservant le droit, que cette même loi m'accorde, de les accepter ou de les refuser.

« Je compte trop sur votre patriotisme et sur le zèle qui vous anime pour la chose publique, pour ne pas être persuadé que votre choix répondra à mes intentions et qu'il ne tombera que sur des sujets capables et des sans-culottes dont le civisme est parfaitement prononcé. Vous devez sentir, d'ailleurs, que votre propre responsabilité y est intéressée. »

(2) « L'érudition militaire de Donzelot lui rendait agréable tout ce qui avait rapport à la guerre..... Il avait été pendant plusieurs années secrétaire du marquis de Langeron, lieutenant général, et employé par lui à faire un extrait raisonné d'une foule de mémoires sur la défense de nos frontières, depuis Besançon jusqu'à Dunkerque..... Ces mémoires étaient accompagnés de plans et de cartes qu'il dessinait très bien..... » (Mémoires du général Thiébault.)
Aussi conçoit-on que Liébert ait tenu à l'avoir à son état-major. Il l'avait déjà demandé à Bouchotte dès le 11 ventôse :
« Lorsque j'ai eu le plaisir de te voir à mon passage à Paris, je te fis la demande du citoyen Donzelot, adjudant général à l'armée du Rhin, pour l'employer à l'état-major de l'armée du Nord ; ce citoyen me serait d'autant plus utile ici qu'il a fait toute la campagne de Belgique et qu'il connaît fort bien le local. Il a d'ailleurs travaillé presque toute sa vie dans les bureaux. Je te dirai de plus que je suis très décidé à monter différemment le bureau de cet état-major, n'étant pas

je pourrai, mais je t'avoue que je suis arrivé dans un mauvais moment. Le désordre le plus complet régnait à l'état-major. J'ai rendu compte de tout aux représentants du peuple Choudieu et Richard, qui ont eux-mêmes ordonné l'arrestation des quatre citoyens ci-haut. Vive la République ! Ça ira !

Salut et fraternité !

LIÉBERT.

P.-S. — Je t'envoie ci-joint, citoyen Ministre, l'inventaire des cartes (1) existant à l'état-major général de l'armée du Nord.

LIÉBERT.

---

très satisfait de la manière dont on y travaille. Ce changement d'armée, pour le citoyen Donzelot, peut se faire avec d'autant moins de désavantage pour la chose publique, que le nombre des adjudants généraux employés à l'armée du Rhin est plus considérable qu'il ne le faut. J'espère, citoyen Ministre, que tu voudras bien lui faire donner des ordres pour qu'il ait à se rendre le plus promptement possible au quartier général de cette armée, en ayant pressamment besoin.

P.-S. — Le général en chef étant en voyage, je l'ai prévenu de cette demande avant son départ.

LIÉBERT. »

Les lettres de service de Donzelot arrivèrent à l'état-major avant le 6 germinal, et Liébert l'en prévint le 9.

*Au citoyen Donzelot, adjudant général à l'armée du Rhin.*

« Je viens de recevoir une lettre du Ministre, Citoyen et ami, qui me mande qu'il t'a fait passer au Rhin l'ordre de rejoindre l'armée du Nord où tes lettres de service sont arrivées. Si ces ordres ne te sont pas parvenus, la présente t'en servira, et tu voudras bien te mettre en route sitôt sa réception. »

(1) *Le Ministre de la guerre au Chef de l'état-major général de l'armée du Nord.*

Paris, 16 nivôse (5 janvier).

Le dénuement, dans lequel se trouvent les états-majors des armées de la République, des mémoires, plans et cartes relatifs aux dispositions militaires des frontières, occasionné par un défaut d'ordre, m'oblige de rendre les chefs des états-majors responsables de tous ces objets mis en dépôt dans leurs bureaux, de sorte qu'à l'avenir rien ne sera délivré à un officier général ou à tout autre fonctionnaire chargé

Avant l'arrivée de Liébert, l'ordre du 22 au 23 nivôse avait, sans fixer de date, réclamé des divisions un état des troupes, bouches à feu et chevaux d'artillerie mis à la disposition de chacune d'elles.

Le 12 pluviôse, il était prescrit que l'état de situation devait être fourni tous les jours par les généraux de division et tous les cinq jours par les commandants de places.

Le 20, un ordre général avait rappelé tant à l'armée du Nord, dont le quartier général était alors à Réunion-sur-Oise (1), qu'à celle des Ardennes, l'impérieuse nécessité de fournir au général en chef la situation exacte des troupes toutes les décades et celle de leurs approvisionnements tous les quinze jours.

ARMÉE
DES ARDENNES.

Sedan, 20 pluviôse (8 février).

LIBERTÉ. — ÉGALITÉ.

*Ordre du 20 pluviôse (8 février).*

Le général en chef de l'armée, instruit que les généraux, commandants de places et autres chefs d'arrondissements, mettent la plus grande négligence à fournir au bureau de l'état-major général les états de situation, tant des troupes que des munitions et autres objets qui

---

d'opérations militaires que sur son récépissé par lequel il s'obligera, envers les chefs de l'état-major, de les leur remettre après avoir rempli sa mission, ou lorsqu'il sera envoyé d'une armée à l'autre, mandé, suspendu ou destitué..... Tu seras tenu aussi, aux mêmes termes, Citoyen, lorsque tu quitteras ton poste, de me faire passer sur-le-champ l'état de ce que tu remettras à ton successeur, afin d'obtenir ta décharge après avoir fait examiner les comptes que tu m'en auras rendus.

Tu m'informeras, dans le plus court délai, des mesures que tu auras prises à cet égard en m'envoyant un inventaire très exact de tout ce qui est déposé dans les bureaux de l'état-major, ensemble les déclarations des officiers généraux et celles de tous ceux désignés ci-dessous après avoir pris communication de ma décision, comme de me faire passer tous les mois un supplément à cet inventaire.

(1) Ordre du 20 pluviôse.

les concernent ; que, les états envoyés, il s'y trouve des erreurs à l'infini ; que le mouvement des troupes n'est souvent pas observé, et qu'il se trouve des corps et détachements qui n'existent pas, ou que d'autres qui font partie de la force, n'y sont pas portés ; ordonnons à tous généraux, commandants de places et chefs d'arrondissements, de fournir toutes les décades l'état de situation des troupes qui sont sous leurs ordres. Ces états seront signés et vérifiés, pour les places, par les commissaires des guerres, ayant la police des corps respectifs ; pour les camps et cantonnements, par les commissaires chargés de la subsistance ; les états seront présentés les jours de prêt, et seront confrontés avec les feuilles.

Faute de se conformer à cet ordre, tous les chefs militaires sont prévenus que le général en chef dénoncera au Ministre et au Comité de Salut public les contrevenants ; il réclamera contre eux toute la rigueur des lois, cette négligence ayant déjà entravé plusieurs fois des opérations pressées et compromis le bien du service de la République.

Les états de munitions de guerre, bouches à feu et autres attirails, ceux des approvisionnements en tous genres seront envoyés tous les quinze jours aux différents chefs des magasins ou des administrations ; ils les remettront aux commandants militaires, qui les feront passer de suite à l'état-major général.

Les chefs de corps veilleront à ce que l'instruction soit pressée ; le général les prévient que devant faire une tournée dans toutes les places, camps et cantonnements, il s'assurera par lui-même des progrès que la troupe aura faits.

Le soin d'obtenir ces deux états paraît avoir particulièrement intéressé les généraux en chef qui, aux termes de l'arrêté du 4 ventôse, devaient donner journellement au Comité de Salut public « un aperçu succinct de leur « situation (1) » ; et le Comité de Salut public, fort de

---

(1) Aulard. Tome XI. Page 330.

*Au citoyen Bouchotte, ministre de la guerre.*

7 ventôse (25 février).

J'ai reçu, Citoyen, l'arrêté du Comité de Salut public, en date du 4 ventôse, qui ordonne aux généraux en chef de lui rendre compte journellement de la situation de l'armée qu'ils commandent. Je m'y conformerai avec plaisir et empressement.

THARREAU.

cet arrêté, ne réclama la situation décadaire que plus tard (1). Il en était de même du Ministre de la guerre qui se bornait à écrire le 5 ventôse à Pichegru : « J'avais demandé à Ferrand un tableau exact de la position de l'ennemi sur la frontière. Tu voudras bien m'en envoyer un relevé, et, chaque fois qu'il éprouvera des changements, tu m'en informeras ».

Cependant, le général Charbonnié, devançant l'arrêté du 24 floréal, envoyait « toutes les décades au Comité de Salut public et au Ministre de la guerre les états de situation de la force de l'armée ». « Le compte que je leur rends », ajoutait-il, « les met à même de prendre tous les renseignements dont ils peuvent avoir besoin (2) ».

Le chef d'état-major de Charbonnié, Tharreau, indiquait les modèles de ces états de situation ; il signalait en même temps la « négligence impardonnable » qui régnait dans plusieurs places ou divisions au sujet de l'envoi des situations et menaçait de déférer les coupables à la sanction des représentants du peuple aux armées.

21 ventôse (11 mars).

*Circulaire du 21 ventôse (11 mars) aux généraux de division Debrun, Élie et de brigade Nalèche.*

Je t'envoie ci-joint des exemplaires des états de situation que tu as à faire remplir d'après les états particuliers des troupes qui sont sous tes ordres ; tu feras faire des modèles d'états particuliers conformes à l'état général que tu transmettras aux chefs de corps, dépôts et détachements en leur ordonnant de te les faire parvenir exactement et de manière que ton état général soit sans lacunes et qu'il présente la situation exacte des hommes et des chevaux.

J'attends de ton amour et de ton zèle pour le bien du service, que tu n'apporteras aucun retard dans l'envoi de cet état, en me le faisant

---

(1) Arrêté du 24 floréal.
(2) 12 ventôse. — A l'agent supérieur Poulet.

parvenir, comme par le passé, chaque décade (1), afin que de mon côté je satisfasse aux demandes du Ministre et du Comité de Salut public auxquels je suis obligé de rendre compte de la situation de cette armée à la même époque.

THARREAU.

Il semblerait, d'après cette lettre, que le Comité de Salut public eût déjà pris un arrêté réclamant la situation décadaire ; on trouvera la même assertion dans l'ordre de Liébert du 26-27 ventôse (2) ; mais elle paraît être gratuite, car à cette date, le seul arrêté du Comité de Salut public qui eût paru est celui du 4 ventôse prescrivant seulement aux généraux en chef de correspondre journellement avec lui.

Cependant Liébert revient encore le 12 germinal sur

---

(1). Le 20 germinal, Rostollan parlait encore de la même périodicité par décade.

Givet, 20 germinal (9 avril).

*L'Adjudant général chef de brigade et de l'état-major aux Citoyens composant le Comité de Salut public de la Convention nationale.*

Vous trouverez ci-joint, Citoyens Représentants, la situation des troupes de cette division au 20 de ce mois. Comme elle va changer d'un moment à l'autre à cause du mouvement des troupes qui a lieu sur cette frontière, je vous ferai passer de nouvelles situations à la fin de chaque décade. Au reste, le général en chef ayant fixé ici son quartier général, il aura soin de son côté de vous envoyer celle qui concernera le corps de son armée.

*L'adjudant général, chef de brigade,*<br>ROSTOLLAN.

(2) *Ordre du 26-27 ventôse.*

« Le Comité de Salut public ayant arrêté qu'il lui serait envoyé à chaque décade un tableau général des forces de l'armée, on renouvelle en conséquence l'ordre déjà donné le 12 pluviôse à tous les généraux de division d'envoyer à l'état-major les états particuliers avec l'exactitude la plus rigoureuse.

Les commandants temporaires feront passer régulièrement l'état de situation de leur place les 5, 10, 15, 20, 25 et 30 de chaque mois. »

cette assertion et nous apprend que ce serait Bouchotte qui, par une lettre du 10 ventôse, la lui aurait inspirée; en tout cas, Jourdeuil, adjoint du Ministre, ne paraît pas avoir eu connaissance de cette prescription puisque, tout en envoyant un modèle spécial de situation, il la réclame pour le 1er et le 15 de chaque mois.

12 germinal (1er avril).

*Le général Liébert, chef de l'état-major de l'armée du Nord, au citoyen Jourdeuil, adjoint au Ministre de la guerre, à Paris.*

J'ai bien reçu les modèles d'état qui accompagnaient ta lettre du 7 courant, qui ne m'est parvenue que le 12. Je t'observe que tous les cinq jours j'envoie au Ministre l'état des troupes disponibles, et qu'en vertu d'une de ses lettres datée du 10 ventôse, qui me mande que le Comité de Salut public veut connaître chaque décade l'état de l'armée, sa position, ses mouvements, etc., je lui fais encore passer ces états tous les dix jours. Par ta lettre du 7, tu me mandes d'en envoyer encore un les 1er et 15 de chaque mois, conforme au modèle que tu m'as adressé. Je te demande s'il est nécessaire que les états des cinq et dix jours continuent à être envoyés comme ci-devant, ou si l'état de quinzaine que tu me demandes remplacera celui de décade exigé par la lettre du Ministre citée plus haut. Je t'observerai que dans l'un ou l'autre cas il me serait impossible de te faire parvenir l'état dont tu m'envoies le modèle, avant le 1er du mois prochain. Le Ministre me mande également, par une lettre du 8 de ce mois, que je fasse ajouter aux états de situation le canon de bataillon, celui de position attaché aux divisions et celui de parc. Dans le modèle que tu m'adresses, il n'y a point de colonne pour cet objet. Comme il faut que je fasse faire des imprimés, mande-moi s'il n'y a point d'inconvénient à ce que j'augmente le nombre des colonnes pour me mettre à même de remplir les intentions du Ministre. Je te prie de répondre à ma lettre courrier par courrier, afin que je ne sois pas en retard, soit pour la confection des états, soit pour l'impression des modèles que je veux faire faire.

En même temps qu'il réclamait ces éclaircissements, Liébert donnait les suivants à l'ordre du 11 au 12 germinal :

D'après la demande du Ministre de la guerre, le général de division, chef de l'état-major général de l'armée, prévient les généraux de division, de brigade et adjudants généraux qu'ils aient à faire remplir sur les états de situation les colonnes de manque au complet en hommes et en chevaux. Les généraux de division désigneront toujours le lieu de leurs quartiers généraux, les noms des généraux de brigade, aides de camp, adjudants généraux et adjoints à leur état-major (1).

Ils porteront également sur leur état de situation, par une colonne attachée à celle des canonniers, le nombre des pièces d'artillerie attachées au bataillon ainsi que celui des canons de position, ces derniers avec désignation particulière ainsi que les caissons.

Le 8-9 germinal, il avait du reste prescrit que « les généraux indiqueraient à l'avenir les noms des bataillons qui composent les demi-brigades dans leurs états de situation ».

Toutes ces dispositions aboutirent à la confection d'un premier état uniforme pour toutes les divisions de l'armée du Nord, dont un ordre de la division Fromentin à Avesnes signale l'existence.

*Au quartier général d'Avesnes, le 14 floréal (3 mai).*

*Copie de l'ordre du quartier général de Réunion-sur-Oise, du 13 au 14 floréal.*

Les états de situation des divisions seront dorénavant fournis d'après le modèle joint au présent ordre ; les généraux de division en enverront des copies aux chefs des différents corps.

Ces états sont conformes à celui donné par le chef de l'état-major Liébert.

Tous les chevaux et voitures pris à l'ennemi seront amenés au quartier général de la division, pour y être estimés suivant la loi.

---

(1)   *Ordre du 16 au 17 floréal (5 au 6 mai).*

« Les chefs des états-majors des divisions soit disponibles ou d'arrondissement de garnison, seront très scrupuleux à porter au bas ou au dos des états de situation les noms des officiers généraux, aides de camp, adjudants généraux et adjoints employés dans les dites divisions en désignant aux aides de camp et adjoints les corps auxquels ils sont attachés. Ceux d'entre eux qui n'y seront point inscrits ne pourront être portés sur le tableau du payeur général pour toucher les appointements ». Cette prescription était encore rappelée les 18-19 prairial.

D'après la lettre qui va suivre, il y avait en fait deux modèles d'états : l'un donnant la situation des troupes mobiles, l'autre de ces troupes et des garnisons des places. Le premier était fourni tous les cinq jours, l'autre tous les dix jours.

17 floréal (6 mai).

*Liébert au Comité de Salut public, à Paris.*

A l'instant, le représentant Richard, député près l'armée du Nord, me fait part que l'on ne vous communique pas, aussi exactement que je les envoie, les états de situation de l'armée du Nord ; je les ai toujours adressés régulièrement au Ministre de la guerre, et actuellement à la Commission chargée du mouvement des armées de terre, savoir : tous les cinq jours, l'état de situation des troupes disponibles, et tous les dix jours l'état général des troupes disponibles et de celles de garnison. Si ces expéditions ne suffisent pas, je vous adresserai directement toutes les décades un état particulier. Je vous envoie ci-joint l'état sommaire, par division et par arme, des forces disponibles de l'armée, en vous observant que sur cet état général les pertes que nous avons essuyées, depuis l'attaque du 28 germinal jusqu'au 10 de floréal, ne sont pas déduites, n'en ayant pas encore reçu les états particuliers, mais que suivant toute probabilité, elles diminuent notre effectif d'environ 12,000 hommes y compris la garnison de Landrecies. Je ferai, Citoyens Représentants, tout ce qui dépendra de moi pour me procurer les états de situation les plus exacts, afin de pouvoir vous les transmettre. Si quelquefois, dans ces expéditions, il y a un jour ou deux de retard, il faut l'attribuer à la grande étendue de l'armée, conséquemment à la difficulté qu'il y a de se procurer des états particuliers nécessaires pour fournir un état général.

Il est probable que la distinction qu'établissait cette lettre de Liébert entre les situations des cinq jours et celle des décades ne fut pas adoptée par le Comité de Salut public qui y substitua, sous la signature de Carnot, l'arrêté du 24 floréal déjà cité (1) prescrivant à la Commission de l'organisation et du mouvement des armées de lui remettre deux fois par décade un

---

(1) Voir page 19.

tableau unique des forces de toute l'armée et un autre des états-majors et commissaires des guerres attachés auxdites armées.

Il semble que si Liébert avait pu, jusqu'à cette date, n'envoyer qu'une situation décadaire des troupes disponibles et de garnison, il devait désormais l'adresser tous les cinq jours; mais il paraît avoir, peu avant ce décret, supprimé simplement la situation des troupes disponibles qu'il envoyait tous les cinq jours, bien qu'il continuât à recevoir des troupes subordonnées des états des cinq jours et même quotidiens (1), et à ne plus adresser qu'une seule situation décadaire pour toute l'armée.

La comparaison de ses lettres d'envoi antérieures et postérieures au 24 floréal fera ressortir la vérité de cette remarque.

ARMÉE
DU NORD.
—

Au quartier général de Réunion-sur-Oise, le 10 germinal an 2e (30 mars 1794).

*Le Général de division chef de l'état-major de l'armée du Nord au citoyen Bouchotte, ministre de la guerre, à Paris.*

Je t'envoie, citoyen Ministre, ci-inclus l'état disponible de l'armée du Nord du 5 au 10 de ce mois, celui de l'effectif de l'armée y compris les garnisons du 1er au 10 courant, la correspondance secrète, le relevé des ordres journaliers ainsi que les différents mouvements des troupes demandés par l'arrêté du Comité de Salut public du 17 ventôse (2). Tu

---

(1) *Au général Osten, à Pont-à-Marcq.*

9 prairial (28 mai).

En réponse, Général, à ta lettre du 8 prairial, tu m'enverras seulement les états de situation des troupes que tu commandes, tous les cinq jours, lorsqu'il n'y aura pas de mutation, et chaque jour lorsqu'il y aura quelque changement.

(2) Voir page 47.

me mandes par ta lettre du 8 que tu désirerais qu'on ajoutât aux états de situation le nombre de cadres de chaque arme. Je t'observerai que la situation fournie en vertu de l'arrêté du Comité de Salut public te donne le détail le plus circonstancié ; qu'il n'y a que sur celui envoyé tous les jours qu'il n'en est pas fait mention, attendu que cet état sommaire présente seulement la force des troupes disponibles de l'armée. Si cependant tu as des observations à me faire sur ce dernier état et que tu désires en avoir un plus détaillé, je me conformerai à tes intentions sitôt que tu m'en auras fait part; mais dans le cas où il faudrait changer la forme du susdit état, je te serais obligé de faire faire d'autres imprimés, ceux-ci ne pouvant plus me servir ; et ce serait une perte, d'autant que j'en ai beaucoup. Quant aux colonnes de manque au complet en hommes et en chevaux, je l'ai demandé, et dans le premier état il en sera fait mention ainsi que du canon de bataillon et de celui de position attaché aux différentes divisions et aux parcs.

Les canonniers attachés aux bataillons, aux pièces de position et au parc ne sont compris ni dans l'effectif ni dans les présents sous les armes des colonnes d'infanterie.

Il a été donné ordre aux bataillons des environs de Maubeuge, qui avaient des scieurs de long (1), de les faire rassembler au nombre de cent et de les envoyer à Maubeuge où ils doivent être arrivés actuellement. J'en ai donné avis au directeur du génie de cette place. Je te prie, citoyen Ministre, lorsqu'il y aura quelques corrections à faire ou quelque chose à ajouter aux différents tableaux que je te fais passer, de m'en prévenir. Je m'empresserai de remplir tes intentions.

Salut et fraternité.

LIÉBERT.

ARMÉE DU NORD. — Au quartier général de Réunion-sur-Oise, le 21 germinal an 2ᵉ (10 avril 1794).

*Le Général de division, chef de l'état-major de l'armée du Nord, au citoyen Bouchotte, ministre de la guerre, à Paris.*

Ci-joint, je t'adresse, citoyen Ministre, le tableau des troupes disponibles de l'armée du 15 au 20 courant ; celui des troupes disponibles et de garnison de la 2ᵉ décade du présent mois ; les livrets de la correspondance secrète et de l'ordre ; la position de l'armée ; ses mouvements et le compte sommaire de ses opérations ; un troisième état des hommes de la première réquisition qui se proposent pour entrer dans la marine ainsi que celui des commandants et adjudants de place dont le

---

(1) Il en sera parlé ultérieurement au chapitre de la « Réquisition ».

changement est ordonné pour le 1er floréal, conformément à l'arrêté du Comité de Salut public du 17 ventôse (1).

Salut et fraternité.
LIÉBERT.

12 floréal (1er mai).

*Liébert aux Citoyens membres de la 9e Commission chargée de l'organisation et du mouvement des armées de terre, à Paris.*

Je vous adresse ci-inclus, Citoyens, le tableau des troupes disponibles et de garnison de l'armée du Nord pour la première décade de floréal, le relevé du livre d'ordres et la correspondance secrète. Cet envoi aurait dû vous être fait deux jours plus tôt; ce retard provient des mouvements continuels que font les divisions de l'armée, ce qui ne leur permet pas d'être aussi exactes à envoyer leurs états de situation particuliers.

LIÉBERT.

20 floréal (9 mai).

*A la 9e Commission chargée de l'organisation et du mouvement des armées de terre, à Paris.*

Je vous adresse ci-joint, Citoyens, l'état des situations des troupes disponibles et de garnison pour la seconde décade du présent mois, le livre (2) et la correspondance secrète; les citoyens Richard et Choudieu, représentants du peuple à l'armée du Nord, viennent de me prévenir que le Comité de Salut public se plaignait de ce qu'on ne leur communiquait pas les états de situation de cette armée, je vous serai fort aise de les satisfaire, puisque je vous en adresse un tous les cinq jours; je vous observerai cependant que ces derniers états ne sont pas de la dernière exactitude, rapport aux mouvements continuels que l'armée a faits.

LIÉBERT.

1er prairial (20 mai).

*Liébert aux membres de la Commission chargée de l'organisation et du mouvement des armées de terre.*

Je vous adresse, ci-joint, Citoyens Représentants, l'état de situation des troupes disponibles et de garnison de l'armée du Nord, pour la

---

(1) Voir page 888.
(2) Livre d'ordres.

3º décade du mois de floréal; l'extrait de l'ordre et la collection des différents rapports de la partie secrète.

11 prairial (30 mai).

*Liébert aux membres composant la Commission de l'organisation et du mouvement des armées de terre, à Paris.*

Je vous adresse ci-joint, Citoyens :
1º L'état de situation des troupes disponibles et de garnison de l'armée du Nord pour la 1re décade de prairial ;
2º L'extrait de l'ordre pendant cette décade ;
3º La collection des différents rapports de la partie secrète.

21 prairial (9 juin).

*Liébert à la Commission de l'organisation et du mouvement des armées de terre, à Paris.*

Je vous envoie ci-joint, Citoyens, l'état des forces de l'armée du Nord, tant du disponible que des garnisons, pour la 2e décade de prairial, le relevé des ordres journaliers.

1er messidor (19 juin).

*Liébert à la Commission de l'organisation et du mouvement des armées de terre.*

Je vous adresse ci-joint, Citoyens :
1º L'état de situation des troupes disponibles et de garnison composant l'armée du Nord pour la dernière décade de prairial ;
2º L'extrait de l'ordre du jour pendant cette décade ;
3º Le résumé des rapports de l'adjudant général chargé de la partie secrète.
Je vous prie de m'accuser réception du tout.

En dehors des états de l'armée, que le Comité de Salut public avait par son arrêté du 24 floréal réclamés tous les cinq jours, mais que Liébert n'adressait qu'à la fin de chaque décade, les divisions devaient également fournir tous les quinze jours une situation similaire.

26 prairial (14 juin).

*Liébert au général en chef Pichegru.*

Je t'envoie ci-joint, Général, l'état que tu m'as demandé hier. J'ignore l'emplacement du quartier général de la division de Despeaux.

Hier j'ai reçu des nouveaux modèles d'état de situation de la Commission, d'abord pour les bataillons et régiments de cavalerie, pour les divisions et brigades, ainsi que pour l'état général envoyé à la Commission ; il faudra que les généraux de division envoient tous les quinze jours, à la Commission, l'état de leur division indépendamment de ceux que j'adresse ; je fais imprimer ces différents états et je les leur enverrai à l'armée dans le plus court délai. Ci-joint trois lettres à ton adresse.

Pour leur permettre d'établir ces situations, les adjudants généraux des divisions devaient recevoir chaque matin celles des corps de troupes.

*Ordre du 13 au 14 germinal (2 au 3 avril).*

Les commandants de corps seront très scrupuleux à faire envoyer aux états-majors des divisions auxquelles ils sont attachés, aux époques qui leur ont été fixées précédemment, les états de situation des dits corps.

Les officiers des états-majors des divisions mettront la plus grande célérité possible à en faire le relevé général et le faire passer ensuite au chef de l'état-major général de l'armée ; la moindre négligence dans l'envoi de ces états aux époques déterminées, mettrait le chef de l'état-major général dans l'impossibilité de satisfaire aux demandes qui lui sont faites par le Ministre de la guerre et le Comité de Salut public. Il se verrait contraint d'obtenir des mesures de rigueur contre ceux de qui dépendrait la négligence.

Les commandants temporaires et amovibles des places apporteront la même exactitude pour les corps qui composent les garnisons ou cantonnements qu'ils commandent.

*Copie de l'ordre du quartier général de Réunion-sur-Oise
du 11 au 12 floréal (30 avril au 1er mai).*

Les commandants des corps sont prévenus qu'ils sont responsables de l'envoi de l'état de situation. Le général fera punir très sévèrement ceux qui ne l'enverront pas exactement. Il est nécessaire qu'il parvienne aujourd'hui à l'état major.

*Ordre du 18 au 19 prairial (6-7 juin).*

On renouvelle aux chefs de corps l'ordre déjà donné d'envoyer leur état de situation tous les jours, pour 9 heures du matin, à l'état-major de la division.

Dans la division A. Dubois, les états de situation des corps devaient tout d'abord être remis aux généraux de brigade qui les faisaient parvenir au général de division.

*Ordre du 3-4 prairial (22-23 mai).*

Le général A. Dubois se plaint que les régiments de cavalerie ne lui font pas parvenir leurs états de situation.....

*Circulaire du 5 floréal (24 avril) à tous les commandants des régiments de cavalerie.*

Je vois avec douleur, Citoyen, que des commandants de régiment négligent de remettre tous les matins leur état de situation aux généraux de brigade, pour que ceux-ci me les fassent parvenir (1). Il est aussi essentiel, et le bien du service l'exige, d'apporter la plus grande célérité à cet objet. Je te préviens que si tu y mettais la moindre négligence, je serais obligé de porter plainte contre toi et de te punir. Tu dois recevoir le mot d'ordre de l'armée tous les jours par ton général de brigade, qui doit t'avoir fait part de l'instruction du service journalier ; toutes les demandes particulières lui seront adressées, et c'est par lui qu'elles doivent m'être présentées.

Amitié, fraternité et exactitude dans notre état, c'est le moyen de vaincre les tyrans et d'éviter d'être surpris.

*Le général républicain,*
A. DUBOIS.

b) *Situations des approvisionnements.* — En dehors des situations d'effectifs, le représentant du peuple Laurent, exclusivement chargé des approvisionnements par

---

(1)  *Ordre du 6 au 7 floréal (25 au 26 avril).*

. . . . . . . . . . . . . . . . . . . . . . . . . . . .

Le général se plaint de ce que les rapports ne lui parviennent pas exactement, ni assez matin. Il recommande le plus grand soin à cette partie essentielle du service.

Les rapports des généraux de brigade contiendront à l'avenir la force détaillée de chaque régiment ainsi que le nombre d'escadrons dont ils sont composés avec le lieu de leur bivouac ou cantonnement.

Il ne peut trop recommander de tenir la main à ce que chacun soit à son poste.

A. DUBOIS.

la lettre du Comité du Salut public datée du 30 pluviôse, réclama une situation décadaire des magasins de toutes les places fortes de l'armée du Nord.

19 floréal (8 mai).

*Liébert à Bourcier.*

Le représentant du peuple Laurent, Camarade, me demande l'état de situation de tous les magasins de cette place, toutes les décades ; donne des ordres afin qu'ils me parviennent demain (1).

. . . . . . . . . . . . . . . . . . . . . . . . . . . .

22 floréal (11 mai).

*Liébert au représentant du peuple Laurent, Maubeuge.*

Citoyen Représentant,

Je t'adresse ci-inclus les états des différents magasins d'approvision-

---

(1)       *A Duverger, adjudant général.*

19 floréal (8 mai).

Quant à la situation demandée par le représentant Laurent, Camarade, non seulement je lui ai envoyé la tienne, mais celle de toute l'armée ; je suis surpris qu'il la demande. Demain, 20 courant, je vais lui en envoyer une autre ; quant à celles des magasins de Lille, je ferai en sorte qu'elles me soient remises et je les lui ferai également parvenir. J'attends l'état des situations.

*Au commissaire ordonnateur Olivier.*

12 prairial (31 mai).

Tu voudras bien, Citoyen, m'envoyer sur-le-champ l'état d'approvisionnements de la place de Lille pour les dix premiers jours de prairial.

LIÉBERT.

*Au Commissaire ordonnateur en chef.*

12 prairial (31 mai).

J'ai reçu communication des états d'approvisionnements de la place de Lille. Tu voudras bien donner ordre, une fois pour toutes, que ces états me parviennent exactement les 11, 21 et 1er de chaque mois,

nements de la place de Lille. Demain je te ferai passer l'état des forces de l'armée du Nord, pour la 2º décade de floréal (1).

Pour recevoir régulièrement les états réclamés par Laurent, Liébert adressait une circulaire spéciale aux commandants des places.

20 floréal (9 mai).

*Liébert aux Commandants des places de*......

Pour satisfaire aux diverses demandes du Comité de Salut public, des représentants du peuple et du général en chef, sur les approvisionnements des places qui dépendent de l'armée du Nord, il est indispensable, Citoyen, que tu m'adresses régulièrement, toutes les décades, deux états :

1º L'un doit comprendre le détail de toutes les munitions de guerre en tous genres, existantes dans les places que tu commandes;

2º Et l'autre, tous les approvisionnements de subsistances également en tous genres, blés, farine, légumes, biscuit, viande, sel, etc., et fourrages qu'elle contient. Je t'observe que cet état doit être terminé par un résultat qui indique sommairement pour combien d'hommes, de chevaux et de jours il y a de subsistance dans la place.

Ces états devront être d'ailleurs signés et certifiés par toi.

---

avant 10 heures du matin. Il faut que je les fasse passer moi-même au représentant du peuple Laurent, qui se plaint du retard que cet envoi lui fait éprouver.

LIÉBERT.

(1) *Au citoyen Laurent, représentant du peuple, à Maubeuge.*

23 floréal (12 mai).

Je t'adresse ci-inclus, l'état de situation que je t'ai annoncé hier ; j'y joins en outre deux états de situation des magasins de cette place, plus récents que ceux que je t'ai envoyés hier.

*Au citoyen Laurent, représentant du peuple, à Maubeuge.*

12 prairial (31 mai)

Je t'adresse, Citoyen Représentant, l'état sommaire de la force de l'armée du Nord, pour la 1re décade de prairial. J'y joins également deux états d'approvisionnements de la place de Lille.

Je ne doute pas, au surplus, Citoyen, que tu ne t'empresses de satisfaire promptement à cette demande que nécessitent le bien et l'ordre du service, et que tu ne prennes des mesures pour que ces états me parviennent décadi prochain, 30 de ce mois, et successivement, comme je l'ai dit, de décade en décade, ou de dix jours en dix jours. Je ne te dissimule pas que tu serais personnellement responsable des retards et de la négligence que tu mettrais dans ces envois. Tu exigeras donc des comptes de ceux qui doivent t'en rendre à cet égard.

Mais, lorsque tu seras dans le cas de changer de place et de commandement, je te préviens au surplus que tu devras donner copie collationnée et signée de cette lettre à l'officier qui te succédera et qui devra en agir de même lorsqu'il sera remplacé.

La responsabilité directe qu'elle renferme pèsera également sur toi, comme sur les commandants qui te succéderaient par ordre légitime.

Salut et fraternité.

Les divers états d'approvisionnements et d'effectifs étaient centralisés par le chef de l'état-major de l'armée (1) qui les adressait soit au représentant du peuple Laurent, soit au Comité de Salut public par l'intermédiaire de la Commission de l'organisation et du mouvement des armées de terre. En dehors de ces autorités, le chef de l'état-major envoyait la situation décadaire d'effectifs au général en chef, aux représentants du peuple, au commissaire ordonnateur et aux commissaires des guerres pour leur permettre de calculer les ravitaillements en vivres; il devait en être de même pour le général commandant l'artillerie en ce qui con-

---

(1) *Au citoyen Rostollan.*

26 germinal (15 avril).

Tu ne te rappelles pas, Citoyen, l'ordre général du 24. Relis-le, et tu verras que tu ne dois correspondre directement qu'avec les généraux de brigade et en rendre compte à l'état-major général. En conséquence, tu voudras bien t'abstenir de fournir aucun état au Comité de Salut public, au général Pichegru, au commissaire ordonnateur. C'est de moi qu'ils doivent les recevoir, et c'est à toi de me mettre à même de les fournir.

THARREAU.

cerne les munitions; en outre Liébert avait eu la bonne idée de communiquer cette situation, qui comportait aussi l'indication des emplacements, au général Charbonnié, commandant l'armée des Ardennes, avec qui Pichegru devait concerter ses opérations. Cette même situation était envoyée aux autres armées, dans le but d'éviter le va-et-vient fort dispendieux des volontaires ou hommes de la réquisition à la recherche de leurs corps.

11 floréal (30 avril).

*Aux Représentants du peuple à Lille, et à Laurent, représentant du peuple à Maubeuge.*

Je vous envoie ci-joint, Citoyens Représentants, l'état, par arme et par division, des forces de l'armée du Nord.

15 floréal (4 mai).

*Au commissaire ordonnateur Vaillant.*

Je t'envoie ci-joint l'état de situation des troupes dans les garnisons et disponibles, ainsi que tu me l'as demandé. Tu voudras bien m'en accuser réception.

19 floréal (8 mai).

*A Sauviac, adjudant général.*

Tu es sur les lieux, mon camarade, tu vois les mouvements des troupes, les changements des cantonnements; fais-moi le plaisir de me faire prévenir de ces mouvements aussitôt qu'ils seront ordonnés, afin que je prévienne le commissaire des guerres, pour assurer la subsistance.

5 au 6 messidor (23 au 24 juin).

*Lettre du Commissaire ordonnateur en chef au Chef de l'état-major de l'armée de la Sambre.*

Je t'invite, Citoyen Général, à faire insérer dans l'ordre du jour :

. . . . . . . . . . . . . . . . . . . . . . . . . . . .

4° Que les chefs des états-majors des divisions et avant-garde devront régulièrement faire part de leurs mouvements, augmentation ou diminution dans le nombre de corps de leurs divisions, aux commissaires des guerres qui y sont attachés, afin qu'ils puissent faire arriver les subsistances en raison de la force de la division, à peine de répondre des événements au cas de négligence de leur part;

5° Et que les chefs de chaque état-major de division ou avant-garde devront rigoureusement et régulièrement donner copie des ordres du jour aux commissaires des guerres de leur division, afin que le service soit mieux assuré qu'il ne l'a été depuis quelque temps.

Tu voudras bien, Citoyen Général, m'accuser réception de cette lettre.

19 floréal (8 mai).

*Liébert au Général en chef, à Courtray.*

Hier, à 11 heures du soir, j'ai reçu ta lettre, Général. J'ai, conformément à tes ordres, envoyé les lettres à leurs adresses respectives, et ai donné les ordres en conséquence.

Ci-joint, tu trouveras les états de situation.

Tu me mandes que tu n'as pas reçu, pendant ton dernier voyage, toutes les lettres qui t'avaient été adressées. Je t'assure que je t'ai remis toutes celles qui me sont parvenues, et avec la plus grande exactitude : un journal de Bruxelles et un rapport de Nivet (1), trois reçus des lettres que tu m'as adressées. J'ai envoyé un adjoint à Bonnaud.

17 floréal (6 mai).

*Liébert à Tharreau, chef de l'état-major de l'armée des Ardennes.*

Les armées du Nord et des Ardennes devant opérer ensemble, mon cher Camarade, il est de toute nécessité que le général Pichegru ait connaissance de la force de l'armée commandée par le général Charbonnié. Je te prie, en conséquence, de m'en faire passer la situation tous les dix jours, pour que je puisse en faire part au général en chef.

*Circulaire du 2 prairial aux Chefs des états-majors généraux des armées de la République.*

Je t'adresse ci-joint, Citoyen, le tableau des corps d'infanterie, d'artillerie et de cavalerie composant l'armée du Nord. J'adresse également ce tableau aux chefs des états-majors des autres armées de la République. Cette mesure me paraît indispensable pour indiquer aux volontaires qui se présentent sans cesse, l'armée où se trouvent leurs corps respectifs. Elle a, d'ailleurs, un autre but, celui d'éviter les dépenses qu'occasionnent ces volontaires en allant d'une armée à

---

(1) Adjudant général chargé de la partie secrète.

l'autre, et de réunir à leurs corps ces défenseurs de la patrie. Je t'invite donc, Citoyen, à vouloir bien m'envoyer le tableau des corps qui composent l'armée dont tu es le chef de l'état-major général.

Liébert.

Dans le même esprit, Liébert envoya une note semblable au commandant de la place de Menin qui, à la date du 3 prairial, jouait, par rapport à l'aile gauche de l'armée du Nord, le même rôle qu'avait rempli Lille un mois auparavant.

3 prairial (22 mai)

*Liébert au Commandant, à Menin.*

Je t'envoie ci-joint, Citoyen Commandant, l'état des troupes qui composent les divisions Bonnaud, Michaud, Souham, Moreau, ainsi que la brigade du général Thierry. Il te servira à indiquer aux militaires qui ignorent la division dont leur corps fait partie, l'emplacement des quartiers généraux, qui y est marqué; et si les cantonnements des diverses troupes ne s'y trouvent pas, c'est qu'il est impossible de les donner au juste à cause des mouvements qu'elles sont susceptibles de faire à chaque instant.

c) *États des pertes.* — En dehors des situations d'effectifs et d'emplacements des troupes, il était fourni, les 1er et 16 de chaque mois, un état des pertes, sans préjudice de ceux qui devaient l'être après chaque affaire.

20 prairial (8 juin).

*Liébert aux Adjudants généraux, chefs des états-majors des généraux de division Osten, Bonnaud, Moreau, Despeaux, Souham, Michaud, Thierry, Drut, Laubadère, Ferrand, Parant, Legrand et Éblé.*

Je t'adresse ci-joint, Citoyen, des états en blanc des militaires tués, blessés, prisonniers de guerre, ainsi que des pertes en chevaux, armes et artillerie, qui te sont annoncés par l'ordre de ce jour; incessamment on t'en fera passer une plus grande quantité.

Je t'observe qu'il est nécessaire que tu fasses porter sur ces états les pertes qu'éprouveraient les bataillons, mais successivement, affaire par affaire, qui aurait lieu pendant la quinzaine, en indiquant le jour.

Je t'invite, au surplus, à faire mettre la plus grande exactitude dans

LA CAMPAGNE DE 1794 A L'ARMÉE DU NORD.     245

l'envoi de ces états, pour me mettre à même de répondre aux diverses demandes qu'on me fait à ce sujet.

Si, dans la division à laquelle tu es attaché, il n'arrivait aucune perte causée par l'ennemi, tu ne me renverrais pas moins, les 1er ou 16 de chaque mois, le dit état, en observant que les corps n'ont éprouvé aucune perte.

*Ordre général du 20 prairial (8 juin)* (1).

Les adjudants généraux, chefs des états-majors des divisions, enverront tous les quinze jours, c'est-à-dire les 1er et 16 de chaque mois, un état sommaire des militaires tués, blessés et prisonniers de guerre, ainsi que des pertes en chevaux, armes et artillerie, éprouvées par les corps composant leurs divisions respectives. On leur envoie à cet effet des imprimés en blanc pour faciliter ce travail. Les commandants des corps enverront en conséquence, les 15 et 30 de chaque mois, au bureau de l'état-major de la division dont ils font partie, l'état sommaire des pertes des corps qu'ils commandent. Il leur sera envoyé à cet effet un modèle par les adjudants généraux, chefs des états-majors des divisions, d'après celui qui leur est adressé. Toute négligence dans l'envoi de ces états serait répréhensible et, par conséquent, sévèrement punie.

En dehors des états de pertes périodiques, il était ordonné d'en adresser aussitôt après chaque affaire.

C'est ainsi qu'après la journée du 28 germinal (17 avril), dans laquelle l'armée combinée de Cobourg et d'York avait investi Landrecies en refoulant la division Fromentin sur l'Helpe et les divisions Balland et Goguet d'Étreux et de Bohain sur Guise, le général Ferrand, qui avait pris le 5 floréal le commandement effectif de ce groupe central (2) prescrivit, le 9 floréal, de fournir l'état des pertes du 28 germinal.

---

(1) Cet ordre, daté du 20 prairial à l'aile gauche de l'armée du Nord, le fut du 25 à l'armée de la Sambre.

(2) *Au quartier général d'Avesnes le 5 floréal.* — D'après les ordres du général en chef Pichegru, le général Ferrand commande la partie droite de l'armée du Nord, depuis Maubeuge jusqu'à Cambrai. En conséquence, les généraux compris dans cette étendue correspondront

Au quartier général d'Avesnes, le 10 floréal (29 avril).

*Copie de l'ordre du quartier général de Réunion-sur-Oise, du 8 au 9 floréal.*

Les généraux de division sont tenus, sous leur responsabilité personnelle, de fournir à l'état-major du quartier général de Réunion, savoir : sans nul délai, et rendu le 12 floréal au dit quartier général, les pertes faites par les différents corps dans la journée du 28 germinal. Ces états seront conformes au modèle ci-joint.

**Aussitôt après l'échec du deuxième passage de la Sambre, Charbonnié réclama l'état des pertes subies dans cette journée.**

5 prairial (24 mai).

*Au citoyen Charpentier, adjudant général.*

Tu voudras bien me donner de suite, mon Camarade, l'état de situation des troupes qui composent les trois divisions de droite de l'armée du Nord, celui de la réserve et des pièces de position et caissons; tu y joindras l'état de situation des grenadiers réunis ou formés pour l'avant-garde.

Si tu peux te procurer aujourd'hui l'état des pertes en hommes, chevaux et artillerie faites dans cette journée, tu me le remettras; en cas que tu ne puisses l'avoir dans ce délai, tu le feras remettre le plus tôt possible.

**Il en fut de même, après la quatrième tentative de passage de la Sambre.**

Au quartier général de Beaudrebul, le 29 prairial (17 juin).

*Copie de l'ordre du quartier général de Montigny, du 29 au 30 prairial.*

Les généraux de division feront passer, dans le plus court délai, au général en chef, l'état des pertes qu'ils ont faites, tant en hommes qu'en chevaux et artillerie.

---

directement avec lui pour tous les détails du service. Ils adresseront au quartier général de Réunion toutes les demandes qu'ils auraient à faire.

d) *Négligence à fournir les états périodiques.* — Malgré toutes les prescriptions, les états périodiques n'étaient pas fournis à date fixe et ces retards provoquaient de nombreuses observations de la part des chefs d'état-major des armées. « Tu vois, écrivait Liébert, « combien je suis malheureux pour me procurer les « différents états dont j'ai besoin (1) ». Du 6 ventôse au 3 messidor on ne compte pas moins de cinquante ordres de rappel relatifs à l'envoi de ces pièces.

Afin d'éviter une nomenclature fastidieuse, nous nous bornerons à indiquer les plus typiques.

11 ventôse (1<sup>er</sup> mars).

*Au général de brigade Nalèche, commandant à Givet.*

Par ma lettre du 6 ventôse (2), je te priais, Citoyen, de me faire passer l'état de situation des troupes qui composent la division que tu commandes ; je t'engageais à m'envoyer un courrier, s'il était nécessaire, pour me mettre à même de rendre le compte que demande le Comité de Salut public à tous les généraux en chef.

---

(1) Liébert à l'adjudant général Rambouillet, à Réunion-sur-Oise. 8 prairial.

(2) *A Nalèche, général de brigade, commandant à Givet.*

Je n'ai point encore reçu l'état de situation des troupes de ton arrondissement, qui devait être envoyé au bureau de l'état-major de cette armée pour le 1<sup>er</sup> ventôse. Le commandant temporaire de Roc-Libre m'a fait passer directement celui de sa garnison ; tu voudras bien lui donner l'ordre de te l'adresser à l'avenir, pour la confection de ton tableau général ; il doit en être ainsi de tous les commandants d'artillerie, garde-magasins des arsenaux, fourrages et approvisionnements de tous genres ; sans cela il m'est impossible de satisfaire aux demandes du Ministre et je me trouve en retard par le défaut d'ordre. Je te prie de me faire parvenir de suite les différents états généraux par un courrier, s'il est nécessaire. Si je ne les recevais que le 10 au plus tard, je serais forcé, pour ma responsabilité, d'envoyer un double de l'ordre du 8 pluviôse au Ministre et au Comité de Salut public. Je ne pourrais couvrir que de cette manière la lacune qui existerait dans le tableau général de la force de cette armée.

THARREAU.

Un arrêté pris à cet égard, en date du 4 ventôse, en ordonne plus strictement encore l'exécution.

Depuis six jours, mon travail est prêt; je n'attends plus pour l'envoyer que les différents états généraux que tu dois m'adresser à chaque décade et qui ont été oubliés à la dernière. J'ai reçu directement l'état de situation de Roc-Libre, ce qui ne devrait pas être, d'après les ordres ultérieurs donnés; celui du 10 est positif à cet égard. Les gardes-magasins d'artillerie et autres approvisionnements m'ont aussi adressé leurs différents états. Remédie, je te prie, à cet abus qui cause la plus grande confusion et met des difficultés sans nombre dans la reddition de compte. J'attends, par retour du courrier, l'état général de la situation des troupes de ta division.

Tu me feras passer, à la fin de cette décade, celui des approvisionnements et autres objets stipulés dans ces précédents ordres.

THARREAU.

28 ventôse (18 mars).

*A l'Inspecteur de l'artillerie, à Mouzon.*

J'attends aujourd'hui, Citoyen, l'état que je t'ai demandé hier. Je te prie de me l'envoyer par un officier, pour me mettre à même de l'adresser de suite au Ministre.

THARREAU.

*Ordre du* 18-19 *ventôse* (8-9 *mars*).

Le chef de l'état-major ne cessera de recommander aux généraux et adjudants généraux la plus grande célérité dans l'expédition des différents états demandés. L'intérêt de la République exige que ceux qui, par leur négligence, entraveraient la marche des affaires, soient connus. Il demande aux généraux de lui faire connaître ceux qui se mettraient dans ce cas, afin qu'il en rende compte au général en chef.

LIÉBERT.

9 germinal (29 mars).

*Au général de division Jacob, à Givet.*

. . . . . . . . . . . . . . . . . . . . . . . . . . . . . . . .

Je t'engage aussi à ne pas retarder l'envoi de l'état de situation de la division que tu commandes, pour que je puisse être à même de rendre de suite un compte général au Comité de Salut public et au Ministre de la guerre.

THARREAU.

*Ordre du 9-10 floréal (28-29 avril).*

La plupart des adjudants généraux négligent d'envoyer tous les cinq jours les états de situation et ne rendent aucun compte des opérations des divisions auxquelles ils sont spécialement attachés. Cette négligence coupable laisse ignorer au général des mouvements qu'il doit connaître et le met dans l'impossibilité de satisfaire le Comité de Salut public, qui veut connaître toutes les décades l'état de chaque armée, sa position, ses mouvements, etc. Le chef de l'état-major recommande donc expressément aux adjudants généraux chefs de l'état-major des divisions, de lui adresser non seulement avec régularité les états de situation, mais de lui rendre chaque jour des comptes sommaires tant de la position, des mouvements, que des succès et des avantages de leurs divisions respectives. Il leur enjoint de lui faire passer, aussitôt après les actions, des états des morts, blessés, prisonniers de guerre, pertes en armes et artillerie, de celles qu'on pourrait prendre à l'ennemi, des prisonniers qu'on lui ferait, enfin de tout ce qui intéresse essentiellement le service militaire, pour être à même de rendre les comptes dont il s'agit. Les adjudants généraux en exigeront et donneront en conséquence les ordres les plus précis ; mais ils sont prévenus qu'ils seront personnellement responsables de la plus petite négligence qui serait mise dans les comptes journaliers qu'on exige d'eux. Le chef d'état-major aime au surplus à penser que le bien du service les engagera, plus encore que la responsabilité, à remplir cette obligation que leur impose leur devoir.

LIÉBERT.

18 floréal (7 mai).

*Liébert à Ferrand, général de division à Réunion-sur-Oise.*

. . . . . . . . . . . . . . . . . . . . . . . . . . . . . . . . . . . . .

Le citoyen Bourcier, commissaire ordonnateur en chef, m'écrit à ce moment pour me prévenir que le payeur général de l'armée est obligé de suspendre le payement des officiers des états-majors divisionnaires de Goguet, Balland et Fromentin, parce qu'il ne lui a encore été remis aucun état des officiers de ces trois divisions. Fais-moi le plaisir de les en prévenir.

LIÉBERT.

18 floréal (7 mai).

*Au général Ferrand, à Réunion-sur-Oise (Circulaire).*

Le Comité de Salut public, Citoyen, la Commission chargée de l'organisation et du mouvement des armées de terre, le général en chef, demandent tous des états de situation exacts des forces de l'armée ; sans cette connaissance il est impossible d'exécuter les plans combinés ; en conséquence je t'invite à donner les ordres les plus précis pour que je reçoive un état très exact des forces qui sont sous ton commandement ; comme il est urgent que cet état me parvienne, envoie, pour te le procurer promptement, des adjoints ou autres officiers de confiance dans les différents emplacements des troupes, afin que cela n'éprouve aucun retard ; fais leur observer qu'on ait soin de faire mention, sur ces états, des noms des généraux de division qui commandent, des généraux de brigade, des adjudants généraux, aides de camps et adjoints employés sous leurs ordres, de l'emplacement des quartiers généraux, camps et cantonnements, et que l'on mette en tête de l'État : « État demandé par la circulaire du 18 floréal ». Le général en chef te prévient aussi qu'il ordonnera les opérations sur l'état de situation que tu adresseras.

Liébert.

20 floréal (9 mai).

Le chef de l'état-major général reçoit à peine les états de situation des divisions. Cependant il n'a cessé jusqu'à présent d'inviter les adjudants généraux, chefs des états-majors des divisions, à remplir cette première obligation de leur devoir. Pourquoi une négligence aussi coupable ? « L'inertie du gouvernement, dit la loi du 19 vendémiaire, « étant la cause des rixes, les délais pour l'exécution des lois et des « mesures de salut public, seront fixés : la violation des délais sera « punie comme attentat à la liberté. »

Eh ! comment le chef de l'état-major général peut-il satisfaire aux diverses demandes des représentants du peuple, du Comité de Salut public et du général en chef, si les adjudants généraux négligent continuellement de lui envoyer des états et de lui rendre des comptes. Ami de la liberté, comme de ses devoirs, n'est-ce pas l'obliger à dénoncer cette négligence ? Il prévient donc pour la dernière fois les adjudants généraux, chefs des états-majors des divisions, que les états de situation doivent lui parvenir, sous *leur responsabilité personnelle*, tous les cinq jours, c'est-à-dire les 1er, 5, 10, 15, 20 et 25 de chaque mois ; que tous ceux qui ne les enverront pas au jour fixé, recevront *à leurs dépens* un courrier extraordinaire pour l'aller chercher, et que dans le cas de nouvelle négligence, il en sera rendu compte de suite au général en chef, pour prendre à cet égard des mesures de juste sévérité.

Liébert.

20 floréal (9 mai).

*Liébert à Barbou, adjudant général à Réunion-sur-Oise.*

. . . . . . . . . . . . . . . . . . . . . . . . . . . . . . . . . . . . . . . .
Il est bien étonnant que je n'aie encore reçu de toi aucun état de situation des divisions dont tu es chargé. Fais-les moi passer bien vite ; sans quoi j'enverrai pour les chercher, des ordonnances aux frais de qui il appartiendra. J'ai été forcé déjà d'instruire le Comité de Salut Public de la négligence des adjudants généraux employés aux différentes divisions.

LIÉBERT.

24-25 floréal (13-14 mai).

*Nouvelle demande des états de situation.*

Le général de division, chef de l'état-major général, ne voit pas, sans la plus grande surprise, que les chefs des états-majors divisionnaires ne satisfont pas aux demandes qui leur sont faites, notamment de rapporter au dos des états de situation non seulement les noms des adjudants généraux, mais aussi leur grade et ceux des adjoints et aides de camp et les corps auxquels ils sont attachés ; il les prévient qu'il ne reconnaît, quant aux adjoints, que ceux nommés conformément à la loi, et recommande d'envoyer, dans le plus court délai, l'état détaillé comme ci-dessus.

11 prairial (30 mai).

*Au général de division Desjardin, à Maubeuge.*

L'adjudant général chef de ton état-major ne m'envoie aucun état de situation des troupes que tu commandes et ne me rend aucun compte. Je te prie, Citoyen, de vouloir bien le prévenir de cette négligence qui me met dans l'impossibilité de mettre non seulement sous les yeux du général en chef la force des troupes à tes ordres mais de rendre les comptes demandés par le Comité de Salut Public. Il est donc de toute nécessité, et c'est l'invitation du général en chef, que cet adjudant général m'adresse régulièrement tous les cinq jours l'état de situation juste des troupes que tu commandes, et me rende également des comptes détaillés sur tout ce qui pourrait se passer d'intéressant dans la partie que tu défends pour que je puisse en rendre moi-même au Comité de Salut Public suivant ses ordres. Je t'invite au surplus, Citoyen Général, à veiller à ce que ces dispositions soient ponctuellement remplies parce qu'elles intéressent essentiellement le service. Elles sont d'ailleurs plus détaillées dans les divers ordres que j'ai fait renouveler plusieurs fois dans le courant de floréal dernier ainsi qu'on peut le voir dans les ordres journaliers de ce mois.

Lorsqu'il se passera quelque chose de nouveau et d'intéressant de ce côté-ci, je m'empresserai de t'en faire part.

16 prairial (4 juin).

*Liébert au Commandant de la place d'Amiens.*

Je présume, Citoyen, que tu n'as pas eu connaissance de l'ordre (1) donné à tous les commandants des places d'envoyer chaque décade au bureau de l'État-major général de l'armée l'état de tous les approvisionnements en vivres, fourrages et munitions de guerre qui se trouvent dans les places qu'ils commandent, puisque je n'ai pas reçu ceux d'Amiens. Tu voudras bien te conformer à cet ordre ; le bien du service l'exige. Je te crois assez partisan du bien public et diligent à remplir tes devoirs pour ne pas tarder un instant à me les faire parvenir.

20 prairial (8 juin).

*Liébert au commandant Ollivier, à Lille.*

Le citoyen Laurent, représentant du peuple à Maubeuge, me demande, Citoyen, l'état de situation des approvisionnements de la place de Lille ; il faut absolument que je l'aie pour demain matin à 10 heures, afin que je puisse le lui faire passer par la correspondance.

Du 2 au 3 messidor (20 au 21 juin).

*Ordre du quartier général de Maubeuge.*

Les adjudants généraux qui n'auront pas fourni encore l'état des militaires qui ont fait de belles actions pendant le mois de prairial ainsi que l'état des tués depuis le 1er jusqu'au 30 du même mois, sont tenus de l'adresser sous 24 heures à l'État-major du général Ferrand, à peine de supporter les frais du fourrier qui leur sera adressé pour les avoir.

Non seulement, les états parvenaient en retard, mais ils étaient parfois loin d'être exacts et présentaient de grosses erreurs que l'état-major de l'armée était obligé de rectifier.

---

(1) Circulaire du 20 floréal, de Liébert, aux commandants de place.

3 floréal (22 avril).

*A Durutte, adjudant général à Dunkerque.*

Je ne puis te dissimuler, Citoyen, que je vois avec autant de peine que de surprise le peu d'ordre qui règne dans ton bureau. Les états de situation que tu m'adresses sont très peu soignés. Joins à cela qu'ils sont remplis de lourdes erreurs. Dans celui du 30 germinal, ton effectif à la colonne des présents sous les armes, était porté à 41,000 ; dans celui du 1er floréal, cet effectif s'élevait seulement à 16,000 ; et dans celui du 2, l'effectif des présents est de 61,473. Tu sens à merveille combien peu de foi on peut ajouter à ces états de situation d'où dépendent souvent les mouvements qu'on est obligé d'ordonner.

Je t'engage à faire dorénavant plus d'attention à ce que tu signes, car tous ces états sont signés de toi ; à rétablir l'ordre qui n'aurait dû cesser un seul instant, et à m'envoyer des états plus soignés et plus fidèles.....

21 prairial (9 juin).

*Liébert au chef de brigade Nicolaï, commandant amovible à Arras.*

Je te préviens, Citoyen, que je trouve une différence de 49 hommes entre ton état de situation et celui que m'a adressé le général Reede ; tu n'y portes pas les dépôts suivants :

6e Bataillon de Soissons ;
1er Bataillon du 54e ;
1er Bataillon de la Somme.

Tu voudras bien, dans les états que tu m'enverras dorénavant, y faire attention, car cette différence causerait une erreur dans l'état général.

26 prairial (14 juin).

*Liébert à l'adjudant général Duverger.*

Dans l'état de situation de la division à laquelle tu es attaché, en date du 10 prairial, la 27e demi-brigade y est portée ainsi que le 20e régiment de cavalerie. Pourquoi, Citoyen, ne trouve-t-on plus ces corps dans le rapport du 22 ? Sous les ordres de qui sont-ils passés ? Deux escadrons du 20e sont compris dans la division Michaud ; mais le reste du régiment, ainsi que la 27e demi-brigade, ne se trouvent nulle part.

Donne-moi, à ce sujet, de prompts éclaircissements, et dorénavant, lorsque des corps de ta division passeront dans une autre, dans l'intervalle qui existe dans l'envoi des états de situation, il faudra en faire mention sur le dernier envoyé par une petite observation qui détruirait les recherches que cette omission nécessite.

Abstraction faite de ces erreurs et des retards qui s'y ajoutaient, le chef de l'état-major de l'armée recevait à dates périodiques et, au besoin, aussitôt que la nécessité s'en imposait, l'état des effectifs, emplacements et approsionnements des troupes mobiles ou disponibles et des garnisons ; l'état des pertes subies en personnel et matériel. Il n'est peut-être pas sans intérêt de remarquer que ces états étaient les mêmes que ceux que prescrit aujourd'hui l'instruction du 20 février 1900 sur le service des états-majors : la situation de prise d'armes, définie par l'article 28, n'est autre que celle des « troupes disponibles » que Liébert recommandait encore, le 9 prairial, au général Osten, d'envoyer au besoin chaque jour, dès qu'il y avait mutation ; la situation-rapport des cinq jours, visée par l'article 29, n'est autre que celle que réclamait le même chef d'état-major tous les cinq jours, au même général de brigade ; enfin, les états de pertes de l'article 30, dont l'envoi n'est prescrit que « chaque fois qu'il y a lieu » étaient fournis, en 1794, le 1$^{er}$ et le 16 de chaque mois et, en outre, immédiatement après chaque action de guerre.

Que conclure de cette comparaison, sinon qu'à toute époque, le commandement de l'armée a dû être renseigné au plus tôt sur ses effectifs et ses approvisionnements, afin de pouvoir réclamer aussitôt, au directeur de l'arrière, l'envoi de tous les éléments, personnel et matériel, nécessaires pour maintenir toujours en parfait état l'instrument si délicat que la Patrie lui a confié pour sa défense. Aujourd'hui, plus que jamais, les états-majors des corps d'armée doivent être des plus attentifs à fournir ces renseignements, ainsi que l'indication du stationnement des divers échelons, vides ou immobilisés, de leurs parcs et convois, afin que le commandant de l'armée puisse donner en temps opportun au directeur des étapes les renseignements nécessaires pour que cet officier général fasse arriver en ces points, les échelons les plus avancés des services de l'arrière.

Les états ou situations n'étaient pas les seuls documents qu'eussent à tenir les état-majors.

e) *Registres tenus*. — Le chef de chacun d'eux avait un registre d'ordres qui pouvait être le même que celui du commandement, ou en être différent. Le premier cas se produisit à l'état-major de Liébert : le général en chef, Pichegru, ne donnait jamais d'ordres d'opérations par l'intermédiaire de son chef d'état-major qu'il laissait à une étape en arrière ; la marche offensive du 7 floréal sur Menin et Courtray, l'attaque du 22 sur Courtray, furent concertées verbalement entre Pichegru, Souham et Moreau. Dans ces conditions, le chef d'état-major, tenu à l'écart de la préparation de ces opérations, se bornait à assurer le fonctionnement des services de l'avant et de l'arrière, et en rendait compte au général en chef en lui adressant l'ordre que Pichegru faisait copier sur son registre.

A l'armée des Ardennes, il y a encore deux registres d'ordres, l'un appartenant au chef d'état-major Tharreau, l'autre au général en chef Charbonnié ; mais ces deux documents diffèrent en ce que le premier contient plus spécialement les ordres particuliers tandis qu'au second sont insérés les ordres généraux. De fait, ces deux registres auraient dû être tenus par l'état-major (1).

Quoi qu'il en soit, l'ordre, une fois donné, était

---

(1) « Un chef d'état-major doit toujours avoir sur lui un cahier dans lequel, et autant que cela est possible, il écrive, sous la dictée du général commandant la division, tous les ordres qu'il en reçoit et sur lequel le général signe les ordres après les avoir donnés..... » Il doit tenir aussi « un registre qui contienne tous les ordres qu'il donne ou

adressé, par ordonnance, aux divisions, qui le transmettaient à tous les corps, par l'intermédiaire de leurs adjudants-majors puis de leurs fourriers.

*Ordre du 16 au 17 floréal (5 au 6 mai).*

C'est pour la dernière fois que le général recommande aux chefs des corps de veiller exactement à ce que les adjudants-majors, les adjudants ou officiers qui les remplacent, aillent tous les jours à l'état-major de la division, transcrire l'ordre général dont on voit journellement des fourriers qui n'ont aucune notion. Les chefs des corps indiqueront, pour ces mêmes fourriers, une heure proportionnée à la distance de l'état-major, à laquelle ils viendront, chez l'adjudant-major, copier l'ordre.

Les fourriers liront dans toutes les chambrées ou tentes l'ordre général, et cela sous la responsabilité des capitaines. Il sera fait, toutes les décades, une revue de propreté, après laquelle on lira les lois et le Code pénal militaire. Les généraux de division et de brigade se feront rendre compte de cette revue et en informeront le général en chef.

On inscrivait à l'ordre, non seulement les prescriptions du Commandement, du Ministre ou de la Commission de l'organisation et du mouvement des armées, mais encore les arrêtés du Comité de Salut public et ceux des représentants du peuple (1) qui intéressaient l'armée.

En outre du registre d'ordres, chaque général ou chef d'état-major paraît avoir eu son registre de correspon-

---

transmet. » (Thiébault, *Manuel des adjudants généraux.*) Thiébault recommande la tenue d'un registre des ordres du jour, indépendamment de celle du registre d'ordres; il paraît plus simple de tout insérer sur le même, comme le faisait Liébert.

(1)   *Aux représentants Bollet et Florent Guiot, à Cambray.*

19 floréal (8 mai).

J'ai seulement reçu, le 18 du courant, Citoyens représentants, avec votre lettre du 12, l'arrêté qui y est inséré; j'en ai fait faire plusieurs copies que j'ai fait distribuer aux différentes divisions de l'armée, je l'ai fait également insérer dans l'ordre pour lui donner toute la publicité possible.   LIÉBERT.

dance (1); ce dernier est lui-même complété par un autre où sont recopiés tous les ordres ou toute la correspondance reçue : Charbonnié et Liébert ont laissé un registre de correspondance; celui de Charbonnié porte indifféremment la signature de Charbonnié ou de Tharreau; Favereau, commandant les trois divisions réunies de Maubeuge, nous a légué non seulement ce document mais encore celui ou il a enregistré les lettres reçues des représentants du peuple, de Pichegru, de Ferrand et de ses sous-ordres (2). On retrouve la même disposition dans les prescriptions des articles 43 et 44 de l'instruction du 20 février 1900, aux termes desquels l'officier de jour tient un carnet d'entrée des dépêches, notes ou communications écrites ou verbales, relatives aux opérations, et un cahier d'enregistrement ou registre copie-lettres.

Enfin, pour éviter les dilapidations auxquelles pouvait donner lieu la prise des chevaux des déserteurs étrangers; pour pouvoir exercer une surveillance continue sur les tentatives d'espionnage qu'effectuait l'ennemi au moyen de déserteurs déguisés; le général Charbonnié faisait tenir à l'état-major de l'armée des Ardennes un registre d'entrée des prisonniers et déserteurs avec leurs chevaux, et rendait responsable de ce service l'adjudant général chargé du détail de la division, aux avant-postes de laquelle ils s'étaient présentés.

---

(1) Il est plus rationnel de n'avoir qu'un seul registre tenu par l'état-major.

(2) Le chef d'état-major d'une division doit avoir un registre de correspondance divisionnaire qui contienne par dates, lieux de départ, heures et numéros, les noms et adresses de tous ceux à qui il écrit, toutes les lettres qu'il signe; un registre de correspondance avec le Ministre de la guerre, le quartier général, le commissaire général, le général d'artillerie, etc.; des cartons, portefeuilles ou chemises où tous les papiers soient exactement classés. (Thiébault.)

22 germinal (11 avril).

*A l'adjudant général Rostollan.*

. . . . . . . . . . . . . . . . . . . . . . . . . . . . . . . . . . . . . . . . .

Tu mettras..... à l'ordre que tous les déserteurs et les chevaux qui se rendront aux postes des généraux de brigade, seront conduits au quartier général de la division, d'où ils seront renvoyés au quartier général de l'armée. Les ordonnances de campagne prescrivent les mesures.

Les abus qui existent par l'inexécution de la loi exigent la plus grande surveillance, et je te préviens que le général en chef, étant instruit des dilapidations à ce sujet, tu en es personnellement responsable comme chargé de la police et du détail de la division. Tu me rendras donc compte de suite des chevaux de déserteurs qui existent au dépôt, et notamment de celui qui est arrivé aujourd'hui, personne n'ayant le droit d'en disposer sans qu'ils n'aient été remis au dépôt général et seulement d'après les besoins de l'armée et les autorisations légales qui toutes doivent être visées en campagne par le général en chef.

THARREAU.

23 germinal (12 avril).

*Au général Jacob.*

. . . . . . . . . . . . . . . . . . . . . . . . . . . . . . . . . . . . . . . . .

Les prisonniers, les déserteurs seront de suite et régulièrement adressés au bureau de l'état-major général avec les chevaux, où ils doivent être inscrits sur un registre tenu à ce sujet et envoyés dans les lieux et dépôts que je désignerai. Tu prescriras à ton chef d'état-major de rendre compte toujours par écrit, et de suivre cette marche pour sa division. N'oublie pas de me faire dans le jour le rapport détaillé de l'affaire de Philippeville et de donner des ordres au général Hardy pour qu'il se conforme exactement à ces dispositions.

CHARBONNIÉ.

f) *Bulletins historiques décadaires.* — En dehors des états de situation et de pertes, le Comité de Salut public se fit fournir, à partir de messidor, deux états décadaires permettant de connaître, l'un les forces actives mises journellement en jeu, l'autre celles de l'ennemi auxquelles elles avaient été opposées dans la décade.

L'arrêté du 13 messidor, qui réglait cette question dans ses grandes lignes et auquel étaient joints une instruction et deux modèles de tableaux, exposait ainsi le but que voulait atteindre le Comité de Salut public :

13 messidor (1ᵉʳ juillet).

Le Comité de Salut public, voulant connaître dans le plus grand détail l'état de situation, les mouvements et les opérations des armées, arrête :

I. — Le général en chef de chaque armée nommera, dans chaque division ou corps détaché, des officiers chargés spécialement :

1° D'exprimer, sous forme de tableaux, les forces actives des corps de troupes auxquels ils seront attachés respectivement, ainsi que les mouvements et les opérations de ces corps pendant chaque décade ;

2° De former des tableaux semblables des forces, mouvements et opérations correspondantes de l'ennemi, d'après les divers rapports qui en auront été faits au général ;

3° De dessiner en croquis, sur des cartes ou plans d'une échelle convenable, les marches, positions et actions qui auront eu lieu pendant la décade, avec une légende explicative (1).

II. — Pour rendre ce travail uniforme, les généraux feront remplir ces tableaux de la manière indiquée par l'instruction et les modèles joints au présent arrêté.

---

(1) En l'absence d'ingénieurs géographes militaires, dont le corps institué le 26 février 1777 avait été supprimé par décret du 17 août 1791, il semble que l'exécution de ces dessins ait été assurée, à l'état-major de Liébert, par l'adjudant général Desplanque, si l'on en croit l'ordre de l'armée du 4 au 5 floréal : « On prie tous les chefs de bataillon de s'informer s'il existe dans leurs corps des jeunes gens qui sachent dessiner et lever un plan, pour les inviter à passer au quartier général quelques-uns de leurs ouvrages à l'adjudant-général Desplanque, qui les examinera pour les employer ensuite comme dessinateurs à l'état-major de l'armée ».

*Le général Gougelot, commandant à Dune-Libre, à l'adjudant général Desplanque.*

Le citoyen Colin, volontaire au 15ᵉ bataillon de Paris, en garnison en cette ville, paraît être instruit dans le dessin. Les échantillons que je t'envoie de ses talents te mettront à même de les apprécier. Il désirerait les rendre utiles à sa patrie en s'occupant dans l'état-major de

III. — Les tableaux, rapports ou dessins seront envoyés régulièrement au Comité de Salut public par chaque général de division, à commencer du 20 messidor prochain.

IV. — Le chef de l'état-major est chargé de faire passer au Comité de Salut public, toutes les décades, la relation raisonnée et circonstanciée de toutes les actions qui auront eu lieu pendant la décade; cette relation sera signée du général commandant l'action et accompagnée d'un dessin croquis figurant tous les mouvements et positions des troupes.

V. — Indépendamment de ces renseignements, les généraux et chefs des états-majors sont chargés de fournir au Comité de Salut public tous ceux qu'ils peuvent avoir concernant les événements antérieurs de la guerre actuelle depuis son principe, notamment la correspondance des généraux. Ils feront à cet égard toutes les recherches nécessaires et indiqueront celles qui pourront être utiles pour rassembler les notions propres à éclairer sur les opérations militaires de la campagne actuelle et des précédentes.

(Une instruction du 13 messidor donne le modèle des tableaux destinés à indiquer la force active et les opérations des armées de terre (1).

Au moyen de ces données et de celles que lui fournissait le service des renseignements, le Comité de Salut public avait à tout instant l'état représentatif des opéra-

---

l'armée. Il a déjà travaillé dans les bureaux de la marine, que la réquisition l'a obligé de quitter. Je t'engage à l'appeler auprès de toi, et je suis persuadé que tu te féliciteras d'en avoir fait l'acquisition.

*Liébert au Citoyen Calon, représentant du peuple, directeur du dépôt général de la guerre, à Paris.*

21 prairial (9 juin).

J'ai bien reçu, Citoyen représentant, les deux caisses contenant les instruments de dessinateurs que m'annonçait ta lettre du 17 courant; ci-bas, je t'en remets mon reçu détaillé.

*Liébert au Général en chef, à Comines.*

25 prairial (13 juin).

Je te renvoie les cartes de Ferraris dont tu as besoin ; on se sert des miennes, et les représentants du peuple viennent d'envoyer un atlas de ces cartes, ce qui doit être suffisant aux dessinateurs.

(1) *Archives nationales*, AF II, 203.

tions à double action qui s'étaient produites pendant la décade écoulée.

Si l'on rapproche l'arrêté du 13 messidor des ordres des 4-5 germinal et des 13-14 prairial, on en conclura que le Comité de salut public et le commandement avaient non seulement en vue d'affiner l'éducation morale de la troupe mais encore de transmettre à la postérité les hauts faits des héros de cette époque et de permettre à leurs successeurs d'en tirer tous les enseignements grâce à une relation aussi véridique et aussi complète que possible.

Il semble que cette instruction et ces ordres aient été réunis ultérieurement dans celle du 3 fructidor an II « portant organisation des bureaux du cabinet historique et topographique militaire » du Comité de Salut public.

Ce Bureau est chargé de recueillir, soit dans les journaux, soit dans les correspondances et archives du Comité de Salut public et de la Commission de l'organisation des armées ou dans tout autre ouvrage, manuscrit ou imprimé, soit enfin par tradition, tous les matériaux utiles pour former une histoire suivie et méthodique de la guerre actuelle depuis son origine.

Ces matériaux doivent comprendre toutes les époques remarquables, les batailles, les sièges, les combats, les mouvements, les actions, les événements, l'indication des camps occupés tant par nos troupes que par l'ennemi, celles des forces respectives, en un mot tout ce qui peut avoir rapport aux opérations de la guerre ainsi que les causes, les motifs et les obstacles qui peuvent avoir influé sur les diverses entreprises et sur les résultats qui en ont été la suite.

Tous les traits d'héroïsme et de vertu, propres à donner de l'intérêt à ce travail, seront recueillis avec soin ainsi que ceux de lâcheté et de trahison.

Le Bureau réunira tous les faits qu'il aura extraits, de manière à former un journal complet, exact et détaillé, de toutes les opérations de la guerre ; il les rassemblera ainsi de façon à en composer deux dictionnaires, dont l'un sera relatif aux agents principaux qui auront coopéré aux faits cités, et l'autre aux lieux où se seront passés ces mêmes faits. Le journal sera dénué de toutes réflexions ou pensées particulières propres aux rédacteurs ; la série des faits sera ordonnée d'après celle des dates, et ils seront liés et développés par toutes les causes ou motifs fournis par les papiers dont sont tirés les extraits.

Lorsque ce journal, précédé du tableau de la situation de la France, comparée à celle de ses ennemis, sera achevé, il sera communiqué au rédacteur chargé d'écrire l'histoire de la guerre, qui cherchera à donner à son style la simplicité, la brièveté, la force et l'énergie qui conviennent à son sujet.

Les recommandations qui précèdent concernent seulement le bureau historique. Les suivantes, qui ont trait au bureau topographique, montrent quelle était l'utilité des tableaux décadaires pour assurer le figuré des troupes adverses.

### Bureau topographique.
*Objet, mode et ordre de travail.*

Ce Bureau est chargé d'indiquer sur des cartes ou des plans d'une échelle convenable, les mouvements, les actions et les opérations des armées de la République et de celles des puissances coalisées.

Ces cartes et plans exprimeront dans tous leurs détails les positions, les camps, les retranchements, la nature des pays parcourus, la force active des troupes, leur différentes espèces, la direction des marches, l'époque du départ et d'arrivée, les actions remarquables, les combats, batailles, sièges, blocus, etc, qui ont eu lieu depuis le commencement de la guerre.

Pour remplir ce but, le Bureau commencera par construire des cartes des divers théâtres de la guerre, sur une échelle égale à celle de la carte dite de Ferraris.

La carte dite de Cassini sera employée pour la partie du territoire de la République; elle ne le sera néanmoins que faute d'autres meilleures, et subira toutes les corrections qui seront reconnues justes.

La carte de Ferraris sera employée dans son entier. On fera usage des meilleures cartes qui se trouveront dans les dépôts de la République pour la construction de toutes celles qui seront nécessaires pour compléter le travail.

Le Bureau réunira tous les états de situation des armées depuis le commencement de la guerre, tous les tableaux du mouvement, ainsi que les ordres des généraux, tous les extraits des correspondances, des journaux et des autres pièces relatives à la position, la force, les mouvements, les actions et en général à toutes les opérations des armées.

Il formera avec ces matériaux un tableau écrit et détaillé des opérations qui auront eu lieu pendant chaque décade dans chaque armée.

Les mouvements et positions des armées seront exprimés sur du papier transparent à mesure que les renseignements auront été reçus.

Le tableau décadaire et ces dessins volants serviront à figurer toutes les opérations de la guerre sur les cartes qui accompagneront l'histoire militaire de la révolution française.

Ces cartes seront d'une échelle double, lorsqu'elles seront destinées à représenter des opérations importantes qui exigent plus de détails. Les batailles, les sièges, les bombardements et autres actions remarquables seront exprimés sur des plans particuliers d'une échelle convenable; l'on y indiquera la série et les époques de toutes les opérations en y employant plusieurs feuilles ou des surtombes lorsqu'ils seront jugés utiles.

Outre cette description graphique des opérations de toutes les armées, il sera formé un tableau mobile des emplacements journaliers de toutes les troupes et de leur force effective.

Ce tableau sera exécuté sur une carte dite de Belleyme, qui sera étendue vers le Nord, jusqu'en Hollande, et vers le Midi, jusqu'à l'Èbre en Espagne.

On y indiquera les troupes, en corps d'armée, en garnisons et en dépôts; l'épingle marquant l'emplacement de chaque corps de troupes, portera l'indication non seulement d'une de ces trois classes, mais encore de la force de ce corps en infanterie, cavalerie et artillerie.

Ces emplacements seront déterminés d'après les nouvelles officielles dont le Bureau aura connaissance, et particulièrement par les tableaux décadaires qui seront envoyés par le Comité de Salut public (1).

*Le service des renseignements.* — « En campagne surtout, dit le général Thiébault, *l'espionnage*, autrement dit *la partie secrète*, forme une tâche essentielle du

---

(1) L'importance que l'on attachait alors à l'histoire militaire se manifeste encore dans le *Manuel des adjudants généraux*, qui peut être regardé comme l'exposé synthétique des enseignements laissés aux états-majors par les guerres de la Révolution. Le chapitre VI de ce manuel, intitulé « De l'historique de la division », rappelle, sous une autre forme, les prescriptions données le 13 messidor pour la rédaction des bulletins historiques décadaires.

travail d'un chef d'état-major. » Celui de l'armée du Nord ne faillit pas à cette tâche. Le service des renseignements était centralisé dans chaque armée par un adjudant général ; il était spécialement affecté à la « partie secrète » par le chef de l'état-major général de l'armée, à qui il adressait régulièrement ses renseignements. Il les communiquait aussi directement au général commandant les troupes de première ligne, lorsque l'ordre lui en était donné (1).

24 pluviôse (12 février).

*Le général Charbonnié au général Lorge, à Douzy.*

L'adjudant général Tharreau étant chargé de la partie secrète pour toute l'armée des Ardennes, il a donné l'ordre au citoyen Grandjean, chef de la correspondance pour cette partie de la frontière, de s'établir à Carignan pour être au centre des divers agents qu'il emploie. Il lui est aussi ordonné de t'envoyer le double de tous les rapports qui lui seront faits ; de cette manière le service ne souffrira aucunement.

Tharreau te fera passer demain des fonds pour les frais de ton bureau, dont tu lui enverras l'état certifié à la fin de chaque mois.

CHARBONNIÉ.

Le 16 floréal, quelques jours avant l'attaque de Courtray par les troupes de Clerfayt, Liébert envoyait de Lille, aux généraux Souham, à Courtray ; Moreau, à Comines, et Vandamme, à Menin, la copie du rapport d'un émissaire de l'adjudant général Nivet, chargé de la partie secrète.

Ces rapports étaient généralement adressés sous le titre : « Relevé des rapports et correspondances des « émissaires attachés à la partie secrète, sur les posi- « tions, forces et mouvements des armées coalisées en « opposition aux armées du Nord et des Ardennes ».

Ainsi qu'on l'a vu précédemment, les rapports de la

---

(1) Voir les articles 73 et 74 de l'instruction du 20 février 1900, qui ne sont que la répétition de ces prescriptions.

partie secrète étaient adressés par décade à la Commission de l'organisation et du mouvement des armées de terre par le chef de l'état-major de l'armée.

En dehors de ce service exécuté sous les ordres directs de l'état-major, les généraux commandant les troupes placées en première ligne disposèrent aussi d'un service de renseignements.

Lille, 21 ventôse, l'an 2<sup>e</sup> (11 mars 1794).

*Le Représentant du peuple près l'armée du Nord au général de brigade Moreau, commandant la 2<sup>e</sup> division.*

. . . . . . . . . . . . . . . . . . . . . . . . . . . . . . . .

J'ai oublié, dans ma lettre de ce matin, de te parler des reçus de 1200 livres que tu m'as envoyés. Il résulte de ces reçus que c'est le général Vandamme qui les a employées tout entières pour ses dépenses secrètes ; et toi, est-ce que tu restes les bras croisés ?

Florent Guiot.

Hazebrouck, 29 pluviôse, an 2<sup>e</sup> (17 février 1794).

*Le général Vandamme au général Moreau.*

. . . . . . . . . . . . . . . . . . . . . . . . . . . . . . . .

Je t'envoie ci-joint mon état de situation. Seron n'est point encore arrivé ; mon devoir m'oblige de t'en rendre compte. Ce qui m'inquiète le plus, c'est que je n'ai encore reçu aucune de ses nouvelles, malgré qu'il m'avait promis de correspondre journellement avec moi.

J'attends Papen ce soir ou demain. Je te ferai passer les nouvelles qu'il m'apportera.

Je finis en te demandant de l'argent, de l'argent et de l'argent.

*Le général commandant à Hazebrouck,*
Vandamme.

Pour faire fonctionner ce double service à l'état-major, aussi bien qu'aux troupes de première ligne, il fallait en effet des fonds. Ces derniers étaient ainsi obtenus : ils étaient touchés chez le payeur, sur réquisition des généraux de division qui les inscrivaient en recettes et dépenses sur un registre spécial et en délivraient la quantité demandée, soit par l'adjudant général chargé de la partie secrète, soit par les généraux de première ligne.

Les documents qui vont suivre viennent à l'appui de cette assertion.

28 pluviôse (16 février).

*Au général de brigade Nalèche.*

Le Ministre de la guerre demandant compte au général Charbonnié des sommes employées aux dépenses secrètes et frais extraordinaires, tu voudras bien faire de suite un relevé sur le livre que tu tiens à ce sujet et le faire passer au général. Tu y désigneras par quels ordres vos différentes sommes ont été touchées.

THARREAU.

30 pluviôse (18 février).

*Le général Charbonnié au Ministre de la guerre.*

. . . . . . . . . . . . . . . . . . . . . . . . . . . . . . . . . . .

Quant aux fonds déposés entre les mains de Sistrières, mon prédécesseur, pour frais extraordinaires et dépenses secrètes de l'armée des Ardennes, j'ai donné au commissaire ordonnateur tous les renseignements nécessaires concernant leur liquidation, et il doit lui-même t'en faire passer le compte exact.

CHARBONNIÉ.

13 ventôse (3 mars).

*Le général Charbonnié à Guyard, commandant à Marienbourg.*

. . . . . . . . . . . . . . . . . . . . . . . . . . . . . . . . . . .

Tu voudras bien, dorénavant, déposer chez le trésorier le plus voisin les fonds provenant des prises ou des contributions que tu auras faites chez l'ennemi, et en totalité. Ceux qui te seront nécessaires pour le payement des espions que tu mets en campagne, tu les demanderas sous ton reçu au général de ta division. Il suffira que tu m'instruises exactement de tes opérations et que tu fasses passer une note exacte des prises et contributions.

*P.-S. — Au général Jacob seulement (4 germinal).* — Informe-toi à l'adjudant général Rostollan quelle était la marche que tenaient le général Nalèche à Givet et ses prédécesseurs, pour se procurer l'argent nécessaire à l'espionnage. Dorénavant tu t'adresseras au chef de l'état-major général qui te procurera les fonds en lui envoyant l'état de dépense chaque année.

C'est sans doute à la suite de la réponse fournie par Rostollan que les deux dépêches suivantes sont adressées :

6 germinal (26 mars).

*A l'adjudant général Rostollan, chef de brigade.*

Le payeur de Givet ayant jusqu'à ce jour délivré des fonds pour la partie secrète sur les reçus des généraux, cette marche sera suivie jusqu'à nouvel ordre. Quant aux frais de bureaux, le Ministre enjoint au général en chef d'ordonner à tous les généraux et adjudants généraux d'adresser leurs états au chef de l'état-major général de l'armée, revêtus des formalités ci-devant prescrites. Tu voudras bien t'y conformer. Les ordonnances de payement te parviendront courrier par courrier.

THARREAU.

6 germinal (26 mars).

*Au général de division Jacob.*

Tu te feras rendre compte, mon cher Camarade, des fonds que le général a laissés à l'adjudant général Rostollan et qui auraient dû t'être remis. Tu continueras jusqu'à nouvel ordre à tirer des payeurs à Givet ceux qui te sont nécessaires pour la partie secrète.....

27 floréal (16 mai).

*Charbonnié au citoyen Rostollan, adjudant général, chef de l'état-major de la division Jacob.*

. . . . . . . . . . . . . . . . . . . . . . . . . . . . . . . . . . . .

Quant à la partie secrète, Sionville, comme je te l'ai dit, en est chargé, et doit faire les fonds pour tous ceux qu'il emploie ; je te renvoie les deux états ; je t'observe en outre que les frais de germinal ne me regardent pas.

2 prairial (21 mai).

*Liébert à l'adjudant général Nivet.*

Tu voudras bien, Citoyen, faire remettre à l'adjoint Guilleminot la somme de 48 livres en numéraire. Cet adjoint a ordre de se rendre auprès du général Thierry pour servir provisoirement sous ses ordres, et il lui remettra cette somme destinée au payement de guides ou d'espions.

*Les cartes d'état-major.* — Après avoir exposé quel était le personnel du service d'état-major, ses fonctions et ses travaux, il reste encore à étudier le matériel dont il avait la charge. On a déjà parlé de celui des bureaux et du règlement des frais qui le concernaient ; on appellera maintenant l'attention sur le plus important, celui des cartes dont le chef de l'état-major de l'armée était responsable ; qu'il était chargé de répartir, contre reçu, entre les généraux et les états-majors subordonnés ; enfin dont il devait un inventaire, ainsi qu'on l'a vu dans la dépêche de Bouchotte du 16 nivôse et dans celle de Liébert du 6 germinal (1).

La constitution de ce matériel si indispensable préoccupa à bon droit le Comité de Salut public et le commandement, et l'on se fera une idée des soins qui furent apportés à la constitution de cet approvisionnement par la nomenclature de la correspondance et des arrêtés qui vont suivre.

### COMITÉ DE SALUT PUBLIC.
*Séance du 22 brumaire an 2ᵉ (12 novembre 1793).*

Le Comité de Salut public, considérant que, dans les circonstances actuelles, il importe que la carte générale de France, levée sous la direction de la ci-devant Académie des Sciences, soit entièrement à la disposition de la République pour fournir aux différents services, tels que ceux des Comités de la Convention, des représentants du peuple aux armées, des Ministres, des généraux et de tous autres nécessaires, arrête ce qui suit :

Tous les dessins originaux de cette carte, les observations et calculs des ingénieurs géographes, les distances à la méridienne et à la perpendiculaire, y compris les tables imprimées de ces mêmes distances, les cases et tables à l'usage des feuilles de cette carte, la presse avec tous ses ustensiles et accessoires, le coffre propre à contenir les planches de cuivre et généralement tous les objets qui dépendent de la carte générale de la République seront retirés des mains du citoyen Capitaine pour être transférés au dépôt général de la guerre, place des Piques, n° 17, et y être sous la surveillance du citoyen Calon (2), directeur de ce dépôt, et sous l'autorité du Ministre de la guerre.

---

(1) Voir page 195.
(2) Capitaine d'état-major en 1778. Membre de la Convention. Général de brigade le 7 septembre 1793.

Le directeur du dépôt sera chargé de faire finir par des graveurs plusieurs des planches qui ne sont que commencées, de faire retoucher au burin celles qui sont presque éteintes, de se pourvoir d'une quantité de papier suffisante pour qu'il n'y ait aucun retard dans le tirage des exemplaires et en avoir un certain nombre au besoin, enfin d'employer les différents ouvriers dessinateurs ou commis nécessaires à l'établissement, au tirage et au travail de cette carte, de manière que le service en soit parfaitement assuré.

A cet effet, le Ministre de la guerre fera remettre au citoyen Calon une avance de 15,000 livres, qu'il renouvellera au besoin, pour subvenir aux frais, tant du transport que de la dépense courante de cet établissement, dont il se fera rendre compte tous les trois mois; ces sommes seront prises provisoirement sur les fonds extraordinaires de la guerre.

Il ne sera délivré à l'avenir aucune feuille des cartes de la France, pour le service de la République, sans être collée sur toile, afin d'éviter le gaspillage qui s'en fait et de prévenir l'usement (*sic*) trop rapide des planches. Ces planches ne seront jamais tirées du dépôt pour être portées chez des imprimeurs particuliers dans l'objet d'y faire les tirages, afin d'empêcher que l'on en fasse des exemplaires en fraude.

Il ne sera donné pendant la guerre des feuilles de cette carte à aucun particulier ou association, sans l'autorisation formelle du Ministre de la guerre, du Conseil exécutif ou du Comité de Salut public. Les seuls souscripteurs munis de leurs titres auront droit, néanmoins, de retirer les feuilles qui doivent compléter leurs livraisons.

Le Ministre de la guerre traitera avec les ci-devant associés de la carte générale de France pour régler les dédommagements qui peuvent leur être dus; les indemnités qu'il aura déterminées seront acquittées sur les fonds extraordinaires de son département et il instruira de leur quotité le Comité de Salut public.

Le même Ministre est chargé de donner les ordres nécessaires pour l'exécution du présent arrêté et d'y tenir la main, ainsi que de procurer au dépôt de la guerre une augmentation de local, s'il est nécessaire, pour contenir les objets relatifs au service de la carte dont il s'agit (1).

Malgré cette instruction, la pénurie, signalée dès le 16 nivôse par Bouchotte, se fit encore sentir plusieurs mois après et se continua tout au moins jusqu'aux premiers jours de messidor.

---

(1) Aulard. Tome VIII, page 357.

Pour y remédier, le Comité de Salut public fit requérir des cartes au domicile des émigrés.

30 pluviôse an 2<sup>e</sup> (18 février 1794).

Le Comité de Salut public arrête que les plans et cartes trouvés à Charleville chez Grandpré, ci-devant général de division, mort après avoir émigré, seront envoyés au dépôt général des plans et cartes de la guerre, conformément à l'état dressé le 20 pluviôse par les commissaires du conseil de guerre tenu à Mézières. A ces plans et cartes seront joints les livres et mémoires militaires de Grandpré, et que le scellé sera mis sur ses autres papiers (1).

Le déficit se compliquait encore des demandes que faisait le Comité de Salut public pour les études du Comité militaire qui fonctionnait à ses côtés.

20 floréal an 2<sup>e</sup> (9 mai 1794).

Le Comité de Salut public arrête que le directeur général du Dépôt de la guerre fera remettre le plus promptement possible au Comité

---

(1) Peut-être était-ce au même motif ou à celui d'étudier les opérations de la campagne que sont dues les deux décisions ci-après :

5 thermidor (23 juillet).
Le Comité de Salut public arrête :

Le département de Paris fera faire, dans les deux jours qui suivront la réception du présent arrêté, la recherche de deux recueils de plans et cartes de la frontière du Nord et de la Belgique qui doivent se trouver dans l'ancien domicile de Dumanoir, rue Saint-Marc, n° 24 ; et il fera remettre de suite ces deux volumes au Comité de Salut public (*Archives nationales*, AF<sub>II</sub>, 202).

7 thermidor (25 juillet).
Le Comité de Salut public arrête :

Le juge de paix de la section du Mont-Blanc lèvera les scellés apposés sur les appartements occupés par le citoyen Deforgues, ex-Ministre des affaires étrangères, en présence du commissaire des relations extérieures qui en tirera les mémoires attribués à Dumouriez sur la campagne de la Belgique pour les remettre au Comité de Salut public. Les scellés seront sur-le-champ réapposés.

Charge le commissaire des relations extérieures de la prompte exécution du présent (*Archives nationales*, AF<sub>II</sub>, 203).

quatre collections de cartes contenant chacune : 1° les n°s 42, 43 et 77 de la carte générale de France ; 2° la partie du territoire ennemi comprenant le pays d'entre Sambre et Meuse, Mons et Bruxelles avec le plus de détails pour l'objet de la guerre ; le tout collé sur toile.

Le 4 prairial, le Comité de Salut public se faisait remettre par la commission temporaire des arts : 1° les cartes de Ferraris qui se trouveront dans les divers dépôts mis sous sa surveillance ; 2° les cartes de Fritz et de Chauchard ; 3° les meilleures cartes des frontières et cartes maritimes dans les mêmes dépôts.

29 prairial (17 juin).

Le Comité de Salut public arrête : Le citoyen Calon, leur collègue, est autorisé, en sa qualité de directeur du dépôt de la guerre, à remettre au comité de la guerre soixante-dix volumes in-12 de la carte générale de la France pour compléter la collection entière ; deux atlas grand in-folio de la même carte, quatre feuilles du ci-devant évêché de Cambray, la carte des Alpes par Bourcet et la carte des Pyrénées par Roussel.

Pichegru, lui-même, nommé général en chef du groupe des armées du Nord et des Ardennes, le 17 pluviôse, quittait Paris sans avoir pu se procurer une carte. Il écrivait, en effet, le 20, à Bouchotte, de lui faire « envoyer, le plus tôt possible, la carte huilée qui n'était pas finie à son départ » ; et, quatre jours après, Bouchotte lui répondait :

Je t'envoie un exemplaire de la carte dont je t'ai fait passer le décalque hier. Je donne des ordres pour en faire tirer une douzaine d'exemplaires que je t'enverrai pour les officiers généraux employés dans cette partie.

Ce n'est que peu à peu que le Ministre envoyait au général en chef les cartes qu'il croyait devoir lui être nécessaires.

1er ventôse (19 février).

*Bouchotte à Pichegru.*

. . . . . . . . . . . . . . . . . . . . . . . . . . . . . . . . .
Je joins ici un calque détaillé de la forêt de Mormal qui pourra

t'être utile. Ce n'est pas que j'imagine que l'on doive s'amuser à les en aller déloger en détail lorsqu'avec de grands moyens nous pouvons les forcer à se retirer pour éviter d'être cernés, coupés, privés de leurs magasins, fourrages, subsistances.

Je t'envoie encore trois exemplaires de la carte du Hainaut. Il faut que chacun de tes principaux coopérateurs la connaisse comme sa place d'armes.

5 ventôse (23 février).

*Bouchotte à Pichegru.*

Je joins ici un nouvel exemplaire de la carte des frontières de Maubeuge à Orchies, Tournay, Menin. Je t'en ferai encore passer quelques-unes ces jours-ci afin que chaque général de division de la droite et du centre en ait une, ainsi que les adjudants généraux et officiers généraux de jour qui seront plus à même de faire leurs reconnaissances sur le terrain.....

La pénurie des cartes s'accusait, du reste, dans la correspondance qui va suivre :

7 ventôse (25 février).

*Tharreau au général de brigade Hardy, à Philippeville* (1).

Je ne puis t'envoyer les cartes que tu me demandes, n'ayant pas de collection double à l'état-major général, et celles qui existent nous étant nécessaires.

---

(1) Ce ne fut que vingt jours plus tard que le général Hardy reçut les cartes nécessaires à ses opérations.

*Au général Hardy, chef de brigade à Philippeville.*

28 ventôse.

Le Ministre vient de m'adresser les cartes ci-incluses et je m'empresse de te les faire passer.

*Nota.* — Quatre cartes numérotées comme suit :

Nos 42. Cambray.
    43. Noyon.
    77 et 109 *bis*. Rocroi et Palizeul.
    78. Mézières et Sedan.

*L'adjoint,*<br>ROUYER.

Je t'engage à faire tous les efforts pour découvrir quelque dépôt de géographe égoïste et à le mettre en réquisition ; c'est, je crois, le seul moyen de t'en procurer, à moins que le Ministre de la guerre ne veuille t'en envoyer. Je te prie de me faire parvenir le reçu du n° 77 à toi remis comme commandant de la place ; j'en ai besoin pour ma responsabilité et le compte que je dois rendre soit au Ministre, soit à mon successeur.

THARREAU.

Paris, le 9 ventôse (27 février).

Le Comité de la Guerre invite celui de Salut public, d'après les réclamations qui lui sont parvenues de la part des militaires chargés du commandement des armées de la République, à donner des ordres pour faire réimprimer en suffisance des cartes géographiques, afin qu'on puisse s'en procurer au quartier général de chaque armée.

La carte de Cassini est celle qui offre le plus d'utilité par sa précision.

Il invite également à pourvoir au besoin des militaires en papier et autres objets de bureau.

18 ventôse (8 mars).

*Au Directoire du département de la Meuse, à Bar-sur-Ornain.*

La rareté des cartes mettant les armées dans une pénurie de moyens géographiques, vous voudrez bien, Citoyens, remettre au chef de bataillon Aubry les différentes collections qui ont été déposées à la bibliothèque du département de Bar. Il vous donnera un reçu qui certifiera que ces cartes sont pour l'usage de l'état-major de l'armée des Ardennes. Je vous engage au nom de la loi et du bien public à n'apporter aucun retard à la rentrée de ces objets nécessaires dans les bureaux de l'état-major général.

THARREAU.

20 ventôse (10 mars).

*Le général de division Liébert, chef de l'état-major de l'armée du Nord, au général de division Fromentin, à Avesnes.*

Je viens de recevoir, Citoyen, une lettre du citoyen Bonet, adjudant général de ta division, qui me demande des cartes géographiques. Comme j'ai ordre du Ministre de la guerre de n'en envoyer qu'aux généraux, je t'adresse ci-joint les deux qui contiennent la position actuelle de ta division. Elles sont marquées, l'une n° 42, Cambray, l'autre n°s 77 et 109, Rocroi et Saint-Hubert. Tu voudras bien m'en envoyer ton récépissé, et les communiquer à l'adjudant général Bonet.

*P.-S.* — Aussitôt que ta position sera changée, tu voudras bien me renvoyer les cartes à l'état-major.

5 germinal (25 mars).

*Le général Liébert, chef de l'état-major de l'Armée du Nord, au général commandant à Cassel.*

Tu voudras, citoyen, m'adresser au reçu de ma lettre les cartes de Cassini comprenant la forêt de Mormal, Philippeville, Reims, Mézières et Montmédy qui se trouvent dans le bureau de l'état-major de Cassel.

Elles deviennent absolument inutiles là où elles sont, et elles serviront beaucoup sur cette partie de frontière en ayant le plus grand besoin.

*P. S.* — Je te renverrai le récépissé, ou fais-moi un récépissé de celles qui te resteront. Je te renverrai celui que tu as ici.

7 germinal (27 mars).

*Le général Liébert, chef de l'état-major de l'armée, au général de brigade Schlacter à Avesnes.*

La quantité de cartes, Citoyen, qui existent à l'état-major n'est pas assez suffisante pour en donner à tous les officiers généraux de l'armée. Je ne peux donner que celles du terrain qu'occupent les généraux. Si elles te manquent, mande-le moi et je te ferai parvenir ce qui te sera nécessaire.

10 germinal (30 mars).

*Le même à Bonnaud, général de brigade commandant à Arleux.*

Je suis dans l'impossibilité absolue, général, de t'envoyer la carte que tu me demandes ; elle se trouve à la division de Cassel. J'ai écrit plusieurs fois pour l'avoir, et sitôt qu'elle me sera parvenue je te l'adresserai. Je suis fâché que les cartes ne soient pas pareilles. Tu aurais pu prendre chez le général de ta division la partie qu'occupent les troupes que tu commandes dans l'ensemble que je lui ai envoyé.

13 germinal (2 avril).

*Le même à Bardenet, à La Fère.*

Je n'ai reçu, citoyen, du dépôt de la guerre, que trois collections de Cassini comprenant le pays devenu le théâtre de la guerre. Il n'existe à l'état-major de l'armée aucune carte des Pays-Bas ; et, si l'armée porte ses armes dans ces contrées, je serai fort embarrassé pour en procurer aux officiers généraux. Je t'invite donc, quoique mauvaise et incomplète, à conserver celle que tu as ; elle pourrait nous servir attendu que nous avons très peu de ressources en ce genre.....

13 germinal (2 avril).

*Liébert à Lacour, adjudant général à Cassel.*

..... J'ai reçu les cartes et le récépissé que tu m'as adressés. Je suis charmé que tu aies réussi à t'en procurer à Saint-Omer. Il serait à désirer que tous les officiers généraux pussent en faire de même, car je t'assure que nous avons très peu de ressources de ce genre.

21 germinal (10 avril).

*Liébert au citoyen Richard, représentant du peuple à Réunion.*

Me trouvant absolument dans l'impossibilité de satisfaire aux demandes journalières des officiers généraux de l'armée relativement aux cartes géographiques, je te prie, citoyen représentant, de faire la demande de plusieurs collections de Cassini soit au ministre de la guerre, soit au Comité de Salut Public (1). Je n'ai reçu du dépôt de la guerre que trois collections complètes embrassant le théâtre de la guerre. Je te laisse à penser si avec ce peu de moyens je puis mettre tous les officiers généraux de la ligne, depuis Dunkerque jusqu'à Maubeuge, à portée de connaître le terrain qu'occupent les troupes qu'ils commandent, et de diriger leurs mouvements avec succès. Je compte sur ton zèle pour ne pas perdre de vue la demande que je te

---

(1) C'est sans doute à cette demande qu'est dû l'arrêté suivant :

27 germinal (16 avril).

Le Comité de Salut public arrête que le directeur du Dépôt de la guerre remettra au représentant du peuple Richard, sur son récépissé, quatre collections des feuilles de la carte générale de France qui comprennent la frontière où se trouve l'armée du Nord, ainsi que la frontière correspondante, qu'il pourra se procurer.

Le représentant du peuple Richard est chargé d'employer ces cartes de la manière la plus utile à la République, et ne les confiera à qui que ce soit qu'à la condition de les rendre lorsqu'il en sera requis.

fais, qui peut être du plus grand avantage au succès des armées de la République. Je te prie en outre de faire tout ce qui est en ton pouvoir pour me procurer quelques collections de Ferraris dont nous aurons besoin, j'espère, et sous peu.

29 germinal (18 avril).

*Le même à Mayer, général de brigade.*

Tu me dis que, depuis longtemps, il t'est promis des cartes. Tu ne m'en as jamais demandé ; et maintenant je suis dans l'impossibilité de te procurer celles de la partie que tu occupes, attendu qu'elles me manquent. Je les ai fait passer aux généraux Favereau et Despeaux. J'en ai demandé à Paris. Si on m'en envoie je te ferai parvenir celles qui te seront nécessaires. En attendant, tu trouveras ci-joint la partie de la forêt de Mormal jusqu'à Maubeuge et Valenciennes. C'est toutes les cartes de cette partie que je possède pour le moment. Tu m'en accuseras la réception et tu m'enverras le récépissé de cette carte.

3 floréal (22 avril).

*Le général Liébert, chef de l'état-major de l'armée du Nord, à Calon, directeur du dépôt général de la guerre à Paris.*

Je te prie, général, de me faire passer le plus promptement possible deux collections des numéros 60, 24, 3, 23, 22, 5, 41, 21, 6, 44, 43, 42, 45, 4, 78, 79, 77, 109, plus deux exemplaires de la carte de Ferraris, et deux de la carte de Chauchard en feuilles et non réunies. Je te demanderais plus d'exemplaires de la carte de Ferraris, si je ne savais pas qu'elle est infiniment rare. C'est te dire de m'en faire passer un plus grand nombre si tu les trouves. Je t'observe en outre que, pour le bien du service et la célérité qu'exigent en ce moment les opérations militaires, il est indispensable de fournir au quartier général un dépôt plus conséquent des cartes de toute cette frontière ; attendu que le temps nécessaire à la demande que j'aurais à te faire pour chaque officier général qui aurait besoin de telle ou telle partie de la frontière, et celui que tu mettrais à me faire passer les cartes demandées, pourrait être très préjudiciable. Je ne puis subvenir aux demandes que me font tous les généraux avec le petit nombre de collections que tu m'as envoyées. Où veux-tu qu'ils s'en procurent cependant si ce n'est à l'état-major, puisqu'il est impossible de trouver à en acheter ? Je ne puis donc leur faire passer le peu de celles que j'ai entre les mains, qu'en n'en conservant même aucune pour moi (ce qui n'est pas possible)..... Il est cependant impossible qu'ils puissent opérer sans ce secours.

9 floréal (28 avril).

*Liébert au citoyen Calon, général de brigade, directeur du dépôt général de la guerre.*

J'ai reçu, citoyen général, avec ta lettre du 7 de ce mois, les deux collections des cartes de la frontière du Nord formant les numéros 60, 24, 3, 23, 22, 5, 41, 21, 6, 44, 43, 42, 45, 4, 78, 79, 77 et 109. Je t'en remercie, et de l'intention où tu es de m'en envoyer incessamment d'autres. Les cartes de Ferraris sont celles dont nous avons un pressant besoin puisque les troupes de la République occupent le pays ennemi dans la partie de Courtray. Ce sera répondre au désir que nous avons tous de servir utilement la patrie que de nous procurer des exemplaires si cela est possible. Je te prie de faire à ce sujet tout ce qui dépendra de toi.

Salut et fraternité.

*Le général de division, chef, etc.*
LIÉBERT.

Quant aux cartes de Ferraris demandées le 9, Liébert ne les avait pas encore reçues le 22.

23 floréal (12 mai).

*Lettre au citoyen Calon, directeur du dépôt général de la guerre.*

J'attends toujours, citoyen, avec grande impatience, les cartes de Ferraris que je t'ai demandées par ma dernière lettre, ainsi que les deux exemplaires de celles de Chauchard, que tu avais promis de me faire obtenir sous peu. Je te prie de vouloir bien y joindre une petite carte générale des feuilles de Cassini numérotées, pour servir au rapprochement des feuilles par numéros, ainsi qu'une carte générale d'étapes, ou au moins un huilé pour que je puisse l'avoir plus tôt. Il me faut de plus, pour pouvoir faire opérer sur le terrain, deux boussoles à pinules du nouveau modèle et montées sur leurs pieds, deux planchettes, deux alidades à pinules, sur lesquelles soit gravée une échelle de 6 lignes pour 100 toises, deux déclinatoires, les pieds des deux planchettes, une chaîne et des piquets, et deux petites règles en cuivre ou acier de 6 à 8 pouces de long sur lesquelles est aussi gravée l'échelle de 6 p. 100. Comme ces différents instruments sont indispensables pour opérer sur le terrain, et qu'ils sont d'une utilité très urgente, je te prie, citoyen, de me faire l'envoi de tout ce que je te demande ici, sous le plus bref délai possible.

Salut et fraternité.
LIÉBERT.

15 floréal (4 mai).

*Le général Charbonnié au général de division Debrun.*

Je t'ai déjà demandé, Citoyen général, les cartes de la collection de Ferraris qui te sont inutiles, c'est-à-dire les n<sup>os</sup> 7, 8, 12, 13, 14, 17 et 18 ; plusieurs généraux commandant le camp et l'avant-garde n'en sont point pourvus et en ont un pressant besoin ; je n'en ai qu'une collection dont je ne puis me dessaisir ; je te prie donc, général, de m'envoyer les numéros que je te demande par le courrier que je te dépêche.

20 floréal (9 mai).

*Liébert à Mayer, général de brigade à Saint-Vaast.*

En réponse à ta lettre du 14 courant, j'ai envoyé au général Ferrand, à Réunion-sur-Oise, plusieurs cartes du pays occupé par notre armée ; tu peux t'adresser à lui pour avoir celle du terrain que la brigade occupe.

25 floréal (14 mai).

*Au Citoyen Desenfans, général de brigade à Messines.*

Je ne puis, mon cher Camarade, te faire passer les cartes que tu me demandes, n'ayant que celles de Cassini, sur lesquelles le pays ennemi n'est pas compris ; j'en ai demandé au dépôt général de la guerre ; sitôt qu'il m'en sera parvenu, je t'en ferai part.

1<sup>er</sup> prairial (20 mai).

*Liébert au Citoyen Desjardin, général de division à Maubeuge.*

En réponse à ta lettre, mon cher camarade, il m'est impossible de te faire passer les cartes de Charleroi et environs, n'en ayant pas une. J'ai déjà écrit plus de dix fois au dépôt général pour en obtenir, sans avoir pu jusqu'à présent y réussir. Je vais encore les tourmenter.

12 prairial (31 mai).

*Liébert au général en chef.*

Hier, général, j'ai reçu une collection de cartes de Ferraris ; je fais copier les feuilles du terrain que nous occupons et que nous sommes dans le cas d'occuper afin de les faire passer aux généraux qui en manquent ; ce travail ira vite attendu qu'il est préparé.

. . . . . . . . . . . . . . . . . . . . . . .

21 prairial (9 juin).

*Liébert au général Sauviac* (1), *à Comines.*

J'envoie au général les cartes de Ferraris ; il est maintenant inutile que les généraux me demandent la partie qu'ils occupent ; je ne pourrai plus leur en procurer ; le travail était en train et tout est fini.

Nalinnes, le 22 prairial (10 juin 1794), l'an 2ᵉ de la République une et indivisible.

*Au Comité de Salut public.*

Citoyens collègues,

Les généraux ne peuvent se passer de bonnes cartes du pays et la plupart n'en ont point et se plaignent de ne pouvoir s'en procurer ; nous étions disposés à vous en écrire, lorsque le commissaire des guerres Archier nous a informés qu'il était dépositaire d'une caisse de différentes cartes qui lui avaient été remises depuis longtemps par le district de Péronne, et que l'on croit avoir appartenu à un de nos ci-devant généraux ; il nous a assuré n'en avoir tiré que quelques feuilles à la demande du général Hoche et du général Jourdan.

Nous nous sommes fait remettre cette caisse et vous avez ci-joint copie de l'état que nous en avons fait dresser.

Il nous a paru convenable de disposer de suite de ce qui pourrait être utile à nos généraux et mettre sous leurs yeux le pays sur lequel ils ont à diriger leurs mouvements.

En conséquence, nous avons remis au général Jourdan (2), dix-sept feuilles de Ferraris non collées qui, avec les huit qu'il se trouve avoir, lui complète l'exemplaire.

---

(1) Le général Sauviac faisait partie de l'état-major de Pichegru. (Voir l'état des officiers généraux, aides de camp, adjudants généraux et adjoints employés à l'état-major général, le 16 floréal) (5 mai.)

(2) *Au général Jourdan.*

Au quartier général à Nalinnes, le 22 prairial (10 juin 1794) an 2ᵉ de la République.

Les représentants du peuple près les armées du Nord, de la Moselle et des Ardennes.

Nous venons de retirer des mains du commissaire des guerres Archier, une caisse contenant plusieurs cartes, nous y avons trouvé de

Nous lui avons remis, de plus, un exemplaire complet de la carte de l'Allemagne, par Chauchard.

La carte des Pays-Bas de Mentelle servira, en attendant mieux, au général de l'avant-garde et nous l'adressons à son état-major.

Enfin, nous avons destiné l'exemplaire des Pays-Bas, par Brion-Latour, au général Championnet, dont la division est sur les bords de la Sambre.

Tous ces articles sont notés sur l'état, et nous avons demandé aux généraux de nous en accuser la réception.

Salut, fraternité.

Signé : GILLET, L.-B. GUYTON.

Le 20 juin 1794, Pichegru réclame à Vandamme la carte de Ferraris trouvée à Ypres : « J'avais requis avant toi, mon cher camarade, la collection de Ferraris que tu as enlevée à Ypres; tu es trop honnête sans doute pour les retenir dans ta riche bibliothèque; en conséquence je les attends par le retour de l'ordonnance. Lorsque tu en manqueras, je m'empresserai de satisfaire à tes besoins en tant que possible ». Vandamme, se rendant à cette prière, envoya les cartes de Ferraris dont Pichegru lui accusa réception le 23 juin (1).

Le 6 messidor, c'est-à-dire à la veille de Fleurus, les généraux manquaient encore de cartes.

---

quoi à compléter un Ferraris en 26 feuilles avec les numéros que tu as déjà.

Nous y joignons une carte complète de l'empire d'Allemagne, par Chauchard, en 12 feuilles, compris une feuille de supplément, une carte réduite et un tableau général.

En te remettant ces cartes, c'est en faire la meilleure destination pour le service de la République, à qui elles appartiennent ; tu voudras bien en accuser la réception.

Salut et fraternité.

Signé : GILLET, L.-B. GUYTON.

(1) *Le général Vandamme et sa correspondance*, par A. Ducasse, tome I.

*Liébert au général en chef Pichegru.*

Ci-joint un paquet de Nivet.
Je t'envoie trois cartes que je te prie de faire remettre à ceux des généraux qui en auront le plus besoin; sous peu de jours, j'en enverrai d'autres. Je serai charmé de savoir ceux qui les recevront, afin d'en tenir note.

Chaque destinataire, en recevant ses cartes, devait signer un récépissé, adressé ou non par l'expéditeur, et le lui renvoyer.

Liébert, chargé d'en faire la répartition dans toute l'armée du Nord, adressait son reçu au directeur du Dépôt général de la Guerre.

10 ventôse an 2ᵉ de la République (28 février 1794).

*Le général Liébert à Calon, général de brigade, directeur du dépôt général de la guerre.*

Je m'empresse, au moment de mon arrivée à l'armée, Citoyen, de t'annoncer la réception de la caisse que m'annonce ta lettre du 3 passé. J'en ai fait la vérification aujourd'hui et je l'ai trouvée en tout conforme au détail que tu m'en donnes. Je te fais passer ci-joint mon reçu motivé, comme tu le demandes. Si tu peux m'en faire passer de Ferraris, tu m'obligeras. Cela m'est d'autant plus nécessaire que les généraux en manquent tous.

1ᵉʳ germinal (21 mars).

*Le même au même.*

Je reçois en ce moment les dix-huit feuillets de la carte de France que tu m'envoies. Ci-bas mon reçu, conforme au modèle que tu m'as fait passer.

Les cartes étaient ensuite demandées à Liébert, comme l'indiquait l'ordre du 5-6 germinal :

Les généraux de division sont prévenus derechef de s'adresser au chef de l'état-major de l'armée lorsqu'ils auront besoin de cartes géographiques pour les différentes parties de leur commandement. Ils seront très scrupuleux à ne demander que celles applicables à l'étendue qu'il comprend.

Les généraux de brigade s'adresseront à cet effet au général de la division à laquelle ils sont attachés. Ce dernier leur remettra celles convenables et les changera suivant les circonstances.

Chacun des généraux commandant les groupes d'aile ou du centre, ou leurs chefs d'état-major en accusaient réception à Liébert.

19 floréal (8 mai).

*Liébert au général de division Ferrand, à Réunion-sur-Oise.*

Tu m'as demandé des cartes, Citoyen Général, je t'en adresse quatre collections, comprenant chacune les numéros et places ci-après :

  42. Cambray, Bouchain, Maubeuge ;
  43. Péronne, Saint-Quentin, la Fère ;
  44. Soissons ;
77-109. Rocroi, Charlemont, Saint-Hubert ;
  78. Mézières, Sedan, Rethel ;
  79. Reims, Grand-Pré, Sainte-Menehould.

Ces cartes sont destinées à ton usage et à celui des généraux qui servent sous tes ordres. Comme elles proviennent du dépôt de la guerre, j'en donne des reçus. Tu voudras donc bien, Citoyen Général, m'en adresser un des quatre collections comprenant chacune les numéros et plans détaillés ci-dessus.

Chaque chef d'état-major de groupe se faisait de même adresser un récépissé par l'autorité subordonnée.

7 ventôse (25 février).

*Au général de brigade Nalèche, à Givet.*

L'adjudant général Rostollan avait demandé le reçu des cartes qu'il t'avait envoyées pour être attachées à l'état-major de la division de Givet. Il ne me l'a pas produit lorsque je lui ai succédé ; cependant, il est nécessaire que je sois pourvu de cette pièce pour ma responsabilité. Je te prie, Général, de me le faire parvenir de suite. Tu recevras ci-inclus la note des numéros et tu n'auras qu'à les signer. J'attends avec impatience des rapports.

THARREAU.

Dans ce qui précède, on a pu voir que la carte utilisée était celle de Cassini pour la France et celles de Ferraris et de Brion de Latour pour les Pays-Bas. Il y faut encore ajouter une carte détaillée de la Sambre, celle de Chauchard pour l'Allemagne, enfin celle des Pays-Bas, par Mentelle.

24 floréal (13 mai).

*Le général Charbonnié au Comité de Salut public.*

J'ai reçu, Citoyens Représentants, la carte détaillée du cours de la Sambre et pays adjacents; quoi qu'elle ne soit pas très juste, elle suppléera à la carte de Ferraris.

13 prairial (1<sup>er</sup> juin).

*Liébert au représentant du peuple Calon et directeur du dépôt général de la guerre, à Paris.*

J'ai bien reçu, Citoyen Représentant, une collection de Ferraris que m'a remis le représentant du peuple Choudieu; ensemble les deux cartes d'Allemagne par Chauchard, que tu m'as adressées. Compte sur le soin que je porterai à leur conservation. Plus un calque d'une partie de la carte des étapes de France et un tableau de la carte générale de France, numéroté et collé sur toile.

Au quartier général à Nalinnes, le 22 prairial (10 juin)<br>an 2<sup>e</sup> de la République.

*A l'adjudant général Soult, chef de l'état-major de l'avant-garde.*

Le général Lefebvre, Citoyen, nous a témoigné plusieurs fois le besoin d'une carte; nous t'adressons celle des Pays-Bas par Mentelle.

Tu voudras bien nous en accuser la réception; notre intention est que cette carte reste attachée à l'état-major et à la disposition du général commandant l'avant-garde.

Salut et fraternité.

GILLET, L.-B. GUYTON.

De tout ce qui précède, on peut conclure que les chefs des états-majors des armées du Nord, des Ardennes et de la Sambre s'efforçaient d'y faire régner le plus grand ordre, et que leurs prescriptions et leur correspondance dénotent une grande expérience, jointe à une non moins grande fermeté.

On a vu encore que les situations et les registres, tenus en 1794, étaient de même nature que ceux que prescrit aujourd'hui l'Instruction du 20 février 1900.

Pour montrer, une fois de plus, l'analogie du fonctionnement à ces deux époques si éloignées, on citera les précautions prises par le chef de l'état-major quand celui-ci se déplaçait : lorsque Pichegru se résolut à exécuter sa marche du 7 floréal, de Lille sur Courtray, il porta, quelques jours avant, son quartier général à Lille ; et Liébert eut soin de donner les ordres nécessaires, pour que la correspondance du général en chef et le service de son état-major ne subissent aucune interruption.

*Ordre du 23-24 germinal (12-13 avril).*

L'armée est prévenue que le quartier général partira de Réunion le 24 pour aller s'établir à Lille. En conséquence toutes les dépêches seront adressées à cette ville. Le chef de l'état-major ne partira que le 25 vers 11 heures ou midi au plus tard. On pourra lui adresser les dépêches à Réunion jusqu'à cette heure.

### IV. — État de la mobilisation peu avant les premières opérations.

Au moment où Pichegru prenait le commandement de l'armée du Nord, la mobilisation en était encore bien précaire puisque, près d'un mois plus tard, Colaud, qui le remplaçait provisoirement à Réunion-sur-Oise pendant son inspection de la frontière, la résumait ainsi :

**ARMÉE DU NORD.**

Guise, le 15 ventôse an 2ᵉ (5 mars 1794).

*Le général Colaud à l'adjudant général Haquin, chef de l'état-major, à Maubeuge.*

. . . . . . . . . . . . . . . . . . . . . . . . . . . . . . . . . . . . . . . . . . . .

Je t'annonce l'arrivée prochaine du général de division Favereau pour commander à Maubeuge. Imagine-toi, mon cher Camarade, que tout est si fort embrouillé dans les divisions de l'armée du Nord, que le diable n'y connaît goutte ; j'ai cependant fait voir clairement au général Pichegru qu'il y a huit généraux de division placés les uns sur les autres dans la partie de Douai, Lille, Dunkerque, etc.

J'étais hier 14 à Landrecy à 3 heures après-midi : le 7e bataillon de fédérés et le 6e du Nord n'y étaient point encore arrivés. Si le général Desjardin peut se passer du 12e bataillon des fédérés, il n'a qu'à lui donner l'ordre de partir pour se rendre à Bohain dans la division du général Goguet et m'en donner avis sur-le-champ afin que j'aie le temps de prévenir ce général. Par ce moyen il vous restera dans les trois divisions de Maubeuge trente-six bataillons, ce qui fait le complet pour vos trois divisions. Vous pourrez remplacer le bataillon, parti de Dourlers pour Landrecy, par celui de Ferrière-la-Grande. Vous vous plaignez de ce que vos chevaux manqueront bientôt d'avoine. Je vous dirai que les chevaux de charrois, d'artillerie et tout ce qui dépend du quartier général en manque depuis six jours.

Tu dois avoir reçu 1000 habits, 2,000 paires de souliers, 1000 sabres. Si cette quantité n'est pas suffisante avec ce qui existe dans l'arsenal, tu me le manderas. Le général Desjardin ferait fort bien d'envoyer les deux escadrons de hussards dans la division Lemaire, et de les faire remplacer par le 7e régiment de cavalerie.

J'ai reçu l'état des armes, mais le manque au complet ne sera jamais fourni que pour les hommes présents au drapeau ; et d'après l'effectif de tes présents, il te manque 2,750 fusils, non compris les 743 hors de service, que tu feras remettre à l'arsenal, ce qui fait 3,493 à recevoir en attendant qu'il arrive des réquisitions.

Je te préviens qu'il t'arrivera le 18 un bataillon de réquisition fort d'environ 600 hommes.

Si de cette situation, « où le diable ne connaissait goutte », on rapproche la pénurie des approvisionnements et les mouvements incessants de bataillons que souligne d'une façon si typique la lettre de Liébert datée du 29 ventôse (1), on en conclura sans doute que

---

(1) *Liébert à Villain, commissaire des guerres à Réunion-sur-Oise.*

29 ventôse, 2e année républicaine.

Ci-bas je te donne, Citoyen, aussi bien que je le peux, le détail que tu me demandes : le 12e bataillon de fédérés partira le 30 ventôse de Grougis, division de Goguet, pour Philippeville ; il passera par Avesnes, Rocroy, et de là à Philippeville ; le 5e de la Somme partira le 30 ventôse d'Étaves, division de Goguet, pour se rendre à Quiévelon, division et près de Maubeuge. Il passera par Avesnes et de là à Quiévelon. Le

la préparation était loin d'être satisfaisante peu avant d'entrer en campagne ; et une récapitulation de tous les corps et services de l'armée, une comparaison de ce qu'avait voulu obtenir trop tardivement le Comité de Salut public et du résultat pratique auquel il était arrivé, fera encore mieux ressortir la distance qui séparait la rédaction des décrets de leur mise en pratique.

---

5<sup>e</sup> bataillon des fédérés partira le 1<sup>er</sup> germinal du camp de Jeumont, près Maubeuge, pour se rendre à Philippeville. Il passera à Avesnes, Hirson, Rocroy et Philippeville. Le 1<sup>er</sup> bataillon du 89<sup>e</sup> régiment partira le 29 ventôse de Barzy, division de Balland, pour le camp de Jeumont, près de Maubeuge ; il passera à Avesnes et de là au camp près Maubeuge. Le 2<sup>e</sup> bataillon de Saône-et-Loire partira le 2 germinal du camp de Jeumont pour Rocroy ; il passera par Avesnes, Hirson, et de là à Rocroy. Le 2<sup>e</sup> du Haut-Rhin partira le 30 ventôse de la Neuville-les-Dorengt, division Balland, pour le camp de Jeumont ; il passera par Avesnes et de là au camp. Le 1<sup>er</sup> de la Sarthe partira le 1<sup>er</sup> germinal d'Aubigny (?), près Maubeuge, pour Rocroy ; il passera par Avesnes, Hirson, et de là à Rocroy. Le 1<sup>er</sup> du 49<sup>e</sup> régiment partira le 29 ventôse d'Hannappes, division Balland, pour Ostergnies, près Maubeuge ; il passera à Avesnes et de là à Maubeuge. Le 2<sup>e</sup> du Nord partira le 30 ventôse de Lécluse, division de Douay, pour Rocroy ; il passera par Cambray, à Saint-Quentin, à Guise, à Hirson, et de là à Rocroy. Le 1<sup>er</sup> de la Vendée partira le 2 germinal de Louvroil, division de Maubeuge pour Philippeville ; il passera par Avesnes, Hirson, Rocroy, et de là à Philippeville. Le 2<sup>e</sup> du Finistère, division de Douay, partira le 1<sup>er</sup> germinal pour Rocroy ; il passera par Cambray, Saint-Quentin, Guise, Hirson et à Rocroy. Le 19<sup>e</sup> des volontaires nationaux, division de Douay, partira le 30 ventôse pour Philippeville ; il passera par Cambray et Saint-Quentin, Guise, Hirson, Rocroy et Philippeville.

Je te préviens aussi que je donne ordre aujourd'hui au 5<sup>e</sup> régiment d'hussards de partir d'Hesdin le 2 germinal pour se rendre à Douay ; il passera par Saint-Pol, Arras, et de là à Douay.

Je crois ne devoir pas te donner constamment les détails que je te donne dans celle-ci. Je te marquerai seulement les cantonnements ou camps d'où ces bataillons partent, la date du départ et les endroits pour lesquels ils sont destinés ; ce sont les commissaires des guerres en station sur les lieux qui doivent marquer les journées d'étape.

## V. — L'infanterie.
### La réquisition. — L'embrigadement.

Aux causes morales de succès déjà indiquées : énergie du gouvernement ; activité et esprit de solidarité et d'offensive des généraux ; discipline des troupes ; exaltation de leur moral ; il faut encore ajouter l'effet matériel du nombre et le solide encadrement de la troupe.

A l'aurore de la Révolution, le Ministre de la Tour du Pin (1) posa comme principe que « la force militaire est créée pour la défense de l'État et non pour son agrandissement. » Dans un rapport supplémentaire, dont le président du Comité militaire de l'Assemblée (2), Alexandre Lameth, fit la lecture à la tribune, le 29 juillet 1790, le Ministre établit que cette force devait être de 250,000 hommes. « On ne peut couvrir nos frontières depuis Bâle jusqu'à la Meuse avec une armée moindre de 80,000 hommes ; on ne peut pas avoir moins de 60,000 hommes pour pénétrer dans les Pays-Bas et s'y maintenir ; les frontières des Alpes demandent 30,000 à 40,000 hommes... la garnison de nos vaisseaux exige au moins 18,000 hommes ; celle de nos colonies en demande à peu près autant... » A ce nombre de 216,000 hommes, il faut ajouter « une réserve d'environ 34,000 hommes, formant à peu près le sixième de l'armée, tant pour réparer ses pertes que pour la garde de nos forteresses... Les 250,000 hommes paraissent devoir être composés

---

(1) « Le département de la guerre fut confié, le 3 août 1789, au comte de la Tour-du-Pin-Paulin, lieutenant-général, ancien et loyal militaire, rempli d'excellentes intentions. » (Grimoard, page 343.)

(2) « L'Assemblée nationale.... choisit dans son propre sein, le 1er octobre 1789, un certain nombre de membres pour former son Comité militaire.... » (Grimoard, page 343).

de 40,000 de cavalerie, 14,000 d'artillerie, 160,000 d'infanterie et 36,000 de réserve... Il est reconnu que l'instruction des troupes à cheval et celle de l'artillerie demandent une longue éducation et une constante habitude ; on ne peut pas indifféremment diminuer la force de ces deux corps... Je ne pense pas que le nombre puisse être réduit au-dessous du quart pour ces deux armes. Quant à l'infanterie, quand elle est bien constituée, lorsque, le nombre des officiers et sous-officiers restant le même, la diminution ne porte que sur les soldats... cette arme peut être réduite dans une proportion double de celle de la cavalerie ».

« D'après ces principes, une armée de 250,000 hommes pourra supporter une réduction de 10,000 hommes de cavalerie, de 4,000 hommes d'artillerie, de 50,000 hommes d'infanterie et de 36,000 hommes de réserve, total 100,000 hommes, ce qui laissera l'armée à 150,000 hommes... » sur le pied de paix.

L'effectif de paix de l'armée active fut donc fixé à environ 150,000 hommes, et l'article 1er du décret du 18 août 1790 décida qu'elle serait composée, à dater du 1er janvier 1791, tant en officiers qu'en soldats, de 110,590 hommes d'infanterie et de 30,040 de troupes à cheval, non compris l'artillerie et le génie sur lesquels l'Assemblée nationale se réservait de statuer ultérieurement (1).

Il fallait donc trouver les ressources nécessaires pour porter cette armée au pied de guerre de 250,000 hommes :

---

(1) Le plan du Ministre réduisait les compagnies d'ouvriers d'artillerie à sept et rattachait les mineurs au service du génie. Cette modification ne devait aboutir qu'en 1793. (Voir plus loin l'article *Génie*.)

Dans ses *Recherches sur la force de l'armée française*, Grimoard dit qu'à la date du 18 août 1790 l'effectif de l'artillerie et du génie fut fixé à 10,137 hommes.

Alexandre Lameth résuma, le 28 janvier 1791, les dispositions adoptées pour prévoir cette augmentation de 100,000 hommes.

« ... L'objet (d'assurer à la nation française la place qu'elle doit occuper) sera parfaitement rempli si, en conservant sur pied une armée suffisante pour garder nos frontières en temps de paix, et pour recevoir, sans une nouvelle organisation, les troupes qui doivent en temps de guerre la porter à 250,000 hommes, nous nous assurons au premier besoin la disposition de ceux qui doivent compléter ce nombre. Telle est l'institution des *auxiliaires*, c'est-à-dire d'hommes qui, vivant dans leur domicile et livrés à leurs occupations habituelles, s'engagent à marcher en cas de guerre dans l'armée de ligne, au moyen de certains avantages qui sont déterminés par leur création... Ces avantages devraient être : 1° une solde de 3 sous par jour ; 2° le droit de citoyen actif à ceux qui, ayant d'ailleurs les qualités requises pour l'exercer, ne payeraient pas la somme d'imposition qui a été jugée nécessaire... Les auxiliaires, engagés pour trois ans, ne pourraient être tenus de marcher qu'en cas de guerre et d'après un décret du Corps législatif. Ils (seraient alors) répartis dans les régiments et il serait affecté une somme de 50 livres pour l'équipement de chacun d'eux... »

Ces dispositions furent consacrées par la loi du 4 février 1791 dont l'article 2 prescrivait que « pour être en état de porter au pied de guerre tous les régiments de l'armée aussitôt que les circonstances l'exigeront, on s'assurera de 100,000 soldats auxiliaires » ; et l'article 4, que « ces auxiliaires devaient avoir au moins 18 ans et pas plus de 40 ans d'âge » et être pris de préférence dans « ceux qui auront servi dans les troupes de ligne ».

En dehors du contingent du temps de paix et des auxiliaires, il restait les gardes nationales dont Alexandre

Lameth prévoyait l'emploi « dans un moment de péril extraordinaire ».

Nées à Paris, dans la nuit du 13 au 14 juillet 1789, et s'étant déjà propagées à l'infini moins d'un an plus tard (1), les gardes nationales avaient été, le 18 juin 1790, l'objet d'une proclamation royale, invitant tout citoyen actif, et ses enfants à partir de 18 ans, à s'inscrire « dans la section de la ville où ils sont domiciliés ou à l'hôtel commun sur un registre qui y sera ouvert à cet effet pour le service des gardes nationales » et « tous corps particuliers de milice bourgeoise ou autres... à s'incorporer dans la garde nationale... »

D'autre part, Alexandre Lameth avait, dès le 10 février 1790, proposé la suppression des milices royales et avait renouvelé cette proposition le 4 mars 1791 : « Le régime oppressif des milices », dit-il, « était depuis longtemps l'objet des réclamations et des plaintes universelles du royaume... Le 4 août, les milices ont été supprimées... Les milices, dont l'organisation éprouve de fréquentes variations, composent en ce moment 13 régiments de grenadiers royaux, 14 régiments provinciaux et 78 bataillons de garnison. La dépense qu'entraînaient ces troupes serait difficile, pour ne pas dire impossible, à calculer; car elle le serait d'une manière très inexacte si l'on se bornait aux sommes fournies par le Trésor public, et si l'on n'y ajoutait pas en même temps tout ce qu'elles coûtaient aux provinces et aux citoyens. Il n'est pas nécessaire de rapporter ici les vexations de toute espèce qu'exerçaient les intendants ou leurs agents; l'arbitraire qui régnait dans les tirages; les frais considérables qu'occasionnait aux familles la perte des journées; la somme que mettaient dans la bourse commune les

---

(1) Discours de M. de Mougins de Roquefort à l'Assemblée nationale, le 8 juin 1790.

jeunes gens qui étaient appelés au tirage ; enfin celle qu'ils donnaient quelquefois pour obtenir la liberté ; ces abus, ces vexations étaient un véritable fléau pour les campagnes... Votre décret va les proscrire... »

Le même jour, en effet, l'Assemblée décrétait que « le régime des milices est aboli » et « que les 13 régiments de grenadiers royaux, les 14 régiments provinciaux et les 78 bataillons de garnison, formant les troupes provinciales » étaient supprimés, leurs cadres devant être versés dans les auxiliaires ou la gendarmerie nationale.

Il semble que l'Assemblée ait attendu cette suppression pour reprendre la discussion de l'organisation de la garde nationale, qui s'ouvrit en effet le 20 avril, un mois après la promulgation de la loi qui sanctionnait le décret du 4 mars. Les méfiances contre l'autorité royale, aussi bien que la crainte de désordres intérieurs et de complications extérieures, firent adopter le décret du 11 juin, dont l'article 14 porte qu' « il sera fait incessamment, dans chaque département, une conscription libre de gardes nationales de bonne volonté dans la proportion de un sur vingt... » L'article 15 interdisait aux volontaires de se rassembler sans un ordre royal envoyé au Directoire de chaque district en vertu d'un décret du Corps législatif.

Mais cette proportion du vingtième s'augmenta, et cette restriction tomba bientôt devant l'émotion considérable causée par la fuite du Roi à Varennes et la crainte des dangers extérieurs qu'elle semblait présager. Aussitôt, l'Assemblée décida, le 21 juin, que les départements frontières « du Nord, du Pas-de-Calais, de l'Aisne, des Ardennes, de la Moselle, de la Meuse, de la Meurthe, du Bas-Rhin, du Haut-Rhin, de la Haute-Saône, du Doubs, du Jura, du Var, fourniraient le nombre de gardes nationales que leur population pourrait leur permettre. » En outre, « les autres départements devaient fournir 2,000 à 3,000 hommes, et, néanmoins, les villes pouvaient ajouter à ce nombre ce que leur population leur permettrait »; et tout ce contingent formerait des bataillons de dix compagnies, chacune de 50 hommes, non compris les cadres.

Le 24 juin, l'Assemblée faisait un pas de plus dans cette voie; et, sur la proposition de Lameth, concertée par lui avec Rochambeau et Lafayette, autorisait la réquisition, par ses commissaires, de gardes nationales à mettre, comme troupes de ligne, à la disposition des généraux d'armée.

A partir de ce moment, les décrets vont succéder aux décrets et augmenter de plus en plus l'importance des gardes nationales. C'est Victor de Broglie qui, le 3 juillet, constatant que « les départements de la Moselle, de la Meurthe et des Ardennes, par le résultat des combinaisons perfides de M. de Bouillé, sont loin d'être dans l'état où ils devraient être »; qu' « ils n'ont pu être préservés que par l'énergie des citoyens »; que « le moment est venu de révéler le secret de notre puissance en associant à ses défenseurs, contre les ennemis du dehors, les gardes nationales », fait décréter que la levée du 24 juin sera de 26,000 hommes, dont 8,000 sur la Somme, 10,000 pour la défense des frontières des Ardennes, de la Meuse et de la Moselle, et 8,000 sur le Rhin, fournies par le Doubs, le Jura, la Haute-Saône, les Vosges, le Haut-Rhin et le Bas-Rhin. Le 22 juillet, c'est Alexandre Lameth, qui, résumant les mesures prises jusque-là, les dangers auxquels il faut faire face, ajoute : « Nous avons pensé qu'en mettant dès à présent sur pied un nombre considérable de gardes nationales, nous suppléerions, pour le moment actuel, au délai qui est indispensable pour porter l'armée au complet que vous avez décrété..... Nous avons donc arrêté de vous proposer de mettre sur pied et d'entretenir dès ce moment 97,000 hommes de gardes nationales », y compris les 26,000 du décret précédent. Cette levée votée le 22 juillet, ces volontaires fournis par 15 grandes divisions, comprenant chacune plusieurs départements (1), furent organisés, par district et par cantons, en bataillons de 574 hommes, de 9 compagnies de 63 hommes, par le décret du 4 août 1791, puis de 5 compagnies par celui du 5 septembre. C'est enfin M. Émery qui fit voter, le 12, un décret fixant la composition de la garde nationale de Paris à 60 bataillons, formant 6 divisions de 10 bataillons chacune ou légions, et un autre du même jour formant un corps de « gardes nationales volontaires parisiennes à cheval » de 4 escadrons de 2 compagnies.

Une conclusion trop rapide, tirée de l'exposé qui précède, pourrait faire croire qu'à la fin de 1791, le recrutement de l'armée française comprenait 150,000 hommes du temps de paix, 100,000 auxiliaires et 97,000 gardes nationaux volontaires en activité, sans compter ceux de Paris; soit un total de 347,000 hommes.

Mais, tout d'abord, l'armée régulière (2) présentait un déficit considérable. Au moment de la discussion de son organisation, elle « était composée, sur le papier, de 180,000 hommes, mais sa force effective n'était que de 133,000 (3) ». Grimoard l'évalue à 154,910 au 1ᵉʳ juillet 1789 et à 123,984 au 1ᵉʳ octobre 1790.

Le 26 mars 1791, le Ministre, à qui l'Assemblée avait, le 8, réclamé la situation des forces du royaume, reconnaissait que l'effectif n'était que de 130,728 hommes. Bien qu'Alexandre Lameth eût affirmé, le 22 juillet (4), que cet effectif fût monté le 1ᵉʳ, à 148,000 hommes et ait ainsi bénéficié de 15,000 recrues depuis l'organisation

---

(1) La nomenclature des ces divisions et départements est donnée par le décret du 22 (loi du 29) juillet 1791.
(2) On l'appelait alors les « Troupes réglées ».
(3) Alexandre Lameth. — 22 juillet 1791.
(4) D'après Grimoard « l'effectif n'était que d'environ 138,260 hommes,

nouvelle de l'armée, Narbonne n'en faisait pas moins remarquer, le 11 janvier 1792, qu'elle présentait un déficit de 51,000 hommes ; et Isnard dira, le 3 août, à l'Assemblée nationale, qu' « à la veille de la guerre, plus de 50,000 hommes manquaient dans les troupes de ligne ; les Ministres du Roi nous dirent que, le 10 février, 150,000 hommes pourraient attaquer l'ennemi ; et au mois de mai rien ne fut prêt. »

Ce déficit n'avait pu encore être comblé en janvier 1792, et Narbonne en donne la raison : « Vous concevez facilement la presque impossibilité du recrutement, depuis que la formation des volontaires nationaux a porté vers ce genre de service la classe précieuse d'hommes qui fournissait le plus généralement aux recrues. Je dois ajouter que l'établissement des auxiliaires n'offre, par la même raison, aucune ressource majeure (1), et que le travail du recrutement, suspendu partout, ne donne aucun espoir d'être ranimé avec succès, à moins de se soumettre à des conditions ruineuses pour nos finances, par un prix excessif dans les rengagements. »

Et cependant, l'Assemblée, poursuivant son utopie, n'avait rien négligé pour assurer le recrutement de l'armée de ligne, tout en décrétant l'auxiliaire. Après avoir ordonné la levée de 100,000 « auxiliaires », par son décret du 28 janvier 1791, et avoir, par celui du même jour, porté 30 régiments d'infanterie au complet de 750 hommes par bataillon et 20 régiments de cava-

---

et il en manquait au moins 50,000 pour que l'armée de ligne fut complète..... »

Le 13 juin 1792, Dumouriez fera encore remarquer que « le déficit des troupes de ligne était de plus de 40,000 hommes..... »

(1) « C'était de la classe d'hommes destinés à former les auxiliaires qu'on tirait le plus de soldats, et la levée de cette nouvelle espèce de troupes essuya elle-même beaucoup de lenteurs, à raison des moyens préalables d'exécution qui furent nécessaires. » (Grimoard, page 351).

lerie à celui de 170 hommes par escadron, elle prenait, les 7 et 9 mars, les décisions qui permettaient à « tous les officiers (1), sous-officiers et soldats de toutes les armes en activité de service ou attachés à quelques régiments, de se livrer au travail des recrues dans le lieu de leur résidence » et pour leur propre régiment; le même travail était permis à tout officier, sous-officier et soldat retiré du service ou à tout particulier, moyennant commission expresse pour recruter, donnée par le Conseil d'administration d'un régiment unique. La durée de l'engagement était fixée à 8 ans.

Après avoir appris de Narbonne l'inanité de ces mesures (2) et avoir repoussé la proposition qu'il faisait de compléter l'armée de ligne avec les volontaires, l'Assemblée, affirmant de nouveau sa volonté bien arrêtée de séparer nettement l'armée de ligne des volontaires, crut

---

(1) « Un nommé François-Paul-Nicolas Anthoine, lieutenant-général du bailliage de Boulai, prononça devant la Société des Amis de la Constitution, séante aux Jacobins, un long et ennuyeux discours sur la prétendue nécessité de licencier tous les officiers de l'armée. Cette pièce, et d'autres écrits incendiaires du même genre, qu'on imprimait pour les répandre à profusion parmi les soldats, les portèrent au soulèvement et même aux voies de fait contre leurs officiers dont deux mille, au moins, avaient déjà abandonné leur emploi à la fin de 1791. On croira, sans peine, qu'ils ne songèrent pas à envoyer des recrues à leurs régiments respectifs. Ceux qui étaient encore à leurs postes, incertains de leur existence et occupés de la conserver, négligèrent aussi de recruter; et comme c'étaient les officiers des différentes armes qui subvenaient à la plus grande partie du recrutement général, son interruption fut entière, et il ne put remplir les vides ordinaires, encore moins ceux produits par des désertions et des congés également nombreux. (Grimoard, page 351.)

(2) « Ainsi, le complément des anciennes troupes, la formation des nouvelles et l'organisation de la gendarmerie nationale, concourant simultanément ensemble, se nuisirent respectivement ; d'où il résultait que les mesures de l'Assemblée nationale étaient si mal prises qu'elles se détruisaient mutuellement. » (Grimoard, page 351).

résoudre le problème en décrétant, le 24 janvier 1792, un « recrutement extraordinaire » : « le premier dimanche suivant la publication de ce décret », les gardes nationales et autres citoyens en état de porter les armes, âgés de 18 ans et au-dessous de 50, devaient être assemblés au chef-lieu du canton, pour déclarer s'ils voulaient contracter un engagement dans les troupes de ligne. Le terme des engagements devait être « de trois ans pour l'infanterie et de quatre ans pour l'artillerie et les troupes à cheval ». Tout homme ayant servi trois ans dans une arme et se rengageant dans la même verrait son indemnité d'engagement augmentée d'un tiers.

Mais ces dispositions n'atteignirent pas encore le but cherché. « Tous les jeunes gens qui voulaient défendre la patrie entraient dans les bataillons nationaux. Pourquoi se seraient-ils engagés dans l'armée de ligne ? Ne trouvaient-ils pas, dans les corps de volontaires, une discipline plus indulgente et plus douce ? Ne touchaient-ils pas une solde de 15 sous par jour ? N'élisaient-ils pas leurs officiers ? N'avaient-ils pas la faculté de s'absenter pour affaires instantes et de se retirer à la fin de chaque campagne ? » (1).

L'incompatibilité de la solution des « auxiliaires » avec celle des « volontaires » fut d'ailleurs nettement mise en lumière par le discours que prononça, le 13 juin devant l'Assemblée, le général Dumouriez, à qui, par ordre du Roi, Servan cédait, le même jour, le portefeuille de la guerre.

« Récapitulons la somme totale de toutes ces levées proposées ou décrétées coup sur coup, et rappelons-nous tout d'abord que, lorsque l'Assemblée constituante décréta 100,000 auxiliaires, ce qui était une très bonne mesure pour compléter l'armée de ligne, elle perdit tout

---

(1) A. Chuquet, tome I, page 31.

le fruit de cette mesure en décrétant 90,000 hommes formés en bataillons volontaires parce que ceux-ci absorbèrent les premiers et qu'on ne put jamais réussir à lever les auxiliaires ».

Le déficit dans l'armée de ligne subsistait donc à peu près tel que Narbonne l'avait constaté : à cette même séance, en effet, « Carnot affirma qu'il avait sur ce point des faits très positifs et que, au 1$^{er}$ avril, le défaut de complet pour l'infanterie était de 21,839 hommes; pour l'artillerie, de 3,004 hommes; pour la cavalerie, de 4,547 hommes; total : 29,390 hommes. » Comme Dumouriez, au lieu de ce chiffre, avait prononcé celui de 40,000, l'Assemblée nomma, pour le vérifier, une commission de 12 membres, dont le rapporteur, Dubayet, présenta, le 27 juin, ses conclusions : Les troupes de ligne formaient, à la date du 1$^{er}$ juin, « 224 bataillons d'infanterie, faisant 105 régiments, y compris les 11 régiments suisses, les 3 régiments de Paris et 14 bataillons de chasseurs, y compris les deux qui sont à Paris ; 206 (?) escadrons de cavalerie, 6 régiments de hussards, 12 de chasseurs à cheval, 2 de carabiniers », soit au total 205,286 hommes, si ces troupes eussent été au complet. Après en avoir étudié la répartition entre les armées de Luckner, Lafayette, Lamorlière et Montesquiou et avoir tenu compte des troupes de garnison, Dubayet arrivait à un total général de 178,518 hommes de troupes de ligne. Il y avait donc un déficit de 26,768 hommes.

Il résulte donc bien de tout ce qui précède que la solution des « auxiliaires » avait été vaine et que le recrutement de l'armée de ligne ne parvenait pas à se faire en même temps que celui des volontaires nationaux.

Aussi, pour compenser ce déficit sans renoncer à son système, l'Assemblée nationale chercha-t-elle à attirer les volontaires dans l'armée de ligne, en offrant des avantages pécuniaires à ceux qui voudraient y consentir. « L'Assemblée nationale, considérant que le recrutement des troupes de ligne est nécessairement ralenti par la prompte formation d'un grand nombre de bataillons de volontaires et de compagnies franches » décréta, le 12 septembre 1792, que « tout garde national volontaire qui, déjà compris dans la formation d'un bataillon qui ne serait pas encore équipé et armé, préférerait de s'engager dans un régiment de troupes de ligne, recevrait une somme de 30 livres pour chaque année de rengagement. »

Cette mesure ne paraît pas avoir réussi plus que les précédentes, car, le 7 février 1793, Dubois Crancé, évaluant l'effectif de l'armée de ligne, dira à la Convention : « Il reste 98 (1) régiments de ligne, chacun de 2 bataillons, qui, à 750 hommes par bataillon, devraient au complet faire une masse de 147,000 hommes. D'après les derniers états de revue, il ne s'en trouvait que 112,878. Déficit 34,122 hommes. »

En résumé, le système élaboré avec tant de soin par l'Assemblée constituante et qui consistait à créer une armée de paix de 150,000 hommes, une réserve de 100,000 « auxiliaires » et une armée territoriale de « gardes nationales volontaires », échoua en partie par l'impossibilité de lever à la fois les engagés volontaires destinés à compléter l'armée de ligne, ses auxiliaires et les gardes nationales ; et, dès la fin de 1791, il n'y eut

---

(1) Le règlement du 1er janvier 1791, remplaçant les noms des régiments par des numéros, en accuse 102, dont 79 français, 12 allemands, irlandais ou liégeois et 11 suisses. Le 5, est créé le 105e et, le 28 août, les 102e, 103e et 104e, au moyen d'une partie de la garde nationale soldée de Paris. Les régiments coloniaux, supprimés par la loi du 16 octobre, que confirme celle du 29 juin 1792, servent à former les 106e, 107e, 108e, 109e, 110e et 111e. Si, de ces 111 régiments, on retranche le *Régiment du Roi* et le *Royal Liégeois*, licenciés le 12 décembre 1790 et le 9 septembre 1792, et les 11 régiments suisses, supprimés le 20 août 1792, il ne reste plus que 98 régiments de ligne.

plus en présence qu'une armée de ligne au chiffre de 100,000 hommes et *au moins* 97,000 volontaires.

A partir de ce moment, l'Assemblée n'obtiendra plus les ressources nécessaires que par la levée de nouveaux bataillons de volontaires.

Par les décrets des 5 et 14 mai 1792, le nombre de ces bataillons fut porté à 214, ayant tous non plus 574 mais 800 hommes.(1).

Mais, à la fin de juin, l'invasion prussienne s'était déjà ébranlée en cinq colonnes vers le Rhin, et sous cette menace le Ministre faisait remarquer le 10 juillet, à l'Assemblée, qu'en dehors de la garde des places, il ne disposait que de 190,000 hommes, presque également répartis entre les 4 armées du Nord, du Centre, du Rhin et du Midi ; et il demandait, entre autres moyens d'y remédier, la formation successive de bataillons de volontaires et le « complettement » *(sic)* des corps existants. Cet exposé alarmant, que ne fit que confirmer celui du Ministre des affaires étrangères, provoqua le décret du 11, déclarant la Patrie en danger (2) et la proclamation royale du 20, invitant « tous les citoyens en état de porter les armes, et particulièrement ceux qui ont déjà eu l'honneur de servir la Patrie, dans quelque grade que ce soit, à se faire inscrire sur-le-champ pour compléter l'armée de ligne ». Cette proclamation exhortait aussi « tous les citoyens réunissant les conditions requises, qui ne se sont pas encore fait enregistrer sur le rôle de garde nationale, à satisfaire sans délai à cette obligation ».

---

(1) Ces chiffres étaient purement théoriques car, le 27 juin 1792, Dubayet, au nom de la Commission des Douze, évaluait l'effectif, présent aux armées, des bataillons de volontaires à 168, de 500 hommes *environ*, dont 42 à l'armée de Luckner ; 44 à l'armée du Centre ; 32 à celle du Rhin ; 30 à celle du Midi ; 10 aux colonies et 7 à l'intérieur du royaume. Total, 168 bataillons *effectifs* et 92,500 hommes. (*Moniteur*, séance du 27 juin, page 750.)

(2) Termes définis par le décret des 4 et 5 (loi du 8) juillet 1792.

D'ailleurs, à la seule « déclaration de la Patrie en danger » et en vertu de la loi du 8 juillet, tous les citoyens en état de porter les armes et ayant déjà fait le service de gardes nationales, devaient être en état d'activité permanente, et chaque département devait fournir le contingent de gardes nationales indiqué par le Corps législatif. Ce contingent fut fixé, par la loi du 22, à 42 nouveaux bataillons et, en outre, pour combler le déficit de l'armée de ligne, il devait être prélevé 50,000 hommes sur les 83 départements; on ajoutait encore à ce chiffre deux nouvelles divisions de gendarmerie, les compagnies de vétérans nationaux, créées le 16 mai 1792 et affectées à des places en état de guerre, afin d'en libérer les garnisons au profit des troupes mobiles de l'armée (1); enfin toutes les communes qui fourniraient spontanément un contingent supplémentaire armé et équipé, étaient déclarées, par décret du 18 juillet, avoir bien mérité de la Patrie. On espérait, en additionnant tous ces éléments, sans compter les fédérés, dont il sera parlé plus loin, disposer de 440,000 à 450,000 hommes.

De leur côté, les généraux de l'armée du Rhin avaient pris l'initiative d'un appel aux armes. Ils rédigeaient en effet, le 19 juillet, un mémoire qu'ils adressaient au président de l'Assemblée nationale pour lui rendre compte des mesures qu'ils venaient de prendre, afin d'assurer la défense des frontières de la Sarre et du Rhin; persuadés, ajoutaient-ils, que « leur empressement à suivre la loi du 8 juillet avant que l'Assemblée se soit expliquée sur les détails d'exécution ne lui paraîtra point blâmable...... »

---

(1) On en verra plus loin une application à l'armée des Ardennes. Le Représentant du peuple Gillet ayant enlevé de Verdun 4 bataillons de première réquisition pour renforcer les anciens cadres de l'armée de la Moselle, Charbonnié fit venir à Verdun les invalides de Bar. (Lettre de Charbonnié au général Éblé, 22 ventôse.)

*Mémoire sur la défense des frontières de la Sarre et du Rhin.*

Le Gouvernement connaît les forces que les Autrichiens et les Prussiens ont sur le Rhin. Leurs principaux magasins sont sur le Bas-Rhin, et ils en ont aussi dans le Brisgau. Ils y ont rassemblé beaucoup d'artillerie; d'un moment à l'autre ils peuvent nous attaquer, soit en passant le fleuve, soit en se portant sur Landau en passant par le Palatinat. L'Électeur de Bavière, le duc de Deux-Ponts, les princes de l'Empire ne se sont point encore déclarés contre nous; mais leurs places renferment les magasins de nos ennemis et ils reçoivent leurs troupes. On ne peut douter qu'ils ne s'unissent à eux contre nous à l'ouverture de la campagne, c'est-à-dire sous quinze jours.

Voici nos moyens de défense :

Les 5e et 6e divisions renferment aujourd'hui une infanterie de ligne, environ de 27,000 hommes; de volontaires nationaux, environ 17,000 hommes; de troupes à cheval, 6,000 hommes; en artillerie 1700 hommes; total, 47,700 hommes. De ces 47,000 hommes, 25,000 ou environ sont employés à la garde des places, 22,000 sont campés. L'équipage d'artillerie, celui des vivres, des hôpitaux ambulants ont été calculés pour 20,000 hommes seulement, et il leur manque un grand nombre de chevaux. Les secours qui nous sont annoncés consistent en 8,000 hommes qui arriveront successivement dans le courant du mois prochain et en 20 bataillons qui doivent être fournis par l'armée du Midi. La force, la qualité de ces dernières troupes, l'époque de leur arrivée ne sont pas connues. Aussi, si des moyens extraordinaires ne sont pas employés, l'armée du Rhin, dans son état actuel, aurait à soutenir pendant deux mois, les attaques des ennemis combinés, attaques qui peuvent s'étendre depuis Besançon jusqu'à Bitche. La résistance serait impossible. La plaine du Rhin serait mise à contribution. Landau serait cerné. Sur toutes nos frontières nos armées sont dans un état d'infériorité semblable à celui de l'armée du Rhin. Nous ne devons point compter sur le secours de ces armées; il faut donc employer des moyens extraordinaires et les employer dès aujourd'hui.

Les généraux de l'armée du Rhin puisent ces moyens dans la loi du 8 juillet dernier. Elle met les citoyens en état de réquisition permanente; elle annonce que le Corps législatif fixera le nombre de ceux qui doivent marcher à la défense de la patrie et qui seront soldés par l'État. Nous avons conjuré le Ministre de hâter l'exécution de ces lois; mais si nous attendons qu'un décret ait fixé le contingent de chaque département et que ce contingent soit arrivé, la sûreté de l'État sera compromise. La volonté des citoyens qui se montrent déterminés à défendre leur foyer et l'indépendance de leur patrie; les ressources des départements frontières nous présentent des moyens de résistance et l'espoir qu'ils ne seront pas vains. Nous les avons concertés avec les administrateurs des départements du Bas-Rhin et nous avons reconnu :

1° Qu'il est possible de requérir sur-le-champ et de mettre provisoirement en activité, dans les six départements de cette frontière, un nombre de gardes nationaux égal au sixième des citoyens actifs; 2° que ce nombre donnerait sous peu de temps une force disponible de 30,000 à 40,000 hommes; 3° que l'armée du Rhin se trouvant ainsi portée à 80,000 hommes, il serait possible de garnir le poste de la haute Alsace, la rive du Rhin et les places de manière à n'avoir rien à craindre pour leur sûreté; et il resterait une armée assez forte pour tenir tête à l'ennemi sur la frontière du Palatinat en prenant des positions fortes et en les couvrant de retranchements munis d'artillerie; 4° que les premiers effets de cette réquisition sur les citoyens des deux départements du Rhin nous mettrait en état d'occuper les passages des Vosges qui assurent la communication du Rhin à la Sarre, ce qui serait capital pour la défense de la frontière, particulièrement pour celle de Landau.

. . . . . . . . . . . . . . . . . . . . . . . . . . . . .

En conséquence, la réquisition ci-jointe n° 1 est adressée aux directoires des départements du Rhin, du Doubs, de la Haute-Saône et du Jura.

On ne rappellera pas ici toutes les demandes adressées aux différents Ministres qui ont dirigé successivement les opérations de la guerre. Les plus importantes sont réunies dans les deux lettres adressées dernièrement à M. Lajard, les 9 et 10 juillet ; les généraux ne peuvent que répéter ici la phrase qui termine une de ces lettres : « Le temps des petites mesures est passé, l'ennemi nous presse, et si nous n'employons à l'instant toutes les ressources de l'État, la cause de la Liberté serait trahie ».

LAMORLIÈRE, BIRON, Victor BROGLIE et EUSTEN.

La réquisition n° 1 qu'annonçait ce Mémoire, invoquant « la Patrie en danger », l'invasion qui menaçait les frontières de la Sarre et du Rhin, la possibilité de s'y opposer en faisant appel aux seuls citoyens des départements frontières qui « brûlent de combattre pour l'honneur de la nation », fixait au sixième du chiffre des citoyens actifs le nombre des gardes nationales qui devaient être fournies par chacun des départements des Haut-Rhin et Bas-Rhin, du Doubs, du Jura, de la Haute-Saône, des Vosges et de la Meurthe. Afin ne ne pas entraver l'appel et de remédier d'avance à la pénurie des approvisionnements, « les volontaires étaient prévenus qu'ils pouvaient faire le service sans être revêtus de l'uniforme », tout en ayant « ceux de leurs habits les plus propres à les garantir des maladies auxquelles

18

ils seraient exposés par l'intempérie des saisons » ; ils devaient être munis d'armes et de munitions requises; de sacs de peau pour le transport des effets et de toile pour les distributions; enfin « de haches et outils à remuer la terre ». En adressant le mémoire et leurs réquisitions à l'Assemblée, les généraux de l'armée du Rhin demandaient en outre que chacun d'eux fut autorisé à former un corps particulier de chasseurs exercés à se servir de « carabines fabriquées depuis peu d'années à Liège, sous la direction de M. Gorden, en 1790. »

L'Assemblée se déclara « satisfaite du zèle des généraux de l'armée du Rhin » ; elle approuva le 23 « les réquisitions faites par eux, ainsi que toutes les mesures qu'ils avaient prises pour assurer la défense des frontières » ; elle décida enfin que « les volontaires qui seraient rassemblés en vertu de cette réquisition, seraient formés et organisés conformément aux lois sur la formation des bataillons de volontaires nationaux. » C'était donc encore d'autres unités à ajouter aux 256 bataillons déjà décrétés.

Ce nombre s'augmenta encore par la généralisation de la mesure prise à l'armée du Rhin; le 24 juillet, en effet, Vergniaud l'exposa ainsi : « Votre Commission extraordinaire a été chargée de vous présenter un rapport sur les dangers de la Patrie et sur les moyens de l'en garantir. Elle croit remplir en partie vos vues par le projet dont je vais avoir l'honneur de vous faire lecture, projet dont les généraux de l'armée du Rhin et M. de Montesquiou nous ont fourni l'idée..... » Et l'Assemblée votait le même jour le décret qui non seulement investissait les généraux d'armée des pouvoirs donnés par celui du 23, mais encore les autorisait à créer des bataillons de grenadiers ou chasseurs, munis chacun de deux pièces de campagne, en requérant le quart ou au plus la moitié de chacune des compagnies de grenadiers ou de chasseurs des différents bataillons sur une fraction des 83 départements répartis entre les quatre armées du Nord, du Rhin, du Centre et du Midi : c'est ainsi que celle du Nord disposait à cet effet des départements du Pas-de-Calais, de l'Aisne, du Nord, de la Somme, de l'Oise, de la Seine-Inférieure, de l'Eure, du Calvados, de l'Orne, de la Manche, de la Mayenne, de Mayenne-et-Loire, d'Ille-et-Vilaine, des Côtes-du-Nord, du Morbihan et du Finistère.

Le même jour, 24 juillet, l'Assemblée abaissait la limite d'âge des volontaires de 18 à 16 ans, sans limite de taille, sous la seule réserve qu'ils aient « la force nécessaire pour supporter les fatigues de la guerre. » Elle cherchait encore le 3 août à augmenter le contingent en favorisant les désertions des officiers et soldats des puissances en guerre avec la France.

La malheureuse issue du combat livré à Fontoy, le 19 août, par Deprez-Crassier commandant l'avant-garde de Luckner, et la chute de Longwy qui eut lieu le 22, provoqua le décret du 26 « portant réquisition aux gardes nationales de Paris et des départements voisins pour fournir 30,000 hommes armés pour renforcer l'armée de Luckner (1). »

La simple énumération de ces décisions hâtives et fébriles suffit à faire comprendre quel désordre devait s'ensuivre, dans quelle proportion les ordres de l'Assemblée devaient être exécutés et quelle diminution devait en résulter pour le contingent qu'elle croyait avoir

---

(1) A ce décret fut jointe la proclamation aux Français habitant le département de Paris et les départements voisins : « Citoyens ! la place de Longwy vient d'être rendue ou livrée. Les ennemis s'avancent ; peut-être se flattent-ils de trouver partout des lâches ou des traîtres : ils se trompent ! Nos armées s'indignent de cet échec, et leur courage s'en irrite. Citoyens, vous partagez leur indignation. La Patrie vous appelle : partez ! L'Assemblée nationale requiert le département de Paris et les départements voisins de fournir à l'instant 30,000 hommes armés et équipés. »

assuré à coups de décrets. Au déchet résultant de cette confusion s'ajoutait encore l'abandon des drapeaux par les volontaires à la fin de l'année 1792. Le décret constitutif du 28 décembre 1791 (section II, art. 1$^{er}$), spécifiait que « tous les citoyens admis dans les bataillons de gardes nationales volontaires seraient libres de se retirer à la fin de chaque campagne, en prévenant deux mois à l'avance le capitaine de leur compagnie.... » et que « la campagne était censée terminée le 1$^{er}$ de décembre de chaque année. » Le nombre des volontaires qui invoquèrent cet article fut assez nombreux pour provoquer l'adresse de la Convention du 19 octobre 1792 : « La loi permet à quelques-uns d'entre vous de se retirer : le cri de la Patrie le leur défend. Les Romains ont-ils abandonné leurs armes quand Porsenna était aux portes de Rome? L'ennemi a-t-il passé le Rhin? Le sang des Français dont il a arrosé la terre de la Liberté est-il vengé? Ses ravages et sa barbarie sont-ils punis? A-t-il reconnu la majesté de la République et la souveraineté du peuple? Soldats! voilà le terme de vos travaux : c'est en dire assez aux braves défenseurs de la Patrie. La Convention nationale se borne à vous recommander l'honneur français, l'intérêt de la République et le soin de votre propre gloire. »

Mais cette adresse n'arrête pas l'exode qui est signalé le 2 novembre, par Carnot le Jeune, comme s'étendant sur « la route de Meaux à Châlons et même jusqu'à Verdun et à Metz »; par Beurnonville les 23, 27 et 29 novembre; par Gossuin et Camus le 4 décembre (1) : « Nous avons trouvé dans presque tout notre voyage les routes couvertes de volontaires qui venaient vers Paris avec armes et bagages; il nous paraissait inconcevable que des Français, des soldats de la Liberté revinssent

---

(1) Séance du 8. *Moniteur universel*, 2$^e$ semestre 1792, page 1465.

en si grand nombre dans leurs foyers avant que la guerre fût terminée. Nous avons découvert la cause de cette espèce de désertion..... On a répandu parmi les troupes de la République la supposition d'un décret par lequel on prétend que la Patrie n'est plus en danger; sur la foi de ce décret, ceux qui n'ont offert leurs bras à la Patrie que pour le temps où elle serait en danger se persuadent qu'elle n'a plus besoin de secours, qu'elle ne leur demande plus rien et qu'ils sont dégagés de leurs promesses et de leurs serments ». Le 13, Guadet donnait les mêmes explications; après avoir fait voter un décret pour assurer les subsistances et les approvisionnements des armées en campagne, il continua : « Le second objet de vos Comités a été de prévenir et arrêter la désorganisation des bataillons de volontaires nationaux. Rien n'égale le courage et le civisme de ces braves défenseurs de la Patrie, mais plusieurs d'entre eux ignorent encore votre adresse du mois d'octobre dernier. Ils se retirent donc avec la conviction intime qu'ils ne trahissent pas leur devoir. D'un autre côté l'accroissement subit de nos armées, leur marche rapide les a mises dans un état de dénûment que des Français n'aperçoivent pas en allant au combat, mais dont ils peuvent se plaindre après la victoire (1). En troisième lieu, lorsque des volontaires qui ne se croient pas engagés demandent des congés qu'on leur refuse, il est naturel qu'ils les prennent ». Aussi, la Convention invitait-elle le même jour les volontaires à rester à leur poste sous peine d'être notés par leurs municipalités au « Tableau d'inscription civique comme ayant refusé à leur patrie

---

(1) Camus et Gossuin disaient de même : « Nous avons vu des soldats manquant de tout, mais pleins de courage et manifestant au milieu des cris de « Vive la République ! » le désir de voler à de nouvelles victoires..... Leurs habits ne sont pour ainsi dire qu'un tissu de pièces rassemblées ; la plupart n'ont ni culottes ni vestes..... »

les secours qu'elle leur demandait ». Le même décret reconnaissait aux volontaires le droit de se faire délivrer des congés d'un mois au plus s'ils avaient un besoin indispensable de retourner momentanément dans leurs foyers, et s'ils pouvaient faire attester le fait par la municipalité de leur domicile, et viser cette attestation par le chef de bataillon et le général d'armée ; le congé pouvait être illimité, sur le vu des mêmes pièces, si le volontaire pouvait se faire remplacer par un autre citoyen d'un « civisme » reconnu. Ils devaient n'emporter ni armes ni équipement ni capote ni habit d'uniforme dont ils ne pourraient justifier le payement préalable. Pour compléter ces dispositions, la loi du 9 janvier 1793 accordait des congés, dont la durée était fixée par les officiers de santé des hôpitaux, aux volontaires malades « qui auraient besoin de prendre l'air natal pour leur parfait rétablissement. » Pour encourager les volontaires à rester sous les drapeaux, la loi du 13 décembre 1792 promettait une retraite à ceux qui serviraient sans interruption jusqu'à la fin de la guerre; et le décret du 12 janvier 1793 admettait aux Invalides les volontaires nationaux « revenant des armées avec des blessures ou des infirmités qui les mettent hors d'état de continuer leur service. » Enfin, les lois des 8 et 10 février 1793 reconnaissaient à ces derniers le droit à une pension de retraite dont elles fixaient les bases.

Malgré toute la confusion qui résulte de l'exposé qui précède, il est cependant possible de savoir quel était, au mois de janvier 1793, le contingent entretenu par la République. Cet effectif est tout d'abord donné par le *Rapport* que présenta, le 25 janvier 1793, Dubois-Crancé « sur l'organisation générale des armées » de la République « dans la campagne prochaine. » Il calculait tout d'abord les forces ennemies auxquelles elle aurait à faire face : « Au 2 décembre 1792, vous aviez contre vous 125,000 hommes effectifs, mais l'Empereur et le roi de

Prusse rassemblent de nouveaux corps ; les Cercles arment contre nous ; l'Angleterre même et la Hollande effectuent des dispositions hostiles ; l'Espagne, animée sans doute par l'espoir de replacer sa famille sur le trône, fait des préparatifs.....

« La République pouvant être attaquée au Nord, à l'Est, au Midi et sur les côtes de l'Océan, elle doit reconnaître d'abord quels sont les points où elle peut agir avec plus de succès, offensivement et défensivement. Elle doit profiter des obstacles de la nature partout où ils lui permettent de se tenir avec assurance et succès sur la défensive.....

« Votre Comité pense donc que vous devez garder la défensive à l'Est et au Midi..... Les deux points sur lesquels le roi de Sardaigne peut vous attaquer dans le Midi, sont la Savoie et le Comté de Nice. Ces deux pays sont assez éloignés l'un de l'autre et assez séparés par des obstacles naturels pour qu'il soit nécessaire d'établir une armée dans chacun. Sur les frontières de l'Espagne, les deux principaux points par où les troupes espagnoles pourraient pénétrer sont également aux deux extrémités de la chaîne des Pyrénées. Cependant, comme il se trouve un troisième passage au milieu, votre Comité pense qu'il faut établir, dans cette partie, trois armées, savoir : une sous Perpignan, pour défendre Bellegarde et Montlouis et protéger les côtes ; l'autre vers Bayonne, et, enfin, établir au centre, vers Toulouse, un corps de réserve, sous les ordres du général en chef de ces trois corps, qui sera destiné à se porter vers les points menacés avec cette rapidité que la position des lieux ne permet pas aux Espagnols d'imiter.

« L'Espagne ne peut porter à la frontière que 40,000 hommes disponibles : ainsi, en opposant une force égale, nous soutiendrons encore une guerre défensive sans danger. Ainsi, les trois armées des Pyrénées seront de 40,000 hommes.

« Les troupes du roi de Sardaigne s'élèvent à 46,000 hommes..... il peut tout au plus mettre en campagne 30,000 à 36,000 hommes. L'Autriche lui a donné un secours de 10,000 hommes; elle lui en fait espérer de nouveaux; mais le Comité pense qu'avec 40,000 hommes de ce côté, on pourra soutenir la guerre défensive avec succès.

« Les côtes de la Méditerranée et de l'Océan doivent être gardées par de fortes garnisons et une armée d'observation.

« C'est donc au Nord que vous devrez déployer tous les moyens d'une guerre offensive, et votre premier vœu sera sans doute d'empêcher et même de détruire les préparatifs hostiles d'une puissance qui paraît disposée à nous faire la guerre; toujours cette puissance a craint une descente, jamais le projet ne s'en est effectué, et il n'a jamais été sérieusement préparé..... Vous y destinerez 40,000 hommes d'embarquement.

« Les puissances d'Allemagne avaient réuni contre nous, l'année dernière, 130,000 hommes, savoir : 50,000 Prussiens, 58,000 Autrichiens, 12,000 Hessois et 10,000 émigrés. L'Autriche et la Prusse ont perdu chacune environ 20,000 hommes; les émigrés se sont dispersés après avoir brûlé quelques chaumières en Champagne; restent 100,000 hommes. Mais la Prusse et l'Autriche font venir de nouvelles troupes qu'on évalue à 30,000 ou 40,000 hommes; l'armée de l'Empire ne s'est jamais élevée au-dessus de 40,000 hommes. Total des armées prussienne, autrichienne et impériale pour la campagne prochaine, 180,000 hommes, savoir : 60,000 Prussiens, 68,000 Autrichiens, 12,000 Hessois et 40,000 hommes des troupes des Cercles. Comme cette armée des Cercles est toujours lente à se former, le Comité pense qu'en opposant 186,000 hommes, nous pourrons, non seulement nous défendre, mais attaquer avec avantage.

« Ainsi, les armées de la République seront disposées de la manière suivante :

« Armée de la Belgique, 62,000 hommes ; elle ne sera pas trop forte pour porter nos succès jusqu'au Bas-Rhin. Cette armée peut attaquer la Hollande si cette puissance se déclare contre nous, ou forcer la Prusse à se défendre dans ses propres États.

« Une autre armée, de même force, purgera le Luxembourg et enlèvera aux armées autrichiennes tout moyen de communication en s'emparant de Coblentz. Enfin, une troisième, de même force, agira sur le haut Rhin et dans les États de l'Autriche, en Souabe. Ces trois armées auront chacune un train de siège ; une réserve de 25,000 hommes sera rassemblée et campée vers Châlons ; elle sera prête à se porter partout où les succès seraient un moment incertains.

« ..... Comme il convient de garder toujours les places..... d'avoir des dépôts pour recevoir les dépôts (sic) qui viendront sans cesse des départements et pour préparer des secours à porter, en cas de besoin, dans les colonies, vous destinerez 170,000 hommes à cet objet : donc, il sera facile de tirer des garnisons 120,000 hommes pour soutenir les efforts des ennemis..... »

Après avoir ainsi calculé les forces nécessaires, Dubois-Crancé en indiquait la répartition :

« Ces dispositions exigent huit armées : trois dans le Nord, trois dans le Midi, une d'observation ou d'attaque sur les côtes de la Manche, une de réserve vers Châlons.

« Les trois du Nord seront chacune de 50,000 hommes d'infanterie, 10,000 de cavalerie et 2,000 d'artillerie, non compris les canonniers destinés au service des pièces de bataillon.

« L'armée d'observation sur les côtes de la Manche sera de 40,000 hommes, dont 35,000 d'infanterie, 4,000 de cavalerie et 1000 d'artillerie.

« Les armées des Alpes et du Var seront chacune de 16,000 hommes d'infanterie, 4,000 de cavalerie et 800 d'artillerie.

« L'armée des Pyrénées sera de 40,000 hommes, divisés en trois corps, dont 30,000 d'infanterie, 3,000 de cavalerie et 2,000 d'artillerie.

« Enfin, la réserve sur Châlons sera de 21,000 hommes d'infanterie, 3,000 de cavalerie et 1200 d'artillerie.

« Il faut joindre les garnisons et dépôts montant à 164,000 hommes et un camp volant de 6,000 hommes, destiné pour les côtes de Bretagne.

« Total général : 502,800 hommes à mettre promptement en activité et à pourvoir de tous les approvisionnements nécessaires (1).

« ..... Nous croyons pouvoir affirmer d'avance qu'avec les 109 *régiments de ligne* (2) et les 441 *bataillons de volontaires* (3) que tient en activité, maintenant, la

---

(1) Il est assez curieux de remarquer qu'au moment même où Dubois-Crancé présentait ce calcul, un mémoire « dressé dans les derniers jours de janvier par un général (Grimoard) que le gouvernement tira malgré lui de sa retraite », donna les résultats suivants : Forces des ennemis 300,000 hommes au moins; forces à leur opposer par nous 334,000, dont la France ne possède sur pied que 225,000. Il fallait donc y introduire 109,000 hommes, soit un tiers, ce qui était beaucoup trop eu égard au manque d'exercice et de discipline des troupes et d'instruction des officiers. « D'ailleurs comme les combats, les fatigues, la pénurie de tentes et d'effets de campement, la disette des subsistances ou la mauvaise qualité de la part de celles fournies par entreprise, les maladies, la vicieuse administration des hôpitaux, et des revers possibles produiront inévitablement une prodigieuse consommation d'hommes..... On pense qu'une sage prévoyance prescrit de procéder sans délai, par les expédients les moins onéreux aux habitants des villes et des campagnes, à une levée extraordinaire d'hommes, qui *double à peu près tant les forces existantes aux armées que celles qu'on se propose d'y envoyer incessamment*, afin de subvenir sans embarras aux pertes probables, et de suppléer autant que possible à l'art par le nombre. » Ce mémoire arrivait donc à un effectif comparable à celui que réclamait le rapport de Dubois-Crancé, tout en partant de données différentes. (Grimoard, page 369.)

(2) Il fallait déduire de ces 109 régiments les 11 régiments suisses qui avaient été supprimés le 20 août 1792.

(3) L'état de l'infanterie au 21 septembre 1792, publié par le lieute-

République, vous avez tous les cadres nécessaires. Il ne s'agit que de compléter ces corps..... et d'y proportionner le nombre des officiers généraux qui doivent les conduire..... »

Si l'on considère qu'à la date du 22 juillet, il n'avait été décrété que 214 bataillons, et que ce n'est qu'à cette date qu'on en créa 42 autres, il faut admettre que dans ces 441 bataillons, Dubois-Crancé compte non seulement les volontaires nationaux proprement dits, mais encore les légions, les corps francs, l'infanterie légère et les fédérés.

Ces derniers durent leur création à Servan. « Il faut prévenir », disait-il à l'Assemblée (1), « les effets des revers par les précautions que votre sagesse vous suggérera. Je vais vous en offrir une qui tient à la Constitution. La loi veut que, le 14 juillet de chaque annnée, les gardes nationales s'assemblent pour prêter le serment civique ; ce que l'on a fait pour la liberté naissante, que ne le fait-on pas pour la perpétuer ? Pourquoi ne sollicitez-vous pas de chaque canton cinq fédérés, vêtus et équipés, qui se réuniraient au 14 juillet à Paris pour former ensuite un camp de 20,000 hommes au nord de la capitale ? » Deux jours après, le Comité militaire présentait sur cette proposition un rapport conforme, qui y trouvait l'avantage de « composer l'armée de l'élite de tous les citoyens

---

nant-colonel Belhomme (tome IV), accuse 18 bataillons de fédérés, 376 bataillons de volontaires, 27 bataillons de légion, 9 bataillons francs, 117 compagnies franches et 91 compagnies de vétérans. En négligeant les compagnies franches et celles de vétérans, on arrive à un total de 430 bataillons, comparable à celui qu'indique Dubois-Crancé. Au 1er mai 1793, le lieutenant-colonel Belhomme donne le chiffre de 18 bataillons de fédérés, 346 bataillons de volontaires, 35 bataillons de légion, 34 bataillons francs, 2 bataillons de grenadiers, 182 compagnies franches et 91 compagnies de vétérans.
(1) Séance du 4 juin 1792.

de tous les cantons qui seraient déjà pourvus de leurs armes et de leur habillement, et qui seraient accoutumés aux exercices militaires ; d'avoir sous les murs de Paris un camp de réserve qui pourrait soulager la brave garde nationale de cette capitale dans son service pénible et journalier..., ou qui pourrait..., au premier signal, voler sur les frontières » ; enfin, de disposer d' « une force provisoire qui permettrait d'attendre, sans aucun risque, la levée et l'équipement des nouveaux bataillons de volontaires nationaux » décrétés. Conformément à ce rapport, l'Assemblée décida le 8 juin que, vu l'urgence « de porter aux frontières les troupes de ligne qui sont dans la capitale », la force armée décrétée sera augmentée de 20,000 hommes (1), qui « se réuniront à Paris pour le 14 juillet prochain ». A cette solution, le roi préférait la levée de 42 bataillons (2) ou d'un demi-bataillon par département ; et, parmi les considérations que son ministre Lajard présenta, le 23 juin, à l'Assemblée pour la convaincre, figure la suivante : « En jetant un coup d'œil militaire sur la frontière qui est la plus voisine de la capitale, on voit que la majeure partie est couverte par des places bien fortifiées ; mais il y a deux situations qui doivent être nécessairement défendues par des armées : l'une à Maubeuge ; l'autre entre Longwy et Montmédy, et la faiblesse de ces positions est si généralement connue, qu'on les désigne sous le nom de trouées. Le point de jonction de ces deux routes est Soissons. C'est là qu'une réserve est nécessaire, tant pour protéger la capitale que pour secourir celle des deux armées qui aurait besoin d'être soutenue. Dans trois ou quatre marches, elle serait rendue sur l'un ou l'autre point. On pourra former un camp à Compiègne ayant pour centre Soissons.

---

(1) C'était la réduction à 20,000 hommes des 27,200 hommes que devait donner la levée de 5 volontaires par canton.
(2) Qui furent votés plus tard, le 22 juillet 1792.

Ils seront à portée d'agir ensemble et ne formeront qu'une seule masse... »

De la solution qui précède, l'Assemblée ajourna jusqu'au 22 juillet celle des 42 bataillons, mais garda l'idée de la création d'un camp sous Soissons (1); et le 2 juillet, « instruite qu'un grand nombre de gardes nationaux des différents départements de l'Empire... sont en marche pour se rendre dans la capitale », pour faire partie des troupes destinées à couvrir Paris ou à défendre les frontières les plus menacées, elle décréta qu'ils se feraient tout d'abord inscrire à la municipalité de Paris, se réuniraient le 14 juillet à la garde nationale parisienne pour assister au serment fédératif, puis seraient mis en route sur le camp de Soissons, où ils seraient organisés en bataillons.

La force de ce rassemblement s'élevait au 1$^{er}$ août à 8,418 hommes arrivés ou en route pour arriver. Le 4, le Commissaire général Dorly écrivait au ministre d'Abancourt : « La quantité immense d'hommes qui nous arrive journellement sans être annoncés me met dans le cas de recourir à tous les moyens de cantonnement sur lesquels je m'étais arrangé (2). Voilà déjà 13 bataillons au com-

---

(1) « Des fédérés et des Marseillais armés, commençant à affluer à Paris pour seconder les mauvaises intentions des dernières classes de factieux, le Ministre conçoit le projet de les contenir au moyen d'un camp de 20,000 hommes fournis par les départements et dont le Roi nommera les officiers ; se proposant d'établir ce camp à Soissons, où il se trouverait également à portée de marcher, selon les circonstances, au secours de la capitale ou de nos frontières. M. de Servan communique confidentiellement ses vues à un membre du Comité militaire qui, de son propre mouvement, court les proposer au Corps législatif : celui-ci rend le lendemain, 7 juin (?), un décret ordonnant la formation du camp..... » (Grimoard, page 357.)

(2) Le commissaire général Dorly avait écrit le 16 juillet au Ministre Lajard qu'il avait « du logement pour 11,000 hommes environ, c'est-à-dire 1,600 à Soissons, 500 à Villers-Cotterets, 2,000 à Laon, 1200 à la

plet de 574 de formés, ce qui fait un total de 7,462, distribués ainsi qu'il suit : à La Fère, 3 bataillons ; à Soissons, 3 bataillons ; à Laon, 3 bataillons ; à Villers-Cotterets, 1 bataillon ; les trois autres sont destinés pour Compiègne (1). Il m'arrive, tandis que j'ai l'honneur de vous écrire, 2,000 hommes dont nous ne savons que faire... »

Le 4, l'adjudant général Chadelas écrit de Soissons : « Les 3 bataillons de fédérés qui y sont en cantonnement... sont véritablement en état de faire campagne sous tous les rapports, à quelques hommes près, et à l'armement et à l'habillement qui leur manque ; je crois, et je l'ai assuré, qu'ils seront armés cette semaine. Lorsque tous les effets de campement seront arrivés, il conviendra de commencer l'établissement d'un camp... Je viens de former le 14º bataillon de fédérés ; il partira demain pour Chauny, et le 13º pour Villers-Cotterets. Les compagnies de grenadiers de tous les bataillons demandent au Ministre de la guerre de les traiter comme toutes celles des régiments de ligne, c'est-à-dire de leur accorder le sou de haute paye ». Le 11, Chadelas rendait compte de la formation du 16º bataillon de fédérés, effectuée le 10, et parti le 11 pour « aller en cantonnement à Chauny en attendant le camp ». Le même jour, il demandait que les 15 chasseurs du 1ᵉʳ régiment qui lui servaient d'ordonnances, et que, pour cause de rixe, il avait été forcé de renvoyer, fussent remplacés

---

Fère, 400 à Bresme », et qu'il lui « en restait encore à Compiègne qui..... devait fournir une grande ressource ». (Dorly à d'Abancourt, 4 août 1792.)

(1) De ces trois bataillons, il y en avait un qui était parti le 2 août pour Compiègne : « Le 9ᵉ bataillon de fédérés vient d'être formé, et il partira demain pour Compiègne où il demeurera jusqu'à nouvel ordre ». (Soissons, 1ᵉʳ août. L'adjudant général Chadelas, commandant le camp de Soissons, au Ministre de la guerre.) Compiègne reçut en outre, le 4 août, les 11ᵉ et 12ᵉ bataillons de fédérés, tandis que le 10ᵉ allait le même jour à Laon.

par 15 gendarmes qui, joints aux 12 existant déjà à Soissons, suffiraient pour la correspondance et pour la garde de police extérieure de l'armée de réserve. A cette solution fut substituée la suivante : Le 18, le Ministre prévenait le commandant du camp de Soissons que des ordres étaient donnés au commandant du dépôt du 24e de cavalerie à Compiègne, fort de 270 hommes, pour qu'il tint à sa disposition « un détachement de 25 hommes montés pour le service du camp de Soissons ». Enfin, le 21, Dorly demandait au Ministre de la guerre si les 256 compagnies qui devaient, en vertu de la loi du 22 juillet, arriver à Soissons, devaient être campées ou cantonnées. Ce même Commissaire évalue, dans une autre lettre du 21, ces 256 compagnies à « 16 ou 20,000 hommes qui, joints, dit-il, aux 10,000 que nous avons déjà, formeront une armée ». Enfin le 26, le Commissaire Dorly, dans son « Mémoire sur le camp de Soissons », rendait compte que du 25 juillet au 6 août, il avait vu arriver 6,000 fédérés, dont la quantité dépassait 10,000 à la date du 26 août. Ce chiffre est confirmé par une lettre du maréchal de camp du Houx (1), commandant le camp de Soissons, qui constate le même jour qu'il dispose de 17 bataillons (2) de fédérés formés, sinon rassemblés à Soissons. Sur ce

---

(1) Le cantonnement de Soissons était commandé le 1er août par l'adjudant général Chadelas. Le 2, le Ministre désigna, pour « commander les cantonnements et camps projetés sous Soissons, MM. de Custine, lieutenant général ; Charton et Servan, maréchaux de camp, qui devaient avoir pour adjudants généraux MM. Chadelas et Alexandre Beauharnais et pour commissaires des guerres MM. Dorly, Renard et Curny. Mais, le 8 août, le Ministre exprimait à l'adjudant général Chadelas la crainte que « l'arrivée de M. de Custine, actuellement à Strasbourg, ne fut encore éloignée »; et le 11 arrivait « M. du Houx, maréchal de camp », qui prenait le commandement qu'avait eu jusque-là, et à titre provisoire, l'adjudant général Chadelas sur le cantonnement de Soissons.

(2) Il est à remarquer que, dans son *Histoire de l'Infanterie*, le lieutenant-colonel Belhomme signale l'existence de 18 bataillons de

chiffre, du reste, le Ministre avait prescrit la veille de « faire rendre 6 bataillons à Metz » ; et le 26, le commandant du camp de Soissons mandait que, dans ce but, il choisirait sur ses 17 bataillons « les hommes les plus propres à faire la guerre et les mettrait au complet de 800 hommes par bataillon ». Mais le 31, ce départ était contremandé et d'autres ordres prescrivaient la réunion de ces 6 unités aux environs de Reims.

Quelle était la valeur de ce contingent ? La correspondance échangée entre le Ministre, Dorly et du Houx nous représente ces fédérés comme malingres et nus en partie, turbulents, réclamant incessamment contre la nourriture, s'impatientant de ne pas être habillés, et surtout armés plus vite, et ne voulant quitter leurs cantonnements pour camper qu'à condition d'être pourvus de tout le nécessaire.

La première difficulté qui naquit fut celle du pain de munition. Habitués à manger du pain blanc (1), les fédérés réclamaient à grands cris contre celui qui leur était distribué et qui était « fait avec des farines provenant des trois quarts de froment et un quart de seigle, sans aucune extraction de son, et qui n'avait rien d'agréable à l'œil (2) ». « Le cri que le pain est mauvais, qu'il conduit les hommes à l'hôpital, ne cesse de se faire entendre (3) ». Des inspecteurs furent nommés le 2 par le Ministre, « tant pour vérifier la qualité des matières

---

fédérés aux mois de septembre 1792 et de mai 1793. Ce chiffre confirme celui qu'indique le général du Houx, le 26 août 1792.

(1) « Beaucoup de fédérés sortis de la garde nationale, et qui partent de leurs départements respectifs, ne sont point habitués à cette nourriture ; les Parisiens surtout, qui composent déjà quatre bataillons ; car vous savez que dans cette ville l'homme le plus misérable et couvert de haillons mange du pain blanc. » (Dorly à d'Abancourt, 1er août 1792).

(2) Les administrateurs des subsistances militaires à Servan, ministre (23 août 1792).

(3) Dorly à d'Abancourt, ministre (1er août).

que leur fabrication ; le Ministre prescrivit en outre le même jour, au chef de la boulangerie des Invalides, de se rendre à Soissons à titre d'expert pour la manutention du pain. Sur ces entrefaites, un nouveau tumulte se produisit : on trouva du verre pilé dans le pain. Une enquête s'ensuivit. « MM. les députés de l'Assemblée nationale partent ce matin..... », écrivait Chadelas le 4 ; « vérification faite des magasins des vivres et les boulangers experts entendus, il résulte que les morceaux de verre trouvés dans les pains proviennent des débris d'un raccommodage de vitres que le vent avait poussées sur les farines qui se trouvaient dessous : plusieurs sacs ont été trouvés de mauvaise qualité et mis au rebut ; d'autres inférieurs mais passables ».

L'habillement et l'armement étaient à l'avenant : l'État, en effet, avait fait le possible pour faire affluer sur Soissons les approvisionnements nécessaires ; mais, le 26 août, il n'était encore arrivé comme effets que la quantité suffisante pour habiller la moitié de l'effectif. « Tous ces moyens réunis, écrit Dorly, ne peuvent servir qu'à l'habillement et à l'équipement de la moitié des fédérés..... Ce retard les inquiète..... Peu veulent se persuader que les effets qui dépendent de la couture demandent du temps et des soins particuliers..... L'article des armes est ce qui les excite davantage. Il est vrai qu'il n'y en a que la moitié qui aient des fusils. » Plus loin Dorly confirmait encore cette situation : « Quant à nos 17 bataillons formés (1), il faut compter que d'ici à la fin du mois il y aura 6,000 hommes équipés et habillés, la moitié armés et que le reste le sera successivement ». Le 14 septembre, Merlin, commissaire de l'Assemblée, lui déclarait qu' « il

---

(1) Dorly au Ministre. Mémoire. Observations générales sur le camp de Soissons.

manquait des armes et que le camp s'indignait de ne pas en recevoir..... ».

Dans ces conditions, s'expliquent, sans se justifier au point de vue disciplinaire, les difficultés que faisaient les bataillons de fédérés pour quitter de bons cantonnements où ils avaient paille de couchage, draps et couvertures, et aller prendre le bivouac : « Cette quantité d'hommes, en effet, qui dépasse aujourd'hui (26 août) le chiffre de 10,000, m'a présenté les trois quarts dans un état approchant de la nudité, c'est-à-dire qu'ils n'avaient ni souliers, ni bas, ni vêtements ; il s'en est trouvé presque sans chemises (1) ». A cet état de nudité que Dorly avait déjà constaté le 1er août, s'ajoutent « la faiblesse de leur âge et de leur constitution, la petitesse de leur taille (2) » ; le 21, du Houx dira qu'il s'y trouve « 1000 enfants au moins, hors d'état de porter le fusil et de faire le service », bien qu'ils soient « pleins de ce zèle que les Français ont dès l'enfance » ; le 29, il se plaindra de ce qu'on ne puisse « séparer de ces nouveaux bataillons formés cette petite et faible espèce d'hommes que l'on y a reçus ; ils se soutiennent les uns les autres et je les compare avec justesse à un essaim de mouches (3)..... » Bien qu'ils ne « demandent tous qu'à marcher », ils refuseront, peut-être par faiblesse de constitution, de quitter les cantonnements tant qu'ils n'auront pas tout le nécessaire : « Mon général, disent-ils, nous ne voulons pas camper sans avoir de bonnes armes, sans être tous armés et vêtus comme des soldats doivent être..... ». 600 hommes viennent de me dire : « Nous ne voulons pas camper, nous ne voulons pas de riz, nous ne voulons pas de pain de munition et

---

(1) Dorly au Ministre. Mémoire. Observations générales sur le camp de Soissons. 26 août.
(2) Dorly. 1er août.
(3) Duhoux. 29 août 1792.

nous voulons vingt sous (1) par jour ou nous ne servons pas ». D'autres encore, pour avoir plus rapidement des armes, n'hésitaient pas à piller l'arsenal de la Fère, où ils s'emparaient en outre de deux pièces de 4 et de plusieurs pièces de position.

Malgré ces difficultés, et le peu d'enthousiasme des fédérés pour le bivouac, du Houx annonce le 21 qu' « il a fait tracer le matin la première ligne de son camp avec M. Chadelas », et que « tout ira bien » malgré « l'esprit des volontaires quelquefois égaré par des agitateurs qui profitent de leur crédulité pour les porter à faire les pétitions les plus absurdes ».

Le camp de Soissons ne fut pas le seul à recevoir des fédérés. Les événements du 10 août amenèrent le représentant du peuple Choudieu à proposer, « comme mesure de sûreté générale, qu'il soit fait un camp sous les murs de Paris » et qu'il « soit ouvert un registre où pourront s'inscrire tous les fédérés et autres citoyens qui voudront y être employés..... »; le 12, ce camp fut décrété, et sept jours après un nouveau décret invoquant l'urgence de « seconder le zèle des fédérés et de les mettre à portée de servir utilement la patrie dans le camp qui doit être établi pour la défense de Paris », fixait ainsi l'effectif des troupes d'occupation :

19 août 1792.

*Formation du camp de Paris.*

L'Assemblée nationale, considérant qu'il est instant de prendre les mesures nécessaires à la formation du camp qui doit être établi pour la défense de Paris, décrète qu'il y a urgence.

L'Assemblée nationale, après avoir entendu le rapport de la Commission militaire, et décrété l'urgence, décrète ce qui suit :

Article premier. — Le camp de Paris sera composé du nombre de

---

(1) La solde exacte était de 17 sous 3 deniers et demi, compris l'augmentation du quart pour l'assignat. (Du Houx, 21 août.)

citoyens fournis temporairement par les sections armées (1) de Paris ; des citoyens des districts voisins ; des bataillons de fédérés ; des six bataillons qui seront formés dans Paris, et autres qui pourraient l'être dans les communes voisines ; de la cavalerie nationale formée à cet effet ; des deux divisions de gendarmerie nationale que doivent fournir les 83 départements (2), et des détachements de la gendarmerie nationale de Paris, tant à pied qu'à cheval.

Art. 2. — Chaque section armée de la ville de Paris fournira, pour le service du camp, au moins deux compagnies qui seront relevées tous les quatre jours, de manière cependant que le service soit réglé uniformément entre les citoyens.

---

(1) En 1789, la garde nationale parisienne comprenait 60 bataillons, de 5 compagnies de 100 hommes chacune, dont une casernée et soldée. Ces 60 bataillons formaient 6 divisions, ayant chacune une compagnie de grenadiers soldés et une section soldée de 30 canonniers attachés à cette compagnie.

A la fin de septembre 1789, 6 compagnies soldées de chasseurs à pied furent encore créées et chargées du service des barrières. Il fut aussi créé 6 compagnies soldées de 100 hommes pour la garde des quais et ports de la ville. En octobre, le corps soldé fut augmenté de 2 compagnies de chasseurs et de 2 de canonniers ; et chaque bataillon d'une de chasseurs.

Le 3 août 1791, la garde soldée fut licenciée et servit à former le 28 les 102e, 103e et 104e, les 13e et 14e bataillons d'infanterie légère, une division de gendarmerie à pied et une à cheval.

La loi du 23 septembre 1791 forma alors la garde nationale parisienne à 60 bataillons, groupés en 6 légions de 10 bataillons. Chaque bataillon fut à 4 compagnies, non compris celle de grenadiers tirée des quatre autres. Il était, en même temps, créé un corps « de gardes nationales volontaires parisiennes à cheval » composé de jeunes citoyens ayant servi dans la garde nationale depuis le début de la Révolution et formé de 4 escadrons de 2 compagnies de 68 hommes, dont un auxiliaire destiné à recevoir et à former les hommes et chevaux de recrue.

La loi du 19 août 1792 divisa la garde nationale de Paris en 48 sections armées, composées chacune du nombre de compagnies proportionné à sa population. Chaque compagnie avait un effectif de 126 citoyens. Les compagnies des chasseurs volontaires nationaux furent portées à l'effectif de 113 hommes ; deux compagnies ainsi formées se réunissaient pour constituer un escadron.

Pour les détails sur les gardes nationales de Paris, voir l'ouvrage si documenté de MM. Ch.-L. Chassin et L. Hennet.

(2) Loi du 22 juillet 1792. (Voir page 15.)

Art. 3. — Il sera levé, dans la ville de Paris, six bataillons de volontaires nationaux (1), destinés au service du camp de Paris; ils seront organisés, habillés et soldés de la même manière que les bataillons nationaux déjà formés.

Art. 4. — Indépendamment de ces six bataillons, il sera également formé d'autres bataillons, composés des citoyens de Paris et des communes voisines, qui se présenteront pour servir constamment au camp, et qui seront organisés comme ceux décrétés ci-dessus.

Art. 5. — S'il se trouvait de l'excédent après la formation des bataillons, il en serait formé des compagnies qui feraient le service comme compagnies franches, en attendant qu'il s'en trouve un nombre suffisant pour former un bataillon.

Art. 6. — Le Pouvoir exécutif est autorisé à nommer, de concert avec la commune de Paris, qui sera tenue de consulter les sections, le général du camp et de l'armée employée à la défense de Paris, ainsi que les officiers de l'état-major qui devront y servir, et dont le nombre est déterminé ainsi qu'il suit :

Art. 7. — Un commandant général du camp et de l'armée, un chef d'état-major, quatre adjudants généraux, six aides de camp, un directeur général des travaux et de l'artillerie, qui aura sous ses ordres un directeur en second pour chacune de ces deux parties, et les coopérateurs qui seront jugés nécessaires pour la conduite desdits travaux.

Art. 8. — Le commandant général communiquera régulièrement au Conseil de la commune de Paris, les comptes qu'il rendra au Pouvoir exécutif.

Art. 9. — Tout citoyen assujetti à monter la garde personnellement, en vertu du décret du....., sera tenu de se rendre au camp, sur l'ordre qui lui en sera donné par le commandant de sa section armée, d'après l'ordre que celui-ci en aura reçu du commandant général.

Art. 10. — Tout citoyen campé, quel que soit son grade et l'arme dans laquelle il se trouvera servir, recevra les distributions en vivres, fourrages et ustensiles fixées par les décrets et règlements relatifs aux fournitures de campagne.

Art. 11. — Les citoyens des sections armées qui ne feront qu'un service temporaire au camp, ainsi que ceux employés audit camp, sans

---

(1) « Le camp de Paris fut supprimé par décret de la Convention nationale du 20 octobre. Le 3ᵉ bataillon qui avait terminé sa formation le 17 n'eut pas à s'y rendre. Les 1ᵉʳ et 2ᵉ, campés à Clichy, furent mis à ces dates en route pour Nancy. Le licenciement du camp de Paris empêcha le rassemblement des trois derniers des six bataillons..... »
(*Les volontaires nationaux*, par Ch.-L. Chassin et L. Hennet.)

être attachés à aucune troupe, ne seront point tenus de porter l'uniforme ; mais aucun citoyen employé au camp ne pourra en porter d'autre que l'uniforme national, ou celui de la troupe à laquelle il serait particulièrement attaché, si cette troupe se trouvait employée au camp ou dans les postes extérieurs.

Art. 12. — Le Conseil de la commune de Paris est autorisé à prévenir les communes ou cantons voisins qu'on prépare une ligne défensive près Paris et à les inviter à se concerter pour donner l'état des citoyens armés qu'ils pourront fournir temporairement au service du camp ou dans les postes avancés.

Art. 13. — Le Pouvoir exécutif se concertera avec le Conseil de la commune de Paris, tant pour les approvisionnements du camp, que pour les règlements relatifs à l'application des forces mobiles, à la défense locale, l'ordre du service pour la garde, la garnison des forts et l'indication des postes, suivant les positions, la nature du terrain et l'espèce d'armes.

Enfin, après avoir annoncé le 23 août à l'Assemblée le remplacement de Luckner par Kellermann, le Ministre lui fit connaître le 28 que « le Conseil exécutif avait fixé la résidence du maréchal Luckner, en qualité de généralissime, à Châlons, point central militaire, où il formera une réserve d'où il tirera les détachements nécessaires pour appuyer les points les plus menacés et où, en cas de revers, il pourra relier les débris des armées ».

Le 13 septembre, les commissaires chargés du camp de Châlons écrivaient : « Nous avons continué à nous occuper sans relâche des moyens d'accélérer la formation du camp..... Tous les travaux sont dans la plus grande activité. Les bataillons de Paris, qui arrivent successivement, ne campent qu'un ou deux jours et se rendent aux armées ; ils ont tous deux canons..... Faites en sorte que tous les bataillons et les compagnies franches qui partent de Paris soient organisés et équipés d'une manière uniforme. On fabrique des piques. Il serait possible de se procurer sur-le-champ 10,000 fusils en ordonnant d'en débarrasser l'artillerie. La masse des approvisionnements augmente de telle sorte qu'on ne doit conserver aucune inquiétude. L'hôpital, qui est très bien situé et convenablement disposé, contient 80 malades. Les effets y arrivent, et, sous peu de jours, il sera suffisant pour 2,000 personnes. On fournira aux malades des couchettes qu'on ira prendre dans les maisons des émigrés. Le district de Châlons a choisi dans son arrondissement des cantonnements pour 80 compagnies..... »

De pareils rassemblements, si hâtivement levés, devaient donner lieu à plus d'un fait d'indiscipline : le Ministre de la guerre rendit compte le 17 septembre à l'Assemblée, que « de trois bataillons de volontaires auxquels le maréchal Luckner avait donné l'ordre de se rendre à l'armée de Dumouriez, un seul avait voulu marcher..... » Le Ministre de la guerre « pense qu'il serait bon de faire une adresse aux volontaires réunis à Châlons pour leur rappeler que sans discipline il n'existe pas d'armée et que dès lors on ne doit plus compter sur la victoire ».

Aussi, le lendemain 18, M. Lamarque, au nom de la Commission extraordinaire, lut-il « une adresse aux bataillons des volontaires de Châlons pour les engager à observer rigoureusement les lois de la discipline et de la subordination »; l'Assemblée adopta cette rédaction « dont elle ordonna l'impression et l'envoi à l'armée », et le 20, M. Lasource fit lecture d'une adresse de Dumouriez aux volontaires du camp de Châlons, dans laquelle il leur déclare qu'il ne les recevra sous les drapeaux qu'autant qu'ils seront disposés à se soumettre aux règles de la discipline militaire. Dans le même esprit encore, le Ministre se plaint, le 24, « des écarts auxquels s'abandonnent quelques bataillons ; il propose à la Convention d'examiner s'il ne serait pas utile d'ordonner que tout bataillon, par les membres desquels il sera commis une infraction, subisse la décimation dans les cas où ils ne découvriraient et ne livreraient pas les coupables ; cette décimation empor terait la peine de ne pas servir la patrie pendant un certain laps de temps ».

Bien que « ces derniers objets aient été renvoyés au Comité de la guerre », le même jour la Convention nationale adoptait le décret suivant :

*Commissaires pour le camp de Châlons.*

La Convention nationale décrète que les citoyens Prieur, député du département de la Marne, Sillery et Garat se transporteront à Châlons, pour y rétablir l'ordre et la discipline ; les charge de reconnaître les causes qui ont empêché la formation et l'armement des bataillons, de prendre tous les moyens possibles pour accélérer l'un et l'autre ; de surveiller le mode qui sera pris pour procéder à la réforme des citoyens volontaires qui ne se trouveraient pas en état de porter les armes ; les autorise à faire, pour remplir la mission et pour l'exécution des lois sur la formation et l'armement des bataillons, toutes les réquisitions nécessaires.

Malgré l'organisation des camps de Paris, de Soissons et de Châlons, il y avait encore « réunis à Paris pour le maintien de la liberté et de l'égalité », des fédérés qui vinrent, le 13 janvier 1793, se présenter en députation à la barre de la Convention et demandèrent à « partager avec les citoyens de cette ville la garde des Représentants du peuple français ». Cette motion reçut satisfaction par le décret du même jour :

La Convention nationale décrète l'impression et l'envoi aux 84 départements, de la pétition qui vient de lui être présentée au nom des fédérés qui sont à Paris, et de la réponse du président.

Et sur la demande d'un membre qui a converti en motion la pétition des fédérés, la Convention nationale décrète que les fédérés des départements qui sont à Paris, feront le service près d'elle, conjointement avec les gardes nationales de cette ville.

Aux fédérés venaient encore s'ajouter les « troupes légères ».

En dehors des 13e et 14e bataillons d'infanterie légère qui, en même temps que les 102e, 103e et 104e régiments, avaient été, le 28 août 1791, créés d'une partie de la garde nationale soldée de Paris, d'abord à l'effectif de 811 hommes, puis le 20 novembre à celui de 457 ; Saliceti avait, le 5 février 1793, fait adopter par la Convention l'organisation de 4 bataillons d'infanterie légère en remplacement des 4 bataillons de gardes nationaux incomplets levés précédemment dans le département de la Corse.

Le 27, la Convention nationale décrétait que « le corps rassemblé par le citoyen Dutruy et commandé par lui formerait un bataillon de troupes légères, serait recruté et composé de 130 hommes qui sont à Crunn, de 300 hommes qui sont à Stenay et de 360 hommes qui sont à Ville-Handlemont et Saint-Pancray » ; enfin « qu'il prendrait rang parmi les autres corps de troupes légères sous le n° 19. » Le 5 mars, « sur la pétition du citoyen Makenstros, patriote hollandais réfugié en France, qui s'offre avec beaucoup de Bataves, d'aller rejoindre l'armée française en Hollande..... le Ministre est autorisé à donner des ordres aux généraux de l'armée de la Belgique pour organiser en compagnie d'infanterie légère les Bataves qui leur seront présentés par le citoyen Makenstros, patriote hollandais ». Enfin, le 3 mai 1793, la Convention décidait que « le bataillon de chasseurs à pied, connu dans l'armée de Belgique sous le nom de Muller, serait compris dans le nombre des bataillons d'infanterie légère sous le n° 21. » Il en résulta qu'au 4 juin 1793, l'armée comprenait 21 bataillons d'infanterie légère, dont 12 anciens (Provence, Dauphiné, Royaux, Corses, Cantabres, Bretons, Auvergne, Vosges, Cévennes, Gévaudan, Ardennes et Roussillon) ; les 13ᵉ et 14ᵉ formés de la garde nationale parisienne soldée ; les 15ᵉ, 16ᵉ, 17ᵉ et 18ᵉ, des bataillons incomplets des gardes nationaux corses ; le 19ᵉ par Dutruy, le 20ᵉ par Makenstros et le 21ᵉ par Muller.

Ces formations empruntaient leur importance aux

idées ayant cours au XVIIIe siècle sur la nécessité des troupes légères. « Vous ne pouvez vous dissimuler », disait Lacuée le 25 février 1792, « que, pour faire la guerre, il faut vous y préparer; qu'il vous faut des troupes légères; que, si vos troupes légères ne sont fournies que la veille de la guerre, elles ne seront pas exercées..... ». Malgré cet avis, le projet fut momentanément ajourné et ne revint en discussion que le 24 avril, quelques jours après la déclaration de guerre à l'Autriche. « Il est important », dit alors un membre de l'Assemblée, « que vous puissiez opposer une quantité suffisante de troupes légères à vos ennemis, dont la force consiste principalement dans ce genre de troupes et qui vont donner des cohortes de pandours, de croates et de houlans sur vos frontières..... ». « J'ai toujours cru », dit Dumas, « que le genre de service de cette troupe est celui qui convient le mieux au caractère français..... » Dans la guerre de 1733, et au commencement de 1745, observa Aubert-Dubayet, « on s'est convaincu que des compagnies franches et séparées servaient plus à ramasser les boulets de l'ennemi qu'elles ne recevaient de coups de fusil. Leur organisation particulière ne leur servait qu'à échapper aux peines portées contre le maraudage; mais ces mêmes compagnies franches, si désastreuses, devinrent excellentes et servirent avec une grande valeur du moment où elles furent réunies en légions..... »

Aussi, l'Assemblée nationale, « considérant que le moyen le plus sûr de faire la guerre avec succès, est d'opposer à l'ennemi des troupes de même arme que celles qu'il emploie » et que « les troupes légères connues sous le nom de légion rempliront cet objet », s'empressa-t-elle, le 27 avril 1792, de créer six légions composées chacune de 2 bataillons d'infanterie légère, d'un régiment de chasseurs à cheval et d'une division d'ouvriers. Sur les 8 compagnies de chaque bataillon il en était formé une dite de carabiniers, c'est-à-dire composée des plus adroits tireurs, des plus vigoureux et des plus alertes, « armés de carabines et équipés et exercés d'une manière analogue au genre de service auquel ils seront destinés ». Les légions pouvaient se recruter parmi les étrangers. Mais ces corps, qui n'étaient d'abord formés que par prélèvement sur l'armée de ligne, se virent adjoindre, le 12 août, une compagnie dite de « volontaires gardes nationaux chasseurs à cheval ». D'autre part, le 28 mai, sur la proposition de Servan qui « rappelait son attention sur les compagnies franches, ou la formation de légions sollicitée par Kellermann, l'Assemblée, considérant qu'il est nécessaire d'augmenter le nombre des troupes légères, décréta la levée de 54 compagnies franches, qui pourront être portées successivement à 200 hommes chacune, officiers compris, pour servir aux différentes armées pendant la présente guerre seulement, et suppléer les seconds bataillons d'infanterie légère détachés des légions ». Il était créé, par le même décret, 3 légions franches respectivement affectées aux armées de Luckner, Lafayette et Kellermann et composées chacune de 18 compagnies d'infanterie légère et de 8 compagnies à cheval. Pour assurer cette levée totale, il était fait appel à des inscriptions volontaires dans les 83 départements ; l'engagement était contracté pour trois ans, à moins que la guerre ne prît fin avant l'expiration de ce terme. Enfin, le 7 juillet, était décrétée une 4e légion franche pour l'armée du Midi.

Le 28 juillet vit éclore une nouvelle formation : « Il s'agit, expliqua Dumas le 17, d'avoir des chasseurs à opposer à ceux de l'ennemi. Le service des chasseurs volontaires que l'Assemblée vous propose, est absolument différent de celui des troupes de ligne. Ils n'ont ni les mêmes manœuvres, ni les mêmes armes. Vous savez que, dans les troupes ennemies, il y a des uhlans, des

Tyroliens qui harcèlent sans cesse nos armées. Il faut leur opposer de pareilles troupes. Eh! ce sont nos volontaires nationaux. On me demande pourquoi l'on n'emploie pas les chasseurs de ligne ; à cela je réponds que la force de l'infanterie, la force de la ligne, la force de l'armée dépend des corps de troupes qui la composent. En tirer les grenadiers et les chasseurs, c'est-à-dire les hommes les plus forts et les plus agiles, c'est l'affaiblir, c'est l'épuiser. Il serait inutile ici de faire parade de connaissances de tactique pour démontrer qu'il faut laisser les bataillons de ligne dans toute leur intégrité. Mais, comme il nous faut des troupes légères, on propose à nos frères des départements de former des bataillons de chasseurs. Pour moi, qui suis des pays méridionaux, moi qui ai habité les montagnes, je sais très bien qu'on ne peut plier à la lenteur des mouvements de la tactique nos miquelets, nos braconniers qui, s'ennuyant de chasser sur leurs terres, sautent de rochers en rochers pour tuer des perdrix. Et voilà les hommes qu'il nous faut pour tuer des uhlans. Vous verrez que, dans cette formation, on a conservé aux volontaires les mêmes avantages que dans les bataillons, mais qu'on leur en a même accordé de plus grands. Je m'explique : il y a un nombre double d'officiers, parce que ces compagnies se divisant en petits corps, il leur fallait plus d'officiers..... Tel sera plus avec 50 de ces chasseurs qu'un officier supérieur dans la ligne avec 1000 hommes ». Le décret, dont l'économie était ainsi exposée, fut adopté le même jour et sanctionné par la loi du 28 : il formait autant de « compagnies de chasseurs volontaires nationaux », qu'il se présenterait de volontaires, au nombre de 150, pour servir dans les troupes légères. La compagnie prenait le nom du département qui y avait fourni le plus fort contingent. Si, dans une armée, il se trouvait 5 compagnies, le général en chef pouvait les réunir en bataillon.

Dès le 17 juillet, Luckner avait appelé l'attention de

l'Assemblée sur la possibilité « d'incorporer sur-le-champ, dans les compagnies franches, les 1500 hommes des régiments coloniaux répandus sur les côtes, dans le département du Morbihan ». L'Assemblée adopta cette proposition le 23 juillet et décréta que « les différentes troupes ci-devant coloniales, à l'exception de l'artillerie, employées dans le Morbihan », partiraient sans délai pour la frontière, pour y être « employées à la formation des légions ou compagnies franches ci-devant décrétées ».

A ces décisions qui utilisaient dans la plus large mesure les ressources nationales pour organiser les troupes légères, l'Assemblée en ajouta une série relative aux étrangers. La proposition du Roi, de créer une *légion franche étrangère* composée particulièrement de Hollandais et de Brabançons, fut adoptée par le décret du 26 juillet; cette unité devait comprendre un effectif total de 2,822 hommes dont 500 seraient à cheval; et le lieu de rassemblement de cette formation était la ville de Dunkerque.

Le 8 août, fut décrétée l'organisation par les soins de l'officier général commandant à Grenoble, d'une nouvelle légion sous la dénomination de *légion franche allobroge*, dans laquelle il ne pourrait être admis que des Allobroges, c'est-à-dire, d'après les considérants de l'Assemblée, des Savoisiens, Piémontais et habitants du Valais. Ce corps pouvait être composé de 14 compagnies d'infanterie légère de 120 hommes chacune, dont 7 armées de carabines; de 3 compagnies de dragons légers, de 100 hommes chacune, et d'une compagnie d'artillerie légère de 160 hommes, servant 4 pièces de canon « montées sur des affûts en traîneaux, tels que ceux dont on a fait usage dans la guerre de Corse ». Deux de ces pièces pouvaient être des obusiers de 6 pouces.

La formation des légions brabançonne et allobroge fut suivie, le 4 septembre, de celle des *Germains*, « dans laquelle ne pouvaient (toutefois) être admis, sous aucun prétexte, les déserteurs de l'armée française. Cette légion, composée de 4 escadrons de cuirassiers légers, de 4 escadrons de piqueurs à cheval, de 2 bataillons de chasseurs à pied, d'un bataillon d'arquebusiers et d'une compagnie d'artillerie, ne pouvait être portée au delà de 3,000 hommes, dont 1000 à cheval et 2,000 à pied. » Son artillerie n'était pas déterminée, et le décret se borne à dire que le département de la guerre lui fournira « les canons et obusiers nécessaires ».

Mais l'engouement pour les troupes légères devait, en se généralisant, provoquer des abus : Ce ne fut plus bientôt l'État seul qui leva ces troupes ; elles le furent encore par des particuliers. C'est ainsi que le 8 septembre « l'Assemblée nationale, considérant l'utilité des troupes légères et de l'augmentation de cette espèce de troupe pour couvrir les marches et les mouvements de nos armées, décrète la création de la *légion nationale du Midi* », composée de 800 chasseurs à pied et 200 chasseurs à cheval, et proposée par le capitaine Jean Prast, du 83º d'infanterie, qui devait en prendre le commandement. Cet officier devait toucher 200 livres pour chaque chasseur à pied habillé et armé, et 700 pour chaque chasseur à cheval habillé, armé, monté et équipé. Mais le lendemain même, Prast est dénoncé à l'Assemblée comme ayant « écrit à un jeune officier pour l'inviter à entraîner ses soldats dans le parti du Roi. Nous avons, ajoutait-on, la preuve qu'il était un agent secret de Lafayette ». Aussi l'Assemblée décide-t-elle le 9, qu'il ne sera plus levé de troupes légères par des particuliers, qu'ils n'aient produit des certificats authentiques de leur civisme et l'état nominatif des membres qui devront entrer dans ces corps. C'est sous cette réserve qu'elle autorise à la même date la levée, par M. Andrieux, d'un corps de chasseurs à cheval, sous le nom de « hussards braconniers » ; le 10, celle des « chasseurs bons tireurs » à l'effectif de 150 hommes, « pouvant faire le service le plus utile dans nos armées, soit en harcelant l'ennemi, soit en les opposant aux chasseurs tyroliens »; le 16, la « légion nationale des Pyrénées », comprenant 1600 chasseurs à pied, 600 chasseurs à cheval, 200 hommes d'artillerie et 100 ouvriers, ayant tous la composition prévue pour les bataillons d'infanterie légère, les chasseurs à cheval ou les compagnies d'artillerie ou d'ouvriers de ligne; le Ministre est, du reste, autorisé à traiter à raison de 200 livres pour chaque chasseur à pied et de 800 pour chaque chasseur à cheval. Le 6 décembre, la Convention décide que « la Trésorerie nationale tiendra à la disposition du Ministre de la guerre, jusqu'à la concurrence de 40,000 livres, pour fournir provisoirement à la subsistance des corps de troupes légères, rassemblées par le général Kellermann, sous le nom d' « éclaireurs républicains ». Le décret du 10 régularise la levée faite par Dumouriez, en juillet 1792, de la « légion des Ardennes » et en arrête la composition à 2 bataillons d'infanterie légère et 4 escadrons de cavalerie légère.

L'année 1793 voit encore naître de nouvelles formations : le décret du 26 janvier décide que les 3 légions belges et liégeoises feront partie provisoirement des armées de la République française; le 29, Carnot propose l'organisation d'une légion de miquelets, et l'Assemblée lui donne satisfaction, en chargeant le même jour son Comité, de lui présenter le plan d'organisation d'une « légion des montagnes des Pyrénées » et d' « une distribution d'armes aux habitants des vallées limitrophes de l'Espagne ». Mais ce ne fut que le 9 février que les 6 compagnies déjà levées furent transformées en une « légion des montagnes », forte de 4 bataillons d'infanterie légère. Le décret du 13 juin 1793, dont il sera parlé plus loin, cite encore les compagnies franches de l'armée de la Moselle, de Saint-Maurice, de Milon, de Gazin.

Dans le *Récit abrégé de ses campagnes*, Vandamme nous apprend que le 5 septembre 1793, il prit le commandement du bataillon des chasseurs du Mont-Cassel, formé des compagnies franches de *Saulty*, de l'*Égalité*, de l'*Observatoire* et de *Van Damme*. Le 26 nivôse, le représentant du peuple Bar, chargé de l'établissement du gouvernement révolutionnaire dans les départements de la Meurthe et du Bas-Rhin, envoie à ses collègues du Comité de Salut public l'état des corps franco-belges, liégeois et bataves. On y distingue le 2ᵉ régiment d'infanterie belge, la légion liégeoise, les 1ᵉʳ, 2ᵉ, 3ᵉ, 4ᵉ, 9ᵉ, 15ᵉ et 23ᵉ bataillons de chasseurs belges ; les chasseurs nationaux bataves ; le 3ᵉ bataillon liégeois ; les 1ᵉʳ et 2ᵉ bataillons de chasseurs de Gand ; le 4ᵉ bataillon ci-devant d'Anvers ; les 1ᵉʳ et 2ᵉ bataillons de chasseurs de Jemappes ; les chasseurs de Pauly ; les corps détachés de Jemappes ; les chasseurs tirailleurs ; le bataillon de Namur (1). On peut enfin rappeler la longue énumération de ces formations franches que donne Camille Rousset dans ses « *Volontaires nationaux* (2) ».

Cette seule nomenclature suffit pour faire comprendre comment la loi d'organisation du 21 février 1793, dont on parlera plus loin, avait décidé en principe la suppression de tous les corps francs et la transformation de leurs troupes à cheval en régiments de chasseurs à cheval et celle de leurs troupes à pied en bataillons d'infanterie ; mais, soit par suite d'engouement pour les troupes franches, soit par l'ignorance où se trouvait la Convention de l'effectif et de la nomenclature exacts de ces compagnies et légions franches, un décret du 10 mars ajourna « la réunion de la cavalerie des légions et des corps francs à cheval en régiments de chasseurs à cheval,

---

(1) *Archives nationales*, AFıı, 237.
(2) *Les Volontaires nationaux*, annexes, page 333.

et la réunion des corps francs à pied en bataillons d'infanterie légère ». Le même décret ajoutait que « tous les corps d'infanterie et de cavalerie existants seraient conservés et complétés ; et que, jusqu'à ce complément, il n'en serait plus créé de nouveaux ». Toutefois, contrairement à cette mesure, le décret du 13 juin 1793 réunit la 3e compagnie franche, employée à l'armée de la Moselle, avec celles de Saint-Maurice, de Milon et de Gazin, à l'effectif total de 821 hommes, pour former un bataillon d'infanterie légère à compléter au chiffre de 1040 hommes avec une compagnie franche ; le 5 septembre, fut créé le bataillon de chasseurs du Mont-Cassel ; le 22, celui de la Neste, etc.

Le disparate de toutes ces formations finit, cependant, par faire réformer définitivement, le 9 pluviôse (1),

---

(1) *Archives nationales*, AF11, 234. — Pour se conformer au décret du 9 pluviôse, tout en maintenant les 4 compagnies des chasseurs braconniers, Florent Guiot les organisa en un bataillon de chasseurs tirailleurs.

Hazebrouck, 24 pluviôse an 11 de la République une et indivisible (12 février 1794).

*Le Représentant du peuple près l'armée du Nord,*

Étant instruit qu'il existe quatre compagnies, sous le nom de chasseurs braconniers, lesquelles sont en ce moment au cantonnement de Castres ; que la formation militaire de la première de ces compagnies a été autorisée par un arrêté du Représentant du peuple, Isoré, dans les premiers jours du mois de frimaire ; que cette compagnie, s'étant ensuite augmentée considérablement par l'autorisation du même Représentant du peuple, on en a formé quatre compagnies de 100 hommes chacune, et qu'elles sont aujourd'hui presque au complet. Ces compagnies ont donné, depuis leur formation, des preuves constantes de leur patriotisme, de leur courage et ne se sont jamais mesurées avec l'ennemi sans remporter un nouvel avantage. Tout récemment encore, ces mêmes compagnies, gardant seules l'avant-poste de Boeschepe, au nombre de 300 hommes qui n'avaient que 120 fusils, ils y furent entou-

« tous les bataillons de légions et tous les corps francs », pour les organiser en bataillons d'infanterie légère. Mais ce n'avait été là qu'un des inconvénients auxquels il avait été nécessaire de remédier. Malgré les effectifs que leur fixaient en général les décrets qui les organisaient, toutes ces formations, faute de recrutement, tombaient parfois à des chiffres dérisoires. « Il y a, sur la frontière du Nord », disait Gossuin, le 20 brumaire, « des régiments étrangers qui sont tous incomplets; il

---

rés par 900 hommes des meilleures troupes autrichiennes : ils se battirent avec une telle intrépidité que les ennemis furent forcés de prendre la fuite, laissant sur la place 21 morts, 7 prisonniers et 40 fusils, sans compter des morts et des blessés qu'ils emmenèrent sur leurs charriots.

Considérant que les chasseurs braconniers sont d'une grande utilité dans les expéditions, et que cette vérité est aujourd'hui si généralement reconnue que dans toutes les affaires on transforme des bataillons d'infanterie en braconniers tirailleurs;

Qu'il est beaucoup plus avantageux d'avoir quelques corps uniquement consacrés à ce genre de service, que d'être obligé d'y employer d'autres bataillons qui, ne servant que momentanément de tirailleurs, ne peuvent être exercés comme le seraient des bataillons uniquement destinés à faire le service de chasseurs tirailleurs;

Que d'ailleurs, en appliquant à ce service des bataillons d'infanterie, c'est travailler à leur désorganisation, rendre inutile l'instruction qu'on leur a donnée et se priver des avantages que leur habileté dans les manœuvres pourrait procurer;

Il est aussi contraire au salut public qu'injuste à l'égard des quatre compagnies des chasseurs braconniers, de les réformer après les services qu'elles ont rendus à la patrie; et cependant, il est nécessaire d'opter entre leur réforme ou leur organisation en bataillon, car personne n'ignore quels sont les inconvénients attachés à ces compagnies qui n'ont qu'une existence isolée et précaire au lieu d'être organisées en bataillon;

Considérant enfin que le général de division Ferrand, les généraux de brigade Moreau, Vandamme et Bertin et le chef de brigade Piogé ont pensé tous, unanimement, qu'il était avantageux, par les différents motifs qui viennent d'être rapportés, de les organiser en bataillon;

Arrête que les quatre compagnies connues sous le nom de chasseur

y en a même qui ne sont composés que de 13 soldats et où l'on compte 26 officiers. Cela provient de ce qu'on remplace les officiers aussitôt qu'ils sont tués et qu'on ne recrute pas pour remplacer les soldats..... »

« Il était difficile alors », dit Grimoard « de savoir au juste la quantité de troupes que la France avait sur pied. D'ailleurs, les armées composées d'anciens régiments d'infanterie et de troupes à cheval, affaiblis par la campagne précédente, de bataillons de volontaires dans le même cas, d'autres bataillons qui ne venaient que d'être organisés, de compagnies détachées ou de légions inégales en force et formées sur les lieux par les généraux, présentaient une telle bigarrure qu'on peut dire que les troupes françaises n'avaient plus de constitution. D'un autre côté, les circonstances qui obligeaient de les tenir dans un mouvement continuel, ainsi que l'impéritie ou la friponnerie des gens de plume, des quartiers-maîtres et des commandants de bataillon, ne comportant plus de revue en règle, il était réellement impossible de connaître précisément la force de nos armées ».

Aussi, le 8 frimaire, la Convention fut-elle obligée de se faire fournir pour chaque corps de troupes, sous peine d'arrestation et dans le délai de trois jours, un état indiquant son arme, son numéro, la date de sa formation, son effectif théorique et réel, le département où il avait

---

braconniers, étant au cantonnement de Castres, et faisant partie de l'armée du Nord, seront, incessamment, organisées en un bataillon de huit compagnies qui seront composées conformément à la loi. Lequel bataillon portera le nom de *chasseurs tirailleurs*.

Le général Vandamme est autorisé à organiser ce bataillon, et il sera tenu d'en rendre compte au Représentant du peuple, ainsi qu'au Ministre de la guerre.

Le présent arrêté sera adressé, sur-le-champ, au Comité de Salut public et soumis à son approbation.

Florent GUIOT.

été levé, l'armée, le camp ou cantonnement où il se trouvait.

On comprend dès lors comment la quantité considérable de ces formations, leurs constitutions différentes et les effectifs si variables qu'elles présentaient avaient pu amener à conclure au chiffre, tout d'abord surprenant, de 441 bataillons de volontaires, signalé par Dubois-Crancé, à la date du 25 janvier 1793.

Comme il le fit remarquer, ces bataillons, ajoutés aux 98 régiments de ligne, étaient suffisants pour encadrer les 502,800 hommes nécessaires. Aussi, l'Assemblée, se rendant à cet avis, fixait-elle, le même jour, le contingent pour l'année 1793, à 502,000 hommes, dont 55,000 de cavalerie et 20,000 d'artillerie, et invitait-elle ses Comités de la guerre et des finances réunis à étudier sur ces bases l'organisation générale de l'armée.

En conformité de cette décision, Dubois-Crancé vint, le 7 février, exposer cette question à la tribune de la Convention :

« Les moments pressent pour décréter cette organisation que vous avez portée à 502,800 hommes..... Voici l'état présent de la force publique en France..... Il reste 98 régiments de ligne, chacun à 2 bataillons, qui, à 750 hommes par bataillon, devraient, au complet, faire une masse de 147,000 hommes. D'après les derniers états de revue, il ne s'en trouvait que 112,878 ; déficit, 34,122 hommes. On compte 517 (1) bataillons de volontaires, dont 135 n'ont pu fournir l'état de leurs forces ; les 382 autres avaient en masse, au 1er décembre dernier, 213,650 hommes, ce qui faisait 559 hommes par bataillon ; en supposant le même calcul pour les 135 ba-

---

(1) Le tableau annexé à la loi du 24 février 1793 donne le chiffre 502.

taillons dont l'état n'est pas connu, ils donneraient un supplément de 75,464 hommes. Total de la force effective des 517 bataillons, 289,114 hommes. Celui des régiments de ligne étant de 112,878 hommes, la force effective des régiments de ligne et bataillons de volontaires nationaux se trouvait donc être de 401,992 hommes.

« Mais, depuis cette époque, la guerre, la rigueur de la saison, le dénûment absolu, le désir des volontaires de revoir leurs foyers ont occasionné de grands changements..... le déficit de 34,122 hommes est vraisemblablement de plus de 40,000 hommes en ce moment. Vos bataillons de volontaires, loin d'être au complet de 800 hommes fixés par la loi, n'étaient, en novembre dernier, que de 559 hommes, l'un dans l'autre ; et, ceux qui ont quitté leurs drapeaux depuis cette époque en ont singulièrement diminué le nombre. Il y a tel bataillon auquel il ne reste pas cent hommes. Si l'on ajoute à ce déficit celui de la cavalerie, des troupes légères et de l'artillerie, il en résulte que vous avez à faire une levée de 300,000 hommes..... Cet appel ne peut s'effectuer que par la conscription, dans chaque département, de tous les citoyens en état de porter les armes, en raison de leur nombre effectif, sauf à donner, à ceux qui seront appelés, la faculté de se faire remplacer ».

Conformément à ces conclusions, l'Assemblée nationale, « déclarant à tous les Français que les despotes coalisés menacent la liberté », rendait le décret du 24 février 1793 (1) qu'elle faisait précéder d'une « adresse au peuple français ».

---

(1) « Le décret du 24 février mit à portée de connaître enfin au juste la population de la France, car, pour répartir la levée de 300,000 hommes, le ministère demanda à chaque administration départementale l'état de la population de son territoire, dressé avec la plus grande exactitude, par district ou canton et municipalité, et il résulta de la récapitulation que, sans compter la Corse, les colonies et les deux nou-

« ..... Aujourd'hui que vous avez proclamé la République, tous les despotes ont résolu votre ruine....., la France libre doit lutter seule contre l'Europe esclave. Eh bien ! la France triomphera si sa volonté est ferme et constante..... Nous disparaîtrons de la terre ou nous y resterons Français et indépendants. Allons..... que la France *ne soit qu'un camp et la nation une armée.* Que l'artisan quitte son atelier ; que le commerçant suspende ses spéculations ; il est plus pressant d'acquérir la liberté que des richesses..... Quant à vous, hommes opulents, qui, plus égoïstes que républicains, ne soupirez qu'après le repos, pour obtenir bientôt la paix, aidez-nous à vaincre. Si, amollis par l'oisiveté, vous ne pouvez supporter les fatigues de la guerre, vouez vos trésors à l'indigence, et présentez des défenseurs qui vous suppléent..... Guerriers, qui, à la voix de la Patrie, allez vous rendre dans les camps, nous ne chercherons point à exciter votre courage. Français et républicains, vous êtes pleins d'honneur et de bravoure ; mais nous vous recommandons, au nom du salut public, l'obéissance à vos chefs et l'exacte discipline. Sans discipline, point d'armée, point de succès ; sans elle le courage est inutile et le nombre impuissant : elle supplée à tout, et rien ne la supplée..... Si vous êtes vaincus, longtemps après que vous ne serez plus, des malheureux viendront agiter leurs chaînes sur vos tombeaux et insulter à votre cendre. Mais si vous êtes vainqueurs....., on vous proclame les sauveurs de la Patrie, les fondateurs de la République, les régénérateurs de l'univers ; la nation qui vous doit tout vous comble de bienfaits.

---

veaux départements du Mont-Blanc, ci-devant la Savoie, réunie le 27 novembre 1792, et les Alpes-Maritimes, ci-devant le comté de Nice, réuni le 4 février 1793, il y avait en France 27,180,000 âmes ». (Grimoard, page 371). Le tableau de répartion annexé au décret du 24 février 1793 donne le chiffre 27,182,000.

Et vous qui mourrez au champ d'honneur, rien n'égalera votre gloire. La Patrie reconnaissante prendra soin de vos familles, burinera vos noms sur l'airain, les creusera dans le marbre ; ou plutôt ils demeureront gravés sur le frontispice du grand édifice de la liberté du monde. « Les voilà ces héros français qui brisèrent les chaînes de l'espèce humaine et qui s'occupaient de notre bonheur lorsque nous n'existions pas..... »

Heureuse France ! telles sont les destinées qui s'ouvrent devant toi ! Loin de t'étonner de leur grandeur, parcours-les avec héroïsme ! Que l'histoire ne trouve dans ses fastes rien qui ressemble à tes triomphes !...... que l'étranger ne parle de ta République qu'avec admiration et d'un citoyen français qu'avec respect ! »

Cette superbe proclamation, qui s'appliquait aussi bien au recrutement qu'à l'organisation de l'armée, à la loi du 24 février qu'à celle du 21, inscrivait dans l'une le principe du remplacement, dans l'autre celui des retraites ou pensions accordées aux défenseurs de la Patrie ou à leurs enfants.

Aux termes de la première : « Tous les citoyens français, depuis l'âge de 18 ans jusqu'à 40 ans accomplis, non mariés ou veufs sans enfants, sont en état de réquisition permanente, jusqu'à l'époque du complément du recrutement effectif de 300,000 hommes de nouvelle levée..... Le Conseil exécutif et les généraux d'armée peuvent requérir lesdits citoyens..... » Pour effectuer cette levée, « au nombre de 300,000 hommes » à recruter, « on ajoutera celui des hommes classés pour la marine, plus celui des volontaires nationaux présumés aux drapeaux, lesquels seront estimés à 250 par bataillon ; le nombre total résultant de cette opération sera réparti entre les départements en raison de leur population.

« On déduira du nombre correspondant pour chaque département celui des hommes classés jusqu'à 50,000 ;

plus celui de 250 hommes pour chaque bataillon fourni par les divers départements; le restant sera le nombre des citoyens à lever dans chaque département. »

« Dans les départements maritimes ou dans ceux qui fournissent au service des classes, on aura également égard au nombre d'hommes classés pour le service des vaisseaux de la République. »

La répartition se fera ensuite par district et par commune.

« Dans le cas où l'inscription volontaire ne produirait pas le nombre fixé pour chaque commune, les citoyens seront tenus de la compléter sans désemparer, et, pour cet effet, ils adopteront le mode qu'ils trouveront le plus convenable à la pluralité des voix. »

Ainsi que le faisait prévoir l'Adresse au peuple français, le principe du remplacement était inscrit dans la loi :

« Tout citoyen appelé à marcher aura la faculté de se faire remplacer par un citoyen en état de porter les armes, âgé au moins de 18 ans, et accepté par le Conseil général de la commune »; mais il « sera tenu d'armer, d'équiper et d'habiller à ses frais le citoyen qui le remplacera; et il en sera responsable jusqu'à ce que le remplaçant ait été reçu au corps qui lui sera désigné. »

Étaient exemptés de l'appel ceux que leurs défauts de conformation mettaient hors d'état de porter les armes; les administrateurs des directoires de département et de district, les officiers municipaux, les procureurs généraux et syndics, les juges, les receveurs, les ouvriers employés à la fabrication des armes et des poudres.

Les départements étaient invités à fournir autant de bataillons que possible en sus de leur contingent obligatoire, et ceux qui en auraient donné « un excédent assez considérable » devaient être « déclarés avoir bien mérité de la Patrie, dans un moment où la liberté était menacée de tous les tyrans. »

Pour prévenir les désertions de la fin de 1792, la loi prescrivait qu'à dater du 24 février 1793, « aucun volontaire ne pouvait quitter son bataillon, et il n'était plus accordé de permission quelconque, aux défenseurs de la Patrie, de quitter leurs drapeaux. »

Enfin, elle complétait les troupes à cheval à 170 hommes par escadron, et les troupes d'artillerie par des hommes de bonne volonté pris dans l'infanterie.

Un agent supérieur par département était nommé par le Ministre pour surveiller toutes les opérations. Des officiers et sous-officiers devaient passer dans chaque district pour suivre les détails de la levée.

A la loi était annexé un « Tableau de la répartition « générale des 300,000 citoyens appelés à la défense « de la Patrie ». Ce tableau indiquait la population de chaque département, le contingent total à fournir d'après cette population, la déduction à en faire pour hommes classés et bataillons déjà levés, et, par différence, le nombre effectif des citoyens à marcher par département. A la fin du tableau se trouvait inscrit la note suivante qui, sous une forme concise, donne de précieux renseignements : « La levée totale est de « 17 hommes pour 1000 ; la population étant de « 27,182,000 hommes, la levée effective de 300,000 « hommes, les hommes classés 50,000, et l'effectif sup- « posé des 454 bataillons fournis par les départements, « de 113,500 hommes. Le nombre total des bataillons « de volontaires nationaux est 502, dont 17 de fédérés, « 31 de la réserve; reste 454 fournis par les départe- « ments. »

Les crédits nécessaires étaient mis à la disposition du Ministre pour habiller, équiper et armer cette levée de 300,000 hommes ; mais les avances en étaient faites par les receveurs des districts; et les municipalités ou, à leur défaut, les directoires de districts devaient pourvoir « dans la huitaine de la proclamation des citoyens à marcher, à l'habillement desdits citoyens (1) », d'abord par la réquisition des effets existants : « les citoyens connus pour avoir un uniforme » devaient être requis « de livrer de suite » contre remboursement et après estimation d'expert, « leurs habits, vestes et culottes uniformes, à peine de 200 livres d'amende en cas de refus ». Un chapeau neuf, du prix de 6 à 7 livres, devait être fourni à chacun. Tous les cordonniers devaient être requis de suite de travailler pour les citoyens qui devaient marcher, jusqu'à ce qu'il fût vérifié qu'ils emportaient avec eux deux paires de souliers. Enfin, « s'il existait dans une commune des fusils qui eussent été tirés des arsenaux ou des salles d'armes de la République, ils seraient employés à l'armement des citoyens désignés pour marcher » ; à défaut de ces armes, « les citoyens de chaque commune seraient armés de fusils de guerre appartenant soit aux communes, soit aux particuliers ». Les effets ainsi délivrés étaient soumis à l'acceptation des agents militaires, et en cas de contestation, à une expertise. Les frais occasionnés aux municipalités devaient être récapitulés par chacune d'elles en un « état général envoyé aux administrations de département (2) et de district qui, après l'avoir examiné et visé, devaient le faire passer au Ministre pour servir de pièces de comptabilité ».

Cette dernière prescription se heurta, tout au moins

---

(1) Dans le cas où les citoyens à marcher apportaient leurs uniformes en totalité ou en partie, ils en étaient de suite remboursés après expertise, s'ils l'exigeaient, par le receveur du district.

(2) Conformément au décret du 14 frimaire (section III, art. 11), et sur la proposition du Ministre de la guerre, le Comité de Salut public arrêta, le 17 pluviôse, que « les administrateurs de département continueraient à diriger et à surveiller la comptabilité relative tant au recrutement des 300,000 hommes qu'aux levées de la réquisition en hommes et en chevaux, et qu'ils en rendraient les comptes généraux ». (Aulard, tome X, page 709.)

dans certains départements, sinon à une impossibilité matérielle, du moins à de grosses difficultés.

Colmar, le 9 germinal an II (29 mars 1794).

*Les Administrateurs du département du Haut-Rhin au citoyen Bouchotte, adjoint au Ministre de la guerre, de la 1re division.*

Nous avons reçu, Citoyen, ta lettre du 29 ventôse dernier, concernant la comptabilité relative au recrutement des 300,000 hommes ordonné par la loi du 24 février 1793. Tu nous invites, Citoyen, à te fournir dans le plus court délai les états de dépenses pour le dernier recrutement, tu veux que ces états contiennent les noms et prénoms de chaque homme levé et la dépense occasionnée pour chaque individu tant pour l'habillement et armement que pour la solde. Nous t'observons, Citoyen, que cette opération, si elle n'est pas tout à fait impossible, demande au moins beaucoup de temps pour être consommée dans notre département ; le commissaire supérieur pour le recrutement de ce département a émigré, sans avoir remis ni pièces ni instructions à nos prédécesseurs, ni à nous ; les hommes levés ont obtenu partie de leur habillement dans leurs municipalités, partie par les districts et partie dans le magasin du département, qui a été obligé d'en établir un à la hâte, tous les hommes levés dans ce département ayant été convoqués pour un même jour dans le chef-lieu, d'après un arrêté des représentants Louis et Pflieger, pour de là se rendre presque sur-le-champ aux corps auxquels ils ont été destinés.

Nous remettons cependant les états des distributions qui ont été faites en habillement par l'atelier du département aux districts respectifs, nous les invitons de recueillir de même ceux des municipalités et de former des états généraux, qui devront être conformes au modèle n° 3, qui est à la suite de la loi du 24 février ; nous invitons de même les districts de ne charger qu'une même et seule personne de cette opération, qui s'en occupera, toute affaire cessante, avec toute l'activité et exactitude qu'elle exige. Nous espérons, Citoyen, pouvoir par ce moyen terminer enfin cet objet, que nous nous empresserons de te transmettre.

(Cinq signatures.)

Un mois après le vote de la loi, le 22 mars, quatre jours après Neerwinden, le représentant Camus, revenant de la Belgique et s'élevant contre la désertion des volontaires, qui quittaient l'armée en grand nombre pour rentrer dans leurs foyers, fit décréter que « les municipalités qui recevraient des fuyards dans leur sein et qui ne les forceraient pas à retourner à l'armée, seraient tenues d'équiper et entretenir à leurs frais autant de volontaires qu'elles souffriraient de fuyards habiter leur territoire ».

Le 28, il reprenait cette question sous une autre forme. « Il y a, disait-il, des malveillants qui cherchent à empêcher les volontaires et les soldats de se rendre à leurs bataillons et qui leur proposent de leur acheter leurs armes. Il y a à cet égard une espèce d'agiotage afin de vendre ces armes à la République beaucoup plus cher qu'elles n'ont coûté ». Aussi proposa-t-il, au nom du Comité de Salut public, le décret du même jour, qui prescrivait aux communes d'accélérer le plus possible le recrutement, et décidait qu'elles ne seraient libérées du contingent à fournir par elles que si elles pouvaient présenter un nombre de certificats de présence au corps égal à celui des volontaires qui leur étaient requis ; que tout volontaire retardataire ou déserteur serait puni des peines édictées par le décret du 20 septembre 1791 contre les troupes de ligne qui abandonnent leurs drapeaux ; que tout volontaire se trouvant dans cette situation irrégulière devrait être aussitôt dénoncé par la municipalité au Ministre de la guerre. Le même décret rappelait les peines de celui du 22 contre les municipalités qui recéleraient les réfractaires ; la gendarmerie était en état de réquisition permanente pour les rechercher et les arrêter. Enfin, interdiction était faite à tout soldat de vendre ses armes ou équipement, et à toute personne de les acheter. Seuls étaient exemptés de la réquisition les ouvriers employés depuis six mois à la fabrication des armes ; et tout chef d'atelier qui faisait à ce sujet une fausse déclaration devait être condamné à fournir, équiper et entretenir à ses frais un volontaire pour la durée de la campagne.

Le 8 avril, un nouveau décret invitait le Conseil exécutif provisoire à faire rejoindre sans délai les soldats de l'armée de la Belgique « que des manœuvres criminelles et des trahisons évidentes ont déterminés à s'éloigner de leurs drapeaux ».

Le même jour, un représentant dénonçait à la Convention « les lâches jeunes gens qui, à la première nouvelle du décret sur le recrutement, se sont expatriés du lieu de leur domicile », et fit décider que « ces lâches déserteurs seraient tous déclarés volontaires nationaux, et comme tels, forcés de marcher ».

Le lendemain, un nouveau décret invitait encore « les citoyens soldats qui, en exécution de la loi des 24 et 25 février dernier, doivent joindre les armées de la République, à se mettre en marche sans retard pour se rendre aux lieux qui leur auront été indiqués par le Conseil exécutif provisoire ».

Malgré toutes ces difficultés, « la levée, dit Grimoard, s'exécuta avec assez de facilité et de promptitude ».

Cependant, depuis Neerwinden (18 mars), les échecs avaient succédé aux échecs : Dampierre avait échoué le 1$^{er}$ mai dans sa tentative pour débloquer Condé ; le 8, il avait trouvé la mort à Raismes ; le 10, les Prussiens et les Autrichiens avaient effectué leur jonction sur les deux rives de l'Escaut par la prise de la redoute de Vicoigne ; le 23, York et Cobourg avaient enlevé le camp de Famars, dont la possession leur était indispensable pour assiéger Valenciennes, et l'armée française s'était retirée au camp de Paillencourt, dit de César. Condé avait capitulé le 13, et Valenciennes le 28. Pour ne pas être tourné par York dans le camp de César, Kilmaine avait, le 8 août, battu en retraite sur celui de Gavrelle, en abandonnant Cambray à ses propres forces, mais en prenant ainsi une position de flanc qui semble avoir enrayé l'offensive de l'ennemi.

Cette situation ne laissait pas que d'angoisser les esprits et de leur suggérer les plus violentes résolutions. Dans la séance du 12, Barère, interpellé sur cette question, annonça que « le Comité de Salut public avait donné des ordres pour que 18,000 hommes extraits des armées de la Moselle et du Rhin allassent renforcer celle du Nord. » « Je puis ajouter » continua-t-il, « que depuis trois jours le dernier bataillon y est arrivé, qu'elle sera avant peu augmentée de 30,000 autres patriotes..... ».

« Un citoyen (1), au nom des députés envoyés par les assemblées primaires » s'écria alors : « Le moment est arrivé de donner un grand exemple à l'univers et de faire mordre la poussière à nos ennemis. Faites un appel au peuple ; qu'il se lève en masse..... ». Le 13 et le 16, Barère parla au sujet de cette proposition et fit adopter les fameux adresses et décrets des 14 et 16 août 1793, relatifs à la « levée du peuple français en masse contre les ennemis de la République ».

« Aux armes, Français !..... Les despotes de l'Europe violent vos propriétés et dévastent vos frontières ! aux armes ! Levez-vous tous ! accourez tous !..... C'est la seconde fois que les tyrans et les esclaves conjurés souillent sous leurs pas la terre d'un *Peuple souverain*. La moitié de leurs armées sacrilèges y ont trouvé la première fois leurs tombeaux ; que cette fois tous périssent, et que leurs ossements blanchis dans nos campagnes s'élèvent comme des trophées au milieu des champs que leur sang aura rendus plus féconds..... Aux armes, Français ! couvrez-vous de la gloire la plus éclatante..... ». « Le peuple français », continuait le décret du 16 août, « déclare par l'organe de ses Représentants qu'il va se lever tout entier pour la défense de sa

---

(1) Séance de la Convention du 12 août 1793. (*Moniteur universel*, page 964.)

liberté, de sa Constitution, et pour délivrer enfin son territoire de ses ennemis ». — Ce même décret invita le Comité de salut public à présenter le lendemain « le mode d'organisation de ce grand mouvement national. » — Pour se rendre à cette prescription, Barère proposa, le 20 août, de répartir la levée en masse entre dix-sept « points de réunion » ou centres de mobilisation « dans les villes de Saint-Quentin, Soissons, Chalon-sur-Saône, Nancy, Colmar, Besançon, Mâcon, Grenoble, Avignon, Narbonne, Toulouse, Tarbes, Angoulême, Tours, Saint-Malo, Coutances et Orléans ». Mais on reconnut combien il serait difficile de réunir sur chacun de ces points les approvisionnements nécessaires « pour assurer la subsistance d'un aussi grand nombre de citoyens : « Avez-vous », dit Danton, « assez d'armes et de pain pour faire marcher à la fois tous les Français ? Non, sans doute ; il faut donc combiner la marche progressive en raison de la quantité d'armes et de pain que vous avez à fournir » ; et le projet fut renvoyé à un nouvel examen du Comité de Salut public que « la multiplicité de ses opérations empêche trop souvent de mûrir ses rapports (1) ». « Je demande », conclut Danton, « que demain, sans plus attendre, on décrète et on agisse..... » Après une nouvelle étude, Barère revint le 23 avec le décret qui prit plus tard le nom de « loi de la réquisition ». Après avoir établi le principe que « dans les pays libres tout citoyen est soldat » : « Que voulez-vous ? » continua-t-il, « une levée en masse ?

« ..... Tous les aristocrates de diverses nuances..... se sont emparés avec complaisance de ce mot et ont tenté de le tourner en ridicule.

« ..... Ils sont auxiliaires de Pitt et de Cobourg, ceux qui voudraient qu'une nation de 27 millions d'hommes,

---

(1) Danton Séance du 20 août.

qu'un peuple tout entier se levât au même instant dans toutes les parties de la République.....

« La réquisition de toutes les forces est nécessaire sans doute, mais leur marche progressive et leur emploi graduel sont suffisants. C'est là l'esprit et le sens de la levée du peuple en entier.....

« .....Tous les citoyens sont requis ; tous les âges, depuis 18 ans jusqu'à 50, peuvent fournir une bonne carrière militaire ; mais tous ne peuvent se mettre en mouvement à la fois..... La jeunesse ira la première..... ; c'est elle qui doit recueillir les fruits de la Révolution ; c'est elle qui a moins de besoins et plus de force ; c'est elle qui a plus de dévouement et moins de liens..... Le célibataire et le jeune homme ne sont pas évidemment aussi nécessaires à l'État social que les citoyens mariés qui ont donné des enfants à la Patrie. Le premier âge doit donc remplir la première réquisition.

« Ainsi, depuis 18 ans jusqu'à 25, tous les citoyens français sont appelés à la défense commune..... On croit que cet âge peut comprendre plus de 400,000 citoyens et nous n'avons pas besoin d'un aussi grand nombre ; mais, s'il en fallait encore, si cette première colonne était impuissante, le second âge serait requis depuis 25 jusqu'à 30, et ainsi de suite de 5 en 5 jusqu'à 50.

« Mais ce n'est là que démembrer les immenses ressources de la liberté ; occupons-nous de leur rassemblement.

« La première idée du Comité était de faire auprès de chaque armée et de chaque noyau de guerre civile une réunion de citoyens armés, appelés de plusieurs départements.

« Cette idée avait de grands inconvénients :

« 1° Des rassemblements trop nombreux ; 2° des rassemblements trop éloignés ; 3° des diversions trop fortes des points attaqués ou des points à renforcer ; 4° des approvisionnements trop grands à faire dans un chef-lieu de plusieurs départements ; 5° des voyages aussi pénibles qu'inutiles pour un trop grand nombre de citoyens.

« Il a donc fallu chercher un autre mode de réunion.

« Rassembler au chef-lieu du département, c'est fédéraliser, c'est rappeler les lignes de démarcation qu'il faut..... atténuer autant qu'il est possible.

« Réunir au chef-lieu de district, a paru plus facile, plus commode et surtout plus utile..... chaque chef-lieu de district a assez de moyens pour nourrir un petit rassemblement. Ces approvisionnements sont plus faciles ; il y a moins de gaspillage et moins de transport.

« Le chef-lieu de district présente les avantages d'une plus grande facilité à habiller chaque citoyen et surtout à le nourrir, étant plus voisin de sa commune.

« Enfin la réquisition frappera sur des compagnies au lieu de frapper sur des bataillons, et leur marche ainsi que leur destination sera plus aisément déterminée. »

Il résultait donc de ce discours deux principes bien nets : l'appel d'un premier ban de 18 à 25 ans et son rassemblement par district. Ils furent développés par le décret du 23 août. « Dès ce moment, jusqu'à celui où les ennemis auront été chassés du territoire de la République, tous les Français sont en réquisition permanente pour le service des armées..... Les Représentants du peuple envoyés pour l'exécution de la présente loi..... sont investis des pouvoirs illimités attribués aux Représentants du peuple près les armées..... La levée sera générale. Les citoyens, non mariés, ou veufs sans enfants, de 18 à 25 ans, marcheront les premiers ; ils se réuniront sans délai aux chefs-lieux de leurs districts où ils s'exerceront tous les jours au maniement des armes en attendant l'heure du départ..... Les Représentants du peuple, envoyés pour l'exécution de la présente loi, régleront les marches de manière à ne faire arriver les citoyens armés aux points de rassemblement qu'à mesure que les subsistances, les munitions et tout ce qui compose l'armée matérielle, se trouvera exister en proportion suffisante..... Le bataillon qui sera organisé dans chaque district sera réuni sous une bannière portant cette inscription : « *Le Peuple français debout contre les tyrans* ».

Pour donner à la loi toute son ampleur, il fut décrété, le 17 septembre 1793, que « les places et emplois salariés par la nation et occupés par les jeunes gens de 18 à 25 ans, mis en réquisition pour aller combattre les ennemis, seraient donnés pendant leur absence à leurs parents » ; seuls, les élèves des ponts et chaussées et de la marine furent exemptés (décrets des 16 et 18 septembre) ; le 20, il était interdit d'enrôler pour l'infanterie et la cavalerie ou pour les charrois, vivres et autres administrations militaires, les jeunes citoyens de la première réquisition et ceux de la seconde dans les départements où elle avait eu lieu ; le 3 floréal, il était décrété que les réformés de la cavalerie ou de la marine, ayant encore l'âge de la réquisition, devaient y satisfaire dans l'infanterie ; le 9, la Convention nationale « considérant que la discipline est la force des armées » décrétait, à l'exemple de l'arrêté pris le 5 germinal à l'armée d'Italie, que tout réquisitionnaire compris dans l'arrondissement d'une armée et qui ne la rejoindrait pas dans le délai d'un jour par cinq lieues serait déclaré traître à la Patrie, et sa famille, si elle lui donnait asile, ennemie de la Révolution comme tous ceux qui emploieraient indûment un homme de la réquisition. Enfin, les décrets du 1$^{er}$ floréal réglaient la situation des militaires absents de leurs corps par maladies, blessures ou autres causes légitimes, et leur remplacement.

Par analogie avec ces deux derniers décrets, l'on peut citer les trois documents qui vont suivre et qui sont extraits du registre de correspondance de Gillet (1).

Longuyon, 3 germinal (23 mars).

*Au Général commandant la division de gauche de l'armée de la Moselle.*

Plusieurs militaires, Citoyen général, sollicitent des permissions de quelques jours pour régler des affaires urgentes. Les circonstances et les besoins du service ne s'accordent guère avec ces permissions; néanmoins il peut se trouver des cas où un refus serait d'une rigueur extrême et qui forceraient peut-être un homme à s'absenter sans permission, ce qui produirait un très grand mal : une absence de huit jours avec permission aurait moins d'inconvénient qu'une absence de dix heures seulement sans permission. Je pense que pour prévenir ces inconvénients, on pourrait, jusqu'à l'ouverture de la campagne, rétablir dans les corps dont la revue a été faite, et qui ne sont pas devant l'ennemi, l'usage qui existait ci-devant : accorder des permissions sous deux conditions ; la première qu'elles n'excéderont pas huit jours, la deuxième qu'il n'en pourra être accordé à la fois à plus de huit hommes par bataillon.

Je laisse au surplus à ta prudence de juger si ce moyen peut se concilier avec les besoins du service.

Longwy, 15 floréal (4 mai).

*Au citoyen Barthe, agent supérieur du Conseil exécutif, à Metz.*

Je reçois à l'instant, Citoyen, ta lettre du 13. Celle que tu m'annonces du 4 ne m'est point parvenue.

Il paraît inutile, ce serait même une chose nuisible à la République, de garder plus longtemps des hommes qui ne peuvent rendre aucun service, et comme je ne puis aller à Metz dans ce moment, je t'autorise à réformer tous les citoyens de la première réquisition qui sont hors d'état de servir. Tu les renverras sur-le-champ chez eux, avec un certificat de réforme, afin qu'on ne les envoie pas une seconde fois. Tu prendras la précaution de faire visiter par l'officier de santé en chef de l'hôpital ceux qui se plaignent d'infirmités.

Morfontaine, 20 floréal (9 mai).

*Aux Administrateurs du district de Longwy.*

Nous sommes informés, Citoyens, que les citoyens de la première

---

(1) Représentant du peuple chargé, par décret du 17 pluviôse, des opérations de l'embrigadement aux armées des Ardennes et de la Moselle.

réquisition du district de Longwy, incorporés dans les premiers bataillons de la Montagne, désertent chaque jour et jouissent paisiblement chez eux de l'impunité, par l'insouciance des municipalités qui n'apportent aucun soin pour les faire rejoindre.

Vous voudrez bien, Citoyens, enjoindre à ces municipalités et aux comités de surveillance de se conformer sur-le-champ à la loi du 10 (1) de ce mois, dont l'article 3 porte :

« Les municipalités et les comités de surveillance dans le ressort desquels se trouvera un citoyen de 18 à 25 ans, seront tenus de les faire arrêter comme traîtres à la Patrie.

Art. 4. — Les parents ou autres citoyens qui donneraient asile, ou emploieraient un citoyen que la loi appelle à la défense de la Patrie, seront traités et poursuivis comme ennemis de la Révolution ».

Il n'y a d'exception que pour ceux qui sont absents en vertu d'une permission des Représentants du peuple, ou qui ont été réformés.

GILLET et DUQUESNOY.

Malgré toutes ces prescriptions, à la rigueur desquelles on ne saurait trop applaudir, il fallut cependant satisfaire à certaines nécessités inéluctables. Il n'y avait pas de fourrages en quantité suffisante ; il ne fallait donc pas enlever tous les bras à la terre : aussi, un arrêté du 6 pluviôse, dont il a déjà été parlé (2), avait accordé certains congés dont l'abus amena la révocation de cet arrêté par celui du 13 ventôse. Les armes manquaient : il fallait donc, après avoir requis tous les ouvriers célibataires de 18 à 25 ans, et avoir tenté en vain de les remplacer par des hommes mariés, qui, aux termes du décret du 23 août, devaient « forger les armes » ; il fallait, malgré cette combinaison plus ingénieuse que pratique, faire rechercher dans tous les bataillons ceux qui étaient réellement capables de faire ce travail. Ce fut l'objet de l'arrêté du Comité de Salut public du 14 pluviôse, de l'ordre général du 21 au 22, enfin des comptes rendus d'exécution du 22 pluviôse.

---

(1) Cette loi est du 9 et non du 10 floréal.
(2) Voir page 61.

*Ordre des 21-22 pluviôse (9-10 février).* — *Extrait des registres du Comité de Salut public de la Convention nationale du 14 pluviôse* (1).

« Le Comité de Salut public requiert le général de l'armée du Nord, de faire mettre à l'ordre le plus prochain, que tous les bataillons envoient au Comité de Salut public l'état des ouvriers qui, dans chacun d'eux, sont capables de travailler aux armes, et ce conformément au modèle suivant :

| PRÉNOMS. | NOMS. | AGE. | LIEU DE NAISSANCE. | | | Depuis quand dans le régiment. | Ce qu'il y fait. | Quel métier il exerçait avant d'être au corps. | Ce qu'il peut faire dans les armes. | OBSERVATIONS. |
|---|---|---|---|---|---|---|---|---|---|---|
| | | | Département. | District. | Commune. | | | | | |

« Il te requiert en outre de rendre compte de l'exécution de la présente réquisition dix jours après qu'elle te sera parvenue. »

En conséquence de la réquisition ci-dessus transcrite, tous les bataillons de l'armée enverront directement au Comité de Salut public, à Paris, l'état des ouvriers qui sont capables de travailler aux armes, conformément au modèle ci-joint.

Les Conseils d'administration sont tenus de charger à la poste l'envoi desdits états, ce qui aura lieu le lendemain du jour où le présent ordre aura été inscrit dans le registre d'ordres de chaque corps. Ils exigeront une attestation du maître de poste, qui certifiera le jour où le paquet aura été envoyé. Cette attestation sera adressée aux généraux de division qui sont tenus de rendre compte au général en chef, le 28 pluviôse au plus tard, de l'exécution du présent ordre.

22 pluviôse (10 février).

*Le général Charbonnié au Comité de Salut public*

J'ai reçu, Citoyen, l'extrait des registres de vos délibérations portant réquisition aux généraux de mettre à l'ordre du jour que tous les bataillons envoient au Comité de Salut public la liste de tous les

---

(1) Le Recueil Aulard (tome X, pages 589 et 619) ne donne pas le même texte pour cet arrêté.

ouvriers dont les arts peuvent être utiles pour la fabrication des armes.....

22 pluviôse (10 février).

*Le général Charbonnié, aux membres du Comité de Salut public de la Convention nationale*

J'ai reçu, Citoyen Représentant, le modèle que vous m'avez adressé pour former les états, dans chaque corps, des hommes propres à la réparation ou à la confection des ouvrages en armurerie.

Je l'ai transmis de suite à toutes les troupes et j'ai fait mettre votre lettre à l'ordre général de l'armée. J'espère que vos intentions seront remplies au premier jour.

Les baïonnettes manquaient aussi bien que les fusils. Or, la baïonnette était, comme on disait alors, l' « arme par excellence des républicains »; c'était sur l'attaque en masse et la charge à la baïonnette qu'était basée toute la tactique prêchée par Grimoard; le Comité de Salut public avait dit dans plus d'un arrêté l'importance qu'il attachait à la baïonnette; aussi fallut-il prélever encore sur les bataillons de réquisition les ouvriers aptes à la fabrication de cette arme.

*Ordre du 6 au 7 floréal (25 au 26 avril).*

Le général Souham est prié de demander à l'ordre de sa division s'il y a, dans les différents corps qui la composent, des ouvriers taillandiers qui sachent travailler à la fabrication des outils tranchants. Il en faut vingt, qu'il voudra bien envoyer au citoyen Marche, chef de l'atelier des baïonnettes, à la citadelle de Lille.

Après les armes, les munitions :

7 floréal (26 avril).

*Liébert, au Commandant de la place, à Hesdin.*

Je t'autorise, Commandant, à faire rester à Hesdin les trois volontaires dénommés dans une pétition de cette commune, qui vient de m'être adressée. Ces trois volontaires travaillent à l'atelier de salpêtre. Je te charge, aussitôt que leur besogne sera finie, de les faire partir pour rejoindre leur bataillon et m'en donner avis.

LA CAMPAGNE DE 1794 A L'ARMÉE DU NORD.      327

Après avoir pourvu aux vivres, aux armes et aux munitions, il fallait encore penser à la chaussure des hommes et au harnachement des chevaux, à la conduite des charrois. Ces diverses mesures ne purent être réalisées qu'en opérant de nouveaux prélèvements sur les réquisitionnaires appelés :

*Ordre du 7 au 8 ventôse (25 au 26 février).*

Le général en chef ordonne aux généraux de division et commandants de place de lui faire passer, dans le plus bref délai, l'état des militaires de 1re réquisition qui sont ouvriers propres aux travaux des ateliers des charrois, tels que bourreliers, charrons, maréchaux grossiers et ferrants (1).

*Ordre du 1er au 2 prairial (20 au 21 mai).*

D'après une lettre de la Commission, il est ordonné aux différents corps qui composent l'armée, d'envoyer au chef de l'état-major général l'état nominatif des militaires qui savent travailler aux ouvrages de sellerie et de bottes.

*Ordre du 11 prairial (30 mai).*

Il est ordonné aux commandants des bataillons d'infanterie, composant les divisions des généraux Souham, Moreau, Bonnaud, Despeaux et Michaud, de choisir de suite dans leurs bataillons respectifs deux volontaires, les moins instruits et les moins propres au service militaire, et cependant qu'ils aient déjà conduit des chevaux, et de force suffisante pour servir en qualité de charretiers dans les charrois de l'armée. Il sera donné des congés à ces deux volontaires, attendu qu'ils ne feront plus partie du bataillon. Les adjudants-généraux, chefs de l'état-major

---

(1) *Liébert, au citoyen Lefebvre, inspecteur des charrois militaires*
(10 *ventôse*).

J'ai reçu ta lettre, relative à la réquisition des ouvriers charrons et maréchaux qui se tiennent dans les bataillons. Cette réquisition a été mise à l'ordre ces jours derniers. Aussitôt que les généraux de division m'auront adressé leurs états particuliers, je t'en enverrai l'état général.

de ces divisions, donneront des ordres en conséquence, feront rassembler le plus tôt possible ces deux hommes par bataillon et les enverront ensemble et en bon ordre au quartier général, à Lille, où ils recevront du chef de l'état-major général des ordres pour leur destination ultérieure. Chaque adjudant-général, chef de l'état-major de division, enverra en même temps l'état nominatif de ces deux hommes pris dans chaque bataillon.

*Ordre du 23 au 24 prairial* (11 au 12 juin).

Les cordonniers..... les armuriers, étant des ouvriers précieux et nécessaires, il ne peut y avoir d'inconvénient à leur permettre (d'être absents des drapeaux), après s'être assuré qu'ils travaillent chez des ouvriers employés au service de la République. Ces permissions ne peuvent avoir lieu qu'autant qu'ils sont incorporés dans des bataillons.

**En résumé, les ouvriers nécessaires au fonctionnement d'un atelier ou d'un service indispensable à la mobilisation des armées étaient seuls exemptés de la réquisition, après avoir été incorporés. C'est ce que notifiait nettement la proclamation suivante de Gillet :**

7 germinal (27 mars).

Au nom du peuple français, le Représentant du peuple, etc. rappelle tous les militaires absents de leurs corps au poste honorable que la Patrie leur a confié ; en conséquence il arrête ce qui suit :

Art. 1er. — Toutes les permissions accordées aux militaires autres que ceux qui ont été requis pour travailler dans les arsenaux, aux manufactures d'armes et aux ateliers relatifs au service de l'armée, sont révoquées. Tous ceux qui ont obtenu de semblables permissions seront tenus de rejoindre leurs corps respectifs pour le 1er floréal prochain.

Art. 2. — Les municipalités, les comités de surveillance et la gendarmerie nationale tiendront rigoureusement la main à l'exécution du présent arrêté ; ils feront rejoindre dans le délai fixé lesdits militaires, et dans vingt-quatre heures, ceux qui seraient absents sans permission.

Art. 3. — Le Représentant du peuple rappelle aux municipalités et aux comités de surveillance les dispositions de l'article XVIII de la loi du 2 frimaire dernier.

Art. 4. — Le présent arrêté sera envoyé aux départements de la Moselle, de la Meurthe, des Ardennes et des Vosges, qui le feront publier et afficher dans leurs ressorts respectifs, dans les vingt-quatre heures de sa réception.

On travaillait d'ailleurs à force, à Dunkerque et à Maubeuge, pour mettre l'une de ces places à l'abri des attaques de l'Angleterre, l'autre de l'Autriche. Là encore il fallait des ouvriers spécialistes que l'on réclama à la réquisition.

1er pluviôse (20 janvier).

*Le général Souham au Ministre de la guerre.*

Je te rends compte, Citoyen, de la tournée que je viens de faire principalement pour examiner l'état de Dunelibre.

On m'a remis à Cassel des lettres de ton adjoint Jourdeuil, qui contiennent un arrêté du Comité de Salut public, pour faire travailler aux fortifications de Dunelibre quatre bataillons de réquisition. En attendant l'arrivée des quatre bataillons du département de l'Orne, que l'agent supérieur Saignes a désignés pour ce service, j'ai fait venir à Dunelibre seize compagnies de réquisition qui étaient employées aux fortifications de Saint-Omer. Cette disposition accélérera les travaux nécessaires pour mettre Dunelibre en état de défense. Lorsque les quatre bataillons seront arrivés, ces seize compagnies retourneront à Saint-Omer.

*Ordre du 18-19 ventôse (8-9 mars).*

En vertu d'un arrêté du Comité de Salut public, qui demande cent ouvriers scieurs de long, pour être employés sous les ordres du directeur des fortifications de Saint-Omer, les chefs de bataillon donneront connaissance à leur bataillon du présent ordre, aussitôt sa réception. Ils adresseront à leur général de division l'état des hommes qui se sont déclarés être de ce métier. Le général ordonnera que cet état soit envoyé sur-le-champ à l'état-major de l'armée, afin qu'il en soit rendu compte au ministre dans le plus bref délai. Ces ouvriers seront logés et payés comme s'ils étaient à leur bataillon, et le prix de leur travail sera réglé en conséquence.

8 germinal (28 mars).

*Liébert à Moreau, commandant à Cassel.*

Je t'envoie ci-joint, Général, l'état des soldats scieurs de long qui se trouvent dans les bataillons qui sont dans ton arrondissement. Tu voudras bien donner les ordres nécessaires pour les faire rassembler le plus tôt possible et les faire conduire à Saint-Omer, en instruisant de leur arrivée le citoyen Carnot, chef de brigade, directeur du génie, pour qu'il puisse prendre les moyens nécessaires à leur établissement. Tu m'informeras de l'exécution des ordres que tu auras donnés à cet effet et de l'époque à laquelle ils seront arrivés à Saint-Omer.

10 germinal (30 mars).

*Liébert à Bouchotte, ministre de la guerre.*

. . . . . . . . . . . . . . . . . . . . . . . . . . . . . . . . . . . . . . .
Il a été donné ordre aux bataillons des environs de Maubeuge, qui avaient des scieurs de long, de les faire rassembler au nombre de cent et de les envoyer à Maubeuge où ils doivent être arrivés actuellement. J'en ai donné avis au directeur du génie de cette place.

7 floréal (26 avril).

*Le général Gougelot, commandant à Dunkerque, aux Citoyens officiers municipaux.*

Le général de division Michaud vient de prévenir le général Gougelot que 424 hommes de première réquisition doivent arriver ce soir en cette ville, pour être employés aux travaux de fortification. Ce secours d'hommes mettra fin à nos communes sollicitudes.

7 floréal (26 avril).

*Le général Gougelot au Commissaire des guerres Lemoyne.*

Je te préviens, Citoyen, que 424 hommes de la première réquisition, destinés aux travaux de fortification de cette place, arrivent ce soir ici. Tu voudras bien pourvoir à leur logement et à leur subsistance. Ils ont reçu l'étape pour un jour.

**Une autre demande fut encore faite le 24 floréal et rappelée le 29.**

*Ordre du 28 au 29 floréal (17 au 18 mai).*

Les adjudants-généraux, chefs des états-majors des divisions, Souham, Bonnaud et Moreau, sont invités à envoyer le plus tôt possible, au chef de l'état-major de l'armée, l'état des charpentiers demandés par une lettre du 24 de ce mois à ces généraux de division.

**A défaut de réquisitionnaires on employait encore aux travaux de fortification les hommes des districts, exempts de la réquisition, ce qui était du reste plus conforme à l'esprit de la loi du 23 août 1793.**

24 germinal (13 avril).

Vu le mémoire du conseil défensif de la place de Longwy sur la nécessité d'accélérer l'achèvement des travaux de cette place ;

Considérant qu'il importe essentiellement à la sûreté de cette frontière que cette ville soit mise en état de défense, et que les différentes communes du district de Longwy étant obligées de diviser les moyens qu'elles ont procurés jusqu'ici entre le service de l'armée et les travaux de fortifications, et ces moyens ne pouvant suffire à l'achèvement de ces travaux, il est nécessaire de recourir aux districts voisins, arrête ce qui suit :

Art. 1er. — A commencer du 1er floréal prochain, chacun des districts de Longwy, Briey et Étain fournira cent hommes en état de travailler à la terre, ils seront relevés toutes les trois décades. Les administrateurs annonceront qu'ils seront payés raisonnablement, et les municipalités répondront de l'espèce d'hommes qu'elles enverront.

Art. 2. — Les mêmes districts fourniront journellement chacun sept voitures, et le district de Verdun douze voitures ; ces voitures travailleront une décade et seront ensuite relevées par le même nombre. Les administrateurs préviendront les fournisseurs que ceux qui travailleront avec activité pourront gagner 25 francs par jour. Les voituriers seront tenus d'apporter leurs fourrages pour une décade.

Art. 3. — Les travailleurs et les voituriers seront logés, on leur fournira le pain, sauf la retenue sur le pied du maximum.

Art. 4. — Aucune autre administration ne pourra, sous quelque prétexte que ce soit, détourner les voitures destinées aux fortifications, sans une permission du général d'armée.

Gillet.

Enfin, il fallut encore satisfaire aux exigences du service de santé, et opérer dans ce but de nouveaux prélèvements sur les réquisitionnaires.

Ordre du 7 au 8 floréal (26-27 avril).<br>
Copie de l'arrêté du représentant du peuple Choudieu,<br>
en date du 5 floréal (24 avril).

Nous, Représentant du peuple, envoyé près l'armée du Nord, autorisons le commissaire ordonnateur en chef de l'armée à conserver dans les hôpitaux militaires les jeunes gens de la première réquisition qui lui paraîtront indispensables pour le bien du service.

Pierre Choudieu.

Une mesure semblable était prise à l'armée de la Sambre.

*Copie de l'ordre du quartier général de Marchienne-au-Pont, du 4 au 5 messidor (22 au 23 juin).*

L'administration des hôpitaux est autorisée à prendre dans la totalité des bataillons de l'armée, jusqu'à la concurrence de 40 hommes, pour faire le service d'infirmiers, jusqu'à ce qu'on ait pourvu à ce remplacement dans les districts par des réquisitions. L'administration des hôpitaux aura soin de choisir ces 40 hommes dans ceux les moins propres au service de l'infanterie, conformément à l'arrêté du représentant du peuple Gillet.

En résumé, grâce à des mesures draconiennes, grâce à l'application stricte du décret du 23 août, qui envoyait les célibataires au combat et les faisait remplacer par des hommes mariés dans les fabrications d'armes, dans le transport des subsistances, en un mot dans tous les services accessoires de ravitaillement de toute sorte, le Comité de Salut public avait su éviter l'écueil des nombreuses dispenses si désastreuses pour le rendement des effectifs ; mais, une fois ceux-ci assurés, il avait prélevé sur eux ce qui était strictement indispensable pour faire fonctionner des services qui ne pouvaient être assurés du jour au lendemain par des non-spécialistes.

Cette idée du Comité de Salut public est, d'ailleurs, très nettement indiquée dans la lettre suivante :

29 germinal (18 avril).

*Liébert à Durutte, adjudant-général à Bergues.*

En réponse à ta lettre du 26 courant, Citoyen, je te renvoie ci-inclus cette lettre à laquelle j'ai ajouté ce qui y avait été oublié dans la rédaction de l'ordre pour le rendre intelligible. Je vais d'ailleurs te l'éclaircir par une explication courte. L'intention du Représentant du peuple près l'armée du Nord a été, en prenant cet arrêté : 1° que tous les citoyens de première réquisition soient incorporés dans des bataillons ; 2° que ceux de ces citoyens qui avaient des métiers utiles à la République pussent, au moyen d'une permission légale, travailler de leur état chez les différents chefs d'ateliers en réquisition pour le service des armées. En conséquence l'arrêté des Représentants ordonnant à tout citoyen de première réquisition, d'avoir à rejoindre leurs bataillons respectifs, ne concerne point les ouvriers incorporés et travaillant dans les divers ateliers ou magasins de la République.

En dehors des services nationaux, certaines grandes administrations semblent avoir eu l'autorisation, des Représentants du peuple, de conserver provisoirement, pour cause d'utilité publique, les employés tombant sous le coup de la loi du 23 août 1793. Tel fut le cas de l'administration des salines de Château-Salins, dont la licence fut révoquée par Gillet sur la dénonciation du Comité de surveillance révolutionnaire de Dieuze.

Morfontaine, le 20 floréal (9 mai).

*Au Comité de surveillance révolutionnaire de la commune de Dieuze.*

Je n'ai reçu qu'aujourd'hui, Citoyens, votre lettre du 7 floréal. J'avais déjà accordé aux administrateurs des Salines de Salins-Libre, vingt jeunes gens de la première réquisition employés dans leurs administrations, d'après l'exposé qu'ils m'ont fait qu'il leur était impossible de les remplacer. Je vois par votre lettre qu'ils m'ont trompé et je révoque, par celle dont vous trouverez ci-joint copie, la permission que je leur avais donnée. Vous voudrez bien veiller à ce que ceux de ces jeunes gens qui résident dans votre commune aient à partir sur-le-champ pour se rendre à Metz.

Morfontaine, le 20 floréal (9 mai).

*Aux administrateurs des Salines de la République, à Salins-Libre.*

Je suis informé, Citoyens, que vous m'avez induit en erreur dans l'exposé que vous m'avez fait pour conserver les jeunes gens de la première réquisition, employés dans votre administration ; ces jeunes gens ne sont pas nécessaires comme vous l'avez prétendu. Si j'en crois des rapports qui m'ont été faits, ce sont des protégés qu'on veut excepter de la réquisition ; ils seraient facilement remplacés par des pères de famille qui trouveraient dans le prix de leur travail de quoi faire subsister leurs femmes et leurs enfants. Je vous préviens, en conséquence, que j'ai révoqué la permission que je vous avais accordée pour les conserver. Vous les ferez partir sur-le-champ pour Metz où l'agent supérieur leur assignera une destination, sous peine d'être punis comme émigrés.

Morfontaine, le 20 floréal (9 mai).

*Au Comité de Salut public*

On n'aura pas à me reprocher, Citoyens collègues, d'avoir paralysé l'exécution de la loi qui appelle à l'armée tous les citoyens de la première réquisition; cependant sur une demande des administrateurs des Salines de la République à Salins-Libre, et d'après la copie d'une lettre que vous avez dû écrire le 30 août dernier (V. S.) au ministre des contributions publiques, je leur ai permis de conserver vingt jeunes gens qu'ils m'ont présentés comme nécessaires à leur administration. Une lettre que je reçois de la commune de Dieuze, et que vous trouverez ci-jointe, m'apprend que j'ai été trompé; je révoque en conséquence la permission que j'avais donnée, en leur ordonnant de faire partir sur-le-champ ces vingt citoyens. Je crois devoir vous prévenir de cette disposition, sachant qu'ils se proposent de recourir au Comité de Salut public, pour que vous ne soyez pas trompés vous-mêmes.

Il fallait du reste, satisfaire non seulement aux exigences de l'armée de terre, mais encore à celles de la marine. Celle-ci réclamait des ouvriers pour accélérer la construction de ses vaisseaux, et des matelots pour les monter.

Au premier desideratum, répondit la circulaire suivante :

9 ventôse (27 février).

*L'adjoint au ministre de la guerre Jourdeuil, aux Conseils d'administration des bataillons de volontaires.*

Vous avez dû recevoir il y a déjà quelque temps, Citoyens, des exemplaires de la loi du 14 nivôse, contenant des mesures pour accélérer la construction des bâtiments de guerre au port de la Montagne (1), et dans les ports de la Méditerranée.

---

(1)  *Au citoyen Jourdeuil, adjoint au Ministre.*

24 germinal (13 avril).

Le général en chef vient de réitérer à l'ordre général de l'armée la

Le Ministre me charge de vous rappeler à ces dispositions.

En conséquence il vous engage d'envoyer à son collègue du département de la marine, la liste de tous les militaires qui se trouvent faire partie de la première réquisition, et peuvent être employés aux constructions et travaux de la marine.

Vous concevez la nécessité qu'il y a que vous adressiez, sans délai, ces listes pour mettre le Ministre de la marine à même de les faire imprimer, et indiquer aux citoyens qui y seront compris les arsenaux et ports où ils seront employés.

Salut et fraternité. JOURDEUIL.

**Cette circulaire était complétée par l'arrêté du 12 qui pourvoyait à la garnison des vaisseaux.**

*Ordre de l'armée du 23 au 24 ventôse (13-14 mars). — Extrait des registres du Comité de Salut public, du 12 ventôse (2 mars).*

« Le Comité de Salut public arrête que le Conseil exécutif donnera des ordres pour que les volontaires de la première réquisition, qui préféreraient le service de la marine à celui de terre, soient mis sans délai à la disposition du Ministre de la marine, pour être employés sur les vaisseaux de guerre de la République ».

En conséquence..... tous les généraux de division et commandants temporaires enjoindront aux chefs de corps qui sont sous leurs ordres de leur remettre, sans délai, des états particuliers des volontaires de la première réquisition qui désireront être employés sur les vaisseaux de guerre de la République, et adresseront lesdits états au général chef de l'état-major général, afin d'en faire un état général d'après la demande du Ministre.

15 germinal (4 avril).

*Le général Gougelot, au citoyen Pigeon, agent de la marine.*

Je te préviens que, conformément à une lettre que j'ai reçue du

---

loi du 14 nivôse, qui met en réquisition tous les ouvriers de la première réquisition propres à la construction et aux travaux de la marine. Le général enjoint à tous les chefs de corps, sous leur responsabilité personnelle, de se conformer à cette loi, et d'envoyer au Ministre, dans le plus court délai, la liste des citoyens requis et congédiés, qui auront reçu l'ordre de se rendre au port de la Montagne. Il ne négligera rien pour faire triompher la liberté et affermir la République.

THARREAU.

Ministre de la guerre, je viens de mettre à ta disposition 5 sergents, 20 caporaux et 125 volontaires, pris dans divers bataillons et destinés à servir de garnison à bord des bâtiments de guerre ou stationnairse armés en ce port (1). Je t'enverrai demain le tableau, et j'ai engagé les chefs de ces corps à aller prendre tes instructions.

*Le même au général Leclaire, à Saint-Omer.*

En conformité, Général, d'une lettre de l'adjoint du ministre, qui ordonne de mettre à la disposition de l'employé civil de la marine à Boulogne, 38 volontaires, savoir : 1 sergent, 5 caporaux et 32 fusiliers pour servir de garnison à bord des bâtiments de guerre ou stationnaires armés dans ce port, plus, à la disposition de l'employé civil de la marine à Calais, pour le même service, un détachement composé de 1 sergent, 2 caporaux et 16 fusilliers ; tu voudras bien ordonner au commandant du demi-bataillon du 1er des Bouches-du-Rhône, à Boulogne, d'avoir à faire fournir de suite le détachement ci-dessus détaillé, ainsi qu'à celui commandant l'autre demi-bataillon du même corps à Calais. Tu voudras bien me donner avis de l'exécution de cet ordre.

**Pour remédier à la pénurie des matelots, le Comité de Salut public dut employer la solution à laquelle eut plus tard recours Napoléon dans sa lutte contre l'Angleterre et dans son désir d'armer le plus de vaisseaux pour la combattre : les matelots manquaient ; on y suppléa par des soldats qu'on exerça à la navigation.**

*Ordre du 13 au 14 ventôse (3 au 4 mars). — Extrait des registres du Comité de Salut public, du 9 ventôse (27 février).*

« Le Comité de Salut public arrête que, sur chaque bateau pêcheur de la Manche, depuis le cap Fréhel jusqu'à Dunelibre, il sera embarqué un volontaire national.

Le même volontaire national ne pourra être employé plus d'une fois dans le cours d'une décade sur un même bateau.

Les bateaux pêcheurs ne pourront, sous aucun prétexte, s'éloigner à plus de deux lieues au large, conformément aux dispositions précédemment ordonnées.

Les commandants en chef sont chargés, sous leur responsabilité, de l'exécution du présent arrêté dans leurs arrondissements respectifs.

---

(1) Dunkerque.

Les Ministres de la guerre et de la marine donneront en conséquence, sans délai, les ordres à chacun en ce qui le concerne. »

Le général en chef ordonne aux généraux de division et commandants des places, situées depuis Dunelibre jusqu'au cap Fréhel, de tenir la main à la prompte exécution du présent arrêté (1).

L'arrêté du 9 fut lui-même complété par celui du 25 qui en doubla l'effet.

4 germinal (24 mars).

*Gougelot à Pichegru.*

J'ai reçu Général, ta lettre et l'arrêté du Comité de Salut public du 25 ventôse, qui ordonne que deux volontaires nationaux (1) seront embarqués à bord de chaque bateau pêcheur, au lieu d'un seul. Il a été exécuté dès ce matin dans ce port.....

L'exécution de l'arrêté du Comité de Salut public ne se fit pas sans incident. Dans certains cas les volontaires voulurent passer à la marine sans même attendre l'ordre de leurs chefs.

5 germinal (25 mars).

*Gougelot au citoyen Pigeon, agent de la marine, chef des armements du port.*

Dix-neuf volontaires de nouvelle réquisition, incorporés depuis quelques jours dans le 22e régiment d'infanterie, désirant entrer dans la marine, se sont avisés de quitter leurs corps sans permission et sont

---

(1) *Gougelot au citoyen Joly, chef du 1er bataillon du Finistère.*

6 floréal (25 avril).

Tu voudras bien commander deux volontaires que tu mettras à la disposition de la marine, pour monter demain 7, le bateau Me *Louis-Jean Fontaine*. Ils doivent partir avec armes et bagages. Tu auras soin de faire la visite de leurs sacs avant que de partir et de veiller à ce qu'ils ne manquent de rien, et surtout de les envoyer de bonne heure au commandant Morel, lieutenant de port.

venus en cette ville. Cette démarche, faite sans doute par étourderie et par ignorance, quoique excusable, ne permettait pas de les laisser en liberté. En conséquence je les ai fait conduire à la maison d'arrêt. Si, comme moi, tu penses que, conformément à la loi, leur désir peut être suivi, envoie-moi sur-le-champ une réquisition en vertu de laquelle je leur ferai délivrer un congé de leur corps, et je les mettrai à ta disposition. J'attends ta réponse et suis avec fraternité,

6 germinal (26 mars).

*Le même, au Commandant du 22ᵉ d'infanterie.*

J'ai fait arrêter, Citoyen, 20 volontaires nouvellement incorporés dans ton bataillon, et qui, sous prétexte de vouloir entrer dans la marine, ont abandonné leur drapeau et sont venus sans permission en cette ville. Je te les renvoie (1), car, quoique la marine ait besoin de sujets, l'ordre et la discipline ne doivent pas être compromis en s'en procurant.

Je m'étais d'abord adressé au Chef des armements du port pour obtenir une réquisition que je t'aurais envoyée, à l'effet que tu donnasses des congés ; mais il m'a répondu qu'en vertu de la loi du 21 septembre, art. 6 (2), ils avaient droit effectivement d'opter pour le service de la marine, mais qu'il fallait qu'ils s'adressassent à toi. Je t'engage à faire droit sur-le-champ au vœu qu'ils paraissent avoir émis, car la loi est précise à cet égard et les ordres du Ministre tendent à multiplier le plus possible les novices de la marine.

**Dans d'autres cas, les volontaires, après avoir demandé**

---

(1)      *Gougelot à Plaideux.*
6 germinal.

Tu voudras bien, Citoyen, donner tes ordres pour le départ très prompt de 20 volontaires du 22ᵉ régiment d'infanterie, cantonné à Rexpoede, près Bergues. Ces citoyens se sont avisés de déserter leur corps sans permission, sous prétexte de vouloir entrer dans la marine. Tu les feras conduire aujourd'hui par 5 chasseurs à cheval, dont le chef remettra la lettre ci-jointe au commandant du régiment, et m'en apportera réponse.

(2) « Le Ministre de la marine est autorisé à prendre, pour compléter le nombre de novices dont les ports ont le plus grand besoin pour les armements, ceux des jeunes gens de 18 à 25 ans actuellement en réquisition, qui préféreront le service des vaisseaux de la République à celui des armées de terre. » (Loi du 21 septembre 1793, art. 6.)

à passer dans la marine, se récusaient et trouvaient des remplaçants.

17 floréal (6 mai).

*A la Commission de l'organisation et du mouvement des armées de terre, à Paris.*

Le Comité de Salut public, Citoyens, a arrêté, le 12 ventôse dernier (1), que le Conseil exécutif serait chargé de donner des ordres pour que les volontaires de la première réquisition, qui préféreraient le service de la marine à celui de la terre, soient mis à la disposition du Ministre de la marine pour être employés sur les vaisseaux de la République; en vertu de cet arrêté et des ordres du Conseil exécutif, il a été mis à l'ordre de l'armée que les volontaires qui préféreraient ce service, se feraient inscrire chez leur capitaine, que les commandants des corps en feraient passer l'état au général de la division, que celui-ci en adresserait l'état de sa division à l'état-major de l'armée et que le chef en enverrait l'état général au Ministre de la guerre, afin qu'il soit donné des ordres à ces hommes pour passer dans les différents ports. Le délai a été fixé, et les états généraux ont été alors adressés au Ministre. A présent il arrive que des volontaires qui se sont fait enregistrer, changent de désir et d'idée à cet égard, comme il arrive que d'autres se présentent encore pour le service de la marine. Je demande donc à la commission :

1° Si on peut permettre aux premiers de rester dans leurs corps;

2° Si on peut permettre aux seconds de s'enregistrer pour servir dans la marine.

Je demande, en outre, si les corps doivent et peuvent mettre à exécution des réquisitions qui sont faites par des employés dans les différents ports, ou si les volontaires enregistrés ne doivent partir que d'après les ordres précis et directs de la 9e ou 10e commission, qui leur assignerait le port où ils doivent se rendre.

LIÉBERT.

D'autres difficultés provenaient encore de ce que les volontaires, employés aux travaux de fortification, s'empressaient de les quitter sous prétexte de passer dans la marine.

25 floréal (14 mai).

*Le général Gougelot au général Michaud.*

Le Chef des classes de la marine de cette ville met en réquisition les hommes destinés aux différents travaux de cette place, et singuliè-

---

(1) Aulard. Tome XI, page 496.

rement ceux qui composent les 9ᵉ et 10ᵉ bataillons de sapeurs. Je suis persuadé que plus d'un tiers, qui n'a d'autre disposition au service de la mer qu'un grand dégoût pour les ouvrages auxquels ils sont destinés sur terre, s'est déjà fait inscrire. Je t'observe cependant que, jusqu'à présent, je n'ai pas voulu qu'on délivrât aucun congé; mais ce refus de ma part n'a pas arrêté les réquisitions; elles arrivent continuellement jusqu'au nombre de 50 à la fois. Le Comité de surveillance s'en mêle, et il prétend que la loi n'excepte aucun individu de l'âge de 18 à 25 ans du service de la marine, et que l'on ne peut s'opposer à son exécution. Nous sommes d'accord sur cet article, mais je lui ai observé que, si on n'y mettait ordre, bientôt les bataillons nouvellement formés seraient détruits, les travaux du port et des fortifications abandonnés. Je n'ai plus d'autres ressources que de m'adresser à toi. Donne-moi tes ordres à cet égard. Duclos (l'ingénieur en chef) va, je crois, en écrire au Représentant du peuple Florent Guiot. Je l'y ai du moins engagé. J'attends ta réponse avec impatience . . . . . . . . . . . . . . . . . .

. . . . . . . . . . . . . . . . . . . . . . . . . . . . . . . . . . . . . . . . . .

Cette opération pouvait en effet, si l'on n'y mettait bon ordre, désorganiser les corps dans lesquels venaient d'être incorporés les réquisitionnaires. C'est ce qui fut arrivé pour le 27ᵉ bataillon des volontaires nationaux, si Liébert ne s'y était opposé.

6 messidor (24 juin).

*Liébert au général en chef Pichegru.*

. . . . . . . . . . . . . . . . . . . . . . . . . . . . . . . . . . . . . . . . . .

Les volontaires de première réquisition du département du Calvados, incorporés dans le 27ᵉ bataillon de volontaires nationaux, ont probablement fait une pétition à la Commission pour passer au service de la marine, car la Commission vient de donner ordre de les y envoyer. Ils sont au nombre de 38. Je n'ai pas cru devoir désorganiser ainsi les bataillons sans préalablement t'en rendre compte, ainsi qu'au Représentant du peuple. Richard m'a dit qu'il allait prendre un arrêté à ce sujet et qu'il en écrirait au Comité de Salut public; en attendant je les laisse à leurs bataillons . . . . .

Enfin, comme il arrive souvent, les instructions ministérielles ne furent pas absolument comprises et nécessitèrent des demandes d'explication.

23 germinal (12 avril).

*Liébert au citoyen Jourdeuil, adjoint du Ministre de la guerre.*

Conformément à l'arrêté du Comité de Salut public du 12 ventôse, j'ai adressé au Ministre de la guerre l'état des soldats de la première réquisition des différents corps de l'armée du Nord, qui se sont proposés pour servir dans la marine; par cet arrêté ainsi que par ta lettre du 18 du même mois, il n'est pas désigné qu'ils doivent être charpentiers, calfats, perceurs, voiliers, etc. J'ignore le nombre des ouvriers de ces différents métiers qui pourraient se trouver dans ceux inscrits. Mais il a été fait un état particulier de scieurs de long qui se trouvent aussi dans les différents corps d'infanterie de l'armée; et sur le nombre porté, il en a été envoyé cent à Saint-Omer, à la disposition du Directeur des fortifications.

Ta lettre du 21 germinal paraîtrait contrarier celle du 18 ventôse, en ce qu'il ne faudrait faire partir que les hommes susceptibles des métiers ci-devant dits. Tu voudras bien me donner une instruction ultérieure à laquelle je me conformerai sans délai.

Toutes ces difficultés paraissent s'être enfin aplanies, et la mesure du Comité de Salut public avoir atteint son but. C'est ce qui semble du moins résulter de l'ordre d'exécution de Liébert à l'aile gauche de l'armée du Nord et du compte rendu de Charbonnié à l'armée des Ardennes.

*Circulaire datée du quartier général de Lille, le 19 floréal (8 mai). — Le général de division, chef de l'état-major de l'armée du Nord, aux chefs des corps composant l'armée du Nord.*

En vertu d'une lettre du 19 floréal de la commission de l'organisation et du mouvement des armées de terre et de mer, qui enjoint de congédier et d'envoyer sans délai les volontaires de la première réquisition, qui se sont fait inscrire pour le service de la marine, dans les ports ou quartiers de classe les plus près des lieux où résident les corps.

Il est en conséquence ordonné au commandant du..... de congédier et faire partir aussitôt le présent reçu, tous les volontaires de la première réquisition qui se sont fait inscrire pour servir dans la marine et qui se trouvent encore dans ce corps.

Il leur sera donné une route par le commissaire des guerres, pour se diriger et se rendre directement à l'un des ports ou quartiers de classe ci-après désignés et le plus voisin de ce bataillon. Savoir :

Dunkerque, Gravelines, département du Nord.
Calais, Boulogne, département du Pas-de-Calais.
Saint-Valery-sur-Somme, Abbeville, département de la Somme.

L'étape et le logement seront fournis à ces volontaires, dans les lieux de passage et d'étape jusqu'à leur destination. Aussitôt leur arrivée, ils se présenteront aux officiers civils de la marine, préposés dans les quartiers de classe indiqués ci-dessus, pour être enregistrés et compris dans la levée actuelle des marins.

Mais pour que ces volontaires marchent en bon ordre, police et discipline, ils seront conduits par un ancien sous-officier du corps, ou deux, suivant le nombre, jusqu'à leur destination où ils seront remis entre les mains des agents de la marine, qui donneront au sous-officier principal conducteur un reçu de tous ces volontaires, qui devront être portés nominativement sur un état certifié par le Conseil d'administration.

Cet état, auquel sera joint l'ordre de route, devra comprendre les nom, prénoms et lieux de naissance, district, département et le grade dans le corps.

Les sous-officiers conducteurs rejoindront par étape leur drapeau, aussitôt qu'ils auront conduit lesdits volontaires et que les agents de la marine leur en auront donné le reçu.

Dans le cas cependant où il n'y aurait que dix volontaires de la première réquisition, qui se seraient enregistrés pour le service de la marine, ou qui n'auraient point été déjà requis pour ce service, ces volontaires ne seront point conduits par un sous-officier, le plus ancien d'entre eux en sera chargé, ainsi que de la route et de l'état à remettre aux agents de la marine, auxquels le commandant du bataillon écrira pour demander le reçu dont il s'agit.

Copie collationnée du reçu sera envoyée par le commandant du bataillon, au chef de l'état-major de l'armée aussitôt qu'il lui sera remis ou parvenu.

Ce commandant, dans l'ordre qu'il donnera, aura néanmoins attention de ne point diriger les jeunes volontaires, qui auront préféré le service de la marine, dans les ports ou quartiers où ils seraient nés et qu'ils habitaient avant la réquisition.

On lui recommande d'ailleurs la prompte exécution du présent ordre, en le prévenant qu'il serait personnellement responsable du moindre retard qu'il éprouverait.

Il en accusera la réception, en annoncera l'exécution et renverra en même temps au chef de l'état-major de l'armée copie de l'état nominatif des volontaires qui seront mis à la disposition des agents de la marine ; cette copie d'état devra être aussi certifiée par le conseil d'administration du corps.

On n'oubliera pas au surplus d'y indiquer le port ou quartier de classe où ces volontaires auront ordre de se rendre.

S'il ne se trouvait dans ce bataillon aucun volontaire de la première réquisition, enrôlé pour le service de la marine, le commandant et le conseil d'administration de ce bataillon déclareront qu'il n'en existe aucun, en accusant la réception du présent ordre.

Salut et fraternité.

LIÉBERT.

Le détachement des réquisitionnaires à la marine avait été l'objet des mêmes mesures à l'armée des Ardennes qu'à celle du Nord.

27 floréal (16 mai).

*Le général Charbonnié à la Commission de l'organisation et du mouvement des armées.*

Le Général en chef a reçu votre lettre avec la répartition des quartiers des classes ou postes vers lesquels on doit diriger les jeunes réquisitionnaires, qui se sont fait inscrire pour le service de la marine. Il l'a fait mettre à l'ordre de l'armée et en a recommandé expressément l'exécution en leur indiquant le mode.

Mais ce n'était pas tout que d'assurer la levée des réquisitionnaires et de les grouper en bataillons ou compagnies par district. Il fallait décider de leur emploi. Marcheraient-ils en première ligne ou resteraient-ils à la garde du territoire ? Ce fut cette solution qu'admit le Comité de Salut public dans son arrêté du 20 septembre (1) que Barère vint expliquer à la tribune le 27 :

---

(1)  *Arrêté du 20 septembre 1793.*

« Le Comité de Salut public, délibérant sur l'emploi de la première réquisition ordonnée par le décret du 23 août dernier, arrête que toutes les garnisons des différentes places seront réunies sans délai aux armées, chacune dans sa division, et que les nouvelles levées de la première réquisition remplaceront ces garnisons..... »

L'article 1er du décret du 27 septembre, spécifia d'autre part que les citoyens de la première réquisition iront incessamment remplacer les trois quarts des garnisons.

« Le nombre des jeunes gens en réquisition, dans la ville de Paris, se porte à 26,000 ; plusieurs sections ont déjà caserné ceux de leur arrondissement (1) ; mais il importe, à Paris, et pour l'instruction de ces jeunes gens, qu'ils soient tous casernés dans les villes frontières et remplacent les 3/4 de la garnison de ces villes. Cette mesure renforcera nos armées et assurera la fin de cette campagne. » Le décret du 27 septembre ne fut que la traduction de cette idée qui avait pour but de rendre mobiles pour la guerre de campagne, les bataillons aguerris qui étaient immobilisés par les places, et de les remplacer par des bataillons de réquisition.

Avant cette date, ces troupes semblaient d'ailleurs être destinées au service des places, car Jeanbon-Saint-André avait, au nom du Comité de Salut public, fait décréter, dès le 14 septembre, que « les officiers des troupes qui se lèvent en vertu de la loi du 23 août dernier, sont dispensés d'acheter des chevaux et de former des équipages de guerre, et qu'en conséquence il n'y a pas lieu à ce que ces officiers reçoivent la gratification de campagne. »

Mais cette organisation des réquisitionnaires en troupes de garnison ne devait pas être la dernière. Le 2 frimaire an II (2), le représentant du peuple Cochon vint, au nom

---

(1) Décret du 25e jour du 1er mois de l'an II. « Les matelas, draps et couvertures, qui se trouvent dans les maisons des émigrés, seront employés pour le casernement des citoyens de la première réquisition..... »

(2) Le même jour, les représentants du peuple, Hentz et Bo, à l'armée des Ardennes, insistaient, auprès du Comité de Salut public, pour que « les anciens cadres ou bataillons de l'armée du Nord fussent « remplis avec les citoyens de la première réquisition ». Cette disposition était, dans leur esprit, dirigée contre les officiers « muscadins et intrigants » que les réquisitionnaires s'étaient donnés, et qui « ne pouvaient que jouer quelque mauvais tour ». (Aulard, tome VIII, page 633.)

du Comité de Salut public, faire l'historique de cette affectation et en déduire une plus rationnelle :

« A l'époque du mois d'août dernier, l'évacuation du camp de Famars, la reddition de Mayence, de Condé et de Valenciennes avaient fait naître les espérances des féroces ennemis de notre liberté..... Déjà, les tyrans coalisés contre nous..... se flattaient de partager les dépouilles de la France..... Pénétrée d'indignation...... la nation française s'est levée en masse.....

« .... Vous avez sagement pensé qu'il fallait donner un régulateur à ce grand et sublime mouvement..... C'est en conséquence que vous avez rendu la loi du 23 août dernier, qui met tous les Français en réquisition permanente ; l'effet de cette loi a passé vos espérances, et, en montrant les immenses ressources de la France, a annoncé aux tyrans étonnés qu'une nation qui a su conquérir sa liberté et a de si grands moyens pour la conserver, ne peut être subjuguée.

« A cette époque, les circonstances exigeant que les citoyens de la première réquisition allassent remplacer les garnisons des différentes places de la République, qui devaient se réunir aux armées de leurs divisions, vous avez dû autoriser les citoyens à se former momentanément en bataillons ; mais cette formation n'a dû être qu'instantanée, et seulement pour le besoin du moment. L'intérêt de la République exige aujourd'hui la suppression de ces nouveaux bataillons et leur incorporation dans les anciens cadres. C'est ce que je suis chargé de vous présenter aujourd'hui, au nom des Comités de Salut public et de la Guerre.

« Ils ont pensé qu'il serait absurde de conserver une foule de nouveaux bataillons sans instruction et sans expérience ; tandis qu'un grand nombre de corps anciens, qui ont fait toute la guerre, se trouvent, par l'effet des fatigues de la campagne et par les pertes qu'ils ont éprouvées, beaucoup au-dessous du complet, et peut-être hors d'état de soutenir une nouvelle campagne.

« Outre la dépense énorme qui résulte, pour le Trésor public, de la formation de tant d'états-majors et de l'existence de plus de 260,000 officiers et sous-officiers actuellement à la solde de la République, il est bien évident que, quel que soit le zèle des citoyens de la nouvelle levée, ils ne pourraient jamais servir si utilement la Patrie dans les corps entièrement neufs, que lorsqu'ils seront incorporés dans les corps anciens, déjà formés à la tactique, où ils auront bien plus de moyens d'instruction et où d'ailleurs, dans les manœuvres et les mouvements, ils suivront l'impulsion qui leur sera donnée par les militaires expérimentés qui composent ces corps.

« Peut-être cette suppression excitera quelques réclamations ; peut-être les citoyens nommés officiers dans ces nouveaux bataillons croiront avoir à se plaindre. Vos comités augurent trop bien du patriotisme de tous les Français pour en craindre quelque fâcheux résultat, et ils ne doutent pas que ces citoyens fassent le sacrifice, à la Patrie, de toutes leurs petites prétentions d'amour-propre et d'intérêt particulier.

« Mais vos Comités ont su prévoir ces réclamations et vous proposeront des mesures répressives pour empêcher que des malveillants ne se servent de ce prétexte pour exciter des troubles.

« Vos Comités vous présenteront encore une autre mesure qu'ils croient essentielle : c'est l'augmentation de la force des bataillons d'infanterie. Ces bataillons sont aujourd'hui de 777 hommes et ils vous proposent de les porter à 1067. L'expérience de tous les temps a appris que les corps nombreux se soutiennent beaucoup mieux ; ils forment une masse plus solide et ont plus de consistance dans la ligne ; enfin, un corps s'intéresse beaucoup plus à la conservation d'une de ses parties qu'il ne fait à celle d'un autre corps.

« Enfin, vos Comités ont pensé qu'il était indispensable de prononcer une peine contre les citoyens qui, dans les dangers de la Patrie, seraient sourds à sa voix et assez lâches pour refuser de voler à sa défense.

« Ils vous proposent, en conséquence, de déclarer que les citoyens, compris dans la première réquisition, qui se seraient cachés pour s'y soustraire, seront réputés émigrés s'ils ne se présentent pas dans la décade qui suivra la publication du présent décret.

« Cette mesure, peut-être, paraîtra sévère à quelques personnes ; mais dans la crise révolutionnaire que traverse la France, les moyens ordinaires ne peuvent suffire ; ceux-là, d'ailleurs, ne doivent-ils pas être mis réellement dans la classe des émigrés qui abandonnent lâchement la Patrie au moment du danger, et qui se cachent honteusement lorsqu'elle a besoin de leur secours ? Peuvent-ils espérer de partager les avantages de la société lorsqu'ils se refusent à en supporter les charges ?

« En conséquence, vos Comités m'ont chargé de vous proposer le projet de décret suivant. » Ce décret fut adopté sous la date du 2 frimaire.

Pour le motiver, la Convention invoqua surtout cette raison, « qu'avant de former de nouveaux bataillons il importe essentiellement, à l'intérêt de la République et au succès de ses armes, que les anciens cadres de troupe qui ont fait la guerre soient portés au complet et à une force telle qu'elle puisse leur donner une consistance convenable et les mettre en état d'opposer une masse solide aux efforts de l'ennemi. »

Aux termes de ce décret, les citoyens levés en vertu de la loi du 23 août devaient être incorporés, au 10 nivôse au plus tard, dans les cadres existants pour les porter à un complet encore supérieur à celui qu'avait fixé la loi du 12 août pour les demi-brigades, dont il sera parlé plus loin. Pour accélérer cette opération, le ministère nommerait, près de chaque armée, un agent supérieur, qui se concerterait avec les Représentants du peuple (1) et serait assisté d'un nombre variable d'agents subalternes. L'incorporation devait se faire d'abord dans les bataillons déjà embrigadés, puis dans les autres, par ordre de numéros, en commençant toujours par les plus anciens dans chaque armée. Une fois les cadres antérieurs au 1$^{er}$ mars (2) complétés, l'excédent, s'il y en avait un, devait être employé suivant des ordres ultérieurs de la Convention. Enfin aucun nouveau corps ne devait être formé, avec les réquisitionnaires, sans une autorisation expresse de la Convention nationale, et, tous ceux qui avaient été formés devaient être supprimés (3). La dislocation des bataillons de réquisition et leur fusion dans les anciens cadres, rendaient disponibles soit les officiers, sous-officiers et soldats qui, pour y servir, avaient quitté les corps auxquels ils étaient attachés, soit ceux qui étaient nés avec la nouvelle levée; les

---

(1) L'article I du décret du 23 pluviôse prescrit en outre que « les Représentants du peuple, chargés de l'embrigadement de l'infanterie dans chaque armée, veilleront à l'exécution de la loi du 2 frimaire, relative à l'incorporation des citoyens de la première réquisition. »

(2) Cette date du 1$^{er}$ mars est citée dans l'article VIII de la section 1$^{re}$ du titre I, de la loi du 21 février 1793, sur l'organisation. En décidant en principe l'amalgame mais en l'ajournant, cette loi prescrivait au Ministre de lui présenter au 1$^{er}$ mars le tableau de cette opération. Donc la Convention avait d'abord envisagé toutes les formations antérieures à cette date; un travail les concernant avait été préparé; il était donc rationnel de faire d'abord compléter les manquants indiqués par ce tableau avant de passer à d'autres.

D'ailleurs les prescriptions du décret du 10 mars, qui défendaient toute nouvelle création avant le complément des corps existants, prescriptions qui ne paraissent pas avoir été suivies, ne laissaient plus à compléter, comme cadres postérieurs au 1$^{er}$ mars, que des bataillons formés exceptionnellement comme celui de la Moselle, de Milon et de Gazin ou celui des chasseurs du Mont Cassel, dont Vandamme donne la composition.

(3) Autrement dit, il n'y avait plus de bataillons de réquisitionnaires.

premiers devaient rentrer dans leurs anciens corps (1), les autres étaient « incorporés comme les autres citoyens dans les anciens cadres sans égard aux grades qu'ils avaient occupé provisoirement (2). »

Il fallait encore tenir compte du remplacement provisoire des cadres faits prisonniers et de leur rentrée éventuelle. Ce fut l'objet de l'arrêté de Vidalin et Bollet, daté du 15 pluviôse.

*Ordre du 19 au 20 pluviose (7 au 8 février).*

Nous, Représentants du peuple près l'armée du Nord, chargés du complettement (*sic*) de la cavalerie et de la surveillance de l'incorporation dans les anciens bataillons de nouvelle levée ; informés par différents agents secondaires que plusieurs régiments et bataillons d'ancienne levée ont un grand nombre d'officiers et sous-officiers faits prisonniers, et que l'on ne peut remplacer; attendu que ces officiers et sous-officiers sont dans le cas de reprendre leurs places lorsqu'ils seront échangés, et que cependant le petit nombre d'officiers et sous-officiers où sont réduits plusieurs corps, ne peuvent suffire pour l'instruction des citoyens de nouvelle levée, qui sont incorporés dans ces corps auxquels

---

(1) On peut citer comme application de cette règle générale l'arrêté suivant de Gillet :

Longwy, 21 germinal (10 avril).

Le Représentant du peuple,

Sur les certificats qui lui ont été présentés par le citoyen Bizet, capitaine au 9e bataillon de Seine-et-Oise, qui constatent que se trouvant à Paris pour les affaires du bataillon, il reçut des ordres du Ministre de la guerre pour conduire des recrues à l'armée, et qu'ensuite il a été requis d'entrer comme instructeur dans le bataillon de réquisition de Corbeil, et qu'il y est resté jusqu'au moment de l'incorporation; arrête que, conformément à la loi du 2 frimaire dernier, le citoyen Bizet rentrera à son bataillon et y reprendra la première place vacante du grade qu'il occupait avant son départ du bataillon.

(2) « Nous renvoyons au grade de soldat, ces épauletiers d'hier, ces aigrefins qui voudraient faire la loi aux braves officiers qui viennent de supporter deux campagnes ». *Hentz et Bo, représentants du peuple à l'armée des Ardennes, au Comité de Salut public, 4 frimaire.* (Aulard, tome VIII, page 684.)

il est essentiel de pourvoir provisoirement à leurs remplacements. En conséquence arrêtons les dispositions suivantes :

Art. I. — Les Conseils d'administration des régiments et bataillons d'ancienne levée, qui ont des officiers et sous-officiers prisonniers de guerre, les feront remplacer provisoirement par les sous-officiers les plus anciens de grade et les volontaires les plus anciens des compagnies dans la forme prescrite par la loi.

Art. II. — Les citoyens qui remplaceront provisoirement les officiers et sous-officiers prisonniers de guerre, jouiront des appointements qui sont attachés au grade dont ils rempliront les fonctions, sans cependant qu'ils puissent exiger la gratification de campagne.

Art. III. — Les officiers et sous-officiers prisonniers de guerre, lorsqu'ils seront échangés, reprendront leurs rangs dans les bataillons et compagnies, et ceux qui les remplaceront provisoirement, reprendront alors leurs anciens grades et seront choisis de préférence pour remplir les places qui viendront à vaquer.

Art. IV. — Ce remplacement se fera sans qu'il puisse préjudicier à l'élection (1) qui doit être faite des sous-officiers ordonnés par la loi du 2 frimaire, concernant l'incorporation des citoyens de nouvelle levée.

Art. V. — Cet arrêté sera adressé sur-le-champ au général en chef de l'armée du Nord, pour le faire exécuter dans toutes les divisions de l'armée, et à l'Agent supérieur chargé de l'incorporation, pour le faire passer aux agents secondaires pour en surveiller l'exécution et en rendre compte.

Fait à Douay, le 15 pluviôse, an 2º de la République une et indivisible.

Vidalin et Bollet.

Les mesures de répression édictées par les articles XVII et XVIII de la loi du 2 frimaire, contre les opposants ou les réfractaires, qu'elle traitait en suspects ou en émigrés, ne furent sans doute pas suffisantes pour en assurer l'exécution sans difficultés ; car Gossuin fit

---

(1) Article XVI de la loi du 2 frimaire. « Les citoyens de nouvelle levée qui seront incorporés dans les anciens cadres participeront à l'élection des sous-officiers d'augmentation accordés à chaque compagnie par l'effet de l'article II du présent décret ; en conséquence, il ne pourra être procédé à la nomination desdits sous-officiers d'augmentation qu'après que les bataillons auront été portés au complet, en exécution de la présente loi »

encore voter, le 1ᵉʳ nivôse, que « tout militaire qui se permettrait des propos tendant à exciter du trouble et à empêcher l'exécution de la loi du 2 frimaire, relative à l'incorporation des citoyens de la première réquisition dans les anciens cadres, serait traduit devant le tribunal criminel militaire de son arrondissement, s'il est dans les camps, cantonnements ou garnisons occupées par l'armée; ou devant le tribunal criminel du département, s'il est dans l'intérieur de la République, pour y être jugé comme conspirateur et, comme tel, puni de mort, si les propos sont suivis de troubles dans le corps où il était employé, et s'ils ont mis obstacle à la prompte exécution de la loi. »

La Convention avait hâte en effet, de substituer à toutes ces troupes sans cohésion une armée homogène, basée sur les principes de l'incorporation et de l'embrigadement. Elle avait non seulement nommé des agents supérieurs (1) pour surveiller et activer l'opération, mais encore elle escomptait la différence existant entre les bataillons de la réquisition : les uns complets, armés et équipés, constituaient déjà une force militaire d'une certaine valeur, tandis que d'autres, à peine organisés n'étaient qu'une foule sans cohésion. Dans certaines communes même, la réquisition n'était pas entamée au 9 ventôse (2). Aussi était-il sage de commencer par

---

(1) *Le général Charbonnié au citoyen Regnault, président du comité révolutionnaire de la Meuse.*

19 pluviose (7 février).

..... La Convention a décrété qu'il y aurait un agent supérieur du pouvoir exécutif, spécialement chargé de l'incorporation de la réquisition. Adresse-toi au citoyen Poulet, agent supérieur à Rethel.....

. . . . . . . . . . . . . . . . . . . . . . . . . . .

(2) *Gillet au citoyen Poulet, agent supérieur du Conseil exécutif à l'armée des Ardennes.*

Sedan, le 9 ventôse (27 février).

Citoyen,

J'ai appris dans la tournée que je viens de faire que la loi du

incorporer ces derniers. Ce fut le but de l'arrêté du Comité de Salut public du 26 frimaire qui ne fut toutefois pas maintenu, par suite des intrigues et des abus auxquels donna lieu son exécution, et qui ralentissaient au lieu d'activer l'opération. Le Comité se borna, par son arrêté du 7 nivôse, à « charger le Ministre de la guerre d'employer les moyens les plus efficaces pour accélérer l'incorporation prescrite (1) ».

---

23 août dernier (vieux style), qui appelle les citoyens de 18 à 25 ans à la défense de la Patrie, n'a point été exécutée dans le district de Couvin, qui cependant est dans le cas de fournir environ 500 hommes.

L'on m'a aussi observé qu'elle n'avait été exécutée que très imparfaitement dans le district de Roc-libre; et dans le compte que tu m'as rendu, je vois que les administrateurs de ce district ont toujours négligé de répondre à tes lettres.

Ces deux administrations viennent d'être renouvelées, et il y a lieu de compter sur plus de zèle de la part des nouveaux administrateurs; mais dans le désordre où leurs prédécesseurs ont laissé toutes les parties administratives, peut-on compter que ce zèle sera assez efficace pour que la loi soit exécutée aussi promptement que les besoins de la Patrie l'exigent.

Je t'invite, Citoyen, à envoyer sur-le-champ, dans ces deux districts un agent secondaire; tu le chargeras de prendre connaissance des opérations des administrateurs et d'accélérer le plus tôt possible le rassemblement, l'équipement et l'armement des citoyens de la première réquisition.

Aussitôt que ceux du district de Couvin seront réunis, tu leur feras expédier une route pour se rendre à Metz. Des motifs d'intérêt public exigent qu'on leur assigne particulièrement cette destination.

*Le même au même.*

Sedan, 14 ventôse (4 mars).

J'ai reçu, Citoyen, tes trois dernières lettres du 11 et du 12. J'ai vu ce matin le citoyen Barthe. Je lui ai remis les instructions concernant la mission qu'il est chargé de remplir dans les districts de Couvin et de Roc-libre; je les ai approuvées, et il a dû partir sur-le-champ pour sa destination.

(1) 26 frimaire an II (16 décembre).

Le Comité de Salut public arrête que le Ministre de la guerre donnera des ordres pour que l'incorporation des volontaires de la pre-

Quelle que fût, du reste, l'accélération rêvée par le Comité de Salut public, elle fut loin d'être réalisée dans tous les départements, et notamment dans l'Ouest, car un arrêté du 4 pluviôse, inspiré sans doute par Gillet (1), et confirmé le 25 germinal, prescrivait au Ministre de la guerre de faire partir, pour les armées du Nord et des Ardennes, « les troupes de la première réquisition qui ne sont pas encore incorporées dans les départements du Morbihan, du Finistère, d'Ille-et-Vilaine et des Côtes-du-Nord (2) ».

---

mière réquisition soit exécutée, de manière que les bataillons de cette première réquisition qui se trouveraient complets, armés, équipés et disciplinés, seront incorporés les derniers dans les anciens corps ; qu'il prendra les mesures les plus promptes pour l'incorporation des bataillons de la nouvelle réquisition qui ne sont point dans ce cas, et qu'il rendra compte, à chaque décade, de l'exécution de la loi y relative et du présent arrêté.

7 nivôse (27 décembre).

Le Comité de Salut public, informé que son arrêté du 26 frimaire concernant l'incorporation des bataillons de nouvelle réquisition, dans les anciens cadres, donne lieu à des sollicitations abusives et à des intrigues qui pourraient opérer un retard funeste dans cette opération urgente, rapporte le susdit arrêté et charge le Ministre de la guerre d'employer les moyens les plus efficaces pour accélérer l'incorporation prescrite.

(1) « ..... Cette observation me donne lieu de vous rappeler celle que je vous ai faite, il y a deux mois, à l'égard des départements de la ci-devant Bretagne. L'on me mande que la réquisition de ces départements n'est pas encore encadrée. Envoyez-la à l'armée du Nord : ce n'est qu'en les éloignant de chez eux, que vous en ferez des soldats ». (*Gillet, au Comité de Salut public, 8 ventôse*).

(2)      4 pluviôse an II (23 janvier).

« Le Comité de Salut public arrête que le Ministre de la guerre donnera sur-le-champ les ordres nécessaires pour faire partir les troupes de la première réquisition qui ne sont pas encore incorporées dans les départements du Morbihan, du Finistère, d'Ille-et-Vilaine et des Côtes-du-Nord, et les fera passer dans les armées du Nord et des Ardennes ». Arrêté du 25 germinal, confirmant cet arrêté pour l'armée des

Cette mesure paraît d'ailleurs avoir eu, tout au moins, un caractère politique (1), et le déficit qu'elle occasionnait aux troupes républicaines dans les régions de la Bretagne était aussitôt compensé par un prélèvement semblable d'anciens cadres de l'armée du Nord et des Ardennes, complétés et embrigadés à Orléans avant d'être dirigés sur la Vendée.

« *Loi relative aux bataillons formés à Orléans des militaires tirés des armées du Nord et des Ardennes pour aller combattre les brigands de la Vendée.*

La Convention nationale, après avoir entendu son Comité de la guerre, décrète :

Art. 1er. — Les bataillons formés à Orléans, des militaires tirés des armées du Nord et des Ardennes, pour aller combattre les brigands de la Vendée, seront considérés comme bataillons d'ancienne formation, et comme tels portés au complet et embrigadés conformément aux lois.

Art. 2. — Le remplacement provisoire fait dans les bataillons, dont ces militaires ont été tirés, demeurent définitifs ; ceux desdits militaires qui n'ont pas encore été remplacés dans leurs bataillons respectifs, le seront incessamment conformément aux lois ».

En exécution de la loi ci-dessus, les corps d'infanterie de la division aux ordres du général Fromentin, feront remplir sans perdre de temps les emplois d'officiers et sous-officiers vacants par les détachements

---

Ardennes, et ajoutant qu' « on évite soigneusement de faire passer les « volontaires de la première réquisition des départements du Finistère, « des Côtes-du-Nord, du Morbihan et d'Ille-et-Vilaine par les pays « infestés par les brigands, connus sous le nom de Chouans, ni dans « les lieux circonvoisins. »

(1) C'est sans doute dans un but analogue que le Comité de Salut public décidait, le 5 floréal (24 avril), que « les Représentants du peuple « à l'armée de l'Ouest prendront les précautions nécessaires pour que « les citoyens qui, en exécution de leurs arrêtés, sortent du département « de la Vendée et de ceux environnants, ne puissent se porter vers les « points des côtes maritimes qui sont voisins de ces mêmes dépar-« tements. »

envoyés dans la Vendée, en se conformant à la loi du 21 février relative à l'avancement.

. . . . . . . . . . . . . . . . . . . . . . . . . . .

Au quartier général d'Avesnes, le 10 floréal.
Copie de l'ordre du quartier général de Réunion-sur-Oise, du 8 au 9 floréal, 2ᵉ année républicaine.

Si cet échange entre les armées du Nord et des Ardennes et celle de la Vendée dénote, chez les membres du Comité de Salut public, un véritable sens politique, il est de nul effet pour faire ressortir, à une date donnée, les progrès de l'« incorporation » des réquisitionnaires dans les anciens cadres.

Pour y arriver, il semble logique de passer en revue les documents épars qui concernent, sur cette question, l'aile gauche, le centre et l'aile droite de l'armée du Nord.

A l'extrême gauche, au 28 germinal, l'incorporation était en pleine exécution.

Dune-Libre, 28 germinal (17 avril).

*Le général Gougelot au Chef du 9ᵉ bataillon du Pas-de-Calais.*

Le général Gougelot vient d'être instruit que 300 hommes, destinés à compléter ton bataillon, doivent arriver en cette commune cet après-midi. Tu voudras bien te concerter avec le commissaire chargé de cette incorporation, pour qu'il n'y soit apporté aucun retard et que ces hommes ne souffrent pas faute de subsistance. Tu verras à pourvoir à leur logement.

A l'aile gauche proprement dite, c'est-à-dire sous les murs de Lille, Souham se plaint, jusqu'à la fin de pluviôse, des incomplets de sa division et signale la nécessité d'en combler rapidement les vides par une prompte incorporation, qui ne sera toutefois terminée qu'à la fin de germinal (1), une semaine environ avant la première rencontre de la campagne.

---

(1) Voir plus loin la lettre de Liébert à l'agent supérieur Saignes. 23 germinal.

14 nivôse (3 janvier).

*Le général Souham au Ministre de la guerre.*

.....Il y a quelques jours que les Représentants du peuple me requirent de faire procéder à l'incorporation des bataillons de première réquisition, qui sont actuellement à Lille, dans les bataillons de ma division. Ignorant les mesures que tu avais prises à cet effet, j'ai nommé le général de brigade Macdonald. Il a fait ce travail avec activité, et déjà trois demi-brigades sont complétées. Il est arrivé hier ici des agents nommés, pour faire ce travail, par le général en chef et l'agent supérieur Saignes. Ils ont trouvé que ce que l'on a fait jusqu'à présent n'est pas entièrement conforme à leurs instructions. Mais il sera très facile de réparer cela, et ce travail important aura toujours été accéléré dans cette division..... (1).

21 nivôse (10 janvier).

*Le général Souham au Ministre de la guerre.*

.....L'incorporation continue avec activité dans la division que je commande; déjà tous les bataillons de réquisition qui étaient à proximité sont incorporés dans trois demi-brigades. Il s'élève souvent des difficultés sur l'avancement des militaires qui ne savent pas écrire. Il y a une loi (2) qui défend de nommer ceux qui sont dans ce cas. Je te prie de m'en faire passer des exemplaires.

---

(1) La même lettre était adressée par Souham à Pichegru, avec cette variante :

« .....Ils ont trouvé ce travail très avancé et bien fait, hors quelques redditions de compte qui leur sont prescrites par les instructions. Ils ont demandé de nouveaux ordres, pour la suite de ce travail, à l'agent supérieur. Ce qu'on a fait ici aura toujours accéléré cette incorporation, qui est de la plus grande importance ».

(2) La mesure était sans doute en vigueur avant l'adoption de la loi, car celle-ci est datée du 27 pluviôse.

Loi du 27 pluviôse : « Aucun citoyen ne pourra être promu aux emplois qui viendront à vaquer, depuis le grade de caporal jusqu'à celui de général en chef dans les armées de la République, s'il ne sait lire et écrire. »

Cette loi donna lieu, du reste, à deux arrêtés contradictoires : l'un,

26 nivôse (15 janvier).

*Le général Souham au Comité de Salut public.*

. . . . . . . . . . . . . . . . . . . . . . . . . . . . . . . . . . .
L'incorporation de la nouvelle levée dans les bataillons de la division que je commande est suspendue depuis quelques jours, parce que tous

---

de Goupilleau (de Fontenay), à l'armée du Nord; l'autre, de Gillet, à celle de la Moselle.

*Ordre du 15-16 ventôse (5-6 mars).* — *Arrêté du représentant du peuple Goupilleau.*

Le Représentant du peuple chargé de l'embrigadement de l'infanterie de l'armée du Nord, considérant qu'il s'est élevé plusieurs réclamations sur les dispositions de la loi du 27 pluviôse, qui porte que nul ne sera admis aux emplois militaires, depuis le grade de caporal jusqu'à celui de général en chef, s'il ne sait lire ni écrire;

Que, dans plusieurs corps, on a donné une fausse interprétation à cette loi, en élevant aux grades des citoyens qui savaient lire et écrire en langue étrangère, mais qui ne le savaient pas en français;

Qu'on élève également aux différents grades des citoyens qui ne savent que signer leurs noms.....;

Arrête que nul ne pourra être admis aux grades et emplois militaires s'il ne sait lire et écrire en français, et que, pour y être admis, il ne suffit pas de savoir signer son nom, mais encore qu'il faut savoir lire et écrire;

Déclare nulle toute nomination et promotion contraire aux dispositions de ladite loi et du présent arrêté, faite depuis l'époque du 27 pluviôse.....

Fait au cantonnement de Fesmy, le 14 ventôse.

Arlon, le 8 floréal (27 avril).

Le représentant du peuple Gillet, etc ....

Considérant que la loi n'a exclu de l'avancement que les citoyens qui ne savent pas lire et écrire;

Déclare que les militaires qui savent lire et écrire la langue allemande sont susceptibles d'avancement, quoiqu'ils ne sachent pas le français;

Toutes les nominations faites jusqu'à ce jour sont continuées.

Le Représentant du peuple rappelle à tous les militaires que c'est un devoir pour tout Français de savoir la langue de son pays.

Il les invite à apprendre à parler et écrire cette langue, devenue celle de la liberté, dans le délai d'un an.

les bataillons de réquisition qui étaient ici l'ont été (1) et qu'on attend environ 9,000 hommes (2) que l'agent supérieur, pour l'incorporation de cette armée, doit envoyer pour l'achever.....

26 nivôse (15 janvier).

*Le même au Ministre de la guerre.*

. . . . . . . . . . . . . . . . . . . . . . . . . . . . . . . .

L'incorporation est maintenant suspendue jusqu'à l'arrivée des bataillons de réquisition nécessaires pour achever. Tous ceux qui étaient ici l'ont été (1) dans six demi-brigades, et il me faut encore 9,000 hommes, qui ont été demandés à l'agent supérieur.

27 nivôse (16 janvier).

*Le général Souham au Général en chef.*

Je t'ai déjà écrit ce que j'ai fait pour accélérer l'incorporation des bataillons de la première réquisition dans les anciens cadres de la division que je commande. Elle a été continuée avec activité tant qu'il y a eu des bataillons de réquisition. Les cinq demi-brigades suivantes ont été complétées : la 3e, la 23e, la 24e, la 27e et la 29e. Maintenant, j'attends, pour l'achever, les troupes que les agents secondaires ont demandées à l'agent supérieur Saignes.

Tu trouveras ci-joint l'état (3) des demi-brigades et bataillons qui restent à compléter, et du nombre d'hommes nécessaire pour les porter à la force fixée par la loi. Je te prie de donner des ordres à l'agent supérieur Saignes pour qu'il les envoie promptement à Lille.

. . . . . . . . . . . . . . . . . . . . . . . . . . . . . . . .

27 nivôse (16 janvier).

*Le général Souham aux agents secondaires pour l'incorporation.*

Le Ministre et le général en chef viennent encore de m'écrire de leur rendre compte de l'état où est actuellement l'incorporation des bataillons de première réquisition dans les bataillons de la division que je commande. Ce travail va bien lentement. Cinq demi-brigades sont seulement complétées, et on ne fait plus rien maintenant à cause qu'il n'y a

---

(1) Incorporés.
(2) De la réquisition.
(3) Cet état n'existe malheureusement pas aux Archives historiques.

plus d'hommes. Si les mesures que j'avais prises, de concert avec les Représentants du peuple, avaient été suivies, tous les bataillons de la division que je commande seraient peut-être au complet. Écrivez encore à l'agent supérieur de donner des ordres pour faire diriger sur Lille les 11,000 hommes (1) qui manquent; j'ai, de mon côté, écrit au général en chef. Je lui ai envoyé l'état des hommes qui nous manquent, et je l'ai prié de donner des ordres à l'agent supérieur pour qu'il me les envoie. Vous devez m'envoyer copie de l'arrêté des Représentants du peuple qui vous chargent de cette opération, et rappeler les agents que j'avais nommés. Vous voudrez bien m'en envoyer un certifié.

1ᵉʳ pluviôse (20 janvier).

*Le général Souham au Ministre de la guerre.*

. . . . . . . . . . . . . . . . . . . . . . . . . . . . . . . . . .
L'incorporation, comme je te l'ai déjà écrit, est suspendue dans la division que je commande parce qu'il n'y a plus de bataillons de réquisition. Il manque 10,000 hommes (1) pour compléter les anciens cadres. L'agent supérieur Saignes, à qui on en a fait la demande, a répondu qu'il ne savait où prendre tous les hommes qui seraient nécessaires pour compléter l'armée du Nord, et qu'il écrivait au département de l'Orne pour faire diriger sur Lille les bataillons de ce département, ce qui serait encore insuffisant lorsqu'on ne disposerait pas, comme je te l'ai déjà dit (2), de quatre de ces bataillons pour travailler aux fortifications de Dune-Libre. Je te prie d'avoir égard à cela et de prendre des moyens pour compléter promptement cette division.....

1ᵉʳ pluviôse (20 janvier).

*Le général Souham à l'agent supérieur Saignes.*

Les agents secondaires m'ont communiqué ta réponse à la demande des hommes nécessaires pour compléter les anciens cadres de la division que je commande. J'ai aussi reçu ta lettre pour envoyer les quatre premiers bataillons de l'Orne travailler aux fortifications de Dunkerque, suivant l'arrêté du Comité de Salut public. J'ai déjà donné ordre pour

---

(1) On voit que le chiffre varie sans cesse. Souham écrit le 26 nivôse qu'il lui manque 9,000 hommes; le 27, 11,000; et le 1ᵉʳ pluviôse, 10,000.

(2) Voir, page 329, lettre de Souham au Ministre de la guerre, 1ᵉʳ pluviôse.

ce dernier objet. Mais tu dois observer que, si tu disposes de ces quatre bataillons, il faudra les remplacer par d'autres et que, lors même qu'ils resteraient, il n'y aurait pas assez d'hommes pour porter cette division au complet. Désirant savoir à quoi m'en tenir sur cette incorporation, et quand tous les anciens cadres de la division seront complets, tu voudras bien me faire part des mesures que tu auras prises pour m'envoyer les hommes qui me sont nécessaires, conformément à l'état que les agents secondaires t'ont fait passer.

5 pluviôse (24 janvier).

*Le général Souham au Général en chef.*

Je t'ai déjà écrit, il y a quelques jours, que l'incorporation de la nouvelle levée dans la division que je commande est arrêtée par le manque de bataillons de la première réquisition. Tout ce qui était ici a été incorporé, ainsi que les bataillons que le général Macdonald a fait diriger sur Lille dans la tournée qu'il a faite par ordre des Représentants; mais il en a peu trouvé, parce qu'on avait envoyé déjà d'autres agents pour les chercher. Je t'envoie le tableau des hommes nécessaires pour achever ce travail, dont le nombre est de 10,000 pour cette seule division.

J'ai écrit à l'agent supérieur, et je te prie de lui donner encore des ordres pour qu'il me donne les moyens de compléter cette division importante.....

6 pluviôse (25 janvier).

*Le général Souham au Ministre de la guerre.*

. . . . . . . . . . . . . . . . . . . . . . . . . . . . .

L'incorporation, comme je te l'ai déjà dit, est actuellement suspendue dans la division que je commande. On n'a plus de bataillons de réquisition, et l'agent supérieur est embarrassé, car il dit qu'il ne sait plus où en trouver.

Le général en chef Ferrand m'écrit qu'il lui a donné ordre d'en envoyer ici le plus qu'il pourra, et j'attends avec impatience le moment où tous les cadres seront complets, tous les soldats exercés, et où je recevrai l'ordre d'attaquer et de vaincre.....

15 pluviôse (3 février).

*Le général Souham à l'agent supérieur Saignes.*

Je t'ai déjà envoyé l'état des demi-brigades qui ont été complétées et de ce qui manque pour terminer cette opération dans la division que je commande. Ainsi il est inutile que je t'en envoie encore un, conformément à l'ordre du 11 pluviôse (1), puisque, depuis un mois, cette incorporation n'a pas fait de progrès. Seulement hier on a incorporé environ 600 hommes du bataillon de Dune-Libre dans la 68ᵉ demi-brigade; les agents secondaires doivent t'en avoir fait part.

Les bataillons de l'Orne, dont tu avais ordonné la marche sur Lille, ne sont pas encore arrivés, et tu dois savoir que quatre de ces bataillons ont leur destination à Dune-Libre. Prends des mesures pour m'en envoyer d'autres. Le général en chef m'écrit qu'il arrive des bataillons des départements du Rhin et de l'armée des côtes de Cherbourg, et qu'il t'a donné ordre d'en faire diriger sur Lille. Je t'invite à le faire promptement. La division que je commande est la première dans laquelle on ait commencé l'incorporation. J'avais pris d'excellentes mesures pour l'accélérer; mais, à ton arrivée et celle de tes agents secondaires, tout a été arrêté, et il me manque 10,000 hommes. Rappelle-toi que tu es actuellement responsable envers la République de cette opération, et prends les mesures pour que cette division soit promptement complétée et en état d'agir victorieusement contre les ennemis de la République.

Lille, 15 pluviôse (3 février).

*Le général Souham au Comité de Salut public.*

. . . . . . . . . . . . . . . . . . . . . . . . . . . . . . . . .

Pourvu que le décret sur la réquisition soit promptement exécuté, j'ose prédire que les Pitt, les Burke et toute leur clique nous demanderont la paix à genoux.

Mais, citoyens Représentants, je me crois obligé de vous instruire que le décret qui doit sauver la République s'exécute très lentement. L'incorporation est très reculée. Les agents secondaires demeurent oisifs à Lille parce que les hommes n'arrivent pas. C'est à vous, citoyens Représentants, à ranimer le zèle des préposés pour l'exécution de cette loi. Pour peu qu'il y ait de lenteur, les hommes nouveaux seront presque nuls, faute d'instruction. Il n'y a presque rien de fait

---

(1) *Ordre du 11 au 12 pluviôse (30-31 janvier) de l'armée du Nord.*

« Il est ordonné à tous les généraux de division de fournir, avec la plus grande exactitude, l'état des bataillons portés au complet à l'agent supérieur Saignes, fixé à Péronne, afin qu'il puisse, d'après cet état, donner ses ordres à ses agents secondaires pour la répartition des bataillons. L'envoi fait à l'agent supérieur Saignes ne dispense pas des états demandés aux généraux de division pour le général en chef. »

dans cette division que je commande. Je vous en avertis pour que vous y portiez remède.

25 pluviôse (13 février).

Le général Souham au général en chef Pichegru.

La division que je commande est la première où l'incorporation a été commencée, et cependant elle n'est pas achevée, à cause des entraves que les différents agents y ont mises. Sept demi-brigades sont cependant complétées (1) et on me fait espérer que les hommes de première réquisition qui manquent encore ne tarderont pas d'arriver. Il leur manquera encore beaucoup d'armes : je t'en ferai passer l'état aussitôt que le travail sera fini.....

Enfin, le 23 germinal, Liébert écrira à Saignes que « les cadres des bataillons de l'armée du Nord sont remplis ».

Au centre de l'armée, si l'incorporation, qui était en voie d'exécution à la fin de ventôse, paraissait terminée au début de prairial, tout au moins les bataillons semblaient être assez nouveaux pour ne connaître encore aucun de leurs généraux.

23 ventôse (13 mars).

Liébert au citoyen Roulland, général à Landrecy.

Un détachement du district de Clamecy, Camarade, est parti d'ici le 1<sup>er</sup> de ce mois pour se rendre à Landrecy, à l'effet d'y être incorporé. Ce détachement était composé d'un chef de bataillon, 1 capitaine, 2 lieutenants, 5 sous-lieutenants, 1 adjudant, 11 sergents et 86 volontaires.....

3 prairial (22 mai).

Le général de division Fromentin ordonne aux généraux de brigade

---

(1) *Liébert à Duverger, adjudant-général à Pont-à-Marcq.*

2 germinal (22 mars).

Je reçois au moment, Citoyen, ta lettre qui m'annonce trois états : le premier, des jeunes gens de la première réquisition incorporés dans les bataillons de la division.....

et aux chefs de corps de faire connaître aux bataillons sous leurs ordres de quelle brigade et de quelle division ils sont.

A l'armée des Ardennes, une première dépêche, postérieure de quelques jours seulement au décret de nomination du général Charbonnié, parlait d'une façon générale de l'incorporation qui s'y faisait par les soins de l'agent supérieur Poulet (1) et du représentant du peuple Gillet.

23 pluviôse (11 février).

*Le général Charbonnié au Commandant amovible de Verdun.*

..... La majeure partie des bataillons de réquisition faisant partie de cette armée, et levés dans les départements situés dans son arrondissement, sont incorporés dans de vieux cadres; ceux qui existent servent à la garde de la frontière ou de nos places.....

A l'appui de cette assertion l'on peut citer les mouvements qui vont suivre :

26 pluviôse (14 février).

Il est ordonné à la gendarmerie de conduire 48 hommes, de la réquisition du bataillon de Vitry, à Mézières où l'agent secondaire Cayrol en disposera.

Sistrières.

27 pluviôse (15 février).

Il est ordonné à deux gendarmes nationaux de conduire à Mézières les citoyens Jean Gille, J.-F. Josau, Nicolas Le Sierge, François Picard, François Chauden, Christophe Liégeois, Remy Reni, Joseph Reny, Jean Vigne, Antoine Collin, Jean-Baptiste Collin, Nicolas Pela, François Dagage, Nicolas Warion et Jean-Baptiste Brouchon. Ils seront remis

---

(1)     *Charbonnié à l'agent supérieur Poulet.*

12 ventôse (2 mars).

« ..... Je t'enverrai le tableau général des corps de réquisition ; tu sais que tu as à compléter tous les anciens cadres ; tu les connais..... »

entre les mains du citoyen Cayrol, agent secondaire, qui les incorporera dans les anciens cadres de l'armée.

Rouyer, adjoint.

21 ventôse (11 mars).

*Au citoyen Poulet, agent supérieur à Rethel.*

Ta présence devient ici nécessaire. Je te prie donc de t'y rendre incessamment. Procure-moi aussi un nouveau cadre pour être placé dans l'ancien, qui se trouve à Sedan. J'ai reçu, des représentants du peuple Gillet et Massieu, les ordres nécessaires à cette opération.

Charbonnié.

L'incorporation dans les anciens cadres se compliqua encore d'un mouvement latéral qui s'opéra entre l'armée du Nord et celles des Ardennes et de la Moselle.

La seconde reçut de la première un minimum de huit anciens cadres, et de la troisième six qui furent destinés à « incorporer » les bataillons de réquisition tout d'abord affectés aux places de Givet, Rocroi, Philippeville, Montmédy et au Camp des Sans-Culottes.

Le premier de ces mouvements ne fut sans doute que l'exécution de l'arrêté du Comité de Salut public, daté du 21 ventôse et prescrivant au général en chef de l'armée du Nord de faire « passer le plus promptement possible au général en chef de l'armée des Ardennes 12,000 à 15,000 hommes d'infanterie parmi lesquels il se trouverait plusieurs cadres anciens non complétés, afin d'y recevoir les volontaires de la première réquisition qui se trouvent dans l'arrondissement de l'armée des Ardennes ».

28 ventôse (18 mars).

*Liébert à Charbonnié, général de division à Sedan.*

Tu trouveras ci-bas, Général, la liste des bataillons à qui je viens de donner ordre de partir de l'armée du Nord pour celle des Ardennes; le 5ᵉ bataillon des fédérés (camp de Jeumont) part le 1ᵉʳ germinal pour Philippeville; le 1ᵉʳ bataillon de la Sarthe (Aubigny) part le

1er germinal pour Rocroy ; le 2e bataillon de Saône-et-Loire (Jeumont) part le 2 germinal pour Rocroy ; le 12e bataillon des fédérés (Grougis) part le 30 ventôse pour Philippeville ; le 1er bataillon de la Vendée (Louvois) part le 2 germinal pour Philippeville ; le 2e bataillon du Nord (Lécluse) part le 30 ventôse pour Rocroy ; le 19e bataillon des volontaires nationaux (Douay) part le 30 ventôse pour Philippeville ; le 2e bataillon du Finistère (Douay) part le 1er germinal pour Rocroy.

29 ventôse (19 mars).

*Tharreau au commissaire ordonnateur Vaillant.*

Je te préviens, Citoyen, que le chef de l'état-major de l'armée du Nord me donne avis du départ des bataillons suivants et de leur destination :

Le 12e des fédérés part le 30 ventôse pour Vedette-Républicaine.

Le 19e des volontaires nationaux part le 30 ventôse pour Vedette-Républicaine.

Le 2e du Nord part le 30 ventôse pour Roc-Libre.

Le 2e du Finistère, part le 1er germinal pour Roc-Libre.

Le 5e des fédérés part le 1er germinal pour Vedette-Républicaine.

Le 1er de la Sarthe part le 1er germinal pour Roc-Libre.

Le 1er de la Vendée part le 2 germinal pour Vedette-Républicaine.

Le 2e de Saône-et-Loire part le 2 germinal pour Roc-Libre.

Je ne puis te marquer le jour de l'arrivée de ces corps dans ces places, parce qu'on ne m'annonce pas le lieu d'où ils se mettent en marche (1). Je demande au chef de l'état-major de l'armée du Nord cet éclaircissement (2), qu'il n'eût pas dû me faire désirer. Cependant,

---

(1) C'était inexact, ainsi que le prouve la lettre précédente de Liébert, datée du 28 ventôse.

(2) *Au Général de division, chef de l'état-major de l'armée du Nord.*

29 ventôse (19 mars).

Je reçois l'avis du départ des bataillons qui doivent se joindre à l'armée des Ardennes ; tu m'annonces bien quand ils partent, mais tu ne me dis pas le jour qu'ils arriveront à leur destination. Je ne puis le connaître puisque j'ignore les lieux d'où ils se mettent en marche.

si je ne le reçois pas à temps pour te le communiquer, comme il est probable, tu peux présumer que ces bataillons partent des environs de Guise, Avesnes ou Maubeuge. Tu dois compter que le jour du départ ces corps se rendront à La Capelle, le lendemain à Hirson et le troisième jour à Roc-Libre.

(Mêmes lettres du même, le 30 ventôse, au général Hardy, à Vedette-Républicaine ; au général Prestat, à Roc-Libre ; au général Jacob, à Givet, avec quelques additions.)

29 ventôse (19 mars).

*Le général Charbonnié au Ministre de la guerre.*

. . . . . . . . . . . . . . . . . . . . . . . . . . . . . . . . . . . . . . . . . . . . .

Le général en chef de l'armée du Nord annonce que huit bataillons ont ordre de partir les 30 ventôse, 1ᵉʳ et 2 germinal et qu'ils seront dirigés sur Roc-Libre et Vedette-Républicaine. Le représentant du peuple Gillet a donné de même avis au général Charbonnié qu'il faisait filer, de l'armée de la Moselle sur celle des Ardennes, six anciens cadres en remplacement de quatre bataillons de réquisition qu'il a tirés de Verdun ; quatre de ces corps seront dirigés sur Givet, Roc-Libre, et Vedette-Républicaine, où ils seront complétés par les soldats réquisitionnaires qui se trouvent dans ces places. Les deux autres verseront leurs compléments à Montmédy et au camp des Sans-Culottes.....

Mais, un jour plus tard, le général Liébert adressait une situation qui ne concordait plus tout à fait avec la lettre qui précède, ni avec celle du 28. Ce n'était du reste plus huit, mais dix bataillons qu'il annonçait. Si le général « se troublait un peu dans sa manière de donner des ordres (1) », il n'y a pas lieu de s'en étonner beaucoup, eu égard à la multiplicité des mouvements de bataillons qu'il avait à prévoir et à prescrire.

---

Je te prie donc, Général, de m'en informer, pour que je puisse faire pourvoir à la subsistance de ces corps.

THARREAU.

(1) Tharreau au général en chef de l'armée des Ardennes, 29 ventôse.

30 ventôse (20 mars).

*Liébert au Chef de l'état-major de l'armée des Ardennes.*

Ci-bas, Citoyen, je te donne la note des bataillons qui partent de cette armée pour celle des Ardennes, ainsi que la date de leur arrivée et le lieu pour lequel ils sont destinés.

Peut-être que tous n'arriveront pas au jour indiqué, vu les mouvements fréquents qui se font dans les divisions et la difficulté des chemins ; mais ce retard ne peut être plus long qu'un ou deux jours.

Le 3ᵉ bataillon du Nord arrivera à Rocroy le 29 ventôse.
Le 6ᵉ du Nord arrivera à Rocroy le 29 ventôse.
Le 8ᵉ du Pas-de-Calais arrivera à Rocroy le 30 ventôse.
Le 2ᵉ des volontaires nationaux arrivera à Rocroy le 30 ventôse.
Le 5ᵉ des fédérés arrivera à Philippeville le 5 germinal.
Le 1ᵉʳ de la Sarthe arrivera à Rocroy le 3 germinal.
Le 2ᵉ de Saône-et-Loire arrivera à Rocroy le 4 germinal.
Le 12ᵉ des fédérés arrivera à Philippeville le 5 germinal.
Le 1ᵉʳ de la Vendée arrivera à Philippeville le 8 germinal.
Le 2ᵉ du Finistère arrivera à Rocroy le 9 germinal.

Ce chiffre se renforçait encore de deux bataillons nouveaux.

1ᵉʳ germinal (21 mars).

*Le même à Charbonnié, général en chef de l'armée des Ardennes.*

Je te préviens, Général, que je viens de donner ordre aux deux bataillons dénommés ci-bas, de partir pour joindre l'armée que tu commandes ; le 7ᵉ bataillon de la Seine-Inférieure partira de Saint-Remy-Chaussée (division de Lemaire) le 4 germinal pour se rendre à Philippeville où il arrivera le 8 ; le 4ᵉ bataillon de l'Aisne, partira de Ferrière-la-Petite (division Desjardin) le 5 germinal pour se rendre à Philippeville où il arrivera le 10.

Ce n'était donc plus huit, mais douze anciens cadres que Liébert adressait à l'armée des Ardennes. Tharreau en faisait le même jour la remarque, tout en n'indiquant pas les deux bataillons qui viennent d'être cités, et en évaluant le total à onze :

1ᵉʳ germinal (21 mars).

*Tharreau au général de division Jacob, à Givet.*

Les éclaircissements que j'ai provoqués de la part du chef de l'état-major de l'armée du Nord m'ont valu une lettre qui n'est pas plus satisfaisante. Il m'annonce onze bataillons dont quatre ne sont pas sur la première, et même le 19ᵉ des volontaires nationaux, qui y était porté, paraît être remplacé par le 2ᵉ.

Voici la liste de ces corps et la désignation du jour de leur arrivée à leur destination ; tu dois en avoir déjà reçu.

Le 3ᵉ bataillon du Nord arrivera à Roc-Libre le 29 ventôse.
Le 6ᵉ du Nord arrivera à Roc-Libre le 29 ventôse.
Le 8ᵉ du Pas-de-Calais arrivera à Roc-Libre le 30 ventôse.
Le 2ᵉ des volontaires nationaux arrivera à Roc-Libre le 30 ventôse.
Le 5ᵉ des fédérés arrivera à Philippeville le 5 germinal.
Le 1ᵉʳ de la Sarthe arrivera à Roc-Libre le 3 germinal.
Le 2ᵉ de Saône-et-Loire arrivera à Roc-Libre le 4 germinal.
Le 12ᵉ des fédérés arrivera à Philippeville le 5 germinal.
Le 1ᵉʳ de la Vendée arrivera à Philippeville le 6 (1) germinal.
Le 2ᵉ du Nord (1) arrivera à Roc-Libre le 8 germinal.
Le 2ᵉ du Finistère arrivera à Roc-Libre le 9 germinal.

Le chef de l'état-major me prévient que les fréquents mouvements qui se font dans les divisions peuvent peut-être retarder l'arrivée de ces bataillons d'un jour ou de deux au plus. Il ne m'envoie pas la force, et je te prie de t'en faire de suite donner l'état certifié par le conseil d'administration, que tu m'enverras, pour que je puisse mettre au complet ceux qui n'y sont pas.

Le général attend de ton exactitude, le compte le plus prompt des dispositions que tu auras prises avec ces nouveaux renforts (2).

Non content de cette recommandation, Tharreau s'empressait d'annoncer à Jacob l'arrivée d'un agent chargé d'accélérer l'incorporation.

3 germinal (23 mars).

*Au général de division Jacob, à Givet.*

.....L'agent supérieur Poulet a ordre de compléter de suite, les

---

(1) Liébert avait dit le 8. Le 2ᵉ bataillon du Nord figurait sur la première liste mais non sur la seconde de Liébert.

(2) Même avis au commissaire-ordonnateur en chef à Sedan.

bataillons qui arriveront de l'armée du Nord ; il m'a promis de t'envoyer de suite un agent secondaire pour cette opération.....

Un mouvement analogue était prévu, de l'armée des Ardennes à celle de la Moselle, par les soins du représentant du peuple Gillet, chargé à la fois de l'incorporation des réquisitionnaires et de l'embrigadement à ces deux armées.

Le décret du 23 pluviôse, avait en effet décidé la réunion, dans les mêmes mains, de ces deux opérations qui étaient connexes puisque, dans la plupart des cas, l'incorporation des réquisitionnaires formait l'appoint indispensable au complet réglementaire des demi-brigades.

A peine arrivé, Gillet, chargé de cette mission complémentaire, fit donner à l'agent supérieur Poulet, résidant à Rethel, une escorte destinée à l'aider dans ses opérations et l'autorisa, pour les accélérer, à correspondre directement avec lui.

### AU NOM DU PEUPLE FRANÇAIS,

Il est ordonné à l'officier général, ou tout autre commandant les troupes de Reims, de mettre à la disposition du citoyen Poulet, agent supérieur du conseil exécutif près l'armée des Ardennes, 50 hommes montés ayant les officiers et sous-officiers nécessaires afin d'assurer le service dont il est chargé, tant pour sa correspondance particulière que pour l'ordre et les besoins qui peuvent en résulter.

Cette mesure étant approuvée par le Ministre de la guerre, par ses lettres en date des 18 nivôse et 14 pluviôse, adressées audit citoyen Poulet, cette troupe restera à Rethel jusqu'à nouvel ordre en se conformant aux règles de la discipline militaire.

L'officier commandant à Reims, fera partir cette troupe au reçu du présent ordre.

Fait à Rethel le 24 pluviôse, 2ᵉ année républicaine.

Le représentant du peuple, chargé de l'embrigadement aux armées de la Moselle et des Ardennes.

GILLET.

A peine après avoir vu l'agent supérieur Poulet, le représentant du peuple Gillet rendait compte de la situation générale de l'incorporation dans son arrondissement. Il signalait des lenteurs de correspondance, des confusions de pouvoirs, les abus qu'engendrait l'arrêté du 6 pluviôse, l'incertitude sur l'affectation à donner aux prétendus excédents que présentaient les réquisitionnaires dans l'armée des Ardennes.

Mézières, le 28 pluviôse (16 février).

*Au Comité de Salut public.*

Citoyens collègues,

J'ai lu hier, dans les papiers publics, le décret du 23 de ce mois qui charge les Représentants du peuple, envoyés par la Convention nationale pour l'embrigadement des armées, de surveiller l'exécution de la loi du 2 frimaire, relative à l'incorporation des citoyens de la première réquisition dans les anciens cadres. Je me suis empressé de demander aux agents supérieurs du Conseil exécutif, dans les deux armées de la Moselle et des Ardennes, compte de leurs opérations à cet égard (1). J'ai déjà vu le citoyen Poulet, agent supérieur pour l'armée des Ardennes, homme qui m'a paru réunir du zèle et de l'intelligence; il se plaint beaucoup de la lenteur de plusieurs corps administratifs à correspondre avec lui, et même du silence absolu de quelques-uns. Je lui ai dit de me les indiquer dans le compte que je lui demande et qu'il m'a promis pour le 29 de ce mois; je prendrai, d'après cela, les mesures qui me paraîtront les plus propres à accélérer l'opération; et si elles ne réussissent pas, je m'adresserai à la Convention nationale.

Cet agent m'a encore fait part de plusieurs entraves qu'il éprouve :

1° Malgré l'état imprimé par ordre du Ministre de la guerre, plusieurs agents donnent des ordres dans le même département. Par exemple, le département de l'Yonne est compris dans la division de l'armée des Ardennes et, cependant, lorsque l'agent supérieur attaché à cette armée s'est adressé à ce département, l'agent supérieur près l'armée de la Moselle avait déjà donné ordre à ce même département de diriger ses hommes de réquisition sur Metz. La mesure

---

(1) *Gillet à l'Agent supérieur du Conseil exécutif près l'armée de la Moselle, à Metz.*

Mézières, le 27 pluviôse (15 février).

Un décret de la Convention nationale du 23 de ce mois, Citoyen,

était bonne en elle-même, parce que l'armée de la Moselle a plus besoin d'hommes que celle des Ardennes, mais il résulte de cette contrariété d'ordres une confusion très préjudiciable à l'accélération de la mesure salutaire de l'encadrement;

2° Un arrêté du Comité de Salut public du 6 pluviôse autorise à mettre en réquisition, pour cultiver les terres, des hommes nécessaires à l'agriculture. Je suis assurément bien éloigné de critiquer cette mesure, mais voici ce qui en résulte : Aujourd'hui, à mon arrivée à Mézières, j'ai trouvé plusieurs cultivateurs du département de la Meuse qui étaient venus chercher leurs fils sous prétexte de les employer à l'agriculture. Ils étaient porteurs d'un arrêté favorable de notre collègue Mallarmé. Cependant, le commandant du bataillon refusait d'accorder ce congé. Je l'ai envoyé chercher; il m'a dit que le motif de son refus était que, sur 600 volontaires dont est composé son bataillon

---

charge les Représentants du peuple envoyés pour l'embrigadement de l'infanterie dans chaque armée, de veiller à l'exécution de la loi du 2 frimaire, relative à l'incorporation des citoyens de la première réquisition.

Je suis occupé en ce moment à faire l'inspection de l'armée des Ardennes et, sous dix à douze jours, j'espère me rendre à celle de la Moselle.

Mais, en attendant, je te prie de me rendre compte sur-le-champ du résultat de tes opérations jusqu'à ce jour, et de me tenir toujours informé de leurs progrès et des obstacles qui pourraient en entraver la marche.

Je suis instruit qu'un conflit d'ordre a eu lieu dans le département de l'Yonne; d'après l'état imprimé par le Ministre, ce département fait partie de la division des Ardennes, et, lorsque l'agent supérieur de cette armée s'est adressé à cette administration, elle avait déjà reçu un ordre de toi pour diriger sur Metz les hommes de réquisition. La mesure était bonne en elle-même, parce que l'armée de la Moselle avait plus besoin d'hommes que celle des Ardennes, mais il faut éviter une contrariété d'ordres qui amène la confusion et entrave toujours les opérations.

Il y a, à l'armée des Ardennes, quatorze bataillons de réquisition formant plus de 9,000 hommes, au delà de ce qui est nécessaire pour compléter les cadres actuellement existants à cette armée, sans compter ce qu'on attend de plusieurs départements et districts qui n'ont point encore fourni.

J'attends des instructions du Comité de Salut public pour assigner à ces bataillons une destination.

500 étaient dans le cas de solliciter la même faveur et qu'ils se disposaient à en profiter, ce qui réduirait la réquisition à rien. Malgré cette observation, j'ai fait délivrer les congés jusqu'au 1er floréal (1).

Voici un fait plus important : J'ai lu une lettre des administrateurs du département de Loir-et-Cher qui porte que, sur le fondement de cet arrêté, notre collègue Garnier a suspendu le départ de toute la réquisition de ce département (1).

3° L'agent supérieur a reçu différents ordres pour envoyer l'excédent des bataillons de réquisition qui lui reste, après avoir complété les anciens cadres de l'armée des Ardennes. Les uns portent que ce sera à l'armée du Nord, les autres à l'armée de la Moselle, d'autres enfin à l'armée du Rhin. Auxquels de ces ordres doit il obéir?

Je n'ai pas besoin, Citoyens collègues, d'appeler votre attention sur ces différents objets; vous sentirez comme moi combien il est important de faire disparaître sur-le-champ toutes les entraves que peut éprouver le complément de bataillons qui, dans un mois peut-être, seront en présence de l'ennemi. Je vous ai mandé, dans ma lettre du 26 (2), qu'il y a, à l'armée des Ardennes, quatorze bataillons de réquisition au delà de ce qui est nécessaire pour compléter les cadres, sans compter ceux qui ne sont point encore arrivés. Dites-moi ce qu'il en faut faire, et vos ordres seront aussitôt exécutés.

Il résultait donc de cette lettre qu'il y avait, à l'armée des Ardennes, un excédent de réquisitionnaires. Gillet en escomptait l'envoi à celle de la Moselle pour en compléter les anciens cadres ; mais la situation va se compliquer de ce qu'en même temps Gillet fera verser, par l'armée de la Moselle, 6 anciens cadres à celle des Ardennes, et qu'il faudra conserver à celle-ci les réquisitionnaires nécessaires pour les compléter.

7 ventôse (25 février).

*Charbonnié au citoyen Jourdeuil, adjoint au Ministre de la guerre pour la 6e division.*

. . . . . . . . . . . . . . . . . . . . . . . . . . . . . . . .

Le représentant du peuple Gillet a reconnu le besoin que j'avais

---

(1) Mais le Comité de Salut public remédiait à cet abus par un arrêté du 13 ventôse.

(2) Dans cette lettre, qui sera publiée au sujet de l'embrigadement,

d'anciens cadres, cette armée n'étant composée que de corps de réquisition qui ne peuvent être encadrés que lorsqu'ils seront remplacés par des bataillons de vieille formation ; il m'a promis de me renvoyer une partie de la division qui a été détachée à l'armée de la Moselle (1).

CHARBONNIÉ.

Le 20 ventôse, Charbonnié lui rappelait cette promesse :

.....J'espère toujours que tu n'oublieras pas la promesse que tu m'as faite de renvoyer à cette armée les bataillons qui en ont été tirés pour celle de la Moselle. Sans cette disposition, je ne pourrai offrir à la patrie que de faibles moyens ; et tu sais si j'ai à cœur de la servir utilement.....

Mais, au moment même où Charbonnié lui rappelait sa promesse, Gillet donnait l'ordre au général commandant à Verdun de faire filer 4 bataillons de cette place sur Metz ; il annonçait de plus à Charbonnié et au Comité de Salut public que son intention était de faire partir pour l'armée de la Moselle, qui comptait 67 bataillons incomplets, tous les réquisitionnaires de celle des Ardennes, à l'exception des hommes strictement nécessaires pour compléter les 6 anciens cadres qui viendraient de la Moselle et qui seraient suffisants pour garder les places fortes de l'armée des Ardennes.

Metz, le 20 ventôse (10 mars).

*Au citoyen Elie, général de division.*

Aussitôt la présente reçue, tu voudras bien donner des ordres en sorte que les quatre bataillons de réquisition qui se trouvent actuelle-

---

Gillet disait qu'à cette date l'armée des Ardennes ne comptait que onze anciens cadres au complet et avait dans les places quatorze bataillons de réquisition formant un total de 9,537 hommes.

(1) Par arrêté du 15 frimaire (5 décembre 1793), le Comité de Salut public avait décidé que « 10,000 hommes de l'armée des Ardennes « passeraient à l'instant à l'armée de la Moselle, sous les ordres du géné- « ral Hoche. » (Aulard. Tome IX, page 200).

ment en garnison à Verdun se rendent successivement à Metz où ils recevront les ordres de l'agent supérieur du Conseil exécutif près l'armée de la Moselle. Le premier bataillon qui partira de Verdun devra arriver à Metz le 23 du courant, et les trois autres les jours suivans immédiatement.

Metz, le 20 ventôse (10 mars).

*Au général Charbonnié.*

Je te préviens, Général, que je viens de donner ordre aux quatre bataillons de réquisition qui sont à Verdun de se rendre à Metz pour servir à compléter les cadres de l'armée de la Moselle.

Je viens en même temps de convenir avec le général Hoche qu'il fera passer à ton armée six anciens bataillons pour être complétés, et remplacer dans les garnisons les bataillons de réquisition qui en doivent être tirés. Voici l'état des bataillons :

| | |
|---|---|
| 19ᵉ de Paris .................... | Complet. |
| 3ᵉ du Puy-de-Dôme............. | 743 hommes. |
| 2ᵉ bataillon du 43ᵉ régiment...... | 1,247 — |
| 5ᵉ de Seine-et-Oise............. | 749 — |
| 4ᵉ de la Manche................ | 770 — |
| 2ᵉ bataillon du 13ᵉ régiment...... | 746 — |

Tous ces corps se mettront en mouvement le 26 et arriveront successivement.

Tu voudras bien faire partir, aussitôt leur arrivée, et diriger sur Metz tous les bataillons de réquisition, après avoir néanmoins retenu ce qui pourrait être nécessaire pour compléter ces six cadres.

Envoie des ordres à Montmédy et à Verdun pour diriger, sur le point que tu jugeras convenable, ces six bataillons.

Je désirerais, s'il était possible, que tu nous envoyasses de préférence les bataillons de réquisition qui sont à Sedan, Carignan et Montmédy, parce qu'ils seraient plus tôt ici. Les quatre qui sont à Givet, Roc-Libre et Vedette-Républicaine doivent être plus que suffisants pour compléter les cadres que l'on envoie.

Metz, le 20 ventôse (10 mars).

*Au Comité de Salut public.*

Citoyens collègues.

Arrivé hier à Metz, je me suis fait rendre compte, ce matin, de la force de l'armée et des opérations de l'encadrement.

L'armée de la Moselle est forte actuellement de 85 bataillons. 19 bataillons sont complets.

Il faut 19,000 hommes pour compléter les 66 autres et le bataillon de sapeurs.

Je viens de donner ordre à quatre bataillons de réquisition qui sont à Verdun de partir sur-le-champ pour se rendre à Metz.

Je vais disposer successivement des autres bataillons de réquisition qui se trouvent dans l'armée des Ardennes, et j'en donne avis au Ministre de la guerre afin qu'il ne leur assigne pas une autre destination. Le général en chef est ici. Je viens de me concerter avec lui pour porter, dans les Ardennes, six bataillons qui sont nécessaires pour remplacer, dans les garnisons des places frontières, les bataillons de réquisition qui en doivent sortir.

GILLET.

Gillet avait, en effet, adressé la réquisition suivante au général en chef de l'armée de la Moselle.

Metz, le 20 ventôse (10 mars).

AU NOM DU PEUPLE FRANÇAIS,

Le Représentant du peuple envoyé aux armées de la Moselle et des Ardennes pour l'embrigadement de l'infanterie,

Requiert le Général en chef de l'armée de la Moselle d'envoyer à l'armée des Ardennes six bataillons qui sont nécessaires pour remplacer, dans les garnisons, les bataillons de réquisition qui en doivent être tirés pour compléter les cadres de l'armée de la Moselle.

Charbonnié apprit, par le général Élie, commandant à Verdun, le départ des 4 bataillons de réquisitionnaires qui y tenaient garnison, et s'empressa d'y remédier en envoyant dans cette place les invalides de Bar.

22 ventôse (12 mars).

*Au général de division Élie, à Verdun.*

Je reçois ta lettre, mon cher Camarade; elle m'annonce le départ de quatre bataillons de réquisition qui étaient à Verdun d'après les ordres du représentant du peuple Gillet, pour former, à leur incorporation, partie de l'armée de la Moselle. Cette espèce d'enlèvement fait à la nôtre n'est que momentané; et je suis trop sûr des intentions organisatrices du citoyen Gillet pour douter un moment qu'il ne remplisse ce vide par des troupes capables de faire un service exact et suivi.

Je te fais passer l'ordre aux Invalides de Bar de se rendre à Verdun. Tu voudras bien le leur envoyer. J'espère aller te voir au premier moment. En attendant, tu me feras toujours plaisir de me donner de tes nouvelles.

Charbonnié.

Le général en chef de l'armée des Ardennes, après avoir, autant que possible, remédié au départ de ses 4 bataillons, appelle l'attention du représentant du peuple Gillet sur la situation que crée cette mesure à la place de Verdun et sur la nécessité d'y mettre ordre au plus tôt.

22 ventôse (12 mars).

*Au représentant du peuple Gillet près l'armée de la Moselle et des Ardennes.*

Le général Élie me donne avis, citoyen Représentant, que tu as donné l'ordre, aux quatre bataillons réquisitionnaires qui sont à Verdun, de partir pour se rendre à Metz, où ils doivent être à la disposition de l'agent supérieur près l'armée de la Moselle. Il m'observe que ces troupes formaient toute la garnison et qu'il ne reste dans la place que les citoyens qui ne sont pas armés. Il m'a demandé que je lui envoyasse deux compagnies d'invalides qui sont à Bar pour le service de la citadelle, j'en ai de suite donné l'ordre (1). Tu sais, Citoyen, que cette force est insuffisante et que ma faiblesse, qui me donne même des craintes pour la sûreté de ma droite, ne me permet pas de me dégarnir sur ce point intéressant.

Il n'est pas moins pressant que cette place ne soit pas dénuée totalement de garnison; je te prie donc d'y pourvoir au plus tôt, en pressant l'organisation de ces bataillons, ou en les faisant remplacer de suite.

Je compte toujours sur la promesse que tu m'as faite de diriger, sur cette armée, partie des anciens cadres qui en ont été tirés. Réponds-moi de suite sur ces différentes demandes, tu dissiperas les inquiétudes que la position de Verdun surtout a lieu de me donner. Je t'ai expédié hier un courrier que tu auras reçu à l'arrivée de celui-ci.

Charbonnié.

---

(1) Il est ordonné à deux des trois compagnies d'invalides actuellement à Bar de se rendre sur-le-champ à Verdun avec armes et bagages pour faire le service de cette place.

Charbonnié.

C'est seulement après avoir écrit cette lettre, que Charbonnié reçoit celle du 20, par laquelle Gillet lui annonce l'envoi de 6 anciens cadres de l'armée de la Moselle, et l'invite à en prévenir les généraux commandant à Montmédy et à Verdun. C'est en conformité de cette invitation que Charbonnié adresse les lettres suivantes aux généraux Dessaubaz à Montmédy et Élie à Verdun.

25 ventôse (15 mars).

*Au général de brigade Dessaubaz, à Montmédy.*

Le représentant du peuple Gillet m'annonce qu'il dirige de l'armée de la Moselle, six bataillons sur celle des Ardennes ; il me marque, par le même courrier, que trois de ces corps seront rendus, le 26 ou le 27, à Montmédy. Tu leur donneras de suite l'ordre de partir pour Sedan, en me prévenant du jour de leur arrivée.

CHARBONNIÉ.

25 ventôse (15 mars).

*Au général de division Élie, à Verdun.*

Le représentant du peuple Gillet m'annonce qu'il dirige de l'armée de la Moselle six bataillons sur celle des Ardennes ; il me marque par le même courrier que trois de ces corps doivent arriver le 26 ou le 27 à Montmédy, et que les autres seront incessamment rendus à Verdun. Tu leur donneras de suite l'ordre de partir pour Sedan.

Je pourvoirai, le premier jour, à te donner une garnison suffisante.

CHARBONNIÉ.

Au début de germinal, l'incorporation dans les anciens cadres n'était certes pas terminée à l'armée des Ardennes, puisque, à la date du 2, elle en attendait encore de la Moselle six, qu'elle devait compléter au moyen des réquisitionnaires de la garnison de Montmédy, comme elle comptait parfaire les 8 ou 12 de l'armée du Nord au moyen des garnisons de Givet, Rocroi et Philippeville. Mais d'autre part, Gillet réclamait, à l'armée des Ardennes onze bataillons de réquisition, qu'il y croyait disponibles, pour en doter l'armée de la Moselle. N'ayant que le strict nécessaire avec les réquisitionnaires de Montmédy, Givet, Rocroi et Philippeville, Charbonnié ne trouvait d'autre moyen de satisfaire Gillet qu'en profitant de l'excédent qu'il y avait à Rethel pour le faire diriger sur Metz jusqu'à concurrence de 2,400 hommes.

Ivoix, le 2 germinal (22 mars).

*Au général Charbonnié.*

Je t'ai déjà mandé, Général, que je n'avais fait passer dans ton armée six bataillons que pour avoir la facilité d'en retirer tous les bataillons de réquisition qui s'y trouvent et qui sont nécessaires pour aider à compléter l'armée de la Moselle. Je te réitère ma réquisition de faire partir successivement ces bataillons à mesure que ceux qui viennent de la Moselle arriveront. L'on m'a appris que le citoyen Poulet avait retenu à Sedan trois bataillons qui marchaient sur Metz, sous prétexte de compléter la 86° demi-brigade. Je croyais avoir pourvu suffisamment à ce complément en ne demandant, pour le moment, que onze bataillons sur quatorze. Tu voudras bien donner les ordres nécessaires pour que ces bataillons marchent successivement, nonobstant tous ordres contraires, à moins qu'ils ne soient émanés de la Convention nationale ou du Comité de Salut public. Le service de la République l'exige et ton patriotisme me répond de l'exécution.

GILLET.

2 germinal (22 mars).

En vertu de la lettre du représentant du peuple Gillet, adressée au général en chef de l'armée des Ardennes, par laquelle il ordonne de diriger vers l'armée de la Moselle toutes les troupes de réquisition disponibles, pour servir à compléter les anciens cadres qui y sont et dont l'incorporation est infiniment retardée, l'agent supérieur du Conseil exécutif près l'armée des Ardennes, aussitôt la réception du présent ordre, dirigera vers Metz tous les bataillons et détachements des troupes de réquisition qui sont à sa disposition sur Metz, sans toucher néanmoins à ceux actuellement existants dans les places et cantonnements de l'armée, jusqu'à la concurrence de 2,400 hommes, et dont il informera le représentant du peuple Gillet.

CHARBONNIÉ.

Ce chiffre de 2,400 hommes fut réduit à 2,000 par

Tharreau, qui promit toutefois d'accroître cet envoi immédiat de tous les réquisitionnaires dont pourrait ultérieurement disposer l'agent supérieur Poulet.

2 germinal (22 mars).

*Au représentant du peuple Gillet.*

Nous attendons avec impatience les six bataillons que tu nous as annoncés. Le général en chef a donné l'ordre à l'agent supérieur Poulet de les compléter par le moyen des corps de réquisition de la garnison de Montmédy. Les quatre autres bataillons stationnés à Givet, Roc-Libre et Vedette-Républicaine, suffiront à peine pour porter au complet les anciens cadres qui nous arrivent de l'armée du Nord. Tu vois donc, Représentant, qu'il est impossible de faire filer ces bataillons sur la Moselle.

L'agent supérieur Poulet m'ayant donné avis qu'il avait 1500 à 2,000 hommes de disponibles à Rethel et qu'il attendait encore un nombre plus considérable, je lui ai donné l'ordre de les diriger de suite sur Metz, et tous ceux dont il peut disposer, et de continuer au fur et à mesure que les réquisitionnaires de l'intérieur arriveront.

J'ai reçu ton arrêté et les instructions pour la formation de la 172ᵉ demi-brigade. Le général Jacob a ordre d'y pourvoir, aussitôt l'arrivée à Givet du 2ᵉ bataillon du 94ᵉ qui part de Sedan le 5 germinal.

Tharreau.

Ce refus de Tharreau entraînait une protestation comminatoire de Gillet, bien qu'il fît aussitôt état des maigres contingents que lui envoyait l'armée des Ardennes (1).

---

(1) *Au citoyen Barthe, agent supérieur du Conseil exécutif,*
à Metz.

Longwy, le 11 germinal (31 mars).

J'ai reçu, Citoyen, tes lettres des 2 et 9 de ce mois.

Les six bataillons qui ont été envoyés de l'armée de la Moselle à celle des Ardennes étant rendus à leur destination, les ordres les plus précis ont été donnés pour la marche des bataillons de réquisition.

L'agent supérieur Poulet m'a mandé, le 2 de ce mois, qu'il faisait

Longwy, le 10 germinal (30 mars).

*Au Chef d'état-major de l'armée des Ardennes.*

Je suis très surpris, Citoyen, qu'on ait disposé des bataillons de réquisition de l'armée des Ardennes, contrairement à l'ordre que j'avais donné de les envoyer sur-le-champ à Metz pour compléter les cadres de l'armée de la Moselle; j'avais marqué au général en chef que je n'envoyais aux Ardennes six anciens bataillons de cette armée que pour remplacer les premiers dans les garnisons. Ces bataillons sont arrivés et tu me mandes, par ta lettre du 2 de ce mois, que la réquisition ne viendra pas, tandis qu'elle devrait déjà être rendue ou prête d'arriver. Tu annonces à la vérité 1500 à 2,000 hommes de Reims (1) et ceux qui pourront arriver encore, mais cela ne peut point suppléer aux dispositions que j'ai faites.

L'armée de la Moselle est affaiblie de six bataillons, elle est en présence de l'ennemi, il faut qu'ils soient remplacés, ils pourraient l'être si on avait suivi l'ordre qui avait été donné. Il ne suffit pas d'annoncer des bataillons qui n'existent pas encore. Ces dispositions ont été expliquées assez clairement au général en chef et à l'agent supérieur du Conseil exécutif, et si je n'avais pas compté sur leur entière exécution je ne me serais jamais permis, sans consulter le Comité de Salut public, d'ordonner un mouvement qui peut compromettre actuellement la chose publique et les succès des opérations militaires. Il en résulte une responsabilité, elle sera supportée par ceux qui ont entravé ou contrarié ces mesures.

Cette menace n'était pas vaine, et Gillet s'empressait en effet, de porter sa réclamation devant le Comité de Salut public.

Longwy, le 10 germinal (30 mars).

*Au Comité de Salut public.*

Je vous ai écrit de Metz que j'envoie à l'armée des Ardennes six bataillons pour remplacer, dans les garnisons, ceux de réquisition afin de pouvoir disposer de ces derniers pour compléter l'armée de la Moselle.

---

marcher dès cette époque, de *Reims* (sic) sur Metz, 1500 à 2,000 hommes. Il a dû t'en donner avis, et j'ai lieu de croire qu'ils ne tarderont pas à arriver.

(1) Tharreau avait dit *Rethel* et non *Reims*.

J'ai reçu aujourd'hui une lettre du chef de l'état-major de l'armée des Ardennes qui m'annonce qu'on ne peut envoyer aucun des bataillons de réquisition sur lesquels j'avais compté, à l'exception de quatre que j'ai tirés de Verdun et de 1500 à 2,000 hommes qui sont à *Reims (sic)*, parce qu'il faut compléter et les six bataillons que j'ai envoyés et une division de l'armée du Nord qui vient de se rendre à Givet.

Comme ce résultat est fort éloigné de celui que j'attendais, comme l'armée de la Moselle se trouve affaiblie de six bataillons sans avoir reçu le remplacement sur lequel j'avais lieu de compter, je m'empresse de vous en prévenir. Ceci est fort important, et je vous prie de juger si ce mouvement peut subsister sans compromettre la chose publique; lorsque je l'ai ordonné, il existait à l'armée des Ardennes quatorze bataillons dont je croyais pouvoir disposer, et s'il avait été possible de prévoir qu'on ne les envoyât pas, je n'eusse jamais songé à soustraire de l'armée de la Moselle les six bataillons qui viennent d'en être tirés.

J'avais cru faire une chose utile, elle l'était en effet, un événement imprévu vient de la contrarier; je ne crains rien pour ma responsabilité personnelle, mais je crains que la chose publique ne soit compromise.

Je joins ici copie de ma réponse au chef de l'état-major de l'armée des Ardennes.

**Charbonnié se justifiait du reste des reproches que lui adressait Gillet.**

16 germinal (5 avril).

*Au citoyen Gillet, représentant du peuple.*

Par l'ordre que tu m'avais envoyé de diriger les bataillons de réquisition sur l'armée de la Moselle, tu exceptais ceux qui m'étaient nécessaires pour compléter les anciens cadres existants à cette armée. Je n'ai pas contrevenu à tes ordres, puisque les bataillons de Vitry, Grandpré, Bar et Saint-Michel (?) ne forment que le nombre de 2,600 hommes qui, joints aux 3,000 dont sont fortes les 26ᵉ et 86ᵉ demi-brigades, laissent ces corps incomplets. Les bataillons réquisitionnaires d'Orléans, de la Marne, de Nogent et Beaugency (?) offrent une force de 2,772 hommes, et les neuf premiers cadres qui nous ont été envoyés de l'armée du Nord ne donnent que celle de 4,150 hommes. Tu vois, citoyen Représentant, que j'étais très éloigné de pouvoir diriger sur la Moselle des réquisitionnaires, à moins que je ne complétasse point mes anciens, contrairement à tes intentions. Je ne te parle pas encore de quatre à cinq bataillons qui m'arrivent et qui sont incomplets.

. . . . . . . . . . . . . . . . . .

Cette justification n'empêchait pas Gillet de persister dans ses reproches qu'il adressait, cette fois à l'agent supérieur, en réponse aux explications que lui avait fournies ce dernier, le 18 germinal :

Villers-la-Chèvre, le 20 germinal (9 avril).

*Au citoyen Poulet, agent supérieur du Conseil exécutif à l'armée des Ardennes.*

Je reçois dans le moment, Citoyen, ta lettre du 18 germinal.

L'embarras dont tu te plains n'aurait point existé si tu avais suivi à la lettre ce que je t'avais écrit de Longuyon, le 2 de ce mois. Je t'annonçais bien positivement que j'avais disposé de tous les bataillons de réquisition de l'armée des Ardennes pour l'armée de la Moselle, en échange des six anciens cadres que j'envoyais de cette dernière armée aux Ardennes, à l'exception de ce qui serait nécessaire pour compléter ces six cadres.

Voilà le point dont il fallait partir, j'en avais prévenu le Comité de Salut public et le Ministre de la guerre, et je suis convaincu qu'ils n'ont point donné d'ordres contraires. Il est vrai qu'une division de l'armée du Nord est arrivée depuis cette époque à Givet ; mais cet événement ne devait rien changer aux dispositions déjà faites, parce que l'armée de la Moselle s'étant affaiblie de six bataillons, il était indispensable de les remplacer sur-le-champ par la réquisition : il restait encore, pour recruter la division du Nord, les 2,000 hommes que tu m'as donnés de *Reims* (sic), et ceux qui pourront arriver successivement.

C'est en agissant en sens contraire de ces dispositions qu'on m'a mis du désordre et de l'embarras dans les opérations, et qu'en voulant tout compléter à la fois, rien ne sera complet. Mais il y a ici quelque chose de plus grave ; l'armée de la Moselle se trouvant affaiblie de six bataillons, sans en avoir reçu le remplacement qui lui était destiné, ce vide peut compromettre le succès des opérations militaires.

J'ai reçu ta lettre du 7 ; mais aucun état ni mémoire ne m'est parvenu ; je te prie de me procurer une nouvelle expédition de tes opérations sur l'encadrement, que je n'ai pas reçue.

Le 30 germinal, Gillet renouvelait ses réclamations, car, même avec le complément des 2,400 hommes qui lui étaient envoyés de Rethel, il lui manquait encore 16,000 hommes des anciens cadres pour combler les vides des bataillons incomplets de l'armée de la Moselle.

Arlon, le 30 germinal (19 avril).

*Au Comité de Salut public.*

Je vous ai témoigné, il y a quelque temps, mes inquiétudes sur l'exécution des ordres que j'avais donnés pour envoyer à l'armée de la Moselle les bataillons de réquisition qui se trouvaient à celle des Ardennes, tandis que six bataillons anciens étaient partis pour les relever.

N'ayant reçu de vous aucune réponse, je présume que vous n'avez vu en cela aucun inconvénient.

Mais il me reste à vous observer que l'armée de la Moselle, à laquelle il fallait environ 20,000 recrues (1), n'en ayant reçu que 4,000 tout au plus au lieu de 10,000, que j'attendais des Ardennes, se trouve encore très incomplète.

L'on m'a dit que la première réquisition de la ci-devant Bretagne était en marche vers le Nord ; il serait à désirer qu'on pût disposer de 12,000 à 15,000 hommes pour l'armée de la Moselle. Il y a des bataillons qui ont à peine 200 hommes et qu'on ne peut par cette raison employer, quoique ce soient d'excellents cadres.

Je vous invite, chers collègues, à peser ces observations et à les prendre en considération.

Le 22 floréal, il exprimait encore incidemment ses regrets de n'avoir pu réussir à attirer, de l'armée des Ardennes à celle de la Moselle, les 14 bataillons de réquisition qui lui étaient nécessaires pour en compléter les anciens cadres, au moins partiellement.

Le 20, en effet, il avait donné ordre au chef du 1er bataillon de la 13e demi-brigade de se rendre près de Debrun pour lui retirer un bataillon de réquisition (2), mais il avait été obligé d'y renoncer devant

---

(1) Dans sa lettre du 20 ventose au Comité de Salut public, Gillet avait dit qu'il lui fallait 19,000 hommes pour compléter 66 bataillons d'infanterie et le bataillon de sapeurs de l'armée de la Moselle.

(2) Arlon, le 6 floréal (26 mars).

Il est ordonné au citoyen Debaune, commandant temporaire provisoire à Montmédy, chef du 1er bataillon de la 13e demi-brigade d'infan-

les observations qui lui avaient été présentées par le général (1).

Morfontaine, le 22 floréal (11 mai).

*Au général Debrun commandant la division de Montmédy.*

Je ne m'étais déterminé, citoyen Général, à faire venir à l'armée de la Moselle le bataillon de Bar, qu'afin de compléter plusieurs bataillons de cette armée qui n'ont pas encore été recrutés : il était contre le vœu de la loi de laisser subsister des bataillons de réquisition, tandis que d'anciens cadres sont incomplets ; on m'avait d'ailleurs assuré que tu avais assez de forces pour faire relever ce bataillon, et que son absence n'aurait aucun inconvénient ; cependant, d'après ce que tu m'annonces par ta lettre d'hier, que son départ pourrait compromettre la sûreté de la frontière, je renonce, pour le moment, à en disposer (1).

---

terie légère employée à l'avant-garde du corps d'armée, maintenant à Arlon, de rejoindre la demi-brigade pour le 15 floréal présent mois sous peine de destitution.

Le général en chef de l'armée des Ardennes pourvoira provisoirement à son remplacement dans le commandement de la place de Montmédy.

Morfontaine, le 20 floréal (9 mai).

Le citoyen Debaune, chef de bataillon commandant le 1ᵉʳ bataillon de la 13ᵉ demi-brigade d'infanterie légère, se rendra sur-le-champ à Ivoix-Carignan, pour donner ordre au bataillon de réquisition du district de Bar de se rendre à Tiercelet.

Il se concertera avec le général de division Debrun pour déterminer le jour du départ de ce bataillon, lequel ne peut être différé au delà du temps nécessaire pour le faire relever dans les postes qu'il occupe.

Le général de division Debrun rendra compte au général en chef de l'armée des Ardennes du départ de ce bataillon pour l'armée de la Moselle.

(1) *Au citoyen Debaune, commandant le 1ᵉʳ bataillon de la 13ᵉ demi-brigade d'infanterie légère.*

Morfontaine, le 22 floréal (11 mai).

D'après les observations que je reçois du général Debrun, je vois, Citoyen, qu'il n'est pas possible de disposer, en ce moment, du bataillon de réquisition de Bar et j'y renonce jusqu'à ce que les circonstances permettent de le déplacer.

Je ne crois même pas devoir adopter le parti dont tu parles : celui de le faire relever par un ancien bataillon ; j'en ai déjà fait passer six de l'armée de la Moselle aux Ardennes dans l'espoir de faire venir 14 bataillons de réquisition qui y existaient alors. On en a disposé pendant mon absence et contre mes intentions, et à peine ai-je pu en retirer environ cinq bataillons ; je ne veux pas affaiblir davantage l'armée de la Moselle. Tu peux donc conserver le bataillon de réquisition, jusqu'à ce que les circonstances puissent permettre de le déplacer.

Malgré les réclamations qui précèdent, non seulement Charbonnié ne pouvait disposer des 14 bataillons demandés par Gillet, en faveur de l'armée de la Moselle et en échange des 6 anciens cadres qu'il en avait reçus, mais encore il s'apercevait bientôt que les réquisitionnaires de Givet, Rocroi et Philippeville n'étaient pas suffisants pour porter au complet les anciens cadres de l'armée du Nord. Il en appelait à l'agent supérieur Poulet, dont l'entente probable avec Liébert lui faisait affecter d'autres hommes de réquisition tels que ceux de Bourg-la-Reine, qui étaient dirigés sur Givet.

15 germinal (4 avril).

*Au citoyen Poulet, agent supérieur.*

Les bataillons qu'on m'a envoyés de l'armée du Nord sont tous incomplets ; ils ne sont forts, en général, que de 400 hommes. Cependant, il est urgent que ces corps soient complets. Les bataillons de réquisition stationnés à Givet, Roc-Libre et Philippeville, seront insuffisants. Dirige donc sur cette division tous les réquisitionnaires dont tu pourras disposer, et choisis surtout ceux qui te paraîtront les plus dégourdis. De ton activité dépend le succès de nos armées dans cette partie. Travaille en bon diable et nous battrons ces bougres-là.

THARREAU.

*P.-S.* — Marque-moi de suite ce que tu pourras faire, et tranche toutes les difficultés.

En rendant compte trois jours après, à Pichegru, de l'établissement de son quartier général à Givet et de ses futures opérations, Charbonnié se plaignait encore de ce que les 15 (1) anciens cadres reçus par le général Jacob, de l'armée du Nord et de celle de la Moselle, ne montaient qu'à 8,000 hommes environ, soit 550 hommes par cadre, et qu'il lui faudrait dès lors 6,000 à 7,000 réquisitionnaires tandis qu'il n'en avait que 2,600.

Aussi ne faisait-il pas de difficulté pour passer, sur l'ordre de Gillet, les anciens cadres du dépôt du 3ᵉ bataillon du Loiret à Metz et d'un détachement du 47ᵉ à Longwy ; mais en rendant compte de ce fait à Jourdeuil, le 26 germinal, il ajoutait : « Le grand nombre de réquisitionnaires que nous avons dans cette partie nous avait rendu jusqu'à ce moment ce détachement très précieux » ; et il s'en consolait en pensant que « bientôt ses frères d'armes rivaliseraient avec les vétérans. »

Pour compenser le déficit signalé par Charbonnié, Liébert lui faisait tout d'abord affecter l'excédent des réquisitionnaires de Bourg-la-Reine.

22 germinal (11 avril).

*Liébert au Commandant du 1ᵉʳ bataillon de la Moselle, à Origny.*

Je te préviens, citoyen Commandant, que je donne ordre à l'excédent des volontaires de première réquisition de Bourg-l'Égalité (département de Paris), qui se trouvent dans le bataillon que tu commandes, de partir demain d'Origny, pour se rendre à Givet, où ils seront incorporés dans les anciens cadres de l'armée des Ardennes. Tu feras choix d'un officier de ton bataillon qui a la fermeté nécessaire et l'intelligence pour conduire ce détachement. Tu choisiras également un sous-officier pour le seconder. Tu feras mettre l'ordre à exécution et tu m'en donneras avis.

Comme le lendemain, Liébert apprenait que les bataillons de l'armée du Nord étaient complets et présentaient un excédent de réquisitionnaires, il le dirigeait sur Givet pour venir en aide, avec l'appoint de Bourg-la-Reine, au

---

(1) D'après ce qui précède, il y aurait eu 8 ou 12 anciens cadres de l'armée du Nord, et 6 de celle de la Moselle ; soit en tout 14 ou 18 anciens cadres.

complément des anciens cadres qu'il avait déjà envoyés à l'armée des Ardennes.

23 germinal (12 avril).

*Liébert au citoyen Saignes, agent supérieur de l'incorporation, à Péronne.*

J'ai bien reçu ta lettre, Citoyen, par laquelle tu me rends compte que les cadres des bataillons de l'armée du Nord sont remplis. Tu voudras bien faire filer, le plus tôt possible, des bataillons de réquisition sur Givet, aux fins de compléter les cadres des bataillons tirés de l'armée du Nord pour passer à celle des Ardennes.

A la fin de floréal, le complet n'était pas encore atteint à l'armée des Ardennes puisque Charbonnié autorisait, le 15, le général Debrun à garder jusqu'à nouvel ordre les réquisitionnaires de sa division qui étaient destinés au complément du 4e bataillon de la Manche; et que Gillet renonçait, le 22, à disposer de ceux de Bar (1).

En résumé, l'on peut dire que l'incorporation fut terminée à l'aile gauche à la fin de germinal, et à une date encore plus tardive, à l'aile droite. A l'armée de la Moselle, l'incorporation continuait encore le 28 floréal.

Morfontaine, le 28 floréal (17 mai).

*Au citoyen Corau, agent secondaire à Longwy.*

Je te préviens, Citoyen, que la 59e demi-brigade vient de passer dans la division commandée par le général Championnet ; il lui manque 840 hommes ; tu voudras bien demander, sur-le-champ, à l'agent supérieur, ce nombre d'hommes pour la compléter : cette opération est extrêmement urgente : il n'y a pas un moment à perdre.

GILLET.

L'incorporation donna encore lieu d'ailleurs à une difficulté analogue à celle que causa en 1796 le nouvel amalgame des troupes d'Italie. On se rappelle en effet qu'aux termes de la loi du 23 août 1793 (art XI), le bataillon de réquisitionnaires, organisé dans chaque dis-

---

(1) Voir page 384.

trict, devait être réuni sous une bannière portant cette inscription : « Le peuple français debout contre les tyrans ». L'incorporation rendait ces étendards inutilisables ; et Liébert posait au Ministre la même question que Masséna à Schérer deux ans plus tard, avec cette différence, qu'en 1796, nos aigles avaient déjà tout un passé de gloire qui en faisait d'autant plus regretter la disparition, et qui n'eût pas alors permis de les qualifier « d'embarras ».

16 ventôse (6 mars).

*Le général Liébert au citoyen Ministre de la guerre.*

L'incorporation des bataillons de première réquisition nous ayant fourni une quantité de drapeaux, je te prie de me mander ce que je dois en faire. Ce serait un embarras si le quartier général venait à changer.

On a vu précédemment qu'à l'opération de l'embrigadement, le représentant du peuple Gillet avait dû joindre celle de l'incorporation. Une autre question s'imposait encore à lui pour qu'il pût remplir entièrement la mission, qui lui était confiée, de doter l'armée de corps homogènes et d'un effectif invariable : c'était celle des *subsistants*.

Mais, là encore, on se heurtait à une nouvelle difficulté : il y avait, dans chaque bataillon, nombre de subsistants provenant soit des volontaires qui, en état d'absence légitime pour blessures, maladies, etc., rentraient à une localité abandonnée par leurs corps, soit des réquisitionnaires qui, levés en vertu de la loi du 23 août 1793, avaient été, en exécution de celle du 2 frimaire (art. X), dirigés sur l'armée en nombre proportionné à ses besoins et groupés à cet effet en un ou plusieurs points de rassemblement. La première catégorie comprenait en outre des subsistants dont l'emplacement des corps était connu ou ignoré. Pour régulariser au plus tôt la situation de cette catégorie, les articles IV et V de la loi du 23 pluviôse avaient décidé que « les représentants du peuple et les agents chargés de l'incorporation veilleraient à ce que les militaires, mis en subsistance dans différents corps, rejoignent sans délai ceux auxquels ils appartiennent » ; et que « si le lieu où se trouve le corps auquel appartient le militaire en subsistance n'est pas connu, les représentants du peuple et les agents chargés de l'incorporation enverront l'état de ces militaires, avec le nom de leurs corps respectifs, au Ministre de la guerre qui leur indiquera la situation de leurs corps et donnera les ordres nécessaires pour les faire rejoindre ».

C'est en vertu de cette loi, que les représentants du peuple Gillet et Goupilleau de Fontenay, chargés de l'embrigadement près des armées des Ardennes et du Nord, prirent leurs décisions du 26 et du 29 pluviôse.

Sedan, le 26 pluviôse (14 février).

*Gillet, représentant du peuple pour l'embrigadement des armées de la Moselle et des Ardennes, à l'adjudant-général Tharreau, chef de l'état-major de l'armée des Ardennes.*

Je reçois aujourd'hui, Citoyen, un décret de la Convention nationale du 23 de ce mois, qui porte que les Représentants du peuple, chargés de l'embrigadement des armées, veilleront à ce que les militaires, mis en subsistance dans différents corps, rejoignent, sans délai, les corps auxquels ils appartiennent, et qu'ils leur feront, en conséquence, donner des routes pour se rendre à leur destination.

Je te prie, Citoyen, de te faire rendre compte ans le plus court délai, par tous les corps de l'armée, s'il existe ou non, dans leur sein, des militaires qui se trouveraient dans le cas prévu par ce décret, afin de leur faire rejoindre les corps auxquels ils appartiennent conformément à la loi (1).

Salut et fraternité. GILLET.

---

(1) Comme application de cette décision générale, on peut citer le cas particulier suivant :

Sedan, le 9 ventôse (27 février).

*Gillet au Ministre de la guerre.*

Je t'adresse, citoyen Ministre, une pétition qui m'a été remise à Givet

*Ordre des 2 et 3 ventôse (20-21 février).*

Arrêté du Représentant du peuple chargé de l'embrigadement de l'infanterie de l'armée du Nord :

« Tous les militaires mis en subsistance dans les différents corps qui composent l'armée du Nord, rejoindront, sans délai, les corps auxquels ils appartiennent. En conséquence, il leur sera donné des ordres de route pour se rendre à leur destination,

Si le lieu où se trouvent les corps auxquels appartiennent les militaires en subsistance n'est pas connu, le chef de l'état-major de l'armée fera parvenir aux Représentants, l'état nominatif desdits militaires avec le nom de leurs corps respectifs.

Il sera sursis à l'exécution du présent arrêté à l'égard des militaires dont les corps sont prisonniers, et ils resteront provisoirement en subsistance dans ceux où ils se trouvent.

Le général en chef de l'armée du Nord donnera les ordres nécessaires pour l'exécution du présent arrêté.

Réunion-sur-Oise, 29 pluviôse (17 février). »

Les généraux de division et commandants de place feront exécuter l'arrêté ci-dessus transcrit, et enverront, dans le plus bref délai, à l'état-major de l'armée, l'état nominatif des militaires mis en subsistance dont ils ignorent l'emplacement des corps. Ils auront soin aussi de faire passer les noms et numéros de ces corps.

A l'invitation de rechercher les subsistants visés par le décret du 23 pluviôse, et que lui avait adressée Gillet dès le 26, Tharreau répondait aussitôt :

---

par le citoyen Vauchey. Il servait comme sous-officier dans un bataillon belge employé à l'armée du Nord, lorsqu'il fut appelé au mois de septembre dernier, par un bataillon de réquisition, au grade d'adjudant-major. Pendant son absence, son ancien corps a été réformé et réorganisé, il ignore où il est et s'il a été compris dans la nouvelle formation. D'un autre côté, le corps dans lequel il était entré a été incorporé; cet officier se trouve maintenant sans place. Il demande à rejoindre son corps et à y être employé dans un grade quelconque.

Comme le bataillon qui a été formé du corps belge, auquel ce citoyen était attaché, n'est point de cette armée et que je ne puis le lui indiquer, je prends le parti de te renvoyer sa pétition en te priant de lui assigner une destination conformément au décret du 23 pluviôse.

27 pluviôse (16 février).

*Tharreau au représentant du peuple Gillet.*

J'ai reçu, Citoyen, ta lettre qui m'annonce le décret de la Convention du 23 de ce mois qui veut que tous les militaires mis en subsistance dans différents corps rejoignent sans délai ceux auxquels ils sont attachés.

Je vais la mettre de suite à l'ordre général et enjoindre à tous les chefs de corps (1) de me rendre compte des hommes qui sont dans le cas prévu par le décret ci-dessus.

D'après les rapports faits, je te demanderai tes ordres pour faire rejoindre les militaires mis en subsistance dans les différents corps de cette armée.

Le 29, Tharreau notifiait cette décision à l'agent supérieur Poulet, mais sans saisir qu'il ne s'agissait, dans l'esprit de Gillet, que des subsistants affectés déjà à un corps, et que pour tous les autres sans affectation ils devaient, comme le demandait Poulet, être rassemblés à Rethel.

Tu me demandes que je mette à l'ordre de l'armée que tous les hommes de la première réquisition en subsistance dans les différents corps devant être réunis à Rethel, les commandants des places, camps et cantonnements en dresseront un état qu'ils t'enverront sous le plus bref délai.

Je t'observe que, par le décret du 23 pluviôse, cette mesure paraît avoir été généralisée, et j'ai reçu l'ordre du représentant Gillet, chargé

---

(1) Le 28 pluviôse et le 3 ventôse, il réclamait l'état des subsistants à tous les commandants des corps de troupe :

« Par l'ordre du 28 pluviôse, il était enjoint à tous les chefs de corps
« d'adresser sous le plus bref délai, à l'état-major, l'état des hommes
« qu'ils ont en subsistance, en désignant les corps auxquels ils appar-
« tiennent. Le représentant Gillet, commissaire à l'embrigadement,
« chargé de faire rejoindre tous les militaires qui se trouvent dans ce
« cas, me demande cet état général pour donner les ordres nécessaires
« à l'exécution de la loi. Je te prie de ne pas perdre un moment pour
« me mettre à même de répondre à ses intentions.

« Tharreau. »

de l'exécution de la loi, de lui fournir le plus tôt possible l'état général, pour qu'il puisse donner les ordres nécessaires à cet effet.

Je ferai, d'ailleurs, un relevé sur l'état général des hommes de la première réquisition, et je te le ferai passer.

Je donnerai l'ordre au commissaire ordonnateur de diriger tous ceux qui sont dans les hôpitaux à Rethel, lors de leur sortie.

Recevant une fin de non-recevoir de Tharreau, Poulet en référa à Gillet qui expliqua alors que l'état qu'il réclamait ne concernait que les subsistants affectés à un corps, et que tous les autres devaient être réunis au dépôt à Rethel, comme le demandait Poulet.

Givet, 4 ventôse (22 février).

*Au citoyen Poulet, agent supérieur du Conseil exécutif de l'armée des Ardennes.*

J'ai reçu tes différentes lettres ; les trois dernières me furent remises hier sur la route de Vedette-Républicaine à Mariembourg.

La tournée que je viens de faire ne m'a pas encore permis d'écrire aux différents districts qui sont en retard sur la levée de la première réquisition. Je m'en occuperai aussitôt mon arrivée à Sedan, ainsi que de l'objet concernant les armes.

On t'a mal rendu l'ordre que j'ai donné au chef de l'état-major pour les hommes mis en subsistance dans différents corps. Un décret du 23 pluviôse porte que les militaires appartenant à un corps, et qui ont été mis en subsistance dans un autre, seront tenus de rejoindre : j'ai demandé l'état des hommes qui peuvent se trouver dans ce cas ; ma demande ne porte que sur les militaires qui appartiennent déjà à un corps.

Quant aux hommes de réquisition qui peuvent avoir été mis en subsistance en attendant qu'on leur désigne un corps, et qui forment un excédent au complet du bataillon, il n'y a aucune difficulté à les faire rassembler dans un dépôt pour leur faire assigner sur-le-champ une destination ; et si tel est, comme je n'en doute pas, l'objet de ta demande au chef de l'état-major et aux commissaires des guerres, non seulement je l'approuve, mais je t'invite à leur recommander de s'y conformer dans le plus court délai.

Fort de cette interprétation, Poulet l'avait sans doute notifiée le même jour à Tharreau qui, mieux éclairé, distinguait alors nettement les deux catégories de subsistants et prévenait Poulet que, pour les mesures d'exécution du décret du 23 pluviôse, il n'avait qu'à s'entendre directement avec Gillet à qui Tharreau se bornerait à envoyer, le 10 ventôse, l'état des subsistants.

9 ventôse (27 février).

*Tharreau à l'agent supérieur Poulet, à Rethel.*

Par ma lettre du 29 pluviôse, je t'annonçais, Citoyen, que j'avais reçu l'ordre du représentant Gillet pour lui fournir l'état général des hommes en subsistance dans les différents corps de cette armée; je te marquais aussi que j'extrairais ceux qui appartiennent à la première réquisition non incorporés et que je t'en ferais passer l'état; tu le recevras dans peu de jours. Tant qu'aux réquisitionnaires malades aux hôpitaux et sans destination, j'ai donné l'ordre au commissaire ordonnateur de les faire diriger sur Rethel, où ils doivent se présenter à toi; j'ai donc satisfait à tes demandes.

J'ai communiqué ta lettre du 4 ventôse, adressée au général en chef, au représentant Gillet; il m'a dit de te répondre que, tant qu'aux mesures à prendre pour assurer l'exécution du décret du 23 pluviôse, dont il paraît principalement chargé, tu pouvais t'adresser à lui pour concerter vos moyens réciproques. Tu voudras donc bien, dorénavant, correspondre avec lui directement pour cet objet. Je lui ferai parvenir, d'après ses ordres, tous les renseignements qu'il exigera, demain, 10 ventôse (1); je lui remettrai l'état général des hommes en subsistance dans l'armée avec les notes nécessaires.

THARREAU.

Conformément aux conclusions de cette lettre, Tharreau écrivait le 11 à Gillet :

Je t'envoie, Citoyen, l'état que tu m'as demandé des hommes en subsistance dans les corps qui composent cette armée. Je te prie de vouloir bien m'en accuser la réception (1).

---

(1) Avant même d'avoir reçu l'état qu'il demandait, Gillet avait prononcé des passages de subsistants en excédent d'un bataillon à un autre, au lieu de les faire rassembler à Rethel.

6 ventôse (24 février).

« 13 hommes de réquisition, qui sont en subsistance dans le 6e ba-

Gillet mandait d'autre part à Poulet (1) :

............................

Le chef de l'état-major vient de me remettre plusieurs états concernant les militaires mis en subsistance dans un autre corps. Je t'en adresserai une copie ; mais je vois qu'il faudra t'adresser, pour la plupart, au Ministre de la guerre pour qu'il indique où sont les corps auxquels ils appartiennent.

En effet, deux jours après, en adressant cette situation à l'agent supérieur Poulet, Gillet lui recommandait de s'adresser au Ministre pour avoir les emplacements des corps qui lui seraient inconnus.

Sedan, le 16 ventôse (6 mars).

*Au citoyen Poulet, agent supérieur du Conseil exécutif à l'armée des Ardennes.*

Je t'adresse, Citoyen, une copie de l'état qui m'a été remis par le chef de l'état-major de l'armée des Ardennes, des hommes en subsistance dans les différents corps de cette armée. Tu voudras bien leur faire expédier sur-le-champ des routes pour rejoindre les corps auxquels ils appartiennent, si le lieu où sont ces corps t'est connu. Dans le cas contraire, tu adresseras cet état au Ministre de la guerre, qui l'indiquera et fera expédier lui-même les routes.

GILLET.

---

« taillon de la Marne et qui forment un excédent au complet de ce
« bataillon, seront incorporés décadi prochain dans le 4ᵉ bataillon du
« même département, pour servir à compléter ce bataillon.
« Silvain Gillet, fusilier de la 5ᵉ compagnie du 6ᵉ bataillon de la
« Marne, ayant été jugé peu propre au service de l'infanterie, passera
« dans le bataillon de sapeurs qui vient d'être organisé à l'armée des
« Ardennes.
« A Givet, le sixième jour de ventôse, l'an 2ᵉ de la République une
« et indivisible.

« *Le Représentant du peuple chargé de l'embrigadement des*
« *armées de la Moselle et des Ardennes.* »

GILLET.

(1) Gillet à Poulet. Sedan, **14** ventôse.

Ayant ainsi réglé la situation à l'armée des Ardennes, Gillet s'occupa de celle de la Moselle.

Au quartier général de l'avant-garde, à Metzervisse, le 24 ventôse (14 mars).

*Au général Grigny, chef de l'état-major de la Moselle.*

Un décret du 23 pluviôse dernier charge les Représentants du peuple envoyés pour l'embrigadement des armées de veiller à ce que les militaires mis en subsistance dans différents corps rejoignent sans délai les corps auxquels ils appartiennent.

Tu voudras bien, en conséquence, citoyen Général, demander à tous les corps de l'armée l'état des hommes qu'ils pourraient avoir reçu en subsistance, avec les noms des bataillons ou régiments auxquels ces hommes appartiennent, et me l'envoyer le plus tôt possible, afin que je leur fasse expédier des routes pour se rendre à leur destination.

Muni des états de subsistants des deux armées, et connaissant d'autre part les corps qui composaient chacune d'elles, Gillet put faire passer de l'une à l'autre les militaires qui lui appartenaient.

27 ventôse (17 mars).

*Au Chef de l'état-major de l'armée des Ardennes.*

Je t'adresse, Citoyen, l'état des militaires appartenant à l'armée de la Moselle, qui se trouvent en subsistance dans différents corps de celle des Ardennes. Tu voudras bien charger les commissaires des guerres qui ont la police de ces corps d'expédier sur-le-champ des routes à ces militaires pour rejoindre leurs corps.

La question se compliquait encore des réquisitionnaires qui, sans tenir compte de leur affectation préalable à un corps de troupe déterminé, s'enrôlaient dans un autre qui avait leurs préférences : l'arrêté de Goupilleau de Fontenay, cité à l'ordre du 9-10 germinal (1), tentait de mettre fin à cette nouvelle cause de désordre. Dans le même esprit, Liébert prescrivait à la gendar-

---

(1) Voir page 62.

merie de n'envoyer aucun réquisitionnaire ou volontaire d'une ville dans une autre sans s'être assurée tout d'abord que son corps d'affectation s'y trouvait.

*Ordre du 16-17 germinal (5-6 avril).*

Les généraux de division et commandants temporaires ou les officiers de gendarmerie nationale n'enverront aucun militaire d'une ville dans une autre sans s'être assurés que les bataillons de ces soldats y sont. Ils les garderont en subsistance jusqu'à ce qu'ils aient les renseignements nécessaires, pour ne point les faire voyager en vain.

Aux chefs de corps qui réclamaient le renvoi de ces inconnus, Liébert démontrait l'inanité de cette solution.

11 floréal (30 avril).

*A Petit, chef du 1er bataillon de Seine-et-Marne, à Noyelles.*

Il est impossible, Citoyen, de renvoyer les hommes dont les corps sont inconnus. Il faut nécessairement qu'ils restent en subsistance dans les bataillons où ils se trouvent jusqu'à ce que les Représentants du peuple près l'armée aient pris une mesure générale à leur égard.

Dans les places comme Lille, où fonctionnaient des ateliers de confection d'armes et de baïonnettes, où se trouvait un arsenal d'artillerie, la question des subsistants se simplifiait de tous ceux qui étaient employés à cette fabrication et qui, par suite, ne devaient plus être l'objet d'aucune mutation.

12 floréal (1er mai).

*Au Commandant de la citadelle de Lille.*

Je te renvoie ci-joint, Citoyen, l'état des hommes en subsistance, que tu m'as fait passer : tu verras dans la colonne d'observation la désignation des emplacements des corps connus à l'armée du Nord; quant à ceux qui ne le sont pas, où veux-tu qu'on renvoie les volontaires qui y sont attachés? On leur ferait faire le tour de la République et on occasionnerait une dépense énorme. Quant à ceux en subsistance qui sont employés aux divers ateliers de la République, il ne faut pas les renvoyer; ils sont aussi utiles qu'à leurs bataillons; d'ailleurs, ils perdraient en route un temps qu'ils emploient plus utilement à travailler.

LIÉBERT.

Il semblait que la question fût ainsi épuisée. Mais, près d'un mois après l'établissement des états des subsistants, l'arrivée incessante et journalière des volontaires ou réquisitionnaires se poursuivait. Il n'y avait qu'une solution évidente, c'était l'envoi successif de chacun à son corps, lorsque l'emplacement de ce dernier était connu, et l'établissement d'un nouvel état pour les inconnus. Toutefois, si le corps était trop éloigné, il en résultait une grosse dépense pour le Trésor et une grande perte de temps pour la défense. Aussi avant de s'y décider, et pour mettre sa responsabilité à couvert, Liébert crut-il devoir en référer aux représentants du peuple.

19 germinal (8 avril).

*Liébert aux citoyens Choudieu et Richard, représentants du peuple à Réunion.*

. . . . . . . . . . . . . . . . . . . . . . . . . . . . .

*P.-S.* — Je vous observe, citoyens Représentants, qu'il se présente journellement à l'état-major des militaires qui demandent des routes pour joindre leurs corps, soit à l'armée de l'Ouest, soit à celles des Pyrénées, du Midi, des Alpes ou du Rhin. Sans autres renseignements que les noms de ces armées, vous voudrez bien me dire si l'arrêté du 29 pluviôse (1) est applicatif à ces militaires et si l'on doit leur expédier des routes.

Poursuivant son idée, Liébert crut devoir porter la question devant la commission de l'organisation et du mouvement des armées de terre, et lui proposer d'incorporer à l'armée du Nord tous ceux dont les corps appartiendraient à une autre et de prescrire de ne déli-

---

(1) Arrêté de Goupilleau de Fontenay. Voir page 390.

vrer de routes aux militaires en congé ou sortant des hôpitaux qu'autant que l'on serait certain de l'armée dont feraient partie leurs corps.

20 floréal (9 mai).

*Aux Membres de la 9ᵉ Commission chargée de l'organisation et du mouvement des armées de terre, à Paris.*

Des volontaires sortant des hôpitaux ou venant de congé se présentent journellement pour me demander l'emplacement de leurs bataillons; beaucoup ne se trouvent point dans l'armée du Nord, soit par des changements ordonnés, soit parce que les routes ont été mal données à ces volontaires, ne sachant où sont leurs bataillons; l'ignorant moi-même, je me trouve par conséquent dans la pénible impossibilité de leur indiquer celles qu'ils devraient tenir pour rejoindre leurs drapeaux respectifs; il résulte de là un très grand abus, parce que ces volontaires, cherchant aussi leurs corps, ne servent point utilement, et parce que, d'ailleurs, ils occasionnent à la République des dépenses incalculables lorsque, enfin, ils pourraient concourir avec des frères d'armes à la défense de la liberté. Il est donc instant de prévenir et arrêter cet abus; c'est ce qui me détermine à demander à la Commission :

1° S'il ne serait pas utile au bien du service d'incorporer les volontaires qui se rendent dans une armée quand leurs corps sont dans une autre; étant incorporés, ils serviraient alors la République, et on adresserait des états à la Commission pour qu'elle prévienne le premier corps du changement.

2° Dans le cas où la Commission ne jugerait pas cette incorporation utile et nécessaire, elle voudra bien indiquer les moyens d'envoyer directement à leurs bataillons les volontaires qui se présentent, sans les mettre dans la nécessité de parcourir inutilement la République et de lui occasionner des dépenses nouvelles et onéreuses.

3° Ne serait-il pas indispensable d'enjoindre à tous ceux qui sont dans le cas de donner des routes aux militaires qui sont dans les hôpitaux et en congé, de n'en délivrer aucune sans avoir la certitude que les corps sont dans l'armée où ils envoient les volontaires. Je soumets ces demandes à la Commission et je l'invite à me donner une prompte solution : le bien du service l'exige.

Ces réquisitionnaires, arrivant journellement, ne se bornaient pas à créer des difficultés par l'ignorance où l'on se trouvait de la destination à leur donner ; ils semaient aussi les mauvaises nouvelles et le désordre, ce qui obligea Liébert à les enfermer provisoirement à la citadelle de Lille.

22 floréal (11 mai).

*Aux représentants Richard et Choudieu, à Lille.*

On vient de m'amener, citoyens Représentants, plusieurs volontaires et soldats de la ci-devant ligne, munis de billets de différents hôpitaux, qui distribuaient par la ville que la route de Menin à Courtrai était interceptée, ce qu'ils assuraient comme n'ayant pas pu rejoindre leurs bataillons stationnés de ce côté. Je sais que le même bruit, qui avait été distribué hier en ville, y avait occasionné un peu de rumeur qui pouvait nuire à la tranquillité publique ; c'est pourquoi j'ai cru devoir, par mesure de sûreté, les envoyer en subsistance à la citadelle, en enjoignant au commandant de les empêcher de sortir ; j'ai également écrit au commandant de la place d'y envoyer les militaires des différents bataillons qui se trouveraient dans Lille qui lui seraient amenés pour le même cas ; faites-moi le plaisir de me dire, en réponse, si vous approuvez cette mesure. Je viens d'apprendre que l'ennemi avait attaqué Menin et qu'il y avait été fort mal reçu ; on me mande également que l'on s'est battu tout le jour à Courtrai ; je n'ai pas reçu d'autres détails.

22 floréal (11 mai).

*Au Commandant de la place, à Lille.*

Je te préviens, citoyen Commandant, que plusieurs volontaires rentrent dans la place disant qu'ils ne peuvent rejoindre leurs corps et que la communication est coupée ; ils disséminent en outre les bruits les plus alarmants et tiennent des propos qu'il est utile de réprimer. Semblable conduite étant absolument nuisible au bien du service, tu voudras bien donner les ordres les plus précis pour que les commandants des postes fassent arrêter tous militaires qui rétrograderaient, qui chercheraient leurs corps, ou qui diraient qu'ils ne peuvent le rejoindre aux avant-postes de l'armée par défaut de communication ; ils seront conduits à la citadelle, où ils resteront en subsistance jusqu'à nouvel ordre, le commandant est prévenu à cet égard ; je compte sur ton zèle à faire remplir cette mesure si nécessaire dans la circonstance.

Indépendamment de ces désordres, la situation restait la même ; enfin, à la lettre de Liébert demandant, le

20 floréal, des explications et proposant diverses mesures telles que l'incorporation des subsistants dont les corps étaient d'une autre armée, la 9ᵉ commission répondit par l'invitation d'appliquer purement et simplement les prescriptions de la loi du 23 pluviôse.

Paris, le 28 floréal (17 mai).

*Ordre du 10-11 prairial (29-30 mai).*
*Extrait de la lettre de la Commission de l'organisation et du mouvement des armées de terre.*

La Commission a reçu, citoyen Général, ta lettre du 20 du présent mois, par laquelle tu exposes les nombreux inconvénients qui résultent de l'ignorance de l'emplacement des différents corps auxquels sont attachés les militaires qui sortent des hôpitaux ou qui reviennent de congé. Elle s'empresse à te répondre et à te donner, comme moyen sûr de remédier à ces inconvénients, celui de faire mettre en subsistance tous les militaires qui ignorent les lieux où résident les différents corps auxquels ils appartiennent, d'en faire passer aussitôt l'état à la Commission qui, de suite, t'en fera connaitre l'emplacement.

Tu voudras bien faire part de cette mesure aux différents commissaires des guerres qui sont dans le cas de délivrer des routes.

Pour permettre l'application pratique de cette solution, Liébert se fit alors fournir un état décadaire des subsistants, afin de prescrire la rentrée de ceux dont l'emplacement des corps était connu et de signaler, tous les dix jours, à la 9ᵉ Commission ceux dont la destination était inconnue.

Les commissaires des guerres se conformeront, en ce qui les concerne, aux dispositions de cette (note).

Ils enverront toutes les décades, au chef de l'état-major général de l'armée, l'état des hommes qu'ils auraient mis en subsistance dans quelques corps. Cet état nominatif devra indiquer les nom, prénoms, grades, corps et compagnies avec la date du jour où ils auront (été) envoyés en subsistance.

Les commandants des corps, où il serait mis des hommes en subsistance, enverront régulièrement toutes les décades, à l'adjudant-général de la division dont ces corps font partie, un état qui comprendra aussi les nom, prénoms, grades, compagnies et dates d'entrée en subsistance; et l'adjudant-général en fera faire un état général qu'il enverra ensuite au chef de l'état-major général de l'armée.

Les adjudants-généraux tiendront, au surplus, la main à cette disposition.

Ces prescriptions furent rappelées par l'ordre du 29 floréal :

29 floréal (18 mai).

On renouvelle l'ordre déjà donné relativement à tous les corps qui ont des hommes en subsistance dont ils ignorent l'emplacement; les Conseils d'administration en feront dresser un état exact en y désignant les noms des bataillons des hommes en subsistance; ils enverront cet état à la Commission de l'organisation et du mouvement des armées de terre, qui indiquera l'armée et le lieu que les corps occupent, ce qui facilitera les moyens de rendre chaque soldat à son corps respectif.

Ainsi donc, à l'armée du Nord, des mouvements incessants se produisaient encore d'un corps à un autre alors que la campagne était déjà entrée depuis deux mois dans la période active; qu'elle s'était affirmée par l'échec du Cateau, le désastre de Troisvilles, la chute de Landrecies, la jonction de Charbonnié et de Desjardin à Beaumont, la prise de Courtrai, la victoire de Mouscron, la reddition de Menin, la glorieuse défense de Courtrai; et que l'éclatant succès de Tourcoing allait décider du sort de la campagne à l'aile gauche.

Telles furent, dans leurs grandes lignes, la conception et la mise en pratique des deux lois de recrutement de 1793.

Pour les résumer, on dira que la Convention voulant porter l'armée d'abord à 500,000 puis à 900,000 hommes, effectua, le 24 février, la levée de 300,000 hommes, et le 23 août celle des célibataires de 18 à 25 ans; qu'elle supprima toutes les dispenses pour tirer de ce recrutement le maximum de rendement; qu'elle ne préleva ensuite sur les effectifs que les hommes strictement nécessaires pour assurer le fonctionnement des services indispensables à l'État (1) ou à l'armée ; qu'après avoir levé des bataillons de réquisitionnaires et les avoir tout d'abord affectés aux places fortes, pour libérer d'autant les cadres aguerris, elle comprit qu'elle absorberait ainsi dans des places inutiles un contingent considérable, et que le reste des réquisitionnaires ne présenterait, en campagne, que des forces mal encadrées et dépourvues de toute cohésion ; que pour leur fournir ces cadres qui leur manquaient, il suffisait de les employer à compléter les bataillons déjà aguerris ; que, dans cette fusion, il y eut à vaincre la triple difficulté d'effectuer une répartition exacte entre les armées, d'assurer en temps voulu les mouvements qu'elle occasionnerait d'une armée à l'autre, et de tenir compte des volontaires en congé ou aux hôpitaux qui rentraient sans cesse et qu'il fallait diriger sur leurs corps d'origine ; enfin que cette triple opération fut assez longue, malgré tout le zèle qui y fut apporté, pour avoir dépassé de beaucoup le début des opérations.

Quel fut l'effet de ces lois? D'après Grimoard, celle du 24 février démontra, une fois de plus, qu' « un État, surtout passagèrement, et sans trop onérer sa population, peut entretenir 20,000 hommes de troupe par million d'habitants....., effort qu'on doit tenter le moins possible et seulement dans des conjonctures critiques..... »

D'un autre côté, l'action successive de cette loi et de celle du 23 août 1793 avait, d'après le même auteur,

---

(1) Décret du 18 frimaire, qui permet d'extraire de la réquisition les jeunes citoyens des campagnes jugés nécessaires à l'ensemencement des terres et retient à leur poste les imprimeurs.

Décret du 28 frimaire, qui met les fondeurs d'imprimerie en réquisition.

Décret du 23 nivôse, qui met en réquisition les entrepreneurs et ouvriers des manufactures de papier.

porté, au 3 décembre 1793 (13 frimaire), « la totalité des forces de la France à 628,670 hommes effectifs dont seulement 528,310 étaient présents à leurs corps. Ce nombre, encore très considérable, prouve l'activité qu'on avait mise, depuis l'ouverture de la campagne, au recrutement des anciennes troupes et à en organiser de nouvelles ; puisqu'au mois de février 1793, on ne comptait plus sous les armes que 228,644 hommes. »

Cet effectif s'accrut encore et atteignit, en nivôse, 709,966 hommes dont 569,421 présents ; en pluviôse, 760,922 et 632,101 ; en ventôse, 862,996 et 693,080 ; enfin, les forces de la France atteignirent un premier maximum en germinal an II, avec un effectif brut de 947,524 hommes (1) et 720,208 présents sous les armes, et arrivèrent à leur apogée en vendémiaire an III avec un total de 1,169,144 hommes, dont 749,545 présents.

La loi de la réquisition fut une des causes du salut de la France, car elle lui donna le moyen de faire la véritable « guerre en masse » « c'est-à-dire de diriger toujours, sur les points d'attaque, le plus de troupes et d'artillerie qu'on pourra....., d'habituer généraux et soldats à ne jamais calculer le nombre des ennemis, mais à se jeter brusquement dessus à coups de baïonnette sans songer ni à tirailler ni à faire des manœuvres auxquelles les troupes françaises actuelles n'étaient nullement exercées ni préparées ; cette manière de combattre, si conforme au caractère, à l'adresse et à l'impétuosité de la nation, ne pouvait que lui donner la victoire en déroutant les armées étrangères. »

---

(1) Ce chiffre était bien, à 50,000 hommes près, celui qu'on se proposait d'atteindre, puisque la levée de 300,000 hommes, prescrite par la loi du 24 février 1793, devait donner un effectif total de 502,800 hommes, et que Barère avait annoncé le 17 août 1793, à la Convention, que la réquisition produirait 400,000 hommes.

Tel était l'avis de l'officier général qui eut l'honneur d'inspirer à la Convention sa loi de recrutement du 24 février 1793 et la tactique qui devait s'ensuivre, et qui réussit si bien à la convaincre, que les 24, 25, 26 avril et 15 mai il était encore appelé en conseil par le Comité de Salut public; et qu'enfin, Saint-Just, profondément pénétré de cette doctrine, s'écriait le 19 vendémiaire, aux applaudissements de la Convention : « L'art militaire de la monarchie ne nous convient plus. Ce sont d'autres hommes et d'autres ennemis..... Si la nation française est terrible par sa fougue, son adresse, et si les ennemis sont lourds, froids et tardifs, son système militaire doit être impétueux....., le système de guerre doit être l'ordre du choc des armes françaises. »

C'est dans le même esprit encore que l'on voit, au début de 1794, le Comité de Salut public attacher à la baïonnette une importance capitale : « Le succès de nos armes est dû principalement à l'usage de la baïonnette (1); elle est précieuse aux Français (2); elle est l'arme des héros; devant elle échoue la tactique des despotes; elle est le signal de la fuite précipitée de leurs satellites ou l'instrument de leur carnage; elle fut le triomphe et la gloire des défenseurs de la République (3); à l'aspect de cette arme la plus avantageuse aux Français, les tyrans tremblent, les esclaves fuient (4). »

Au début de la campagne de 1794, l'armée française avait donc obtenu la masse en portant ses effectifs à leur maximum de rendement; gouvernement et généraux avaient imprimé à cette masse sa quantité maxima de mouvement, en exaltant ses qualités éminemment

---

(1) Arrêté du 14 ventôse.
(2) Arrêté du 23 ventôse.
(3) Arrêté du 15 ventôse.
(4) Arrêté du 19 ventôse.

offensives, et en lui confiant l'arme française par excellence, la baïonnette : attaque en masse et charge à la baïonnette s'harmonisaient, du reste, merveilleusement avec la portée et l'efficacité des armes à feu de l'époque (1).

La loi du 23 août 1793 avait créé le Nombre ; celle du 19 nivôse engendra l'Unité. Si la levée de 300,000 hommes et la loi de réquisition fournirent la supériorité numérique d'où découle l'offensive, l'embrigadement, qui ne reçut son plein effet que vers le milieu de 1795, fit renaître l'esprit de corps et la cohésion qui ajoutèrent à la puissance matérielle l'effet encore plus considérable de la force morale.

On aurait tort de croire que l'embrigadement fut une découverte de 1793. Ce progrès, comme la plupart, avait été déjà imaginé ; et cette constatation confirme une fois de plus la sagesse des paroles du général du Chastellet, s'écriant le 30 juillet 1790 (2), à l'Assemblée nationale, qu'il « défiait tous les comités et tous les ministres de faire dans le militaire quelque chose qu'on n'ait pas tenté et qu'on n'ait pas vu depuis 52 ans qu'il servait. »

Frappé des dépenses que nécessite l'entretien d'une armée permanente aussi considérable que celle que doit avoir la grande nation qu'est la France, et évaluant cette armée à 350,000 hommes, soit le vingt-quatrième de la population mâle (3), le maréchal de Saxe esti-

---

(1) On trouvera les mêmes considérations développées dans l'ouvrage : *Observations sur l'armée française de 1792 à 1808*, pages 15, 16 et 17.

(2) Supplément à la *Gazette Nationale*. Dimanche 1ᵉʳ août 1790.

(3) Voir *Esprit des lois de la tactique et des différentes institutions militaires*, de M. le maréchal de Saxe. Ce chiffre est à rapprocher de celui qu'indique Grimoard à propos de la loi de recrutement du 24 février 1793. (Voir page 402.)

mait à tort qu'il suffisait d'en entretenir le septième en temps de paix et qu'il fallait laisser le reste dans ses foyers à titre de milices (1) (2).

Aussi divisait-il cet effectif total en une partie permanente de 50,000 hommes et en une réserve de 300,000 miliciens. La première était divisée en cinquante *chefs-régimens*, de 1000 hommes chacun, destinés à exercer les milices qui seraient annexées à chacun d'eux. Elles devaient s'y assembler chaque année pour faire l'exercice pendant un mois, « non pas toutes à la fois, pendant le même mois, mais dans tous les mois de l'année les unes après les autres ». — Pour encadrer ces milices, il fallait que les *chefs-régimens* entretinssent à l'état permanent un nombre suffisant d'officiers : « Quand les corps de milices joindraient les *chefs-régimens*, ces officiers y seraient répartis pendant le temps d'exercice ; moyennant quoi, lorsqu'on serait dans le cas de faire la guerre, on trouverait des officiers capables de conduire les 300,000 hommes (3). » — D'après cette combinaison chaque corps de 1000 hommes de troupes réglées devait comprendre la proportion très exagérée de 6,000 réservistes. Aussi doit-on préférer de beaucoup la conception suivante qui, tout en utilisant le principe des réserves,

---

(1) C'était une proportion beaucoup trop faible, comme le démontre le projet de *légions* du Maréchal lui-même.

(2) Le maréchal de Saxe, s'élevant contre les inconvénients du tirage au sort des milices, réclamait une loi qui les abolît et établît que « tout homme, de quelque condition qu'il fût, serait obligé de servir son prince et sa patrie pendant cinq ans ». La levée ne devait, du reste, porter que sur les hommes de 25 à 30 ans, « sans en excepter aucune condition ». C'était, à peu près, la loi de première réquisition, frappant les célibataires de 18 à 25 ans, sans admettre aucun motif d'exemption préalable.

(3) On a beaucoup discuté la question des cadres complémentaires des régiments d'infanterie actuels. Il semble cependant que les auteurs de cette création soient en droit d'invoquer la haute autorité du maréchal de Saxe.

diminue la proportion de ces dernières au profit des troupes d'encadrement.

Le maréchal de Saxe imagina en effet la création de légions composées de quatre régiments chacune ; chaque régiment comptant quatre centuries d'infanterie de ligne, une demi-centurie d'infanterie légère et une demie de cavalerie (1). Chaque centurie devait comprendre dix compagnies, dont l'effectif s'accroissait, en cas de guerre, dans la proportion de 17 à 7 ; de telle sorte que la légion passait elle-même du pied de paix de 1979 hommes à celui de guerre de 3,579.

C'était, comme on le verra, l'effectif très approché de la demi-brigade, tel que le fixa la loi du 2 frimaire ; mais la conception du maréchal de Saxe avait sur celle de la demi-brigade l'avantage de ne compter, comme réserves, qu'un peu moins de la moitié au lieu des deux tiers de l'effectif total.

Cette idée du maréchal de Saxe fut, d'ailleurs, reprise sous une autre forme par le maréchal de Belle-Isle.

« On assure », dit un mémoire (2), « que Monseigneur le maréchal duc de Belle-Isle, ministre d'État et de la guerre, suivant le projet de feu M. le maréchal comte de Saxe, veut former de l'infanterie française trente légions à l'exemple des anciens Romains..... ; qu'il se propose de composer chaque légion de deux régiments, de deux bataillons chacun, de l'infanterie française et de prendre deux bataillons dans le corps de milices créé en l'année 1726 et qui serait supprimé, ce qui ferait six bataillons qui auraient chacun 1000 hommes divisés en vingt com-

---

(1) Cette cavalerie était dès le temps de paix à l'effectif de guerre : « Tout ce qui est recrues n'y vaut absolument rien ». (*Mes Rêveries*).

(2) *État militaire de la France depuis le commencement de la Monarchie*. (Manuscrit acquis en 1901 par la Section historique de l'état-major de l'armée, sur l'initiative du capitaine Colin.)

pagnies de 50 hommes..... (1) »; les trente légions devaient porter « les noms les unes de la plus grande partie des provinces du royaume (2), et les autres de quelques-unes de leurs dépendances. Toutes les provinces fourniraient les recrues nécessaires pour compléter les régiments et bataillons par le moyen des levées qu'elles mettraient en usage comme elles font actuellement pour la fourniture des milices, et qui seraient déchargées de la création de l'année 1726.

« En temps de guerre, les quatre bataillons d'anciennes troupes seraient toujours de campagne, et les deux bataillons de milices tiendraient garnison en recevant chaque année des provinces les recrues des six bataillons dont chaque légion serait composée, pour leur faire faire l'exercice, les évolutions et prendre goût au métier.

« Après l'année révolue, les mêmes deux bataillons recevraient encore des provinces ou des arrondissements affectés è chaque légion, de nouvelles recrues et feraient ensuite passer aux quatre autres bataillons pour les compléter les plus anciens et meilleurs soldats de leurs deux bataillons..... »

On retrouve dans cette combinaison la solution qu'adopta la Convention tout d'abord pour affecter les réquisitionnaires à la garnison des places, puis pour les employer à combler les vides des « anciens cadres ». On y voit encore la genèse des demi-brigades : c'était en effet un véritable « amalgame », dans une proportion inverse, il est vrai, de celle qu'adopta la Convention dans sa loi du 21 février 1793 et qui fut uniquement

---

(1) A la suite de chaque régiment il devait y avoir une compagnie de grenadiers à pied, une de grenadiers à cheval et une d'hommes armés à la légère.

(2) Cette disposition fit l'objet de l'article 3 du titre I$^{er}$ de la loi du 21 février 1793. En 1796, Kellermann proposera de même de donner aux demi-brigades les noms des départements qui les recruteraient.

dictée par la nécessité. Comme la Convention, qui cherchera plus tard à inculquer, par l'embrigadement, la discipline et l'instruction à ses volontaires, Belle-Isle trouvait qu'un des premiers avantages de son projet était de n'envoyer à l'armée que des troupes de remplacement sérieusement instruites et disciplinées, tout en supprimant les « levées ordonnées en temps de guerre qui désolent et détruisent les campagnes et les villes..... » ainsi que les abus des recrues faites par les capitaines (1).

Ce ne furent pas là les seules tentatives antérieures à la Convention.

Le 12 décembre 1789, Dubois-Crancé, s'élevant contre « l'odieuse pratique » des milices, et posant en principe que la conscription militaire est le seul moyen et que « chaque citoyen doit toujours être prêt à marcher pour la défense de son pays », demande la création d'une armée formée de régiments « nationaux » actifs au moyen de tous les citoyens âgés de 18 à 40 ans, ayant droit d'électeur. Tous les autres citoyens libres ayant le même droit et en état de porter les armes, devaient être « gardes nationaux » armés, destinés à maintenir l'ordre public en temps de paix et à doubler l'armée active en temps de guerre. *Enfin devançant de beaucoup son temps et pressentant la nécessité d'une prompte mobilisation,*

---

(1) Comme le maréchal de Saxe, le duc de Belle-Isle voulait remédier au tirage au sort de la milice. Il proposait, en conséquence, de « laisser aux habitants assemblés la liberté de nommer d'abord pour miliciens tous les garçons vagabonds, libertins et fainéants, qui sont à charge à leur famille et inutiles à la société civile; et ensuite le choix, à la pluralité des voix, sur les autres garçons, en donnant la franchise, autant qu'il serait possible, aux fils uniques, ainsi qu'aux aînés et autres garçons très nécessaires à leurs familles pour les faire vivre et subsister, et pour la culture des terres et les travaux de la campagne ». C'était la même idée qui devait dicter au Comité de Salut public son arrêté du 6 pluviôse, abrogé, le 13 ventôse, par suite d'abus.

*Dubois-Crancé assignait à chaque régiment, comme circonscription de recrutement, un département dont il devait porter le nom et du chef-lieu duquel il ne devait pas être stationné à plus de 30 lieues* (1).

Le 30 juillet 1790, Beauharnais faisait remarquer à l'Assemblée qu'avant de discuter les détails de l'organisation de l'armée, il eût fallu définir la composition de la « force publique » : « Il fallait, dit-il, embrasser d'un même coup d'œil, considérer sous un même rapport, renfermer également dans les bornes de tous les pouvoirs et combiner avec eux l'organisation des troupes de ligne et celle des gardes nationales. Ces deux parties de la force publique tiennent essentiellement l'une à l'autre et se touchent par tous les points..... Si, comme je le crois, il y a, par la suite, dans tous les départements une certaine quantité de gardes nationales soldées, le nombre de ces troupes doit influer sur celui des individus qui composeront l'armée. Quand on a dit qu'il fallait 40,000 hommes au Midi, vers les Pyrénées, je crois qu'on a trop dit, et que 30,000 hommes suffiraient si l'on y ajoutait 10,000 hommes de garde nationale soldée..... » On voit que Beauharnais, comme le maréchal de Saxe dans son projet de « légions », et comme le duc de Belle-Isle, admettait une proportion d'armée permanente plus forte que celle des réserves.

Si ce n'était pas identiquement l'amalgame de

---

(1) Le maréchal de Saxe avait déjà imaginé les « chefs-régimens », et Belle-Isle l'affectation d'un nom de province à chaque légion ; mais Dubois-Crancé fut peut-être le premier qui pensât à spécifier qu'il fallait que le régiment fût aussi rapproché que possible du chef-lieu de sa circonscription de recrutement. L'invention des circonscriptions de réserve ne nous vient donc pas d'outre-Rhin, mais est une idée essentiellement française que, comme beaucoup d'autres, nous avions perdue de vue en 1870.

1793, c'était tout au moins une coopération étroite de l'armée de ligne et des gardes nationales.

En tout cas, Narbonne, dans son célèbre discours du 11 janvier 1792, posa nettement le principe de l'opération. Après avoir constaté le déficit de 51,000 hommes que présentait l'armée et l'impossibilité de le combler par les auxiliaires, il continuait ainsi : « J'ai remarqué dans tous les bataillons de volontaires nationaux placés sur ma route un zèle si unanimement manifesté que, profondément occupé des moyens de recruter les troupes, j'ai pressenti ces soldats de la Liberté sur mon désir de les voir concourir à renforcer les troupes de ligne et accélérer l'instant qui doit assurer à l'armée et sa force et sa gloire.

« J'ai été rassuré, Messieurs, sur la crainte qui s'est d'abord présentée à mon esprit de voir s'affaiblir des corps en qui réside à si juste titre l'espérance de la nation; mais le décret qui les organise ayant chargé les départements des remplacements pour qu'ils existent toujours sur le pied du complet, les ressources aussi promptes qu'heureuses qu'ils présenteraient à l'armée de ligne, assureraient encore à la patrie de nouveaux défenseurs par l'exactitude et le zèle des départements à leur donner des successeurs.

« ..... Vous placerez (cette mesure) au rang de ces moyens tout à la fois vastes et simples de maintenir toujours au complet et nos bataillons de volontaires et nos régiments de ligne.

« Les volontaires nationaux n'éprouveraient dans cette destination momentanée qu'une différence très légère. Par leur dévouement ils sont engagés comme de véritables soldats de ligne et soumis au même régime, tant que la patrie réclamera leur secours; et ceux qui seraient placés dans les régiments de ligne devraient n'être soumis que pour le temps où les volontaires nationaux seraient en activité. »

Malheureusement, par la voix de Dumas, le Comité militaire de l'Assemblée déclara le 19 que « sans méconnaître le moyen de recruter si facile, si prompt, si sûr..... » que proposait Narbonne, il avait « cru devoir conserver l'intégrité des bataillons en considérant d'une part les inconvénients d'un mouvement qui priverait les bataillons de volontaires des sujets les plus instruits, et de l'autre des ressources qui nous restaient » encore.

Beaucoup plus clairvoyant le député Hugot proposait « l'incorporation des volontaires »; il regardait « ce moyen comme raisonnable et politique : raisonnable, parce que ce qui est bien et facile doit être préféré ; politique, parce qu'il éteint la jalousie entre les membres d'une même famille..... alors », concluait-il, « vous les verrez se disputer l'honneur de verser le plus de sang pour la défense de la patrie ».

A cette opinion si sage et que l'avenir devait justifier, s'opposait celle de Jean de Bry (1) à qui « l'incorporation des gardes nationales dans les troupes de ligne paraissait infiniment dangereuse » et qui eût désiré « plutôt une innovation en sens contraire, c'est-à-dire que tous les soldats de l'armée fussent gardes nationales ». Cet avis fut successivement partagé par Albitte qui déclara que « la proposition du Ministre est perfide et tend à détruire les bataillons de volontaires »; par Lemontey qui, pensant que ces bataillons ont « une naissance civique qui écarte les préjugés militaires, conclut à ce que, si notre force militaire a besoin d'augmentation, on y parvienne par une augmentation dans le nombre des volontaires nationaux »; par Roulhiès qui s'écria : « Nous voulons conserver nos gardes nationales et non point en faire des troupes de ligne »; par Carnot le Jeune qui estimait qu' « il fallait chercher à rapprocher non pas le moment où les gardes nationales deviendraient troupes de

---

(1) 21 janvier 1792.

ligne mais bien le moment où les troupes de ligne deviendraient gardes nationales » ; et ce fut en effet le but politique de l'embrigadement de 1793 et la raison d'être de l'appellation de « gardes nationales » donnée à toute l'armée par le Directoire. Delmas enfin formula ainsi l'opinion qui devint celle de l'Assemblée : « L'armée de ligne ne pourra se recruter dans les bataillons de volontaires nationaux actuellement en activité. » Et pourtant M. de Jaucourt avait vainement tenté de défendre « l'incorporation des volontaires » et de dissiper la crainte chimérique de « substituer au patriotisme des gardes nationales l'esprit militaire », d' « affaiblir l'amour de la liberté par cette discipline si rigoureuse » et de la « remplacer par l'idolâtrie pour les chefs ». « Je n'ai pas besoin de dire », continuait-il fort justement, « qu'une pareille crainte est injurieuse pour les soldats de l'armée de ligne..... Affaiblirez-vous vos moyens de résistance en vous exposant à un danger certain pour éviter un danger possible ? Vous exposerez-vous à avoir des armées défaites par la crainte des armées victorieuses ? « ..... Vous ne pouvez opposer que des corps bien disciplinés et bien exercés aux armées ennemies. On me répondra que le courage d'un peuple libre supplée à la discipline et à la tactique militaires. Je n'examinerai point si cette assertion est une vérité de sentiment plutôt qu'une vérité rigoureusement démontrée. Mais j'observe qu'une victoire remportée par une armée non disciplinée et mal exercée coûtera beaucoup plus de sang qu'une autre. » Ces paroles si prophétiques étaient encore appuyées par Dubayet qui en accentuait la portée en réclamant mieux que la simple incorporation : « Je crois qu'il serait très possible, disait-il, *d'embrigader* les gardes nationales avec les troupes de ligne, c'est-à-dire non pas *d'incorporer* les hommes mais de *réunir* les bataillons. En rapprochant ainsi leur service vous exciterez l'émulation..... »

Bien que Narbonne insistât encore ce jour-là et le 23, l'Assemblée interdit à l'armée de ligne (infanterie, artillerie, cavalerie) de se recruter parmi les volontaires nationaux. Kellermann ne fut pas plus heureux le 21 juillet et le 20 août lorsqu'il proposa « d'incorporer les bataillons de gardes nationales dans les troupes de ligne de toutes armes ou les nouveaux bataillons dans les anciens »; (1) et il fallut toute la désastreuse expérience de 1792 et de 1793 pour faire adopter définitivement une combinaison qui, proposée dès 1790, rejetée en janvier 1792, admise en principe le 21 février 1793, mais encore ajournée, ne fut décrétée que le 12 août et ne reçut son plein effet que par le décret du 19 nivôse an II.

Ce ne fut qu'à la suite de la fixation des effectifs de guerre à 502,800 hommes que Dubois-Crancé, le premier promoteur des régiments « nationaux » en 1789, étudia à nouveau le moyen d'organiser cette masse.

Le 7 février 1793, après avoir démontré la nécessité de lever 300,000 hommes, « dont 100,000 de troupes de ligne et 200,000 de volontaires, » et la possibilité de le faire puisqu'il existait alors des états-majors et officiers suffisants pour encadrer 800,000 hommes :

« Il est indispensable », continua-t-il, « de donner une ordonnance facile, mieux réglée, plus imposante à cette masse, et de l'approprier au régime national.....

« ..... Il est temps de ramener tout au grand principe d'égalité.....

« Le premier acte est de considérer toutes les troupes de ligne dès aujourd'hui comme volontaires nationaux, de les réunir avec leurs frères d'armes et de n'en faire qu'un seul et même faisceau contre les ennemis de la patrie..... Vous avez trop senti l'inconvénient de tant

---

(1) Camille Rousset. *Les Volontaires, 1791-1794*, pages 62 et 99.

de corps d'officiers, isolés, inconnus même pendant longtemps, dont plusieurs chefs avaient plus de zèle que de connaissances militaires ; dont l'administration était tellement compliquée que ni le Ministre ni les généraux eux-mêmes n'ont pu, pendant une partie de la campagne, en suivre les détails.

« Il est indispensable que tout corps en activité soit complet, sinon la République solderait une foule d'états-majors inutiles très dispendieux ; nos généraux ne sauraient sur quoi compter..... Or, puisque nous avons plus de 600 bataillons presque tous à moitié, il est indispensable d'en réformer une partie pour obtenir le moyen de compléter les autres.

« Les bataillons de ligne étant les plus complets, les plus exercés au métier des armes..... doivent naturellement être conservés dans leur entier ; mais si vous laissez encore subsister la différence qui existe entre ces corps et ceux de volontaires, le Comité pense que le recrutement des 40,000 hommes nécessaires à compléter les 196 bataillons de ligne sera très difficile, peut-être même impossible..... Ce n'est pas au moment où vous avez votre cavalerie à augmenter, des troupes légères nombreuses à former, 500 bataillons de volontaires à compléter que vous devez espérer de trouver encore 40,000 hommes de bonne volonté pour compléter vos bataillons de ligne si vous n'en faites pas disparaître les formes qui peuvent contrarier le vœu et les droits des citoyens.

« La réunion d'un bataillon de ligne avec deux bataillons de volontaires que vous propose le Comité pour en faire un seul et même corps ne désorganise que des états-majors ; mais le fond de chaque bataillon en officiers et soldats reste le même ; mais cette opération ne tend qu'à resserrer les liens de la fraternité ; donne des exemples d'instruction et de discipline aux uns, de civisme pur et de dévouement à la patrie aux autres ; elle forme des demi-brigades de trois bataillons avec une compagnie d'artillerie et six pièces de canon : mode extrêmement simple pour les généraux qui ne calculent jamais dans leurs opérations que par bataillons, demi-brigades, brigades et divisions. Enfin cette opération donne toute satisfaction au complétement des troupes, car il devient indifférent désormais aux volontaires d'appartenir à tel ou tel bataillon puisqu'ils auront tous même dénomination, même régime. Les généraux, consultés sur tous ces objets, ont répondu presque unanimement qu'ils n'y voyaient que des avantages, et d'autant moins d'inconvénients que pour des postes avancés, il était indispensable de mêler des troupes de ligne avec les volontaires pour assurer l'exactitude du service; et que, la campagne dernière, ils avaient constamment mis de brigade ensemble les bataillons de ligne et les bataillons de volontaires.

« ..... On a dit : *Egalisez les forces pour égaliser les droits; amalgamez un bataillon seulement de volontaires avec un bataillon de ligne* (1). Je réponds qu'en suivant ce système, au lieu de détruire, ainsi que se l'est proposé votre Comité, tous les vestiges de l'ancien régime; on les fortifierait, on en doublerait l'action et les dangers. Un bataillon de ligne est tellement dans les mains de ses officiers..... qu'il est bien susceptible du mouvement qu'ils commanderaient; nul doute que le bataillon de volontaires qui y serait amalgamé ayant moins d'ensemble, moins d'esprit de corps..... ne fût complètement subjugué par l'esprit de la troupe de ligne. Ce serait « des *volontaires* que vous feriez *soldats de ligne* et

---

(1) Ce fut l'opinion qu'exprima Kellermann le 10 avril 1793 : « Ce travail », écrivait-il, « doit être fait de façon qu'il y ait le même nombre de bataillons de ligne que de bataillons de volontaires, et au moyen de cette mesure, il sera attaché un bataillon de volontaires à un bataillon de ligne. » (Camille Rousset. *Les Volontaires*, page 185).

non des *soldats de ligne* que vous feriez *volontaires*; et, dès lors, plus de recrutement ni pour les volontaires ni pour la ligne.

« Narbonne a proposé à l'Assemblée législative de mettre en régiments les bataillons de volontaires et de leur donner sous cette formation les mêmes droits qu'aux régiments de ligne en assimilant les troupes de ligne au régime qui serait établi pour les volontaires. Je réponds à cette proposition que les régiments de ligne étant tous divisés en bataillons de garnison et bataillons de campagne, souvent à plus de cent lieues de distance l'un de l'autre, il est impossible de les réunir en ce moment sans danger pour la patrie; que le but de cette opération ne pouvait être que de maintenir toujours, dans ce qu'on appelait ligne et qui conservait ainsi sa dénomination et ses forces, cet esprit de corps distinct de celui des volontaires..... »

« Mais, dit-on encore, ce serait décourager le militaire et lui présenter la perspective d'une réforme à la paix, qui le livrerait aux horreurs de l'indigence »..... Les cinq premiers articles du projet de décret que je propose au nom du Comité lèvent toutes les inquiétudes (1) ».

---

(1) Aux termes de l'article 2 du décret du 21 février 1793, tout militaire, de quelque grade qu'il soit, officier ou soldat, qui, par les changements qui pourraient s'opérer à la paix, se trouvera réformé, obtiendra à titre de pension de retraite, s'il a dix ans de service, les campagnes comptant pour deux ans, le quart de ses appointements de paix; et, au-dessus de dix ans, un trentième du restant de ses appointements en sus par chaque année de service. Quant aux militaires qui n'auraient pas dix ans de service à la fin de la guerre et qui auront cependant servi la patrie sans interruption, il leur sera payé à la réforme et sans distinction de grade, à titre de gratification, 60 livres pour une campagne, 150 pour deux, 300 pour trois, 500 pour quatre.....

Art. 4. — Tout militaire qui prendra sa retraite ou sera réformé à la paix jouira, tant qu'il vivra et quelle que soit ensuite la place qu'il occupera dans l'État, du traitement fixé par le présent décret, quels

Après cet exposé de principe, Dubois-Crancé calculait les forces dont on disposait et l'effectif qui résulterait de l'embrigadement :

« Pour l'infanterie légère, vous avez quatorze bataillons de chasseurs qui, à 700 hommes de l'ancien pied, vous donneront 9,800 hommes.

« Les légions et corps francs, formés en conformité des décrets de leur création, doivent se porter en infanterie à 35,000 hommes. Et, il faut le dire, les états fournis par le Ministre n'en portent pas l'effectif au quart. Enfin il existe dans les différents départements environ cinquante petits corps de 100 à 150 hommes, même des compagnies de vétérans qui ont manifesté beaucoup de zèle pour la défense de la patrie.

« ..... L'utilité des troupes légères est de la plus haute importance. Une armée ne peut être environnée de trop d'éclaireurs. Vos ennemis en ont des nuées, et votre Comité a pensé qu'il convenait de leur opposer une force de ce genre égale à celle qu'ils peuvent mettre en campagne. Cette masse d'infanterie légère sera de 55,000 hommes environ ; ce n'est pas trop pour répartir sur tous les points qui pourront être attaqués, et votre Comité a cru trouver d'autant plus d'avantage à la conserver que pour avoir réellement en activité 502,800 hommes que vous avez jugés nécessaires à la défense des frontières, il est indispensable de porter les combinaisons de chaque arme à un cinquième environ au-dessus de son effectif présumé.

---

que soient les émoluments qui seraient attachés à ses nouvelles fonctions.

Art. 5. — La Convention nationale, voulant ajouter une nouvelle marque de reconnaissance à celle déjà promise, et en faire sentir, autant qu'il est en elle, les effets aux familles des braves défenseurs de la République, déclare que les biens des émigrés sont affectés, jusqu'à concurrence de 400 millions, au payement des pensions et gratifications qui seront acquises aux militaires, à leurs veuves et à leurs enfants.....

Cependant comme il est difficile de croire que tous ces corps se compléteront ; comme il est indispensable de s'assurer une force dont les généraux puissent disposer, nous vous proposons d'incorporer par bataillon l'infanterie des légions et des autres corps francs qui en seront susceptibles avec les quatorze bataillons d'infanterie légère dans la même forme que nous vous l'avons proposé pour l'infanterie de ligne. Cela vous assurera 30,000 hommes de troupes légères à pied bien organisées, et vous verrez ensuite ce qu'il sera convenable de faire pour mettre en activité le zèle de ceux qui se présenteront ; car il vous restera encore les cadres de beaucoup de bataillons de volontaires nationaux « qui ne demanderont pas mieux que de s'organiser de cette manière ».

En résumé : 196 bataillons de ligne formant la totalité de nos régiments de ligne incorporés avec 392 bataillons de volontaires et sur les mêmes bases donneront une masse d'infanterie de 462,736 hommes.

196 compagnies de canonniers à attacher aux 196 demi-brigades d'infanterie feront 14,700 hommes.

Troupes légères à pied composées de 14 bataillons d'infanterie légère, des légions qui ont été décrétées, des corps et compagnies franches existantes, 33,000 hommes. »

Comme il n'y avait rien à répliquer à cet exposé, si ce n'est que le véritable motif d'amalgamer deux bataillons de volontaires à un bataillon de ligne résidait dans la proportion respective des unités et non dans les raisons politiques mises en avant, les partisans de la scission quand même reprochaient à Dubois-Crancé de vouloir désorganiser l'armée. « Mais elle l'est déjà, répondit-il. « Tel régiment (1) a son premier bataillon à l'armée de

---

(1) Convention nationale. Séance du mardi 12 février 1793. *Moniteur Universel*, page 211.

Miranda, son second bataillon à l'armée de Custine, ses grenadiers à l'armée de Dumouriez et son dépôt à Metz ou à Strasbourg..... Notre infanterie de ligne est réellement toute morcelée, incomplète, divisée en fractions dont les généraux ne peuvent tirer parti qu'en les accolant à des bataillons de volontaires, et surtout en les mélangeant dans les grand'gardes et postes avancés pour assurer le service, ce qu'ils ont fait pendant toute la campagne dernière.

« Je dis que l'armée est désorganisée parce que, vu l'incohérence des divers éléments qui la composent, on voit chaque jour des soldats déserter pour entrer dans les volontaires, des capitaines et même des lieutenants-colonels de volontaires solliciter, comme une grâce du Ministre, des sous-lieutenances dans la ligne.....

« ..... Je dis, moi, que les choses ne peuvent rester comme elles sont, et que, si on les y laisse, nous n'avons plus d'armée..... »

« ..... En supposant qu'on trouve assez de volontaires pour remplir les cadres qui existent dans cette espèce d'armes, ce ne sera pas sans épuiser les divers cantons de tous les hommes de bonne volonté qui préféreront ce service à celui de la troupe de ligne, et qui recevront du volontaire qui se fera remplacer une somme plus forte que tous les engagements que vous pourriez leur offrir.

« Qui pourra contredire ces vérités? Et alors que deviendront les bataillons de ligne? Consultez tous les officiers d'infanterie. Ils vous diront qu'ils ne peuvent recruter un homme, même en ce moment. Que sera-ce quand vous mettrez 300,000 volontaires en activité?

« Que ferez-vous d'un bataillon de ligne déjà réduit à moitié, qui s'usera encore pendant la campagne, qui ne pourra se renouveler et auquel il ne restera que des drapeaux, des officiers et quelques soldats incapables d'être en ligne et d'opposer le moindre effort à l'ennemi?..... Vous aurez perdu sans ressource les avantages de tactique, de discipline, d'administration que vous offraient encore les bataillons de ligne.....

« Il faut répéter encore une fois que, loin de désorganiser, j'organise ce qui a cessé de l'être ; je rapproche des parties incohérentes et qui doivent cependant concourir au même but; je ne divise rien, je n'incorpore rien, je ne déplace personne.....

« ..... L'opération que j'ai proposée est si simple et si peu compliquée qu'elle peut se faire presque en entier dans chaque armée en moins de huit jours, car tout ce mécanisme consiste à passer une revue pour tous les corps qui sont en présence de l'ennemi. Le Ministre a l'état de tous les bataillons qui composent chaque armée; rien n'est plus simple que de faire dans son bureau la réunion d'un bataillon de ligne avec deux de volontaires les plus à portée et d'en ordonner ensuite l'exécution. Il restera bien quelques corps impairs qu'il faudra déplacer ou faire joindre par d'autres ; cela ne peut être conséquent, mais le fond de l'armée, les 19/20 au moins seront réunis en vingt-quatre heures. C'est donc une pusillanimité d'avoir présenté cette réunion comme un danger en présence de l'ennemi.....

« Au reste, pour ne rien déranger à la position des troupes, il suffit de faire un amendement par lequel il sera établi que, si dans le travail du Ministre, un bataillon de ligne se trouve devoir faire corps avec deux bataillons de volontaires trop éloignés de lui pour que le rapprochement puisse compromettre la chose publique, cette réunion matérielle n'aura lieu que lorsque les généraux jugeront que les circonstances le permettent..... »

Réunissant enfin dans sa péroraison la levée de 300,000 hommes et l'organisation des demi-brigades, Dubois-Crancé concluait :

« Enfin l'Assemblée doit prendre un parti et le prendre à l'instant, car nous serons attaqués sérieusement d'ici à six semaines ou deux mois..... Ce terme est assez rapproché de nous pour mettre sans retard en activité la conscription militaire, seul remède à notre position.

« Le plan que je propose, une fois adopté, vous avez toutes les bases de la conscription. Tout Français saura les droits qu'on lui attribue et le sort qui l'attend ; nos frères ne distingueront plus entre la ligne et les volontaires..... Vos cadres seront parfaits, vos bataillons complets, vos divisions imposantes, et l'appel de quelques hommes de plus par compagnie, si les circonstances l'exigent, portera l'armée de la République au niveau des efforts qu'elle est disposée à faire pour assurer la Liberté! »

Entraînée par ce beau discours, l'Assemblée adoptait le décret organique du 21 février 1793 : il spécifiait tout d'abord que « les fonctions de lieutenants-colonels dans l'infanterie s'appelleront chefs de bataillon ; les colonels, chefs de brigade ; les maréchaux de camp, généraux de brigade..... »

En outre, à partir de la publication du décret « il n'y aura plus aucune distinction, ni différence de régime entre les corps d'infanterie appelés régiments de ligne et les volontaires nationaux. »

« L'infanterie sera formée en demi-brigades composées chacune d'un bataillon des ci-devant régiments de ligne et de deux bataillons de volontaires. L'uniforme sera le même pour toute l'infanterie ; il sera aux couleurs nationales (1), et le changement se fera au fur et à mesure que l'administration sera obligée de renouveler l'habillement. Chaque demi-brigade sera distinguée par un numéro sur le bouton et sur les drapeaux.....

---

(1) Décret du 6 mai 1793. — A compter du 15 juin 1793, les officiers d'infanterie de tout grade ne pourront porter d'autre uniforme que l'uniforme national réglé par la loi du 14 octobre 1791.

A la paix, les demi-brigades » portant les n°s de 1 à 196 « prendront le nom des départements auxquels elles sont attachées. » La Convention reconnaissait ainsi la lourde erreur commise par le règlement du 1er janvier 1791 qui substituait un simple numéro aux glorieuses appellations constituant, entre les mains d'un véritable chef, un des leviers les plus susceptibles d'exalter le moral de ses troupes et de les entraîner aux plus héroïques actions. Qui ne se souvient de l'allocution de Rochambeau, au Royal-Auvergne, à la prise de Yorktown; de celle du colonel du 5e de ligne à Jemappes : « En avant Navarre sans peur ! », auquel répondit aussitôt le cri de guerre du 17e : « Toujours Auvergne sans tache ! »

La loi de février 1793, tout en proclamant qu'il n'y avait plus de distinction entre les volontaires et la ligne, était cependant obligée de reconnaître que les volontaires n'étaient liés que pour une campagne, tandis que les soldats de ligne l'étaient pour la durée plus considérable de leur engagement.

Elle fixait ensuite l'effectif des demi-brigades au chiffre total de 2,437 hommes, cadres compris, et six pièces de canons (état-major; trois bataillons à huit compagnies de fusiliers et une de grenadiers; une de canonniers volontaires) (1).

---

(1) État-major : 1 chef de brigade, 3 chefs de bataillon, 2 quartiers-maîtres trésoriers, 3 adjudants-majors, 3 chirurgiens-majors, 3 adjudants sous-officiers, 1 tambour-major, 1 caporal tambour, 8 musiciens dont un chef, 3 maîtres tailleurs, 3 maîtres cordonniers.

Une compagnie de grenadiers : 1 capitaine, 1 lieutenant, 1 sous-lieutenant, 1 sergent-major, 2 sergents, 1 caporal fourrier, 4 caporaux, 4 appointés, 48 grenadiers, 2 tambours (3 officiers, 62 grenadiers).

Une compagnie de fusiliers : 1 capitaine, 1 lieutenant, 1 sous-lieutenant, 1 sergent-major, 3 sergents, 1 caporal fourrier, 6 caporaux, 6 appointés, 67 fusiliers, 2 tambours (3 officiers, 86 fusiliers).

Une compagnie de canonniers volontaires, composée comme celle de grenadiers, excepté que le nombre des canonniers sera porté à 64 hommes, non compris les officiers et sous-officiers.

L'ensemble des 196 demi-brigades de l'infanterie de ligne formait un total de 477,652 hommes et 1176 pièces de 4.

Les officiers et sous-officiers réformés par la création des demi-brigades conservaient leur traitement, y faisaient comme adjoints le service afférent à leur grade, jusqu'à leur replacement qui devait avoir lieu à la première vacance.

Toute cette organisation si rationnelle n'était cependant pas mise aussitôt en pratique; elle était ajournée, parce que la Convention ne connaissait pas « les cadres qu'il était utile de conserver et de compléter » ; aussi invitait-elle le Ministre à « présenter au 1er mars 1793 le tableau de cette réunion et du mode d'exécution ».

En ce qui concerne l'infanterie légère, l'article 1er du titre IV de la loi du 21 février 1793 décidait que les quatorze bataillons de chasseurs auraient même organisation que l'infanterie de ligne ; que le Ministre formerait en bataillons les corps francs à pied et l'infanterie des légions et ferait l'incorporation de deux de ces derniers avec un bataillon d'infanterie légère par ordre de numéro. Trois bataillons ainsi réunis formeraient une demi-brigade d'infanterie légère ayant du reste même organisation que celles de l'infanterie de ligne. Au cas où le nombre des corps francs à pied et des bataillons de légion serait insuffisant, le Ministre était autorisé à y suppléer au moyen de « bataillons de volontaires existants qui désireraient faire ce service ». — Si au contraire ces corps francs et troupes de légions étaient en excédent, le Ministre en rendrait compte à la Convention « qui aviserait aux moyens de rendre leurs services utiles à la République ».

Cependant le 10 mars, la Convention suspendait provisoirement l'article 1er du titre IV « en ce qui concerne seulement la réunion des corps francs à pied en bataillons d'infanterie légère ».

Cette disposition tenait sans doute à plusieurs causes : tout d'abord le décret du 21 février 1793 ne parlait que de quatorze bataillons d'infanterie légère ; or, du 5 février au 5 mars, ces derniers étaient passés de quatorze à vingt. Le nombre donné par le décret du 21 février était donc erroné, et cette erreur seule suffisait à le faire ajourner ; mais la mesure s'expliquait encore par les effectifs si variables des compagnies franches. Le décret du 10 mars n'ajourne en effet que « la réunion des corps francs à pied en bataillon d'infanterie légère » et reste muet sur « l'infanterie des légions » que mentionnait pourtant l'article 1er du titre IV de la loi du 21 février. N'est-on pas autorisé à en conclure que, par la raison inverse de celle qui fit surseoir à l'incorporation des compagnies franches, la Convention, prenant en considération l'effectif généralement élevé de l'infanterie de chaque légion, et certaine qu'on en pourrait tirer au moins un bataillon, promettait implicitement d'en poursuivre la transformation en bataillon d'infanterie légère ? tel fut sans doute le motif du décret du 10 juillet faisant de l'infanterie de la légion du Nord (1) un bataillon d'infanterie légère.

Cette solution se trouvait toutefois en contradiction

---

(1) Plus tard, cette même légion ne forma pas un, mais plusieurs bataillons d'infanterie légère.

15 ventôse (5 mars).

Le Comité de Salut public arrête :

1° La légion du Nord sera incorporée sans aucun délai dans les anciens corps d'infanterie et de troupes à cheval, conformément à la loi du 9 pluviôse ;

2° A cet effet, le Ministre de la guerre donnera les ordres nécessaires pour la séparation préalable des différents bataillons et escadrons de ce corps, en les envoyant d'abord dans des quartiers voisins et isolés, où ils recevront de nouveaux ordres pour se rendre aux armées des Pyrénées occidentales, des Pyrénées orientales, des Alpes et du Rhin, où ils recevront leur encadrement.....

latente avec l'article II du décret du 10 mars aux termes duquel « tous les corps d'infanterie existants seraient conservés et complétés », et « jusqu'à ce complément il n'en serait plus créé de nouveaux ».

C'est encore contrairement à ces prescriptions que furent créés notamment le bataillon d'infanterie légère formé de la 3ᵉ compagnie franche de la Moselle, et de celles de Saint-Maurice, de Milon et de Gazin ; et le bataillon des chasseurs du Mont-Cassel, de la réunion des compagnies de *Saulty*, l'*Egalité*, l'*Observatoire* et *Van Damme*. Ces deux exceptions semblent confirmer notre hypothèse, puisque dans ces deux cas l'effectif était suffisant pour former un réel bataillon. C'est encore parce qu'elle espérait pouvoir disposer d'un effectif suffisant, que la Convention autorisait, le 15 juillet 1793, les troupes du département de Jemappes à former un bataillon d'infanterie légère.

En résumé, la Convention, mal éclairée, le 21 février, sur la situation, réclame pour le 1ᵉʳ mars un tableau de l'amalgame des troupes réglées d'infanterie de ligne et des bataillons de volontaires existant à cette date. En ce qui concerne l'infanterie légère, elle se borne pour le moment à former en bataillons l'infanterie des légions ou des compagnies franches dont elle connaît suffisamment l'effectif pour être sûre qu'elle pourra en tirer un bataillon ; elle laisse, au contraire, de côté la plupart des corps francs à pied, dont elle ignore l'effectif si variable, jusqu'au jour où elle saura exactement le parti qu'elle en pourra tirer.

Mais si elle surseoit à l'application du principe qu'elle a proclamé le 21 février, elle ne sent pas moins la nécessité de la réforme, qui lui est réclamée de toutes parts : le 20 avril, le Comité de Salut public arrêtait que le Ministre de la guerre présenterait « incessamment un mode de réunion des bataillons de volontaires et des bataillons des ci-devant troupes de ligne » et confiait la rédaction de cette nouvelle organisation, du Rapport à la Convention et de l'Adresse à l'armée à Dubois-Crancé et à Delmas qui devaient se concerter au sujet de « l'embrigadement » avec le Ministre de la guerre.

Deville, représentant du peuple près l'armée des Ardennes, signalait, le 3 mai, que « de plus en plus la rivalité s'établit entre les ci-devant troupes de ligne et les volontaires. Tous les jours on fait à des lieutenants-colonels de volontaires l'offre d'une place de capitaine dans les troupes de ligne ; tous les jours, au mépris de la loi, on fait des habits neufs à des soldats des troupes de ligne. Il y a à craindre que bientôt un soldat de ligne ne rougisse de devenir l'égal d'un volontaire national. Ajoutez à cela que lorsqu'il s'agit de conférer une place supérieure, avant de l'accorder, on demande si le sujet est de la troupe de ligne ou des volontaires. Je ne vois point de remèdes aux malheurs qui sont près d'éclater que de former des demi-brigades au fur et à mesure que deux bataillons de volontaires se rencontrent, et d'honorer à l'instant de l'habit de la garde nationale tous les soldats de la ligne. Ce changement d'habit serait une dépense ; mais la République, j'en réponds, y gagnerait le centuple, parce que toute différence serait détruite. »

Le 13, Gasparin, alors représentant du peuple à l'armée du Nord, réclamait une prompte décision sur l'amalgame : « Oui ou non, écrivait-il ; mais en grâce oui, si vous voulez tirer un bon parti de nos bataillons de volontaires et détruire le mauvais esprit de nos troupes de ligne..... L'amalgame », ajoutait-il, « produirait encore le meilleur effet ; et nous l'éprouvons dans les camps, où les généraux préparent les esprits à cette mesure en embrigadant les bataillons suivant le principe dudit amalgame. Les deux bataillons de volontaires profitent de l'instruction et de la discipline du bataillon de ligne qui leur est joint, et le bataillon de ligne perd son esprit d'isolement de tous les intérêts de la République. »

Deux jours après, Gasparin revenait sur cette même question : « L'exécution de l'amalgame ; et vous aurez une bonne, une excellente armée ; sinon nos bataillons resteront sans instruction et sans discipline, nos troupes de ligne sans patriotisme et entièrement isolées des intérêts de la République..... »

« Il ne tient qu'à vous », insistait-il encore le 23, « que la discipline et l'instruction des volontaires soient complètes. Décrétez l'amalgame et vous en êtes assurés. »

Le 5 juin, le général La Marlière écrivait à ce représentant (1) : « Croyez que, pour former l'armée et donner aux officiers l'instruction qui leur manque, il faut promptement prononcer l'amalgame ; toute ma division y est préparée, et j'ai formé mes brigades de manière à terminer facilement cette opération. Vous avez observé que, dans toutes mes opérations, je mêlais les ci-devant troupes de lignes avec les volontaires, et que la confiance de ces derniers pour les premiers dans un jour d'affaire leur inspirait un sentiment d'émulation dont les résultats ont toujours été heureux. »

Devant ces réclamations journalières, la Convention, qui n'a pas encore tous les éléments de la question en mains, se décide enfin, le 10 juin, à déléguer ses pouvoirs aux généraux.

Ce fut sur la proposition de Thuriot que ce décret fut adopté. Après avoir dit que les représentants du peuple à l'armée du Nord avaient mandé le 8 (2) à la Convention que, sur tout le front, Condé, Cysoing, Lannoy, Roubaix,

---

(1) Convention nationale. Séance du samedi 8 juin. (*Moniteur Universel*, page 692).

(2) Convention nationale. Séance du lundi 10 juin. (*Moniteur Universel*, page 700).

Menin, l'ennemi, nouvellement renforcé, ravageait les campagnes et attaquait sans avantage réel : « Vous voyez, continua Thuriot, que la mesure de l'amalgame, dont on a demandé l'ajournement est reconnue nécessaire, et que l'expérience a démenti tous les sophismes dont on s'appuyait alors. Les généraux connaissent l'esprit des troupes qu'ils commandent ; ils savent quels sont les corps où l'amalgame peut s'effectuer sur-le-champ. Je demande donc qu'on s'en rapporte à eux et qu'ils soient autorisés à effectuer l'amalgame dans les corps qui le réclameront. »

Conformément à cette proposition, l'Assemblée vota le 10 juin que « les généraux étaient autorisés à effectuer l'amalgame des troupes de ligne et volontaires nationaux décrété le 21 février 1793, » et « renvoya au Comité militaire et au Ministre de la guerre pour se concerter sur le mode d'exécution (1) ».

Sur le rapport de ce Comité, la Convention détermina le 12 août le « mode d'amalgame pour l'infanterie ». Ce décret qui répétait tout d'abord les principes de la loi fondamentale du 21 février portait le nombre des demi-brigades de 196 à 198 (2) et modifiait légèrement l'effectif de chacune d'elles, qui n'était plus que de

---

(1) L'embrigadement était assez impatiemment attendu pour que, deux jours à peine après le vote du décret du 10 juin, l'opération fût déjà en bonne voie à l'armée des Ardennes. En effet, le 12 juin 1793, Hentz et Laporte, représentants du peuple à cette armée, mandaient au Comité de Salut public que « l'amalgame des volontaires et des troupes de ligne s'opérait avec succès ».

(2) Ces deux demi-brigades, qui portaient les numéros 197 et 198, provenaient de la création d'un nouveau régiment formé, le 15 mai 1793, de la réunion du bataillon auxiliaire des colonies et de celui de la Guyane, contrairement aux prescriptions de l'article 1er du titre IV de la loi du 21 février. (Voir, aux Archives de la guerre, le procès-verbal de formation, signé du général de brigade Dupetitbois.)

2,431 hommes au lieu de 2,437 (1). A ces questions principales, le décret du 12 août ajoutait quelques prescriptions de détail : dans chaque demi-brigade, les bataillons étaient numérotés de 1 à 3 et les compagnies de fusiliers de 1 à 8 dans chaque bataillon, et ainsi réparties entre les bataillons :

---

(1) État-major : 1 chef de brigade, 3 chefs de bataillon, 1 quartier-maître trésorier, 1 adjudant-major, 1 chirurgien-major (et 2 aides), 3 adjudants sous-officiers, 1 tambour-major, 1 caporal tambour, 8 musiciens (dont 1 chef), 1 chef tailleur, 1 chef cordonnier, 3 chefs armuriers. Total : 25.

Chaque bataillon comprenait neuf compagnies, dont une de grenadiers et huit de fusiliers.

Compagnie de grenadiers : 1 capitaine, 1 lieutenant, 1 sous-lieutenant, 1 sergent-major, 2 sergents, 1 caporal fourrier, 4 caporaux, 4 appointés, 48 grenadiers, 2 tambours. Total : 65.

Compagnie de fusiliers : 1 capitaine, 1 lieutenant, 1 sous-lieutenant, 1 sergent-major, 3 sergents, 1 caporal fourrier, 6 caporaux, 6 appointés, 67 fusiliers, 2 tambours. Total : 89.

Dans chaque demi-brigade, il y avait une compagnie de canonniers volontaires comprenant : 1 capitaine, 1 lieutenant, 1 sous-lieutenant, 1 sergent-major, 2 sergents, 1 caporal fourrier, 4 caporaux, 4 appointés, 58 canonniers, 2 tambours. Total : 75.

Bien que cette loi n'ait prévu qu'une musique par demi-brigade et seulement deux tambours par compagnie de grenadiers ou de fusiliers, les Représentants du peuple, d'accord avec le commandement, sachant par expérience de quelle influence pouvaient être les accents entraînants de la musique sur de jeunes troupes menées à la charge, avaient senti la nécessité d'en doter chaque bataillon.

*Circulaire aux chefs de brigade.*

Fives, le 5 germinal (25 mars).

Le Représentant du peuple désirant procurer de la musique pour chaque bataillon, tu voudras bien assembler le Conseil d'administration pour qu'il fasse la demande, au Représentant, des fonds nécessaires à l'achat des instruments de musique.

MACDONALD.

| 1ᵉʳ BATAILLON. | 2ᵉ BATAILLON. | 3ᵉ BATAILLON. |
|---|---|---|
| 1ʳᵉ de grenadiers. | 2ᵉ de grenadiers. | 3ᵉ de grenadiers. |
| 1, 13, 4, 16, 7, 19, 10, 22. | 2, 14, 5, 17, 8, 20, 11, 23. | 3, 15, 6, 18, 9, 21, 12, 24. |

Chaque compagnie de grenadiers était divisée en deux sections et chaque section en deux escouades; les compagnies de fusiliers comptaient trois sections de trois escouades.

Enfin le drapeau était porté par le plus ancien sergent-major de chaque bataillon.

Ce décret fut suivi lui-même d'une « Instruction pour les officiers généraux chargés d'opérer la formation des régiments d'infanterie et des bataillons de volontaires en demi-brigades conformément à la loi du 10 juin. »

Aux termes de cette instruction, l'officier général chargé d'opérer la formation d'une des 198 demi-brigades devait tout d'abord prévenir chacun des trois bataillons intéressés du jour où il procéderait à la revue. Il y mandait le commissaire des guerres, chargé de la police des troupes. — Après avoir inspecté les hommes, les effets et les armes, l'officier général devait faire proclamer par le commissaire des guerres, à la tête de ces trois bataillons, qu'ils allaient être formés en demi-brigade, conformément à la loi du 21 février 1793. — Si dans la composition de la demi-brigade, il entrait un premier bataillon de régiment, le général en prendrait le colonel pour en faire le chef de brigade; sinon ce serait le plus ancien lieutenant-colonel des trois bataillons réunis; il placerait ensuite à la tête des bataillons les trois plus anciens lieutenants-colonels; aux compagnies, les vingt-sept plus anciens capitaines, lieutenants et sous-lieutenants. — Le chef de brigade, reconnu par le général, ferait alors reconnaître les trois chefs de bataillon, le quartier-maître trésorier, l'adjudant-major, etc. « Le général », disait ensuite l'Instruction, « fera former la demi-brigade en bataille, et il ordonnera aux officiers de se porter quatre pas en avant de leur compagnie; dans cette position, il fera battre un ban et fera prêter par les officiers, sous-officiers et soldats le serment prescrit par la loi. » — Enfin à chaque demi-brigade devait être affecté un conseil d'administration composé de 17 membres (1) délibérants et du quartier-maître trésorier (2).

La loi du 21 février 1793 avait fixé le sort des officiers réformés; à ces prescriptions qu'elle maintenait, celle du 12 août ajoutait que les cadres qui se trouvaient aux hôpitaux, détachés ou prisonniers de guerre devaient être « compris dans la formation de leur compagnie ».

Cette disposition fut soigneusement observée par les représentants qui furent, le 21 nivôse, chargés de l'embrigadement.

Arlon, le 8 floréal (28 mars).

Le Représentant du peuple, etc. ;

Vu la pétition qui lui a été présentée par le citoyen Pompier, capitaine des grenadiers du 1er bataillon de l'Yonne, contre le remplacement

---

(1) Le chef de brigade, trois chefs de bataillon, l'adjudant-major, le plus ancien capitaine, lieutenant, sous-lieutenant, sergent-major, sergent, caporal fourrier, caporal, et les cinq plus anciens fusiliers.

(2) C'est en opérant suivant cette instruction qu'à la date du 14 nivôse Souham avait déjà embrigadé la plupart des régiments de sa division.

*Le général Souham au Ministre de la guerre.*

14 nivôse (3 janvier).

. . . . . . . . . . . . . . . . . . . . . . . . . . . . . .

J'ai fait aussi procéder à l'amalgame des bataillons qui composent la division que je commande, et *presque toutes* les demi-brigades sont formées suivant les instructions que j'ai reçues pour l'amalgame. Je t'en envoie l'état. Les demi-brigades qui sont complétées y sont désignées. Il m'est très souvent impossible de décider de diverses difficultés qu'on me présente, parce que je n'ai pas les lois. Je te prie de m'envoyer une collection de toutes les lois militaires, des règlements et instructions. Cela m'est très nécessaire. »

Dans sa lettre à Pichegru, en date du même jour, Souham se montrait plus affirmatif : « J'ai aussi amalgamé », disait-il, « et formé en demi-brigades *tous* les bataillons de ma division, et je t'envoie l'état ».

qu'on se propose de faire du citoyen Tourolle, lieutenant de la même compagnie, fait prisonnier de guerre à la retraite de Bitche le 30 septembre dernier;

Considérant qu'un officier prisonnier de guerre ne doit pas être remplacé et qu'il doit au contraire participer à l'avancement comme s'il était présent au corps;

Fait défense au commandant dudit bataillon d'ordonner le remplacement du citoyen Tourolle, jusqu'à ce qu'il en ait été autrement ordonné;

Déclare nulle toute nomination qui aurait pu ou pourrait être faite contre les dispositions du présent arrêté.

GILLET.

Survint alors la loi du 23 août sur la réquisition. La levée qui en résulta fut tout d'abord utilisée à fournir, dans la proportion des trois quarts, les garnisons des places fortes et à libérer d'autant les troupes d'ancienne formation qui pourraient alors renforcer les armées en campagne (1).

Mais le 2 frimaire an II le Comité militaire fit un nouveau progrès : la levée du 23 août 1793 ne pouvait être entièrement absorbée par les places fortes. Elle laissait un fort reliquat de bataillons. Fallait-il recommencer avec eux l'erreur si longtemps commise avec ceux des volontaires qu'on aurait pu, grâce à Narbonne, embrigader dès le mois de janvier 1792? Était-il rationnel de laisser d'anciens cadres incomplets tandis qu'on créerait à côté d'eux, et de toutes pièces, des bataillons de réquisitionnaires dépourvus de toute instruction, et, ce qui est encore plus grave, de toute éducation militaire? Le Comité de la guerre ne le pensa pas et fit décréter le 2 frimaire an II que « les nouveaux corps formés jusqu'à ce jour avec le produit de la nouvelle levée seraient supprimés »; qu'il n'en serait plus formé de nouveaux avec cette levée; et que cette dernière servirait tout d'abord à porter au complet, avant le 10 nivôse, les anciens

---

(1) Décret du 27 septembre 1793.

cadres de création antérieure au 1ᵉʳ mars 1793 et dont le Ministre avait dû présenter à cette date le tableau d'embrigadement avec les troupes réglées.

Les ressources que procurait la réquisition permirent de porter les demi-brigades, de l'effectif total de 2,347 hommes prévu le 21 février 1793, à celui de 3,201 hommes (1) non compris l'état-major et la compagnie de canonniers. Cet excédent servit à élever de 65 hommes à 83 l'effectif des compagnies de grenadiers, et de 89 à 123 celles de fusiliers, tout en supprimant par extinction les appointés.

La première affectation qu'on avait voulu donner aux réquisitionnaires avait montré que le contingent total permettait d'y satisfaire, et au delà ; en serait-il de même de la deuxième solution adoptée? Aussi, pour avoir une idée nette de la situation ; pour savoir exactement l'excédent ou le déficit que donnerait l'incorporation dans les anciens cadres ; pour régler d'ailleurs la question des corps francs qu'elle avait réservée le 10 mars, la Convention réclama-t-elle (2), aux chefs de tous les corps, dans un délai de trois jours, sous peine d'être destitués et arrêtés comme suspects, l'état précis de l'effectif et de l'emplacement de leur troupe (3).

En admettant que les renseignements fussent fournis dans le délai prescrit, c'est-à-dire le 11 frimaire, il fallait

---

(1) Décret du 2 frimaire, article 1.
(2) Décret du 8 frimaire an II.
(3) Cette mesure fut prise en exécution de l'arrêté du Comité de Salut public en date du 28 brumaire.

« Le Comité de Salut public arrête que le Ministre de la guerre lui fera passer, dans le délai de trois jours au plus, l'état nominatif de tous les corps militaires de la République suivant leurs différentes armes, en y joignant autant qu'il sera possible : 1° l'époque de sa création ou formation ; 2° la force effective de chacun de ces corps ; 3° la désignation de l'armée et du lieu où il est employé ; 4° des observations sur sa tenue, sa discipline et l'esprit dont il est animé. »

encore prendre le temps de les centraliser et d'en tirer les conclusions nécessaires, malgré les réclamations les plus pressantes des Représentants du peuple en faveur de l'embrigadement.

Le 22 (12 décembre 1793) Laurent, représentant du peuple à l'armée du Nord, recommandait au Comité de Salut public de « hâter l'embrigadement » s'il voulait « avoir au printemps une armée disciplinée et qui sache manœuvrer en bon ordre ». Il écrivait au Ministre de mettre promptement la loi en exécution.

Le 26 (16 décembre 1793) il se plaignait de ce que l'embrigadement ne se fît pas, et que le général Jourdan, alors commandant en chef de l'armée du Nord, n'eût encore reçu officiellement ni la loi ni les instructions y relatives.

Enfin, le 9 nivôse (29 décembre 1793) il annonçait que l'embrigadement ne serait pas terminé le 10 comme le voulait la loi.

Malgré ces instances, ce fut seulement le 19 que la question fut de nouveau et définitivement discutée au sein de la Convention.

Si l'on songe que la réquisition devait *théoriquement* porter l'armée à un effectif de neuf cent mille hommes et que Dubois-Crancé l'évaluait le 7 février 1793 à 591,800 hommes (1), on doit conclure que

---

(1) *Récapitulation des troupes des différentes armes.*

| | | |
|---|---:|---|
| 196 demi-brigades..................... | 462,736 | hommes. |
| 196 compagnies de canonniers attachées à ces demi-brigades............ | 14,700 | — |
| L'artillerie portée au complet.......... | 12,000 | — |
| Troupes légères à pied................ | 33,000 | — |
| Cavalerie légère (chasseurs et hussards). | 30,400 | — |
| Cavalerie de ligne (cavalerie et dragons). | 31,960 | — |
| Gendarmerie à cheval tirée des départements..................... | 7,020 | — |
| Total...... | 591,816 | hommes. |

(*Moniteur universel* du 9 février 1793. Séance du 7. Discours de Dubois-Crancé.)

l'incorporation de la réquisition dans les anciens cadres des 196 demi-brigades prévues par lui devait, même en y ajoutant les deux autres du 12 août, en donnant à chacune l'effectif du 2 frimaire, et en comptant les armes spéciales, laisser un excédent de volontaires qu'il fallait utiliser. Peut-être aurait-on pu se demander tout d'abord si les 900,000 hommes que promettaient les lois des 24 février et 23 août seraient atteints, et s'il n'y aurait pas, comme l'indiquent les tableaux de Grimoard, un écart de près de 200,000 hommes entre le nécessaire et l'existant? De fait, en germinal, les présents sous les armes ne dépassaient pas 720,000 hommes au lieu d'atteindre à 900,000; mais rien n'autorisait, *a priori*, à calculer un pareil déficit; et il est tout naturel qu'au 19 nivôse, date où s'ouvre la nouvelle discussion, on pensât qu'il y aurait un excédent de réquisitionnaires qu'il s'agissait soit d'organiser en bataillons séparés, soit d'embrigader.

C'est dans cet esprit que, dans une séance antérieure à cette date, le député Cochon de l'Apparent avait présenté « un projet de décret tendant à déroger, pour les nouveaux bataillons de réquisition, à la loi du 21 février et à celle du 12 août 1793 relatives à l'embrigadement. »

« Est il plus avantageux, répondit Dubois-Crancé (1), de laisser chaque bataillon rouler sur lui-même que d'en former des demi-brigades, chacune de trois bataillons?

« Tous les systèmes militaires, depuis César jusqu'à nos jours, ont démontré la supériorité des gros corps..... Les armées prussiennes et autrichiennes sont composées de corps de trois à quatre mille hommes, soit en infanterie, soit en cavalerie. Aussi, le rapporteur, n'a-t-il pas attaqué l'embrigadement sous le point de vue des opéra-

---

(1) *Moniteur universel* du 21 nivôse. Séance du 19. Page 447. Discours de Dubois-Crancé.

tions militaires; il est convenu, au contraire, que les généraux seraient forcés d'embrigader les bataillons; et il vous propose 200 chefs de brigade pour commander ces corps ainsi réunis; ce n'est donc plus militairement que j'examinerai la question. Nous sommes donc d'accord sur le principe : *Il faut qu'à l'armée les troupes soient embrigadées.*

« Examinons maintenant le côté politique et voyons s'il est plus dangereux à la liberté de faire embrigader ces corps par la loi une fois pour toutes, de manière qu'il n'y ait qu'une nouvelle loi qui puisse en dénaturer l'organisation ou de confier ce soin aux généraux, variant à chaque mouvement au gré de leurs caprices..... »

« Cochon a donné pour principal motif qu'*un général habile et perfide pouvait profiter, au détriment de la chose publique, des grandes masses et de l'esprit de corps qui y domine.*

« Il a donc senti le danger. Par quelle étonnante logique a-t-il cru y obvier en donnant aux généraux la faculté de composer les masses à leur gré?.....

« Concluons sur cet article que, puisque l'embrigadement est nécessaire, indispensable, il vaut mieux que ce soit la loi qui l'opère que de le confier au caprice des généraux.

« Maintenant, suivons la marche de la Révolution. Qui est-ce qui proposait l'organisation de l'armée en quatre bataillons (1) au Corps constituant? les patriotes. Qui s'y est opposé? la Cour et tout le côté droit.

---

(1) Dubois-Crancé rappelle ici la proposition faite, le 29 juillet 1790, par A. Lameth, d'organiser l'infanterie en 16 régiments français et 11 régiments suisses. Les régiments d'infanterie française devaient être à 4 bataillons dont trois de campagne et 1 de garnison formant 2.069 hommes. A cet effet, A. Lameth avait proposé d'incorporer dans les régiments les bataillons de chasseurs. Il trouvait à cette organisation en 4 bataillons et à cette suppression de bataillons de chasseurs une

« Qui a combattu cette année contre l'amalgame? tous les généraux qui ont trahi la République, excepté Valence; au Comité militaire, c'étaient Lidon, Aubry, Gironte (?), Valazé ; à la Convention, ce furent Buzot, Guadet, Vergniaud, Birotteau.

« Qui sont ceux qui, dans la campagne, ont réclamé la loi du 21 février? Ce sont les patriotes. Qui s'y est constamment opposé? Dumouriez, Custine et tous les aristocrates. Relisez à ce sujet les lettres de nos collègues et spécialement de Gasparin.....

« Le rapporteur a dit que l'intérêt national exigera sûrement à la paix une réduction considérable dans les troupes, et qu'il serait bien plus facile d'opérer les réformes nécessaires avec de simples bataillons qu'avec de grands corps.

« Cochon n'a sûrement pas calculé les moyens d'opérer avec sagesse et équité dans cette circonstance ; car il aurait dit tout le contraire, et en voici la preuve. Supposons 800 bataillons isolés indépendants l'un de l'autre..... il faudra, d'après l'opinion du rapporteur, même en réduisant les bataillons à moitié, n'en laisser subsister qu'environ 260 ; donc on sera forcé de réformer impitoyablement 540 bataillons tout entiers..... Or, je demande si ce n'est pas une opération digne de l'ancien régime de détruire en entier 540 bataillons, et de priver des moyens de continuer leurs services la majorité de ceux qui en ont la meilleure volonté, tandis que vous attachez par force aux 260 bataillons que vous conservez des hommes que leurs infirmités, ou l'amour du repos font soupirer après leur retraite.

« Si au contraire l'embrigadement se fait de manière

---

économie de cadres et l'avantage d'assurer le recrutement des 3 bataillons de campagne par le 4ᵉ qui en constituait la réserve et le dépôt d'instruction. Il faisait enfin remarquer qu'en campagne les maladies et les échecs réduisaient souvent les régiments de 2 bataillons à un seul.

que trois bataillons ne fassent qu'un seul et même corps....., il suffira d'établir, par principe, que chaque demi-brigade ne formera plus qu'un bataillon de 500 hommes, en laissant à tous les officiers et sous-officiers indistinctement qui composeront la demi-brigade la faculté de prendre leur retraite, ou de rester attachés, chacun suivant son grade, à ce bataillon; et comme, par la loi du 21 février, vous avez promis de très belles récompenses à ceux qui seront réformés à la paix, il est probable que la grande majorité des officiers et sous-officiers désirera en profiter; de sorte qu'en supposant que dans chaque demi-brigade il y ait un sixième de ces individus qui désirent continuer leurs services, ils se trouveront tous placés.....; s'il se trouve plus d'un sixième, alors l'excédent de chaque grade restera à la suite du même corps jusqu'à son replacement.

« Le rapporteur a dit que l'embrigadement conserverait les germes du fédéralisme parce que la loi du 21 février porte qu'à la paix les demi-brigades prendront le nom des départements..... Lorsque la législature organisera l'armée nationale pour la paix, elle lui donnera telle forme et telle dénomination qu'elle jugera convenable aux circonstances.

« Mais, ce qui est évident, c'est que le plan d'isoler les bataillons perpétue les germes de l'aristocratie. Quel était le but de la loi du 21 février? de rompre l'esprit de la ligne....., un officier ou un sous-officier de ligne passant dans un bataillon de volontaires, un officier de volontaires passant également dans la ligne, il était clair qu'en moins de six mois tout esprit de corps eût été rompu.....

« Mais ici, que fait le Comité? Sous prétexte de quelques difficultés qu'on pourrait rencontrer, il vous propose de laisser subsister les choses comme elles sont, car dédoubler un régiment n'est pas en détruire l'esprit..... Cette opération existait déjà, et le rapporteur convient que la plupart des régiments sont divisés. Cependant demandez à tous les représentants du peuple qui ont été aux armées s'ils n'ont pas aperçu quelque nuance entre les bataillons isolés et les bataillons de volontaires ; s'ils n'ont pas trouvé des officiers, des sous-officiers, des compagnies de grenadiers se croyant toujours de la ligne, rechignant à porter l'uniforme national, récalcitrants lorsqu'ils se trouvaient sous les ordres d'un officier de volontaires..... C'est un grand mal, c'est un virus aristocratique qu'il faut anéantir.....

« J'ajoute que le rapporteur a perdu de vue les avantages qui résulteraient de l'amalgame pour l'instruction et la discipline..... J'en ai développé suffisamment les motifs dans le rapport qui a précédé la loi du 21 février, et dans celui qui vous a été distribué hier.

« Reste l'article de la finance ; sur ce point comme sur tous les autres l'amalgame présente d'énormes avantages. Le rapporteur niera-t-il les dilapidations extraordinaires que l'ignorance ou la mauvaise foi de quelques individus ont introduites dans l'administration des bataillons de volontaires ?.....

« Le rapporteur niera-t-il que les bataillons de ci-devant ligne ont dans leur sein des officiers, des quartiers-maîtres, des sergents-majors exercés de longue main à la comptabilité, et qu'en général les conseils d'administration de ces corps sont mieux exercés que ceux des volontaires ?

« Si donc vous voulez rétablir l'ordre dans la dépense de la République ; si vous voulez confier aux différents corps, ainsi que cela est décrété, l'habillement et l'équipement, et généralement tous les détails des besoins des soldats, n'est-ce pas encore dans l'embrigadement que vous pouvez espérer de trouver les ressources nécessaires pour parer aux inconvénients du passé et former une bonne administration pour l'avenir.

« On oppose qu'il faudra apurer les comptes de chaque

bataillon. Eh! sans doute, il faudrait bien le faire, quand même les bataillons resteraient comme ils sont. Voulez-vous perpétuer les abus, dépenser encore 300 millions de trop cette année pendant que le soldat est tout nu ?..... Ne soyez pas inquiets sur la longueur des comptes à vérifier ; il vous sera distribué demain des instructions faciles pour les représentants du peuple que vous en chargerez ; ils auront jusqu'au 1er germinal pour faire leurs opérations..... »

C'est à la suite de ce rapport qu'il fut décrété, le même jour, que « *toute* l'infanterie de la République, y compris les bataillons de chasseurs, serait organisée en demi-brigades, chacune de trois bataillons et une compagnie de canonniers, conformément aux lois des 21 février et 12 août » ; que « l'embrigadement des troupes » serait poursuivi dans chaque armée par un représentant du peuple spécialement désigné à cet effet et qui devait adresser au Comité de Salut public un rapport décadaire sur l'avancement de ses opérations, signé du général, du chef d'état-major et du commissaire général de l'armée.

Deux jours après, le 21 nivôse, Dubois-Crancé faisait adopter l'instruction relative à l'application du décret du 19, qu'il avait annoncée à la fin de son discours.

*Instruction* (1) *que donne la Convention nationale aux représentants du peuple à envoyer aux armées pour y établir l'embrigadement des corps d'infanterie, régler les comptes d'administration de chacun de ces corps et fixer ces bases d'administration, pour l'avenir, par demi-brigades.*

Les représentants du peuple à envoyer aux armées, spécialement et

---

(1) Cette Instruction a déjà été publiée par la *Collection des lois*, et par M. Aulard (tome X, page 157) dans son *Recueil des actes du Comité de Salut public*. Elle indique si nettement les opérations préparatoires à l'embrigadement, que nous croyons devoir la reproduire textuellement sans la résumer ou l'analyser.

uniquement chargés de rétablir l'uniformité dans les différents corps d'infanterie qui les composent, de régler en définitif les comptes d'administration de chaque corps, et d'établir les bases d'une nouvelle administration par demi-brigade, seront tenus de se conformer exactement à la présente Instruction, sans pouvoir s'en écarter, à moins de cas particuliers qui n'auraient pas été prévus; et, dans ces cas seulement, les représentants du peuple en référeront au Comité de la guerre de la Convention nationale, qui se concertera avec le Comité de Salut public, pour donner une prompte décision, laquelle sera applicable à tous les corps d'infanterie; cette décision sera envoyée sur-le-champ à tous les représentants du peuple aux armées chargés des mêmes détails, pour que l'uniformité soit complète dans toutes les armées de la République.

Les représentants du peuple, commissaires à l'embrigadement, s'adjoindront, à leur arrivée dans chaque armée, un officier général ou un officier supérieur d'un corps à leur choix, et un commissaire des guerres, pour les aider dans leur travail. Ces deux officiers signeront, avec le représentant du peuple, tous les rapports et feuilles de détail qui seront transmis aux bureaux ci-après indiqués.

Ils assisteront à toutes les revues avec les représentants du peuple, en tiendront note exacte chacun séparément, pour les confronter ensuite et en former une feuille de revue complète.

Ils vérifieront les états et registres des conseils d'administration de chaque corps; en un mot, ils feront, de concert et sous les ordres du représentant du peuple, tout ce qu'il jugera nécessaire pour remplir le but de la mission.

Le représentant du peuple, commissaire à l'embrigadement, pourra aussi employer le nombre de commis qu'il jugera nécessaire dans les bureaux, pour la prompte expédition de ses opérations. Tous les frais qui en résulteront seront acquittés par le payeur de l'armée, sur mandat du représentant du peuple, ordonnancé par le commissaire général de l'armée, ou celui qui en fera les fonctions.

Le représentant du peuple, arrivant à une armée pour l'embrigadement des corps d'infanterie de cette armée, se fera remettre dans les vingt-quatre heures, par le chef de l'état-major, par le commissaire-général et par le payeur-général, chacun pour ce qui le concerne, les états de tous les corps d'infanterie qui composent ladite armée, ainsi que leur force respective et leur emplacement.

Si l'embrigadement des corps en demi-brigades est commencé, le représentant du peuple vérifiera si cet embrigadement a été fait conformément à la loi du 12 août dernier, c'est-à-dire, d'un bataillon de ci-devant ligne pour deux bataillons de volontaires; il complétera de la même manière tout ce qui ne se trouvera pas embrigadé, en observant d'examiner le moral des différents corps, leurs habitudes, leurs sympathies entre eux, le mérite des chefs de ces corps, de manière à ce que le plus instruit, celui qui a montré le plus de zèle et d'intelligence dans la conduite antérieure, se trouve placé, par l'effet de l'embrigadement, chef de la demi-brigade. Enfin le représentant du peuple chargé de cette importante fonction, écartant toute idée de faveur ou de convenances individuelles, uniquement occupé de ce qui est le plus avantageux à la République, profitera de toutes les notions morales que son zèle lui procurera, pour établir, sur les principes d'harmonie si nécessaires aux armées, une opération de laquelle dépend le salut de la République.

Pour parvenir à remplir ce but, sans trop se hâter comme sans retard, le représentant du peuple commencera par vérifier la situation de chaque bataillon, après en avoir passé la revue, s'être assuré de l'effectif de chaque compagnie, de la situation de son habillement et équipement : il pourra même faire manœuvrer en sa présence chaque bataillon, pour en connaître l'instruction et la capacité des chefs. Toutes ces opérations préliminaires apprendront au représentant du peuple à connaître les nuances qui lui seront nécessaires pour former un bon embrigadement.

Lorsque toutes les revues seront passées et les comptes d'administration de chaque corps vérifiés provisoirement (car ces comptes ne seront arrêtés en définitif que pour le 1er germinal, époque à laquelle commencera la nouvelle administration par demi-brigades), le représentant du peuple procédera de suite à l'embrigadement des différents corps, conformément à la loi des 21 février et 12 août derniers, jusqu'à concurrence du nombre de demi-brigades qui pourront être composées d'un bataillon de ci-devant ligne et de deux bataillons de volontaires.

Cette opération faite, s'il reste un excédent de bataillons de ligne qui n'auraient pas trouvé place dans cet embrigadement, ou de bataillons de volontaires qui n'auraient pas, dans la même armée, de bataillons de ligne avec lesquels ils pussent se réunir, le représentant du peuple en fera passer sur-le-champ l'état détaillé, avec le lieu d'emplacement de chacun de ces corps, au Comité militaire, qui désignera les corps avec lesquels ces bataillons devront être embrigadés.

Il n'y aura, pour cela, *aucun déplacement de troupes*, et les bataillons qui seront formés en demi-brigades, soit qu'ils se trouvent séparés dans la même armée, soit qu'ils se trouvent dans des corps d'armée différents, resteront provisoirement à la disposition des généraux comme ils l'étaient précédemment, mais le Ministre de la guerre prendra des mesures pour, sans affaiblir les opérations militaires, rapprocher, dès qu'il le pourra, ces différents corps formant demi-brigades ; il aura soin, à l'avenir, de ne les séparer qu'autant que l'exigeraient des circonstances impérieuses et extraordinaires ; parce qu'il est de principe qu'un seul et même corps, tel que le formeront à l'avenir les demi-brigades, gagne tout à sa réunion, quant à la discipline, l'instruction, la tenue et l'ordre dans l'administration, tandis que le morcellement de ces corps, détruisant tout le nerf de l'art de la guerre, jette dans la comptabilité une confusion sujette à d'énormes dilapidations. Il résulte de cet exposé et de ces principes généraux, que le représentant du peuple, pour compléter son opération et l'établir de manière à éclairer la Convention nationale sur la situation de l'armée tant présente que future, aura trois opérations très distinctes à faire ; ces opérations exigent des détails qui doivent être uniformes pour toutes les armées et à la portée de ceux qui en seront chargés.

Ces opérations sont des revues à passer, des comptes à régler et des bases nouvelles d'administration à établir par demi-brigades, lorsqu'elles seront formées. Nous allons entrer dans tous ces détails, afin que chaque représentant du peuple, agissant uniformément, puisse présenter des résultats que la Convention désire vainement depuis longtemps.

*Des revues.*

On comprend sous ce titre l'attention que doit porter le représentant du peuple :

1° Sur l'examen particulier de chaque compagnie, sa composition, sa tenue, son armement et équipement, l'instruction des officiers qui la commandent ;

2° Sur l'école d'instruction et les manœuvres ;

3° Sur la discipline et la subordination.

Le représentant du peuple, remplissant ici la fonction d'inspecteur de la nation envers les troupes de la République, après avoir fait prendre les armes aux troupes qu'il voudra inspecter (il en sera usé à son égard de même qu'il en était usé vis-à-vis d'un inspecteur, conformément à l'article 7 du titre 1er de l'ordonnance du 1er mars 1768, qui règle le service dans les places ou quartiers), commencera par séparer et examiner les hommes qui ont été incorporés depuis la dernière levée ; il réformera ceux qui ne seront pas propres au service, les fera congédier sur-le-champ ; et il en tiendra note, pour la faire passer au Comité militaire. Il se fera de même présenter les anciens soldats que leurs infirmités mettront hors d'état de service, auxquels il fera délivrer des congés de réforme, qu'il signera ; et le renvoi de ces hommes aura lieu dans le plus court délai.

Ces opérations étant réglées et les hommes rentrés dans leur compagnie, le représentant du peuple fera une revue particulière et détaillée de chaque compagnie ; il se fera rendre compte par le capitaine de sa composition, du mouvement qu'elle a éprouvé depuis sa dernière revue de commissaire, des hommes qui en sont absents, et des motifs de leur absence ainsi que des époques; il vérifiera le contrôle de chaque compagnie pour juger s'il est en règle.

Le représentant du peuple vérifiera dans quel état se trouvent l'habillement, l'équipement, l'armement et les effets de campement.

Le représentant du peuple fera manœuvrer les troupes qu'il inspectera, soit par compagnie, bataillon ou demi-brigade, et prendra des notes sur l'instruction et la manœuvre de chaque corps.

Il prendra de même des notes sur la discipline et la subordination; il visitera les prisons, les hôpitaux, les casernes, quelques chambrées de soldats, pour juger de leur arrangement intérieur et s'assurer si elles sont dans l'ordre et la propreté convenable à la santé du soldat, et à l'économie de ses effets; il visitera les sacs et s'assurera du complet du petit équipement, ou de son déficit, ainsi que des causes qui l'auront produit.

*Comptes à régler.*

La Convention nationale n'ignore pas le désordre qui règne dans les finances de la plupart des bataillons; elle sait que le zèle qui a porté, en septembre 1792, une foule de volontaires aux frontières, n'a pas permis d'établir un ordre de comptabilité bien exact dans l'administration des finances, au milieu de mouvements rapides et qui ne pouvaient alors avoir qu'un but, le danger pressant de la patrie. Elle sait que la plupart des hommes qui ont été choisis pour former des conseils d'administration n'avaient pas les connaissances nécessaires pour s'en acquitter avec autant de sagacité qu'ils ont montré de zèle. Elle sait aussi que l'augmentation subite et extraordinaire des marchandises, la rapacité des fournisseurs, tous les efforts des malveillants ont détruit l'équilibre entre la recette et la dépense, et que les corps n'ont souvent pu atteindre en partie les moyens de subvenir à leurs besoins que par des avances faites par les trésoriers, sur les ordres des généraux ou des représentants du peuple aux armées, avances qu'il sera impossible à la République de récupérer, et qui sont très considérables : mais les représentants du peuple distingueront avec sagesse les motifs de ces diverses avances faites aux bataillons; l'essentiel est de couper le fil de tant de dilapidations ou volontaires ou forcées, et de commencer par arrêter en définitif tous les comptes des divers corps qui doivent se réunir en demi-brigades, afin de partir de ce nouvel ordre de choses pour fixer à l'avenir un état invariable de comptabilité; la Convention nationale jugera avec l'impartialité et même avec l'esprit de bienfaisance qui convient à notre position, les motifs de ces avances; elle saura distinguer les dilapidations coupables de celles qui se sont trouvées commandées par d'impérieuses circonstances ; représentant une grande nation, comme elle, elle sera juste et généreuse. Mais la Convention sait que les pertes énormes que l'État supporte depuis dix-huit mois, n'ont fait aucun profit au soldat : il a souvent, au contraire, manqué de tout ; c'est donc lui rendre l'abondance dans les extrêmes besoins que d'astreindre ceux qui sont chargés de cette surveillance à la plus rigide comptabilité ; car la nation, qui ne veut rien épargner pour ses braves défenseurs, ne peut atteindre ce but qu'à force d'ordre dans les détails, et elle est fatiguée de verser tant de millions dans le tonneau des Danaïdes.

Les représentants du peuple commissaires à l'embrigadement s'occuperont donc essentiellement des moyens de parvenir à régler en définitif tous les comptes de chaque corps, et c'est là où ils auront besoin particulièrement du secours de deux officiers expérimentés dans ce genre de détail. Ils arrêteront ces comptes provisoirement, lors de leur revue, et les feront passer au Comité militaire, qui en rendra compte à la Convention nationale.

### *Embrigadement.*

Lorsque tous les comptes seront arrêtés provisoirement, le représentant du peuple procédera à l'embrigadement et à la formation des conseils d'administration de chaque demi-brigade. Pour y parvenir, le représentant du peuple fera part à l'officier commandant la division, de l'embrigadement qu'il se propose de faire de trois bataillons ; il les fera assembler dans un même lieu, il fera battre un ban, et leur déclarera au nom de la République française, une et indivisible, et en vertu des pouvoirs que la Convention nationale lui a délégués, que les bataillons *tels* et *tels* seront désormais réunis en demi-brigade et ne formeront plus qu'un seul et même corps, conformément à la loi du 21 février dernier ; après cette proclamation, il recevra des troupes le serment d'obéissance aux lois et à la discipline militaire, celui de maintenir la liberté, l'égalité, la Constitution ainsi que l'unité et l'indivisibilité de la République française ou de mourir.

Après ce serment, il sera fait un roulement ; les chefs de corps feront poser les armes à terre ; les bataillons se rompront, se mêleront l'un dans l'autre ; officiers, soldats et représentants du peuple se donneront le baiser de fraternité.

Lorsque le représentant du peuple croira qu'il en est temps, il fera faire un rappel ; chacun reprendra son rang pour défiler en grande parade devant le représentant de la nation, et rentrer dans ses quartiers ; après l'embrigadement fait dans chaque arme, le représentant du peuple s'occupera de suite de la formation des conseils d'administration par demi-brigades.

### Administration par demi-brigade.

Le représentant du peuple organisera les conseils d'administration conformément à la loi, de manière à ce qu'ils soient tous en pleine activité pour le 1ᵉʳ germinal ; il pourvoira à ce que chaque demi-brigade soit nantie des divers registres et états prescrits par les règlements qui seront présentés incessamment à la Convention nationale. Chaque demi-brigade doit avoir trois exemplaires de ces règlements : savoir, un entre les mains du chef de brigade, un entre les mains du quartier-maître trésorier, et un déposé avec les registres du conseil d'administration. Il sera remis de plus, par le Ministre de la guerre, à chaque député représentant du peuple aux armées, un autre imprimé des dits registres et états, ainsi que le règlement d'administration, afin qu'il puisse s'assurer si les conseils d'administration s'y conforment.

Les dits états et registres, lorsqu'ils auront été approuvés par la Convention, seront imprimés par les ordres du Ministre de la guerre dans le plus court délai, pour être envoyés aux troupes et servir à l'administration.

Il en sera envoyé de même aux commissaires des guerres et officiers chargés de l'instruction des troupes, de nouveaux modèles conformes à l'embrigadement des corps d'infanterie en trois bataillons de ..... hommes, avec une compagnie de canonniers.

Enfin les représentants du peuple, commissaires à l'embrigadement, ne considéreront leur mission terminée que lorsqu'ils auront établi l'uniformité d'administration dans toutes les demi-brigades confiées à leur surveillance.

Pour que cette Instruction pût s'appliquer à toutes les demi-brigades, il était nécessaire de lever l'interdiction du 10 mars 1793 en ce qui concernait les corps francs à pied. Ce fut l'objet du décret du 9 pluviôse qui « réformait les bataillons de légions et tous les corps francs », et les faisait organiser en bataillons d'infanterie par le représentant du peuple chargé de l'embrigadement. Les 22 bataillons de chasseurs existants conservaient leurs numéros et le donnaient à la demi-brigade correspondante ; quant à ceux qui provenaient de la refonte des légions et corps francs, leur nombre devait être indiqué par armée au Comité militaire de Paris qui en tirerait les numéros au sort et les affecterait à de nouvelles demi-brigades légères. Si, après avoir réuni les compagnies franches en bataillons, il en restait un résidu de cinq, elles devaient, par dédoublement, former un nouveau bataillon; si ce résidu était moindre, il était incorporé dans les bataillons déjà formés. Tous ces bataillons d'infanterie légère devaient avoir même composition que ceux de l'infanterie de ligne; mais au lieu d'une compagnie de grenadiers ils en comprendraient une de carabiniers, et n'auraient pas d'artillerie. Les cadres réformés par cette organisation étaient classés à la suite dans les nouveaux corps et y avaient droit à la première place vacante de leur grade.

Comme exemple de la formation de compagnies franches ou bataillons de légions en bataillons d'infanterie avant l'embrigadement, on peut citer divers arrêtés que prit Gillet au sujet des compagnies franches de la Meuse et du Mont-d'Haure; du 28ᵉ bataillon d'infanterie de ligne; du 1ᵉʳ bataillon de la légion des Ardennes; de 13 compagnies de chasseurs volontaires; du bataillon de dépôt du 94ᵉ régiment d'infanterie.

*Arrêté du 26 pluviôse (14 février).*

Le représentant du peuple envoyé aux armées de la Moselle et des Ardennes pour l'embrigadement de l'infanterie, après s'être fait rendre compte par l'agent supérieur du Conseil exécutif à l'armée des Ardennes du travail dont il a été chargé par un arrêté du représentant du peuple Massieu, en date du..... de ce mois, concernant l'organisation des compagnies franches de la Meuse et du Mont-d'Haure en un bataillon d'infanterie légère (1);

---

(1) *Au citoyen Poulet, agent supérieur du Conseil exécutif à l'armée des Ardennes.*

Sedan, 16 ventôse (8 mars).

Je t'adresse, Citoyen, un arrêté relatif à l'organisation des chasseurs de la Meuse et du Mont-d'Haure en bataillon d'infanterie légère. Je te prie de m'adresser une expédition du procès-verbal de formation de

Considérant qu'une disposition de cet arrêté est contraire à la loi du 9 de ce mois, en ce qu'il porte que les officiers seront nommés par le représentant du peuple sur la présentation du général en chef, au lieu qu'il devait être pourvu à tous les grades suivant le mode d'avancement prescrit par la loi du 21 février 1793, arrête :

1° Que les officiers nommés en exécution de cet arrêté, et contre lesquels il ne s'est élevé aucune réclamation de la part du bataillon, pourront néanmoins rester à leurs grades respectifs, leur réception au bataillon devant être considérée en ce cas comme équivalente au choix libre et volontaire du bataillon ;

2° Que, quant aux emplois encore vacants, il y sera pourvu, conformément à la loi du 21 février 1793 sur l'avancement militaire, par le double moyen du choix et de l'ancienneté.

A Sedan, le 26 pluviôse, l'an 2° de la République.

GILLET.

Mézières, 27 pluviôse (15 février).

*Le représentant du peuple Gillet, chargé de l'embrigadement aux armées des Ardennes et de la Moselle, au Comité de Salut public.*

Citoyens collègues,

Je me suis rendu ici aujourd'hui à l'occasion d'un mouvement qui a eu lieu à Charleville. On avait, avant mon arrivée, commencé l'organisation de plusieurs compagnies de chasseurs en bataillon d'infanterie légère ; notre collègue Massieu, ne connaissant pas encore le décret du 9 pluviôse, avait arrêté que les officiers seraient nommés par lui aux places vacantes, sur la présentation du général de l'armée. C'est précisément cette disposition qui a donné lieu à des réclamations. Hier, lorsqu'on voulut faire reconnaître les officiers, le bataillon s'opposa à la réception de plusieurs d'entre eux, choisis hors de son sein ; les esprits s'échauffèrent, la résistance devint sérieuse : l'agent

ce bataillon, étant spécialement chargé d'en rendre compte à la Convention nationale.

Je n'ai rien prononcé relativement à la seconde compagnie de canonniers du département des Ardennes, pressé d'envoyer le citoyen Barthe dans les districts de Roc-Libre et de Couvin ; je lui ai dit que cette compagnie pouvant rester comme elle existe, il était plus urgent de s'occuper de la levée et de l'organisation des citoyens qui doivent servir à compléter nos cadres.

Tout se réduit donc, dans cette affaire, à un ajournement.

supérieur du Conseil exécutif, chargé de cette organisation, fut menacé; la garnison de Mézières prit les armes, on contint le bataillon, et les officiers furent reçus.

Je ne fus instruit de ce qui se passait qu'à 10 heures du soir, par une lettre que reçut notre collègue Massieu et qu'il me communiqua.

Je suis arrivé à Charleville ce matin à 10 heures; le général Charbonnié, arrivé un moment avant moi, avait fait assembler le bataillon; je l'ai trouvé sous les armes; je lui ai parlé et, après avoir blâmé sa résistance, je lui ai dit de nommer un homme par compagnie pour m'expliquer leurs réclamations, et que, si elles étaient fondées, je leur rendrais justice.

Les esprits étaient plus calmes; ils m'ont témoigné beaucoup de satisfaction de cette promesse. Je ferai demain la revue de ce bataillon; j'examinerai les motifs de plaintes; je réformerai, d'après la loi du 9 pluviôse, ce qui peut se trouver d'irrégulier dans la formation, et cette affaire sera facilement terminée. C'est un très beau bataillon; il renferme près de 700 hommes qui ont fait la guerre avec la plus grande distinction.

Mézières, le 29 pluviôse (17 février).

*Le représentant du peuple Gillet au Comité de la guerre.*

J'ai terminé aujourd'hui, Citoyens collègues, l'organisation du corps appelé provisoirement le 28º bataillon d'infanterie légère, et je suis très satisfait du bon esprit qui règne dans ce bataillon. Des réclamations, formées d'abord de manière bruyante, ont été terminées sans difficulté et à la satisfaction générale. J'ai visité les quartiers; il y règne autant d'ordre et de propreté que si c'était un ancien corps. Les officiers et les soldats s'occupent maintenant de leur instruction et, avant un mois, ce bataillon sera en état de rentrer en campagne, pourvu qu'il ait des armes, car il lui manque environ 600 carabines et des sabres. Je vous adresserai, sous peu de jours, l'état de tous ses besoins.

Plusieurs officiers nouvellement nommés sont absents; j'ai chargé le Conseil d'administration de leur écrire de rejoindre dans un délai déterminé. S'ils n'obéissent pas, je les ferai remplacer.

J'ai aussi visité les hôpitaux-ambulans de Rethel et de Libre-Ville (1) et l'hôpital sédentaire de Mézières, et j'ai eu la satisfaction de voir qu'ils sont parfaitement bien tenus. Pas une seule plainte n'a été faite par les malades; tous se louent, au contraire, des bons traitements qu'ils reçoivent dans ces hôpitaux.

---

(1) Charleville.

Sedan, 9 ventôse (27 février).

*Le représentant du peuple Gillet au citoyen Poulet, agent supérieur du Conseil exécutif à l'armée des Ardennes.*

Je te préviens, Citoyen, que je viens de donner ordre au 1ᵉʳ bataillon de la légion des Ardennes, cantonnée à Épernay, de se rendre à Sedan pour être organisé en bataillon d'infanterie légère et porté au complet(1).

Au quartier général, à Metz, le 24 ventôse (14 mars).

*Au Comité de Salut public.*

Citoyens collègues,

Je vous adresse ci-joints trois arrêtés que j'ai pris à Metz le 20 de ce mois, sur différents objets relatifs à ma mission.

Je suis arrivé à l'avant-garde le 21 ; j'ai fait exécuter la suppression de treize compagnies de chasseurs volontaires qui s'y trouvaient, et j'en ai formé deux bataillons d'infanterie légère qui sont très beaux.

. . . . . . . . . . . . . . . . . . . . . . . . . . . . . . . . . . .

Pressé de faire la revue des six bataillons qui passent à l'armée des Ardennes, je me rends aujourd'hui aux deux divisions de gauche, cantonnées entre Thionville et Longwy, et je terminerai toutes les opérations relatives à ces deux divisions avant de revenir sur mes pas.

GILLET.

25 ventôse (15 mars).

*Au général de division Debrun, commandant à Châlons.*

Je te prie, Citoyen, de faire partir les officiers, sous-officiers et soldats étrangers des 99ᵉ régiment d'infanterie, 98ᵉ idem, 1ᵉʳ régiment d'artillerie, 9ᵉ bataillon de chasseurs, 26ᵉ bataillon d'infanterie légère, du bataillon de Grand-Pré et du 2ᵉ régiment de hussards, et tu dirigeras leur route sur Mézières, où ils seront réunis au dépôt du 94ᵉ régiment d'infanterie, dont on va former un bataillon.

THARREAU.

Les formations faites, Gillet en passait l'inspection administrative, conformément aux prescriptions de l'Instruction du 21 nivôse.

---

(1) Voir plus loin pages 476, 477 et 478.

1ᵉʳ ventôse (19 février).

*Ordre pour le 16ᵉ bataillon d'infanterie légère.*

Le citoyen Gillet, représentant du peuple, chargé par la Convention de faire l'inspection des armées de la Moselle et des Ardennes, a vu dans la partie du 16ᵉ bataillon d'infanterie légère en garnison à Marienbourg de braves soldats et de bons républicains.

Il regrette que la célérité de sa mission ne lui ait pas permis de visiter tous les cantonnements. Il est persuadé qu'il n'aurait qu'à applaudir à leur bonne tenue et à leur discipline.

Il invite ceux de ses frères d'armes qui ont des réclamations à faire à les remettre au commandant du bataillon qui est chargé de les lui adresser, ou à les lui envoyer eux-mêmes directement à Mézières.

Le représentant du peuple recommande particulièrement aux officiers, sous-officiers et soldats de profiter du temps qu'il leur reste avant l'ouverture de la campagne pour travailler efficacement à leur instruction. L'instruction réunie au courage qui est naturel aux soldats français les rendra invincibles.

Le commandant du bataillon fera nommer, conformément à la loi, à la place de sous-lieutenant vacante dans la 6ᵉ compagnie.

Les nommés Latache fils, sous-lieutenant de la 8ᵉ compagnie et Proust, sous-lieutenant de la 7ᵉ, condamnés pour crimes, l'un à deux ans et l'autre à treize mois de détention, cessent de compter au corps.

Le commandant donnera tous les soins à la formation de la compagnie de carabiniers dont les hommes doivent être choisis parmi les plus adroits tireurs du bataillon. Cette compagnie sera complétée dans vingt-quatre heures.

La comptabilité n'est pas tenue conformément à la loi ; le conseil d'administration sera tenu de se pourvoir dans les trois jours d'une caisse, et d'établir les différents registres prescrits par le règlement du 1ᵉʳ janvier 1792.

Des chasseurs de la 3ᵉ compagnie se plaignent que le capitaine de cette compagnie ne leur a point fait leur décompte.

Le capitaine étant détaché, le commandant du bataillon vérifiera cette réclamation pour en rendre compte demain au représentant du peuple à son passage à Marienbourg en revenant de Vedette-Républicaine.

A Marienbourg, le 1ᵉʳ ventôse, l'an II de la République une et indivisible.

Cette inspection avait pour sanction la destitution du quartier-maître trésorier du bataillon.

Marienbourg, 3 ventôse (21 février).

Le représentant du peuple chargé de l'embrigadement aux armées de la Moselle et des Ardennes,

Arrête que le citoyen Année, quartier-maître trésorier du 16ᵉ bataillon d'infanterie légère, est suspendu de ses fonctions pour incapacité, n'ayant tenu aucun ordre dans sa comptabilité.

Il sera remplacé par le citoyen J.-B. Noël Alexandre.

Le citoyen Année restera en état d'arrestation chez lui sous la garde d'une sentinelle, jusqu'à ce qu'il ait rendu ses comptes au conseil d'administration du bataillon.

En résumé, *toute* l'infanterie de la République, de ligne ou légère, était d'abord complétée par bataillon et finalement embrigadée. Quant à l'excédent *théorique* des réquisitionnaires, qui avait donné lieu à la discussion du 19 nivôse, et dont on ne put constater la diminution qu'ultérieurement, il ne pouvait servir à créer des demi-brigades uniquement composées de réquisitionnaires, puisque par cela même on détruisait tout l'effet de l'embrigadement. Aussi l'article 2 du décret du 23 pluviôse en prévit-il l'emploi spécial :

« Lorsque les cadres d'infanterie existant à l'époque du 1ᵉʳ mars et les bataillons d'infanterie légère employés dans une armée auront été complétés conformément aux décrets des 2 frimaire et 9 pluviôse, *s'il se trouve un excédent de citoyens de la première réquisition* qui n'aient pu trouver place dans l'incorporation, le représentant du peuple chargé de l'embrigadement les fera incorporer dans les anciens cadres formés depuis le 1ᵉʳ mars, mais antérieurement au 23 août dernier, et désignera ceux desdits cadres qui devront être complétés les premiers. »

En d'autres termes les réquisitionnaires qui n'avaient pu trouver place ni dans les 196 demi-brigades prévues par la loi du 21 février 1793 et dont le tableau d'amalgame avait dû être présenté le 1ᵉʳ mars 1793 à la Convention ; ni dans celles qui avaient été créées par la loi du 12 août ; ni enfin dans les demi-brigades légères formées par le décret du 9 pluviôse au chiffre *minimum* de 22 ; ces réquisitionnaires en excédent devaient être embrigadés dans les bataillons de volontaires organisés entre l'amalgame du 1er mars et la levée des bataillons de réquisitionnaires : les premiers jouant par rapport aux derniers le rôle des troupes réglées vis-à-vis des bataillons de volontaires antérieurs au 1er mars.

Six demi-brigades furent ainsi formées et prirent le nom de *provisoires;* on en a la preuve dans l'annotation suivante qui figure à la page 215 du registre des mouvements des demi-brigades de l'an III. Après avoir donné la nomenclature de 207 demi-brigades d'infanterie et de plusieurs autres prenant des dénominations départementales, le registre mentionne que « les *six* demi-brigades qui suivent sont composées de bataillons de réquisition ou levés du 1er mars au 23 août 1793. » L'ensemble de ces formations était loin de valoir les demi-brigades du type réglementaire ; elles sont « mauvaises », ajoute le registre qui les dénomme pour cette raison « demi-brigades provisoires » (1).

D'autres demi-brigades, dites *provisoires*, furent cependant formées de cadres antérieurs au 1er mars 1793 et de réquisitionnaires. D'autres, comme la 3e provisoire, ne comprirent que des volontaires de 1792 ; d'autres enfin, comme la 8e, ne comptèrent que des bataillons levés en mars 1793.

Cependant le principe était d'embrigader l'excédent des réquisitionnaires au moyen de bataillons de volontaires ayant déjà servi en campagne et présentant sinon la valeur militaire des troupes réglées, du moins quelques garanties de solidité. Tels furent ceux que citait l'ordre de l'armée du Nord en date du 20 au 21 floréal.

---

(1) Extrait de la page 215 du registre de mouvement des demi-brigades, an III. « Les six demi-brigades qui suivent sont composées de bataillons de réquisition ou levés du 1er mars au 23 août 1793, dont l'ensemble est mauvais, et forment des demi-brigades provisoires. »

*Ordre du 20 ou 21 floréal* (1).

La Convention nationale a décidé le 17 germinal (2) que les bataillons formés à Orléans, des militaires tirés des armées du Nord et des Ardennes, pour aller combattre les brigands de la Vendée, seront considérés comme bataillons d'ancienne formation, et, comme tels, portés au complet et embrigadés conformément aux lois.

. . . . . . . . . . . . . . . . . . . . . . . . . . . .

En dehors des demi-brigades d'infanterie de ligne, des demi-brigades légères et des demi-brigades provisoires, on en trouve encore qui ont la même composition que ces dernières et qui portent seulement, soit le nom de départements, soit des appellations particulières telles que la demi-brigade des *Aurois*, celle des *Tirailleurs*, etc.

Si l'on cherche à comparer le nombre des demi-brigades avec l'effectif maximum et *réel* des armées, tel que l'indique Grimoard pour l'année 1794, c'est-à-dire si l'on divise le chiffre de 750,000 présents (3), par celui de la demi-brigade tel qu'il est fixé par le

---

(1) Déjà cité sous une autre forme à propos de l'incorporation.

(2) Avant ce décret du 17 germinal, Souham, qui, en vertu de la loi du 10 juin 1793, avait procédé lui-même à l'embrigadement dans sa division, avait aussi, faute de bataillons de ligne, recouru à des bataillons d'anciens volontaires pour faire l'encadrement des jeunes troupes.

*Souham à Daendels.*

3 nivôse (23 décembre).

« ..... Comme tu n'as qu'un bataillon de la ligne pour l'amalgame, tu formeras avec les autres bataillons de volontaires des demi-brigades en mettant un ancien bataillon avec deux autres moins instruits. Ces bataillons procéderont à leur amalgame. Le bataillon des Lombards pourra y être compris parce que l'amalgame du 12e d'infanterie a été fait avec d'autres bataillons..... »

(3) Le *Tableau de la force des armées de la République depuis le mois de décembre 1792 jusqu'au mois de pluviôse an 5e (janvier 1797)* donne comme effectif maximum des présents sous les armes le chiffre de 749,545 hommes, au mois de vendémiaire an III.

décret du 2 frimaire (3,201 hommes); si l'on défalque de ce chiffre celui des armes spéciales tel que l'a donné Dubois-Crancé dans son discours du 7 février 1793 ; on trouve que le nombre total des demi-brigades qui pouvait être formé est de 200. Or, le décret du 12 août prévoyait déjà 198 demi-brigades, et celui du 9 pluviôse au moins 22 demi-brigades légères. Cette seule constatation suffirait à montrer que le chiffre donné par Grimoard est erroné, ou que l'effectif des demi-brigades n'a pas toujours atteint le complet réglementaire, ou enfin que plusieurs d'entre elles n'ont pas été créées. Le relevé des situations de 1794 montre déjà que l'effectif des demi-brigades n'atteignait pas toujours le chiffre du 2 frimaire : ainsi la situation de la division Souham, au 17 floréal, indique que la 29e demi-brigade comprend 2,690 hommes ; la 199e, 2,751 ; la 3e, 2,838 ; la 24e, 2,346 ; la 68e, 2,594 ; la 27e, 2,652. Dans la même division, au 22 octobre 1794, la 3e comprend 2,976 hommes ; la 24e, 3,095 ; la 68e, 3,155 ; par contre, la demi-brigade de l'Yonne en compte exceptionnellement 3,362. D'autre part, bien des numéros de demi-brigades sont restés vacants, et celles qui devaient les porter n'ont pas été organisées : ainsi 47 demi-brigades de ligne provisoires ou autres, et 7 demi-brigades légères, n'ont pas été formées. Quoi qu'il en soit de ces raisons, on constate au registre des mouvements de l'an III qu'il y eut 211 demi-brigades de ligne, les numéros de 199 à 211 ne comprenant que des volontaires ; 32 demi-brigades légères, sans compter 10 demi-brigades légères *bis;* enfin 21 demi-brigades provisoires et 24 demi-brigades sans numéros.

*Exécution de l'embrigadement aux armées du Nord et des Ardennes.* — Cet embrigadement, qui encadrait fortement les volontaires en leur inculquant la discipline et l'instruction et détruisait en même temps tout germe de discorde entre eux et les « troupes réglées », donnait certainement à l'armée une force considérable dont elle bénéficia tout d'abord dans la campagne de 1794; la loi du 19 nivôse ne fut en effet mise en réelle application que par la nomination, le 17 pluviôse an II, et en exécution du décret du 14 (1), des représentants Goupilleau de Fontenay et Gillet, l'un à l'armée du Nord, l'autre aux armées des Ardennes et de la Moselle.

Six jours après leur nomination, ces représentants recevaient un décret complémentaire concernant spécialement le mode d'incorporation des citoyens de la première réquisition dans les demi-brigades. Ils devaient les employer à compléter d'abord les cadres existants au 1er mars, au chiffre de 3,201 hommes fixé par la loi du 2 frimaire et celle du 19 nivôse pour les demi-brigades; puis les cadres formés entre le 1er mars et le 23 août, date de la loi de réquisition.

De leur côté, aussitôt nommés, les représentants du peuple envoyaient leurs instructions en conformité de celles qui précèdent; celle de Gillet est tout d'abord à citer car elle fait nettement ressortir l'économie de l'em-

---

(1) 14 pluviôse an II (2 février).

La Convention nationale décrète que le Comité de Salut public lui présentera, séance tenante, la liste des commissaires qui doivent être incessamment envoyés aux armées pour opérer l'embrigadement et la vérification des comptes des bataillons.

*Décret de la Convention nationale, du 17e jour de pluviôse, an second de la République française, une et indivisible, qui nomme les représentants du peuple pour l'embrigadement des troupes dans les diverses armées.*

La Convention nationale, après avoir entendu le rapport du Comité de Salut public, approuve la liste suivante des représentants du peuple proposés pour l'embrigadement des troupes dans les différentes armées, par lui présentée :

Armée du Nord : GOUPILLEAU DE FONTENAY;
Ardennes et Moselle : GILLET.

brigadement, les résultats qu'attendait la Convention de cette mesure et les grandes lignes de l'opération.

### Au nom du peuple français.

*Instruction (1) adressée par le citoyen Gillet, représentant du peuple chargé de l'embrigadement aux armées de la Moselle et des Ardennes, à tous les corps d'infanterie composant ces deux armées.*

La Convention nationale a décrété, le 19 nivôse dernier, que l'infanterie de la République sera organisée en demi-brigades chacune de trois bataillons, dont un de ligne et deux de volontaires, et elle a nommé dans son sein des représentants chargés de faire exécuter cette disposition dans chaque armée.

Deux considérations importantes ont déterminé cette grande mesure. La première, de réunir en un seul corps une masse de force qui présentât plus d'ensemble dans les mouvements, et plus de résistance dans les combats qu'on ne peut l'attendre de plusieurs corps agissant sous les ordres de différents chefs. La seconde, de faire disparaître toute distinction entre les régiments de ligne et les bataillons de volontaires. Tous les amis de l'égalité avaient rejeté depuis longtemps cette distinction, ce qui semblait faire des défenseurs de la Patrie deux classes et deux armées différentes. Ils combattent pour la même cause, leur but commun est l'affermissement de la liberté et la destruction des tyrans conjurés contre elle. Ils ont appris dans les combats à s'estimer, tous se sont montrés dignes de la noble cause qu'ils défendent : les réunir, leur accorder un traitement égal, était donc adopter une mesure commandée par la justice, autant que par les principes d'une bonne constitution militaire.

Une revue d'inspection doit précéder cette opération. Cette revue a pour objet :

---

(1)         *Circulaire aux Généraux de la division.*

29 pluviôse (17 février).

Je vous fais passer, Citoyens, la quantité de trente exemplaires de l'Instruction du représentant du peuple Gillet, relative à l'embrigadement de l'infanterie des armées de la Moselle et des Ardennes, avec autant de modèles d'états, dont sept au citoyen Lacour, chef de brigade, sept au citoyen Debanne, commandant temporaire, cinq au général Élie, quatre au commandant de la place de Sedan et sept au citoyen Lorge, chef de brigade.

Vous les ferez distribuer à toutes les troupes qui sont sous vos commandements et vous leur ordonnerez d'accélérer les opérations prescrites par cette instruction.         Tharreau.

1° De constater l'effectif des différents corps au moment de l'embrigadement, et les mouvements qui ont eu lieu depuis la dernière revue;

2° De connaître les besoins de ces corps, tant en effets d'habillement et équipement, que pour son armement. La Convention s'occupe chaque jour, avec une paternelle sollicitude, des soldats de la Patrie. On n'ignore pas que malgré les avances énormes qu'elle a faites, plusieurs éprouvent encore des besoins; elle veut y pourvoir, et c'est pour y parvenir qu'elle a chargé des commissaires pris dans son sein de vérifier ces besoins et de lui en rendre compte;

3° Enfin de liquider les comptes de tous les bataillons. Ces diverses opérations exigent un travail nécessairement long, et les circonstances sont pressantes. Il faut donc prendre tous les moyens de l'accélérer. C'est dans cette vue que le représentant du peuple s'adresse aux officiers des différents corps et leur recommande de la manière la plus expresse de s'occuper sur-le-champ à faire dresser les états dont il leur adresse les modèles, afin qu'il n'y ait plus qu'à les vérifier lors de la revue.

Les chefs de brigade ou commandants de bataillon se feront remettre vingt-quatre heures après la réception de la présente instruction, par chaque capitaine de grenadiers, fusiliers ou canonniers du régiment ou bataillon, l'état nominatif de tous les officiers ou soldats de sa compagnie.

On distinguera : 1° les présents aux drapeaux; 2° les malades aux hôpitaux du lieu, aux hôpitaux externes ou à la chambre; 3° les absents par congé; 4° ceux qui sont dans le cas d'être réformés ou d'obtenir leur retraite, ceux qui ont fait la guerre.

Chaque capitaine remettra en même temps l'état des besoins de sa compagnie en effets d'habillement, équipement et armement.

Aussitôt la réception de ces états particuliers, les commandants des corps en feront dresser un état général conforme au modèle joint à la présente instruction. Cet état contiendra en outre les mouvements qui se sont opérés dans le régiment ou bataillon depuis la dernière revue, et la situation des différentes masses. Ces états seront remis au représentant du peuple à son arrivée au bataillon.

Les armées de la Moselle et des Ardennes viennent de terminer une campagne glorieuse; de nouveaux triomphes les attendent. Une bonne organisation militaire aidée de la valeur et du courage sera le garant de leurs succès. Le représentant du peuple se flatte donc que les officiers de tous les corps s'empresseront de le seconder dans une opération qui intéresse à la fois leur propre gloire et le salut de la République.

Sedan, le 25 pluviôse l'an II$^e$.

*Mission de Goupilleau de Fontenay.* — Aux termes de l'instruction du 21 nivôse, dont le texte a été donné plus haut, le représentant du peuple, commissaire à l'embrigadement, arrivant à une armée, avait le droit de se faire « remettre *dans les vingt-quatre heures* par le chef de l'état-major, par le commissaire général et par le payeur-général, chacun pour ce qui le concerne, les états de tous les corps d'infanterie qui composent ladite armée, ainsi que leur force respective et leur emplacement ». De plus, il devait « examiner le mérite des chefs de corps », pour choisir le chef de demi-brigade le plus qualifié. Enfin le résultat des revues, par lesquelles devaient débuter les opérations, devait être consigné sur un « livret » dont le modèle était joint à l'instruction du 21 nivôse et qui devait faire mention « des hommes morts, désertés ou congédiés depuis la dernière revue du commissaire ainsi que des hommes de recrue que le bataillon aura reçus en remplacement ».

C'est sans doute pour assurer l'exécution de toutes ces prescriptions de détail que Goupilleau de Fontenay avait adressé les instructions ci-après :

Du quartier général de Réunion-sur-Oise, le 26 pluviôse (15 février).

Le représentant du peuple chargé de l'embrigadement de l'infanterie à l'armée du Nord, arrête :

Que le général en chef de l'armée du Nord donnera ordre aux généraux divisionnaires Balland et Goguet (1) de lui adresser, dans les vingt-quatre heures, l'état des services des chefs de brigade d'infanterie et chefs des bataillons qui sont sous leur commandement.

Cet état contiendra les prénoms et noms, le lieu de naissance et celui de domicile ordinaire, l'âge, la profession qu'ils exerçaient avant d'entrer au service, l'époque de leur entrée au service, les différents grades qu'ils ont occupés, leurs campagnes, blessures et actions.

Ces états de services seront certifiés véritables par les membres du Conseil d'administration, et visés par les généraux de brigade et divisionnaires ;

---

(1) L'exposé ultérieur du rassemblement préparatoire de l'armée du Nord montrera la division Balland concentrée à Etreux et la division Goguet à Bohain.

Que le général de division Balland donnera l'ordre aux quartiers-maîtres des corps d'infanterie qui sont sous son commandement de se rendre le 28 pluviôse, à 8 heures du matin, chez le représentant du peuple, résidant au quartier général à Réunion-sur-Oise, accompagnés d'un sergent-major ou caporal fourrier le plus intelligent, à l'effet d'y prendre copie des états de revue nécessaires à l'opération de l'embrigadement. Ils auront soin d'être pourvus de papier, plumes, encre, règle et crayon.

GOUPILLEAU DE FONTENAY.

Après avoir ainsi réclamé les moyens d'information qui lui étaient nécessaires, Goupilleau de Fontenay avait procédé à l'inspection du personnel et de la comptabilité, et rendait compte de ses opérations le 10 ventôse an II : « Il avait, écrivait-il au Comité de Salut public, commencé la revue d'inspection des bataillons qui composaient les deux divisions qui l'entouraient, à Réunion-sur-Oise, c'est-à-dire des divisions Balland et Goguet, tant pour arrêter provisoirement la comptabilité que pour se donner des lumières sur la moralité et la capacité des chefs, afin de faire l'embrigadement ». En même temps Goupilleau de Fontenay faisait ressortir la contradiction qui existait entre l'article 10 du décret du 12 août 1793 et les articles 30 et 31 de l'instruction qui y était annexée.

L'inspection passée par Goupilleau de Fontenay lui fit découvrir certainement des lacunes de comptabilité auxquelles il tenta de remédier par l'arrêté qui va suivre :

AU NOM DU PEUPLE FRANÇAIS.

Goupilleau de Fontenay, représentant du peuple chargé de l'embrigadement de l'infanterie de l'armée du Nord;

Considérant qu'il est de l'intérêt de la République de préparer, pour l'uniformité de l'administration de l'armée, les moyens de vérifier la comptabilité des bataillons et la tenue de leurs registres de comptes;

Arrête que les Conseils d'administration des bataillons continueront d'être composés comme ils sont aujourd'hui, jusqu'à l'époque de l'embrigadement;

Qu'il ne sera établi de Conseil éventuel dans les bataillons quelconques que lorsque les dernières brigades seront formées;

Que les commissaires ordonnateurs veilleront à ce que les commissaires des guerres arrêtent la comptabilité sur les registres du bataillon, tels qu'ils existent aujourd'hui;

Que, dans le cas où les registres ne seraient pas tenus conformément au règlement concernant l'administration des régiments et bataillons d'infanterie, du 1er janvier 1792, ils en établissent de nouveaux et conformes à la notice des modèles des registres et états prescrits par le dit règlement, savoir :

1° Registre des délibérations du Conseil;
2° Registre-journal général du quartier-maître trésorier;
3° Registre de la caisse générale;
4° Registre de la comptabilité générale;
5° Registre des mutations;
6° Registre de l'habillement, équipement et armement;

Qu'à l'égard des bataillons de volontaires, il suffira d'y établir les trois premiers registres, ainsi qu'un registre concernant les recettes et dépenses de la masse du petit entretien et de celle de linge et chaussure, à compter du 16 mars (vieux style);

Que les commissaires des guerres fourniront aux Conseils d'administration toutes les instructions nécessaires tant pour l'établissement desdits registres que pour leur tenue journalière, se conformant audit règlement du 1er janvier 1792, en tout ce qui n'est pas contraire aux lois, règlements et instructions qui ont eu lieu jusqu'à ce jour;

Qu'à cet effet ils feront ouvrir devant eux lesdits registres nouveaux dans les corps où ils n'ont pas été établis et surveilleront, en assistant fréquemment aux Conseils d'administration, à leur tenue journalière;

Qu'ils feront établir dans les bataillons un contrôle d'ancienneté de service, et par grade, des officiers et sous-officiers qui le composent; l'âge y sera désigné par le jour de la naissance; tous les services y seront détaillés par les époques d'entrée et de sortie des corps, afin de connaître les interruptions; le Conseil ne reconnaîtra de services que ceux dont les officiers et sous-officiers présenteront des titres valables, tels que congés absolus ou de grâce, en bonne forme, et brevets; chacun des services des officiers et sous-officiers sera signé de lui.

Le présent arrêté sera envoyé au général en chef de l'armée du Nord, pour être mis à l'ordre, et au commissaire-général de ladite armée, pour être transmis aux commissaires ordonnateurs et ordinaires des guerres, lesquels seront tenus de le mettre à exécution aussitôt la réception, sous peine d'être suspendus de leurs fonctions.

Charge les généraux de division et les commissaires ordonnateurs de veiller scrupuleusement à l'exécution du présent arrêté.

Fait au cantonnement de Bohain, armée du Nord, le 8 germinal de l'an 2ᵉ de la République une et indivisible.

GOUPILLEAU DE FONTENAY.

Pour copie conforme :

Le général en chef de l'armée du Nord,<br>
PICHEGRU.

En dehors des opérations préparatoires que nous venons d'indiquer, il ne semble pas que Goupilleau de Fontenay ait procédé à celles de l'embrigadement proprement dit : on n'en trouve du moins aucune trace. Du reste, le 11 germinal (1) il réclamait encore les instructions que devait lui faire passer le Comité de la guerre, et le 9 floréal (2), il avait reçu sa lettre de rappel datée du 30 germinal (3).

---

(1) Aulard, t. XII, page 305.

(2) *Le représentant du peuple Goupilleau de Fontenay à ses collègues les Membres du Comité de Salut public.*

Réunion-sur-Oise, 9 floréal (28 avril).

Votre lettre, Citoyens collègues, et votre arrêté du 30 germinal, qui me rappelle à mon poste, ne me sont parvenus qu'hier au soir, de la part du Bureau de correspondance avec les représentants du peuple en mission.

Je m'empresse d'y satisfaire, et, dès aujourd'hui, je me mets en route pour rentrer dans le sein de la Convention, où je serai sous deux jours.

Salut et fraternité.

GOUPILLEAU DE FONTENAY.

(3)          *Arrêté du 30 germinal (9 avril).*

Le Comité de Salut public arrête que les citoyens..... Pflieger..... Goupilleau de Fontenay..... Florent Guiot..... Massieu, représentants du peuple en mission ou en congé dans les départements, dont plusieurs ont déjà été rappelés par des lettres particulières, rentreront sans délai dans le sein de la Convention nationale.

Le présent arrêté sera adressé à chacun d'eux en ce qui le concerne.

*Mission de Gillet à l'armée des Ardennes.* — Si les documents font défaut en ce qui concerne la mission de Goupilleau de Fontenay, le registre de correspondance de Gillet permet de présenter l'exposé quotidien des opérations auxquelles il se livra.

Huit jours après sa nomination, il la notifiait au général en chef et au chef d'état-major de l'armée des Ardennes et réclamait tout d'abord l'état des corps de cette armée et les emplacements qu'ils occupaient.

Sedan, le 25 pluviôse (13 février).

*Au Général en chef de l'armée des Ardennes.*

Je m'empresse, Général, de t'informer de mon arrivée à l'armée qui est sous tes ordres. L'objet de ma mission est de faire exécuter la loi du 19 nivôse dont je t'adresse ci-joint un exemplaire, avec une copie certifiée du décret de la Convention nationale du 17 de ce mois qui me charge de cette opération pour les armées de la Moselle et des Ardennes. Je demande au chef de l'état-major un état de tous les corps d'infanterie qui composent cette armée, ainsi que leurs forces et leur emplacement. Je me propose d'en passer la revue incessamment, et je me flatte d'avance de pouvoir rendre bientôt à la Convention nationale un compte satisfaisant des soins que tu prends pour former à la République des soldats dignes de la Liberté qu'ils défendent et capables de soutenir, dans cette campagne, la réputation que l'armée des Ardennes s'est acquise depuis le commencement de la guerre.

Sedan, le 25 pluviôse (13 février).

*Au Chef de l'état-major de l'armée des Ardennes.*

La Convention nationale m'ayant chargé, par son décret du 17 de ce mois, de faire exécuter dans les armées de la Moselle et des Ardennes la loi du 19 nivôse sur l'embrigadement de l'infanterie, je te prie, Citoyen, de m'adresser dès aujourd'hui, s'il est possible, les états de tous les corps d'infanterie qui composent l'armée des Ardennes ainsi que de leur force respective et leur emplacement.

Suivant la même marche que Goupilleau de Fontenay, Gillet examinait tout d'abord l'état des corps de l'armée des Ardennes; il en rendait compte au Comité de Salut public et donnait sur cette armée des détails très précieux au point de vue organique.

Sedan, le 26 pluviôse (14 février).

*Au Comité de Salut public.*

J'arrivai hier, citoyens Collègues, à l'armée des Ardennes. Je n'ai pu faire plus de diligence, ayant été obligé de mettre un jour entier pour me rendre de Rethel à Sedan par des chemins qui seront impraticables avant un mois, si on n'a les moyens de les réparer.

Je me suis fait remettre aussitôt mon arrivée, par le chef de l'état-major, l'état de tous les corps d'infanterie qui composent l'armée des Ardennes, ainsi que leurs forces respectives et leur emplacement. Il en résulte que onze anciens cadres seulement composent toute cette armée parmi lesquels je trouve deux anciens bataillons de ligne seulement. Les autres sont dans les armées du Nord et de la Moselle ; ainsi l'embrigadement ne pourra s'effectuer qu'après que j'aurai vu cette dernière armée. Tous ces cadres sont au complet. Il existe en outre, dans différentes garnisons, quatorze bataillons de réquisition formant 9,537 hommes qu'on ne peut incorporer faute de cadres, ni déplacer pour envoyer ailleurs, parce que les villes qu'ils occupent resteraient sans défense. Il me semble qu'on devrait faire venir des armées de la Moselle ou du Nord d'anciens cadres qui ne sont point encore au complet, pour être complétés ici, sauf à disposer ensuite de ceux qu'on jugerait nécessaire de renvoyer soit à l'armée de la Moselle, soit à celle du Nord (1).

---

(1) Le 3 germinal, Gillet revenait encore sur ces quatorze bataillons dont il réclamait neuf pour l'armée de la Moselle, sans compter les quatre qu'il avait prélevés à Verdun et les deux de Reims qu'il demandait.

*Au citoyen Poulet, agent supérieur du Conseil exécutif de l'armée des Ardennes.*

Longuyon, le 3 germinal (23 mars).

« Je reçois, à mon arrivée à Longuyon, Citoyen, ta lettre d'hier.

Quoique les besoins de l'armée de la Moselle soient fort urgents, je ne veux point contrarier les dispositions qui ont été faites par le Ministre de la guerre pour compléter l'armée du Nord.

Ainsi si les deux bataillons qui sont à Reims ont été affectés à cette armée, je ne m'oppose point à ce qu'ils suivent leur destination.

Mais je sais qu'il existe dans l'armée des Ardennes quatorze autres

Je me suis occupé de la rédaction de tous les états nécessaires aux revues ; ils sont à l'impression avec une instruction que j'adresse à tous les bataillons pour préparer les différents états de manière qu'il n'y a (sic) qu'à les vérifier lors de la revue. Cela abrégera beaucoup.

---

bataillons de réquisition, j'ai compté sur ceux-là, et j'ai mandé au Comité de Salut public et au Ministre de la guerre que je me proposais d'en disposer, et je ne pense pas qu'aucune autre destination leur ait été assignée.

De ces quatorze bataillons, l'un est entré dans le 1er bataillon de la légion des Ardennes et j'ai disposé des quatre qui étaient à Verdun. Je suppose qu'il en faudra environ trois pour compléter la 26e demi-brigade et la 83e, qui passent de la Moselle aux Ardennes. Reste par conséquent neuf bataillons dont tu peux encore disposer sur-le-champ pour cette armée, c'est-à-dire aussitôt l'arrivée de la 26e demi-brigade d'infanterie qui doit compléter leur remplacement dans les garnisons.

Cela n'empêche cependant pas que tu ne doives également envoyer ceux qui sont à Reims s'il est possible d'en disposer, car l'armée de la Moselle avait besoin de 20,000 hommes au 20 pluviôse dernier, et depuis ce temps les vides se sont accrus.

Mais quelque parti que tu prennes, je te recommande la plus grande célérité. L'ouverture de la campagne approche, il faut de l'instruction, les besoins sont urgents.

J'ai reçu différents paquets que tu m'as adressés, mais le plus essentiel, celui qui concerne les opérations de l'incorporation, ne m'est point parvenu ; je te prie de m'en envoyer un double au quartier général de l'armée de la Moselle. »

En dernière analyse, et comme on l'a vu dans le chapitre de la Réquisition, bien qu'il ait envoyé six cadres de l'armée de la Moselle (26e et 83e demi-brigades) à l'armée des Ardennes et qu'il espérât en échange recevoir au moins 9 bataillons de celle-ci, il devra finalement se contenter de 1500 à 2,000 hommes venant de Reims, et des quatre bataillons prélevés sur Verdun ; enfin d'un dépôt du 3e bataillon du Loiret, et d'un détachement du 47e envoyés par Charbonnié. L'envoi de ces deux dernières unités est constaté par le document suivant :

Arlon, le 6 floréal (25 avril).

*Au général Charbonnié, commandant l'armée des Ardennes.*

Le 3e bataillon du Loiret, citoyen Général, vient d'être embrigadé avec le 1er bataillon du 1er régiment et le 1er de la Montagne. N'y

Dans deux jours je commencerai ces revues et j'espère pouvoir vous adresser bientôt des résultats.

Croyez, citoyens Collègues, que je ne négligerai rien pour remplir promptement et efficacement cette importante opération.

Je n'ai point le décret du 9 pluviôse sur l'organisation de l'infanterie légère ; je vous prie de me l'envoyer, il m'est absolument nécessaire.

Afin de pouvoir vérifier en toute connaissance de cause la comptabilité des bataillons, ainsi que le prescrivait l'Instruction du 21 nivôse, Gillet prenait un arrêté qui permettait aux commissaires des guerres chargés de la police administrative des corps, d'établir à une date déterminée le bilan de l'unité, et de lui ouvrir le même jour un nouveau registre des recettes et dépenses, au moyen de l'établissement d'une feuille de prêt décadaire que devait vérifier le commissaire des guerres, sous sa responsabilité.

Sedan, le 26 pluviôse (14 février).

AU NOM DU PEUPLE FRANÇAIS,

Le Représentant du peuple, envoyé aux armées de la Moselle et des Ardennes pour l'embrigadement de l'infanterie :

Considérant que le moyen le plus efficace de remédier promptement au désordre qui a existé jusqu'ici dans les finances d'un grand nombre de bataillons, est d'arrêter immédiatement la comptabilité de chaque bataillon et d'en commencer une nouvelle d'après les règles établies par les règlements, arrête ce qui suit :

Art. 1er. — Aussitôt la réception du présent arrêté, les commissaires des guerres se transporteront chez le quartier-maître trésorier de

---

ayant point de canonniers dans les deux derniers bataillons, la compagnie du Loiret devient celle de la demi-brigade. Une partie de cette compagnie est à Givet ; tu voudras bien donner ordre à ce détachement de se rendre à Longwy, d'où il se réunira au camp d'Arlon avec le reste de la compagnie. Tu donneras le même ordre au dépôt de ce bataillon.

Le Ministre de la guerre m'a mandé qu'il venait de t'adresser des ordres pour faire rejoindre le détachement du 47e régiment qui se trouve à Vedette Républicaine ; je t'invite à l'envoyer le plus tôt possible.

chacun des bataillons ou régiments dont la police leur est confiée ; ils constateront l'état de la caisse sous le rapport des différentes masses, ils arrêteront tous les registres de recettes et dépenses et dresseront du tout procès-verbal, dont un double sera adressé sur-le-champ au Représentant du peuple. Les fonds qui se trouveront en caisse seront versés immédiatement dans celle du payeur de l'armée, qui en délivrera son récépissé au quartier-maître trésorier.

Art. 2. — Le commissaire des guerres dressera en même temps un état de prêt pour le restant de la décade qui sera acquitté par le payeur et formera le premier article de recette du nouveau compte du quartier-maître trésorier de chaque bataillon.

Art. 3. — Pareil état de prêt sera dressé le *primidi* de chaque décade : cet état ne pourra jamais contenir que les hommes présents aux drapeaux, tant officiers que soldats. Il sera toujours visé par le commissaire des guerres chargé de la police du corps qui sera responsable de l'exactitude de cet état de prêt.

Art. 4. — Pour l'exécution de l'arrêté précédent, le commissaire ordonnateur désignera à chaque commissaire des guerres les corps dont il aura spécialement la police.

Art. 5. — Les quartiers-maîtres des différents régiments ou bataillons seront tenus de remettre avant le 15 ventôse prochain, pour l'armée des Ardennes, et avant le 30 du même mois, pour l'armée de la Moselle, les comptes des recettes et dépenses depuis le dernier arrêté desdits comptes avec les pièces au soutien, conformément au modèle qui leur sera adressé avec le présent arrêté.

Les conseils d'administration sont spécialement chargés de l'exécution de cette disposition.

A cet arrêté était sans doute jointe l'Instruction dont parlait Gillet le 26 pluviôse (1) ; il envoyait du reste ces deux documents au Comité de Salut public, le 28, et lui indiquait en même temps l'itinéraire qu'il comptait suivre dans ses opérations.

Mézières, le 28 pluviôse (16 février).

*Aux Comités de Salut public, de la Guerre, des Finances.*

Je vous adresse, citoyens Collègues :

1° Un exemplaire de l'Instruction que je viens d'envoyer à tous les corps d'infanterie pour préparer les états de revue ;

---

(1) Voir page 466. L'instruction est celle du 25 pluviôse figurant à la page 458.

2° Un arrêté relatif à la comptabilité. J'espère que la Convention nationale approuvera la mesure que j'ai prise ; elle tend à faire cesser sur-le-champ la cause du désordre dans les finances, en attendant que je puisse m'occuper à fond de cet objet.

Aujourd'hui, commencent les revues. Je dirigerai ma tournée par Marienbourg, Philippeville, Givet, Bouillon, Montmédy et Verdun, d'où je me rendrai au quartier général de l'armée de la Moselle.

Salut et fraternité.

Il confirmait, du reste, une partie de cet itinéraire à son collègue Goupilleau ; il lui indiquait en même temps que, pour activer ses opérations, il divisait son travail et confiait l'examen de la comptabilité des bataillons à un bureau sédentaire, tandis qu'il vaquerait à l'embrigadement des unités.

Mézières, 28 pluviôse (16 février).

*Au citoyen Goupilleau, représentant du peuple, chargé de l'embrigadement à l'armée du Nord.*

Je n'ai encore pu commencer qu'aujourd'hui, cher Collègue, les revues de l'armée des Ardennes, j'ai cru devoir m'occuper d'abord d'un travail préliminaire qui, je l'espère, accélérera mes opérations pour la suite. Je t'adresse ci-joint un exemplaire d'une instruction et d'un arrêté que j'ai pris pour atteindre ce but. J'établirai un bureau à Mézières ou à Sedan (1) où l'on s'occupera de l'examen des comptes de l'armée des Ardennes pendant que je ferai les revues de celle de la Moselle. J'en userai de même pour cette dernière armée. Tu me feras plaisir de

---

Sedan, le 17 ventôse (7 mars).

(1) Le Représentant du peuple envoyé aux armées de la Moselle et des Ardennes pour l'embrigadement de l'infanterie, voulant accélérer la reddition et l'apurement des comptes des différents corps d'infanterie de l'armée des Ardennes, arrête ce qui suit :

Art. 1er. — Les comptes prescrits par l'article 5 de l'arrêté du Représentant du peuple du 26 pluviôse dernier, remonteront jusqu'à la revue d'inspection de 1791, si c'est un ci-devant bataillon de ligne, et jusqu'à la formation si c'est un corps de nouvelle levée.

Art. 2. — Il sera établi auprès du quartier général, à Sedan, un

me communiquer tes idées sur le plan de travail que tu auras adopté. Ceci n'est pas une petite besogne.

Je serai, le 30 de ce mois, à Rocroi, le 1er ou le 2, à Marienbourg, le 3 ou le 4, à Philippeville et vers le 6, à Givet.

Conformément à ce programme, et pour que ses instructions arrivassent à temps, Gillet les adressait directement aux commandants des quatre places qui précèdent; il en rendait compte au général commandant l'armée des Ardennes et les lui envoyait également pour qu'il prévînt tous les corps de sa division autres que ceux qui étaient stationnés à Rocroi, Marienbourg, Philippeville et Givet.

Mézières, le 28 pluviôse (16 février).

*Aux Commandants temporaires de Givet, Philippeville, Marienbourg, Roc-Libre.*

Je t'adresse, citoyen Commandant, une instruction aux différents corps d'infanterie destinés à être embrigadés pour préparer leurs états de revue. Tu voudras bien remettre sur-le-champ cette instruction aux bataillons qui sont sous tes ordres en leur recommandant d'assembler aussitôt le conseil d'administration et de s'occuper, sans le moindre délai, de la rédaction des états que je leur demande. Je pars le 30 de ce mois pour commencer la revue d'inspection par la division de Roc-Libre, et il faut que les états soient prêts à mon arrivée.

---

bureau où ces comptes seront présentés conformément à l'arrêté du 26 pluviôse. Le citoyen Piquet est nommé chef de ce bureau.

Art. 3. — Le citoyen Piquet se fera remettre, par le commissaire ordonnateur de l'armée, les procès-verbaux d'arrêtés des registres qui ont dû être dressés en exécution dudit arrêté du 26 pluviôse.

Il écrira immédiatement à tous les conseils d'administration des bataillons dont l'état lui a été remis pour qu'ils aient à faire remettre sans délai les comptes du quartier-maître et les pièces au soutien.

Art. 4. — Le citoyen Piquet est autorisé à faire avec économie les dépenses nécessaires pour l'établissement de son bureau.

Art. 5. — Il correspondra exactement avec le Représentant du peuple, il lui rendra compte de ses opérations et lui soumettra toutes les difficultés qui pourraient se présenter.

Mézières, le 28 pluviôse (16 février).

*Au citoyen Tharreau, chef de l'état-major de l'armée des Ardennes.*

Je t'envoie, Citoyen, trente exemplaires d'une instruction et d'un modèle d'état à remplir par les différents corps d'infanterie, pour la revue d'inspection dont je m'occupe en ce moment ; j'ai envoyé directement cette instruction aux garnisons de Roc-Libre, Marienbourg, Philippeville et Givet. Tu voudras bien l'adresser aux autres garnisons en leur recommandant de s'y conformer sur-le-champ.

Le même envoi était fait au général en chef, au chef de l'état-major et aux chefs de service de l'armée de la Moselle, dont Gillet comptait commencer l'embrigadement vers le 10 ventôse.

Mézières, le 28 pluviôse (16 février).

*Au Général en chef de l'armée de la Moselle.*

Je t'adresse, citoyen Général, un exemplaire de la loi du 19 nivôse, portant que l'infanterie de la République sera organisée en demi-brigades et une copie certifiée du décret du 17 de ce mois qui me charge de cette opération dans les armées de la Moselle et des Ardennes. Je viens de commencer les revues dans cette dernière armée, et je vais les continuer avec la plus grande activité ; j'espère pouvoir me rendre à l'armée de la Moselle pour le 10 du mois prochain. Tu trouveras, ci-joint, un exemplaire de l'instruction que j'envoie à tous les corps d'infanterie pour préparer les états de revue, et d'un arrêté relatif à la comptabilité ; tu voudras bien veiller à ce qu'on s'y conforme dans l'armée qui est sous tes ordres.

Mézières, le 28 pluviôse (16 février).

*Au Chef de l'état-major de l'armée de la Moselle.*

Je t'adresse, Citoyen, cent exemplaires d'une instruction pour les différents corps d'infanterie qui composent l'armée de la Moselle, afin qu'ils préparent les états nécessaires pour la revue d'inspection dont j'ai été chargé par la Convention nationale. Tu voudras bien envoyer sur-le-champ une instruction à tous les bataillons ou régiments de l'armée.

Mézières, le 28 pluviôse (16 février).

*Au Commissaire ordonnateur en chef de l'armée de la Moselle.*

Je t'adresse, Citoyen, cent exemplaires d'un arrêté relatif à la comptabilité des corps d'infanterie. Tu voudras bien t'y conformer et charger les commissaires des guerres qui sont sous tes ordres de l'exécuter.

Mézières, le 28 pluviôse (16 février).

*Aux Représentants du peuple près l'armée de la Moselle.*

Je vous adresse, Citoyens, une instruction et un arrêté relatifs à la mission dont la Convention nationale m'a chargé dans les armées de la Moselle et des Ardennes. J'ai commencé ma tournée par l'armée des Ardennes, je vais l'accélérer le plus qu'il me sera possible et dans 12 jours j'espère être auprès de vous.

Mézières, le 28 pluviôse (16 février).

*Aux Payeurs généraux de l'armée des Ardennes et de la Moselle.*

Tu trouveras ci-joint, Citoyen, deux exemplaires d'un arrêté que j'ai pris le 26 de ce mois, relativement à la comptabilité des différents corps d'infanterie des armées de la Moselle et des Ardennes.

**Ces envois faits, Gillet comptait être rendu le 30 pluviôse à Rocroi, lorsqu'un incident imprévu vint encore retarder son départ de Mézières.**

Mézières, 30 pluviôse (18 février).

*Au Comité de Salut public.*

Citoyens Collègues,

A mon grand regret, je suis encore à Mézières. J'avais chargé un imprimeur de Sedan d'imprimer des états dont j'ai un besoin indispensable pour les revues. Ce malheureux me les a fait attendre jusqu'à ce jour. Je viens enfin de les recevoir.

. . . . . . . . . . . . . . . . . . . . . . . . . . . . . . . . . . . . . . . . . . . .

Des querelles sérieuses se sont élevées dans plusieurs garnisons. A Givet, le 20ᵉ régiment de chasseurs à cheval et le 4ᵉ bataillon de la Marne se sont battus.

On a fait partir le 20° régiment de chasseurs, et le 16° bataillon d'infanterie a épousé la querelle contre les volontaires.

. . . . . . . . . . . . . . . . . . . . . . . . . . . . . . . . . .

Je me rends sur-le-champ à Roc-Libre, avec le brave général sans-culotte Michaud. Le général en chef, qui est un brave homme et un excellent patriote, part en même temps pour Givet.

De Roc-Libre je passerai à Marienbourg, à Philippeville ou à Givet, suivant que le besoin l'exigera.

. . . . . . . . . . . . . . . . . . . . . . . . . . . . . . . . . .

Parti le 30 pluviôse de Mézières, il était le 4 ventôse à Givet, d'où il rendait compte de sa tournée à Rocroi, Marienbourg et Philippeville. L'impression générale qu'il en rapportait était de bon augure pour l'ouverture de la campagne.

Givet, 4 ventôse (22 février).

*Au Comité de Salut public.*

Citoyens Collègues,

Je viens de visiter les garnisons de Roc-Libre, Marienbourg et Vedette Républicaine. Le général en chef Charbonnié qui, d'après ma dernière lettre, devait se rendre directement à Givet, m'a accompagné dans cette tournée. Comme les détails que je vous ai mandés au moment de mon départ de Mézières ont pu vous donner de l'inquiétude sur la situation de cette frontière, je m'empresse de vous rendre compte de ce que nous avons vu et appris.

Les troubles qui s'étaient élevés dans la garnison de Givet sont entièrement apaisés. N'étant arrivés que depuis hier soir en cette ville, nous n'avons encore pu nous assurer bien positivement de la cause de ces troubles ; voici cependant ce qui paraît y avoir donné lieu.

Deux détachements du 20° régiment de chasseurs à cheval et du 4° de la Marne se trouvaient ensemble dans une expédition. Vingt-cinq chasseurs ayant été chargés par un corps ennemi supérieur en forces se reployèrent sur l'infanterie qui devait les soutenir dans un bois. Plusieurs volontaires durent lâcher pied, les chasseurs les poursuivirent pour les ramener au feu et leur donnèrent des coups de plat de sabre ; la totalité du bataillon n'était pas coupable ; quatre ou cinq hommes seulement pouvaient l'être. De là cependant des reproches de lâcheté, de là des rixes particulières qui ont failli dégénérer en querelle de corps. On les a séparés, le 20° régiment de chasseurs a été remplacé par le 10° de dragons.

Nous sommes très satisfaits des différents corps de troupes que nous avons vus ; il règne dans tous un excellent esprit ; tous brûlent d'ardeur de combattre les tyrans et leurs satellites. L'instruction des recrues n'est pas encore au point où l'on pourrait la désirer, nous avons recommandé particulièrement cet objet aux officiers, sous-officiers et soldats. Ils s'en occupent chaque jour, et si, comme je n'en doute pas, tous les corps ressemblent à ceux dont j'ai fait la revue, la République peut compter sur une armée disciplinée et capable de tout entreprendre pour assurer le triomphe de la liberté.

. . . . . . . . . . . . . . . . . . . . . . . . . . . . . . . . . . . . . .

J'espère être de retour à Sedan le 7 ; je me propose, avant d'aller à Bouillon et Montmédy, d'écrire aux districts qui sont en retard sur l'envoi de la première réquisition. Je vous invite, citoyens Collègues, à prendre un parti sur l'emploi des 14 bataillons qui restent dans cette armée à incorporer.

J'ai fait armer de carabines le 28° bataillon d'infanterie légère que je viens d'organiser à Libreville, et dans peu de jours il sera aux avant-postes.

Je vous adresserai à mon arrivée à Sedan le détail de mes opérations concernant les revues.

J'ai beaucoup à me louer du zèle et de l'activité du général en chef ; c'est un vrai soldat, et cette frontière qui a été si longtemps le théâtre des intrigues de La Fayette et de ses pareils, possède enfin un général républicain.

**Si Gillet avait rapporté de son inspection une impression favorable de l'état moral de la troupe, il n'en était pas de même de sa situation administrative.**

Mézières, le 8 ventôse (26 février).

*Au Ministre de la guerre.*

Citoyen Ministre,

Je viens de faire la revue des corps d'infanterie qui composent la division de gauche de l'armée des Ardennes ; j'ai trouvé dans tous un désordre effrayant dans la comptabilité ; à l'exception du 9° bataillon de Seine-et-Oise qui est parfaitement en règle, aucun n'a de registres en forme et il est impossible de s'y reconnaître. J'ai interrogé les quartiers-maîtres trésoriers, les membres des conseils d'administration ; la plupart n'ont pas même l'idée de la tenue de ces conseils ; tous disent qu'ils n'ont reçu ni lois, ni règlements, ni instructions pour les diriger.

Je te prie, en conséquence, citoyen Ministre, de faire adresser sur-le-champ, au commissaire ordonnateur de l'armée des Ardennes, cinquante exemplaires du règlement du Conseil exécutif sur la tenue des conseils d'administration, avec ordre d'en remettre un à chaque bataillon d'infanterie, et, pour t'assurer de l'exécution de cet ordre, tu exigeras qu'on te fasse passer les reçus des différents corps dans le délai de dix jours.

Tu voudras bien m'adresser, à Metz, cinquante à soixante exemplaires du même règlement pour que je le distribue aux bataillons de l'armée de la Moselle qui ne l'auraient pas reçu.

J'ignore comment se fait l'envoi des lois et des règlements militaires aux différents corps de l'armée, mais tous se plaignent de ne les pas recevoir.

Je recommande cet objet à ton zèle et à ton patriotisme.

*Formation de la 9ᵉ demi-brigade d'infanterie légère.* — Vers le milieu de ventôse, Gillet avait donc reçu l'état d'effectifs et d'emplacement de toutes les troupes et en avait même fait l'inspection au double point de vue de leur valeur technique et administrative. Il ne lui restait donc plus qu'à procéder à la réunion des bataillons pour former les demi-brigades.

Sedan, le 13 ventôse (3 mars).

Au nom du peuple français,

Le Représentant du peuple envoyé aux armées de la Moselle et des Ardennes pour l'embrigadement de l'infanterie.

Arrête que le 9ᵉ bataillon d'infanterie légère, le bataillon des éclaireurs de la Meuse et le bataillon de la même arme organisé à Libreville (1), le 26 pluviôse dernier, des compagnies franches de la Meuse et du Mont-d'Haure seront réunis en un seul et même corps et formeront la 9ᵉ demi-brigade d'infanterie légère.

Le général en chef de l'armée des Ardennes fera rassembler ces trois bataillons pour le 15 de ce mois, à Bouillon, lieu où se fera l'embrigadement.

---

(1) Charleville. Dans la lettre suivante, du 14 ventôse (page 476), Gillet dira Mézières au lieu de Charleville, ce qui a peu d'importance eu égard à la contiguïté des deux villes.

Ce fut bien, en effet, le 15 ventôse, qu'eut lieu cet embrigadement, comme en fait foi la lettre qui va suivre :

Sedan, le 14 ventôse (4 mars).

*Au Comité de la Guerre.*

Citoyens Collègues,

. . . . . . . . . . . . . . . . . . . . . . . . . . . . . . . . . . .
Les revues sont terminées dans l'armée des Ardennes, demain je retourne à Bouillon pour embrigader le 9e bataillon d'infanterie légère avec les éclaireurs de la Meuse et le bataillon formé depuis peu de temps à Mézières de plusieurs compagnies de volontaires.

Il me reste à organiser le 1er bataillon de la légion des Ardennes que je fais venir à Mézières, ce qui formera, avec le 16e et le 26e bataillons de chasseurs, le noyau de trois autres demi-brigades d'infanterie légère, mais qu'on ne peut former en ce moment faute de bataillons de volontaires de la même arme. Peut-être s'en trouvera-t-il à l'armée de la Moselle.

Le 1er germinal approche, un nouveau mode d'administration par demi-brigade doit commencer ; je vous invite à le rédiger le plus tôt possible, il est urgent de l'établir.

Sedan, le 14 ventôse (4 mars).

*Au Comité de Salut public.*

Citoyens Collègues,

Je viens de terminer la revue des corps d'infanterie de l'armée des Ardennes, demain je retourne à Bouillon où se trouveront trois bataillons d'infanterie légère que j'embrigaderai et qui formeront la 9e demi-brigade.

Il me reste à organiser le 1er bataillon de la légion des Ardennes ; mais comme il est urgent de me rendre à l'armée de la Moselle, je prends le parti de charger de cette opération un officier général et un commissaire des guerres (1), afin de ne pas différer un moment l'embrigadement de cette armée et le complément des cadres.

---

Sedan, 16 ventôse (6 mars).

(1) Le Représentant du peuple envoyé par la Convention nationale aux armées de la Moselle et des Ardennes pour l'embrigadement de l'infanterie ;

Considérant que l'extrême urgence dont il est pour le service de

Voici une question sur laquelle je vous prie instamment de me répondre par le premier courrier.

Environ 80 hommes, sous-officiers et soldats, du 94ᵉ régiment d'infanterie, ci-devant Darmstadt, ont été renvoyés comme étrangers. Ils sont à Châlons.

Cette mesure a pu être bonne en elle-même, il a peut-être été sage de régénérer un corps ci-devant tout étranger et qui avait pu conserver un esprit différent de celui qu'on doit attendre des défenseurs de la Liberté.

Mais tout le monde atteste la fidélité et le courage de ces militaires; tous se sont montrés devant l'ennemi comme de braves gens, ce sont d'anciens sous-officiers, des grenadiers intrépides, des soldats dont plusieurs servent depuis vingt ans et qui, par leurs longs services, ont acquis des droits à la confiance nationale. Je ne crois point que la

---

la République d'organiser et de compléter sur-le-champ les cadres de l'armée de la Moselle, ne lui permet pas de s'occuper lui-même de l'organisation du 1ᵉʳ bataillon de la légion des Ardennes dont le travail n'a pu être préparé à l'avance;

Autorise les citoyens Charbonnié, général en chef de l'armée des Ardennes, et Claude, commissaire des guerres, à organiser et compléter ledit bataillon conformément à la loi et aux instructions particulières ci-après :

*Instructions pour organiser en bataillon d'infanterie légère le 1ᵉʳ bataillon de la légion des Ardennes.*

Sedan, le 16 ventôse (6 mars).

Art. 1ᵉʳ. — On commencera par faire la revue du bataillon qu'il s'agit d'organiser et de compléter. On constatera l'effectif, on vérifiera et on arrêtera la comptabilité.

Art. 2. — Il sera fait mention de ceux qui sont prisonniers de guerre et des grades qu'ils occupent dans le bataillon.

Art. 3. — Les présents aux drapeaux seront distribués en huit compagnies en mettant autant qu'il sera possible le même nombre dans chaque compagnie.

Art. 4. — Le 7ᵉ bataillon de la Meuse, actuellement à Mézières, sera incorporé pour remplir ces huit cadres.

Art. 5. — A l'instant où ce bataillon arrivera, on en fera la revue; on constatera l'état de son habillement, équipement et armement; la comptabilité sera arrêtée, et les fonds qui pourront se trouver en caisse seront versés entre les mains du payeur. Il sera fait mention des offi-

Convention ait eu l'intention de comprendre dans son décret sur les étrangers, les soldats qui servent fidèlement dans les armées. Des régiments étrangers continuent d'être employés au service de la République, et je ne sache pas qu'on ait pris une semblable mesure à l'égard des individus de ces corps nés en pays étranger. Je me rappelle même que, sur la proposition de Robespierre, la Convention nationale passa à l'ordre du jour sur une motion faite par Merlin de Thionville d'exclure des armées les officiers qui ne sont pas nés Français ; et ce qu'il y a de particulier, c'est que plusieurs officiers étrangers ont été réintégrés

---

ciers pour le traitement qui pourrait leur être dû jusqu'au jour de leur arrivée.

Art. 6. — On accordera (sic) à ces officiers et sous-officiers qu'ils sont supprimés et qu'ils doivent être comme leurs camarades incorporés dans l'ancien cadre en qualité de volontaires.

Art. 7. — On distribuera tous les volontaires dans les huit compagnies pour les porter à 120 hommes.

Art. 8. — Les compagnies étant ainsi complétées on tirera la compagnie des carabiniers qui doit être de 80 hommes, non compris les officiers, et choisie parmi les plus adroits tireurs du bataillon. Le contrôle nominatif de toutes les compagnies sera porté dans le procès-verbal de formation.

L'état des prisonniers de guerre y sera également rappelé afin de leur conserver leur grade et leur rang d'ancienneté.

Art. 9. — On procédera ensuite à la nomination des officiers et sous-officiers dont un tiers doit être pris parmi les plus anciens de service dans le grade inférieur à celui auquel il s'agit de nommer, et les deux tiers au choix conformément à la loi du 21 février 1793.

Art. 10. — On ne remplacera que provisoirement les officiers prisonniers de guerre ; leurs places leur seront réservées à leur retour.

Art. 11. — Tous les officiers des compagnies étant nommés, le plus ancien capitaine passera au grade de chef de bataillon, et il sera remplacé dans sa compagnie.

Art. 12. — Le détachement du 94ᵉ régiment d'infanterie auquel l'ordre a été donné de se rendre à Mézières, sera employé à compléter ce bataillon à l'exception des grenadiers qui seront employés dans le 38ᵉ régiment d'infanterie.

Art. 13. — Les citoyens Charbonnié et Claude adresseront au Représentant du peuple les états et procès-verbaux de leurs opérations.

S'il se présente des difficultés qui n'auraient pas été prévues par la loi ou par la présente instruction, ils s'adresseront au représentant du peuple Massieu, pour les résoudre.

dans le 94ᵉ régiment depuis leur destitution; à plus forte raison, doit-on ne pas se priver des soldats qui combattent sans aucun intérêt que celui de défendre avec nous la cause de la Liberté.

Je ne propose cependant pas de les rétablir dans le même corps, mais je voudrais les employer dans le 1ᵉʳ bataillon de la légion des Ardennes, qui va être organisé. La plupart des anciens soldats de ce corps sont prisonniers de guerre; ce qui en reste est très peu nombreux; ceux du 94ᵉ régiment étant très aguerris pourraient y faire le plus grand bien et rendre ce bataillon en état d'entrer bientôt en campagne.

Telle est la destination que je viens de leur assigner, j'ai cru faire une chose utile; si je me suis trompé, veuillez bien m'instruire; je me hâterai de réparer mon erreur.

Il y a aussi quelques officiers de différents corps qui ont été renvoyés à Châlons pour leur seule qualité d'étrangers; d'autres comme ex-nobles et qui cependant sont d'anciens serviteurs, de bons officiers. Il serait intéressant de décider de leur sort, afin de les faire remplacer s'ils ne doivent plus être employés.

Le jour de son arrivée à Bouillon, et comme il l'avait annoncé lui-même au Comité de Salut public, Gillet procédait à la formation de la 9ᵉ demi-brigade d'infanterie légère, et en dressait le curieux procès-verbal qu'on va lire :

Le 15 ventôse l'an II de la République,

Nous, Représentant du peuple, envoyé par la Convention nationale aux armées de la Moselle et des Ardennes pour l'embrigadement de l'infanterie.

En exécution de notre arrêté du 13 de ce mois, qui réunit en un seul corps le 9ᵉ bataillon d'infanterie légère, le bataillon des éclaireurs de la Meuse et le bataillon formé des compagnies franches du Mont-d'Haure et de la Meuse (1), pour former la 9ᵉ demi-brigade d'infanterie

---

(1) Le registre d'ordre de l'armée des Ardennes indique les mouvements ci-après des divers éléments de la 9ᵉ demi-brigade après sa formation.

26 ventôse (16 mars).

Il est ordonné au citoyen commandant du 9ᵉ bataillon de faire partir demain, 27 ventôse, les compagnies dénommées ci-après pour se rendre

légère, nous nous sommes rendu à Bouillon, accompagné du général en chef de l'armée des Ardennes, pour effectuer la formation de cette demi-brigade.

Les trois bataillons étaient rangés en bataille près la redoute de la Liberté, entre Bouillon et le camp des Montagnards.

Les tambours ont battu aux champs à notre arrivée. On a formé un bataillon carré.

---

à Bouillon : 1° la compagnie des carabiniers ; 2° la compagnie de Kulman ; 3° la compagnie Gros ; 4° la compagnie Philippeaux ; 5° la compagnie Plansonne.

Lesdites cinq compagnies seront remplacées par cinq autres qui partiront le même jour de Bouillon pour se rendre à Messaincourt, où le chef dudit bataillon leur donnera des ordres pour leurs cantonnements. Les compagnies qui partent de Bouillon sont : 1° la compagnie des carabiniers, Poix ; 2° la compagnie Nicolas ; 3° la compagnie Goujon ; 4° la compagnie Pierreau ; 5° la compagnie Bailleau. Ces cinq compagnies, avec les quatre qui te resteront, formeront le 3e bataillon de la 9e demi-brigade, dont tu es le chef.

Tu m'enverras, sans délai, la situation de tes bataillons, et tu enverras une nouvelle comptabilité au 1er germinal.

*Le Général en chef,*
Par ordre :
THARREAU.

*Au Commandant le dépôt, à Mouzon.*

2 germinal (22 mars).

Tu feras partir demain les soldats ou sous-officiers et ouvriers faisant partie des ci-devant compagnies des chasseurs de la Meuse pour joindre la 9e demi-brigade, à Bouillon, où ils recevront de nouveaux ordres du général et du chef de la demi-brigade.

THARREAU.

*Au Commandant le dépôt du bataillon des éclaireurs de la Meuse.*

Tu feras partir, demain 3, le dépôt du ci-devant bataillon des éclaireurs de la Meuse pour Carignan, d'où ils se rendront à Bouillon pour joindre la 9e demi-brigade, où ils recevront de nouveaux ordres du général Michaud et du chef de la demi-brigade.

THARREAU.

Après avoir fait battre un ban, le Représentant du peuple a prononcé un discours analogue à la circonstance, et dans lequel il a essayé de faire passer dans l'âme des soldats l'indignation dont son cœur est pénétré contre les tyrans et leurs satellites.

« Soldats, leur a-t-il dit, la Patrie a déposé entre vos mains le glaive qui doit la venger des outrages des despotes; j'en atteste votre courage, la Patrie sera vengée et les tyrans seront punis. »

Il leur a peint, d'une part, les traits hideux de l'esclavage, et, de l'autre, les avantages de la liberté ; il leur a parlé des récompenses que la Patrie reconnaissante destine à ses fidèles et braves défenseurs.

Il a cité pour exemple les généraux Charbonnié et Michaud, placés à côté du Représentant, qui étaient naguère soldats et qui, par leurs talents militaires et leurs vertus civiques, sont parvenus aux premiers emplois de l'armée.

Il a fini par exhorter tous les officiers, sous-officiers et soldats à l'union, à la fraternité ; il les a exhortés à se considérer comme des frères et des amis, combattant pour défendre ce qu'ils ont de plus cher.

Après quoi il a déclaré, au nom de la République une et indivisible, et en vertu des pouvoirs que la Convention nationale lui a délégués, que le 9e bataillon d'infanterie légère, le bataillon des éclaireurs de la Meuse et le bataillon de la même arme formé des compagnies franches de la Meuse et du Mont-d'Haure, seront désormais réunis en demi-brigade, et ne formeront plus qu'un seul et même corps, conformément à la loi du 21 février 1793.

Après cette proclamation, le représentant du peuple a dit :

« *Officiers, sous-officiers, soldats* jurez et promettez obéissance aux lois et à la discipline militaire; jurez de maintenir la liberté, l'égalité, la constitution, l'unité et l'indivisibilité de la République française ou de mourir. »

Tous ont répondu par ces mots qui ont retenti d'un bout à l'autre de la ligne : *Nous le jurons!* auxquels ont succédé les cris mille fois répétés de : *Vive la République, vive la Convention nationale!*

On a fait un roulement, le Représentant du peuple a ordonné aux chefs de corps de faire poser les armes à terre ; les bataillons se sont rompus, se sont mêlés l'un dans l'autre : officiers, sous-officiers et soldats se sont donné le baiser de fraternité.

Il serait impossible de rendre tout ce que cette scène avait de touchant. 3,000 hommes se précipitant dans les bras l'un de l'autre, s'embrassant, se serrant autour du Représentant du peuple et des officiers généraux, se jurant une union éternelle, et de combattre jusqu'à la mort les tyrans et leurs satellites..... Délicieux moment ! il fit couler de mes yeux des larmes de joie et d'attendrissement : il ne s'effacera jamais de ma mémoire.

Après avoir donné au sentiment ce qui lui était dû, on a fait un rappel et chacun a repris son rang.

Le citoyen Eiriche, comme plus ancien chef de bataillon, a été reconnu chef de la demi-brigade.

Les trois bataillons ont ensuite défilé en grande parade devant le Représentant de la nation et sont rentrés dans leurs cantonnements.

Le Représentant du peuple a ordonné aux commandants de la demi-brigade de lui remettre les états de service de tous les officiers et sous-officiers pour parvenir à composer le conseil d'administration qui doit être prêt à entrer en activité au 1er germinal prochain.

Sedan, le 16 ventôse (6 mars).

*Au Commandant de la 9e demi-brigade d'infanterie légère.*

Tu trouveras ci-joint, Citoyen, mon arrêté du 13 de ce mois, et le procès-verbal du 15 qui constituent la 9e demi-brigade d'infanterie légère. Ces pièces doivent être conservées avec soin.

Il reste maintenant à former le conseil d'administration et à assigner aux différentes compagnies leur rang de bataille.

Le conseil d'administration doit entrer en activité au 1er germinal ; jusqu'à cette époque chaque bataillon conservera son administration particulière. Il doit être composé ainsi qu'il suit :

> Le chef de brigade ;
> Les trois chefs de bataillon ;
> L'adjudant-major ;
> Le plus ancien capitaine ;
> Le plus ancien lieutenant ;
> Le plus ancien sergent-major ;
> Le plus ancien sergent ;
> Le plus ancien caporal fourrier ;
> Et les cinq plus anciens fusiliers ;
> Le quartier-maître trésorier, qui remplira les fonctions de secrétaire sans voix délibérative.

L'organisation et l'ordre de bataille doivent être déterminés ainsi qu'il suit :

La 1re compagnie de carabiniers sera attachée au 1er bataillon, la 2e au second et la 3e au 3e ;

Pour les 24 compagnies de chasseurs, les capitaines qui les commandent seront rangés dans les bataillons suivant le rang qu'ils tiennent entre eux et conformément au tableau suivant :

1er bataillon. Il sera composé : 1° de la 1re compagnie de carabiniers; 2° des 1re, 13e, 4e, 16e, 7e, 19e, 10e et 22e compagnies de chasseurs;

2e bataillon. Sa composition sera de la 2e compagnie de carabiniers et des 2e, 14e, 5e, 17e, 8e, 20e, 11e et 23e compagnies de chasseurs;

3e bataillon. 3e compagnie de carabiniers; 3e, 15e, 6e, 18e, 9, 21e, 12e et 24e compagnies de chasseurs.

Les compagnies continueront, ainsi que je viens de le dire, de prendre leur place dans l'ordre de bataille suivant l'ancienneté de service du capitaine.

Les compagnies seront désignées dans chaque bataillon depuis le numéro 1 jusqu'à 8.

Tu voudras bien, en conséquence, te faire remettre sur-le-champ, par tous les officiers et sous-officiers, leurs états de services, afin que toutes les opérations soient terminées au 1er germinal, époque où tu me rendras compte de leur exécution.

J'ai remarqué qu'il existe dans quelques compagnies un incomplet tandis qu'il y a un excédent dans d'autres; il faut les égaliser.

Voici, au surplus, quelle doit être la composition de l'état-major de la demi-brigade :

1 chef de brigade;
3 chefs de bataillon;
1 quartier-maître trésorier;
1 adjudant-major;
1 chirurgien-major et deux aides;
3 adjudants sous-officiers;
1 tambour-major;
8 musiciens dont un chef;
1 tailleur chef;
1 cordonnier chef;
3 armuriers.

Tu veilleras à ce que cet état-major soit formé à la même époque du 1er germinal.

Quatre jours après, Gillet, après avoir formé, comme il l'avait annoncé, le 11e bataillon d'infanterie légère au moyen du 1er bataillon de la légion des Ardennes, du 7e bataillon de la Meuse et des débris du 94e, arrivait à Metz, d'où il adressait ses états de revue des bataillons des Ardennes et son procès-verbal de formation de la 9e demi-brigade légère; il constatait que l'armée des Ardennes était forte de 6 bataillons d'infanterie légère et de 10 de ligne, tandis que celle de la Moselle comprenait 85 bataillons, dont 19 seulement au complet et 66 accusant un déficit de 19,000 hommes. Il espérait le combler par un prélèvement de réquisitionnaires sur l'armée des Ardennes, mais on a vu précédemment comment cet espoir avait été déçu (1).

Metz, le 20 ventôse (10 mars).

*Au Comité de la Guerre.*

Citoyens Collègues,

Je vous adresse : 1° les livrets de revue de neuf bataillons composant l'armée des Ardennes (2) ; 2° le résumé de ces revues (3) ; 3° les états des congés de réforme délivrés aux soldats qui ont été jugés incapables

---

(1) Voir pages 476 et 477 les instructions datées de Sedan le 16 ventôse et la lettre au Comité de Salut public du 14 ventôse pour l'organisation du 11º bataillon léger.

(2)      *Aux Commissaires de la Trésorerie nationale.*

Metz, le 20 ventôse (10 mars).

Je vous adresse, Citoyens, les livrets de revue de neuf bataillons de l'armée des Ardennes pour servir à contrôler les payements faits et à faire par le payeur général de l'armée. Je vous prie de m'en accuser réception.

Je joins ici un exemplaire de mon arrêté du 26 pluviôse relatif à la comptabilité.

(3)      *Au Comité de Salut public.*

Metz, le 20 ventôse (10 mars).

Citoyens Collègues,

Je vous adresse ci-joint, le résumé des revues de l'armée des Ardennes. J'en envoie un double avec les livrets de revue au Comité de la guerre.

Je regrette de n'être pas plus avancé, mais pour obtenir ces revues il a fallu faire plus de cent lieues par des chemins et un temps affreux, et les états que j'avais demandés n'étaient pas préparés, ce qui a exigé beaucoup de travail. J'espère que l'armée de la Moselle étant plus rapprochée, les opérations iront plus vite.

de servir ; 4° le procès-verbal de formation de la 9ᵉ demi-brigade d'infanterie légère.

Je suis arrivé hier à Metz ; je me suis fait remettre l'état de l'armée de la Moselle, elle est forte de 85 bataillons.

19 sont au complet, 66 restent à compléter ; il manque 19,000 hommes.

Je viens de donner ordre à quatre bataillons de réquisition qui sont à Verdun de se rendre ici.

Je vais disposer successivement des autres bataillons de réquisition qui se trouvent dans l'armée des Ardennes.

Je suis convenu avec le général en chef de l'armée de la Moselle de faire passer de cette armée six anciens bataillons pour remplacer dans les villes frontières ceux de réquisition qui doivent se rendre ici.

Je pars demain matin pour me rendre à l'armée, je serai exact à vous rendre compte de la suite de mes opérations.

J'observe qu'outre les neuf bataillons dont je vous adresse les revues, l'armée des Ardennes aura un sixième bataillon d'infanterie légère (1) formé du 1ᵉʳ bataillon de la légion des Ardennes, qui s'organise en ce moment à Sedan, au moyen de quoi la force de cette armée sera de six bataillons d'infanterie légère et de dix bataillons d'infanterie de ligne.

*Formation de la 172ᵉ demi-brigade.* — De ces seize bataillons, il pouvait être tiré cinq demi-brigades. Comme Gillet en avait déjà formé la 9ᵉ légère, il lui en restait encore quatre à créer, qui furent, par ordre chronologique, la 172ᵉ, la 86ᵉ, la 26ᵉ et la 23ᵉ.

Aumetz, le 25 ventôse (15 mars).

AU NOM DU PEUPLE FRANÇAIS.

Le Représentant du peuple, etc., arrête ce qui suit :

Art. 1ᵉʳ. — Le 2ᵉ bataillon du 94ᵉ régiment d'infanterie ; le 4ᵉ bataillon de la Marne, et le 6ᵉ bataillon de la Marne, seront désormais réunis en demi-brigade et ne feront plus qu'un seul et même corps, conformément à la loi du 21 février 1793.

Art. 2. — Cette demi-brigade portera le numéro 172 aux termes de la loi du 12 août dernier.

Art. 3. — Le général en chef de l'armée des Ardennes prendra le plus tôt possible des mesures pour, sans affaiblir les opérations militaires, rapprocher ces trois bataillons.

---

(1) Ce sixième bataillon prit le n° 11.

Art. 4. — Aussitôt leur réunion, l'officier général, sous les ordres duquel ils se trouveront, les fera assembler; il leur donnera lecture du présent arrêté et recevra d'eux le serment d'obéissance aux lois et à la discipline militaire, celui de maintenir la liberté et l'égalité, la Constitution ainsi que l'unité et l'indivisibilité de la République française, ou de mourir.

Art. 5. — Celui des trois chefs de bataillon qui se trouvera le plus ancien de service prendra le commandement de la demi-brigade.

Art. 6. — L'officier général procédera de suite à l'organisation de la demi-brigade et à la formation du conseil d'administration, conformément à la loi du 12 août dernier.

Afin d'assurer l'exécution de cet arrêté, Gillet, en l'adressant à Charbonnié, le fit suivre d'explications de détail.

*Aumetz, le 26 ventôse (16 mars).*

*Au général Charbonnié, commandant l'armée des Ardennes.*

Je t'adresse, citoyen Général, un arrêté pour l'embrigadement du 2ᵉ bataillon du 94ᵉ régiment d'infanterie avec les deux bataillons de la Marne qui sont à Givet; je t'invite à les réunir le plus tôt possible afin d'exécuter leur organisation en demi-brigade. Le bataillon d'infanterie légère qui vient d'être organisé à Sedan peut remplacer facilement le 94ᵉ dans ses cantonnements, à moins que tu ne préfères y mettre l'un de ceux qui vont passer de l'armée de la Moselle aux Ardennes, et qui dirigent leur marche sur Montmédy. Il ne s'agirait donc que de porter le 94ᵉ à Givet où il est d'ailleurs nécessaire pour relever le bataillon de réquisition du Loiret qui doit être incorporé.

Je te prie de charger le chef de ton état-major d'envoyer à chaque bataillon une expédition de cet arrêté. Je joins ici des instructions que tu remettras à l'officier général qui sera chargé de la formation de la demi-brigade.

*Aumetz, le 26 ventôse (16 mars).*

*Instructions pour la formation de la 172ᵉ demi-brigade.*

L'officier général qui sera chargé de l'organisation de cette demi-brigade se fera remettre par les officiers des trois bataillons leurs états de service afin de régler le rang qu'ils doivent tenir entre eux; ces états seront conformes au modèle joint à la loi du 12 août 1793.

L'organisation et l'ordre de bataille doivent être déterminés ainsi qu'il suit :

La 1re compagnie de grenadiers — c'est-à-dire celle dont le capitaine est le plus ancien de service — sera attachée au 1er bataillon, la 2e au second et la 3e au 3e ;

Pour les 24 compagnies de fusiliers, les capitaines qui les commandent seront rangés dans les bataillons suivant le rang qu'ils tiennent entre eux et conformément au tableau suivant :

1er bataillon. Il sera composé : 1° de la 1re compagnie de grenadiers ; 2° des 1re, 13e, 4e, 16e, 7e, 19e, 10e et 22e compagnies de fusiliers ;

2e bataillon. La 2e compagnie de grenadiers, les 2e, 14e, 5e, 17e, 8e, 20e, 11e et 23e compagnies de fusiliers.

3e bataillon. 3e compagnie de grenadiers, 3e, 15e, 6e, 18e, 9e, 21e, 12e, 24e compagnies de fusiliers.

Les compagnies continueront, ainsi qu'il vient d'être dit, de prendre leur place dans l'ordre de bataille suivant l'ancienneté de service des capitaines.

Les compagnies seront désignées dans chaque bataillon depuis le numéro 1 jusqu'à 8.

L'officier général s'adjoindra un commissaire des guerres pour la formation du conseil d'administration et l'établissement des registres ; ces registres seront établis provisoirement, ainsi qu'il est prescrit par le règlement du 1er janvier 1792.

Le conseil d'administration doit être composé ainsi qu'il suit :

Le chef de brigade ;
Les trois chefs de bataillon ;
L'adjudant-major ;
Le plus ancien capitaine ;
Le plus ancien lieutenant ;
Le plus ancien sous-lieutenant ;
Le plus ancien sergent-major ;
Le plus ancien sergent ;
Le plus ancien caporal fourrier ;
Le plus ancien caporal ;
Et les cinq plus anciens fusiliers.

L'état-major de la demi-brigade doit être composé ainsi qu'il suit :

1 chef de brigade ;
3 chefs de bataillon ;
1 quartier-maître trésorier ;
1 adjudant-major ;
1 chirurgien-major et deux aides ;
3 adjudants sous-officiers ;

1 tambour-major;
1 caporal tambour;
8 musiciens dont un chef;
1 tailleur chef;
1 cordonnier chef;
3 armuriers.

L'officier général rendra compte de l'exécution de ces dispositions au Représentant du peuple.

La comptabilité des trois bataillons sera commune à compter du 1er germinal prochain.

Pour se conformer à cette prescription, le chef de l'état-major de l'armée des Ardennes, Tharreau, adressa au général Jacob, commandant la division de Givet, l'arrêté de Gillet et l'instruction qui en était la conséquence, en chargeant cet officier général de faire parvenir l'arrêté à chacun des bataillons intéressés.

2 germinal (22 mars).

*Au général de division Jacob, à Givet.*

Je te fais passer, citoyen Général, l'arrêté du représentant du peuple Gillet et l'instruction (1) relative à l'amalgame et à la formation de la 172e demi-brigade. Le 2e bataillon du 94e régiment partira de Sedan le 5 germinal et se rendra à Givet le 8 du même. Tu procéderas de suite à la formation de la demi-brigade d'après l'instruction du représentant Gillet et rendras compte de cette organisation au général en chef.

P.-S. — Je te fais passer les copies de l'arrêté, qui doivent être remises aux trois bataillons.

THARREAU.

---

(1)  *Au général de division Jacob.*

9 germinal (29 mars).

Je te prie, Général, de m'envoyer le plus tôt possible une copie certifiée de l'instruction, qui t'a été remise par le Représentant du peuple, relative à l'embrigadement de la 172e demi-brigade. J'ai un pressant besoin de cette instruction.....

THARREAU.

*Formation de la 86ᵉ demi-brigade.* — Après la 9ᵉ légère et la 172ᵉ, fut formée la 86ᵉ, dont l'embrigadement donna lieu aux documents qui vont suivre :

Longuyon, le 30 ventôse (20 mars).

*Gillet au général Charbonnié, commandant en chef de l'armée des Ardennes.*

Je m'étais bien promis, citoyen Général, que la 86ᵉ demi-brigade arriverait à Montmédy le 27. Les états de revue n'étaient point préparés et les revues n'ont pu être terminées que le 28. Je fis réunir hier à Longuyon les trois bataillons et aujourd'hui je les ai embrigadés, ils partent (1) pour se rendre à leur destination. Il y avait des épurements à faire, je les ai faits en partie et j'espère que tu ne seras pas mécontent de ce corps. Je t'invite à l'aller voir dans quelques jours et à le faire manœuvrer. Le chef de brigade ne sait pas mal son métier.

Je t'invite aussi à t'occuper des compagnies de canonniers. Tous ceux que j'ai vus jusqu'à présent savent bien peu de chose, il faudra nécessairement y attacher pour quelque temps des instructeurs de l'artillerie de ligne. Charge un officier instruit de faire l'inspection, il est essen-

---

(1) *Au général de brigade Lorge, commandant à Carignan.*

30 ventôse (20 mars).

Je te préviens, citoyen Général, que la 86ᵉ demi-brigade, composée des ci-devant bataillons : 3ᵉ du Puy-de-Dôme, 19ᵉ de Paris et 2ᵉ du 43ᵉ régiment, partira demain, 1ᵉʳ germinal, de Montmédy pour se rendre à Carignan et le 2 à Sedan, où elle recevra de nouveaux ordres.

Je te prie de pourvoir au logement de ces hommes.

THARREAU.

3 germinal (23 mars).

Le commissaire ordonnateur en chef de l'armée donnera des ordres au commissaire des guerres de passer la revue des trois bataillons formant la 86ᵉ demi-brigade arrivée le 3 germinal, dont deux de ces bataillons sont à Sedan et l'autre à Donchery ; ils constateront l'état des besoins et la force de chaque corps ; il sera remis un double de ces revues au général en chef.

Les commissaires qui seront nommés se rendront à 10 heures précises du matin dans la prairie de Torcy où ces deux bataillons seront

tiel de leur apprendre au moins le pointage et à bien juger les distances.

Longuyon, le 30 ventôse (20 mars).

*Instruction pour compléter l'organisation de la 86ᵉ demi-brigade d'infanterie.*

Les compagnies sont placées dans leur ordre de bataille suivant le rang d'ancienneté des capitaines.

Le chef de brigade se fera représenter le contrôle des lieutenants, sous-lieutenants et des sous-officiers, et il les placera de même par ancienneté dans les compagnies.

Il ordonnera ensuite la formation des pelotons et escouades, conformément au règlement du 12 août dernier.

L'officier général commandant à Montmédy fera assembler demain le conseil d'administration de la demi-brigade. Ce conseil sera composé :

- Du chef de brigade ;
- De trois chefs de bataillon ;
- De l'adjudant-major ;
- Du plus ancien capitaine ;
- Du plus ancien lieutenant ;
- Du plus ancien sous-lieutenant ;
- Du plus ancien sergent-major ;
- Du plus ancien caporal fourrier ;
- Du plus ancien caporal ;
- Des cinq plus anciens fusiliers.

Ce conseil s'assemblera chez l'officier général avec le quartier-maître trésorier de la demi-brigade, et le commissaire des guerres y assistera.

---

rassemblés. Le 1ᵉʳ bataillon de la 86ᵉ demi-brigade qui est à Donchery a ordre de se tenir prêt pour la même heure.

THARREAU.

3 germinal (23 mars).

*Au Commandant amovible de Sedan.*

Tu donneras ordre, Citoyen, aux bataillons de la 86ᵉ demi-brigade, arrivés le 3 germinal, de se tenir prêts à passer la revue des commissaires demain 4, dans la plaine de Torcy ; tu préviendras également celui de la même brigade, qui est à Donchery, de se tenir prêt pour ces revues être passées à 10 heures du matin.....

DROUET.

Dans cette séance, il sera procédé aux objets suivants :
A l'établissement des six registres principaux. Savoir :
- 1° Des délibérations du conseil d'administration ;
- 2° De la caisse générale ;
- 3° Du journal général du quartier-maître trésorier ;
- 4° De la comptabilité générale des trois bataillons ;
- 5° Des mutations et mouvements ;
- 6° De l'administration, de l'habillement, armement et équipement ;

A l'établissement de la caisse générale à trois ferrures dont les clefs seront tenues par le chef de brigade, le premier capitaine et le quartier-maître trésorier ;

A l'enregistrement, sur les registres de l'administration de l'habillement, des étoffes et autres effets qui auront été délivrés aux trois bataillons composant la demi-brigade lorsqu'ils n'en faisaient pas partie ;

A la nomination d'un capitaine qui sera chargé de l'entretien et réparation de l'habillement, armement et équipement, sous les ordres immédiats du conseil d'administration ;

A la nomination des maîtres ouvriers attachés à l'état-major.

Le conseil fera mention de tous ces objets sur le registre des délibérations.

On joint à la présente instruction le règlement du 1$^{er}$ janvier 1792, auquel le conseil d'administration aura soin de se conformer et de veiller à ce qu'il soit observé par le quartier-maître trésorier.

*Formation de la 26° demi-brigade.* — La lettre suivante, qui a trait à la formation de la 26° demi-brigade, donne sur chacun de ses éléments d'intéressants détails et montre que l'amalgame des trois unités élémentaires n'était pas fait arbitrairement, mais était l'objet d'un choix rationnel :

Marville, le 8 germinal (28 mars).

*Au général Charbonnié, commandant l'armée des Ardennes.*

Je t'envoie, Général, trois bataillons (1) : le 2° du 13° régiment, le 4° de la Manche et le 5° de Seine-et-Oise.

---

(1)     *Tharreau au Commandant de Montmédy.*

9 germinal (29 mars).

Le représentant Gillet m'annonce que la 26° demi-brigade arrive

Le 13ᵉ est un des meilleurs bataillons de l'armée, il est très regretté à la Moselle, et, quoique réduit à moins de 300 hommes, les généraux étaient aussi tranquilles avec lui qu'avec 1200 hommes de troupes ordinaires. Je te recommande ce brave bataillon, il a beaucoup souffert, il n'a point eu de garnison depuis la guerre. L'officier qui le commande est instruit. Le capitaine de grenadiers est vieux et blessé, ce serait un excellent commandant de place.

Le 4ᵉ de la Manche est bon, il avait pour commandant un ancien militaire, respectable mais peu capable ; le 2ᵉ est un jeune homme, il a de l'esprit, mais il a totalement négligé son instruction, je t'invite à le faire travailler. Il y a, dans ce bataillon, une bonne compagnie de canonniers. Le capitaine annonce d'heureuses dispositions.

---

aujourd'hui à Montmédy. Tu l'y conserveras jusqu'à nouvel ordre, et tu recevras, au premier jour, un agent pour compléter ces trois bataillons.

THARREAU.

*Au citoyen Vallère, agent secondaire.*

10 germinal (30 mars).

En outre de la 86ᵉ demi-brigade que tu as ordre de porter au complet, tu seras chargé de compléter la 26ᵉ qui est à Montmédy ou dans les environs. Tu peux donc, pour cette dernière demi-brigade, conserver les bataillons de Vitry et Grand-Pré. Par ce moyen, on ne sera pas obligé de faire des mouvements de cette place à la division disponible. Je t'engage, au nom du bien public, à ne pas perdre un moment pour encadrer les bataillons de Bar, Saint-Mihiel, Grand-Pré et Vitry dans les anciens cadres de cette brigade.

Arrête la comptabilité, et tu trouveras moyen, après, de l'apurer. Nous ferons peut-être, sous quatre jours, un mouvement, et il faut que ces corps soient complets.

Le général Lorge, à Carignan, te donnera la force de la 86ᵉ demi-brigade ; le commandant de Montmédy te donnera de même l'état de situation de la 26ᵉ.

THARREAU.

12 germinal (1ᵉʳ avril).

Il est ordonné au citoyen Vallère, agent secondaire, de se rendre de suite, à Carignan et Montmédy pour y compléter : à Carignan, la 86ᵉ demi-brigade avec les bataillons de Bar et Saint-Mihiel ; à Montmédy,

Le 5ᵉ de Seine-et-Oise est instruit, manœuvrant bien et ayant une bonne tenue; le commandant sait son métier.

Cependant des considérations d'intérêt public m'ont empêché d'embrigader ces trois bataillons, l'ordre d'avancement pour le chef de brigade n'aurait pas été bon.

Je mettrai le 13ᵉ, le 4ᵉ de la Manche et le 9ᵉ de Seine-et-Oise ensemble. Le 5ᵉ ne sera embrigadé que lorsque je pourrai disposer de deux autres bataillons.

Je t'adresse ci-joint un arrêté pour cet embrigadement, que je te prie de faire exécuter le plus tôt possible. L'officier général que tu chargeras de cette opération, se conformera à la loi du 12 août 1793 et à l'instruction que je t'ai adressée pour la 72ᵉ demi-brigade.

Tu voudras bien aussi faire en sorte de m'envoyer sur-le-champ tout ce qui existe de réquisition après ce qui est nécessaire pour compléter ces trois bataillons.

Tu feras organiser une compagnie de canonniers par demi-brigade d'infanterie de ligne; tu en chargeras un officier d'artillerie. L'organisation est la même que pour l'artillerie de ligne.

GILLET.

Comme sanction de la lettre qui précède, intervenait le même jour l'arrêté qui créait la 26ᵉ demi-brigade :

Marville, le 8 germinal (28 mars).

Le Représentant du peuple arrête ce qui suit :

Art. 1ᵉʳ. — Le 2ᵉ bataillon du 13ᵉ régiment d'infanterie, le 4ᵉ de la

---

la 26ᵉ demi-brigade avec les bataillons de Vitry et de Grand-Pré; d'accélérer ce travail d'où dépend le bien de la République.

THARREAU.

*Au citoyen Vallère, agent secondaire.*

15 germinal (4 avril).

La 26ᵉ demi-brigade recevra, sous quatre jours au plus tard, l'ordre de partir. Je te prie de presser l'opération du complément de ces bataillons. Les officiers, sous-officiers nés étrangers, incorporés dans ces corps, seront adjoints et jouiront de la paye et du remplacement fixé par la loi dont tu dois connaître les dispositions à cet égard.

THARREAU.

Manche et le 9° de Seine-et-Oise seront réunis en demi-brigade et ne formeront plus qu'un seul et même corps, conformément à la loi du 21 février 1793.

Art. 2. — Cette demi-brigade portera le n° 26, aux termes de la loi du 12 août dernier.

Art. 3. — Le général en chef de l'armée des Ardennes prendra, le plus promptement possible (1), des moyens pour, sans nuire à l'activité du service, réunir ces trois bataillons.

Art. 4. — La comptabilité desdits trois bataillons sera commune à dater de ce mois.

Art. 5. — Les compagnies seront tiercées, et l'organisation de la demi-brigade sera faite conformément à la loi du 12 août dernier. Il sera sursis jusqu'à nouvel ordre à la désignation du chef de brigade. Le plus ancien de service des chefs de bataillon présents aura provisoirement le commandement des trois bataillons. Le quartier-maître trésorier du 9° bataillon de Seine-et-Oise sera celui de la demi-brigade.

Art. 6. — Le général en chef de l'armée des Ardennes chargera un officier d'artillerie d'organiser une compagnie de canonniers pour la demi-brigade, sur le même pied que l'artillerie de ligne.

*Formation de la 23° demi-brigade légère.* — Enfin, Gillet formait la 23° demi-brigade légère au moyen des 16° et 26° bataillons d'infanterie légère et du 11° qui provenait lui-même de la fusion du 1er bataillon de la légion des Ardennes avec le 7° de la Meuse et les débris

---

(1) Il ne semble pas que l'exécution ait été aussi prompte que possible, puisque l'arrêté est du 8 germinal, et que Charbonnié ne parla de cet embrigadement que le 30 floréal.

*Au général Mayer.*

30 floréal (19 mai).

D'après l'ordre du général en chef, approuvé par le Représentant du peuple, tu feras l'embrigadement provisoire et sans tiercement du 13° bataillon d'infanterie, du 4° de la Manche et du 9° de Seine-et-Oise.

du 94ᵉ. Cette formation faisait, comme toujours, l'objet d'un arrêté et d'une instruction annexe :

Longwy, le 12 germinal (1ᵉʳ avril).

Le Représentant du peuple, etc.. . ..

Arrête que les bataillons d'infanterie légère connus à l'armée des Ardennes sous les numéros 16 et 26 et le 1ᵉʳ bataillon de la ci-devant légion des Ardennes seront désormais réunis en demi-brigade et ne formeront plus qu'un seul et même corps, conformément à la loi du 21 février 1793.

Cette demi-brigade portera le numéro qui sera décrété par la Convention nationale; elle sera désignée provisoirement par le numéro 23.

Le général en chef de l'armée des Ardennes prendra, le plus tôt possible, des moyens pour, sans nuire à l'activité du service ni aux opérations militaires, réunir ces trois bataillons.

Un officier général, sous les ordres duquel ils se trouveront, est chargé de l'exécution du présent arrêté, en se conformant à la loi du 12 août dernier et à l'instruction particulière ci-après.

(Suit une instruction semblable à celle du 30 ventôse.)

Longwy, le 14 germinal (3 avril).

*Au général Charbonnié, commandant l'armée des Ardennes.*

Je t'adresse, citoyen Général, un arrêté pour l'embrigadement des trois bataillons d'infanterie légère de ton armée qui restent à embrigader. Je te prie de faire en sorte qu'il soit exécuté le plus promptement possible.

Comme le bataillon formé de la ci-devant légion des Ardennes n'a point passé de revue d'inspection depuis sa fondation — mon retour à l'armée des Ardennes ne pouvant être très prochain — et qu'il est urgent d'organiser l'armée, tu chargeras un officier général et un commissaire des guerres de faire cette revue avant l'embrigadement, dont je te prie de m'envoyer le procès-verbal.

La compagnie de canonniers du 4ᵉ bataillon de la Manche doit être rendue maintenant à sa destination; on assure qu'elle est très bonne. Le 9ᵉ bataillon de Seine-et-Oise a aussi une compagnie d'artillerie; il s'en trouvera, par ce moyen, deux dans la demi-brigade. Il faudra en attacher une à la 172ᵉ demi-brigade, qui n'a que des canonniers de ligne.

Une loi récente porte que ces compagnies seront organisées sur le même pied que les compagnies d'artillerie de ligne.

Je te charge de choisir un officier instruit pour faire cette organisation; il examinera les officiers et sous-officiers, et il les placera au grade qu'ils seront capables de remplir. S'il ne se trouve pas assez de sujets instruits pour occuper toutes les places, on en choisira dans l'artillerie de ligne.

*Envoi des tableaux de formation des demi-brigades.* — Lorsque les unités destinées à former les demi-brigades avaient été désignées par arrêté et avaient été l'objet d'un procès-verbal de formation, le Représentant du peuple leur adressait en outre un tableau de formation, afin d'éviter toute erreur dans la constitution de chaque unité de détail.

Longwy, le 23 germinal (12 avril).

*Le représentant du peuple Gillet au général Michaud, commandant l'avant-garde de l'armée des Ardennes.*

J'ai envoyé, avant mon départ de Sedan, au citoyen Eiriche, commandant la 9e demi-brigade d'infanterie légère, des instructions pour organiser sa demi-brigade. Cette organisation doit être conforme au tableau ci-joint. Tu prescriras à Eiriche de le faire remplir et de m'en envoyer un double, ainsi que l'état des services de tous les officiers de la demi-brigade.

Longwy, le 23 germinal (12 avril).

*Au général Tharreau, chef de l'état-major de l'armée des Ardennes.*

Je t'adresse, citoyen Général, des tableaux pour la formation des demi brigades. Je te prie d'en adresser deux exemplaires à la 23e demi-brigade d'infanterie légère et aux 172e et 26e d'infanterie de ligne. Tu leur demanderas de t'en avoir un double, que tu me feras passer sur-le-champ.

2 floréal (21 avril).

*Le général Tharreau au représentant du peuple Gillet.*

J'ai fait passer, selon tes désirs, citoyen Représentant, à la 172e demi-brigade, les tableaux pour la formation des demi-brigades, en l'invitant à les remplir; puis je te les renverrai.

Je n'en envoie point à la 26e demi-brigade d'infanterie légère (1), le

---

(1) La 26e demi-brigade était de ligne et non légère.

général Jourdan en a besoin, pour l'attaque d'Arlon, de deux bataillons qui la composent. Ses succès vont, sans doute, bientôt la rendre à notre disposition, et je ferai encore remplir tes états.

Quant à la 23ᵉ demi-brigade d'infanterie légère, le peu d'instruction du 11ᵉ bataillon qui en fait partie, a empêché le général de la réunir aux avant-postes ; mais bientôt elle le sera et je la mettrai aussi à même de te produire des états de formation. J'ai prévenu les corps de leur prochain embrigadement.

Les compagnies de canonniers s'organisent, comme tu le prévois par ta lettre du 14 germinal. Poulet en avait chargé l'agent secondaire Barthe, mais je lui ai fait part de ton arrêté, et il a vu que cette besogne ne le concernait pas.

Après l'envoi de ces tableaux, il restait enfin à s'assurer s'ils avaient été suivis : c'est ce que fit Gillet au moyen de l'agent désigné par lui pour vérifier l'apurement des comptes des bataillons.

Arlon, le 6 floréal (25 avril).

*Au citoyen Piquet, agent du Représentant pour l'examen de la comptabilité des bataillons d'infanterie* (1).

J'ai reçu, Citoyen, tes différentes lettres.

Je t'autorise à te rendre à Givet, où l'armée se trouve maintenant rassemblée, afin d'être à portée des quartiers-maîtres trésoriers, dont la comptabilité n'est pas apurée.

Je te charge en même temps de recueillir les pièces ci-après :

Relevé du registre de service des officiers des bataillons ;

9ᵉ de Seine-et-Oise ;

172ᵉ demi-brigade ;

---

Arlon, le 6 floréal (25 avril).

(1) Il est ordonné au quartier-maître du 16ᵉ bataillon d'infanterie légère, au quartier-maître du ci-devant bataillon des éclaireurs de la Meuse, de rendre, pour le 20 du présent mois, leurs comptes et de remettre au citoyen Piquet, chargé par le Représentant du peuple de l'apurement des comptes des bataillons d'infanterie de l'armée des Ardennes, toutes les pièces et registres relatifs à la comptabilité, sous peine de destitution et d'être mis en état d'arrestation et traités comme suspects.

9ᵉ demi-brigade d'infanterie légère;
23ᵉ demi-brigade d'infanterie légère.

Toutes ces brigades doivent être formées d'après les ordres que j'ai donnés depuis longtemps, et le tiercement des compagnies a dû être fait suivant la loi du 12 août 1793.

Ces différentes opérations devant être constatées, je t'adresse ci-joint quatre tableaux destinés à cet objet. Tu voudras bien les remplir et me les renvoyer le plus promptement possible.

Je joins ici un ordre pour les bataillons qui sont en retard de remettre leurs comptes.

*Opérations de Gillet à l'armée de la Moselle.* — En ce qui concerne l'armée de la Moselle, Gillet se plaint tout d'abord du peu de zèle avec lequel les corps se sont acquittés des obligations que leur imposaient son instruction du 25 pluviôse (1) et son arrêté du 26 :

Aumetz, le 25 ventôse (15 mars).

*Au général Grigny, chef de l'état-major de l'armée de la Moselle.*

Citoyen Général,

Je n'ai pas à me louer du zèle avec lequel on a exécuté les arrêtés et les instructions que j'ai adressés aux différents bataillons pour préparer les états nécessaires à la revue d'inspection. A mon arrivée à Metzerwisse, il y a deux jours, je fis partir le commissaire Raphaël pour faire compléter les états de revue des trois bataillons qui devaient se rendre, le 26, à l'armée des Ardennes. Je me suis rendu ce matin dans les cantonnements du 3ᵉ bataillon du Puy-de-Dôme et du 43ᵉ; rien n'était fait. Il faut renvoyer les revues, l'une à demain, l'autre à après-demain. Les commissaires des guerres n'ont pas mis plus de soin à exécuter l'arrêté du 26 pluviôse (2) relatif à la comptabilité. Voilà un jour absolument perdu; si cela continuait de même, l'armée de la Moselle ne serait pas organisée dans un an.

Je t'adresse ci-joint un arrêté que je te prie de mettre à l'ordre; je suis bien décidé à ne pas tolérer une semblable négligence; la Convention nationale m'a confié une mission importante au salut de la République, je la remplirai; je destituerai et je punirai ceux qui tenteraient de l'entraver.

---

(1) Voir page 458.
(2) Voir page 467.

Tu voudras bien faire prévenir particulièrement les trois bataillons venant de Pirmasens pour se rendre à l'armée des Ardennes, de tenir leurs états prêts avant d'arriver à Longwy, pour n'être pas obligé de les retenir plusieurs jours en cette ville.

Aumetz, le 25 ventôse (15 mars).

*Au général de division Taponier.*

Citoyen Général,

La négligence incroyable que les conseils d'administration et les commissaires des guerres ont mise à exécuter les instructions que je leur ai adressées pour préparer les états de revue et l'arrêté des registres de comptabilité, m'a forcé de prendre l'arrêté ci-joint. Je te prie de mander sur-le-champ les commissaires des guerres attachés à la division ; tu leur en donneras connaissance et tu leur ordonneras de se rendre sur-le-champ auprès des bataillons dont ils ont la police pour assurer leur comptabilité conformément à mon arrêté du 26 pluviôse et faire préparer les états de revue demandés par l'instruction du 25 (1) et par ma lettre du 19 de ce mois. L'organisation de l'armée est une mesure urgente, elle importe au salut de la République, je l'exécuterai et je ferai punir ceux qui tenteraient de l'entraver.

Aumetz, le 25 ventôse (15 mars).

*Au Commissaire ordonnateur en chef.*

Je t'adresse, Citoyen, un nouvel arrêté relatif aux opérations que j'ai déjà recommandées pour la revue d'inspection. Je vois avec surprise que les commissaires des guerres et les conseils d'administration ne s'y sont pas conformés. Je ne puis, sans compromettre la chose publique, tolérer une semblable négligence ; je ferai punir sans ménagement tous ceux qui ne se conformeraient pas aux ordres qui leur ont été adressés. Je compte sur ton zèle pour faire exécuter ce nouvel arrêté ainsi que celui relatif aux militaires envoyés aux hôpitaux qui a été mis, hier, à l'ordre.

Aumetz, le 25 ventôse (15 mars).

AU NOM DU PEUPLE FRANÇAIS.

Le Représentant du peuple a vu avec peine qu'au lieu de concourir avec zèle, comme il avait lieu de l'espérer, à l'exécution de la mission

---

(1) Voir page 458.

dont il est chargé, la plupart des bataillons de l'armée de la Moselle ont négligé de préparer les états de revue qu'il leur avait demandés par son instruction du 25 pluviôse et par sa lettre du 19 de ce mois et que les commissaires des guerres, chargés de la police des difftférents corps, n'ont point exécuté son arrêté du 26 pluviôse relatif à la comptabilité.

Considérant qu'une semblable négligence ne tend à rien moins qu'à rendre impossible l'organisation de l'armée avant l'ouverture de la campagne et à compromettre essentiellement le salut de la République, arrête :

Art. 1er. — Les conseils d'administration seront tenus de dresser, dans les vingt-quatre heures de la réception du présent arrêté, les différents états qui leur ont été demandés pour les revues d'inspection, par l'instruction et la lettre du Représentant du peuple des 25 pluviôse dernier et 19 de ce mois.

Les chefs de bataillon et le commissaire des guerres chargé de la police du corps veilleront à l'exécution de la présente disposition et ils en seront personnellement responsables.

Art. 2. — Le commissaire ordonnateur en chef de l'armée sera tenu d'adresser, dans huit jours, au Représentant du peuple, les procès-verbaux d'arrêtés de registres prescrits par son arrêté du 26 pluviôse.

Il lui dénoncera dans le même délai les commissaires des guerres qui auraient négligé de se conformer aux dispositions dudit arrêté.

Ceux qui se trouveront dans ce cas seront destitués et traités comme suspects.

A l'armée de la Moselle, comme à celle des Ardennes, la comptabilité laissait fort à désirer pour les mêmes causes.

Longuyon, le 29 ventôse (19 mars).

*Au citoyen Sijas, adjoint du Ministre de la guerre, 4e division.*

J'ai reçu, Citoyen, avec ta lettre du 18 de ce mois, les exemplaires que je t'avais demandés relatifs à la tenue des conseils d'administration des corps d'infanterie.

J'en remettrai un à chaque demi-brigade et je chargerai les commissaires des guerres de veiller à leur exécution. Mais je t'observe que les mêmes plaintes qui m'avaient été faites dans l'armée des Ardennes, m'ont été portées dans celle de la Moselle ; les généraux de division comme les chefs de bataillon se plaignent de n'avoir reçu depuis longtemps aucune loi militaire, et presque tous les corps n'ont pas la moindre idée des règlements qui doivent les diriger dans la tenue de leurs conseils d'administration. Je t'invite à prendre des moyens efficaces pour que ces envois se fassent plus exactement à l'avenir et pour réprimer la négligence des agents qui doivent transmettre ces lois à l'armée.

Comme à l'armée des Ardennes, Gillet constatait que, si l'administration péchait à celle de la Moselle, le moral y était excellent.

Longwy, le 10 germinal (30 mars).

*Au Comité de Salut public.*

Citoyens Collègues,

J'ai reçu, aujourd'hui, la proclamation de la Convention nationale du 2 de ce mois; je me suis empressé d'en faire lecture aux bataillons que j'ai rassemblés pour l'embrigadement. Tous ont partagé l'indignation publique contre les traîtres qui voulaient rendre inutiles leurs victoires et leurs travaux, tous ont applaudi à la punition de ces infâmes conspirateurs. Je vais faire réimprimer cette proclamation et la faire distribuer à tous les corps.

Les trois divisions de gauche de l'armée se sont réunies aujourd'hui; elles occupent un camp en avant de Longwy, la droite appuyée sur cette ville, et la gauche s'étend vers Malmaison (1). C'est une grande jouissance que la vue de cette brave armée: l'esprit en est bon, l'union la plus parfaite règne entre tous les officiers généraux et tous les corps, officiers et soldats; tous semblent ne former qu'une seule famille, l'intrigue y est inconnue, on ne s'occupe que d'assurer le triomphe de la liberté. Cette armée est habituée à vaincre, et elle remplira ses glorieuses destinées (2).

---

(1) Lamalmaison (Ouest de Longwy).
(2) Huit jours après, Gillet constatait encore la valeur technique de cette armée.

*Le représentant du peuple Gillet au Comité de Salut public.*

Longuyon, le 18 germinal (7 avril).

. . . . . . . . . . . . . . . . . . . . . . . . . . . . . . . . . . .

J'ai fait manœuvrer tous les corps dont j'ai fait la revue. Je vous annonce avec plaisir qu'en général ils sont instruits et que la République peut compter sur l'armée de la Moselle comme sur une armée redoutable à ses ennemis.....

Poursuivant ses opérations, suivant le même programme qu'à l'armée des Ardennes, Gillet s'occupait tout d'abord des bataillons, dont il adressait les états de revue en rendant compte au Comité de Salut public des observations que lui avait suggérées l'inspection de ces unités; il s'y élevait contre l'avancement à l'ancienneté de service, qu'il ne cessera de critiquer dans sa correspondance. Il proposait, pour y remédier, la désignation du plus digne par ses pairs, et l'examen en temps de paix.

Longwy, le 10 germinal (30 mars).

*Au Comité de la Guerre.*

Je vous écris peu, citoyens Collègues, parce que le temps me presse pour agir. Je vous adresse ci-joint, les livrets de revue de onze bataillons, je vous enverrai sous peu de jours les procès-verbaux d'embrigadement et les revues des trois divisions de gauche de l'armée de la Moselle.

Je vous invite, citoyens Collègues, à vous occuper de quatre objets principaux dont le besoin se fait sentir chaque jour à l'armée :

1° L'organisation de la cavalerie ;

2° Des compagnies d'artillerie légère en régiments. La loi existe et elle n'est point exécutée ;

3° Du nouveau mode de comptabilité ;

4° De rectifier le mode d'avancement ; l'ancienneté de service (1) fait passer dans trois mois un homme très brave d'ailleurs, mais incapable de commander, du grade de caporal à la tête d'un bataillon. Le choix a lui-même ses inconvénients ; il me semble qu'on les éviterait en fai-

---

(1) Titre I$^{er}$, section II, de la loi du 21 février 1793 sur l'organisation de l'armée :

Art. 1$^{er}$. — Dans tous les grades, excepté celui de chef de brigade et celui de caporal, l'avancement aura lieu de deux manières; savoir, le tiers par ancienneté de service à grade égal, roulant sur toute la demi-brigade, et les deux tiers au choix, dans le bataillon où la place sera vacante.

Art. 2. — On commencera par le tour d'ancienneté, et, à titre égal entre deux concurrents, la place appartiendra au plus âgé.

Art. 3. — Lorsqu'un emploi de colonel ou chef de brigade sera vacant, il appartiendra toujours à l'ancienneté parmi les chefs des

sant choisir les trois candidats par ceux du même grade, par exemple les sergents seuls choisiraient parmi eux les sous-lieutenants.

Ce mode serait, je crois, le plus parfait, après l'examen qui ne peut avoir lieu qu'en temps de paix.

Longwy, le 11 germinal (31 mars).

*Aux Commissaires de la Trésorerie nationale.*

Je vous adresse, Citoyens, les livrets de revues de onze bataillons de l'armée de la Moselle ; je vous enverrai successivement les autres à mesure que les revues seront terminées.

L'inspection de ces bataillons montra non seulement le désordre qui régnait dans leur administration, mais encore les services fictifs de certains cadres et la nécessité de remédier à cet abus.

Villers-la-Chèvre, le 14 germinal (3 avril).

*Aux Comités de la Guerre et de Salut public.*

Citoyens Collègues,

L'embrigadement s'exécute d'une manière satisfaisante. Les chefs qui ont été placés jusqu'ici à la tête des demi-brigades sont à peu près tels qu'on aurait pu le désirer en les choisissant sur toute l'armée. L'on peut se promettre de cette mesure deux grands effets : une meilleure discipline et une bonne administration ; on se fait à peine une idée du désordre qui régnait dans la plupart des bataillons.

J'ai trouvé beaucoup d'officiers qui occupaient des places, recevaient des appointements sans rendre aucun service à la République. Les uns sont des lâches qui, au moment de marcher à l'ennemi, trouvent le moyen de s'en aller à la faveur de certificats de maladies ou de convalescence que de prétendus comités de santé accordent complaisamment, et qui ne reviennent qu'à la fin de la campagne pour obtenir de nouvelles places et pour toucher des appointements. Il en est qui ne se

---

bataillons de la demi-brigade, d'abord au plus ancien de service, et ensuite au plus ancien de grade, et toujours alternativement.

Art. 5. — Les caporaux seront choisis à la majorité absolue par tous les volontaires du bataillon, mais seulement par les volontaires de la compagnie où la place sera vacante.

sont pas trouvés à une seule affaire depuis le commencement de la guerre, quoique leur bataillon ait toujours combattu. Les autres sont infirmes, restent au dépôt et y attendent tranquillement que leur rang d'ancienneté les porte à de nouveaux grades, tandis que les soldats combattent sans officiers. J'ai destitué les uns et renvoyé les autres pour obtenir leur retraite; j'espère que la Convention nationale approuvera cette mesure. Les grades militaires ne sont pas créés pour les hommes, mais pour la République, et celui qui néglige ou qui ne peut en remplir les devoirs doit être remplacé.

J'ai trouvé particulièrement, dans le 2e bataillon du 71e régiment, un exemple frappant de l'abus que je vous dénonce; ce bataillon a fait toute la campagne du Rhin n'ayant que trois capitaines et, sur les six absents, pas un seul n'avait été blessé.....

Comme il l'annonce dans cette lettre, Gillet avait mis un terme à tous ces abus : contre les maladies plus ou moins simulées et les séjours indéfinis à l'hôpital, il avait pris l'arrêté du 20 ventôse réclamant aux directeurs des hôpitaux militaires, dans un délai de quinze jours, l'état de leurs malades dûment certifié par le commissaire des guerres chargé de la police de l'hôpital; tout gradé que cet état indiquerait comme absent de son corps depuis trois mois et qui ne rejoindrait pas dans quinze jours ou ne présenterait une attestation nouvelle du chirurgien-major, visée par le commissaire des guerres, serait aussitôt destitué ou remplacé. Dans d'autres cas, certains officiers comptaient encore au bataillon et faisaient souvent le service dans une autre arme, voire même une autre armée : pour y remédier, Gillet autorisait, le 5 germinal, le conseil d'administration à les remplacer. Le 26 floréal, il en destituait d'autres « pour absences fréquentes et mauvaise conduite » ou pour convalescence prolongée « à près de 200 lieues de leur corps »; pour d'autres, détenus depuis fort longtemps, il mettait, le 29, les juges du tribunal en demeure « de se prononcer dans trois jours sur cette affaire ».

Enfin, posant en principe que, « sous un gouvernement libre, les talents doivent être le premier titre pour parvenir à une fonction publique »; que « les places ne sont pas la propriété des individus, mais celle de la patrie, et que celui qui ne peut se trouver à son poste au moment où il s'agit de combattre et d'exterminer les ennemis de la liberté, doit cesser de s'occuper, sauf à lui accorder des récompenses proportionnées à ses services », il fit, par arrêtés des 9, 11, 21, 27 germinal et 26 floréal, passer nombre d'officiers à une retraite qui, suivant son heureuse expression, « serait aussi utile à la République qu'à eux-mêmes ».

Dans sa lettre du 14 germinal, Gillet revient sur un mal qu'il a déjà signalé : l'avancement à l'ancienneté de service. Si, pendant la période du temps de paix, il est difficile de différencier les cadres qui ne s'éliminent pas d'eux-mêmes par une incapacité évidente; si nombre d'éléments font alors défaut pour apprécier les officiers en toute connaissance de cause, il n'en est plus de même en campagne, où la vigueur et l'aptitude au commandement trouvent l'occasion de se manifester à tout instant dans la plénitude du problème à résoudre. On ne peut donc que s'associer entièrement aux considérations qui vont suivre et dans lesquelles Gillet sait nettement distinguer l'avancement, qui est un « devoir à remplir », des récompenses dues à de longs services.

..... Vous me permettrez encore d'insister, citoyens Collègues, sur la nécessité de réformer le mode d'avancement à l'ancienneté de service. S'il subsiste encore quelque temps, tous les anciens soldats des troupes ci-devant de ligne, ceux mêmes qui ne sont encore que des caporaux, passeront avant les capitaines des bataillons de volontaires, et un officier de dix ans de grade se trouvera commandé par un qui ne le sera que depuis deux jours, et qui, quoique d'ailleurs très bon soldat, peut n'avoir point acquis toutes les connaissances nécessaires au commandement. Cela ôterait toute émulation.

L'ancienneté de service donne des titres à la reconnaissance nationale, mais non pour occuper des places où la vie des hommes repose sur les talents de celui qui les occupe. Lorsqu'on accorde un grade à un militaire, ce n'est point une récompense mais un devoir qu'on lui donne à remplir; et souvent, plus un homme est âgé, moins il est capable de s'en acquitter. Que celui donc qui a bien servi la patrie obtienne une récompense pécuniaire, mais que les places soient réservées aux talents; et si l'on veut, comme je le crois moi-même nécessaire, conserver un mode d'avancement, que ce soit l'ancienneté de grade et non l'ancienneté d'âge ou de service qui décide.

Je vous invite, citoyens Collègues, à peser mes observations, les soldats sont comme le peuple, ils sont bons, il ne s'agit que de leur procurer des chefs capables et dignes de les conduire à la victoire.

Je vous adresse le tableau de l'embrigadement aux armées de la Moselle et des Ardennes jusqu'au 12 de ce mois.

Après avoir effectué la revue des bataillons et adressé son compte rendu d'ensemble au Comité de Salut public, Gillet s'occupa, comme à l'armée des Ardennes, de la réunion de ces unités en demi-brigades.

*Formation des 1re, 34e, 110e, 94e et 80e demi-brigades.*

Arlon, le 6 floréal (25 avril).

Le Représentant, etc.....

Arrête que la division aux ordres du général Morlot, faisant partie du corps d'armée employé à Arlon, sera organisée ainsi qu'il suit :

| Numéros des demi-brigades. | Noms des anciens bataillons. | Noms des chefs de brigade. |
|---|---|---|
| 1re | 1er bataillon du 1er régiment<br>1er bataillon de la Montagne<br>3e bataillon du Loiret | LÉORIER. |
| 34e | 2e bataillon du 17e régiment<br>3e bataillon de la Meuse<br>4e bataillon de la Moselle | BARRÈRE. |
| 110e | 2e bataillon du 55e régiment<br>6e bataillon de la Meurthe<br>7e bataillon de la Meurthe | MORET. |
| 94e (1) | 2e bataillon du 99e régiment<br>1er bataillon du Haut-Rhin<br>3e bataillon du Bas-Rhin | MONNET. |

(1) Le 15 prairial (3 juin), la 94e demi-brigade fera partie de la division Championnet.

*Avant-garde.* — Général Lefebvre.

80ᵉ ..... { 2ᵉ bataillon du 40ᵉ régiment......  
          1ᵉʳ bataillon de la Haute-Saône.....  } Mercier.  
          3ᵉ bataillon du Haut-Rhin........

Le général d'armée prendra les moyens nécessaires pour réunir les bataillons formant chaque demi-brigade, le plus tôt possible, sans nuire à l'activité du service.

Le tiercement des compagnies sera fait sur chaque demi-brigade, conformément à la loi du 12 août 1793 et au tableau qui sera adressé à chaque corps.

Les chefs des corps enverront dans le jour les mutations qui ont eu lieu parmi les capitaines depuis la revue d'inspection, avec l'état des services de ceux qui ont été promus depuis la même époque.

Les trois bataillons de la demi-brigade ne formant plus qu'un seul corps, l'avancement roulera sur les trois bataillons à compter de ce jour.

La lettre qui va suivre, en expliquant les raisons qui ont motivé le choix des unités entrant dans une même demi-brigade, montre que ce groupement ne fut pas arbitraire :

Arlon, le 10 floréal (29 avril).

*Au général en chef Jourdan.*

Je te préviens, Général, que le 2ᵉ bataillon du 17ᵉ régiment, le 3ᵉ bataillon de la Meuse et le 4ᵉ de la Moselle forment aujourd'hui la 34ᵉ demi-brigade.

Le 17ᵉ et le 4ᵉ de la Moselle n'ont point de canonniers; leurs pièces étaient servies par la 2ᵉ compagnie d'artillerie du département de la Moselle.

Le 3ᵉ bataillon de la Meuse, au contraire, a une compagnie de canonniers, et je l'ai attachée à la demi-brigade dans laquelle se trouve son bataillon. Mais une moitié de cette compagnie se trouve en ce moment au 2ᵉ régiment d'infanterie. Je te prie de la faire relever et de lui donner ordre de se rendre le plus tôt possible au camp d'Arlon, où elle sera organisée définitivement.

Au moyen de cette mesure, la 2ᵉ compagnie de la Moselle restera disponible, soit pour une autre demi-brigade, soit pour le service du parc ou des places.

Je suis informé que le 1ᵉʳ bataillon de l'Yonne, ayant été employé depuis longtemps à la garde du parc, est maintenant dispersé par détachements et que quelques officiers ont formé la prétention de faire mettre leur bataillon sur le pied de l'artillerie (1).

Comme la loi n'autorise point la formation de nouveaux corps d'artillerie et que ce service exige des connaissances qui ne peuvent s'acquérir en un instant, je ne puis admettre une semblable prétention. Il faut donc qu'il reste sur le pied d'infanterie; mais, comme sa dispersion nuit à son instruction, je t'invite, Général, à donner des ordres pour que les détachements rentrent au corps, sauf à chaque division d'armée à fournir la garde du parc, qui marche à sa suite.

*Formation d'autres demi-brigades.* — A l'organisation des 1re, 34e, 80e, 94e et 110e demi-brigades succédait, comme on le verra plus loin, celle des 132e, 173e, 177e, 181e, 59e, 149e de ligne et de la 13e légère.

Morfontaine, le 1er prairial (20 mai).

*A la Commission de l'organisation et du mouvement des troupes.*

Je vous préviens, Citoyens, que je viens d'organiser la 59e et la 149e demi-brigade d'infanterie (2), employées à l'armée de la Moselle. Elles sont composées comme il suit :

59e : 1er bataillon du 30e régiment, 4e bataillon de Paris, 7e bataillon de Rhône-et-Loire.

149e : 1er bataillon du 81e régiment, 5e bataillon de l'Orne, 6e bataillon de la Haute-Saône.

Je vous ai déjà parlé de la nécessité de placer des dépôts sur les derrières de l'armée à laquelle le corps est employé.

---

(1)  *Gillet au Chef du 1er bataillon de l'Yonne.*

Morfontaine, le 28 floréal (17 mai).

Je n'ai jamais douté, Citoyen, des services que ton bataillon a pu rendre au parc d'artillerie; mais, formé en bataillon d'infanterie, il n'a pu regarder ce service que comme momentané..... Je veux le rassembler, le faire compléter et le mettre en état de rendre de nouveaux services à la Patrie. Tu peux, au surplus, être tranquille sur son remplacement. 600 canonniers, bien exercés et aguerris, sont prêts à le relever au parc.....

(2) La 59e demi-brigade fut formée le 27 floréal; et la 149e, le 24.

Je vous adresse une pétition du bataillon des chasseurs de la Meuse sur le même objet.

Les demi-brigades formées, Gillet veillait à ce que les nouveaux conseils d'administration fonctionnassent suivant ses instructions.

Morfontaine, le 23 floréal (12 mai).

*Au Chef de brigade commandant la 110ᵉ demi-brigade.*

J'apprends avec surprise, Citoyen, que le conseil d'administration de la demi-brigade que tu commandes ne s'est pas encore conformé à l'instruction que je lui ai donnée pour l'établissement des registres de comptabilité, sous prétexte que les quartiers-maîtres trésoriers des ci-devant bataillons de la Meurthe n'ont pas encore rendu leurs comptes, ni arrêté leurs masses de linge et chaussures. Un désordre effrayant a régné jusqu'ici dans la comptabilité de la plupart des bataillons, au grand préjudice de la République et des soldats. Je ne veux ni ne puis tolérer davantage un pareil abus; je te charge, en conséquence, sur ta responsabilité, de faire établir sur-le-champ ces registres et de mettre les quartiers-maîtres des 6ᵉ et 7ᵉ bataillons de la Meurthe aux arrêts forcés jusqu'à la reddition de leurs comptes. Tu me rendras compte sous deux jours de l'exécution du présent ordre.

Morfontaine, le 23 floréal (12 mai).

*Au citoyen Lambert, commissaire ordonnateur de l'aile gauche de l'armée de la Moselle.*

Tu voudras bien, Citoyen, donner ordre au commissaire des guerres chargé de la police des 1ʳᵉ, 34ᵉ, 80ᵉ, 94ᵉ, 110ᵉ, 132ᵉ, 173ᵉ, 177ᵉ et 181ᵉ demi-brigades d'infanterie et 13ᵉ d'infanterie légère de vérifier sur-le champ si les quartiers-maîtres trésoriers de ces corps ont établi leurs registres de comptabilité, conformément au règlement du 1ᵉʳ janvier 1792 et aux instructions que j'ai remises aux conseils d'administration. Un désordre effrayant a existé jusqu'ici dans la comptabilité de presque tous les bataillons. Je veux le faire cesser, et tu préviendras les commissaires des guerres qu'ils en sont personnellement responsables pour les corps dont ils ont la police. Tu me rendras compte incessamment de cette vérification.

Enfin, Gillet rendait compte de ses opérations au Comité de Salut public au fur et à mesure de leur avancement, par l'envoi des tableaux de formation et des états de revue. A la date du 18 floréal, il y avait à l'armée de la Moselle 10 demi-brigades, dont on a donné plus haut les numéros (1). Mais, comme l'armée comprenait 79 bataillons, défalcation faite des 6 envoyés à l'armée des Ardennes, il restait encore 16 demi-brigades environ à former.

Morfontaine, le 18 floréal (7 mai).

*Aux Comités de Salut public et de la Guerre.*

Je vous adresse, citoyens Collègues, les tableaux de formation de 11 demi-brigades (2).

Cinq autres sont formées dans l'armée des Ardennes (3) et les tableaux vous parviendront incessamment.

. . . . . . . . . . . . . . . . . . . . . . . . . . . . . . . . . . . .

Je continue ma mission avec toute l'activité possible ; mais je vois avec peine qu'elle sera longue et difficile. Toute l'armée est en mouvement, je ne sais plus où trouver les bataillons, et l'instant d'une marche ou d'un combat n'est guère propre à former des états, à faire des revues ni à amalgamer des bataillons.

Je ne vois d'autre moyen que de suivre successivement les différents corps d'armée sur les différents points où ils agiront, comme j'ai déjà fait à Arlon, et de profiter du premier instant de repos pour opérer ; mais vous prévoyez déjà combien cette opération sera longue, combien de temps je serai inutile ici. C'est à vous de juger, citoyens Collègues, si je dois adopter ce parti ou s'il ne conviendrait pas mieux de renvoyer à la fin de la campagne pour terminer cette opération. Alors je me bornerai, en ce moment, à faire les revues des garnisons, à apurer les comptes des corps qui sont embrigadés, et, cette besogne finie, je pourrais bientôt rentrer dans le sein de la Convention nationale.

---

(1) C'étaient les 1$^{re}$, 34$^e$, 80$^e$, 94$^e$, 110$^e$, 132$^e$, 173$^e$, 177$^e$, 181$^e$ et 13$^e$ légère.

(2) En rapprochant cette lettre de la précédente (page 509) et en tenant compte de la date des procès-verbaux de formation existant aux Archives historiques, on peut affirmer qu'il n'y avait pas onze demi-brigades, comme le dit Gillet, mais dix demi-brigades, qui étaient les 1$^{re}$, 34$^e$, 80$^e$, 94$^e$, 110$^e$, 132$^e$, 173$^e$, 177$^e$, 181$^e$ et 13$^e$ légère.

(3) C'étaient les 9$^e$ et 23$^e$ légères, et les 26$^e$, 86$^e$ et 172$^e$ de ligne.

Pénétré de l'importance de ma mission, je surmonterai tous les obstacles pour la remplir, mais j'ai cru, pour le bien même de la chose, devoir vous soumettre ces observations. J'attends votre décision et je m'y conformerai.

Malgré ces causes de lenteur, Gillet avait, au 19 floréal, fait la revue de 42 bataillons, dont 30 seulement étaient embrigadés dans les 1re, 34e, 80e, 94e, 110e, 132e, 173e, 177e, 181e de ligne et 13e légère, et 6 autres devaient l'être les 24 et 27 floréal (1).

Morfontaine, le 19 floréal (8 mai)

*Au Comité de la Guerre.*

Je vous adresse, citoyens Collègues, les revues de 28 bataillons d'infanterie; vous en avez précédemment reçu 21 dont 10 de l'armée des Ardennes; trois autres sont faites, ce qui fait 52 bataillons, et ce nombre forme à peine la moitié des deux armées. Vous pouvez juger par les lieux où chaque revue a été faite du chemin qu'il a fallu parcourir pour trouver chaque bataillon, sans compter les difficultés, les lenteurs que beaucoup de corps ont mises à me procurer les états nécessaires.

Morfontaine, le 19 floréal (8 mai).

*A la Trésorerie nationale.*

Je vous adresse, Citoyens, les revues de 28 bataillons; vous en avez reçu précédemment 21, total 49. Vous voudrez bien m'en accuser la réception.

Comme résumé de l'exposé qui précède, on peut citer la lettre qu'adressa Gillet, à la fin de floréal, à son collègue de l'armée du Rhin, et qui montre qu'au 28 floréal il y avait, à l'armée de la Moselle, 36 bataillons embrigadés (2) et 48 inspectés.

---

(1) C'étaient les 59e et 149e demi-brigades. Voir page 508.
(2) Savoir les 1re, 34e, 80e, 94e, 110e, 132e, 173e, 177e, 181e, 59e, 149e de ligne et la 13e légère.

Morfontaine, le 28 floréal (17 mai).

*Au représentant du peuple Rougemont chargé de l'embrigadement à l'armée du Rhin.*

J'ai reçu, cher Collègue, avec les lettres des 19 et 22 de ce mois, les revues de 18 bataillons qui passent de l'armée du Rhin à celle de la Moselle.

Je vais m'occuper, autant que les circonstances pourront me le permettre, d'embrigader ces bataillons; mais je vois que ce sera une chose très difficile; toute l'armée est en mouvement, elle ouvrira la campagne sous trois jours. Ce n'est guère le moment de faire des revues. Les marches presque continuelles de l'armée ont déjà singulièrement retardé mes opérations. Je n'ai encore pu faire les revues que de 63 bataillons (1) dont 51 sont embrigadés (2) tant à l'armée des Ardennes qu'à celle de la Moselle ; ce n'est pas la moitié de ma besogne ; je désespère de la terminer avant la fin de la campagne.

Si tu as trouvé un grand désordre dans la comptabilité des bataillons de l'armée du Rhin, je n'ai pas à me louer davantage de celle qui existe dans ceux dont j'ai fait les revues ; sur 63, 2 seulement sont en règle. Il y a des bataillons qui n'avaient pas même de registres. Je regarde comme impossible de vérifier cette comptabilité; le meilleur parti est, selon moi, d'exiger rigoureusement qu'elle soit tenue en règle à l'avenir, et de tirer le rideau sur tout ce qui s'est fait.

Voici les moyens que j'ai pris pour établir cet ordre. J'ai fait arrêter par les commissaires des guerres, tous les registres des quartiers-maîtres trésoriers, et j'ai fait verser tous les fonds existants en caisse dans celle du payeur. De cette époque, j'ai fait commencer un compte nouveau ; j'ai exigé que chaque état de prêt fut visé par le commissaire des guerres qui a la police du corps sous sa responsabilité. J'ai demandé au Ministre de la guerre des exemplaires du règlement du 1er janvier 1792, sur l'administration des corps d'infanterie ; j'en ai remis un à chaque bataillon, et j'ai ordonné au conseil d'administration et aux commissaires des guerres d'en surveiller l'exécution, aussi sur leur responsabilité personnelle.

J'espère que ce moyen réussira, je m'en informerai et je destituerai tous ceux que je trouverai en faute.

Je fais organiser les compagnies d'artillerie à mesure que les demi-brigades sont formées: aucun officier et sous-officier n'est admis s'il n'a

---

(1) 48 revues à l'armée de la Moselle et 15 à celle des Ardennes.
(2) 36 embrigadements à la Moselle et 15 aux Ardennes.

satisfait à l'examen sur la théorie et les manœuvres de campagne. J'ai chargé de cette opération un officier d'artillerie intelligent. J'ai pris plusieurs officiers parmi les sous-officiers de ligne; je compte parvenir, par ce moyen, à rendre l'artillerie de campagne, qui n'a fait jusqu'ici presqu'aucun service, très utile à la guerre. Les Autrichiens font un grand usage de leurs pièces de trois qu'ils mêlent à leur artillerie légère et qu'ils tirent à toute volée : ces pièces font beaucoup d'effet. Nous pouvons nous servir avec plus d'avantages encore de nos pièces de quatre, lorsque nous aurons de bons artilleurs, et j'ai eu la satisfaction de voir, à l'affaire d'Arlon, que je ne m'étais pas trompé (1).

Onze compagnies sont formées ; comme elles sont de cinq escouades et qu'il n'en faut que trois pour le service de six pièces, deux escouades entrent en garnison ou sont employées au parc, ce qui fait déjà une augmentation de 396 canonniers pour le service de l'artillerie.

Il s'en faut de beaucoup que les bataillons de ligne soient en proportion avec ceux des volontaires. Sur 87 bataillons dont l'armée était composée à mon arrivée, il ne s'en trouvait que 26 de ligne, ce qui faisait déjà une différence de six bataillons, sans compter ceux qui viennent de l'armée du Rhin et qui sont presque tous des volontaires.

La chose qui me désole le plus, c'est le mode d'avancement à l'ancienneté : le choix commence à être bon, les soldats semblent enfin comprendre combien il importe d'avoir de bons officiers, mais l'ancienneté porte tous les jours des hommes ineptes au commandement. Nous venons d'arrêter, mon collègue Duquesnoy et moi, que tout sujet proposé pour remplir une place subira un examen sur la théorie et les manœuvres. Je ne sais si cette mesure sera adoptée par la Convention, mais je la crois nécessaire ; l'ignorance nous a fait autant de mal que l'aristocratie elle-même.

Tu me feras plaisir, cher Collègue, de m'informer des décisions que tu seras dans le cas de donner sur des objets importants ; je désire me trouver d'accord avec toi. Animé du même esprit d'amour de la Patrie, tâchons de parvenir à donner à l'armée une bonne organisation.

On a déjà vu que, le 18 floréal, Gillet se plaignait de ce que toute l'armée fût en mouvement, ce qui gênait considérablement ses opérations; dix jours après, en même temps qu'il constatait qu'il n'avait pas fait « la moitié de sa besogne », il demandait au Comité de Salut

---

(1) On citera une lettre de Gillet relative à ce sujet, à propos de l'artillerie.

public s'il devait continuer ses opérations sur les derrières de l'armée ou la suivre.

Morfontaine, le 28 floréal (17 mai).

*Au Comité de Salut public.*

Citoyens Collègues,

Lorsque notre collègue Duquesnoy arriva à l'armée de la Moselle, il m'annonça que votre intention était que je restasse avec lui à l'armée ; d'après cela, je me suis fait un devoir de concourir aux mesures de surveillance et d'administration que nous avons cru nécessaire de prendre, sans cependant abandonner la mission principale dont je suis chargé pour l'embrigadement de l'armée. Aujourd'hui, l'armée est au moment de se mettre en marche. Duquesnoy marche avec elle. Dois-je le suivre comme il le demande? ou dois-je, au contraire, continuer les revues et l'embrigadement des bataillons qui restent sur la frontière et dans les places, et de ceux nouvellement arrivés de l'armée du Rhin, dont pas un seul n'est embrigadé?

Je vous prie, citoyens Collègues, de vouloir bien me dire ce que je dois faire. D'un côté je suis porté d'inclination à suivre mon collègue Duquesnoy et à combattre les satellites des tyrans. De l'autre, la loi qui m'envoie m'impose des devoirs; elle m'ordonne de m'occuper exclusivement de l'embrigadement et me défend de m'immiscer dans aucun autre détail. Puis-je, de mon autorité privée, m'écarter de cette règle?

Il n'y a que la Convention nationale ou le Comité de Salut public qui puisse me donner une nouvelle mission. Ce que j'ai fait jusqu'ici, l'a été sur la foi du rapport de notre collègue Duquesnoy, et je suis disposé à exécuter tout ce que vous croirez utile de me prescrire pour le service de la République, mais il importe que j'y sois autorisé; vous ne voudriez pas me laisser exposé au reproche d'avoir excédé les pouvoirs que la Convention nationale m'a donnés, et à voir un jour mon zèle travesti en crime. Je ne crains pas ce reproche de mes collègues, surtout de ceux qui me connaissent, mais je dois me mettre en garde contre la malveillance. Mon respect même pour les décrets de la Convention nationale m'impose le devoir de me renfermer rigoureusement dans les bornes de ma mission, à moins que vous ne jugiez utile de l'étendre.

D'après les arrêtés qui suivent, on peut conclure que Gillet joua dès lors le rôle de Représentant du peuple à l'armée de la Moselle ; et l'on peut dire que, quinze jours avant que cette armée débouchât dans l'Entre Sambre et Meuse (1), Gillet avait à peine rempli la moitié de sa tâche.

Morfontaine, le 1<sup>er</sup> prairial (20 mai).

*Aux Comités de Salut public et de la Guerre.*

Je vous adresse les tableaux de formation de la 59<sup>e</sup> et de la 149<sup>e</sup> demi-brigade d'infanterie (2).

Voici le résumé de mes opérations jusqu'à ce jour :

J'ai fait la revue de 63 bataillons. 51 sont embrigadés, savoir : 36 à l'armée de la Moselle et 15 à l'armée des Ardennes ;

15 compagnies de canonniers sont formées à l'armée de la Moselle, 3 autres doivent l'être à celle des Ardennes.

C'est tout ce que j'ai pu faire jusqu'à ce moment. Il m'a fallu aller trouver ces bataillons dispersés dans des garnisons, dans des villages, les suivre devant l'ennemi, attendre la fin d'un combat.

Voilà, citoyens Collègues, une partie des obstacles que j'ai eus à vaincre, sans compter le défaut des états préparés à l'avance, la difficulté des chemins et une saison souvent rigoureuse.

*Constitution des dépôts des demi-brigades. Leurs emplacements à proximité de la portion mobile.* — En même temps qu'il s'occupait de la formation des demi-brigades, Gillet se préoccupait de les rapprocher de leurs dépôts.

Aumetz, le 25 ventôse (15 mars).

*Au général Grigny.*

Je te recommande, Général, le travail dont tu es chargé relativement aux dépôts qui sont restés à l'armée des Ardennes, quoique les bataillons soient à l'armée de la Moselle. On sent chaque jour la nécessité de rapprocher ces dépôts des corps auxquels ils appartiennent. J'ai déjà vu des bataillons qui ne peuvent fournir aucun renseignement sur leur administration, ni sur leur équipement et habillement, parce que tous les registres et papiers sont au dépôt, ce qui rendra la revue d'inspection très incomplète. On m'a appris qu'il existait aussi, à l'armée du

---

(1) « Nous arrivâmes à Saint-Gérard le 3 juin » (*Mémoires du maréchal Soult*, tome 1<sup>er</sup>, page 148).

(2) Voir page 526.

Rhin, des dépôts dont les corps sont à celle de la Moselle. Je désirerais avoir l'état afin de prendre des mesures pour les faire revenir. Je te prie de m'adresser ces renseignements le plus tôt possible.

Longuyon, 3 germinal (23 mars).

*Au général Grigny, chef de l'état-major de l'armée de la Moselle.*

Tu ne m'as pas encore renvoyé, citoyen Général, les états que je t'ai laissés de l'armée des Ardennes ni le travail que tu m'avais promis sur les dépôts. J'éprouve chaque jour combien il est urgent de s'en occuper (1), je te prie donc de le faire sur-le-champ.

Je te rappelle aussi la demande que je t'ai faite de l'état général de l'armée. J'en ai bien un, mais des changements se sont opérés depuis dans le placement des troupes. Plusieurs bataillons ont passé à l'armée du Rhin, je n'en sais pas le nom, l'état actuel de l'armée m'est donc nécessaire.

Villers-la-Chèvre, 14 germinal (3 mars).

*Au Ministre de la guerre.*

Je t'adresse, citoyen Ministre, l'état des opérations de l'embrigadement aux armées des Ardennes et de la Moselle jusqu'au 12 de ce mois. J'ai cru nécessaire de t'en instruire à raison des ordres que tu pourrais te trouver dans le cas d'adresser à ces bataillons.

Un travail urgent à faire actuellement, c'est de réunir les dépôts des trois bataillons formant la demi-brigade. Les mouvements qui ont eu lieu pendant la dernière campagne dans les armées du Rhin, de la Moselle, des Ardennes et du Nord, ont éloigné beaucoup de corps de leur dépôt ; il en résulte de très grands inconvénients pour ces corps qui ne peuvent plus se procurer les ressources qu'ils auraient pu tirer de leurs magasins s'ils les avaient eus à proximité. Il y a un autre inconvénient :

---

(1) Le 6 germinal, Charbonnié constatait la même nécessité.

*Charbonnié à l'adjoint au Ministre de la guerre Jourdeuil.*

6 germinal (26 mars).

Connaissant le mauvais effet qui résulte de la dissémination des corps et de l'éloignement de leur dépôt, je ne puis qu'applaudir aux dispositions du Ministre, et rendre justice à la demande du 43ᵉ bataillon de l'Oise. J'attends donc des ordres pour exécuter ce rapprochement.

Charbonnié.

lorsque les bataillons et les dépôts se trouvent dans deux armées différentes, les corps ne peuvent disposer des hommes qui se trouvent au dépôt sans la permission du général de l'armée dans laquelle il est; il arrive que le bataillon de campagne reste incomplet pendant que le dépôt pourrait fournir tous les hommes qui leur manquent. C'est ce qui est arrivé dans le 3e bataillon du Loiret, employé à l'armée de la Moselle; ce bataillon est incomplet tandis qu'il a au dépôt 350 hommes en état de faire la guerre. Ce dépôt est à Givet.

Je te préviens aussi qu'il importe de renvoyer sur-le-champ à l'armée de la Moselle, environ 200 hommes du 2e bataillon du 47e régiment qui sont à Vedette-Républicaine. Ce sont tous d'anciens soldats qui sont d'autant plus nécessaires à leur corps qu'il est composé presque en totalité de recrues qui ont besoin d'instruction et d'être soutenus par des hommes aguerris.

Arlon, le 9 floréal (28 avril).

*Au Général en chef de l'armée de la Moselle.*

Il importe au bien du service que les dépôts de chaque demi-brigade soient réunis en un seul sur les derrières de l'armée. Je te prie, en conséquence, de demander à chaque demi-brigade l'état des dépôts de leurs anciens bataillons et les lieux où ils sont placés. Aussitôt que ces états te seront parvenus, tu donneras les ordres nécessaires pour les réunir par demi-brigade dans la ville que tu désigneras. S'il s'en trouve dans une autre armée, tu m'en préviendras, afin que j'écrive au général en chef de cette armée de les envoyer. J'ai déjà donné des ordres pour faire venir le dépôt du 3e bataillon du Loiret, qui se trouve à Givet.

Longwy, le 13 floréal (2 mai).

*Au général Hatry.*

Le Conseil défensif de la place de Longwy, citoyen Général, me présenta hier une délibération pour faire sortir de la place tous les dépôts qui s'y trouvent.

Cette demande consiste à exécuter ce que je t'avais mandé concernant ces dépôts; il s'agit de les réunir par demi-brigade et de les placer dans les villes de deuxième ou troisième ligne, sur les derrières de l'armée. Je t'invite à t'occuper sur-le-champ de cette mesure.

Morfontaine, le 19 floréal (8 mai).

*A la Commission de l'organisation et du mouvement des armées de terre.*

Je vous adresse, Citoyens, l'état de l'organisation de l'infanterie des armées de la Moselle et des Ardennes au 18 floréal.

En adressant un semblable état, le 12 germinal dernier, au Ministre de la guerre, je lui avais fait sentir la nécessité : 1° de réunir les dépôts de chaque bataillon par demi-brigade ; 2° de placer les dépôts qui sont dans l'arrondissement d'une autre armée sur les derrières de l'armée où le corps est employé.

Le Ministre me répondit qu'il s'occupait de ce travail. Je vous invite à le terminer le plus tôt possible ; le bien du service l'exige.

Je vous observe aussi que le 1$^{er}$ et le 3$^e$ bataillon du Haut-Rhin et le 1$^{er}$ des Vosges ont leurs compagnies de grenadiers dans la Vendée ; elles faisaient partie de la garnison de Mayenne et ne peuvent, par cette raison, être employées sur cette frontière avant le 10 août prochain ; mais il sera nécessaire de les faire rejoindre à cette époque leurs bataillons, qui sont employés à l'armée de la Moselle.

C'est sans doute cette réclamation de Gillet qui provoqua la circulaire suivante de la commission d'organisation, portée par Liébert à la connaissance de l'armée par l'ordre général du 11 prairial :

### Ordre du 11 prairial.

« *La Commission de l'organisation et du mouvement des armées de terre au Général en chef de l'armée du Nord.*

8 prairial (27 mai).

« La Commission s'est fait rendre compte, Citoyen, des dispositions précédemment prises par le ci-devant Ministre de la guerre pour faire rentrer dans l'arrondissement de chaque armée les différents dépôts qui s'en trouvaient séparés, quoiqu'ils appartinssent aux corps d'infanterie qui y sont employés. Elle s'est assurée que cette mesure, prescrite pour le bien du service, avait été exécutée, à l'exception peut-être de quelques dépôts dont on ignore les véritables emplacements. Elle a jugé qu'il était important d'achever cette opération ; et, pour y parvenir, elle t'invite à donner au chef de l'état-major les ordres les plus prompts pour que ceux de ces dépôts qui se trouveraient encore dans l'arrondissement de l'armée que tu commandes, et dont les corps n'en feraient pas partie, soient dirigés sans délai dans l'arrondissement de l'armée où leurs bataillons respectifs sont en activité.

La Commission, par suite de cette mesure, a jugé qu'il était indispensable de réunir dans un seul lieu les trois dépôts de chaque demi-brigade employée à l'armée dont le commandement t'est confié. Elle t'engage, en conséquence, à te concerter avec les Représentants du peuple chargés de l'embrigadement, tant sur les moyens d'opérer la réunion que sur l'emplacement qu'il sera convenable de donner aux dépôts, en observant que cet emplacement soit, autant que possible, à proximité des magasins. Elle prévient de cette disposition les Représentants du peuple, et elle donne au chef de l'état-major l'ordre de leur faire parvenir, ainsi qu'à toi, l'état de tous les dépôts qui sont dans l'arrondissement de l'armée.

Il sera nécessaire que, de concert avec les Représentants du peuple, tu fasses choix d'un ou plusieurs officiers qui s'occuperont à mettre en règle la comptabilité de chaque dépôt et à ne composer pour l'avenir qu'un seul registre comptable affecté à chaque demi-brigade au lieu de l'être à chaque bataillon.

Tu voudras bien t'occuper, dans le plus court délai, de l'exécution de ces mesures et en rendre compte à la Commission. »

Pour se conformer promptement aux dispositions contenues dans la lettre de la Commission, dont copie est ci-dessus, les adjudants généraux, chefs d'état-major des divisions, enverront, dans le plus court délai possible, au Chef de l'état-major général, l'état du lieu où se trouvent les dépôts des corps composant la division à laquelle ils sont attachés, en ayant soin d'y indiquer aussi le district et le département. En conséquence, il est ordonné à tous les commandants de corps d'envoyer promptement et sans délai, au bureau de l'état-major des divisions dont ils font partie, le nom de la commune, district ou département où sont leurs dépôts, pour que les adjudants généraux ne mettent aucun retard dans l'envoi de l'état général qu'ils doivent en faire. Les adjudants généraux et autres officiers de l'état-major, employés dans les divisions militaires de l'intérieur dépendant de l'armée du Nord, enverront non seulement l'état des dépôts des corps qui se trouvent dans l'arrondissement, mais aussi celui de tous les dépôts qui pourraient exister dans l'étendue de la division à laquelle ils sont attachés.

Les mêmes prescriptions étaient notifiées plus tard au général en chef de l'armée de la Moselle, par un arrêté des Représentants du peuple.

Au quartier général de Fontaine-l'Évêque, le 3 messidor (21 juin).

Les Représentants du peuple près les armées des Ardennes et de la Moselle, pour l'embrigadement de l'infanterie;

Informés que plusieurs bataillons de l'armée de la Moselle ont leur dépôt dans l'arrondissement d'une autre armée et dans des lieux tellement éloignés qu'ils ne peuvent correspondre avec ces dépôts que très difficilement;

Considérant qu'il importe essentiellement au bien du service que ces dépôts soient rapprochés de leur corps, surtout dans le moment où ils ont à s'occuper de l'instruction d'un grand nombre de recrues;

Arrêtent que le général en chef de l'armée de la Moselle donnera sur-le-champ les ordres nécessaires pour que les dépôts des bataillons employés à l'armée de la Moselle soient établis sur les derrières et à proximité de l'armée.

Les dépôts des mêmes bataillons et ceux des demi-brigades seront réunis.

Le général est autorisé à donner, pour l'exécution du présent arrêté, tous les ordres nécessaires, même dans l'arrondissement d'une autre armée.

Au quartier général de Marchienne-au-Pont, l'an 2º de la République française.

GILLET.

Non contents de cet arrêté, Saint-Just et Gillet appelaient encore l'attention du général Desjardin, commandant alors l'armée des Ardennes, non plus seulement sur la nécessité de grouper les dépôts à proximité des portions mobiles mais encore de rassembler les bataillons épars des demi-brigades déjà formées.

On a déjà vu précédemment par une lettre de Charbonnié, datée du 30 floréal (page 512), qu'il ne se pressait pas de mettre à exécution la formation, arrêtée le 8 germinal, de la 26ᵉ demi-brigade. Il semble qu'à cette faute première s'ajoutait encore celle d'employer les demi-brigades par bataillons détachés.

Marchienne-au-Pont, 6 messidor (24 juin).

*Saint-Just et Gillet au général Desjardin, commandant l'armée des Ardennes.*

. . . . . . . . . . . . . . . . . . . . . . . . . . . . . . . . . . .

Il n'y a à l'armée que quatre demi-brigades formées, et on prend à tâche de les désunir, tandis que l'intention de la Convention nationale est de réunir chaque corps le plus qu'il est possible.

Nous te prions de réunir les trois bataillons des demi-brigades ci-après:

172ᵉ et 26ᵉ infanterie de ligne.
9ᵉ et 23ᵉ infanterie légère.

La 23ᵉ est composée du 16ᵉ, du 26ᵉ et du 11ᵉ d'infanterie légère. Le 19ᵉ des volontaires nationaux, peu nombreux et qui paraît avoir souffert, pourrait entrer à Roc-Libre à la place du 1ᵉʳ de la 26ᵉ demi-brigade.

En un mot, réunir chaque corps autant qu'il se pourra, c'est le moyen de lui conserver toute sa force, de mettre de l'ensemble et d'établir la discipline dans ton armée : voilà la règle que nous te recommandons de suivre; elle est à la fois militaire et conservatrice.

GILLET, SAINT-JUST.

En résumé, Gillet sut donner aux lois des 21 février et 12 août 1793 et à celle du 19 nivôse l'application la plus intelligente : profitant de la pléthore de cadres, qu'avait dénoncée Dubois-Crancé dans son discours du 7 février, et de la latitude que donnait la loi du 21 de mettre l'excédent à la suite, voire même de récompenser les services par la retraite (1), Gillet, après avoir complété les bataillons, remis de l'ordre dans leur comptabilité, les avoir groupés rationnellement et rapprochés de leurs dépôts, sut encore les doter des cadres les plus capables.

Il est probable que les mêmes soins avaient été pris par Souham pour l'embrigadement de ses unités, terminé dans sa division plus tôt qu'ailleurs (2); et, si l'on fait un instant abstraction de la valeur de chefs tels que Souham, Macdonald, Vandamme et Daendels, on peut dire que les succès de l'aile gauche de l'armée du Nord furent dus *en partie* à la double cohésion résultant, d'une part de l'expérience et de la solidité apportées aux volontaires par les troupes réglées; de l'autre, du soin avec lequel s'opéra la sélection des gradés, depuis le

---

(1) Voir pages 417 et 418.
(2) Voir à ce sujet ses lettres à Pichegru et au Ministre de la guerre, en date du 14 nivôse (3 janvier), page 432.

sous-lieutenant jusqu'au chef de brigade. Au début de la campagne, au Cateau, l'on verra fuir le 10ᵉ bataillon de Paris; sous les murs de Guise, ce ne seront qu'échecs continuels ; tandis qu'à l'aile gauche de l'armée du Nord, où *presque* toutes les troupes seront déjà embrigadées, la campagne débutera par une série de succès.

L'embrigadement n'y était pas, en effet, entièrement terminé : bien que Souham annonçât, le 25 pluviôse, qu'il avait sept demi-brigades complètes ; bien que Florent Guiot eût écrit, le 10 ventôse, « qu'il était urgent de s'occuper de l'embrigadement », afin que « les défenseurs de la patrie pussent se familiariser les uns avec les autres avant l'ouverture de la campagne » ; bien que Goupilleau de Fontenay eût commencé ses opérations le même jour ; Richard et Choudieu, qui, le 7, avaient écrit « qu'il s'en fallait que *l'encadrement* fût complet » (1), et, le 15, que « cette opération était loin d'être terminée » (2), se bornaient encore, le 23 (13 mars), à de vagues indications sur *l'encadrement* des troupes,

---

(1) On prend ici le mot « encadrement » employé par Richard et Choudieu dans le sens « d'embrigadement ». Peut-être Richard et Choudieu n'ont-ils voulu désigner par le terme vague « d'encadrement » que l'incorporation des nouveaux cadres dans les anciens. Quoi qu'il en soit, voici ce qu'ils écrivaient au mois de ventôse au Comité de Salut public :

7 ventôse (25 février).

Si l'encadrement de la cavalerie et de l'infanterie s'effectue, l'armée du Nord sera près de 300,000 hommes ; mais il s'en faut que cette opération soit complète.

RICHARD et CHOUDIEU.

(2) 15 ventôse (5 mars).

L'encadrement des bataillons est loin d'être terminé.

RICHARD et CHOUDIEU.

tout en donnant toutefois des renseignements de bon augure sur leur valeur morale et sur la situation générale de l'armée.

Au quartier général de Réunion-sur-Oise, le 23 ventôse (13 mars).

*Richard et Choudieu, représentants du peuple près l'armée du Nord, aux Représentants du peuple composant le Comité de Salut public.*

L'encadrement des bataillons s'avance. Plusieurs divisions sont déjà complètes, et nous avons l'espoir de voir bientôt les autres au même point. On exerce toute la journée les nouvelles levées. De toutes parts la bonne volonté la plus entière se manifeste, et nous croyons fortement que l'armée du Nord se montrera digne de la grande entreprise qui lui est confiée. Continuez de pousser notre armement dans tous les genres.

Nous avons mis ordre aux courses que l'ennemi se permettait jusques aux portes de Saint-Quentin. La division de Goguet a fait un mouvement sur Bohain et couvre entièrement toute cette partie.

Il est un point bien essentiel qui nous paraît très négligé : ce sont les charrois. A peine avons-nous les moyens nécessaires pour le service ordinaire, et il nous est presque impossible de pourvoir aux transports des vivres et des fourrages.....

Ils continuaient ensuite (1) en se plaignant du commandement des places, des trahisons de Landrecies et de Maubeuge, et invoquaient la nécessité de changer fréquemment les commandants amovibles, nécessité reconnue par Pichegru. Ils déploraient en outre le peu d'instruction des chefs, et réclamaient « quelques officiers généraux très capables ». Enfin, ils signalaient l'état du 17e chasseurs (2) et la nécessité de le dissoudre.

« Nous ne négligeons rien, concluaient-ils, pour

---

(1) La partie de cette lettre qui n'a que des rapports lointains avec notre sujet et qui n'est pas reproduite textuellement est citée par le *Recueil* Aulard, tome XI, pages 680 et 681.

(2) On reviendra sur cette question du 17e chasseurs à propos de la cavalerie.

accélérer nos préparatifs et commencer enfin cette importante campagne. »

*Résultats de l'embrigadement aux armées du Nord, des Ardennes et de la Moselle.* — Puisque cette lettre de Richard et Choudieu, écrite seize jours avant le début des opérations, ne peut fixer les idées sur les progrès de l'embrigadement à ce moment, force nous est de les rechercher.

D'après l'exposé qui précède, il y avait, au 25 pluviôse, sept demi-brigades complètes à l'aile gauche de l'armée du Nord. Au 17 floréal, c'est-à-dire après la prise de Courtrai et la victoire de Mouscron, la situation de la division Souham fait ressortir que la brigade Daendels, à Moorseele, comprend les 29e et 199e demi-brigades, la 31e division de gendarmerie et le 3e bataillon d'infanterie légère ; celle de Macdonald, au camp de Courtrai, les 3e, 24e et 68e demi-brigades et le 4e bataillon de tirailleurs ; la brigade Jardon, sur la route de Courtrai à Bruges, le 1er bataillon de tirailleurs et cinq compagnies du 2e bataillon d'infanterie légère ; la brigade Malbranque, le 1er bataillon de l'Aisne, le 2e bataillon du 81e régiment, le 2e bataillon des Basses-Alpes, le 2e bataillon du 19e régiment, le 3e bataillon des fédérés, le 2e bataillon des tirailleurs ; enfin, la garnison de Courtrai, les 23e, 27e et 200e demi-brigades, avec la 30e division de gendarmerie et le 1er bataillon d'infanterie légère. En somme, la division Souham comprenait, au 17 floréal, huit demi-brigades et onze bataillons sans compter deux divisions de gendarmerie. L'effectif des bataillons y variait de 807 à 1010, et celui de la demi-brigade de 2,346 à 2,838, alors que le chiffre théorique fixé par le décret du 2 frimaire était de 3,201, non compris l'état-major et la compagnie de canonniers.

On peut dire enfin que, même après la prise d'Ypres, la situation de l'embrigadement à l'armée du Nord était à peine éclaircie.

7 messidor (25 juin).

*Liébert au commissaire ordonnateur en chef Bourcier, à Lille.*

Je t'adresse ci-inclus, Citoyen, un modèle d'état de situation pareil à ceux que j'ai adressés à tous les corps de l'armée, avec ordre de s'y conformer. Tu verras, par cet état, que nous connaîtrons les brigades, demi-brigades et les anciens noms ou numéros des bataillons qui composent les demi-brigades.

A *l'armée des Ardennes*, Gillet avait arrêté, le 12 germinal, la formation des 9ᵉ et 23ᵉ légères, et des 26ᵉ, 86ᵉ et 172ᵉ demi-brigades de ligne. Le 20 floréal, la situation était la suivante au point de vue de l'embrigadement :

*Tableau des deux divisions de l'armée des Ardennes sous les ordres du général de division Marceau.*

*Division de gauche, commandée par le général* JACOB.

1ᵉʳ de la Sarthe.
2ᵉ du Nord.
3ᵉ du Pas-de-Calais.
2ᵉ du Finistère.
2ᵉ des volontaires nationaux.
3ᵉ du Nord.
172ᵉ demi-brigade (3 bataillons). ⎫
8ᵉ du Nord.                       ⎬ Ces bataillons sont à l'avant-
26ᵉ d'infanterie légère (1).      ⎪ garde avec le 11ᵉ de chas-
16ᵉ d'infanterie légère (1).      ⎭ seurs à cheval.
11ᵉ de chasseurs à cheval.
2ᵉ de hussards.
10ᵉ de hussards.

*Division de droite, commandée par le général* MARCEAU.

12ᵉ bataillon des fédérés.
1ᵉʳ de la Vendée.

---

(1) Le 10 germinal, Gillet avait arrêté la réunion de ces deux bataillons avec le 1ᵉʳ de la légion des Ardennes, et l'on voit qu'au 20 floréal cet arrêté n'avait pas encore eu d'effet pratique.

4ᵉ de l'Aisne.
19ᵉ des volontaires nationaux.
1ᵉʳ bataillon du 13ᵉ régiment (1).
4ᵉ de la Manche (1).
9ᵉ de Seine-et-Oise (1).
9ᵉ demi-brigade d'infanterie légère.
5ᵉ régiment de dragons.
20ᵉ de chasseurs à cheval.
10ᵉ de dragons.

Enfin, *à l'armée de la Moselle*, où Gillet n'avait, le 19 floréal, pas accompli « *la moitié de sa tâche* », en créant dix demi-brigades : 1ʳᵉ, 34ᵉ, 80ᵉ, 94ᵉ, 110ᵉ, 132ᵉ, 173ᵉ, 177ᵉ, 181ᵉ et 13ᵉ légère ; il avait, les 24 et 27 floréal, arrêté la création de deux autres demi-brigades, les 59ᵉ et 149ᵉ.

Lorsque l'armée de la Moselle débouchera dans l'Entre Sambre et Meuse, sa situation, au 15 prairial (3 juin) la représentera comme formée des divisions (2) Hatry,

---

(1) Ces trois bataillons qui, aux termes de l'arrêté de Gillet, daté du 8 germinal, devaient former la 26ᵉ demi-brigade, ne semblent pas avoir encore réalisé cette formation au 20 floréal.

(2) Voir le tableau général des forces actives de l'armée de la Moselle au 15 prairial.
La division Hatry comprenait le 1ᵉʳ du Bas-Rhin, le 2ᵉ du Loiret, le 2ᵉ de la Moselle, le 4ᵉ du Var, le 2ᵉ du 33ᵉ, le 1ᵉʳ du Lot-et-Garonne, le 2ᵉ du 58ᵉ, le 9ᵉ de la Meurthe, le 1ᵉʳ du 27ᵉ, le 1ᵉʳ du 44ᵉ, le 3ᵉ de la Moselle, le 9ᵉ du Doubs, le 3ᵉ de la Côte-d'Or, le 6ᵉ de Seine-et-Oise.
La division Morlot était composée des 1ʳᵉ, 34ᵉ et 110ᵉ demi-brigades ; et la division Championnet des 59ᵉ, 94ᵉ et 181ᵉ.
La division Lefebvre était un mélange de la légion de la Moselle, du 16ᵉ d'infanterie légère, du 1ᵉʳ du 5ᵉ, du 2ᵉ du 54ᵉ, du 2ᵉ du 99ᵉ et du 1ᵉʳ des Vosges avec les 13ᵉ légère, 80ᵉ et 149ᵉ demi-brigades de ligne.
Enfin l'armée de la Moselle avait un « corps détaché » comprenant les 132ᵉ, 173ᵉ et 177ᵉ demi-brigades de ligne.
On retrouve bien ainsi les douze demi-brigades dont la correspondance de Gillet donne la formation.

Morlot, Championnet, Lefebvre, et de trois demi-brigades détachées. La division Hatry est exclusivement formée de bataillons; les divisions Morlot et Championnet ne comprennent que des demi-brigades; la division Lefebvre est, au contraire, un mélange de ces deux formations.

Si, des armées qui nous intéressent, nous cherchons à avoir l'état général des progrès de l'embrigadement sur tout le territoire, nous pouvons dire qu'au 1er avril 1794, c'est-à-dire trois jours après le début de la campagne, on pouvait compter : 46 demi-brigades d'infanterie de ligne (1), 7 demi-brigades légères (2), 5 demi-brigades provisoires (3) et 4 sans numéros (4). A la fin de 1794, on comptait : 114 demi-brigades de ligne (5), 22 légères (6), 7 provisoires (7) et 10 sans numéros (8).

---

(1) 1re, 2e, 3e, 4e, 19e, 20e, 21e, 22e, 23e, 24e, 27e, 38e, 39e, 40e, 45e, 46, 56e, 68e, 70e, 73e, 76e, 79e, 83e, 84e, 86e, 93e, 99e, 100e, 101e, 102e, 107e, 116e, 118e, 129e, 139, 147e, 148e, 165e, 166e, 172e, 173e, 178e, 181e, 211e.

(2) 3e, 5e, 7e, 9e, 20e, 21e, 30e.

(3) 3e, 5e, 6e, 7e, 10e.

(4) Demi-brigade des Aurois, du Finistère, du Jura et de l'Hérault, de la Sarthe.

(5) Les demi-brigades du n° (1), plus 5e, 6e, 9e, 12e, 16e, 25e, 26e, 28e, 31e, 33e, 34e, 35e, 36e, 41e, 42e, 43e, 44e, 48e, 50e, 51e, 52e, 53e, 54e, 59e, 61e, 65e, 71e, 72e, 74e, 80e, 85e, 89e, 91e, 92e, 94e, 95e, 97e, 103e, 104e, 110e, 111e, 112e, 117e, 121e, 123e, 127e, 128e, 131e, 132e, 138e, 140e, 141e, 144e, 150e, 152e, 159e, 161e, 162e, 163e, 164e, 169e, 170e, 171e, 182e, 183e, 186e, 197e, 203e.

(6) Les demi-brigades du n° (2), plus 1re, 2e, 4e, 11e, 12e, 13e, 14e bis, 15e, 15e bis, 18e, 18e bis, 19e, 20e bis, 23e, 32e.

(7) Les demi-brigades du n° (3), plus 2e, 15e.

(8) Les demi-brigades du n° (4), plus Eure et Landes, des Lombards, de Paris et Vosges, de la Haute-Saône, de la Seine-Inférieure, de tirailleurs.

# ERRATA

Page 11. *Au lieu de :* Hérault-Sychelles, *lire :* Hérault de Séchelles.
Page 18. *Au lieu de :* Pottiez, *lire :* Pottier.
Page 31. *Au lieu de :* sanctionnée par, *lire :* sanctionnant.
Page 37. *Au lieu de :* ..... à mon égard, pendant....., *lire :* à mon égard. Pendant.....
Page 40. *Au lieu de :* livret, *lire :* brevet.
Page 78. *Au lieu de :* des deux autres bataillons des divisions, *lire :* des bataillons des deux autres divisions.
Page 83. *Au lieu de :* énoncera, *lire :* énoncerait.
Page 84. *Au lieu de :* des généraux qui....., *lire :* des généraux de division qui.....
Page 92. *Au lieu de :* la partie, *lire :* la partie secrète.
Page 151. *Au lieu de :* Souhamy, *lire :* Soubrany.
Page 170. *Au lieu de :* le même au même, *lire :* Liébert à Gaspard, adjudant général à Saint-Valery.
Page 182, renvoi 1. *Au lieu de :* Doumeze, *lire :* Doumerc.
Page 197. *Au lieu de :* se trouve, *lire :* s'y trouve.
Page 203. *Au lieu de :* et à ne plus adresser, *lire :* et n'avoir plus adressé.
Page 204. *Au lieu de :* de détaillé, *lire :* détaillé.
Page 205, renvoi 1. *Écrire :* page 47.
Page 324. *Au lieu de :* les..... traîtres, *lire :* le..... traître.
Page 335. *Au lieu de :* eclui, *lire :* celui.
Page 349. *Au lieu de :* de nouvelle levée, *lire :* de la nouvelle levée.
Page 369. *Au lieu de :* une escorte, *lire :* un détachement de cavaliers.
Page 456. *Au lieu de :* 211 demi-brigades de ligne ..... *lire :* 211 demi-brigades d'infanterie de ligne, non compris quelques demi-brigades *bis*.

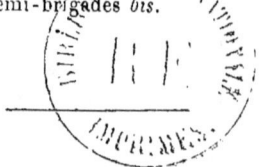

# TABLE DES MATIÈRES

|  | Pages. |
|---|---|
| Préface | 1 |
| I. L'action militaire du Gouvernement | 8 |
| II. Le commandement | 30 |
|     Son action disciplinaire. | 56 |
|     Son action pour assurer la conservation des effectifs | 96 |
|     Son action pour exalter le moral de la troupe | 129 |
| III. L'état-major | 152 |
|     Le chef de l'état-major | 157 |
|     Les adjudants généraux | 163 |
|     Les adjoints aux adjudants généraux | 164 |
|     Les secrétaires | 173 |
|     Les ordonnances | 176 |
|     Le travail de bureau : situations, états de pertes, registres. | 191 |
|     Le service des renseignements | 233 |
|     Les cartes d'état-major | 237 |
| IV. État de la mobilisation peu avant les premières opérations | 254 |
| V. L'infanterie — Les levées antérieures à celles du 24 février 1793 | 257 |
|     La loi du 24 février 1793 (levée de 300,000 hommes) | 308 |
|     La loi du 23 août 1793 (levée en masse ou loi de la réquisition) | 318 |
|     La loi du 2 frimaire an II. L'incorporation dans les anciens cadres | 344 |
|     Les subsistants | 388 |
|     L'embrigadement | 403 |

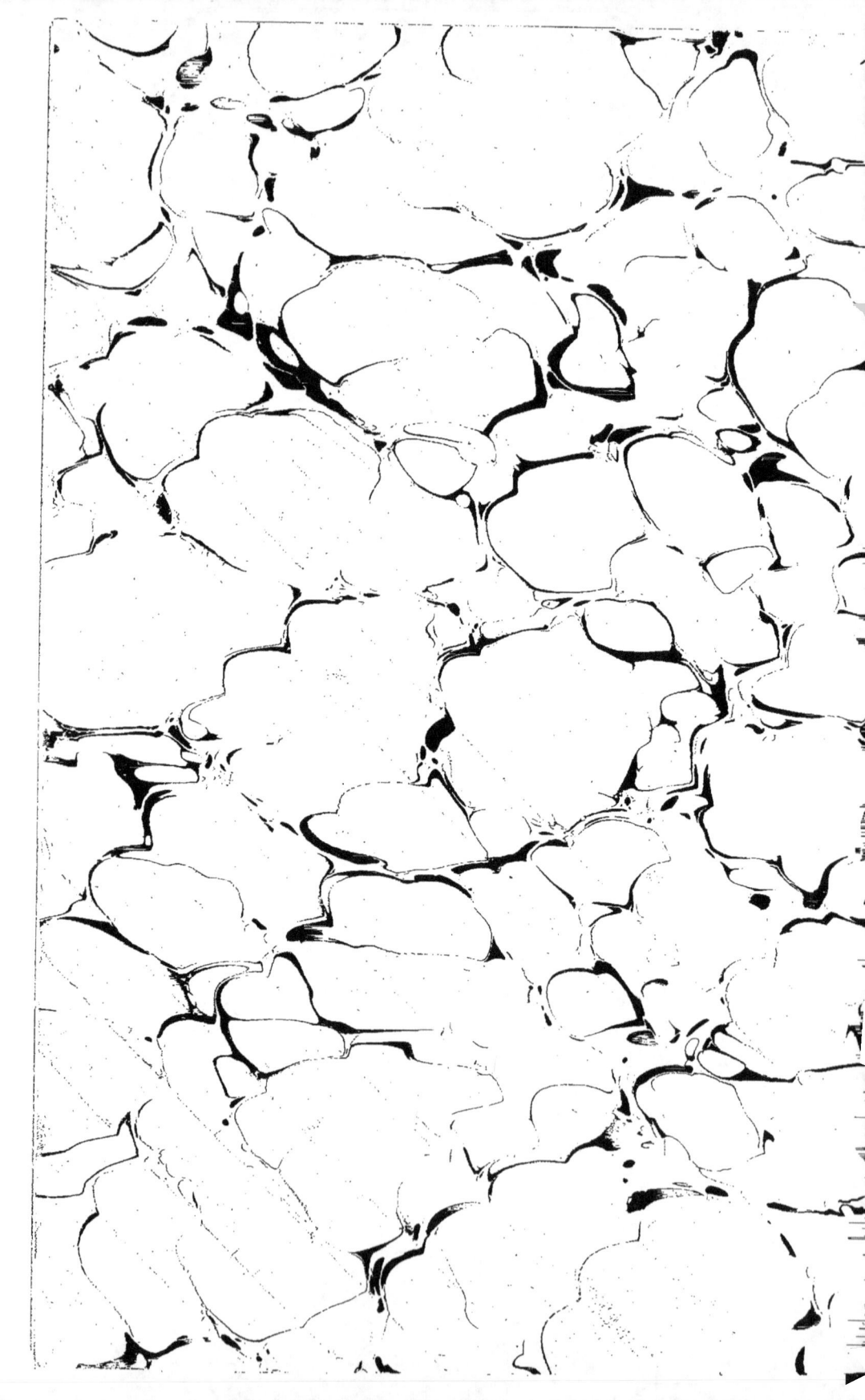

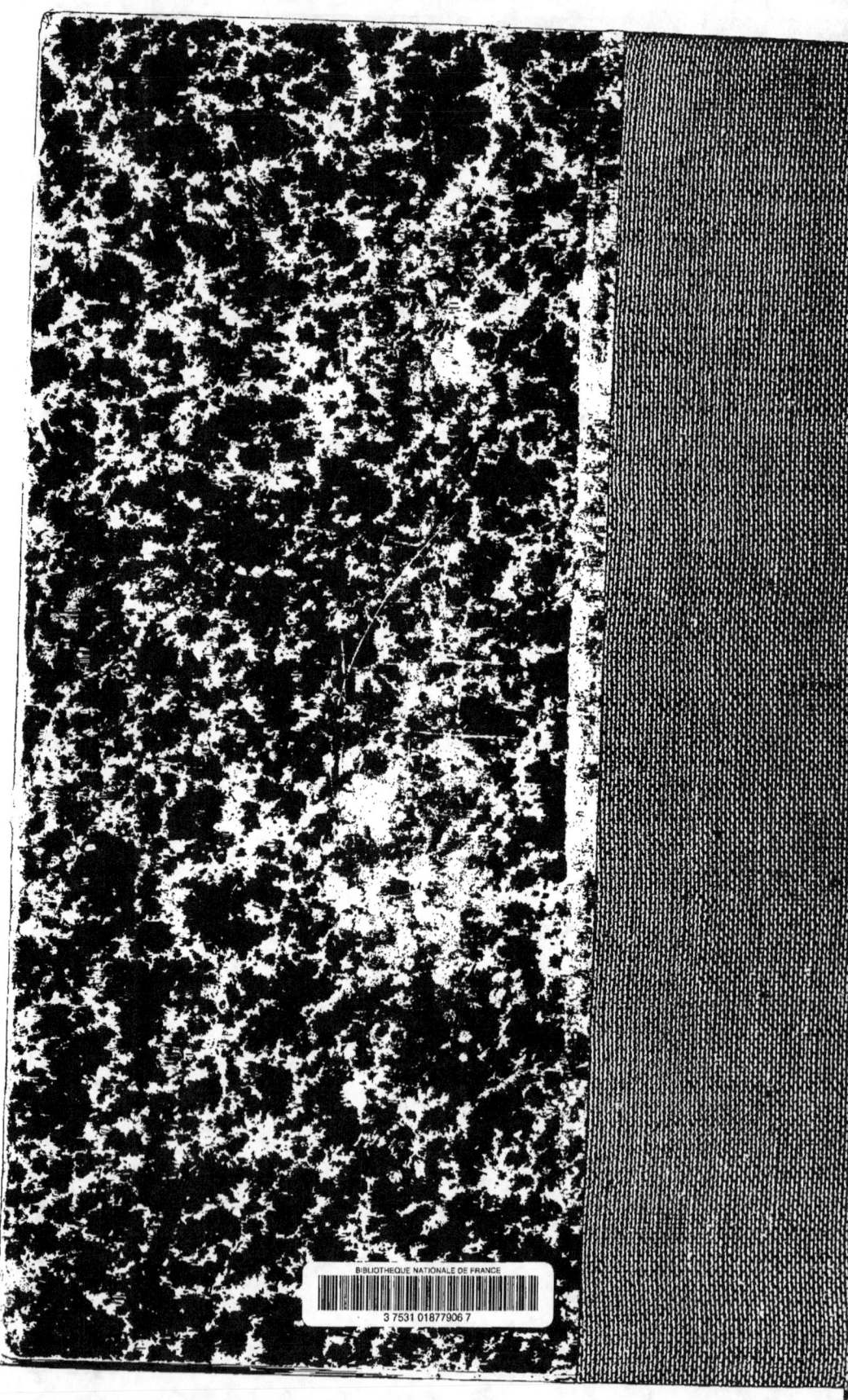

www.ingramcontent.com/pod-product-compliance
Lightning Source LLC
Chambersburg PA
CBHW060401230426
43663CB00008B/1354